W0060790

Michael Bar-Zohar

DAVID BEN GURION

Der Gründer des Staates Israel

Aus dem Englischen von
Christiane Müller und Guy Montag

BASTEI-LÜBBE-TASCHENBUCH
Band 61222

INHALT

Mein erstes Buch, *Suez Ultra-Secret*, das im April 1964 gleichzeitig in Paris und Tel Aviv erschien, beruhte auf meiner kurz zuvor von der Pariser Universität angenommenen Dissertation. Da es von dem ungewöhnlichen Bündnis zwischen Frankreich und Israel während des Suezkrieges handelte, schickte ich ein Exemplar mit persönlicher Widmung an David Ben Gurion, der knapp zehn Monate vorher sein Amt niedergelegt hatte. Wenige Tage später erhielt ich einen herzlichen Dankesbrief von ihm.

Ich war dem »Alten« nie zuvor begegnet, doch vom freundschaftlichen Ton seines Briefes ermutigt, bat ich seinen Sekretär, ihm zwei Fragen auszurichten: Ob er damit einverstanden sei, wenn ich seine Biographie schriebe. Und ob er mir erlauben würde, freien Gebrauch von seinem Archiv zu machen. Dabei gab ich mich keinen Illusionen hin und erwartete letztlich nicht, daß er mein Ansinnen ernsthaft in Erwägung ziehen könnte. Viele hervorragende Schriftsteller, Historiker und Politologen hatten vergeblich versucht, Ben Gurion zur Mitarbeit zu bewegen und seine Unterlagen zu benutzen. Lediglich zwei Autoren hatte der Alte ein Interview gewährt, sein Aktenmaterial aber bekamen sie nie zu Gesicht. Weshalb auch die Biographien beider Autoren überwiegend anekdotisch und ungenau geblieben sind.

Um so größer war meine Überraschung, als mich wenige Wochen später der Sekretär Ben Gurions anrief und mir die kurze Antwort übermittelte: »Der Alte ist einverstanden.« Ich mochte es kaum glauben und vermutete zunächst, Ben Gurion habe lediglich einem Treffen mit mir zugestimmt, um sich mein Anliegen anzuhören. Ich fuhr nach Frankreich zurück, wo mein Verleger mir versicherte, daß er mir die Biographie Ben Gurions mit Freuden anvertrauen wolle. Daraufhin stellte ich ein detailliertes Aide-mémoire zusammen, worin ich ausführlich erklärte, weshalb ich mich einer so schwierigen Aufgabe gewachsen fühlte. Am 23. November fuhr ich dann zu Ben Gurion, das umfangreiche Aide-mémoire im Gepäck.

»Sie sind also Bar-Zohar«, sagte er, als ich sein Arbeitszimmer betrat. Wir wechselten ein paar Sätze über mein Suez-Buch, dann fragte er unvermittelt: »Nun, was haben Sie für Fragen?«

Ich war über die Maßen verblüfft. »Ich habe Ihnen ein Aide-mémoire mitgebracht«, begann ich.

»Nein, nein«, sagte Ben Gurion ungeduldig. »Sie haben doch vor, meine Biographie zu schreiben, nicht wahr? Was haben Sie also für Fragen? Wie wollen Sie bei der Arbeit vorgehen? Und welche Unterlagen benötigen Sie?«

Da erst begriff ich, daß er seine Entscheidung bereits getroffen hatte. Nie aber habe ich herausbekommen, was ihn dazu bewog, mir sein Archiv zu öffnen, und mir, einem sechsundzwanzigjährigen Fremden, sein Vertrauen zu schenken. Jahre später fand ich in seinem Tagebuch die folgende, jenen Tag betreffende Eintragung:

»Heute nachmittag besuchte mich Bar-Zohar. Er hat ein Buch über den Sinai- und den Suezkrieg geschrieben, auf französisch . . . Mit dieser Untersuchung promovierte er zum Dr. phil. Er ist in Bulgarien geboren . . . Im Auftrag eines Verlages möchte er meine Lebensgeschichte schreiben und bittet mich um meine Mithilfe. Von Zeit zu Zeit will er mit mir über verschiedene Themen sprechen, um sich über meine Einstellung zum Judaismus und zu internationalen Problemen zu informieren. Ich sagte ihm, daß ich in einer Woche in meinen Kibbuz Sdeh Boker führe und bereit sei, ihm mein Archiv unter der Bedingung zur Verfügung zu stellen, keine Staatsgeheimnisse zu publizieren.«

Das also war der Beginn meiner Arbeit an der Biographie Ben Gurions. Der Alte verschaffte mir tatsächlich Zugang zu seinen Tagebüchern, Briefen und weiteren Dokumenten, er ließ mich an seiner täglichen Arbeit in seinem Haus in Tel Aviv und im Kibbuz von Sdeh Boker teilnehmen, und er erlaubte mir, ihn auf seinen Reisen durch das Land zu begleiten. Von 1964 bis 1966 habe ich einen Großteil meiner Zeit an seiner Seite verbracht, wobei ich fast täglich in einer Ecke seines Arbeitszimmers saß und den Gesprächen zuhörte, die er mit seinen Besuchern führte — mit Staatsmännern, Parteiführern, Journalisten, Intellektuellen und hohen Offizieren der Armee. Bei Diskussionsrunden im kleinen Kreis war ich ebenso zugegen wie bei den großen, öffentlichen Versammlungen. Letztere konnten sowohl zu herzlichen Begegnungen mit der begeisterten Menge seiner Anhänger werden als auch zu lautstarken Auseinandersetzungen zwischen Ben Gurion und seinen aufgebrachten politischen Gegnern führen. Wann immer sein tägliches Arbeitspensum ihm eine freie Stunde ließ, nutzte ich die Gelegenheit, ihm die verschiedensten Fragen zu seinem Leben und seinem Werk zu stellen. Und wenn ich nicht mit ihm zusammen war, befragte ich die wichtigsten Vertreter seiner Anhänger und Gegner, studierte sein Archiv und durchstöberte die breite Vielfalt der Publikationen, der Bücher, Artikel und wissenschaftlichen Abhandlungen. Bald schon wurde mir klar, daß da eine kaum noch überschaubare Menge an Quellenmaterial vorhanden war. Allein die Bücher, die in Israel und im Ausland erschienen sind und sich direkt oder indirekt mit Ben Gurion und den verschiedenen Gebieten seiner Tätigkeit befassen, zählen nach Hunderten. Dazu kommen in kaum zu schätzender Vielzahl die Artikel der Tagespresse und der Illustrierten, der Fachzeitschriften und wissenschaftlichen Publikationen. Nach der letzten Berechnung erreicht die Anzahl der Dokumente in Ben Gurions privatem Archiv fast eine halbe Million.

Eine weitere, wichtige Informationsquelle stellten die Interviews dar, die meine wissenschaftlichen Mitarbeiter und ich selbst geführt hatten. Doch mußten sie gewissenhaft überprüft und verifiziert werden. Die wesentlichen Beiträge auf diesem Gebiet verdanke ich führenden israelischen Persönlichkeiten wie Shimon Peres, Jizchak Navon, Moshe Dayan, Teddy Kollek, Yigael Yadin, Israel Galili, Yigal Allon, Jizchak Rabin, Moshe Sharett, Rachel Yanait Ben Zwi, Ariel Sharon, Dow Joseph, Zeew Sharef, Pinchas Sapir, Abba Eban, Isser Harel und vielen anderen. Durch diese Interviews ergab sich eine weitere Menge schriftlichen Materials — Briefe, Notizen, Aufzeichnungen. Auch die Familienmitglieder Ben Gurions und seine engsten Jugendfreunde haben mich bei meiner Arbeit bereitwillig unterstützt.

Obwohl ich schon 1968 meine erste Ben-Gurion-Biographie — *Der streitbare Prophet* (Chr. Wegner Verlag, Hamburg) — vorlegen konnte, hatte ich das Gefühl, daß meine Arbeit noch nicht abgeschlossen war. Ich faßte daher den Entschluß, den Rahmen meiner Recherchen zu erweitern, auch wenn mich das eine weitere Reihe von Jahren kosten sollte. Zunächst, von 1968 bis 1970, widmete ich diesem neuen Arbeitsabschnitt nur einen Teil meiner Zeit, später, von 1970 an, habe ich mich ausschließlich damit befaßt.

Im Lauf dieser zweiten Phase meiner Ermittlungen entdeckte ich neue, bislang unveröffentlichte Dokumente von entscheidender Bedeutung. Das Weizmann-Archiv lieferte mir Hunderte von Briefen, Schriftstücken und stenographierten Protokollen, die das angespannte Verhältnis, ja den erbitterten Kampf zwischen Weizmann und Ben Gurion während des Zweiten Weltkrieges ausführlich behandelten. Meyer Weisgal, Weizmanns treuer Weggefährte, verschaffte mir damit Einblick in ein Kapitel, das auf Grund seines Betreibens nicht in die Weizmann-Memoiren* aufgenommen worden war. Auch im damals neugeordneten Archiv Ben Gurions fand ich eine Vielzahl weiterer Dokumente: seine Korrespondenz mit den britischen Außenministern Herbert Morrison und Anthony Eden aus der Zeit, als Ben Gurion ein Bündnis mit England auszuhandeln versuchte; den Briefwechsel mit Premierminister Harold Macmillan aus der Zeit der Nahost-Krise von 1958; den dramatischen Nachrichtenaustausch mit den Präsidenten Kennedy und de Gaulle wenige Tage vor dem endgültigen Rücktritt Ben Gurions 1963; ausführliche Berichte von dem schwerwiegenden Konflikt zwischen Israel und den USA in den frühen sechziger Jahren wegen der Errichtung eines Atomreaktors im Negev; das vollständige Tagebuch seines verstorbenen engsten Mitarbeiters, Nehemia Argov; den persönlichen Briefwechsel zwischen Ben Gurion und Doris May, der ein neues Licht auf sein Privatleben wirft. Eine Reihe seiner Tagebücher aus dem wichtigen Zeitraum zwischen den fünfziger und den frühen sechziger Jahren — Unterlagen, die Ben Gurion schon verloren geglaubt hatte — tauchten in Sdeh Boker wieder auf und lieferten mir sein ausführliches Protokoll der Konferenz von Sèvres, wo im Oktober 1956 die Entscheidung über den Suezkrieg fiel. Außerdem enthielten sie Einzelheiten über das Top Secret eines Bündnisvertrages mit der Türkei, den Ben Gurion 1958 während eines geheimen Nachtfluges nach An-

---

* Chaim Weizmann: Memoiren. Das Werden des Staates Israel. Zürich 1953.

kara zum Abschluß brachte. Die Tagebücher späterer Jahre gaben Aufschluß über seinen Widerstand gegen den Beschluß der israelischen Regierung, im Juni 1967 den Kriegszustand auszurufen. Sie sind ein Dokument der menschlichen Tragödie Ben Gurions, der nach dem Ausgang des Sechstagekrieges erkennen mußte, daß seine politische Laufbahn definitiv zu Ende war.

In der Zwischenzeit hatte sich auch von manchen vordem als Staatsgeheimnis behandelten Fakten der Schleier des Geheimnisses gehoben, so daß ich sie jetzt in mein Buch aufnehmen konnte. Außerdem erhielt ich Einblick in die privaten Tagebücher von einigen der engsten Mitarbeiter Ben Gurions.

Eine zusätzliche Hilfe bedeuteten mir Neuerscheinungen wie die Tagebücher Moshe Sharetts oder die Autobiographie von Moshe Dayan und, neben weiteren Publikationen, ein Bericht über die Bemühungen Ben Gurions, 1956 über den Mittelsmann Robert Anderson, Präsident Eisenhowers Sonderbeauftragten, mit dem ägyptischen Staatschef Nasser zu verhandeln. Wären sie erfolgreich verlaufen, hätte dies den Suezkrieg verhindern können. In den Akten des Public Record Office in London und in einer Oxforder Bibliothek — der Middle East Library am St. Anthony's College — entdeckte ich aufschlußreiche Belege über die Haltung seitens bestimmter Geheimdienst- und Regierungskreise in England gegenüber Ben Gurion während und nach dem Zweiten Weltkrieg.

Nur ein Bruchteil des umfangreichen Materials und der Fülle an Literatur zu meinem Thema konnte in diesem Buch Verwendung finden. Ben Gurion war ein Mann von phänomenaler Schaffenskraft: Schon als Vierzehnjähriger und praktisch bis zu seinem Tod — er starb im Alter von siebenundachtzig Jahren — stand er aktiv im öffentlichen Leben. Er verfaßte zahllose Artikel, Reden und Briefe, führte ein erstaunlich detailliertes Tagebuch, befaßte sich intensiv mit Fragen der Politik, des Syndikalismus und des Zionismus, der Diplomatie und der nationalen Sicherheit, er wagte sich auf intellektuelles Gebiet und spielte bei allen wichtigen Ereignissen in der Geschichte Israels eine entscheidende Rolle — sowohl bei der Besiedlung Palästinas als auch später, bei der Staatsgründung.

Das Material und die Themen auszuwählen, die im vorliegenden Buch zitiert und behandelt werden sollten, war daher keine leichte Aufgabe. Was mich gleichfalls stark beschäftigt hat, war die Frage nach der literarischen Form für diese Biographie. Ich kam zu dem Schluß, daß ich eine Synthese versuchen mußte. Denn ich wollte sowohl den Staatsmann Ben Gurion beschreiben als auch den Menschen zeigen, der hinter der Legende stand. Ich wollte die schicksalhaften Entscheidungen darstellen — die Großtaten wie auch die Irrtümer — und zugleich von den Gewissensnöten und dem Zögern, den geheimen Hoffnungen und den Träumen eines Mannes berichten, der ganz allein an der Spitze stand. Die vielleicht größte Schwierigkeit bestand darin, die Schichten der Mythisierung und der Idealisierung abzutragen, mit denen die charismatische Persönlichkeit Ben Gurions bedacht worden war — gleichermaßen von Anhängern, Verehrern und erbitterten Gegnern.

Ben Gurion und seine Frau Paula sind noch vor Abschluß und Erscheinen der vorliegenden Biographie gestorben. Ich muß gestehen, daß es mir dadurch leichter fiel, bestimmte Aspekte im Privatleben Ben Gurions offen zur Sprache zu bringen, Aspekte, die ich, solange er und seine Frau noch lebten, nicht behandelt hätte.

Wie ich eingangs schon betonte, stützt sich dieses Buch vornehmlich auf unveröffentlichte Quellen. Bereits publiziertes Material — Bücher, Aufsätze u. a. — war mir nur am Rande von Bedeutung. Da die verwendeten Texte überwiegend auf hebräisch geschrieben sind, glaube ich nicht, daß eine Bibliographie für Leser, die diese Sprache nicht beherrschen, von irgendwelchem Nutzen sein könnte. Daher wird in den Übersetzungen des Buches auf Literaturangaben verzichtet. Doch nehme ich an, daß Leser, die des Hebräischen mächtig sind, auf die hebräische Originalfassung zurückgreifen, die sehr viel umfangreicher ist und deren drei Bände ausführliche Literaturhinweise, Anmerkungen und den Nachweis aller benutzten Quellen enthalten, auch der nicht publizierten Texte.

An dieser Stelle möchte ich allen meinen Dank aussprechen, die mir geholfen und mich bei meinen Recherchen unterstützt haben, die sich für Interviews zur Verfügung stellten oder mir in den verschiedenen Archiven das Dokumenten- und Aktenmaterial zugänglich machten. So danke ich den Angestellten des Armee-Archivs, des Zionistischen Archivs, des Arbeiter-Archivs, des Archivs der Arbeiterpartei, des Jabotinsky-Instituts, des Weizmann-Archivs (alle in Israel); dem Public Record Office in London und vielen anderen Privatarchiven, öffentlichen Bibliotheken und Institutionen in Israel und im Ausland. Yehuda Kave, Dalia Zidon und Hanna Eshkar danke ich für ihre Mitarbeit. Meine besondere Anerkennung gilt Nilly Ovnat, meiner engsten Mitarbeiterin, ferner Ben Gurions Sekretär Haim Israeli, der mir elf Jahre lang tatkräftig zur Seite stand; und sie gilt Ina Friedman für die Sorgfalt und Zuverlässigkeit, mit der sie die englische Ausgabe des Buches besorgte. Professor Yehuda Slutzki von der Universität Tel Aviv, Ahuvia Malkin und Gershon Rivlin haben viele Monate mit dem Lesen des Manuskripts verbracht und mir unschätzbare Ratschläge und Hinweise auf wertvolles Quellenmaterial gegeben.

Doch kann ich dieses Vorwort nicht abschließen, ohne zu betonen, von welch überragender Bedeutung Ben Gurions eigener Beitrag für dieses Buch gewesen ist. Damit meine ich nicht nur die Tatsache, daß ich ihm immer wieder Fragen stellen durfte oder daß er mir erlaubte, seine Aufzeichnungen und Tagebücher zu lesen und zu zitieren. Wir alle wissen, wie ungenau Interviews, wie verfälschend selbst Briefe und Dokumente sein können, da sie ja nur einen Ausschnitt des Ganzen wiedergeben. Noch gefährlicher können Tagebücher sein, wenn man sie als biographische Quellen benutzt, ohne sie gründlich analysiert und mit anderen Quellen verglichen zu haben. Wenn ich vom Beitrag Ben Gurions spreche, so meine ich damit, daß er mir die Möglichkeit gab, seine tägliche Arbeit über einen langen Zeitraum hinweg und aus nächster Nähe zu verfolgen. Ihn bei der Arbeit zu sehen, seine Art des Denkens und Sprechens zu studieren, sein Verhalten zu beobachten und, sowohl im privaten Kreis als auch bei öffentlichen Veranstaltungen, das erdrückende Gewicht seiner Persönlichkeit fast körperlich zu spüren — all das ließ mich die Anziehungskraft, die er ausübte, besser verstehen und erlaubte mir, selbst ein Zeuge jener kaum zu definierenden Eigenschaften zu werden, die seine Autorität, seine Inspiration und Führungsqualität ausmachten, die die Menschen in glühende Anhänger verwandelten und ihn selbst befähigten, sein Volk durch die gefahrvollsten Unabhängigkeits- und Überlebenskämpfe zu führen.

David war kaum elf Jahre alt, ein blasses Kind im langen, schwarzen Gewand der Juden, als er in der Synagoge von Plonsk zum erstenmal von der Ankunft des Messias hörte. Er sei ein schöner Mann, sagten die Leute, mit stolzen, glühenden Augen und einem schwarzen Bart. Sein Name sei Theodor Herzl, und er werde das Volk Israel zurück ins Land der Väter führen. In kindlicher Unschuld glaubte David an die Botschaft und war von Stund an ein begeisterter Anhänger des Zionismus, einer Bewegung, die sich damals in der jüdischen Welt rasch ausbreitete.

Seinen Anfang hatte dieser Glaube schon in früher Kindheit genommen, als David auf dem Schoß seines Großvaters saß und von Zwi Ariel Gruen die hebräische Sprache lernte, Wort für Wort. Und als er seinem Vater zuhörte, Awigdor Gruen, der einer der Führer der Chowewe Zion war, der Zionsfreunde, einer Vorläuferin der damals einsetzenden zionistischen Bewegung. Noch als Kind beschloß David Gruen, später einmal ins Land Israel zu ziehen.

Doch war es nicht allein das Elternhaus, das Davids Glauben an den Zionismus nährte. Da war auch die einzigartige Atmosphäre von Plonsk, einer Stadt, die etwas Besonderes an sich hatte, obwohl man sie weder groß noch berühmt, ja nicht einmal wohlhabend nennen konnte. Eine kleine Provinzgemeinde im zaristischen Polen, war sie rund um die mittelalterliche, von einem polnischen

Fürsten errichtete Burg gewachsen und weniger eine russische oder polnische als vielmehr eine jüdische Stadt. 1881, fünf Jahre vor Davids Geburt, lebten dort bei einer Gesamtbevölkerung von 7824 Einwohnern 4500 Juden, zumeist arme Händler und Handwerker.

Doch konnte sich die Stadt ihrer Kochari-Schule rühmen. Sie wurde von einer Gruppe von Gelehrten betrieben, die unter dem Namen Kochol Koton (Kleine Kongregation) weithin bekannt geworden war und auf Grund ihrer Gelehrsamkeit in hohem Ansehen stand. Später formierte sich in Plonsk eine zweite Kochol-Koton-Gesellschaft, die indes anderen Geistes war und andere Ziele verfolgte. Man wollte »hinabsteigen zum Volk«, wollte auch bei den Armen und Ungebildeten das Studium der Bibel und der hebräischen Grammatik verbreiten. Unter Leitung der Intellektuellen von Plonsk konnte die Gesellschaft beachtliche Erfolge verzeichnen, woraufhin die geistige Führungsschicht der Stadt 1865 die »Gesellschaft der Freunde des Bildungswesens und der Thora« gründete und folgende Erklärung abgab: »Wir müssen danach streben, Bildung und Thora in Einklang zu bringen . . ., unsere heilige Sprache und die hebräische Literatur neu zu beleben, die zu unserem Leidwesen von den heutigen Intellektuellen . . . in den Wind geschrieben . . ., als veraltet und überholt abgetan wird.« Zu den Vorsitzenden der Gesellschaft gehörte auch ein wohlhabender Kaufmann, der vordem an der renommierten Kochari-Schule Hebräisch gelehrt hatte. Zwi Ariel Gruen, »ein schöner Jude von hohem Wuchs«, war ein frommer Mann, der nie zu Bett ging, ohne zuvor fünf Kapitel der Bibel gelesen zu haben. Er war hochgebildet und beherrschte Hebräisch, Deutsch und Polnisch (im hohen Alter fügte er noch Russisch hinzu). Seine reichhaltige Bibliothek enthielt Werke von Spinoza, Plato und Kant, doch galt seine Liebe in erster Linie der hebräischen Sprache.

Zwi Ariel Gruen hatte vier Söhne, von denen der dritte, Awigdor, sich dem Vater und dessen Überzeugungen zutiefst verbunden fühlte und sich als geistiger Erbe Zwi Ariels betrachtete. Wie sein Vater war Awigdor ein gebildeter Mann, ein begeisterter Hebraist und aktives Mitglied der »Gesellschaft der Freunde des Bildungswesens und der Thora«. Von seinem Vater übernahm er auch das Amt des Rechtsberaters, das Zwi Ariel gegen Ende seines Lebens ausgeübt hatte, und wurde »einer der beiden jüdischen Advokaten der Stadt«. In der Praxis hieß das freilich nur, daß Awigdor für seine Klienten Petitionen verfaßte, doch war er auch befugt, Rechtsberatungen zu erteilen. Durch diese Tätigkeit gelang es ihm, enge Kontakte zu den russischen und polnischen Behörden der Stadt herzustellen und sich unter der jüdischen Bevölkerung eine angesehene Position zu verschaffen.

Awigdor, ein hochgewachsener, eleganter Mann mit schmalem Gesicht und respektgebietendem Bart, legte besonderen Wert auf seine äußere Erscheinung. Er war der erste Bürger in Plonsk, der das traditionelle jüdische Gewand aufgab und durch einen schwarzen Gehrock mit gestärkter Weste, steifem Kragen und Frackschleife ersetzte. Er war noch sehr jung, als er Sheindal Friedman heiratete, eine entfernte Cousine und die einzige Tochter eines Grundbesitzers, der dem jungen Paar zwei Holzhäuser am Ende der Ziegenstraße samt dem weitläufigen Garten dazwischen mit in die Ehe gab. Sheindal war »klein von Gestalt, mit einprägsamen Gesichtszügen«, doch offensichtlich von zarter Gesundheit. Sechs der elf Kinder, die sie zur Welt brachte, starben kurz nach der Geburt.

Die Gruens führten ein angenehmes Leben. In der oberen Etage ihres Hauses wohnte eine Familie, die sich um die Kühe und das übrige Vieh kümmerte, das Haus sauber hielt und Essen kochte. Awigdor lebte mit seiner Frau und den Kindern in der unteren Etage. Gelegentlich führten ihn Geschäfte ins vierzig Kilometer entfernte Warschau. Im allgemeinen aber verlief sein Leben in ruhigen, geordneten Bahnen. Innerhalb der jüdischen Gemeinde des Ortes nahm er eine wichtige Stellung ein und verrichtete seine Gebete auch in der Neuen Synagoge, die den wohlhabendsten und angesehensten Bürgern der Stadt vorbehalten war.

In diesem Zusammenhang mag es überraschen, daß diese Stütze der Gesellschaft sich an dem grassierenden Wahnsinn namens Zionsliebe angesteckt haben sollte. Doch ging Awigdors Anfälligkeit für jene Krankheit in seine früheste Jugend zurück — schon damals hegte er eine tiefe Zuneigung für sein Land, Israel. Gleich nach der Gründung der Chowewe-Zion-Bewegung im Jahre 1884 wurde er einer ihrer ersten Anhänger und sein Haus ein Zentrum der Aktivitäten und Versammlungen des Plonsker Ortsvereins. Hier hingen die Zionsfreunde ihren kindlichen Träumen von einer Rückkehr ins Gelobte Land nach, hier hielten sie ihre begeisterten zionistischen Reden, rezitierten erbauliche Verse, sammelten Spenden und schworen ihrer von alters her angestammten Heimat ewige Treue. Hier war es auch, daß Sheindal Gruen — zwei Jahre nach der Gründung von Chowewe Zion — das vierte ihrer überlebenden Kinder zur Welt brachte: David Joseph.

David war ein kränkliches Kind, klein und zart wie die Mutter, ein Kind, das keine Freundschaften mit den Gleichaltrigen schloß und nur selten nach draußen ging, um im Hof herumzutoben. Weil Davids Kopf unverhältnismäßig groß war, brachte der besorgte Awigdor seinen Sohn in die Nachbarstadt Plotsk, um dort einen Facharzt zu konsultieren. Der strich dem Jungen mit der Hand übers Haar und versicherte Awigdor, daß sein Sohn einmal ein großer Mann werde. Sheindal, eine fromme Jüdin, schloß daraus voller Stolz, daß ihr »Dutschka« später ein berühmter, in der Thora bewanderter Rabbi sein würde.

Sheindal hatte ein besonderes Verhältnis zu ihrem schweigsamen Sohn und zog ihn den anderen Brüdern aus zwei Gründen vor — einmal, weil sie stolz war auf seine Intelligenz, zum andern, weil sie wußte, wie sehr er sie brauchte. Um Davids Gesundheit stand es nicht zum besten, er war anfällig für Krankheiten und litt unter Ohnmachtsanfällen. Um seine Gesundheit besorgt, ließ Sheindal die anderen Kinder allein und fuhr im Sommer mit ihm aufs Land. David, der sich seinen Schwestern und Brüdern gegenüber fremd fühlte, liebte seine Mutter über alles. Als sie im Wochenbett starb, bedeutete das für den damals Elfjährigen einen schweren Schock. Es dauerte lange Zeit, bis er sich mit der bitteren Wahrheit abfinden konnte. »Jede Nacht«, schrieb er später, »sah ich meine Mutter im Traum. Ich wollte mit ihr sprechen und sie fragen: ›Warum bist du nicht mehr bei uns?‹ Viele Jahre hat sich mein Schmerz nicht gelegt.«

Nach Sheindals Tod zog sich der stille, einzelgängerische Junge noch mehr in sich zurück. Die Schwestern konnten ihm die Mutter nicht ersetzen, und der zweiten Frau seines Vaters gelang es nicht, seine Zuneigung zu gewinnen. Im Gegenteil, er nahm nicht einmal Notiz von ihr und behielt seine Verschlossenheit bis zu ihrem Tode bei. An seinem Vater aber hing er sehr. »Von meinem Vater habe ich die Liebe zum Land Israel . . . und zur hebräischen Sprache geerbt.« In der Tat hatte ihm Awigdor den Geist des Zionismus in seiner glaubwürdigsten Form nahegebracht. Hebräisch aber lernte er von seinem Großvater, Zwi Ariel. Jeden Tag, wenn David seine Amtsstube betrat, legte der alte Mann die Arbeit beiseite, nahm den Jungen auf den Schoß und brachte ihm geduldig hebräische Wörter bei. So wurde Hebräisch für David zur zweiten Muttersprache, die er bald fließend sprechen und lesen konnte.

Die reguläre Schulausbildung erhielt Dutschka in der jüdischen Religionsschule, dem Cheder. Als Fünfjähriger besuchte er einen traditionellen Cheder und wechselte später, als Siebenjähriger, zu einem »modernen« Lehrer über, einem Buckligen, der Unterricht in hebräischer Grammatik und Bibelkunde erteilte. Gewöhnlich las dieser Lehrer Abschnitte aus einer deutschen Bibel vor und ließ die Schüler die deutschen Worte wiederholen, ohne daß sie deren Bedeutung verstanden hätten. Erst danach übersetzte er ihnen die einzelnen Verse. Später besuchte David einen »reformierten Cheder«, wo er seine Hebräisch- und Bibelkenntnisse erweitern konnte. Doch hat er nicht nur eine jüdische Erziehung genossen. Der lockenköpfige, wißbegierige Junge ging auch auf eine der staatlichen russischen Schulen, wo er sich Grundkenntnisse der russischen Sprache aneignete und mit Rußlands großen Dichtern in Berührung kam, die sein Denken stark beeinflußten.

Drei Bücher haben sich nachhaltig auf Davids Weltanschauung ausgewirkt: *Zionsliebe* des jüdischen Schriftstellers Abraham Mapu, »das den Seiten der Bibel soviel Leben einhauchte ... und meine Sehnsucht nach dem Land Israel vertiefte. Harriet Beecher Stowes *Onkel Toms Hütte* flößte mir ein Gefühl tiefsten Abscheus vor der Sklaverei, vor Unterdrückung und Abhängigkeit ein ... Nachdem ich *Auferstehung* von Tolstoi gelesen hatte, wurde ich zum Vegetarier; später aber, nach Verlassen des Elternhauses, konnte ich mir die Mahlzeiten nicht mehr nach meinen Wünschen zubereiten und kehrte zu Fleischgerichten zurück.«

Doch haben nicht nur Literatur und regulärer Schulunterricht Davids Weltanschauung geprägt. Jeden Tag, wenn er aus der Schule kam, stürzte er sich in die Welt der Chowewe Zion, die zu einem integralen Teil seiner selbst geworden war. Hierin herrschte zwischen David und seinem Vater tiefstes Einverständnis. Awigdor liebte es, neben dem Jungen auf dem Bett zu sitzen und ganze Abende damit zu verbringen, ihm Lektionen in Geographie und Geschichte zu erteilen. Ein einziges Mal nur hat Awigdor seinen Sohn geschlagen. »Als mein Vater erfuhr, daß ich die Riten nicht befolgte und keinen Gebetsriemen trug, gab er mir zum ersten- und letztenmal in meinem Leben eine Ohrfeige.« Doch gab David auch jetzt nicht nach, sondern weigerte sich standhaft, der religiösen Vorschrift Genüge zu tun und seine Gebete wiederaufzunehmen. Mit zusammengepreßten Lippen und aggressiv vorgestrecktem Kinn gab er seinen unbeugsamen Willen zu erkennen. Awigdor Gruen mußte klein beigeben.

Awigdor, ein zu autoritärer Charakter, um David seine Gedanken anzuvertrauen, war gleichwohl stolz auf seinen Sohn und fest davon überzeugt, daß er den Jungen seines Alters haushoch überlegen war. Er beschloß daher, David die denkbar beste Erziehung zu ermöglichen, und zeigte sich äußerst besorgt über die Hindernisse, die russische Schulen jungen Juden in den Weg legten. 1896, als Theodor Herzl die jüdische Szene betrat, war Awigdor bereits zu einem begeisterten Zionisten geworden und faßte jetzt, in seiner Sorge um Davids Zukunft, den Entschluß, sich persönlich an seinen geistigen Mentor, den Präsidenten der Zionistischen Organisation, zu wenden. David war fünfzehn Jahre alt, als der Vater ohne sein Wissen an Theodor Herzl schrieb:

»Plonsk, 1. November 1901

Führer unseres Volkes, Sprecher der Nation, Dr. Herzl, der Sie vor Königen stehen!

Ich habe mich entschlossen, Seiner Hoheit mein Herz auszuschütten . . . [Obwohl ich] der Geringste unter den Tausenden Israels bin, hat Gott mich mit einem großen Sohn gesegnet, der seine Studien mit Eifer betreibt. Noch in der Blüte seiner Jugend, eben erst fünfzehnjährig, steckt er [bereits] voller Wissen und Gelehrsamkeit und beherrscht neben unserer Zunge, der hebräischen Sprache, auch die Staatssprache, Mathematik und mehr, seine Seele dürstet nach Wissen. Aber weil er ein Jude ist, bleibt ihm jede Schule verschlossen. Ich habe mich daher entschlossen, ihn für ein wissenschaftliches Studium ins Ausland zu schicken. Mehrere Menschen gaben mir den Rat, ihn nach Wien zu schicken, wo es ein Zentrum für jüdische Gelehrsamkeit gibt, eine höhere Lehranstalt für Rabbiner. Und so habe ich mich entschlossen, diese Erwägungen vor meinem Herrn auszubreiten, damit er meinen Sohn empfehlen kann und auch mir der Rat und die Weisheit meines Herrn zuteil wird. Denn könnte es einen besseren Mentor geben als ihn, und wer könnte mir raten, was ich tun soll, wenn nicht er? Denn ich bin machtlos und nicht in der Lage, meinen Sohn zu unterstützen, den ich wie meinen Augapfel liebe.

Mit ergebenstem Gruß

Awigdor Gruen.«

Der Brief ist nie beantwortet worden, und seinem Sohn hat Awigdor zeitlebens nicht gesagt, daß er sich persönlich an den Präsidenten der Zionistischen Organisation gewandt hatte.

Als David vierzehn Jahre alt ist, folgt er dem Beispiel seines Vaters und seines älteren Bruders Abraham und stürzt sich in die Arbeit für die zionistische Bewegung. Gemeinsam mit seinen Freunden gründet er die Esra-Gesellschaft, deren Ziel es ist, Hebräisch als gesprochene Sprache zu verbreiten. Obwohl sich nur wenige der jungen Leute selbst in dieser Sprache ausdrücken können, reden sie sich untereinander auf hebräisch an und finden auch die richtigen Worte für die Wendungen, die ihnen auf Russisch, Polnisch oder Jiddisch geläufig sind. Nach langen, aufreibenden Diskussionen mit argwöhnischen Eltern, konservativen Lehrern und strengen Arbeitgebern, die auch Kinder beschäftigten, gelingt es den Mitgliedern der Esra-Gesellschaft, rund hundertfünfzig Kinder zusammenzubringen, meist Waisen und Lehrlinge, die sie in Bibelkunde unterrichten und denen sie Hebräisch beibringen, Lesen, Schreiben und Sprechen. Innerhalb eines halben Jahres zeigen sich die ersten Früchte ihrer Arbeit: Eine Horde zerlumpter Gassenkinder zieht lärmend und Hebräisch schwatzend durch die abfallübersäten Straßen des Plonsker Armenviertels.

Mehr als nur ein provinzieller Verein junger Männer, wird die Esra-Gesellschaft von ihren drei Gründern, die eine echte Freundschaft verbindet, engagiert geleitet: von Shmuel Fuchs, dem Ältesten, einem großen, kräftigen jungen Mann und begabten Organisator; von Shlomo Zemach, dem zwei Jahre Jüngeren, der einer der reichsten und angesehensten Plonsker Familien entstammt; und von David Gruen, dem Jüngsten, der sich für sein erstes Referat vor der Esra-Gesellschaft das Thema »Der Zionismus und die Kultur« ausgesucht hat. Damals unternimmt David auch die ersten Schreibversuche und beschließt, gemeinsam mit Shlomo Zemach und Shmuel Fuchs eine Zeitung für die Jugend unter der Schirmherrschaft der Esra-Gesellschaft herauszugeben. Hier erscheinen die ersten literarischen Erzeugnisse David Gruens — Gedichte —, aber nach wenigen Monaten muß das Blatt sein Erscheinen einstellen.

Shlomo und Shmuel sind es auch, die den damals siebzehnjährigen David bei der wichtigsten Entscheidung seines Lebens unterstützen. Die drei hatten sich an einem heißen Vormittag im August zum Baden aufgemacht und sich eine Stelle hinter der Stadt ausgesucht, wo die Plonska gemächlich fließt und einen stillen, schattigen See bildet. Nackt, naß und in Hochstimmung lagern sie am Flußufer und lesen in der Tageszeitung einen Bericht vom Sechsten Zionistenkongreß in Basel. Dort hatte Theodor

Herzl sein »Uganda-Programm« vorgetragen, einen Plan zur Errichtung eines Judenstaates in Afrika als einer vorläufigen Zufluchtsstätte für die von wiederholten zaristischen Pogromen heimgesuchten Juden. Tief enttäuscht von diesem Plan, lassen die drei ihren rebellischen Gedanken freien Lauf. Da für sie nur Israel als neue Heimat des jüdischen Volkes in Frage kommt, führen sie eine erregte Diskussion über die Frage, wie das Unglück, das sie »Ugandismus« nennen, am wirksamsten zu bekämpfen sei. Am selben Morgen noch kommen sie zu dem Schluß, daß »es zur Bekämpfung des ›Ugandismus‹ keine bessere Methode gibt, als selbst nach Israel zu ziehen und dort zu leben«.

Dieser Entschluß war mehr als ein Plan, er war die Kristallisation einer Ideologie. Ihr Traum, vom Land Israel Besitz zu ergreifen, konnte nur durch Taten, nicht durch Worte verwirklicht werden, weshalb ihr Entschluß auch die Verpflichtung zur persönlichen Aktion und zum entschiedenen Widerstand gegen jeden »verbalen« Zionismus miteinbezog. An diesem heißen Sommertag manifestiert sich zum erstenmal eine Denkweise, der David Gruen zeitlebens treu bleiben sollte. Und von diesem Tag an versäumt er keine Gelegenheit, den Beweis dafür anzutreten, daß er Taten höher einschätzt als alle Worte. »In meinen Augen«, schreibt er später an seinen Vater, »ist die Besiedelung des Landes der einzig wahre Zionismus. Alles übrige ist Selbsttäuschung, leeres Gerede und reiner Zeitverlust.«

Mit gleicher Ernsthaftigkeit treffen die drei ihre Entscheidung über die Reihenfolge ihrer Abreise nach Palästina. Shlomo soll der erste sein, eine Erkundungsreise durch das Land unternehmen und dann, vorübergehend, nach Plonsk zurückkehren. Hinter dieser Entscheidung verbirgt sich freilich auch ein romantischer Grund: Der junge Shlomo Zemach ist in Shmuels schöne Schwester verliebt und hofft, sie später nach Palästina mitzunehmen. Man vereinbart deshalb, daß er, sobald er die nötigen Vorkehrungen für ihre Ankunft getroffen hat, zunächst nach Plonsk zurückkehrt, um später — mit Shmuels und Davids Hilfe — gemeinsam mit ihr auszureißen. Alle vier wollten sich dann in Palästina wiedersehen.

Mit einem Mal aber scheint es David nicht mehr so eilig mit der Reise zu sein, und tatsächlich war er der letzte, der sie antrat. Palästina, erklärt er seinen Freunden, brauche Bauleute, Ingenieure, Architekten. Also werde er zunächst einmal Technik studieren und, sobald er sein Ingenieursdiplom in der Tasche habe, die Reise antreten. Noch in diesem Sommer werde er nach Warschau fahren, um sich dort für die Aufnahmeprüfung an der Technischen Hochschule vorzubereiten. Indes vergehen Sommer, Herbst und Winter, und immer noch schiebt David den Termin vor sich her. Den drängenden Fragen der Freunde begegnet er mit Ausflüchten, die den wahren Grund seines Zögerns verbergen sollen: David ist bis über beide Ohren verliebt.

Er selbst lehnt es ab, sich irgend jemandem anzuvertrauen. Als Zemach und Fuchs aber Davids Gedichte lesen, in denen er den »Quell des Lebens« besingt, »meine Hoffnung und Zuversicht, Ursprung meines Lebens und Seele meiner Seele«, da wissen sie, wie es um ihn steht. David gibt auch zu, verliebt zu sein, weigert sich aber, den Namen des Mädchens preiszugeben oder ihnen anzuvertrauen, wie tief seine Leidenschaft geht. Erst ein Jahr später spricht er sich in einem Brief an Shmuel Fuchs offen aus:

»Ich habe mich immer danach gesehnt, einem Menschen mein Herz auszuschütten, doch eine geheimnisvolle Kraft hielt mich davon ab und versiegelte mir die Lippen . . . Ja, ich war verliebt — das weißt Du — aber wie sehr, das weißt Du nicht . . . Wie die Flamme eines Vulkans tobte das Feuer der Liebe in meinem Inneren. Alles, was ich an Gedichten geschrieben hatte, schien mir nichts als ein Schatten, ein matter Abglanz dieses Feuers . . . Plötzlich aber kamen mir Zweifel an meiner Liebe . . . Liebte ich denn wirklich? Diese Frage ließ mich keine Nacht mehr schlafen. Zu gleicher Zeit aber gab es Augenblicke, wo ich einfach nicht glauben mochte, daß meine Seele so törichten Zweifeln Raum geben konnte . . ., meine Liebe war noch zu stark. Erst allmählich wurde mir bewußt, daß ich sie nicht liebte . . . Dabei empfand ich auch jetzt noch ein starkes Gefühl der Liebe, aber nicht für sie. (Bis heute weiß ich nicht, ob ich nur aufhörte, sie zu lieben, oder ob ich sie nie geliebt habe . . .) Es war mitten im Winter. Bis dahin hatte ich mich grenzenlos glücklich gefühlt, jetzt aber war ich todunglücklich. Das Herz tat mir weh, und mein Kummer quälte mich so sehr, daß ich ganze Nächte auf meinem Bett saß und weinte . . . Ich konnte in Plonsk nicht länger leben. Das war einer der Gründe, weshalb ich in jenem Sommer nach Warschau gehen wollte — so, wie die Liebe zu Beginn des Winters der Grund gewesen war, in Plonsk zu bleiben. Alles das gehört jetzt der Vergangenheit an . . . Gleichwohl aber kommt es immer noch vor, daß die Liebe wie ein Blitz in meinem Herzen aufzuckt — vornehmlich dann, wenn ich allein bin und mir die alten Geschichten in Erinnerung rufe . . . Einen Augenblick später ist es schon vorbei . . . Hat sich mein Herz verhärtet, ist es zu Stein geworden? Wer kann die Rätsel der Seele ergründen?«

Das ist David Gruen im Alter von siebzehn Jahren — ein verliebter, sensibler Junge, der nachts im ersten Liebeskummer weint, der Gedichte über die Geliebte schreibt und die Verwirklichung seiner Träume wiederholt verschiebt, um in ihrer Nähe zu bleiben. Im selben Brief aber versucht er, nur ein paar Zeilen weiter, sein freimütiges Bekenntnis mit einem Achselzucken abzutun:

»›Der Morgen ist weiser als der Abend‹, sagt ein russisches Sprichwort, zu Recht. Wenn ich mir durchlese, was ich gestern abend geschrieben habe, kann ich nur lachen über mich. Wie absurd, wie sentimental das klingt — ich habe mir sogar überlegt, den ganzen Brief von vorne anzufangen. Aber ich bin zu faul dazu und meine Zeit erlaubt es mir auch nicht.«

Als David Plonsk verläßt und nach Warschau fährt, tut er es mit gebrochenem Herzen, obwohl er später den Namen seiner ersten Liebe vergaß. Die anderthalb Jahre, die er in der polnischen Hauptstadt verbracht hat, scheinen ihn vor eine Reihe schwerster Zerreißproben gestellt zu haben. David fühlt sich in der großen Stadt isoliert und deprimiert. Hinzu kommt, daß sich die Gruppe der Freunde, die er in Plonsk zurückgelassen hatte, auflöst und jeder seiner eigenen Wege geht. Shmuel Fuchs verläßt als erster die Stadt. Aber nicht, wie abgesprochen, um nach Palästina zu fahren, sondern nach England. Für David, der sehr an Shmuel hängt und ihn wie einen »älteren Bruder« betrachtet, ist das ein schwerer Schlag und eine Trennung, die ihn tief bekümmert.

In Warschau wohnt er bei Verwandten. Schon bald aber stellt sich heraus, daß deren finanzielle Schwierigkeiten auch Davids Aufenthalt belasten. Seinen Vater mag er nicht um Geld bitten, da sich dessen finanzielle Situation ebenfalls verschlechtert hat. Zum Glück findet er bald eine Teilzeitbeschäftigung als Lehrer, die seine Lage für eine Weile verbessert. Zusammen mit einem Freund mietet er eine Wohnung, kommt aber auch jetzt innerlich nicht zur Ruhe und ist häufig recht niedergeschlagen, zumal auch die Studienpläne, derentwegen er nach Warschau gekommen ist, immer wieder auf Hindernisse stoßen. Denn für einen Juden war es wegen der strengen Restriktionen der zaristischen Regierung äußerst schwierig, an einem russischen Gymnasium aufgenommen zu werden. So faßt David den Entschluß, am jüdischen Polytechnikum zu studieren, das von einem jüdischen Philanthropen namens Vavelberg gegründet worden war. Um sich für die Aufnahmeprüfung vorzubereiten, nimmt er Privatunterricht in Russisch, Physik und Mathematik. Im Jahre 1904 aber werden an der Vavelbergschule nur noch Abiturienten zugelassen. Davids Traum zerschlägt sich.

In dieser Situation erreicht David die bittere Nachricht: Theodor Herzl ist tot. Völlig verzweifelt und ohne jede Zuversicht schreibt er einem Freund:

»Manchmal, wenn ich an die Zukunft des Zionismus und unseres Volkes denke, überkommen mich nur düstere Gedanken. Zweifel und Unsicherheit saugen mir das Blut aus und zehren an meiner Kraft. Es gibt Zeiten, wo sie – kalt und grausam wie der Tod – meine Seele mit tiefster Hoffnungslosigkeit erfüllen . . . Ach könntest Du mir meinen reinen und starken Glauben wiedergeben, den kein Schatten eines Zweifels und kein hoffnungsloser Gedanke zu trüben vermag!«

Es scheint, als habe David in diesen Tagen keinen Menschen gehabt, den er um Beistand hätte bitten können und der ihm Mut zusprach. Zu eben diesem Zeitpunkt aber tritt Shlomo Zemach, der romantische Jüngling aus Plonsk, wieder in Erscheinung, um den Weg zu weisen und ein Beispiel zu geben, das von vielen – auch von David Gruen – befolgt werden sollte.

Am 25. November 1904 fährt David für zwei Tage nach Plonsk. Noch am Tag seiner Ankunft trifft er sich heimlich mit Shlomo, der, wie die beiden verabreden, bei nächster Gelegenheit nach Palästina aufbrechen soll. Am 12. Dezember schickt Shlomos Vater seinen Sohn zur Bank, um einen Scheck über 580 Rubel einzulösen. Shlomo überwindet sein schlechtes Gewissen, nimmt das Geld an sich und fährt nach Warschau, wo sein Freund David schon auf ihn wartet.

Für die Reisevorbereitungen braucht Shlomo nicht mehr als einen Tag. Aus Angst, sein Vater könnte ihm nachgereist sein, um ihn nach Hause zurückzuholen, versteckt er sich in der Wohnung eines Freundes. Und wirklich, noch am selben Abend taucht Shlomos Vater bei David auf. »Er saß hier im Zimmer«, schreibt David am nächsten Tag an Shmuel Fuchs, »und sprach mit mir, sehr ruhig und ohne eine Spur von Gefühl zu zeigen. Du kannst Dir sicher denken, wie unser Gespräch verlief. Ich beteuerte ihm, daß Shlomo bereits abgereist sei. Ich weiß nicht, ob er mir das glaubte, aber er ist nicht wiedergekommen und vermutlich nach Plonsk zurückgekehrt.«

Am 13. Dezember tritt Shlomo die Reise an und ist wenige Wochen später in Palästina. Zitternd vor Aufregung kommt Shlomo Lavi, ein Freund Davids, ins Schulhaus von Plonsk und liest eine Postkarte vor, die er eben von Shlomo Zemach erhalten hat: »Shalom, meine Freunde! Ich bin in Rishon-le-Zion* gelandet. Während ich Euch schreibe, liegen die ersten zwei Bishliks vor mir, die ich mit meiner Hände Arbeit verdient habe ... Es ist also möglich, sich in unserem Land den Lebensunterhalt zu verdienen. Zum Frühstück und mittags esse ich Brot und Oliven ... Macht Euch keine Sorgen, kommt, und Ihr werdet Arbeit finden.«

Shlomo Zemachs Übersiedlung macht den jungen Leuten von Plonsk gewaltigen Eindruck. Über Nacht wird der junge Mann zum Symbol der Auflehnung gegen die Konvention, gegen das Leben in der Diaspora und gegen Eltern, die ihre Kinder an einer Reise ins Gelobte Land gewaltsam hindern. Vermutlich ist auch Davids Entscheidung durch Zemachs Aktivität bestärkt und beschleunigt worden. Freilich schiebt er die eigene Abreise

---

* Eines der ersten landwirtschaftlichen Siedlungsgebiete der Juden in Palästina

noch über ein Jahr vor sich her, doch ist sein ganzes Tun und Trachten in dieser Zeit auf ein einziges Ziel gerichtet: sich selbst und die Freunde auf das Leben in Palästina vorzubereiten.

David ist nicht mehr der ernste, in sich gekehrte junge Mann, der im eleganten Anzug mit dunkler Weste und Seidenkrawatte nach Warschau gefahren war. Bei seiner Rückkehr nach Plonsk trägt er eine Russenbluse, die Rubaschka, und das bedeutet mehr als eine modische Veränderung. In Warschau hat er die ersten Erhebungen der Russischen Revolution von 1905, den ersten Sturm des sozialen Aufruhrs, der die polnische Hauptstadt in jenen Tagen erschütterte, aus nächster Nähe miterlebt. Er hat die Streikenden und Demonstrierenden gesehen, hat die Redner gehört, die Freiheit und Gerechtigkeit forderten, und er hat erlebt, wie die russischen Soldaten und die Polizei in die Menschenmenge feuerten. Auch wenn seine Schilderung der Warschauer Ereignisse eher zurückhaltend klingt, gibt es keinen Zweifel, daß sein Denken durch diese Szenen nachhaltig beeinflußt worden ist, nachhaltiger noch als durch die späteren Ereignisse in der zweiten Phase der Revolution.

Eine weitere Herausforderung kommt hinzu, die seinem Leben neuen Inhalt gibt: Der Bund (die 1897 in Wilna gegründete nichtzionistische, jüdisch-sozialistische Partei) tritt auf den Plan und droht, den Zionismus aus den Herzen vieler Juden zu verdrängen. Unnachsichtig erklärt David ihm den Krieg; und seine Freunde sind höchst erstaunt, ihn in den anschließenden ideologischen Kämpfen als glänzenden Redner und Debattierer von großer Überzeugungskraft zu erleben. Doch war die Kampagne gegen den Bund nicht der erste Anlaß, das Rednerpult zu betreten. Schon im Mai 1904 hatte David auf einer Versammlung der Esra-Gesellschaft einen Vortrag über Spinozas Ansicht zu »Israel, das vom Allmächtigen auserwählte Volk« gehalten. Und mit seinem Nachruf auf Theodor Herzl hatte er wenige Monate später in der Synagoge von Plonsk »viele Menschen zu Tränen gerührt«. Sein eigentliches Debut als Redner aber und als Führerpersönlichkeit von Rang fällt in diese Zeit seines »polemischen Krieges« gegen den Bund.

Wieder und wieder schickt die Warschauer Zentrale des Bundes die besten Redner nach Plonsk — wohl wissend, daß dort eine harte Nuß zu knacken ist. Und immer wieder steht Dutschka Gruen — klein und kräftig und in der russischen Rubaschka — am Rednerpult der Synagoge, um die Gegner mit scharfer Zunge in die Flucht zu schlagen. Im Verlauf dieser Debatten erweist sich David nicht nur als profilierter Redner, der sich klar auszudrükken versteht und über große analytische Fähigkeiten verfügt, sondern auch als Verfechter einer klar definierten politischen Ideologie. Seit Mitte des Jahres 1905 gehört er zu den aktiven Mitgliedern der 1903 gegründeten jüdischen Arbeiterpartei, der Poale Zion (Die Arbeiter Zions).

Die Poale Zion hatte sich aus der Synthese zweier Bewegungen formiert, die für das jüdische Volk von größter Bedeutung waren: aus dem Zionismus und dem russischen Sozialismus. Im Zionismus sah die neue Bewegung das höchste Ziel aller jüdischen Bestrebungen und im Sozialismus den idealen Rahmen für eine gerechte Gesellschaftsordnung, wie sie in der künftigen Heimat der Juden errichtet werden sollte.

David gründet in Plonsk einen Ortsverband der Poale Zion und organisiert die ersten Streiks in der Stadt, den Kampf der Schneider und Seiler für menschenwürdige Arbeitsbedingungen. Im Schatten der Russischen Revolution von 1905 wird die Fehde zwischen den sozialistischen Zionisten und den sozialistischen Bundisten denn auch im angemessenen »revolutionären« Stil ausgetragen: In Begleitung zweier Leibwächter, die Pistole am Gürtel, erscheint der Repräsentant des Bundes in der Synagoge von Plonsk. David, ebenfalls bewaffnet und bewacht, betritt kampfbereit das Rednerpult. In der Synagoge herrscht spannungsgeladenes Schweigen, und schweigend messen sich die Gegner mit den Augen, bis die verbale Schlacht beginnt. Bald kann David den ersten Sieg in Plonsk verzeichnen: Er schlägt die Offensive des Bundes nieder und macht die Poale Zion für die Jugend der Stadt zur führenden Bewegung.

Rasch erstreckt sich Davids Einfluß auch über die Grenzen von Plonsk hinaus. In Warschau erkennt der örtliche Parteivorstand der Poale Zion seine Begabung und schickt ihn als Redner in die Nachbarprovinzen, wo er trotz seiner jugendlichen Erscheinung ebensolche Erfolge verbuchen kann. Allmählich aber verändert er sein Äußeres, läßt sich einen Schnurrbart und lange Haare wachsen. Sein Aufzug — Russenbluse, Lockenmähne und die (bei den Revolutionären sehr beliebte) Schirmmütze — schien der Warschauer Polizei denn auch Grund genug, ihn wegen subversiver Tätigkeit festzunehmen. In Plonsk glauben die entsetzten Verwandten nichts anderes, als daß der »gefährliche Revolutionär« dem Tod durch Erhängen ausgeliefert sei. Doch wird David durch die Intervention seines Vaters, der in aller Eile aus Plonsk anreist, schnell wieder auf freien Fuß gesetzt.

Im Gefängnis hat David bittere Erfahrungen gemacht. Zum erstenmal in seinem Leben begegnet er jüdischen Zuhältern. »Ich war entsetzt, wie sie miteinander sprachen. Der Mädchenhandel lag ausschließlich in jüdischer Hand. Nie zuvor war mir der Gedanke gekommen, daß es solche Menschen geben könnte.«

Doch dauert es nicht lange, bis David zum zweitenmal (auf dem Weg zu einem Schiedsgerichtsverfahren in einem Nachbarort) verhaftet wird. Und diesmal hat er belastende Papiere bei sich, Beweise seiner politischen Tätigkeit. Wieder rettet sein Vater die Situation durch eine »Spende« von tausend Rubeln, die den Polizeihauptmann Davids Delikt rasch vergessen läßt. Nach seiner Entlassung aus dem Gefängnis nimmt er die illegale Tätigkeit wieder auf.

Im Sommer 1905 kehrt Shlomo Zemach, wie versprochen, für ein paar Monate aus Palästina zurück. Er hat den ursprünglichen Plan nicht vergessen und versucht, mit Davids Hilfe die Schwester von Shmuel Fuchs zur gemeinsamen Flucht nach Palästina zu überreden. Sie lehnt jedoch ab und ist, als die Gruppe der Pioniere im Frühsommer 1906 die Reise nach Palästina plant, nicht mit dabei – wohl aber Rachel Nelkin.

Rachel, ein schönes, großes Mädchen mit schwarzen Augen und um den Kopf geschlungenen Zöpfen, war die Stieftochter Simcha Eiziks, des Vorsitzenden der Chowewe Zion in Plonsk. Die Familien Gruen und Eizik waren eng befreundet, und David kannte Rachel von Kindheit an. Bei seiner Rückkehr aus Warschau hatte er mit Erstaunen festgestellt, wie schön sie geworden war, und sich mit der ganzen Leidenschaft der Jugend in sie verliebt. Diesmal aber versuchte er nicht, seine Gefühle vor den Freunden und seiner Familie zu verbergen.

Auch Rachel war David von Herzen zugetan und brachte es sogar fertig, sich gemeinsam mit ihm auf der Straße zu zeigen – ohne Begleitung! Ein Skandal, der einige Eltern dazu veranlaßte, ihren Töchtern den Umgang mit Rachel zu verbieten. »Die Leute in Plonsk«, erinnert sich David viele Jahre später, »waren sehr konservativ. Ein junger Mann und ein junges Mädchen gingen eben nicht gemeinsam spazieren. Und als ich es trotzdem tat, war die Empörung groß: Unerhört! Was untersteht der sich?«

Fast hätte die Romanze ein tragisches Ende genommen, denn David war nicht der einzige, der für Rachel zärtliche Gefühle hegte. Auch Shlomo Lavi gehörte zu ihren Verehrern. Vor lauter Schüchternheit traute er sich aber nicht einmal, sie anzusprechen. Wütend vor Eifersucht auf David, der Rachel so oft besuchte und sich sogar auf der Straße mit ihr zeigte, zückte Shlomo eines Tages ein Messer und stürzte sich auf den Rivalen. David rannte um sein Leben, rannte, verfolgt von Shlomo, kreuz und quer durch die Stadt. Völlig erschöpft gaben sie schließlich auf — das Shakespearesche Drama war zu Ende. Später versöhnten sich die beiden und schlossen enge Freundschaft.

Im Spätsommer jenes Jahres tritt eine Gruppe von Pionieren — bis dahin die größte — von Plonsk aus die Reise nach Palästina an, unter ihnen Shlomo Zemach, David Gruen, Rachel Nelkin und ihre Mutter. Gemeinsam verbringen David und Rachel die lange Bahnfahrt nach Odessa, gemeinsam besteigen sie auch das baufällige russische Schiff, das sie nach Palästina bringen soll. Als es aber darum geht, sich auf dem harten Bretterboden der vierten Klasse einen Schlafplatz zu beschaffen, sind sie nachweislich nicht beisammen. Mit argwöhnischem Blick auf den verliebten jungen Mann beschließt die Mutter, Rachel zu beschützen, und breitet ihr Bettzeug zwischen Davids und Rachels Lagerstatt aus. Während der Überfahrt wird sie Nacht für Nacht dort verbringen, wird wie ein Schutzwall zwischen ihnen liegen.

Für die meisten jungen Pioniere aus Davids Generation kam die Erfüllung des Zionismus, d. h. die Besiedlung Palästinas, einer oft schmerzhaften Revolte gegen die Eltern gleich, gegen das Leben in der Diaspora und die Verkrustungen der jüdischen Tradition. Für David selbst sah das anders aus: Aufgewachsen in einem zionistischen Elternhaus und von Kindheit an mit der hebräischen Sprache vertraut, hatte er, als er sich für den Zionismus entschied, weder einen Anlaß zur Revolte noch einen Grund zur Flucht. Am Tag vor seiner Abreise nach Palästina posierte ein stolzer Awigdor Gruen gemeinsam mit dem Sohn vor der Kamera des Fotografen, neben sich das Banner der Poale Zion.

Vielleicht lag hier der Grund, weshalb David mit soviel Ruhe und Selbstvertrauen den einmal gewählten Weg verfolgte. Jahre später, in einer Rede über das Elend der jüdischen Massen in der Diaspora, spricht er von ihrem Leben, »das nur aus Leid und Armut besteht«. Er selbst aber hat weder die Erniedrigung der Armut noch die Grausamkeit der Pogrome zu spüren bekommen, die für Hunderte von Juden seiner Generation den entscheidenden Ausschlag gaben, nach Palästina auszuwandern. Die Welle der Pogrome, die das jüdische Volk im zaristischen Rußland heimsuchte, hat Plonsk nie erreicht. Und so war diese Reise nach Palästina für die jungen Leute aus Plonsk auch keine Flucht, vielmehr die Verwirklichung eines selbst gesetzten Ziels.

Die Überfahrt auf dem russischen Dampfer scheint kein Ende nehmen zu wollen, für David aber hält sie ständig neue Überraschungen bereit. Als das Schiff im Hafen von Smyrna vor Anker geht, erlebt er zum erstenmal die exotische Farbigkeit des Orients, kann den Blick kaum losreißen von den dunkelhäutigen Menschen, den Schwarzen, den Zigeunern, den Türken und Arabern. Er bummelt durch die engen, verwinkelten Gassen der Stadt, drückt sich hie und da an Häuserwände, um einer Karawane schwerbeladener Kamele Platz zu machen. An Bord erscheinen ihm die arabischen Passagiere wie »große Kinder, freundlich und warmherzig«, die »einen sehr guten Eindruck« auf ihn machen. In der letzten Nacht auf dem Schiff bleibt David wach, bis er im Dunst der Frühe die Küste Palästinas auftauchen sieht. »Morgenlicht — allmählich näherte sich unser Schiff der Küste von Jaffa . . .

Eine frische Brise wehte uns ins Gesicht, und der Ruf eines Vogels drang an unser Ohr — der erste, den wir auf dieser Reise hörten . . . Stumm und wortlos stand ich da und sah nach Jaffa hinüber, mein Herz pochte wie wild . . . Ich war angekommen.«

Man erzählt sich, daß dies alles schon im Jahre 1878 angefangen habe, mit einem Querkopf namens Joel Moshe Salomon, dessen Familie bereits in der dritten Generation in
Jerusalem lebte. Salomon, ein impulsiver, leicht aufbrau-
sender Mann, war jederzeit bereit, sich über Konventionen hinwegzusetzen. Es genügte ihm nicht, die engen
Grenzen der Jerusalemer Altstadt verlassen und außerhalb ihrer Mauern das Nahalat-Hashiva-Viertel gegründet zu haben. Er wollte auch alle anderen Juden Palästinas
dazu bewegen, ins angestammte Gebiet zurückzukehren.
Zu jener Zeit zählten die über Jerusalem, Jaffa, Safed, Hebron und Tiberias verstreuten jüdischen Gemeinden
mehrere tausend Mitglieder, darunter viele, die von Spenden für die Diaspora lebten und sich dem Studium jüdischen Schrifttums widmeten. Kurz zuvor waren zwei Einwanderer aus Ungarn in Jerusalem eingetroffen,
Yehoshua Stampfer und David Gutmann. Begeistert von
den phantastisch klingenden Plänen Salomons, ritten sie
gemeinsam mit ihm zu den Ufern des Yarkon, wo nicht
weit von dem arabischen Dorf Mulabbis ein sumpfiges
Gelände zum Verkauf stand.

Rasch erkannten die drei, daß die arabischen Einwohner von Malaria befallen waren, daß Pferde- und Kuhka-
daver an den Flußufern verrotteten, daß der Boden ein
tückischer Morast und eine Brutstätte für gefährliche
Krankheiten und Epidemien war. Sie waren kaum ange-

kommen, da riß der griechische Arzt, der die drei begleitet hatte, sein Pferd herum und kehrte im Galopp nach Jaffa zurück. Selbst die Luft, rief er ihnen noch zu, sei hier vergiftet, und der sichere Tod ereile jeden, der sich diesem Ort auch nur zu nähern wagte. Doch mit festem Blick auf die Begleiter sagte Salomon nur: »Gleichviel!« Und Stampfer: »Versuchen wir's!« Und so geschah es: An diesem Ort, in diesem Tal des Todes gründeten sie die Siedlung Petach Tikwa, der später Rishon-le-Zion, Sichron Yaakow und Rechovot folgten. Jede dieser Kolonien ist ihren eigenen Weg gegangen, einen von Gräbern gesäumten, von Rückschlägen und Verzweiflung begleiteten Weg. Und jede hat ihre Helden erlebt — eine Handvoll junger Pioniere in Stiefeln und Russenbluse, mit hoffnungsvoll glänzenden Augen und dem festen Entschluß, in diesem Israel Wurzeln zu schlagen. Die einheimischen Araber starrten sie nur staunend an und schüttelten die Köpfe über die verrückten Juden, die am Rand der Sümpfe, in diesem von Gott und den Menschen verlassenen Land ihre Zelte aufschlugen.

Als die ersten Einwanderer aus Rußland kamen — Mitglieder zionistischer Vereinigungen wie der Chowewe Zion und der Bilu-Bewegung —, war dieses Israel wahrlich kein Land, wo Milch und Honig flossen. Jahrhundertelange Kriege, Raubbau und Verwüstung hatten ihre Spuren in einem Land hinterlassen, das in den Schriften der Bibel noch als ein üppig blühender Garten besungen wird. Der Küstenbereich und andere Niederungen hatten sich in ausgedehnte Sümpfe verwandelt. Durch den Wechsel zwischen glühender Sonne und schweren Regenfällen waren auch die bergigen Gegenden mit ihrem reichen Waldbestand und einem vormals fruchtbaren Boden seit langem verödet. Seit Generationen bestellten die arabischen Bauern das Land nach Art ihrer Väter. Die brodelnden Städte wurden von türkischen Funktionären regiert, deren Machtanspruch sich mit Gleichgültigkeit und Bestechlichkeit paarte. Unweit der Moscheen und der farbenprächtigen Märkte hatten die Anhänger obskurer christlicher Sekten — Deutsche, Franzosen, Amerikaner und Schweden — ihre Kolonien errichtet, wie denn das Heilige Land die Pilger aus aller Welt anzog, auch Wohlhabende aus dem Westen. Die Mehrheit aber stellten die Horden zerlumpter russischer Bauern, die auf ihrer Wanderung zum Jordan Banner und Ikonen mit sich führten und ihre schwermütigen Hymnen sangen.

Gleichwohl war dieses Land für Millionen von Juden das Ziel ihrer Träume und der Ort, auf den sich alle ihre Hoffnungen, alle ihre Gebete richteten. Das galt auch für die ersten, noch sehr kleinen Gruppen junger Pioniere, die, weder besonders kräftig noch an schwere körperliche Arbeit gewöhnt, auch keinerlei Erfahrung in der Landwirtschaft hatten. Alles, was sie mitbrachten, war ein kindlicher Glaube und die fast fanatische Bereitschaft zur Selbstaufopferung. Doch als die harte Arbeit, als Hunger und Malaria schon bald ihren Tribut forderten, faßten viele der Überlebenden den Entschluß, dieses unselige Land mit dem erstbesten Schiff wieder zu verlassen. Ben Gurion hat später einmal die Rechnung aufgestellt, daß von zehn Einwanderern, die mit der Zweiten Alija* ins Land kamen, neun wieder umgekehrt sind. Die legendäre Rückkehr ins Gelobte Land war auch nicht das Werk einiger tausend Pioniere: Entgegen den Aufstellungen professioneller Zionisten sind es nur ein paar hundert — zeitweilig auch weniger als hundert — junge Leute gewesen, die abgerissen, unterernährt und kränklich nach Palästina kamen. Die Darstellung, daß ein ganzes Volk ins Land der Väter zurückgekehrt sei, ist nichts anderes als ein Mythos

* Jüdische Einwanderung zwischen 1904 und 1918

und der Versuch, eine Realität zu bemänteln, die sehr viel nüchterner und damit, konsequenterweise, auch sehr viel heroischer war.

Am Morgen des 7. September 1906 — es ist ein heißer, schwüler Tag — legt das Schiff David Gruens im Hafen von Jaffa an. Von einer Gruppe junger Pioniere begrüßt, betritt David voller Erwartung und freudig erregt den Boden seines Landes. Gleich hinter dem Hafenbereich aber sieht er sich erstaunt um: »Schlimmer als Plonsk!« stellt er fest, ein Alptraum, dieses Jaffa. Voller Abscheu nimmt er die verkommenen Häuser und Fassaden wahr, den Schmutz auf den Straßen, die lärmenden Horden zerlumpter Nichtstuer, die sich ziellos herumtreiben. »Fette Araber hockten neben ihren Karren«, beschreibt er die Szene später, »und dazwischen ein paar ärmliche Läden jüdischer Händler. Hier wollte ich nicht bleiben.« Als die Freunde ihn zu einem Hotel im jüdischen Viertel bringen wollen, lehnt er ab. »In Jaffa bleibe ich nicht. Nicht einmal für eine Nacht. Das ist nicht Israel! Ich will nach Petach Tikwa, noch bevor dieser Tag zu Ende geht!«

Und so machen sich noch am Nachmittag vierzehn junge Leute, darunter Rachel Nelkin und Shlomo Zemach, zu Fuß auf den Weg nach Petach Tikwa. »Wir mußten laufen«, berichtet Rachel später, »weil es zu dieser Tageszeit keine Fahrgelegenheit mehr gab. Orangenhaine säumten unseren Weg, und einer der jungen Männer hat bis zu unserem Ziel nur getanzt und Freudensprünge vollführt.« Bei Mondschein erreicht die Gruppe Petach Tikwa. David ist fasziniert und »wie berauscht«, eine Entdeckung folgt der andern. Als er aus einem der Höfe sonderbare Töne vernimmt, erklärt man ihm, das sei der Schrei eines Esels. »Ich hatte nie zuvor einen Esel gesehen und nicht gewußt, was mit dem ›Iah‹ gemeint war.« Dann hört er aus der Ferne ein merkwürdiges Bellen. »Das sind kleine Füchse«, wird ihm gesagt, »die unsere Weinberge ruinieren.« In den Ohren des verzückten David aber klingt ihr Geheul »wie eine Symphonie«. In dieser Nacht tut er kein Auge zu und ist von da an jede Nacht draußen, sieht sich staunend um. Ein Teil seiner Träume ist Wirklichkeit geworden.

Als David am nächsten Tag zusammen mit Shlomo ein Zimmer mietet, hat er die ersten Arbeitsstunden bereits hinter sich. Schon früh am Morgen hat er Dünger zu den Orangenhainen gekarrt und über die Erdlöcher verteilt, die man für die jungen Bäumchen frisch ausgehoben hat. »Keine leichte Arbeit«, schreibt er an seinen Vater. »Sie erfordert viel Geduld und Ausdauer von einem, der nie zuvor eine solche Arbeit verrichtet hat — was bei den meisten hier der Fall ist. Auch fällt es schwer, die Sommerhitze zu ertragen, den roten Lehmboden aufzuhacken . . . Der Schweiß fließt in Strömen, unsere Hände sind wund und voller Schwielen, die Gelenke bis zum Zerreißen angespannt . . . Und zu alledem steht der Eigentümer oder dessen Aufseher neben dir und brüllt *Iallah!* (Los, beeilt euch!) . . .«

Gleichwohl ist David fest entschlossen, dieses Land zu bestellen und damit die oberste Forderung des Zionismus zu erfüllen. Hebräische Arbeit auf hebräischem Boden, das war die einzige Möglichkeit für das jüdische Volk, seinen Anspruch auf das Land Israel wieder geltend zu machen. »Eroberung der Arbeit« hieß denn auch der Wahlspruch der jungen Pioniere. »Es wird«, schreibt David Gruen, »nur zwei Sorten von Arbeitern gelingen, in diesem Land durchzuhalten: denen, die über ein Höchstmaß an Willenskraft verfügen, und denen, die zu harter Arbeit fähig sind und Übung darin haben — vornehmlich also kräftige junge Leute.« David selbst nimmt mit schwerster körperlicher Arbeit die Herausforderung an, doch wenige Wochen nach seiner Ankunft bricht er, physisch erschöpft, nach einem Malaria-Anfall zusammen. Man ruft

42

einen jüdischen Arzt, Dr. Stein, der David behandeln soll, ihm aber keinerlei Hoffnung macht: »Hier dürfen Sie auf keinen Fall bleiben, verlassen Sie das Land!« Aber David bleibt.

Nach der Malaria, die ihn auch später in regelmäßigen Abständen befallen wird, lernt David den Hunger kennen. »Ich habe weniger Zeit mit Arbeit verbracht als damit, unter Fieber und Hunger zu leiden. Arbeit, Malaria, Hunger — das war neu für mich und eine wichtige Erfahrung. Eben darum war ich schließlich in dieses Land gekommen.« Wenn er ein paar Münzen beisammen hat, kauft er sich morgens eine Pitta (das arabische Fladenbrot) und hebt sie bis zum Nachmittag auf. Dann kaut er sie stückchenweise und ganz langsam, um den nagenden Hunger zu überlisten. Es gibt aber auch Tage, an denen er sich nicht einmal diese eine Pitta leisten kann. »Tagsüber war das nicht so schlimm, da sprach ich mit Freunden oder versuchte, mich auf andere Dinge zu konzentrieren. Schlimm wurde es erst in der Nacht. Von dem Augenblick an, wo ich einzuschlafen versuchte, gaukelte meine Phantasie mir volle Fleischtöpfe vor, gebratene Hühner, mit Speisen überladene Platten. Ich bangte schon um meinen Verstand. Wenn ich dann am Morgen müde und zerschlagen erwachte und mit der Hand durchs Haar strich, fiel es mir büschelweise aus und blieb in den Fingern hängen.« Gerüchte über die Situation der Pioniere dringen bis nach Plonsk. Als Awigdor Gruen aber, in Sorge um seinen Sohn, David zehn Rubel per Post schickt, erhält er den Schein mit der Antwort zurück: »Ich brauche wirklich kein Geld.«

Weder in seinem Stolz noch in seiner Notlage ist David allein. Für die jüdischen Pioniere ist eben dieses gemeinsame Elend der Grund, sich zu Gruppen zusammenzuschließen und damit — eher der Not gehorchend als in erklärter Absicht — die ersten Kommunen in Palästina zu gründen. Was sie verdienen, geben sie für Lebensmittel aus. Auch wenn von Zeit zu Zeit ein Päckchen von zu Hause kommt oder eine Geldanweisung, bleibt vom kargen Lohn nichts übrig. Abends sitzen sie meist in der Küche beisammen, singen und tanzen bis tief in die Nacht. Aber es gibt auch Tage und Nächte voller Entbehrung, Verzweiflung und ohnmächtiger Wut.

»Ich war Tagelöhner«, berichtet Ben Gurion viele Jahre später vor der Knesset. In seinen Worten schwingt noch die Bitterkeit jener Jahre mit, die Erinnerung an unbarmherzige Arbeitgeber, denen er ausgeliefert war und deren Demütigungen er täglich ertragen mußte. Diese Dienstherren, die sich ihre Arbeiter jeden Tag nach Belieben aussuchten, waren selber Juden, Landwirte aus Judäa. Zwanzig Jahre zuvor hatten sie selbst noch Träume und Ideale gehabt, da waren sie eben aus Rußland gekommen und glühende Anhänger des Zionismus. In wenigen Jahren aber hatten sie sich grundlegend verändert.

Diese Veränderung war dem Gold ihres »Wohltäters«, Baron Edmond de Rothschild, zuzuschreiben. Der Baron, ein »pragmatischer Visionär«, hatte Land gekauft und landwirtschaftliche Kolonien gegründet, hatte Fachleute und Berater in die Siedlungsgebiete geschickt, um all denen zu helfen, die sich in »seinen« Kolonien niederlassen wollten — in Petach Tikwa, Rishon-le-Zion und Sichron Yaakow. Je mehr Gold der Baron aber unter den Siedlern verteilte, desto mehr nahm deren Begeisterung für den Zionismus ab. Anstatt das Land selbst zu bestellen, heuerten sie für einen Hungerlohn arabische Arbeiter an. Und als mit der Zweiten Alija zunehmend mehr Pioniere in Palästina eintrafen, fanden sie in den Siedlungsgebieten fast nur noch Grundbesitzer vor, die sich in ihrer Profitgier kaum noch an die alten zionistischen Ideale erinnerten und die barfüßigen Neuankömmlinge mit Argwohn empfingen.

Gemeinsam mit den arabischen Arbeitern, die aus den umliegenden Dörfern kamen, mußten sich die jungen Leute jeden Morgen im Zentrum der Siedlung melden. Dort schritten dann die Dienstherren und ihre Aufseher die Reihen der Wartenden ab, musterten jeden einzelnen genau und prüften, wer ihnen zur Arbeit tauglich schien und wer nicht. Doch war selbst für den, der angeheuert wurde, der Kampf nicht zu Ende: Er wußte, daß ein harter Arbeitstag bevorstand, daß allein die Arbeitsleistung über sein Schicksal in den nächsten Tagen entschied und daß diese Leistung im Wettstreit mit den arabischen Tagelöhnern erbracht werden mußte. Mit Arbeitern also, die, mit dem Klima und der harten Feldarbeit vertraut, körperlich kräftiger waren als die jungen Leute. Es war die erste Feuerprobe, die die Einwanderer vom Tag ihrer Ankunft an in diesem Land bestehen mußten. Sie gab ihrem Wahlspruch »Eroberung der Arbeit« einen düsteren Klang.

Nachdem er am eigenen Leib erfahren hat, wie demütigend das Dasein eines Tagelöhners ist, entschließt sich David zur Revolte. Das Klassenbewußtsein, das er sich im zaristischen Polen erworben hat und das sich jetzt sehr konkret mit seinen zionistischen Idealen verbindet, bringt ihn mit den jüdischen Grundbesitzern in offenen Konflikt. Wie schon mehrfach betont worden ist, haben ihm zwei Revolten den Weg gewiesen: Die erste, der Kampf gegen das Elend der Juden in der Diaspora, hatte ihn nach Palästina geführt. Die zweite, die sich gegen die Willkür der jüdischen Plantagenbesitzer in der Ebene Judäas richtete, hatte ihn in seinem sozialistischen Bewußtsein bestärkt. So ist es nur natürlich, daß David jetzt die politische Arbeit wieder aufnimmt, sich verstärkt für die Ziele der Poale Zion einsetzt.

Poale Zion und Hapoel Hazair (Der junge Arbeiter) waren damals die einzigen jüdischen Arbeiterparteien in Palästina. Daß sich beide Lager heftig befehdeten, hatte

David schon am Tag seiner Ankunft mit Schrecken festgestellt. Noch im Hafen von Jaffa hatte ihn ein jüdischer Arbeiter angesprochen und einem gnadenlosen Verhör unterzogen. Befragt, ob er für oder gegen den historischen Materialismus sei, hatte David ihn nur entgeistert angestarrt. »Es war mein erster Tag in Palästina, ich fühlte mich noch immer wie berauscht, und da überfiel der mich mit seinen Attacken gegen den historischen Materialismus und anderem Unsinn. ›Was wollen Sie eigentlich von mir?‹ fragte ich ihn, aber er ließ einfach nicht locker.«

Die Tatsache, daß ein so tiefer Abgrund die beiden Parteien trennt, will David nicht in den Kopf, zumal vier von den neun Gründungsvätern des Hapoel Hazair in Palästina aus Plonsk stammen. Nach seiner Überzeugung läßt sich das Nebeneinander zweier Arbeiterparteien in diesem Land durch nichts rechtfertigen. Noch am Abend vor Antritt der Palästina-Reise, als Shlomo Zemach ihm von der Gründung des Hapoel Hazair erzählte, hatte David ihm geantwortet: »Ich bin Mitglied der Poale Zion. Zwischen dir und mir gibt es keinen Unterschied: Wir beide kämpfen für die hebräische Sprache und stehen beide auf der Seite des jüdischen Arbeiters.« David und Shlomo beschlossen, sich in Palästina für eine Vereinigung beider Parteien einzusetzen. Doch »kurz nach unserer Ankunft nahm Shlomo Zemach — entweder von Freunden oder vom Klimawechsel beeinflußt — Abstand von der Idee einer Einigung. Ich nicht.«

Am Klimawechsel lag es sicher nicht, daß die Versöhnungspläne sich zerschlugen. Die ideologische Kluft zwischen Poale Zion und Hapoel Hazair war einfach zu tief. Die Poale Zion, entscheidend von Ideen der Russischen Revolution geprägt, hatte die zionistischen Ziele mehr und mehr aus dem Programm gestrichen und war auf dem Weg, eine marxistische Partei zu werden. So kam es, daß die Pioniere aus Plonsk — Zionisten von Haus aus, des Hebräischen mächtig und fest in jüdischen Traditionen wurzelnd — schon am Tag ihrer Ankunft in Palästina der Poale Zion den Rücken kehrten und mit dem Hapoel Hazair sympathisierten, der in Reaktion auf die veränderte Haltung der Poale Zion gegründet worden war und dessen Mitglieder keine Marxisten, sondern Verfechter der alten zionistischen Ideen waren: der Rückkehr nach Zion, der Verbreitung des Hebräischen, der Verwirklichung ihrer zionistischen Ideale.

In mehr als einer Hinsicht steht David dem Hapoel Hazair näher als der Poale Zion, wie er sie jetzt, bei seiner Ankunft in Palästina, erlebt. Schließlich ist er überzeugter Zionist und Hebraist, dem die Rückkehr nach Zion mehr bedeutet als jede Ideologie. Zugleich besitzt er — nach eigener Aussage — ein hochentwickeltes Klassenbewußtsein. Er bewundert den Geist der Russischen Revolution und glaubt an die Grundsätze des Sozialismus. Sein eigener Sozialismus ist aber eher pragmatisch, flexibel und dient vor allem nationalen und zionistischen Zielen. Für David Gruen verbinden sich Sozialismus und Zionismus in dem einen Ideal: der jüdischen Wiedergeburt, deren Vorkämpfer die Arbeiterklasse ist und die nur durch praktische Arbeit in Israel erreicht werden kann. Der Grundsatz, alle sozialistische und parteipolitische Ideologie den nationalen und politischen Zielen unterzuordnen, wird für die politische Arbeit David Ben Gurions zeitlebens kennzeichnend bleiben.

1906 findet der erste Poale-Zion-Kongreß in Palästina statt. Zu den fünf Männern, die ins Zentralkomitee gewählt werden, gehört David Gruen. In geheimer Abstimmung wird er auch in den zehnköpfigen Ausschuß gewählt, den man mit der schriftlichen Ausarbeitung des Parteiprogramms beauftragt. Ganz so, als sei man noch in Rußland, als gehöre man einer sozialistischen Untergrundpartei, einer verbotenen Verschwörergruppe an, treffen sich die Zehn in einer alten arabischen Karawanserei, tagen dort heimlich in einem kleinen abgeschotteten Raum. Zwei Tage und drei Nächte lang hocken die Ausschußmitglieder auf dem harten, mit Binsenmatten ausgelegten Steinboden und reden sich die Köpfe heiß, bis sie das langerwartete Konzept, das Programm von Ramla, schließlich vorlegen können (so benannt nach dem Ort seiner Entstehung).

In Ramla mag es zwar entstanden sein, die eigentliche Herkunft aber ist das Kommunistische Manifest, mit dem es, trotz gewisser Änderungen in zionistischem Sinne, größte Ähnlichkeiten aufweist. Das Programm kann als Paradebeispiel für die Unwissenheit seiner Autoren gelten, für ihre falsche Einschätzung der Lebensbedingungen in Palästina und für ihre Entfremdung vom eigentlichen Zionismus. Tatsächlich fällt das Wort Zionismus kein einziges Mal! Erst bei der zweiten Sitzung des Poale-Zion-Kongresses erringen die Zionisten einen ersten Sieg, als die Delegierten einer Resolution folgenden Wortlauts zustimmen: »Ziel der Partei ist die politische Unabhängigkeit des jüdischen Volkes in diesem Land.«

Zum erstenmal hatte die Poale Zion sich ein Ziel gesetzt: die Gründung eines Judenstaats. Das war in der Tat der Beginn einer Revolution — aber auch nicht mehr als ein Beginn. Noch viele Jahre sollte David Gruen innerhalb der Partei zu einer Minderheit gehören, die sich mit ihrem Versuch, die Berichte und Verlautbarungen der Poale Zion in hebräischer Sprache abzufassen, nicht durchsetzen konnte. Vielleicht lag hier der Grund, weshalb David keine aktive Rolle in der Partei übernahm. Obwohl er Mitglied des Zentralkomitees war und zu Beginn des Jahres 1907 auf Bitten der Partei einige Zeit in Jaffa verbrachte, schien er für die Parteiarbeit nicht viel übrig zu haben. Er zog die Landarbeit vor.

Der Winter 1906/07 ist streng, seit Jahrzehnten hat Palästina keine solche Kälte mehr erlebt. David, der die Wintermonate zunächst in Jaffa, dann in Petach Tikwa verbringt, besitzt kein einziges warmes Kleidungsstück, und die Stiefel, die sein Vater ihm schickt, sind zu klein. Doch hat er eine Anstellung als Orangenpflücker, eine Arbeit, die er als angenehm und leicht empfindet. Im Frühjahr siedelt er nach Kfar Saba über, das zwei Stunden Fußweg von Petach Tikwa entfernt liegt. Nach ein paar Wochen zieht er nochmals um und geht nach Rishon-le-Zion, wo er in einer Weinkellerei arbeitet. Mit langer Schürze und bis zu den Knien aufgekrempelten Hosenbeinen zertritt er barfuß die Trauben. Einmal wettet er mit einem der Arbeiter, wer es am längsten kann, trampelt drei Tage und drei Nächte ohne Pause durch und gewinnt. Noch Jahre danach kann er keinen Wein mehr sehen.

Auch in Rishon-le-Zion bleibt er nicht lange. Die nächste Station ist Rechovot, eine nahegelegene Siedlung. Nachdem er eine Zeitlang dort verbracht hat, überlegt er, ob er nicht ein Stück Land kaufen und sich als Bauer niederlassen soll, um auch seine Familie nachholen zu können. Doch um ein solches Leben zu führen, war er schließlich nicht nach Palästina gekommen. Was er wollte und suchte, war etwas anderes, etwas, das der ursprünglichen Idee, dem Ideal der Rückkehr ins Gelobte Land, in jeder Hinsicht entsprach. Und wieder ist es sein Freund Shlomo Zemach, der ihm den Weg bahnt und mutig vorangeht. Shlomos Ziel ist Galiläa, wo er wenige Wochen nach der gemeinsamen Ankunft in Palästina eintrifft. In dieser Zeit der Suche schreibt David an seinen Vater:

»In Galiläa ist alles ganz anders. Dort gibt es Milch, Butter und Käse im Überfluß. Dort kennt man keine Tagelöhner . . ., nur Arbeiter, die für ein ganzes Jahr eingestellt werden und alles für den täglichen Bedarf erhalten, darüber hinaus ein festes Monatsgehalt. Auch die Arbeit ist dort anders . . ., fast nur leichte Feldarbeit.«

Die eigentlichen Unterschiede zwischen Judäa und Galiläa aber lagen woanders. Galiläa war ein abgelegenes Grenzland, wo es kein Jaffa gab und keine Rothschildschen Siedlungen, keine grundbesitzenden Bauern und nichts, das an das Leben in der Diaspora erinnerte. Die wenigen jüdischen Kolonien zählten damals nur ein paar Dutzend Bauern und weniger als vierzig jüdische Landarbeiter. Um so stärker war in den vielen Dörfern Galiläas die judenfeindliche arabische Bevölkerung vertreten. Nach Galiläa zu gehen, war daher eine zionistische Tat von höchster Bedeutung. Hier siedeln zu wollen, hieß, eine von den türkischen Herrschern, den russischen Einwanderern und dem französischen Baron geschaffene Existenzgrundlage hinter sich zu lassen und durch die Besiedlung einer von der Außenwelt abgeschnittenen Provinz das zionistische Ideal im ursprünglichsten Sinne zu erfüllen.

Ein Jahr nach seiner Ankunft in Palästina bricht David Gruen nach Galiläa auf und beendet damit ein Kapitel seines Lebens. Ein neues beginnt — doch nicht nur in seinem Leben als Pionier, sondern auch im persönlichen Bereich. Zweifellos haben mehr als nur ideologische Gründe zu seinem Entschluß geführt, Judäa zu verlassen. Gleichwohl aber können wir auch heute, achtzig Jahre danach, nicht mit letzter Sicherheit sagen, wie stark sich eine Episode auf sein weiteres Leben ausgewirkt hat. Die Rede ist von seiner Liebe zu Rachel Nelkin.

Die Einwanderer aus Plonsk hatten sich in ganz Judäa als eine ungewöhnlich einsatzbereite und leistungsstarke Gruppe einen Namen gemacht — mit Ausnahme von Rachel Nelkin. Ihr hatte man schon in Petach Tikwa den Arbeitsplatz im Orangenhain gekündigt. Daß sie auch danach keine Arbeit fand, beschämte die sensible junge Frau zutiefst. Noch schmerzlicher trifft es sie, daß die Freunde aus Plonsk sich jetzt von ihr abwenden: Sie schade dem

Ansehen der Gruppe als gute Arbeiter und beispielhafte Pioniere. Als die Freunde Rachel gegenüber einhelliges Mißfallen äußern, kommt von David kein Wort zu ihrer Verteidigung. Im Gegenteil, er unterstützt die Gruppe in ihrer Kritik.

Wahrscheinlich lag hier der Grund, weshalb es zum Bruch zwischen David und Rachel kam. Trotz seiner Liebe zu ihr verurteilte er sie wegen ihres Scheiterns an einer Aufgabe, die er für die wichtigste hielt: Israel durch Arbeit zu erobern.

Offensichtlich schlossen die beiden Bereiche Liebe und Ideologie für David einander aus. Dabei hat er wohl nie wieder eine Frau so geliebt wie Rachel. Als sie Jahre danach einmal gefragt wird, warum David sie nicht geheiratet habe, zögert sie zunächst und sagt dann: »David hat sich nur für öffentliche Angelegenheiten interessiert, nicht für private.« David selbst erklärt:

»Heiraten? . . . Wer dachte denn damals an Heiraten! Wir vermieden es . . ., weil wir so rasch keine Kinder in die Welt setzen wollten. Das Land war unzivilisiert und rückständig. Wir hätten unseren Kindern keine angemessene hebräische Erziehung bieten können. Erst später . . . sahen wir ein, daß es trotz allem möglich war, in diesem Land Kinder großzuziehen.«

»Außerdem«, fügte er hinzu, »hatte Rachel einen andern getroffen, sich in einen andern verliebt . . .« David sprach den Satz nicht zu Ende, ließ ihn angefangen stehen.

Tatsächlich war zu jener Zeit ein anderer junger Mann in Rachels Leben aufgetaucht, Yehezkel Bet Halachmi. Er hatte Rachel schon in Plonsk kennengelernt, auf der Durchreise nach Palästina, und sich wie alle andern in sie verliebt. Auch Rachel war die feinfühlige, stille Art Yehezkels nicht entgangen, und sie erinnerte sich an ihn, als sie ihm bei ihrer Ankunft in Palästina am Hafen von Jaffa zum zweitenmal begegnete. Zur dritten Begegnung kommt es, als Rachel nach Petach Tikwa zurückkehrt und die Arbeit im Orangenhain wieder aufnimmt — noch immer bedrückt und voller Gewissensbisse, dem guten Ruf der Pioniere aus Plonsk geschadet zu haben. »Aber Yehezkel war so gütig und liebevoll, immer wieder machte er mir Mut, gab mir meinen Glauben und meine Zuversicht wieder.«

So war das Schicksal dieser jungen Menschen miteinander verwoben. Yehezkel ist in vieler Hinsicht das Gegenteil von David, er besitzt all die Eigenschaften, die Rachel bei David vergeblich sucht. Daß David »kaum zu Hause ist« (in Petach Tikwa) und keine Zeit für sie hat, verstimmt sie mehr und mehr. Sie weiß sehr wohl, daß sie als Arbeiterin versagt und darum an Ansehen verloren hat. Daß David aber eine Angelegenheit, die vom nationalen Standpunkt aus betrachtet und auch für sie selbst von unbestrittener Bedeutung ist, nicht von privaten Dingen trennen kann, vermag sie nur schwer einzusehen. Schließlich kommt es zur endgültigen Trennung. David, der Rachel noch immer von ganzem Herzen liebt und auch Jahre danach nicht aufhört, sie zu lieben, verläßt Petach Tikwa und geht nach Galiläa. Ein Jahr nach seiner Abreise heiraten Rachel Nelkin und Yehezkel Bet Halachmi. Es dauert viele Jahre, bis David den Schmerz der Trennung überwunden hat.

Sein Zielort in Galiläa ist Sejera (Ilaniyya) — zwei lange Reihen rotgedeckter Häuser aus Stein, am Abhang eines Hügels errichtet, nicht weit von der Straße nach Tiberias. Der Ort, der von ein paar Dutzend Bauern bewohnt wird, liegt völlig isoliert, die Dorfbewohner der weiteren Umgebung sind judenfeindliche Araber. Als David an einem Herbsttag das Tal erreicht, bleibt er verwundert stehen. Sein Staunen wächst, als er ins Dorf kommt, mit den Bewohnern redet und Näheres über Sejera erfährt. Es ist die einzige Siedlung im ganzen Land, die ausschließlich durch jüdische Arbeit entstanden ist.

»Erst hier fand ich das Land Israel, wie ich es mir erträumt hatte. Hier gab es keine Händler und keine Makler, keine Arbeiter von auswärts und keine Müßiggänger, die von der Arbeit anderer lebten. Alle, die in dieser Siedlung wohnen, arbeiten selbst und genießen die Früchte ihrer Arbeit.«

In einem landwirtschaftlichen Betrieb, der außerhalb Sejeras oben auf dem Hügel liegt, findet David Arbeit. Gelegentlich ist er auch bei einem ehemaligen Sattler in der Siedlung beschäftigt, der aus Rußland stammt und mit dem Entschluß, Bauer zu werden, nach Palästina gekommen ist. In Petach Tikwa hatte David davon geträumt, »das Lied des Pflügers zu hören«; jetzt ist er selbst ein Pflüger geworden. Seinem Vater schreibt er dazu:

»Den Pflugsterz in der linken, den Treibstock in der rechten Hand, gehe ich hinter dem Pflug her und sehe die dunklen Erdbrocken, wie sie aufbrechen und zur Seite fallen, während die Ochsen sich gemessenen Schritts vorwärtsbewegen — wie zwei wichtige Geschäftsleute. Das sind Augenblicke zum Nachdenken und Träumen. Und könnte man denn anders als träumen, wenn man so dahinschreitet, den Boden Israels umpflügt und ringsum nur Juden sieht, die ihren Boden in ihrem Land bestellen? Diese aufgeworfene Erde, die ihren ganzen Zauber enthüllt und die Leuchtkraft ihrer Farben vor Augen führt, ist sie nicht selbst ein Traum?«

Hier, auf den Feldern von Sejera, verbringt David Gruen die schönsten Jahre seines Lebens in Palästina.

Bildhaft in der Sprache und von romantischer Vorstellungskraft geprägt, sind Davids Schilderungen aus dieser Zeit das Zeugnis eines Menschen, der sich, beseelt vom Glauben an den Zionismus, in hohem Maße auszudrücken und andere zu überzeugen versteht. Daraus aber zu folgern, daß David Gruen schon als junger Mann im Kreis der Freunde und Mitstreiter eine Sonderstellung einnimmt, wäre verfehlt. Denn trotz seiner überragenden Fähigkeiten ist er ungewöhnlich schüchtern und flüchtet gern in die Einsamkeit. Dabei kommt es durchaus auch vor, daß sein lebhaftes Temperament sich Bahn bricht — etwa bei einer Rede vor dem Parteikongreß oder bei einem Vortrag, den er vor den jüdischen Bauern Sejeras in hebräischer Sprache hält, oder auf dem Regionalkongreß des Jüdischen Arbeiterverbandes in Galiläa, wo seine Gedanken großen Anklang finden. Meist aber lebt er sehr zurückgezogen und schläft lange Zeit allein in einem der Lagerschuppen von Sejera. Seine Freunde haben keine Ahnung, womit er sich an den langen Winterabenden beschäftigt, sie wissen nicht einmal, ob er die Feldarbeit mag oder nicht.

In der Tat scheint David sich bei der Arbeit nicht sonderlich hervorgetan zu haben. Geschichten machen die Runde, es heißt, er lese leidenschaftlich gern. So sei er eines Tages zeitunglesend und völlig vertieft in seine Lektüre hinter den Ochsen hergegangen. Als er das Blatt durchgelesen hatte und aufsah, waren die Ochsen weg, spurlos verschwunden. Sie hatten sich auf halbem Weg davongemacht und weideten friedlich auf dem Nachbargrundstück, ohne daß David das geringste bemerkt hatte. Die anderen Landarbeiter spüren instinktiv, daß David anders als sie selbst ist und nicht sein Leben lang in der Landwirtschaft arbeiten will. Und David selber fühlt sich bei seiner ungewöhnlichen Begabung »zu mehr imstande, als hinter Mauleseln herzulaufen«. Solche Gedanken aber hätte er niemals einem der andern anvertraut.

Seine Einsamkeit, die beides war: selbst verursacht und durch die Umstände bedingt, scheint sich in Sejera noch verstärkt zu haben. Das Mädchen, das er liebte, war weit weg, seine Freunde hatte er in Petach Tikwa zurückgelassen. Und Shlomo Zemach, einer der engsten Freunde, verläßt Sejera kurz nach Davids Ankunft. Die Briefe aus dieser Zeit bekunden ein starkes Verlangen nach Freundschaft, aber er bleibt allein. In diesen Jahren erfährt er zum erstenmal, was Alleinsein bedeutet — ein Schicksal, das ihm, wie allen großen Führerpersönlichkeiten, ein Leben lang beschieden sein wird. Wie schwer es ihm fiel, wie sehr er unter Heimweh litt und sich nach menschlicher Nähe sehnte, kommt in den Briefen an seinen Vater und die Familie zum Ausdruck:

»Wie oft bin ich hier allein herumgelaufen, habe zu den Sternen aufgeschaut und war im Herzen bei Euch . . . Dies ist mein Land, ein Wunderland, hier vor meinen Augen — so nah, daß es mein Herz ergreift —, zugleich aber ist mein Herz krank vor Sehnsucht nach einem fernen Land, auf dem der Schatten des Todes liegt . . . wie ein Verurteilter, dem man die Freiheit wiedergab und der alle Freunde, alle Kameraden im Gefängnis zurückließ — und er wandert umher, frei, aber dennoch immer wieder von den verschlossenen Mauern angezogen . . .«

Schon bald ergibt sich die Gelegenheit, das »Gefängnis« wiederzusehen: Im Sommer 1908 erhält David den Einberufungsbefehl zum Militärdienst bei der russischen Armee. Um seinem Vater die dreihundert Rubel Geldstrafe zu ersparen, die bei einer Nichtbefolgung fällig gewesen wären, entschließt er sich zur Rückkehr nach Plonsk. Sein Vater schickt ihm fünfunddreißig Rubel für die Fahrt und weitere vierzig, um seine vielen Schulden zu bezahlen. Im Frühherbst tritt David von Jaffa aus die Heimreise an, die ohne Zwischenfälle verläuft. Nach dem Wiedersehen mit seiner Familie meldet er sich zum Militärdienst, wird für tauglich erklärt und leistet den Treueid auf den Zaren. Wenig später flieht er jedoch aus dem Lager, überquert mit falschen Papieren die Grenze nach Deutschland und ist schon Ende Dezember in Palästina zurück.

Hier arbeitet er ein paar Wochen lang in der Siedlung

Kinneret, die während seiner Abwesenheit an den Ufern des See Genezareth gegründet worden war. Dann zieht er weiter, Richtung Süden, und arbeitet wiederum einige Wochen in der Siedlung Menachemya. Doch bald schon packt ihn das Heimweh nach Sejera, das er als sein Zuhause betrachtet. Sejera war die erste aller jüdischen Kolonien, in der die »Eroberung der Arbeit« Wirklichkeit geworden war, und die erste, die sich für den Selbstschutz gerüstet hatte. Bei Davids erstem Aufenthalt in Sejera sah das noch anders aus: Da lag die Verteidigung der Siedlung und des landwirtschaftlichen Betriebs auf dem Berg in Händen tscherkessischer Bewacher, die als unerschrockene Krieger galten. Das allein genügte, die arabischen Marodeure von der Siedlung fernzuhalten.

Weil aber die jungen Pioniere nicht nur von jüdischer Arbeit, sondern auch von jüdischer Selbstverteidigung träumten, hatten die Landarbeiter von Sejera eines Tages beim Oberhaupt der Kolonie, einem Mann namens Krause, angefragt, ob er die Bewachung des Betriebs nicht ihnen anvertrauen wolle. Trotz ihrer großen Worte von zionistischer Vision und Gelobtem Land konnten sie nichts bei ihm ausrichten; sie beschlossen darum, ihn zu überlisten: Wohl wissend, daß der tscherkessische Wächter nachts lieber ins benachbarte Araberdorf ging als den Betrieb zu bewachen, holten sie eines Nachts Krauses Zuchtpferd aus dem Stall und meldeten ihm den »Diebstahl« unverzüglich. Krause, der vergeblich auf seiner Trillerpfeife pfiff und nach dem Wächter rief, hatte keine andere Wahl: Schon am nächsten Morgen engagierte er einen der jüdischen Arbeiter, den Wachtposten zu übernehmen.

In dem Winter nach Davids Rückkehr nach Sejera können die jungen Pioniere einen weiteren Sieg verzeichnen: Auf frischer Tat ertappt — er hatte gestohlen, was er bewachen sollte —, wird auch der Wachtposten der Kolonie entlassen. Nach dem landwirtschaftlichen Betrieb ist es jetzt die ganze Siedlung, die man jüdischen Wächtern anvertraut. Später weist David Gruen voller Stolz darauf hin, daß er als erster die Kolonie bewachte, wenn auch nur für kurze Zeit.

Den Pionieren gegenüber hatten die Bauern von Sejera ihre teils spöttische, teils ablehnende Haltung inzwischen aufgegeben. Und so akzeptiert jetzt auch Krause die Forderung, alle Arbeiter mit Waffen auszurüsten. Er schickt einen Wagen nach Haifa, der mit einer Ladung Gewehre zurückkommt. Glücklich wie Kinder und ganz aufgeregt vor Freude halten die jungen Leute zum erstenmal eine Flinte in der Hand — ein Ereignis, das David Gruen schriftlich festgehalten hat:

»Der große Gemeinschaftsraum der Karawanserei, wo die meisten der Arbeiter schliefen, glich innerhalb kürzester Zeit einer Räuberhöhle. Wäre an diesem Abend ein Besucher aufgetaucht, hätte er rund zwanzig junge Männer auf der Bettkante sitzen sehen, alle mit Gewehren in der Hand: Der eine reinigt den Lauf, ein anderer lädt seine Flinte und entlädt sie wieder, ein dritter füllt die Patronentasche. Man vergleicht die Waffen miteinander, stellt Mängel und Vorzüge fest, hängt das Gewehr an die Wand und nimmt es wieder ab, schultert es und legt es beiseite, und das alles bis tief in die Nacht.«

Die erste Feuerprobe ist 1909 während der Feiern zum Passahfest zu bestehen. Man sitzt im Gemeinschaftsraum beieinander, als plötzlich draußen in der Dunkelheit Schreie zu hören sind. Zitternd erscheint ein junger Mann in der Tür, ein Jude, der von einem Überfall berichtet. Mit zwei Begleitern sei er von Haifa nach Sejera unterwegs gewesen und auf der Straße von drei bewaffneten Arabern angegriffen worden. Die Araber hätten den Esel, der ihre Habseligkeiten trug, zu stehlen versucht und den arabischen Treiber geschlagen. Im darauffolgenden Handgemenge habe einer der Juden zum Revolver gegriffen und auf die Angreifer geschossen, wobei einer der Araber verletzt worden sei.

Ein paar der jungen Leute verlassen auf der Stelle das Fest und laufen zum Ort des Geschehens. Der liegt verlassen da, doch am Straßenrand sind Blutspuren zu sehen. Als die Bewohner Sejeras wenig später erfahren, was vorgefallen ist, wirken sie bedrückt und verängstigt. Sie kennen die arabische Tradition der Blutrache: Wenn der verwundete Araber sterben sollte, wird dessen Sippe nicht eher ruhen, bis sein Tod gerächt ist. »Von diesem Tag an«, schreibt David Gruen, »wußten wir, daß sie einen von uns töten würden. Die Frage war nur, wen.«

Die Angst in Sejera wächst, als der verwundete Araber zwei Tage später in einem Hospital in Nazareth stirbt. Unmittelbar darauf überfällt seine Sippe die Viehherden Sejeras und verwüstet die Gerstenfelder. Am letzten Tag des Passahfests macht sich der Feldhüter Israel Korngold frühmorgens auf den Weg zur Arbeit. Als er am Abhang des Hügels zwei Araber bemerkt, geht er in Begleitung eines arabisch sprechenden Bauern auf sie zu. In diesem Augenblick fallen Schüsse. Die Arbeiter greifen zu ihren Waffen und laufen zum Tatort. Dort liegt Korngold, tot, von den Kugeln ins Herz getroffen. Seine Mörder haben ihm die Waffe entrissen und sind geflohen. Als die Glocken Alarm läuten, suchen mehrere Arbeitertrupps die Wasserläufe der Umgebung nach den Mördern ab. Da tauchen plötzlich, wie aus dem Boden gewachsen, drei Araber vor ihnen auf. Zwei Juden nehmen die Verfolgung auf, drei andere, darunter David Gruen, versuchen, den Arabern den Weg abzuschneiden. Sie ahnen nicht, daß sie geradewegs in eine Falle laufen. Als sie an einer Reihe von Kaktusstauden vorbeikommen, hört David Schüsse und den Schrei seines Kameraden: »Ich bin getroffen!« David bleibt stehen und beugt sich über ihn — er ist tot.

Die Morde von Sejera, die ihn tief erschüttern, prägen

David Gruen nachhaltig. Der Schock, den er durch den Tod seiner Freunde davonträgt, bestärkt ihn später in seiner Überzeugung, daß Waffen angeschafft werden müssen, daß eine eigene jüdische Streitmacht unumgänglich ist. Für den Augenblick aber bedeuten jene Vorfälle das Ende des ersten Kapitels seiner »militärischen« Laufbahn. Der Hashomer (Der Wächter), die jüdische Selbstschutzorganisation, lehnt seine Mitgliedschaft ab, obwohl er aktiv an Bewachungsaufgaben beteiligt ist. Später begründen die Mitglieder des Hashomer ihre Ablehnung: David Gruen sei zu verträumt und mit seinen Gedanken immer woanders.

Ein halbes Jahr später verläßt David Sejera, nachdem ein Streik zu keinen Ergebnissen geführt hatte. Er packt seine wenigen Habseligkeiten zusammen, steckt die Pistole in die Tasche und macht sich auf den Weg. Zunächst arbeitet er ein paar Wochen lang in Yavniel, danach in Sichron Yaakow, einer Siedlung, die ihm sehr zusagt. Dort lernt er auch ein wenig Französisch und Arabisch, bereitet sich systematisch und sehr gewissenhaft auf die Aufgaben vor, die er sich selbst gestellt und während der langen, allein mit den Ochsen auf den Feldern Sejeras verbrachten Tage gründlich durchdacht hat. Nach dem Aufstand der Jungtürken, der 1909 dazu geführt hatte, daß auch ethnische Minderheiten im türkischen Parlament vertreten waren, zieht David erstmals eine politische Laufbahn in Erwägung, für die ein Jurastudium in Konstantinopel Voraussetzung wäre. Später könnte er, wie er hofft, als Abgeordneter der jüdischen Arbeiter Palästinas ins türkische Parlament gewählt werden, möglicherweise auch als Minister ins Kabinett einziehen. Ein Gedanke, den er in Sichron Yaakow erstmals präziser formuliert:

»Entweder ich bleibe auch in Zukunft Bauer, oder ich werde Jurist. Ich glaube, mich für beides zu eignen, und beides reizt mich gleichermaßen . . . Ob Landarbeiter oder Jurist, letztlich folge ich doch dem gleichen Ziel: den jüdischen Arbeitern in Israel zu dienen. Dies ist mein Lebensinhalt, für den ich mich, wo immer ich bin, voll und ganz einsetzen werde. Diese Aufgabe ist mir heilig; durch ihre Erfüllung werde ich mein Glück finden.«

Mit derselben Zielstrebigkeit, die ihn nach Palästina und später nach Galiläa führte, treibt David die Verwirklichung seiner neuen Pläne voran. Er weiß, daß er eine gute Allgemeinbildung braucht, um Jurist zu werden, und daß er, um an einer Universität angenommen zu werden, Aufnahmeprüfungen bestehen und Fremdsprachen lernen muß. So arbeitet er jetzt tagsüber weiter in der Landwirtschaft und opfert den größten Teil seiner Nächte dem Studium.

Allerdings hatte David Gruen bereits lange vor seiner Ankunft in Sichron Yaakow damit begonnen, seine Kenntnisse zu erweitern, und sich schon vor sechs Jahren, in Warschau, um ein umfassendes Wissen auf vielen Gebieten bemüht. Neben seinen Privatstunden in Mathematik hatte er Goethe, Shakespeare und Tolstoi gelesen und diese Studien in Sejera fortgesetzt. Weil der Wohnraum dort knapp war, richtete er sich außerhalb des Ortes in einer Kornscheuer ein, stellte eine Couch in die Ecke und zog sich, wenn er den Arbeitskameraden keinen Hebräisch-Unterricht gab, gleich nach Feierabend dorthin zurück. Gegen Ende des Winters machten Gerüchte die Runde, David könne Arabisch und läse bereits den Koran. Viel war nicht dran an dem Gerede, man hatte da gewiß übertrieben. Für den Wissensdurst des jungen David Gruen aber sind solche Geschichten ebenso bezeichnend wie für seinen Willen, sich in jeder Lebenslage weiterzubilden.

Im Sommer 1910 teilt ihm Jizchak Ben Zwi mit, daß er in die Redaktion der *Achdut* (Einheit) gewählt worden ist, dem offiziellen Parteiorgan der Poale Zion. Rachel

Yanait und Jizchak Ben Zwi hatten sich beim Poale-Zion-Kongreß im Frühjahr 1910 persönlich für seine Wahl eingesetzt. Zunächst ist David von dem Angebot überrascht und zögert noch, es anzunehmen. »Was soll ich denn schreiben?« fragt er seine Freunde. »Ich weiß nicht, wie man schreibt; ich habe das nie gemacht.« Schließlich aber packt er doch seine Sachen und geht nach Jerusalem.

Auch wenn er später noch mehrfach die Gelegenheit wahrnimmt, für eine paar Wochen in einer Kolonie zu arbeiten, ist mit seiner Übersiedlung nach Jerusalem ein weiteres Kapitel seines Lebens abgeschlossen. Vier Jahre nach seiner Ankunft in Palästina gehört die Zeit der tätigen Verwirklichung des zionistischen Ideals — und der damit verbundene persönliche Einsatz für seine Grundsätze — der Vergangenheit an. Von jetzt an wird er sich als Schreiber, Organisator und aktives Mitglied der Partei mit öffentlichen Angelegenheiten befassen. Und er wird im Laufe der Zeit die Arbeit auf den Feldern Israels im verklärenden Licht der Erinnerung sehen. Die Tage und die Nächte in Galiläa und in Sichron Yaakow werden ihm im Rückblick als das wahre, unverfälschte Leben erscheinen, als eine Epoche, der er zeit seines Lebens mit wehmütiger Sehnsucht gedenkt.

Die ersten Herbststürme fegen durch die Straßen der Altstadt, als David Gruen die Arbeit in Jerusalem aufnimmt. Er ist jetzt vierundzwanzig Jahre alt, ein schlanker junger Mann mit dunkel glühenden Augen im blassen Gesicht, mit krausem Haar und gepflegtem Schnurrbart. Mit Vorliebe trägt er seine dunkle Rubaschka über den abgewetzten Hosen oder einen Anzug aus dickem Flanell. Einen Mantel besitzt er nicht, nur ein paar Stiefel und einen dünnen, schwarzen Umhang, den er aus Rußland mitgebracht hat und jetzt als Mantel und als Schlafdecke benutzt. Vor der Kälte aber, besonders vor den kalten Nächten in Jerusalem, schützt er ihn kaum.

Im Elendsviertel der Stadt mietet David Gruen ein Zimmer, das genaugenommen nicht mehr als ein fensterloses Kellerloch ist, dunkel, feucht und schmutzig. David hängt eine Petroleumlampe an die Decke, holt sich Kisten und Bretter, aus denen er provisorisch einen Tisch, Stühle und ein Bett zimmert.

Die neue Aufgabe stellt ihn vor ein altes Problem: Das Monatsgehalt reicht kaum aus für die Miete und ein tägliches Mittagessen. »Als Ben Gurion in der Redaktion der *Achdut* arbeitete«, erinnert sich Rachel Yanait, »lief er nur hungrig herum.« Doch ist er hier, anders als zuvor in den Siedlungen, nicht mehr allein. Zum erstenmal seit dem Abschied von Shlomo Zemach hat er Freunde gefunden, zwei Menschen, mit denen ihn bald eine feste

Freundschaft verbindet. Beide sind Mitglieder seiner Partei, beide arbeiten als Redakteure bei der *Achdut*. Der eine ist Jizchak Ben Zwi, ein großer, schlanker Mann mit blassem Gesicht, Schnäuzer und kurzem Kinnbart. Ben Zwi, der zwei Jahre älter ist als Gruen, gehört zu den Gründern der Poale Zion und zu jenen, die sich von Anfang an für den Sozialismus engagierten und in Rußland im Untergrund tätig waren. Die andere ist Rachel Yanait, eine verträumte junge Frau, die allein nach Palästina gekommen ist, den Kopf voll glühender zionistischer Ideale, verliebt in Jerusalem, aber ohne einen Pfennig in der Tasche.

Bald sind die drei in den Straßen Jerusalems ein gewohnter Anblick. Regelmäßig, wenn es dunkel wird, ziehen sie gemeinsam in ein arabisches Café, das in der Altstadt liegt und sich der jüngsten technischen Errungenschaft rühmen kann: eines Grammophons, das in endloser Folge orientalische Melodien spielt. An einem der Ecktische lassen sie sich nieder, bestellen türkischen Kaffee in kleinen Täßchen und vertiefen sich alsbald in die angeregtesten Gespräche über den Zionismus. Auch nach Verlassen des Cafés nimmt das Diskutieren kein Ende. Stundenlang, oft bis zum Morgen, flanieren die drei durch die Straßen Jerusalems, reden sich über die Zukunft ihres Landes die Köpfe heiß und sprechen mit unverhohlener Begeisterung über einen *ewrejskoje gosudarstwo* — einen Judenstaat.

Im Verlauf solcher lebhaften Debatten formuliert David Gruen erstmals, was er in den vier Jahren, die er hinter dem Pflug verbrachte, an sozialen und politischen Vorstellungen entwickelt hat. Doch ist er immer noch schüchtern und in sich gekehrt, und wenn man ihn auffordert, vor einer Parteiversammlung zu sprechen, bittet er meist Rachel oder Jizchak, ihn zu vertreten. Wenn er sich aber zum Reden entschließt, spricht er klar und fließend, wirkt sicher und selbstbewußt.

In der ersten Zeit als Redakteur fühlt er sich auch beim Schreiben gehemmt. »Ich sagte meinen Freunden, daß ich noch nie für eine Zeitung geschrieben hätte und auch nicht wüßte, ob ich je dazu fähig wäre . . . Aber eine Woche vor Erscheinen der ersten Ausgabe geschah etwas so Aufregendes, daß ich gleich zwei Artikel verfaßte. Allerdings sind sie nicht unter meinem Namen erschienen.« Erst in der zweiten Ausgabe der *Achdut*, die im Monat darauf erscheint, ist er mutig genug, seine Texte mit Namen zu zeichnen. Mit einem neuen, einem hebräischen Namen: Ben Gurion. Er scheint ihn Joseph Ben Gurion entlehnt zu haben, der beim Aufstand gegen die Römer an der Spitze der unabhängigen jüdischen Regierung stand und wegen seiner Kühnheit und Aufrichtigkeit, wegen seiner Liebe zu seinem Volk und seines leidenschaftlich geführten Freiheitskampfes unvergessen ist.

David Ben Gurion bleibt ein Jahr in Jerusalem, er schreibt weiterhin Artikel für die *Achdut*, weiß aber längst, daß es für das jüdische Volk nur einen Weg gibt, in Palästina Fuß zu fassen: Nur durch Taten wird dies gelingen, nicht durch Worte. Und er weiß auch, daß nur die Arbeiter diese praktische Aufgabe in Angriff nehmen können. Dafür aber müssen sie sich zusammenschließen und — unabhängig von ihrer Zugehörigkeit zu dieser oder jener Partei — eine einzige starke Organisation bilden. Sie müssen die Vorhut sein, ein Vorbild und Ansporn für das gesamte Volk, die zionistische Idee zu verwirklichen. In einer Zeit der Rivalitäten und Feindseligkeiten zwischen den Parteien mutet eine solche Perspektive höchst ungewöhnlich an. Doch Ben Gurion geht noch einen Schritt weiter, formuliert die nächste, grundsätzliche Überlegung, für die er sich zeitlebens einsetzen wird: Weder die internationale Poale-Zion-Bewegung noch die weltweit verbreiteten Organisationen des Zionismus haben das Recht, sich in die Initiativen der Arbeiter Palästinas einzumischen. Wer in diesem Land arbeitet, bestimmt seinen eigenen Weg. Und wenn Juden in der Diaspora auf die Entwicklungen in Palästina Einfluß nehmen wollen, mögen sie selbst kommen, hier leben und arbeiten.

Jahre später kennzeichnet Ben Gurion seine Arbeit bei der *Achdut* als eine »Zeit politischen Trainings«, in der er sich erstmals ganz der journalistischen und politischen Tätigkeit verschrieben hat. Als er Anfang August 1911 mit Ben Zwi nach Wien fährt, um dort als Delegierter Palästinas am Dritten Weltkongreß der Poale Zion teilzunehmen, hat Ben Gurion Gelegenheit, seine Fähigkeiten als angehender Parteifunktionär unter Beweis zu stellen. Für die beiden Abgeordneten aus Palästina aber sieht es schon zu Anfang nicht gut aus. Das Plenum ist wütend über die separatistischen Resolutionen der palästinensischen Poale Zion, die den Standpunkt vertritt, daß die praktische Politik der palästinensischen Arbeiterorganisationen nicht vom Weltkongreß diktiert werden dürfe, sondern von den Arbeitern selbst zu bestimmen sei. Für weiteren Ärger sorgen Ben Zwi und Ben Gurion mit ihrer Erklärung, daß die Ziele des Zionismus von den in Palästina lebenden Arbeitern verwirklicht würden und nicht von den Zionisten in der Diaspora. Als die beiden Abgeordneten überdies noch betonen, daß ein Zusammenschluß der Arbeiter in Palästina, ungeachtet der Streitigkeiten der Parteien untereinander, wichtiger sei als ihre Bindung zur Partei in der Diaspora, kommt es zum Eklat. Der Kongreß verabschiedet eine Resolution, die die Abgeordneten Palästinas des »Separatismus« beschuldigt.

Dieses Urteil und die Tatsache, daß sie der geschlossenen Front der Diaspora-Genossen völlig isoliert gegenüberstehen, weckt in Ben Gurion Erinnerungen an die Zeit der Auseinandersetzung zwischen den jungen Pionieren in Israel und den Zionisten in der Diaspora. Die Wiener Vorfälle zeigen ihm in aller Deutlichkeit, daß er, um sein Ziel zu erreichen, als einzelner handeln muß, auch wenn seine Position nur schwach ist. Erst Jahre später wird Ben Gurion die verschiedenen Strömungen des Zionismus in der Diaspora dirigieren und seinen Zielen dienstbar machen.

Wie schon in Sejera befaßt sich Ben Gurion auch jetzt mit dem Gedanken einer »Osmanisierung«. Und das bedeutet für ihn, daß die Juden in Palästina auf ihre ausländische Staatsangehörigkeit verzichten und Untertanen des Osmanischen Reichs werden. Als türkische Staatsbürger könnten sie auf legalem Weg Regierungsämter übernehmen und damit den eigenen Zielen näherkommen. Weil ein solches Projekt aber nur denkbar ist, wenn eine jüdische Führungsgruppe die türkische Sprache beherrscht und die Gesetze des Landes kennt, beschließt Ben Gurion, Türkisch zu lernen und Jura zu studieren. Bald folgen auch zwei der engsten Freunde, Israel Shochat und Jizchak Ben Zwi, seinem Beispiel und bereiten sich darauf vor, in Konstantinopel zu studieren. Davids Entschluß steht endgültig fest, als sein Vater ihm einen monatlichen Wechsel von dreißig Rubeln zusichert, damit er sein Studium finanzieren kann.

Am 7. November 1911 landet Ben Gurion im Hafen von Saloniki, der Hauptstadt der osmanischen Provinz Makedonien. Noch vor seiner Einschreibung an der juristischen Fakultät von Konstantinopel will er Türkisch lernen. Als Studienort scheint ihm Saloniki auch deshalb geeignet, weil das Leben dort bei weitem nicht so kostspielig ist wie in Konstantinopel und weil Saloniki, wie er später schreibt, »eine rein jüdische Stadt war. Zu dieser Zeit die einzige jüdische Stadt der Welt.« Die Juden Salonikis bilden eine ungewöhnliche Gemeinschaft, und sie leben, was Ben Gurion noch mehr erstaunt, von einem ungewöhnlichen Gewerbe: Die meisten von ihnen sind als Stauerleute im Hafen beschäftigt, verrichten schwere körperliche Arbeit.

»Viele Menschen bezweifeln, ob Juden, seit Jahrhunderten ihrem Boden und der [körperlichen] Arbeit entfremdet, überhaupt imstande sind, eine Arbeiterklasse hervorzubringen. Hier [in Saloniki] fand ich die Antwort auf diese Frage.«

Die gebildeten Juden Salonikis sprechen Französisch, doch ist Ben Gurion wegen der türkischen Sprache in diese Stadt gekommen. Sein Mentor ist ein junger Mann, ein Jude von der juristischen Fakultät, unter dessen Anleitung David erstaunliche Fortschritte macht: Ende Dezember liest er bereits türkische Zeitungen. Gleichwohl leidet er häufig unter Niedergeschlagenheit. Das Geld, das sein Vater ihm schickt, reicht kaum aus für den Lebensunterhalt. Und wieder ist er allein, hat keinen Freund, mit dem er seine Gedanken und Empfindungen teilen könnte. Abgesondert von den jüdischen Bewohnern der Stadt, von denen ihn geistige und sprachliche Barrieren trennen, sitzt er meist in seinem Zimmer und lernt, umgeben von Wörterbüchern, Zeitungen und Zeitschriften, von morgens früh bis abends spät. Das Jahr in Saloniki ist eine Zeit freiwilliger Askese und aufgezwungener Isolation.

Gleichwohl aber erregt der eifrige junge Mann, der aus Palästina kam, um hier Türkisch zu lernen, bei den Juden Salonikis ein gewisses Aufsehen. Auch einem deutschen Juden, der seine Eindrücke von Saloniki in einem Buch festgehalten hat, scheint die Persönlichkeit Ben Gurions nicht entgangen zu sein:

»Offensichtlich gibt es Menschen, für die das Reden nicht wichtig ist. Ein Beispiel dafür wäre Herr Gruen, der hier bei uns lebt und manchmal sieben verschiedene hebräische Zeitungen liest. Bevor er sie nicht von A bis Z durchgelesen hat, scheint er nicht auf den Boden der Realität zurückkehren zu wollen . . . Herr Gruen liest und liest . . . Doch ist hier niemand überrascht, so ist er eben, der Herr Gruen, und jeder kennt seine Gewohnheiten.«

Zu Beginn des Frühjahrs bereitet sich »Herr Gruen« auf die Aufnahmeprüfung an der Universität vor. Für die Zulassung aber fehlen ihm wichtige Unterlagen, darunter als wichtigstes Dokument ein Abiturzeugnis. Mit Hilfe seines Freundes Ben Zwi — und mit dem Geld seines Vaters — gelingt es ihm, sich ein gefälschtes Zeugnis von einem russischen Gymnasium zu besorgen. Im Juni 1912 wird er zu den Prüfungen zugelassen und besteht sie alle mit Erfolg. Zwei Monate später kommt Ben Gurion in Konstantinopel an und wird an der Universität aufgenommen, die den ehrwürdigen orientalischen Namen »Haus der Weisheit« trägt.

Als die drei jungen Leute ihr Studium in Konstantinopel beginnen, bilden Kanonendonner und Schlachtgeschrei die bedrohliche Geräuschkulisse. Erst wenige Monate zuvor hatte der bewaffnete Konflikt zwischen der Türkei und Italien mit der Bombardierung der Dardanellen seinen Höhepunkt erreicht. Und zwei Monate nach Ben Gurions Ankunft in der Türkei bricht der Balkankrieg aus, der die türkische Stellung in Europa untergräbt und die Kampfhandlungen bis zu den Toren der Hauptstadt vordringen läßt. Schon brauen sich die dunklen Wolken des Ersten Weltkrieges am Horizont zusammen, während die Regierung der Jungtürken noch unsicher ihren Weg sucht. Von innen zerrüttet, von außen unterminiert, ist das mächtige Osmanische Reich im Zerfall begriffen.

Ben Gurion und seine Freunde aber erkennen nicht, daß sie die letzten Tage eines untergehenden Imperiums erleben, sie beharren auf ihrer Idee einer »Osmanisierung« und setzen ihre Bemühungen fort, die türkische Staatsangehörigkeit zu erlangen. Das geht soweit, daß sie sich nach der letzten Mode des Landes kleiden: Ben Gurion trägt den flachen Tarbusch (einen Fez), stutzt sich den Schnurrbart auf türkische Art und läßt sich einen Anzug schneidern, wie die Effendis ihn tragen — schwarzer Gehrock, geknöpfte Weste mit einer Tasche für die Uhr, die an einer glänzenden Kette hängt. Doch währt die Zeit der Verkleidung nicht lange. Als der Balkankrieg ausbricht, schickt man die Studenten zu Hunderten an die Front, die Universitäten werden geschlossen. Ben Gurion und Ben Zwi beschließen, die Zeit bis zur Wiedereröffnung in Palästina zu verbringen, und kehren zurück. Kaum hat ihr Schiff in Jaffa angelegt, nimmt Ben Gurion als Redner und Organisator seine Tätigkeit für die Partei wieder auf.

Als er vier Monate später wieder in Konstantinopel ist, macht sich die lange Zeit der Entbehrungen in häufiger Krankheit bemerkbar; infolge ungenügender Ernährung und eines akuten Vitaminmangels erkrankt er an Skorbut. Auch die finanzielle Lage verschlechtert sich, die Zuwendungen seines Vaters reichen bei weitem nicht aus und kommen überdies immer unregelmäßiger in Konstantinopel an. Der quälende Hunger bringt ihn oft an den Rand der Verzweiflung, und die meisten Briefe an seinen Vater enden mit der Frage: Wann wird das Geld wohl hier sein?

Für Awigdor Gruen, der zur selben Zeit einen Sohn und eine Tochter verheiratet, wird es immer schwieriger, Davids Studium zu finanzieren. Und so unterstützt er in einem Augenblick der Mutlosigkeit den Vorschlag seiner ältesten Tochter Riwka: David solle Konstantinopel verlassen, Palästina aufgeben und nach Rußland zurückkehren, um sich hier eine Existenz aufzubauen. »Das Ziel, das ich mir gesetzt habe«, erwidert David in einem dramatischen Antwortbrief, »ist für mich eine Lebensfrage. Es gibt nur eins, das mich von diesem Ziel und seiner Verwirklichung abbringen könnte — das ist der Tod!« Einer solchen Willenskraft kann sich Awigdor Gruen nur beugen.

Trotz Hunger und Krankheit kommt David im Studium gut voran. Er besteht die Prüfungen mit den besten Noten und berichtet in seinen Briefen an die Familie voller Stolz von seinem Erfolg. Doch Ende Dezember 1913, als er sein zweites Studienjahr zur Hälfte abgeleistet hat, wird er erneut krank und liegt lange Zeit in einer Klinik in Konstantinopel. Diesmal ist seine Familie sofort bereit, ihm zu helfen. Als David die Klinik verläßt, schickt sein Vater ihm das Fahrgeld für die Reise nach Rußland, wo er zwei Monate bleibt. Weil er in Plonsk noch immer als Deserteur gilt, darf er nicht in seine Heimatstadt zurück. Er reist durchs Land, besucht Warschau, Lodz und Odessa und wohnt bei seiner Schwester Riwka, die ihn verwöhnt und mit reichlichem Essen wieder zu Kräften bringt. In dieser Zeit sorgen in Konstantinopel gute Freunde dafür, daß sein Fehlen nicht bemerkt wird: Sie unterzeichnen die Anwesenheitslisten der Universität mit seinem Namen.

Im April 1914 kehrt er nach Konstantinopel zurück und legt mit beachtlichem Erfolg seine Prüfungen ab. Am 28. Juli besteigt er gemeinsam mit Ben Zwi das Schiff, um die Ferien in Palästina zu verbringen. Drei Tage später erfahren sie vom Ausbruch des Weltkrieges, als ihr armseliger russischer Dampfer auf hoher See von zwei deutschen Kriegsschiffen verfolgt wird. Nach ermüdender Fahrt von einem Mittelmeerhafen zum andern erreichen sie schließlich Jaffa.

Sie finden Palästina in einem Zustand der Verzweiflung und Ratlosigkeit vor. Nach zweimonatigem Zögern hatte die Türkei sich entschlossen, auf deutscher Seite zu kämpfen. Unter den Juden herrschen Verwirrung, Angst und die Sorge um das Nötigste. Viele fliehen vor den antijüdischen Willkürmaßnahmen der Türken, die Waffen konfiszieren, hohe Steuern erheben und bereits mit der Deportierung von Juden ausländischer Nationalität beginnen. Das Besiedlungsprojekt als Ganzes ist in Gefahr. In London und Kairo ruft die zionistische Führung die Juden Palästinas auf, sich auf die Seite der Entente-Länder zu stellen. Ben Gurion und Ben Zwi lehnen das empört ab. Was sie vor allem befürchten, ist, daß die Türken sich an den Juden in Palästina rächen und sie en masse deportieren.

Kurz nach ihrer Ankunft nehmen Ben Gurion und Ben Zwi Kontakt mit dem Osmanisierungs-Komitee in Jerusalem auf und erhalten die Erlaubnis, eine jüdische Miliz zur Verteidigung Palästinas aufzustellen. Doch ist die freiwillige Bürgerwehr am Ende, als Jemal Pascha auftaucht, der Wesir der türkischen Marine, den man zum Befehlshaber der Vierten Armee an der ägyptischen Front ernannt hat. Auf seinem Marsch nach Süden unterdrückt Jemal Pascha alle nationalistischen Bestrebungen. Das beginnt mit einem Schlag gegen die arabische Nationalbewegung, von deren Anführern er einige in Beirut hängen läßt. Danach sind die Zionisten Palästinas an der Reihe: Die jüdische Freiwilligenmiliz wird aufgelöst, die *Achdut* verboten. Jemal Pascha droht jedem die Todesstrafe an, der zionistische Schriften besitzt. Eine Welle der Verhaftungen setzt ein. In endlosen Verhören werden Ben Gurion und Ben Zwi über ihre Kontakte zur zionistischen Bewegung befragt. Wenig später ergeht die Order, sie des Landes zu verweisen. Man bringt sie in Handschellen auf ein Schiff, das in Jaffa vor Anker liegt. Der Deportationsbefehl trägt den Vermerk des türkischen Gouverneurs: »Auf Lebenszeit aus dem Türkischen Reich verbannt.«

Ben Gurion und Ben Zwi glauben nicht eine Sekunde daran, im Gegenteil. Voller Optimismus und Unternehmungslust gehen sie an Bord der *Patrus*, des ramponierten griechischen Dampfers, der sie nach Amerika bringen soll. Die Überfahrt dauert Monate, die Bedingungen in der dritten Klasse sind kaum zu ertragen. Gleichwohl nutzt Ben Gurion die Zeit, liest selbst bei heftigstem Sturm mehrere Kapitel aus Hegels Werken und macht sich Notizen für seine künftige politische Tätigkeit in Amerika. Vor allem aber erlernt er mit der ihm eigenen Ausdauer und Zielstrebigkeit die englische Sprache.

Als er aber vom Deck des Schiffes aus endlich die Küste der Neuen Welt erblickt, ist er wenig begeistert:

»Das also ist die stolze Freiheitsstatue, die hoch aufragend das Tor zur Neuen Welt bewacht. Und das sind die berühmten Wolkenkratzer — Gebäude von dreißig Stockwerken. Merkwürdig, trotz ihrer Höhe wirken sie eher klein und irgendwie absurd; sie erinnern an Käfige.«

Nachdem das Schiff im Hafen von New York angelegt hat und die üblichen Einwanderungsformalitäten erledigt sind, gehen Ben Gurion und Ben Zwi in ihrer seltsamen Kleidung von Bord. Einige Mitglieder der Poale Zion, die zur Begrüßung der Neuankömmlinge erschienen sind, nehmen ihnen als erstes die Tarbuschs vom Kopf. Ihrer Meinung nach zeugt es von wenig politischem Gespür, wenn sich zwei führende Vertreter des Zionismus aus Palästina wie Türken kleiden und in diesem Aufzug durch New Yorker Straßen gehen. Für die Tarbuschs findet sich eine bessere Verwendung: Sie wandern für den jährlich stattfindenden Orientalischen Ball der Partei in den Kostümfundus der Poale Zion. Mit diesem Akt ist die osmanische Periode in Ben Gurions Leben abgeschlossen.

Die beiden Bens, wie Ben Gurion und Ben Zwi im Kreis der neuen Freunde heißen, brennen darauf, ihre in Palästina gefaßten Pläne in die Tat umzusetzen, und verlieren dabei keine Zeit. »Gleich nach unserer Ankunft erklärten wir«, berichtet Ben Zwi. »daß wir gekommen sind, um Mitglieder für den Hechaluz [Der Pionier] zu werben. Unsere Absicht war, junge Leute zu gewinnen, die nach Palästina auswandern und dort arbeiten wollten. Darum baten wir den Vorstand der Poale Zion in New York, uns eine Amerika-Tournee zu ermöglichen, damit wir überall Hechaluz-Gruppen gründen konnten . . .« Und Ben Gurion schreibt: »Wir wußten zwar nicht, wann wir nach Palästina zurückkehren konnten, hofften aber, bei unserer Rückkehr von einer ganzen Armee junger Pioniere begleitet zu werden.«

Zunächst besorgen sich Ben Gurion und Ben Zwi eine Landkarte der Vereinigten Staaten und teilen das Gebiet untereinander auf. Einzeln reisen sie dann von Stadt zu Stadt, sprechen mit den jungen Leuten und fordern sie auf, sich der neuen Organisation anzuschließen. Das Ergebnis der Kampagne ist enttäuschend, die Zahl der Freiwilligen gering. Monatelang ist Ben Gurion unterwegs, spricht vor halbleeren Sälen, sammelt verschwindend kleine Beiträge für ein Wochenblatt, das die Partei herausgeben will. Zu den wenigen, die Ben Gurion dank seiner Überzeugungskraft für den Hechaluz-Gedanken gewinnt, gehört eine junge Frau aus Milwaukee: Goldie Mabowitsch, die spätere Golda Meir.

In diesen ersten Kriegsjahren gibt es eine ganze Reihe von Plänen und Projekten, die mit der Forderung nach einer Arbeiterarmee zur Eroberung Palästinas konkurrieren. In London, dem Zentrum der internationalen zionistischen Bewegung, gilt es als ausgemacht, daß die siegreichen Armeen der Entente-Länder nach Kriegsende im Rahmen eines internationalen Abkommens Israel den Juden zusprechen würden. Zur selben Zeit bemüht sich der junge Wladimir Jabotinsky, einer der Führer der zionistischen Bewegung, um Befürworter seiner Idee einer Jüdischen Legion: Sie müsse im Kampf gegen die türkische Armee Palästina erobern und den Anspruch auf das Land für das jüdische Volk geltend machen. In den

Vereinigten Staaten, die sich zu diesem Zeitpunkt noch nicht im Krieg befinden, löst dieser Gedanke wenig Begeisterung aus und ist, wie der Glaube an ein »geschenktes« Israel, auch wenig geeignet, die jüdischen Massen zu aktivieren. Aus grundsätzlichen Erwägungen lehnt Ben Gurion beides ab und schreibt im September:

»Es gibt viele Möglichkeiten, ein Land zu erobern. Man kann es durch Waffengewalt bezwingen; man kann es durch politische Schachzüge oder auf diplomatischem Weg einnehmen; man kann es sogar mit Geld kaufen . . . Alle diese Methoden verfolgen nur das eine Ziel, die bodenständige Bevölkerung zu versklaven und auszubeuten. Wir aber wollen etwas ganz anderes, wir wollen eine Heimat. Eine Heimat wird nicht verschenkt oder als Geschenk empfangen; sie ist weder für Geld zu bekommen noch mit der Faust zu erobern; sie muß im Schweiße unseres Angesichts aufgebaut werden. Wir wollen unser Land von keiner Friedenskonferenz geschenkt bekommen . . ., sondern von den jüdischen Arbeitern, die in dieses Land kommen und mit ihm verwurzeln, die es zu neuem Leben erwecken und hier wohnen. Das Land Israel wird unser sein, wenn die Mehrheit seiner Arbeiter und Soldaten aus unserem Volk kommt.«

Zwei Monate später führt Ben Gurion diese Gedanken in einer langen Rede vor dem Poale-Zion-Kongreß in Cleveland aus und findet auch bei einer ganzen Reihe von Delegierten Unterstützung und Zustimmung. Doch ist, wie Ben Gurion selbst bemerkt, »die zionistische Bewegung in ihrer Gesamtheit von solchen Überlegungen weit entfernt«. Zu den Skeptikern gehören auch (trotz mancher Beschlüsse, die den Standpunkt Ben Gurions vertreten) die Mitglieder der amerikanischen Poale Zion. Nicht ganz zu Unrecht, wie selbst Ben Gurion und Ben Zwi zugeben müssen, als sie die Summe ihrer Strapazen ziehen: In den ganzen USA und in Kanada haben sie nicht mehr als einhundertfünfzig Pioniere für ihre Sache gewinnen können.

Um ihren Ideen verstärkt Gehör zu verschaffen, schreiben und publizieren die beiden Bens zwei Bücher. Das erste, *Jizkor* (Zum Gedenken), das in Zusammenarbeit mit zwei anderen Zionisten entstanden ist, schildert das gefahrvolle Leben und den heldenhaften Tod der ersten jungen Wächter in Palästina; es findet ein so positives Echo, daß bald darauf das zweite Buch erscheinen kann: *Erez Israel*, eine Schilderung des Landes Israel, geschrieben für die jüdischen Massen in den USA. Allein für die Vorarbeiten hatte Ben Gurion täglich dreizehn Stunden in einer New Yorker Bibliothek, der Public Library, verbracht und war bis nach Washington gefahren, um in der Kongreßbibliothek und anderen Instituten weiteres Quellenmaterial zusammenzustellen. Für die Arbeit an diesem Buch und bis zu seiner Fertigstellung wies ihm das Zentral-Komitee der Partei wöchentlich zehn Dollar an.

Erez Israel erscheint erst im Frühjahr 1918, zu einem Zeitpunkt also, da sich für die jüdische Welt Ereignisse von höchster Bedeutung abzeichnen, die auch den künftigen Weg der beiden Bens entscheidend beeinflussen werden. Vorerst aber nimmt Ben Gurion das »politische Training« wieder auf, das er in Jerusalem begonnen hat: Er schreibt, hält Vorträge, sammelt Spenden ein. Reisen zu den Verbänden seiner Partei führen ihn quer durchs Land und von Stadt zu Stadt, er nimmt an Kongressen, Tagungen und Versammlungen teil, er diskutiert und argumentiert, vertritt seinen Standpunkt in aller Schärfe und wird nicht selten überstimmt: Einmal sieht er sich sogar gezwungen, eines seiner Ämter niederzulegen. Es kommt zu Begegnungen und zur Zusammenarbeit mit den bedeutendsten Führern seiner Partei und der zionistischen Bewegung. Obwohl er selbst keine Führungsposition bekleidet, wird sein Name immer häufiger genannt. Manche behaupten sogar, er bereite sich systematisch auf eine Führungsrolle vor.

Während seiner Arbeit in der New Yorker Bibliothek, so erzählt man sich, sitzt ein jüdischer Sozialist aus Rußland, Lew Deutsch, neben ihm am Tisch. Eines Tages fragt er einen Freund Ben Gurions, wer dieser junge Mann sei. »Einer der Führer der Arbeiterbewegung in Palästina«, wird ihm gesagt. Deutsch ist mehr als überrascht: »Fast täglich sitzt dieser Mann neben mir und liest. Natürlich bin ich neugierig und möchte wissen, was er liest. Ich stelle fest, daß es Abhandlungen über sehr spezielle Themen sind: historische Werke über die Parteien Amerikas, praktische Ratgeber über Möglichkeiten und Methoden, die Massen zu gewinnen, Handbücher zum Behörden- und Verwaltungsapparat und vieles mehr.«

Ungeachtet seiner engagierten und vielseitigen Tätigkeit in der amerikanischen Öffentlichkeit bleibt Ben Gurion, was er immer war: ein stiller, in sich gekehrter Mensch, der sich auch hier zunehmend einsam fühlt und nur in den Briefen an seinen Vater zu erkennen gibt, was ihn bewegt. Doch als die postalische Verbindung durch den deutschen Sieg über Polen abreißt, hören auch diese Briefe an Awigdor auf. Außer Ben Zwi hat David keinen wirklichen Freund, und er lebt in einem Land, das ihm unermeßlich groß und fremd vorkommt. In diesen Jahren seines amerikanischen Exils sehnt er sich nach seiner Jugendliebe, der schönen Rachel Nelkin, zurück und schreibt ihr Briefe, die im Hinblick auf die herrschenden Moralvorstellungen seiner Zeit mehr als erstaunlich klingen: Er bittet sie, alles aufzugeben und zu ihm nach Amerika zu kommen. Aber Rachel ist verheiratet, und niemand kann ungeschehen machen, was geschehen ist.

Ben Gurion ist dreißig Jahre alt, ernst und blaß; er trägt immer noch denselben alten Anzug, als er im Haus eines gemeinsamen Bekannten Paulina (Paula) Monbaz kennenlernt. Klein, mit breitem Gesicht und Brille ist Paula keine Schönheit, aber eine geistreiche und lebhafte junge Frau, die sich — ganz im Gegensatz zu dem introvertierten David — offen, freimütig und lebenslustig gibt und Feste und Geselligkeit liebt. Als Kind angesehener Eltern in Minsk geboren, mußte Paula, als ihr Vater starb und die Familie in Armut zurückließ, ihr Medizinstudium abbrechen und als Krankenschwester arbeiten. Sie ist keine Zionistin, und Worte wie Rückkehr nach Zion, Judenstaat, Land Israel bedeuten ihr nichts. Paula lebt in einer anderen Welt, fühlt sich zeitweilig von anarchistischen Ideen angezogen und verehrt Trotzki, der zu jener Zeit in New York lebt. Bei seinen Vorträgen sitzt Paula in der ersten Reihe und stellt sich vor, daß er ihre Anwesenheit bemerkt und ihr inmitten seiner flammenden Rede bewundernde Blicke zuwirft.

Paula, die als OP-Schwester in einer New Yorker Klinik arbeitet, ist seit ein paar Jahren mit einem Arzt befreundet, ja so gut wie verlobt. Gleichwohl gefällt ihr der junge Pionier aus Plonsk ausnehmend gut. »Ihr hättet sehen müssen, wie er hier auftauchte«, erinnert sie sich später. »Trübe Augen, schäbiger Anzug. Sobald er aber den Mund aufmachte, wußte ich, daß er ein bedeutender Mann war.« Als Paula von der literarischen Tätigkeit Ben Gurions erfährt, fragt sie, ob sie ihm dabei helfen könne. »Gern, wenn Sie wollen«, sagt er. Von da an trifft sie ihn jeden Abend in der Bibliothek und schreibt lange Textpassagen für ihn ab. Bald gehen sie auch gemeinsam aus, jeder auf eigene Kosten, da sie beide nicht allzuviel verdienen. Allmählich wird aus der Freundschaft Liebe. Und als sie sich mehr als ein Jahr lang kennen, macht David ihr einen Heiratsantrag. Ihr Ja-Wort aber, warnt er sie gleich, dürfe sie ihm nur geben, wenn sie bereit sei, Amerika zu verlassen und in ein »kleines Land« zu ziehen, in ein »Land der Armut, wo es weder Gas, Elektrizität noch Straßenbahnen gibt«

Paula sagt ja. Am Vormittag des 5. Dezember 1917 verläßt sie den Operationssaal, legt den Kittel ab und eilt zum New Yorker Rathaus, wo David sie schon erwartet. Das Paar begibt sich zum Standesamt, zahlt zwei Dollar und wird vom Standesbeamten getraut. Nach der kurzen Zeremonie sind beide wieder unterwegs: Paula muß wegen einer dringenden Operation auf schnellstem Weg zur Klinik zurück, und David wird zu einer Sitzung des Poale-Zion-Komitees erwartet.

»Ich kam eine Viertelstunde zu spät, was die Parteigenossen überraschte. Ich erklärte ihnen die Verspätung und sagte, daß ich eben geheiratet hätte. Natürlich gratulierten sie mir, waren aber sehr erstaunt, daß ich mich hatte trauen lassen, ohne einer Menschenseele vorher Bescheid zu sagen. Und ich war nicht einmal von einem Rabbi getraut worden.«

Am Hochzeitsabend kehrt Paula in ihre Wohnung zurück, die sie mit ein paar Freundinnen teilt. Ben Gurion sitzt wie immer mit Ben Zwi im gemeinsam gemieteten Zimmer. Erst Tage später sehen Paula und David sich wieder, machen sich auf die Suche nach einer Wohnung und finden eine in Brooklyn, 631 Bedford Avenue. Doch währt ihr Zusammenleben nur kurz. Fünf Monate nach der Hochzeit werden sie infolge des Ereignisses vom 2. November 1917 — der Balfour-Erklärung — für anderthalb Jahre getrennt.

Dieses völlig unerwartete Statement, das der britische Außenminister Arthur Balfour in einem Brief an Lord Rothschild formulierte, übertraf die kühnsten Träume der Zionisten. In dem Schreiben hieß es, daß »die Regierung Seiner Majestät die Gründung einer nationalen Heimstatt für das jüdische Volk in Palästina mit Wohlwollen betrachte und mit ganzer Kraft dafür eintreten werde, die Erreichung dieses Zieles zu erleichtern . . .« Das Verdienst am Zustandekommen der Erklärung wird allgemein Dr. Chaim Weizmann zugeschrieben, der dadurch zum unumstrittenen Führer der zionistischen Bewegung aufstieg. Weizmann, der ein chemisches Labor in Manchester leitete, hatte 1916 dem damaligen Ersten Lord der Admiralität, Winston Churchill, die Formel zur synthetischen Herstellung von Aceton überreicht und damit eine hervorragende Lösung des Problems gefunden, den wachsenden Munitionsbedarf zu decken. Ein paar Monate später, so sagt man, fragte der neue Premierminister Lloyd George bei Weizmann an, wie er ihm diesen wichtigen Beitrag zur Kriegführung honorieren könne. »Tun Sie etwas für mein Volk«, sagte Weizmann — und bat sich Palästina aus.

Wenn es schon fraglich ist, ob die Dinge sich tatsächlich in dieser Form abgespielt haben, so ist es doppelt fraglich, ob die Briten diesem Ersuchen auch nach dem Krieg noch stattgegeben hätten, wenn sie es denn je ernsthaft in Erwägung zogen. Schließlich hatten sie Palästina schon Frankreich angeboten und zugleich den Arabern versprochen. So scheint es vielmehr, als sei die britische Regierung nur bestrebt gewesen, sich die Juden in aller Welt zu verpflichten und sie als Verbündete in ihrem Kampf gegen die Mittelmächte zu gewinnen. Dabei galt das vornehmliche Interesse den Juden aus Rußland und den USA, die insofern Anlaß zur Sorge boten, als viele von ihnen offen ihre Sympathie für Deutschland bekundeten, weil es gegen Rußland, das Land der Unterdrükkung und Pogrome, Krieg führte. Gerüchte gingen um, daß Deutschland eine pro-zionistische Erklärung vorbereite und seinen Einfluß auf die Türkei geltend mache, um für die Juden Einwanderungs- und Siedlungsrechte in Palästina zu erwirken. Die fünf Millionen Juden in Rußland stellten ebenso wie die aus Ungarn, Österreich und Deutschland einen nicht zu übersehenden politischen Faktor dar. Und das Schicksal wollte es, daß fünf

Tage nach der Veröffentlichung der Balfour-Erklärung die Regierung Kerenskij von den bolschewistischen Revolutionären gestürzt wurde. Nach Ansicht mancher Historiker hätte man die Balfour-Erklärung im Schubfach ruhen lassen, wenn die Revolution eine Woche früher ausgebrochen wäre.

Analysen wie diese haben den Vorzug, siebzig Jahre danach entstanden zu sein. Zum Zeitpunkt des Geschehens wurde die Balfour-Erklärung von den Juden in aller Welt mit Jubel und Begeisterung begrüßt. Vermutlich war Ben Gurion der einzige, der im allgemeinen Jubelchor für Dissonanzen sorgte:

»England hat uns Palästina nicht zurückgegeben. Selbst wenn das ganze Land von den Briten erobert wäre, würde es doch nicht zu unserem Land allein dadurch, daß die Briten uns dieses zusichern und andere Staaten das akzeptieren . . . Die Engländer haben eine großzügige Geste gemacht; sie haben uns als Nation anerkannt und unser Recht auf das Land bestätigt. Aber nur das hebräische Volk kann dieses Recht in ein greifbares Faktum verwandeln. Nur dieses Volk wird es sein, das mit Leib und Seele, mit seiner Kraft und seinem Kapital die ›nationale Heimstatt‹ errichtet und die nationale Befreiung herbeiführt.«

Die starre Haltung Ben Gurions bedeutete indes nicht, daß er die politische Bedeutung der Balfour-Erklärung herunterspielen wollte. Nur glaubten eben zu viele im ersten Freudentaumel jener Tage, daß der Messias in Gestalt eines englischen Lords gekommen sei und man bereits an der Schwelle zum Land der Verheißung stehe. Dieser allgemeinen und begreiflichen Hoffnung wollte Ben Gurion nur ein paar Fakten entgegensetzen.

In einem Punkt aber hat die Balfour-Erklärung Ben Gurions Standpunkt verändert. Mit dem Kriegseintritt der Vereinigten Staaten verlagerte sich das Kräfteverhältnis eindeutig zugunsten der Entente-Mächte, und als die britische Armee im Spätsommer 1917 bis an die Tore Palästinas vorgerückt war, stand fest, daß dort die Tage der türkischen Herrschaft gezählt waren. Erneut stellte sich die Frage nach einer Jüdischen Legion, und diesmal war auch Ben Gurion der Meinung, daß jüdische Soldaten in den Reihen derer nicht fehlen sollten, die unter Einsatz ihres Lebens für die Befreiung Palästinas kämpften. Fraglos hatte die Balfour-Erklärung dem Gedanken an eine Jüdische Legion allgemein neuen Auftrieb verschafft. Und fraglos hatte sie ihren Anteil an Ben Gurions Entscheidung, sich bei der Forderung nach Aufstellung eines jüdischen Bataillons zum Wortführer zu machen und nach Washington zu reisen, um diesen Gedanken Louis Brandeis persönlich zu unterbreiten. Brandeis, Richter am Obersten Gerichtshof und einer der prominentesten Vertreter des amerikanischen Zionismus, leitete die Forderung an Präsident Wilson weiter. Der aber lehnte ab. Eine Lösung fand sich erst, als man auf Betreiben Wladimir Jabotinskys jüdische Bataillone innerhalb der britischen Armee aufstellte. Die einhundertfünfzig Hechaluz-Mitglieder meldeten sich freiwillig zur Jüdischen Legion und bildeten, zusammen mit zweihundert in Amerika lebenden Exil-Palästinensern, den Kern einer amerikanischen Formation, die später den Namen 39. Königliches Füsilier-Bataillon erhielt.

Am 26. April 1918 informiert Ben Gurion seine Frau über seinen Beitritt zur Jüdischen Legion. Paula bricht in Tränen aus. Sie ist im vierten Monat schwanger und kann den Gedanken an eine Trennung von David nicht ertragen. Es hilft ihr wenig, daß sie, wie David ihr vorhält, von seinen Absichten gewußt und ihnen zugestimmt habe. Sie fleht ihn an, sie nicht allein zu lassen, aber David kann ihr nur versprechen, sie gleich nach der Geburt zusammen mit dem Kind nach Palästina zu holen. Am 28. Mai legt Ben Gurion im Britischen Konsulat von New York den

Treueid ab und ist schon am Tag darauf zum Truppenübungslager in Windsor, Kanada, unterwegs. Es ist Frühling, und wo immer der Zug Station macht, wird er von Scharen begeisterter Juden begrüßt, die ihren Helden auf dem Weg zur Befreiung Palästinas einen jubelnden Empfang bereiten. Bei seiner Ankunft in Windsor kommt ihm ein braungebrannter Soldat in britischer Uniform entgegen — Jizchak Ben Zwi, der eine Woche vor ihm hier angekommen ist.

David ist jetzt zweiunddreißig Jahre alt und kein Jüngling mehr, aber das Lagerleben gefällt ihm. Auch als Gefreiter ist Ben Gurion kein gewöhnlicher Soldat: Im politischen Bereich so erfahren wie als Redner begabt, ist sein Name unter den Legionären bekannt, und er bringt, wie er selbst bezeugt, auch die schwierigsten und aufsässigsten Charaktere dazu, ihm zu gehorchen. Der besondere Status, den Ben Gurion im Lager genießt, wird bald auch von den Vorgesetzten erkannt. Ben Gurion wird zur Beförderung vorgeschlagen:

»Heute früh wurde ich zum Hauptfeldwebel Wilson gerufen, um die Beförderung zum Korporal entgegenzunehmen. Ich habe das in aller Höflichkeit abgelehnt und erklärt, daß ich als gewöhnlicher Soldat nützlicher wäre als einer von höherem Rang.«

Die »Meuterei« hilft ihm nicht viel. Bei einer Inspektion der Zelte erklärt der Hauptfeldwebel dem Lagerkommandanten, daß Ben Gurion »der beste Mann des jüdischen Bataillons« sei, den Rang eines Korporals aber abgelehnt habe. Daraufhin zitiert der Kommandant Ben Gurion zu sich und macht ihm klar, daß es »in Übersee keine Komitees gibt und die Befehlsgewalt allein beim Militär liegt. Darum sollte ich die Beförderung annehmen.« Der Rebell fügt sich in sein Schicksal und wird knapp einen Monat später zum Korporal ernannt.

In einem Konvoi von etwa zwanzig Schiffen treten die

Legionäre am 11. Juli die Überfahrt nach England und Palästina an. Am 22. Juli geht Ben Gurions Kompanie im englischen Tilbury von Bord und wird zum Lager von Hounslow weitergeleitet. Als Ben Gurion ein paar Tage Urlaub bekommt, nutzt er die Zeit für einen London-Besuch und für Gespräche mit den dortigen Zionistenführern. Er ist bitter enttäuscht, als er erfährt, daß die ersten Einheiten der Jüdischen Legion in Ägypten festgehalten werden, weil General Allenby und sein Stab als Gegner der Balfour-Erklärung nicht gewillt sind, den Juden eine Rolle, und sei es die kleinste, im Kampf zur Befreiung Palästinas zuzugestehen. Am 14. August jedoch setzt sich das gesamte 39. Königliche Füsilier-Bataillon in Richtung Ägypten in Bewegung und erreicht zwei Wochen später Port Said.

Die Aussicht, alte Freunde wiederzutreffen, die während des Krieges in Palästina geblieben sind, versetzt Ben Gurion in freudige Erregung. Viele von ihnen kommen jetzt nach Ägypten und melden sich als Freiwillige zum jüdischen Bataillon. Eine Woche nach seiner Ankunft in Ägypten verläßt Ben Gurion das Lager und fährt nach Kairo, wo das palästinensische Bataillon lagert. Noch am gleichen Tag aber wird er wegen einer schweren Ruhr-Infektion ins Krankenhaus gebracht und ist wochenlang ans Bett gefesselt. In dieser Zeit erreicht ihn die Nachricht von der Geburt seiner Tochter Gëula. Seine persönliche Freude nimmt, wie immer bei ihm, nationale Dimensionen an: »Unser Kind«, schreibt er an Paula, »kam in einer glücklichen Zeit zur Welt, im Augenblick der Befreiung unseres Landes. Und der Ruhm dieses Augenblicks wird das Leben dieses Kindes durch seinen Glanz erhellen.«

Wie ein Leitmotiv durchzieht diese Verquickung von nationalem Denken und persönlichem Fühlen die vielen Briefe, die David während seiner Zeit in der Legion an Paula schreibt. Vor seiner Ankunft in Ägypten hatte er ihr

fast täglich geschrieben und sie mit glühenden Liebeser-
klärungen überschüttet, sein privates Glück aber konnte
— oder wollte — er nicht von seinen nationalen Träumen
trennen. So schreibt er ihr aus Windsor:

»Ich weiß, welchen Preis Du mit Deiner Jugend und
Deinem Glück für mich und meine Ideale zahlst. Es ist ein
sehr hoher Preis, und ich weiß nicht, ob ich ihn Dir je zu-
rückzahlen kann. Aber das ist die Grausamkeit einer großen Liebe. Wenn ich jetzt bei Dir wäre, verdiente ich es
nicht, daß Du mein Kind unter dem Herzen trägst, und
unser ganzes Leben wäre sinnlos und umsonst . . .«

Wie schwer ihr die Trennung fällt und wie wenig Trost
sie in seinen Idealen findet, kann er Paulas Briefen entnehmen. Um sie aufzuheitern, schildert David ihr die gemeinsame Zukunft in den rosigsten Farben, wobei er die
Bekundung seiner Gefühle mit revolutionären Tönen ver-
mischt:

»Ich kenne Dich gut genug, um überzeugt davon zu
sein, daß Du die schwere Bürde tragen und, unter
Schmerz und Tränen, den hohen Berg ersteigen wirst, von
dessen Gipfel aus Du eine neue Welt erblickst, eine Welt
voller Licht und Freude, die im Glanz eines ewig jungen
Ideals erstrahlt; es ist eine andere Welt, eine Welt der
höchsten Glückseligkeit, ein herrliches Universum, eine
Welt, die zu betreten nur wenige das Vorrecht haben, weil
sie nur den reichen Seelen und den weiten Herzen offen-
steht. Ich weiß, daß Dein Herz groß genug für diese schöne
Welt und das herrliche Leben ist, das ich Dir bereiten
möchte.«

Daneben gibt es Briefe, in denen Ben Gurion sich ganz
der Sehnsucht nach seiner Frau und der leidenschaftlichen Liebe zu ihr überläßt:

»Ich komme mir wie ein Knabe vor, wie ein dummer
Junge, denn mir ist, als liebte ich Dich wie am ersten Tag.
Ich sehne mich nach Deinen Lippen, Deinen Armen, ich

will Dich in glühender Umarmung an mich drücken, will an Deinem Bett stehen, mich über Dich beugen, Dir in die Arme sinken und alles vergessen außer Dir. Wie damals will ich in Deiner Liebe glücklich sein — ganz nah in inniger Umarmung, Mund an Mund, Herz an Herz, in Deinem Jungmädchenbett, das so heilig für mich war.«

Doch zeigt ihr Briefwechsel, daß diese »revolutionäre Leidenschaft« — diese Verbindung zweier Ebenen: der Liebe zu einem Menschen und der Liebe zum Vaterland — nur von einem der Partner erlebt wird. Paula liebt Ben Gurion von ganzem Herzen, doch sie kommt, trotz seiner und ihrer eigenen Anstrengungen, nicht über die Probleme einer verliebten jungen Frau hinweg, die sich einsam und alleingelassen fühlt. Ebensowenig gelingt es ihr, den Kampfgeist aufzubringen, den Ben Gurion ihr beschreibt und den er braucht, um sein »großes Ideal« zu erreichen. Diese Kluft zwischen ihnen schließt jene »geistige Einheit« aus, nach der Ben Gurion sich immer gesehnt hat. Überlastet von den unzähligen Alltagsproblemen in New York, aufgerieben durch die tägliche Erwerbstätigkeit, ist Paula verbittert und unzufrieden. Bei der Niederkunft ist sie allein, und allein zieht sie das Baby auf, sorgt auch finanziell für sich und das Kind, was nicht immer einfach ist. In verzweifelten Briefen schildert sie ihm ihre Nöte und Schwierigkeiten, sie wirft ihm vor, sie nicht genug zu lieben, und unterstellt bei jedem Brief, der verspätet bei ihr eintrifft, daß er ihr nicht mehr schreiben wolle. Doch läßt sich Paulas Haltung durchaus verstehen: Sie ist keine Zionistin, und die Ideologie ihres Mannes kann ihr weder Trost noch Hilfe sein. Sie liebt ihn und opfert ihm ihr Leben, doch die Liebe allein ist nicht genug, die Kluft zu überbrücken.

Der Feuertaufe muß Ben Gurion sich nicht unterziehen: Noch ehe sein Bataillon die Front erreicht, wird die türkische Armee geschlagen und Palästina von den Engländern besetzt. Nach dreitägiger Reise kommt er am 6. November 1918 während eines Urlaubs in Tel Aviv an. Drei Jahre zuvor noch »auf immer verbannt«, ist er wieder unter seinen Freunden, trägt stolz und glücklich eine Uniform mit dem Davidstern am Ärmel. Sein Exil ist zu Ende — ein neues Kapitel seines Lebens beginnt.

Ben Gurion liegt noch im Lazarett von Kairo, als man ihm ein Exemplar der *Baawoda* (Am Werk), des Organs der Landwirtschaftlichen Union in Palästina, ans Krankenbett bringt. Der wichtigste Beitrag stammt von Berl Katznelson, dessen ebenso ausführlicher wie programmatischer Artikel unter der Überschrift »Vorwärts in die Zukunft« eine Art Credo ist, geschrieben am Beginn einer neuen Ära in der Geschichte des Zionismus. Die wichtigste These lautet, daß der Aufbau Palästinas allein von den jüdischen Landarbeitern geleistet werden kann, wobei Katznelson betont, daß die Arbeiter als die eigentlichen Vorkämpfer des Zionismus auch den künftigen Weg der internationalen Bewegung des Zionismus zu bestimmen haben.

Ben Gurion liest den Artikel mit wachsendem Interesse, stellt fest, »daß wir da ganz einer Meinung sind«, und macht sich, sobald er wieder aufstehen darf, auf die Suche nach dem Autor, den er im Lager des palästinensischen Bataillons findet. Katznelson, ein untersetzter, kraushaariger Mann, ist der Mentor der sozialistischen Pioniere, die, ohne einen Pfennig in der Tasche, jahrelang auf der Suche nach Arbeit kreuz und quer durch Palästina gezogen waren. Als Ben Gurion ihm den Gedanken eines Zusammenschlusses der beiden Arbeiterparteien Palästinas, der Poale Zion und dem Hapoel Hazair, unterbreitet, meint Berl »ohne Begeisterung: ›Gut, reden wir mit den

Leuten vom Hapoel Hazair.‹ Die lebten alle im gleichen Zelt« (ein Hinweis, wie klein die Gruppen jüdischer Pioniere zu jener Zeit waren), »und sie akzeptierten den Zusammenschluß.«

Nach knapp zwei Wochen bricht Ben Gurions Bataillon nach Palästina auf. Einen Tag nach der Ankunft verläßt er ohne Erlaubnisschein das Lager und durchforstet ganz Jaffa, um Anhänger für die Idee des Zusammenschlusses zu finden. Mit dieser Wiederaufnahme seiner politischen Tätigkeit besiegelt Korporal David Ben Gurion das Ende seiner militärischen Karriere: Als er nach viertägiger Abwesenheit ins Lager zurückkehrt, wird er inhaftiert, zum Gefreiten degradiert, der Wehrsold von drei Tagen wird einbehalten, und man versetzt ihn zu einer anderen Kompanie. Doch erschüttert ihn das Urteil nicht allzusehr, denn schon nach wenigen Tagen bekommt er einen Monat Urlaub und kann sich erneut der politischen Tätigkeit widmen.

Die ersten Schwierigkeiten tauchen auf als Ben Gurion anläßlich des Kongresses der Poale Zion vom Februar 1919 der eigenen Partei den Vorschlag eines Zusammenschlusses unterbreitet. Es ist keine leichte Aufgabe, denn er gehört noch immer zu den niedrigeren Chargen der Partei und vertritt seine sozialistischen Ansichten kaum im Sinne der dogmatischen Zionisten. Dafür besitzt er die Gabe, sich auf Gedeih und Verderb ins politische Gefecht zu stürzen. Das Ergebnis ist, daß die Mehrheit des Kongresses beschließt, seinen Vorschlag zu unterstützen. Aber jetzt ist es der Hapoel Hazair, der sich auf seinem gleichzeitig stattfindenden Kongreß dem Vorschlag widersetzt. Ben Gurion und Berl Katznelson sind indes nicht gewillt, diese Entscheidung zu akzeptieren, und rufen »alle Arbeiter des Landes Israel zu einem Generalkongreß« zusammen, dessen einundachtzig Delegierte dem von Katznelson formulierten Konzept für die Vereinigung zustimmen und der neuen Organisation den Namen Achdut Haawoda (Einheit der Arbeit) geben. Einer der wichtigsten Beschlüsse des Arbeiterkongresses ist die Forderung nach »internationalen Garantien für den Aufbau eines unabhängigen Judenstaates in Israel, in dem die Schaffung einer jüdischen Mehrheit unter der Schirmherrschaft eines Völkerbund-Vertreters in Angriff genommen wird«.

Doch stellte die Gründung der Achdut Haawoda nur einen Teilsieg dar, war allenfalls ein Schritt auf dem Weg zum Sieg. Denn zu dieser Zeit bildeten die zionistischen Arbeiterbewegungen nur eine Minderheit innerhalb der internationalen zionistischen Bewegung, und die palästinensischen Arbeiter waren nur eine Minderheit innerhalb dieser Minderheit. Berl Katznelson und Ben Gurion verfolgten mithin ein hochgestecktes Ziel: den Zusammenschluß der Arbeiter Palästinas in einer Organisation, die sowohl die Tätigkeit der Zionisten in Palästina als auch die Politik des internationalen Zionismus bestimmen sollte. Um dieses Ziel zu erreichen, mußten sich alle Arbeiter Palästinas in einer einzigen Organisation zusammenschließen. Die Achdut Haawoda hätte zu einer solchen Organisation werden können. Als aber die Mitglieder des Hapoel Hazair ihren Beitritt verweigerten, mußte ein anderer Weg gesucht, ein neuer Dachverband jenseits aller Parteiinteressen gegründet werden. Das geschieht im Dezember 1920 mit der Gründung der Gewerkschaft der Arbeiter Palästinas, die bis heute unter dem Namen Histadrut bekannt ist. Doch gehört Ben Gurion nicht zu den Glücklichen, die das Grundsatzprogramm der Einheitsgewerkschaft formulieren: Zu diesem Zeitpunkt weilt er erneut im Ausland und kann deshalb den Aufbau dieser Arbeiterorganisation, die so wichtig für ihn wird, nur aus der Ferne verfolgen.

Dafür erwarten ihn jetzt Freuden anderer Art: Am

Samstag, dem 17. November 1919, steht der Gefreite Ben Gurion am Kai des Hafens von Jaffa, um tief bewegt seine Frau und seine vierzehn Monate alte Tochter Gëula in die Arme zu schließen, die er zum erstenmal sieht. Er bringt die beiden ins Hotel und kümmert sich so fürsorglich um sie, wie es einem Familienvater geziemt. Es ist, als wolle er beweisen, wie ernst es ihm mit dem Versprechen war, das er Paula vor ihrer Abreise gab: »Milch und Eier werdet Ihr haben, nicht nur gegen Hunger und Durst, sondern, wenn Du möchtest, um unser Kind darin zu baden . . . Ich verspreche Dir, meine Paula, daß Gëula alle Annehmlichkeiten vorfinden wird, die sie in Brooklyn und in der Bronx genießt, es sei denn, sie wünschte sich einen Besuch in der Metropolitan Opera.« Als Ben Gurion die Tochter erstmals in Augenschein nimmt, kennt sein Entzücken keine Grenzen: »Ohne jede väterliche Voreingenommenheit möchte ich behaupten, daß sie eines der nettesten, reizendsten, bezauberndsten, schönsten und klügsten kleinen Mädchen ist, die ich je gesehen habe.«

Kurz darauf wird Ben Gurion aus der Armee entlassen und widmet sich mehrere Monate lang der Arbeit in der Achdut Haawoda, die ihn im Frühsommer 1920 mit dem Auftrag nach London schickt, Kontakte zur englischen Labour-Partei herzustellen und das Büro der Weltunion der Poale Zion zu leiten. Anfang Juni tritt Ben Gurion mit seiner Familie die Reise an. Paula, die erneut schwanger ist, erwartet im Spätsommer die Geburt ihres zweiten Kindes.

Das Jahr ihres Aufenthaltes in Europa läßt sich recht stürmisch, ja dramatisch an, um im weiteren Verlauf zunehmend mühselig zu werden. Kurz nach der Ankunft in London läßt Ben Gurion Paula und das Kind allein und fährt nach Wien, um am Weltkongreß der Poale Zion teilzunehmen. Schon zu Beginn des Kongresses herrscht allgemeine Kampfstimmung, und noch vor seinem Ende kommt es zur Spaltung in einen linken und einen rechten Flügel. Der linke befürwortet den Beitritt zur Dritten Internationale und stimmt für den Abbruch der Beziehungen zum Zionistischen Weltkongreß; der rechte folgt den zionistisch-sozialistischen Grundsätzen der Achdut Haawoda. Ben Gurion steht aus zweifachem Grund unter Hochspannung: zum einen wegen der bevorstehenden Spaltung seiner Partei und zum anderen wegen Paula, die kurz vor der Niederkunft steht und deren Telegramm er stündlich erwartet. Die Nachricht erreicht ihn, als die Redeschlacht auf dem Höhepunkt ist. Ben Gurion nimmt den nächsten Zug nach London und wird eine Woche später Vater eines Sohnes, dem er den Namen Amos gibt.

Nach den turbulenten Anfängen bezieht die Familie eine kleine Mietwohnung in Maida Vale. Jeden Morgen fährt Ben Gurion mit der U-Bahn zum Büro der Poale Zion, wo er das frustrierende Leben eines Zionistenführers in der Diaspora am eigenen Leib erfährt. Von der täglichen Routine deprimiert, sehnt er sich nach dem fernen Palästina, dem eigentlichen Zentrum des Geschehens. In einem Brief an Rachel Yanait gibt er seiner düsteren Stimmung Ausdruck: »Hier in London, meine Liebe, gibt es nur Nebel, ständigen, kalten, eintönigen Nebel, selbst wenn ich ehrlicherweise zugeben muß, daß ich den wahren Londoner Nebel noch nicht erlebt habe . . . Wann, meine liebe Rachel, wird man die Büros aus dieser Welt verbannen?«

Von London aus nimmt Ben Gurion wieder regelmäßige Verbindung zu seinem Vater und seiner Familie auf, doch hat sich ein tiefgreifender Wandel in ihrem Verhältnis vollzogen. Jetzt ist es Ben Gurion, der die Rolle des Familienoberhauptes übernimmt, seinen Vater finanziell unterstützt und den Familienmitgliedern Vorschriften macht — oft genug zu deren Verdruß.

So lehnt er die Bitte seines Vaters und seiner Schwestern, ihnen bei der Auswanderung nach Palästina zu helfen, entschieden ab, weil »diese Frage«, wie er seinem Vater schreibt, »in hohem Maß von meiner Zukunft abhängt. Ich weiß wirklich nicht, wie ich das bewerkstelligen soll.« Um den enttäuschten Awigdor versöhnlicher zu stimmen, schlägt er ihm vor, »zusammen mit der Tante« (der zweiten Frau Awigdors) nach London zu kommen und bei ihnen zu wohnen. Wenig später aber zieht er das Angebot zurück und lädt nur seinen Vater ein: Er habe nicht die Mittel, auch für die Reisekosten »der Tante« aufzukommen.

Ähnlich abweisend verhält er sich gegenüber seiner Schwester Riwka. Als sie ihm erklärt, daß sie nach Palästina auswandern wolle und bereit sei, dort jede Art von Tätigkeit zu übernehmen, verweigert ihr David jede Hilfe. »Ich glaube nicht, daß sie zur Arbeit fähig oder imstande ist, eine für sie geeignete Aufgabe zu finden.« Nur unter einer Bedingung erklärt er sich bereit, ihr bei der Einwanderung zu helfen: Riwka müsse genügend Geld mitbringen, um von den Zinsen leben zu können. Ben Gurion, der Autor zahlloser Artikel und flammender Aufrufe zur Masseneinwanderung in Palästina, verhält sich der eigenen Familie gegenüber wie ein antizionistischer Bourgeois und schlägt der eigenen Schwester eine Lebensweise vor, die jeder, selbst der halbherzigste Sozialist, als Schmarotzertum abgelehnt hätte.

Das angespannte Verhältnis zu seinem Vater verschärft sich noch, als Paula mit den Kindern nach Plonsk fährt und dort nicht nur, wie ursprünglich geplant, ein paar Wochen, sondern länger als ein Jahr bleibt. David, der im März 1921 für zwei Monate nach Wien muß, hatte die Reise nach Plonsk vorgeschlagen, damit Awigdor seine Familie kennenlernen konnte. Doch kommt es schon kurz nach Paulas Ankunft zu Spannungen zwischen ihr und dem Schwiegervater. Sie beklagt sich über das »feuchte

Zimmer«, in das man sie einquartiert hat, sie bemängelt das ihrer Meinung nach schmutzige Trinkwasser, sie beschwert sich über die sanitären Einrichtungen. Als sie darüber hinaus noch ein Dienstmädchen für sich und die Kinder fordert, sind Awigdor und »die Tante« vollends empört: Paula sei hochnäsig und launenhaft. Im Mai kommt auch David nach Plonsk, doch gelingt es ihm nicht, den Konflikt zu entschärfen. Zuviel Groll hat sich zwischen Awigdor und Paula aufgestaut. Dennoch läßt er, als es im Mai 1921 in Jaffa zu blutigen Unruhen kommt, Paula und die Kinder in Plonsk und fährt allein nach Palästina zurück. Auch wenn es sicher nicht in seiner Absicht lag, seine Familie für längere Zeit allein zu lassen, vergeht mehr als ein Jahr, bevor Paula und die Kinder nachkommen.

Als Ben Gurion im Spätsommer 1921 in Palästina ankommt, sind die Unruhen von Jaffa noch nicht ausgestanden. Nach wie vor ist die Tatsache, daß Juden aus aller Welt in Palästina zusammenströmen, Anspruch auf das Land erheben und mit Unterstützung Englands eine jüdische Regierung bilden wollen, für die Araber in Palästina ein Affront. Schon 1920, wenige Wochen vor der Konferenz von San Remo, auf der u. a. auch über das Britische Mandat über Palästina verhandelt werden sollte, war es zu erheblichen Spannungen und gewalttätigen Auseinandersetzungen gekommen. Einflußreiche arabische Führer hatten diese geschürt, denn ihrer Ansicht nach konnte eine Welle blutiger Revolten für die internationalen Großmächte der Anlaß sein, die Frage noch einmal zu überdenken, ob England mit der Durchführung der Balfour-Erklärung zu betrauen sei. »Das Land ist unser! Die Juden sind unsere Hunde!« hieß der Schlachtruf, der die Attacken aufgebrachter Arabermassen gegen die Juden in Jerusalem begleitete. Wie sie zu Recht vermuteten, kam ihr Protest den britischen Behörden nicht ganz ungelegen, denn in der Tat stand das Oberkommando der britischen Armee in Palästina dem zionistischen Gedanken nicht wohlwollend gegenüber. Gleichwohl beschloß die Konferenz von San Remo das Britische Mandat über Palästina, und die 64 000 Juden des Landes bereiteten dem ersten Hochkommissar, Sir Herbert Samuel, einen begeisterten Empfang. Doch konnten die Beifallsstürme, die Freudentränen und die Jubelrufe zur Begrüßung des jüdischen Aristokraten die Tatsache nicht überdecken, daß unter den Juden Palästinas tiefe Besorgnis herrschte und daß der anfängliche Enthusiasmus über die Balfour-Erklärung einer zunehmenden Ernüchterung gewichen war.

Noch bevor die Tinte auf dem Papier der Erklärung getrocknet war, hatte England sich schon in eine mehr als mißliche Lage hineinmanövriert, hatte gleichzeitig den Arabern, den Juden und den eigenen Verbündeten Versprechungen gemacht, die sich gegenseitig ausschlossen. Den Franzosen war das Mandat über Palästina angeboten worden; Hussein, dem Scherifen von Mekka, hatte man zu verstehen gegeben, daß für die Araber eine neue Heimat geschaffen werde, die bis an die Küste des Mittelmeers reiche, und den Juden war die nationale Heimstatt zugesichert worden — alles auf ein und demselben Landstrich. Auf der Suche nach Auswegen und darum bemüht, allen Seiten gerecht zu werden, begann die britische Regierung, den Nahen Osten umzumodeln: Man zog neue Grenzen durch die Wüste, stritt mit Frankreich um die Begrenzung Palästinas im Norden und versuchte, die Araber zu besänftigen. Und als Sir Herbert Samuel sein Amt antrat, konnte der Militärgouverneur ihm, wie es in der offiziellen Begrüßungsnote heißt, »ein vollständiges Palästina« übergeben. Vollständig blieb es aber nicht lange. Neun Monate später beschloß Winston Churchill, jetzt Kolonialminister Seiner Majestät, die Gebiete östlich des Jordan von Palästina abzuspalten, um sie dem haschemiti-

schen Emir Abdulla Ibn Hussein als unabhängiges Königreich Transjordanien zu überlassen.

Im Mai 1921 kommt es erneut zu arabischen Ausschreitungen, die innerhalb einer Woche siebenundvierzig jüdische Todesopfer fordern. Für die Araber hat die
blutige Auseinandersetzung ein positives Ergebnis: Sir
Herbert Samuel bringt die jüdische Einwanderungswelle
vorerst zum Stehen, und Churchill sanktioniert wenig später die Teilung des Landes in einem Weißbuch, das den
Begriff »nationale Heimstatt der Juden« inhaltlich stark
einschränkt und die jüdische Einwanderungsrate an die
»ökonomische Aufnahmekapazität des Landes« bindet:
ein Konzept, das unklar genug formuliert ist, um der britischen Politik in jeder Situation dienlich zu sein.

Nach Auffassung der damaligen Zionistenführer stellten derlei Maßnahmen und Proklamationen der britischen Regierung jedoch keinen »Verrat« an der Balfour-
Erklärung dar. Sicherlich wichen sie von den zionistischen
Zielen ab, die Balfour im Auge hatte; zugleich aber kon-
frontierten sie mit einer Realität, die die meisten Zionisten
nicht wahrhaben wollten. Vielen Zionistenführern hatten
die Tumulte von 1920 und 1921 einen regelrechten
Schock versetzt: Was war denn noch dran an der Parole
»Ein Volk ohne Land kehrt zurück in ein Land ohne
Volk«? Die schlichte Wahrheit hieß, daß Palästina eben
nicht ein Land ohne Volk war und daß die Juden nur eine
Minderheit innerhalb der Bevölkerung bildeten. In den
Gründungsjahren der Kolonialstaaten hatten die Westmächte bestimmt, ob die Kolonien mit Einwanderern be-
siedelt werden sollten oder nicht, und hatten damit die
»Eingeborenen« als einen unwesentlichen Faktor abge-
tan. Das Recht zur Selbstbestimmung, das die Vereinigten
Staaten, als sie den Entente-Mächten zu Hilfe kamen, auf
ihre Fahnen geschrieben hatten, blieb auch nach dem
Weltkrieg nur den »entwickelten« Völkern vorbehalten.

Noch aber stand der Nahe Osten im Zeichen revolutionärer Kämpfe, die sehr viel später erst dieses elitäre Gedankengut, die letzten Überbleibsel der viktorianischen Epoche, ausräumen konnten.

Auch für die Zionistische Weltorganisation ist es eine Zeit des Umbruchs, des oft schmerzhaften Umdenkens und eines verschärften inneren Konflikts, der seine Spuren hinterläßt. Den amerikanischen Zionisten scheint es besonders schwer zu fallen, sich der veränderten Realität zu stellen. Ihrer Meinung nach brauchte man, sobald die Balfour-Erklärung in Kraft getreten war, lediglich die ökonomische Grundlage für die Entwicklung des Landes zu schaffen, und schon wäre die nationale Heimstatt Wirklichkeit. So geraten sie auch mit Chaim Weizmann aneinander, als dieser unterstreicht, wie wichtig die Einwanderung nach Palästina und die Gründung neuer Siedlungen ist und daß allein durch sie der zionistische Gedanke verwirklicht werden kann. Grundsätzlich standen die Ansichten Weizmanns denen der palästinensischen Arbeiter recht nahe, doch ist er nie einer der ihren gewesen und hat es wohl darum nie erreicht, ihr Führer zu werden.

Als Weizmann im Frühjahr 1918 zu einem Besuch nach Palästina kam, trat er im vollen Glanze seines Ruhmes auf — ganz in Weiß gekleidet und gefolgt von Vertretern des Judentums und des Zionismus aus England, Frankreich und Italien. Die Delegation stieg im Hauptquartier von General Allenby ab, wurde an den feinsten Offizierstischen bewirtet und in einer Limousine, die die britische Armee zu ihrer Verfügung bereithielt, durchs Land chauffiert. Im scharfen Kontrast dazu stand ein Häuflein junger Pioniere — elend, abgerissen, von vier Kriegsjahren gezeichnet. Zweifellos hatten die britischen Generäle noch nie von den harten Kämpfen, den Träumen und Zukunftsvisionen der Pioniere gehört; selbst Weizmann hat sie in seinen Memoiren nur am Rande erwähnt. Doch war es nicht allein der Unterschied in Kleidung und Lebensweise, der die Kluft zwischen den Arbeitern in Palästina und den Zionisten in der Diaspora zum Ausdruck brachte.

Die Pioniere ballten die Fäuste, als sie im Juli 1919 das jüngste, von der Zionistischen Organisation verschickte Rundschreiben lasen: »Keiner darf das Risiko auf sich nehmen, Beruf und Hausstand aufzugeben, bevor er nicht genau weiß, ob er sich in Palästina niederlassen kann.« Nach Ansicht der Diasporaführung lag das größte Problem im fehlenden Kapital; und als die zionistische Exekutive dem Zwölften Zionistenkongreß ihren Bericht vorlegte, erreichte die Empörung der palästinensischen Arbeiter ihren Höhepunkt:

»Angesichts der in Palästina herrschenden wirtschaftlichen Bedingungen und der finanziellen Schwierigkeiten der Zionistischen Organisation hielt es die Exekutive für nicht wünschenswert, mittellose Pioniere nach Palästina zu schicken. Sie hat darum allen wichtigen Auswanderungsbehörden telegrafisch die Anweisung erteilt, zum gegenwärtigen Zeitpunkt keine Auswanderer mehr nach Palästina zu entsenden.«

Immer stärker wurde den palästinensischen Arbeitern bewußt, daß sie allein die Last des Aufbaus zu tragen hatten und daß sie, um den Zionismus in die Tat umzusetzen, ein wirksames, funktionstüchtiges Instrument brauchten. Das stand ihnen nach Gründung der Histadrut zur Verfügung, und David Ben Gurion war es, dem man dieses Instrument 1921 in die Hände legte.

Ben Gurion ist fünfunddreißig Jahre alt, als er nach Palästina und zur Histadrut zurückkehrt. Für ihn stellt der Gewerkschaftsverband eine »Arbeitsarmee« dar, die imstande ist, das Land wiederaufzurichten. Eine hochfliegende Erwartung. Denn 1920, im Jahr ihrer Gründung, zählte die Histadrut bei einer Bevölkerung von insgesamt

65 000 Juden in Palästina nur 4433 Mitglieder, meist arme, unterdrückte Arbeiter. Auf vielen Gebieten herrschte Arbeitslosigkeit, und viele der nach dem Krieg aus Osteuropa eingewanderten Pioniere hungerten nach einem Stück Brot. Die Kassen der Histadrut waren leer. Mit einer finanziellen Unterstützung durch Freunde und Förderer konnte sie kaum rechnen, und im Ausland war sie so gut wie unbekannt. Der Zionistische Kongreß behandelte sie von oben herab, in der Mandatsregierung kannte man nicht einmal die Namen der leitenden Sekretäre. An deren Zielsetzung aber hatte sich trotz drängender Probleme nichts geändert: Viertausend jüdische Arbeiter werden den dominierenden Faktor der politischen Macht in Palästina und im Weltzionismus bilden und damit den Aufbau der nationalen Heimstatt gewährleisten.

Nicht anders lauten die Ziele Ben Gurions, der im Spätsommer 1921 in Tel Aviv eintrifft und nach seiner Wahl in den Vorstand der Histadrut die Mitgliedskarte Nr. 3 bekommt. Als die übrigen leitenden Sekretäre einer nach dem andern ihren Posten verlassen, übernimmt Ben Gurion als Generalsekretär den Vorsitz. Zwölf Jahre lang leitet er die Geschicke der Histadrut. Es sind die entsagungsreichsten Jahre seiner politischen Laufbahn, Jahre härtester Arbeit, einer demütigenden Armut und kaum zu bewältigender Probleme, die ihm die zionistischen Ziele immer wieder als unerreichbar erscheinen lassen. Aber es ist auch die Zeit, in der die Widerstandskraft der Juden in Palästina erstarkt und diese jüdische Gemeinschaft ihre Wurzeln tief in die Erde Israels senkt. Ben Gurion selbst reift zum nationalen Führer heran.

Als Ben Gurion die Kollegen von der Notwendigkeit überzeugt hat, den Sitz der Histadrut »aus nationalen Gründen« von Tel Aviv nach Jerusalem zu verlegen, mietet er gemeinsam mit einem der anderen Sekretäre ein Zimmer, das in einer der ärmsten Vorstadtgegenden Jerusalems liegt. Da nur ein einziges Bett vorhanden ist, schlafen die beiden abwechselnd auf dem Boden. Von dem ohnehin schmalen Gehalt, das die Histadrut ihm zahlen kann, schickt er einen Großteil an Paula und die Kinder (die immer noch in Plonsk bei seinem Vater leben), außerdem eine kleinere Summe an Awigdor. Oft genug muß er einen Freund anpumpen, um bis zum Monatsende über die Runden zu kommen. Zu den täglichen Ausgaben für Lebensmittel, Petroleum, Zigaretten und Zeitungen, über die er genauestens Buch führt, kommt ein weiterer, nicht unerheblicher Posten: Wie besessen kauft Ben Gurion Bücher, verzeichnet sämtliche Titel in seinem Tagebuch. Im Januar 1922 sind es Werke über den Judaismus, auf die er sich förmlich stürzt. Dann wieder bittet er einen Freund um Springers Geschichte der Kunst und eine Reihe deutscher Titel zum Staatswesen. Bei einer Buchhandlung in Jerusalem bestellt er Abhandlungen zur Geographie Palästinas, ein Buch über das Leben Jesu, eine lateinische und eine armenische Grammatik. Aus Deutschland bezieht er Schriften über das Christentum und die Archäologie Palästinas, über Geschichte und Geographie des Nahen Ostens. Im Frühjahr 1922 konzentriert er sich auf die Themen Judaismus, Christentum, Frühgeschichte des Nahen Ostens, Ursprünge des Zionismus, arabische Geschichte. Daneben studiert er die Schriften großer Sozialisten und Lehrbücher zur Politikwissenschaft. Am 20. März zieht er Bilanz und notiert stolz: »Die Anzahl meiner Bücher: deutsche Titel — 219, englische — 340, arabische — 13, französische — 29, hebräische — 140, lateinische — 7, griechische — 2, russische — 7, türkische — 2; fremdsprachliche Wörterbücher — 15. Insgesamt — 775 Bände.«

In dem kleinen Zimmer stapeln sich die Bücher, die Ben Gurion mit wahrem Heißhunger verschlingt. An Geselligkeit, an Festen liegt ihm nicht viel, und abgesehen von drei, vier Menschen ist die Zahl seiner Freunde gering. Bis in die Nacht schreibt er Artikel für verschiedene Arbeiterblätter; den größten Teil seiner Freizeit aber verbringt er mit Lesen und Lernen. So lernt er Altgriechisch und Spanisch, um Plato im Originaltext lesen und Cervantes besser verstehen zu können. Daß sich in Ben Gurion eine tiefgreifende Wandlung vollzieht, wird selbst von den engsten Mitarbeitern zunächst nicht bemerkt: Zu wenig will das Bild eines Gelehrten mit dem des Praktikers, des Draufgängers übereinstimmen, das Ben Gurion nach außen hin zeigt. Mehr und mehr aber wird hinter dem Parteipolitiker ein anderer, ein neuer Ben Gurion sichtbar — ein hochgebildeter Mann von unstillbarem Wissensdurst, ein Führer, der den Genossen haushoch überlegen ist. Anfangs wird er seines Ehrgeizes wegen noch geneckt, später aber bewundern sie seine geistigen Fähigkeiten, seine Kraft und Ausdauer, sich auf neue Aufgaben und einen neues Status vorzubereiten.

Im Frühjahr 1922 läßt Ben Gurion Paula und die Kinder aus Plonsk zurückkommen. Obwohl er derlei nie gesagt oder geschrieben hat, scheint es doch so, als habe er die täglichen Probleme des Familienlebens nach Möglichkeit umgehen wollen. In den Briefen an Paula ist vom früheren Überschwang der Gefühle nichts mehr zu spüren. Für Paula, die allein die Last der Kindererziehung und des Haushalts zu tragen hat, bleibt so gut wie keine Zeit: Zur tage-, oft nächtelangen Arbeit für die Histadrut kommen die Auslandsreisen zu Tagungen und Kongressen. »Wir sind aufgewachsen, als hätten wir keinen Vater gehabt«, beschreibt Gëula ihre Kindheit. Selbst wenn David im Lande ist, kümmert er sich kaum um häusliche Angelegenheiten und kommt nie auf den Gedanken, Paula etwas von den Abwechslungen, den Annehmlichkeiten zu bieten, die sie von New York her gewohnt ist.

Nur ein einziges Mal erwähnt er in den Tagebüchern der Jahre 1922 und 1923, daß er mit Paula ausgegangen sei.

Für Ben Gurion und seine Mitarbeiter sind es aufreibende, an den Kräften zehrende Jahre. Alles muß praktisch vom Nullpunkt an aufgebaut werden: die Organisation der Histadrut, der Gewerkschaften, der landwirtschaftlichen und industriellen Genossenschaften. Ben Gurion reist kreuz und quer durchs Land und kümmert sich persönlich um die Situation der Arbeiter, die im Straßenbau beschäftigt sind, Sumpfgebiete trockenlegen, im Auftrag der Mandatsregierung Kanäle ausschachten. Er jagt von einer Konferenz zur nächsten, ist als Redner vor Arbeiterversammlungen unterwegs, wird bei Streiks und Streitigkeiten als Schlichter gerufen, diskutiert mit Vertretern der Mandatsregierung. Wo immer er hinkommt, herrscht Not und Entbehrung. Zumal auf den Dörfern zahlt man den Arbeitern Hungerlöhne, und im Straßenbau hat keiner mehr als ein paar Lumpen, ein Paar ausgetretene Schuhe. Wer sich ein altes Holzbrett ergattert und damit ein Bett sein eigen nennt, gilt bereits als wohlhabend. Oft genug treibt die Erkenntnis, daß von nirgendwoher Hilfe zu erwarten ist, die Arbeiterführer zur Verzweiflung.

Eine Zeitlang hegt Ben Gurion die Hoffnung, daß von den jüdischen Arbeitern in Amerika Hilfe kommen könnte. Er sendet einen ausführlichen Bericht über die Histadrut, ihre Ziele und Projekte in die USA und schlägt den Arbeiterführern vor, eine Abordnung nach Palästina zu schicken. »Ich halte eine Beteiligung der amerikanischen Arbeiterbewegung für wichtiger als einen diplomatischen Sieg der Balfour-Erklärung.« Letztlich aber konzentriert er seine Gedanken, Hoffnungen und Initiativen auf ein anderes Thema: auf die Neugestaltung der jüdischen Gesellschaft in Palästina.

In jenen Jahren sieht Ben Gurion keinen Unterschied

zwischen der eigenen Auffassung vom Sozialismus und der des Sowjetkommunismus; er ist in der Tat ein »Bolschewist«. Aber nur bedingt. Denn wichtiger als das kommunistische Ideal ist ihm der zionistische Gedanke. Und wo immer er zwischen beidem zu wählen hat, zögert er keinen Augenblick. Der totalitäre Charakter des Sowjetregimes beunruhigt ihn ebenso wie Moskaus Versuch, den internationalen Sozialismus seiner Diktatur zu unterwerfen. Trotz aller Kritik an Moskau aber sind die Jahre von 1919 bis 1923 die »roten Jahre« in Ben Gurions ideologischer Entwicklung; man könnte sie auch als seine »sowjetische Periode« bezeichnen.

Als er nach den Unruhen von 1921 nach Palästina zurückgekehrt war, hatte er die revolutionäre Idee im Kopf, seine Partei, die Achdut Haawoda, in einen landesweiten, disziplinierten und straff organisierten Verband umzuwandeln, der als zentrierte Macht Einfluß auf die Histadrut nehmen könnte. Doch als sein Plan vom Zentralkomitee der Partei abgelehnt wird, legt der revolutionäre Führer tief enttäuscht seine Ämter im Parteiausschuß nieder.

Es ist nicht die einzige Schlappe, die Ben Gurion in dieser Zeit einstecken muß. Oft genug wird er überstimmt, vornehmlich seines aufbrausenden Temperaments, seiner radikalen Forderungen, seiner Streitbarkeit wegen. Bei vielen Entscheidungen von politischer und ideologischer Tragweite steht er links von der Mehrheit, kollidiert sogar, zumindest gelegentlich, mit Berl Katznelson oder Ben Zwi.

Zu Beginn der zwanziger Jahre legt Ben Gurion auch einen anderen, nicht weniger revolutionären Plan vor. Diesmal ist es die Histadrut, die er ummodeln will: » . . . in eine egalitäre Gemeinschaft aller Arbeiter Palästinas, die mit militärischer Disziplin alle landwirtschaftlichen Betriebe und städtischen Genossenschaften kontrolliert, die

Versorgung der gesamten Arbeiterschaft [garantiert], die Leitung aller öffentlichen Arbeiten übernimmt und für ihre Durchführung sorgt.« Angesichts der heftigen Kritik und der Tatsache, daß man ihn »bolschewistischer« und »dogmatischer« Tendenzen bezichtigt, sieht Ben Gurion sich gezwungen, den Vorschlag zurückzuziehen. Zwar legt er ihn wenig später in neuer Fassung vor und verzichtet darin auf Formulierungen wie »militärische Disziplin«, doch scheitert das Projekt ein zweites Mal am Einspruch führender Histadrut-Mitglieder.

In der dritten Fassung, die Ben Gurion dem Vorstand vorlegt, klingen die Forderungen schon wesentlich bescheidener und vorsichtiger. Er schlägt darin eine Arbeitervereinigung vor, der jedes Mitglied der Histadrut automatisch angehört und die, als juristische Person, von der Histadrut mit der Verwaltung aller ihrer finanzwirtschaftlichen und genossenschaftlichen Unternehmen betraut wird, um deren »Aktivitäten auf die Bedürfnisse aller Arbeiter auszurichten«. Das ist in der Tat ein neuer und gänzlich anderer Gedanke, frei von allen »bolschewistischen« Elementen der alles kontrollierenden Dachorganisation, der »militärischen Disziplin« und der zentralen Steuerung der Massen durch die Histadrut-Führer. Ausgehend von diesem dritten Entwurf Ben Gurions gründet die Histadrut die Chewrat Owdim, den Allgemeinen Genossenschaftsverband, der sich in der Folgezeit zu einer flexiblen, tatkräftigen Zentralorganisation entwickelt und, mit berechtigtem Stolz auf das seither Erreichte, bis heute existiert. Ihm haftet nichts mehr von jener bestürzend autoritären Körperschaft an, wie sie Ben Gurion zunächst anvisiert hatte. Die verschiedenen Stadien von Ben Gurions Entwurf hingegen sind ein Gradmesser dafür, wie sehr er sich zunächst von den Ideen der Sowjetrevolution hatte beeinflussen lassen.

Ironischerweise ist es eine Rußlandreise, die für eine

merkliche Abkühlung der Gefühle sorgt und Ben Gurions Flirt mit dem Bolschewismus zum Abschluß bringt. Als er im Spätsommer 1923 nach Moskau fährt, um die Arbeiter Palästinas auf der Internationalen Landwirtschaftsausstellung zu vertreten, kommen in seinen Briefen und Tagebüchern die widersprüchlichsten Gefühle zum Ausdruck. Der Hunger und die Armut, die ihm in diesen drei Monaten seines Rußlandaufenthalts begegnen, lassen ihn gewiß nicht kalt, doch scheinen sich alle seine Fragen auf die eine zu konzentrieren, ob das kommunistische Rußland zur Lösung der drängenden Probleme in Palästina beitragen kann. Vom Erfolg des palästinensischen Pavillons beflügelt, entwirft er kühne Pläne zur Intensivierung der Kontakte mit Rußland, er plant sogar eine Moskauer Niederlassung der Arbeiterbank, eines Unternehmens der Histadrut. Die eher ablehnende Haltung der Sowjets gegenüber dem Zionismus ist ihm durchaus bewußt, doch glaubt er fest an die Möglichkeit, das Sowjetregime zu einem besseren Verständnis der jüdischen Nationalfrage zu bewegen. Und obwohl er den latenten Antizionismus in Rußland keineswegs unterschätzt, bietet das kommunistische Regime seiner Meinung nach die beste Garantie für das Überleben der Juden.

Seine wahre Meinung über die Sowjetunion hält er später, allein mit sich und weit weg von Moskau, in seinem Tagebuch fest. An Bord des Schiffes, das ihn nach Palästina bringt, notiert er:

»Wir haben Rußland entdeckt. Ein Rußland, das im Feuer der Rebellion und der revolutionären Tyrannei seinen Weg sucht. Ein Land der Konflikte und Widersprüche, das den weltweiten Bürgerkrieg propagiert, um das Proletariat an die Macht zu bringen, und zugleich den eigenen Arbeitern die Menschenrechte, Bürgerrechte, Klassenrechte abspricht, ein Land, das den Kommunismus und die Abschaffung des Privateigentums prokla miert, Grund und Boden aber unter den Bauern für private landwirtschaftliche Betriebe aufteilt . . .* Ein Land hellsten Lichts und tiefster Dunkelheit; edelstes Streben nach Freiheit und Gerechtigkeit inmitten der grauen Realität erschreckender Armut; ein Land der Revolution und der Spekulation, des Kommunismus und der NEP, heiligen Leidens und niederträchtigster Korruption, ein Land der Revolte, der Bestechlichkeit, der Ideale und des materiellen Profits, der veränderten Werte und einer jahrhundertealten Tyrannei, des Kults der Arbeit und des Goldenen Kalbs . . ., groß und mächtig ist der Drang nach Revolte, nach heiliger Revolte gegen alle Heuchelei, gegen die Lügen und Intrigen der alten, abgelebten und von ihren Sünden zersetzten Welt, gegen Betrug, Niedertracht und die Herrschaft des materiellen Gewinns . . . Groß und mächtig sind die Hindernisse auf dem Weg in eine neue Welt und eine neue Gesellschaft. Wer wird wen besiegen?«

Trotz seiner herben Kritik an der Sowjetunion bleibt Ben Gurion ein Bewunderer Lenins. Keinen nichtjüdischen Führer des Auslands hat er mit so hohem Lob bedacht wie ihn, den er als »Propheten der Russischen Revolution« in seinem Tagebuch schildert:

»Er ist groß, dieser Mann. Sein Blick ist durchdringend, er sieht die Wirklichkeit durch einen klaren Spiegel, den keine Formel und keine Phrase, keine Redekunst und kein Dogma trüben kann . . . Er hat ein scharfes, weitreichendes Auge, das das Dickicht des Lebens und seiner Geheimnisse durchdringt, das die herrschenden Kräfte der Zukunft aus den Tiefen der Wirklichkeit heraufholt . . . Seine Seele ist rechtschaffen, Einschränkungen

---

* Die Verteilung des Bodens an private landwirtschaftliche Betriebe sowie die Zulassung von Privateigentum währte nur von 1921 bis 1928, der Zeit der NEP (Neue Ökonomische Politik), die Lenin 1921/22 proklamiert hatte. (Anmm. d. Übers.)

lehnt er ab, er setzt sich über alle Hindernisse hinweg und folgt unbeirrbar seinem Ziel, er ist zu keinem Zugeständnis, zu keiner Nachsicht bereit, er ist der Radikalste der Radikalen, er würde auf dem Bauch durch den Schlamm kriechen, um sein Ziel zu erreichen ... Im Interesse der Revolution würde er das Leben von Kindern und Unschuldigen nicht schonen ... Er ist ein Genie der Taktik und weiß genau, wann er die kämpfenden Reihen zurückrufen muß, um den nächsten Angriff vorzubereiten, er zögert nicht, heute seinen Worten von gestern zu widersprechen ..., er läßt sich von keinem Dogma umgarnen: Was er vor Augen hat, ist die nackte Wirklichkeit, die grausame Wahrheit und eine gerechte Verteilung der Macht.«

Es scheint, als sei es zu jener Zeit Ben Gurions größter Wunsch gewesen, von Lenin zu lernen und ihm — in mehr als einer Hinsicht — nachzueifern. So übernahm er in den zwanziger Jahren sogar die militärähnliche Uniform aus grobem Wollstoff, wie die sowjetischen Führer sie trugen.

Im Frühjahr 1924, wenige Monate nach Ben Gurions Rückkehr nach Palästina, sind die bolschewistischen Träume jedoch ausgeträumt. Zu Beginn des Jahres hatte die polnische Regierung wirtschaftspolitische Maßnahmen gegen die Juden ergriffen, woraufhin Tausende ihren Besitz auflösten, ihre Konten liquidierten und das Land verließen. Und da die Vereinigten Staaten die Einwanderungsmöglichkeit stark eingeschränkt hatten, kam ein Großteil derer, die ursprünglich nach Amerika wollten, per Schiff nach Palästina. Die meisten gehörten der bürgerlichen Mittelschicht an und brachten weder Neigung noch Eignung zu landwirtschaftlicher Arbeit mit. Schlimmer noch: Kaum einer fühlte sich dem zionistischen Gedanken verpflichtet. Insgesamt waren es 65 000 Einwanderer, die zwischen 1924 und 1927 nach Palästina kamen und von denen nur eine kleine Minderheit zu schwerer körperlicher Arbeit bereit war.

Ben Gurion und seine Mitstreiter verfolgen den Zustrom von Anfang an mit Skepsis und großer Sorge: Was Palästina dringend braucht, sind Pioniere und keine »Herren«. Die aber lassen sich jetzt zu Zehntausenden in den Städten nieder und versuchen, die Sozial- und Wirtschaftsstrukturen ihres städtischen Lebens in Polen auf Palästina zu übertragen. Sie bauen Fabriken, eröffnen Läden und kleine Werkstätten, treten als Häuser- und Grundstücksmakler auf. Binnen kurzem verändert sich das Erscheinungsbild Tel Avivs und anderer Städte. Ziel- und planlos wird gebaut, neue Straßen, neue Stadtviertel entstehen, Orangenhaine werden angelegt, um bei rapide ansteigenden Preisen gleich nach dem Kauf wieder verkauft zu werden. Man trägt wieder Hut, Anzug und Krawatte, und der letzte Modeschrei aus Warschau und Lodz gehört schon bald zum täglichen Anblick in den Straßen und Cafés.

Durch den Zustrom von Kapital und das Aufblühen neuer Unternehmen kommt das Land, zumindest anfänglich, zu wirtschaftlichem Wohlstand, was die neuen Einwanderer zu der Behauptung veranlaßt, daß auch sie imstande sind, zur Entwicklung des Landes beizutragen und die Ziele des Zionismus zu verwirklichen — auch ohne Klassenkampf, Arbeiterverbände und landwirtschaftliche Siedlungen. Was Ben Gurion und seinen Mitarbeitern überdies zu schaffen macht, ist die Tatsache, daß ein Großteil der Führer der Zionistischen Weltorganisation das Auftreten der neuen politischen Macht mit großer Genugtuung zur Kenntnis nimmt. Verständlich war das schon, gehörten sie doch selbst der bürgerlichen Mittelschicht an und betrachteten die palästinensische Arbeiterbewegung mit unverhohlenem Argwohn.

Die palästinensische Arbeiterbewegung, die weiter denn je von ihrem Ideal einer landesweiten Arbeiterkommune entfernt ist, kämpft ums nackte Überleben. Im In-

und Ausland holen die bürgerlichen Kreise zum Generalangriff gegen die Arbeiterparteien und ihren seit Jahren
erhobenen Anspruch aus, die alleinigen Sachwalter des
Aufbaus und der Entwicklung Palästinas zu sein. Vom gegenwärtigen Wirtschaftsaufschwung bestätigt, treten die
zionistischen Parteien der Mitte und des rechten Flügels
mit neuem Selbstvertrauen auf. Einer der ersten, die die
Arbeiterbewegung attackieren, ist Wladimir Jabotinsky;
ihm folgen die zionistischen Vereinigungen und Gesell-
schaften Europas und Amerikas, auch Palästinas. Man
wirft der Arbeiterbewegung vor allem vor, im ökonomischen Bereich gescheitert zu sein, man versucht zu beweisen, daß viele der neugegründeten Siedlungen nicht le-
bensfähig sind, und verweist voller Schadenfreude auf die
Schwierigkeiten, mit denen die Histadrut zu kämpfen hat.
Und so wird auf dem Vierzehnten und Fünfzehnten Zionistenkongreß beschlossen, der urbanen Entwicklung den
Vorrang gegenüber der landwirtschaftlichen einzuräumen und anstelle mitteloser Pioniere solche Einwanderer
zu begünstigen, die eigenes Kapital mitbringen. Was
nichts anderes bedeutet, als daß man Palästinas Wirtschaft auf der Basis von Profit und Geschäftstüchtigkeit
voranzutreiben gedenkt. Angesichts des neuen Trends,
den die Arbeiterbewegung schnell mit dem Schimpfwort
»Profit-Zionismus« belegt, erklärt der Generalsekretär
der Histadrut:

»Wir haben sie bekämpft und werden sie auch in Zukunft bekämpfen — all jene, die dem Irrtum erlegen sind,
daß diese große und schwierige Aufgabe — die Verwirklichung des Zionismus — allein von einer profitverspre-
chenden Aktiengesellschaft bewältigt werden kann; daß
sich ein ›gutes Geschäft‹ machen läßt, wenn man Massen
entwurzelter Menschen in dieses kleine, ausgepowerte
Land einschleust . . . Wenn es ein Phantasiegebilde gibt,
das jeder Grundlage und jeder Suggestivkraft entbehrt,

dann ist es die Vorstellung, daß es mittels Profitstrebens möglich sei, dieses unrentable Unterfangen auszuführen: ein verstreutes Volk zu versammeln und dieses Volk, das schwere Arbeit nicht gewohnt ist, mit einem verarmten und verödeten Land zu verschmelzen.«

Schon bald sollte sich Ben Gurions pessimistische Prognose bewahrheiten. Nach zwei Jahren des Wohlstands kommt es in Palästina zu einer schweren Wirtschaftskrise, von der die Unternehmen der neuen Einwanderer in erster Linie betroffen sind. 1926 wird die Bautätigkeit eingestellt, viele Unternehmen melden Konkurs an, im ganzen Land herrscht Arbeitslosigkeit, und die neuen Einwanderer, die dem zionistischen Gedanken ohnehin nichts abgewinnen konnten, kehren dem Land den Rükken. Die Zahl der Juden, die 1927 Palästina verlassen, ist doppelt so hoch wie die der Einwanderer. »Die Mittelschicht kam — und scheiterte«, schreibt Ben Gurion. »Sie mußte scheitern, weil sie in Palästina dieselben Methoden einführen wollte, mit denen sich die Juden in der Diaspora ihren Lebensunterhalt verdienten. Sie hat nicht begriffen, daß Palästina nicht Polen ist.«

Doch zieht Ben Gurion aus der Erfahrung dieser Jahre einen klaren, politisch weitreichenden Schluß. Er ist jetzt überzeugt davon, daß die Führer der zionistischen Bewegung zwar »das zionistische Ideal befürworten, aber noch weit von . . . der Verwirklichung des Zionismus entfernt sind, abgesehen davon, daß sie Geld spenden — mehr oder weniger —, ohne dabei einzusehen, daß mit Geld allein kein neues Land und kein neuer Staat aufzubauen ist«. In Anbetracht des moralischen Verfalls des Zionismus auf der einen, der Frustration und Verbitterung der palästinensischen Arbeiterführer auf der anderen Seite, entwirft Ben Gurion den ebenso kühnen wie ehrgeizigen Plan, innerhalb der zionistischen Weltbewegung eine Revolution anzufachen, die den Interessen einwanderungswilliger

Pioniere neue Geltung verschafft. Notwendige Voraussetzung dafür war, daß sich die palästinensischen Arbeiter und ihre Mitstreiter verstärkt um ihre Vormachtstellung in der jüdischen Welt bemühten. War dies erreicht, konnte sich Ben Gurion das nächste Ziel setzen: die Eroberung der zionistischen Bewegung.

Beim derzeit gegebenen Ungleichgewicht zwischen den Arbeitergruppen und den etablierten zionistischen Gruppierungen kann Ben Gurion indes nicht daran denken, die Führung der zionistischen Bewegung zu übernehmen. Richtiger erscheint ihm, sie zu umgehen und eine zionistische Parallelorganisation sozialistischer Prägung ins Leben zu rufen. Ein Plan, den er nicht zum erstenmal in Erwägung zieht: In den vergangenen vier Jahren hat er wiederholt die Gründung einer neuen, unabhängigen zionistischen Weltorganisation gefordert, war aber am Einspruch der meisten seiner Kollegen, einschließlich Berl Katznelsons, gescheitert. Der Zeitpunkt, sich der Zionistischen Weltorganisation von innen her zu bemächtigen, ja nur davon zu träumen, schien den Genossen denkbar ungeeignet. Die mächtige Organisation stand nicht nur in Berlin, Wien und London, sondern auch bei den jüdischen Gemeinden in aller Welt in hohem Ansehen und wurde bei ihren Kongressen von Hunderttausenden von Wählern unterstützt. Konnte da eine Handvoll jüdischer Pioniere aus Palästina etwas ausrichten, die Macht der öffentlichen Meinung brechen? Kaum einer schien das für möglich zu halten.

Doch hatte Ben Gurion beim Konflikt mit den Genossen eine Geheimwaffe in der Hand: seinen unbeirrbaren, fast kindlichen Glauben an die Stärke einer vereinigten palästinensischen Arbeiterschaft und seine feste Überzeugung, daß sie für die gerechte Sache kämpften. Auch wenn er zweifellos zu Übertreibung und grober Vereinfachung neigte, machten diese Eigenschaften seine eigentliche Stärke aus. Trotz allen Widerstandes, den er von seiten der Genossen erfuhr, wich er nie von seinen Zielen ab, selbst wenn er sie allein verfolgen mußte.

Nach welcher Methode er bei seinem Versuch, eine »Weltorganisation« zu gründen, vorging, läßt sich am Beispiel fünf konzentrischer Kreise veranschaulichen, die sich um ihr Zentrum, die zionistische Arbeiterbewegung in Palästina, gruppieren. Der erste und engste Kreis ist die Achdut Haawoda, Ben Gurions eigene Partei. Den zweiten, größeren Kreis bilden die zionistischen Arbeiterparteien. Denn daß sich Hapoel Hazair und Achdut Haawoda sowohl in Palästina als auch im Ausland zu einer einzigen Partei zusammenschließen müßten, galt für Ben Gurion als unabdingbare Voraussetzung für den Erfolg seiner Pläne. Der dritte Kreis wird von der Histadrut gebildet, für Ben Gurion die eigentliche neue Bewegung. Der vierte umfaßt die zionistischen Arbeiterbewegungen, die Organisationen im Dienste der Einwanderung neuer Pioniere und die Jugendverbände in Europa und Übersee, die ein Reservoir für den Nachschub junger Pioniere darstellen und für die Histadrut und die Arbeiterbewegung eine Quelle politischer und wirtschaftlicher Stärke sind. Schließlich der fünfte, der größte Kreis: eine weltweite, umfassende Dachorganisation, die als Parallele zur Zionistischen Weltorganisation gedacht ist und die zionistisch-sozialistischen Grundgedanken der Arbeiterbewegung vertreten soll.

Ben Gurions Konzept, mit der zweitgrößten Arbeiterpartei zu fusionieren, stößt bei den Genossen von der Achdut Haawoda auf keinen nennenswerten Widerstand, wohl aber bei den Führern des Hapoel Hazair, die eher zurückhaltend und mißtrauisch reagieren. Lange, ermüdende Verhandlungen zwischen Achdut Haawoda und Hapoel Hazair ziehen sich über Jahre hin; Mitte der zwanziger Jahre ist noch immer kein Anzeichen einer Einigung in Sicht. Ben Gurion wendet sich deshalb der vordringlichen Aufgabe zu, sich für die Belange der Histadrut einzusetzen und ihre Position zu festigen.

Mochten die Arbeitsenergien auch unerschöpflich sein, die körperlichen Kräfte waren es nicht. Die ständigen Reisen innerhalb Palästinas und ins europäische Ausland untergraben Ben Gurions Gesundheit ebenso wie die täglichen Anforderungen und Belastungen, die seine Ämter mit sich bringen. 1921 zieht er sich in London eine schwere Blutvergiftung zu und »schwebt zwischen Himmel und Erde«. In regelmäßigen Abständen erkrankt er an Malaria. Wenn er in Paris ist, läßt er sich von Spezialisten untersuchen, die ihm eines Tages nur dringend raten können, die Arbeit zu vergessen und für ein paar Tage in einem kleinen Ort bei Paris gründlich auszuspannen. Es scheint, als habe sich die psychische Verfassung auf seine Gesundheit ausgewirkt: Aufregungen und Streßsituationen führen häufig zu hohem Fieber, und mehrfach kommt es vor, daß er noch während einer Tagung oder eines Kongresses krank wird.

Allmählich aber wird der kleine, untersetzte Mann zu einer vertrauten, ja populären Erscheinung unter den Arbeitern in Palästina. Ben Gurion, der einen Großteil seiner Zeit in ihrer Gesellschaft verbringt, kann seine persönliche Autorität zunehmend festigen. Gewöhnlich tritt er in uniformähnlicher Kleidung auf, gelegentlich auch in einer schwarzen oder weißen Russenbluse oder im hellen Sommeranzug, den er von einer seiner Reisen mitgebracht hat. Eines Tages schert er sich den Kopf kahl, vermutlich, um eine rasch fortschreitende Glatzenbildung zu verzögern, die indes nicht aufzuhalten ist. In den zwanziger Jahren lichtet sich das Haar zusehends, um gegen Ende des Jahrzehnts, buschig und silberweiß, nur noch die Schläfen zu zieren und so der berühmten Silhouette Ben Gurions die endgültige Prägung geben.

In diesen Jahren wird das Tagebuch zum festen Bestandteil seines täglichen Arbeitspensums. Genauer gesagt sind es zwei: ein Notizbuch für knappe Angaben über ein Treffen oder wichtige Tagesereignisse, und ein Tagebuch, in dem er seine Erfahrungen sehr ausführlich und genau wiedergibt. Dabei können die Ereignisse eines einzigen Tages ganze Seiten füllen, andere, nicht weniger wichtige, werden nicht einmal erwähnt. Von Anfang an scheint Ben Gurion einen Großteil seiner Eintragungen für Kollegen oder eine spätere Veröffentlichung bestimmt zu haben. Als der junge Yigal Allon viele Jahre später während eines Gesprächs mit Ben Gurion bemerkt, daß der alte Mann, über sein Tagebuch gebeugt, eifrig jedes Wort von ihm mitschreibt, kann er sich die Frage nicht verkneifen: »Ben Gurion, Sie schreiben und schreiben . . . Lesen Sie es denn auch?« – »Andere werden es lesen«, ist die barsche Antwort.

Gründlich und genau bis ins kleinste Detail geben die Tagebücher Auskunft über Sachgebiete, mit denen er sich intensiv beschäftigt hat. So finden sich auf mehreren hundert Seiten sorgfältige Abschriften von Dokumenten, Briefen, statistischen Tabellen und Erhebungen, von graphischen Darstellungen der Einwanderungs- und Bevölkerungszahlen. Gelegentlich hält er auch ein familiäres Ereignis der Eintragung für wert, und so tauchen zwischen nüchternen Zahlenreihen unvermittelt persönliche Kommentare auf, ein Bericht über die Krankheit eines der Kinder, dessen Temperatur er genauestens vermerkt, oder ein kluger Ausspruch von einem seiner kleinen Genies. Nebensächlichkeiten aus dem Arbeitsalltag sind ebenso festgehalten wie Ereignisse, die die Welt bewegten. Daneben gibt es Passagen, die nicht für die Öffentlichkeit bestimmt sind und in denen er seinen ganz persönlichen Gefühlen, Erfahrungen und Empfindungen Ausdruck gibt. Zeitweilig schreibt er Gedichte, ergeht sich in lyrischer Naturbetrachtung, vertieft Gedanken, die ihn bewegen, notiert Zitate, die ihn beschäftigt haben. Solche Seiten hält er verborgen, verwahrt sie zum persönlichen Gebrauch.

In dieser Zeit kristallisieren sich zwei gegensätzliche Wesenszüge immer deutlicher heraus: Einerseits ist Ben Gurion ein gütiger, warmherziger Mensch, dem viel an Freundschaft liegt; andererseits ein Mann, der durch seine Unerbittlichkeit andere tief verletzen kann. Derselbe Ben Gurion, den eine Gedenkstunde für Theodor Herzl zu Tränen rührt, ist zu den wütendsten Ausfällen imstande, kann Gegner und Freunde gleichermaßen attackieren. Als die bürgerlichen Kreise gegen die Arbeiter der Histadrut zu Felde ziehen, beschimpft er sie als »Schmarotzer des freien Unternehmertums«, als »impotent« und »Eunuchen des Willens«. Doch sind es nicht nur die politischen Gegner, die seine scharfe Zunge zu spüren bekommen. Auch den Kollegen von der Histadrut, deren Loyalität und Vertrauen er durchaus zu schätzen weiß, zwingt er überzeugt von der eigenen Sache, mehr als einmal seinen Willen auf, ermuntert sie nur selten zur eigenen Initiative.

Trotz aller Schwierigkeiten, finanzieller Nöte und menschlicher Probleme kann die Histadrut ihre Position zunehmend festigen. 1925 beschreibt Ben Gurion sie als »eine Art Arbeiterstaat«. Nach und nach umfaßt dieser »Staat« die Hambashbir (eine Konsumgenossenschaft), die Baugesellschaft Solel Boneh, die Arbeiterbank und die Arbeitergenossenschaft. Im Juni 1925 erscheint die erste Ausgabe der Tageszeitung *Dawar*, 1926 wird der Arbeitersportverein Hapoel gegründet, im selben Jahr die Tnuwa, eine Verkaufsorganisation für Agrarprodukte, und die Versicherungsgesellschaft Hasneh. Schrittweise erfaßt die Histadrut alle Bereiche des täglichen Lebens. »Die Mitglieder der Histadrut«, berichtet Jahre später ein

Besucher Palästinas, »produzierten alle notwendigen Lebensmittel in den eigenen Siedlungen, setzten die landwirtschaftlichen Produkte durch eigene, kollektiv betriebene Verkaufsorganisationen ab, investierten die Gewinne bei den eigenen Banken, konsultierten die eigenen Ärzte, unterhielten eigene Schulen ... In der Tat braucht die Histadrut die bürgerliche zionistische Bewegung nur auf einem Gebiet und für einen einzigen Zweck: Sie braucht Geld, um ihr Budget auszugleichen.«

Ben Gurion, der ganz in seiner Arbeit für die Histadrut aufgeht, kümmert sich nur wenig um Paula und die Kinder und noch weniger um seine Familie in Plonsk. Immer seltener schreibt er an seinen Vater. Mit Ausnahme seiner verwitweten Schwester Zippora und deren Kindern widersetzt er sich auch weiterhin den Bitten seiner Angehörigen, ihnen bei der Auswanderung behilflich zu sein: »Durch meine Stellung in diesem Land steht mir so gut wie alles offen. Jeder Betrieb würde mit Freuden meiner Bitte entsprechen und jemanden einstellen, den ich empfohlen habe. Genau das hindert mich daran, meinen Einfluß zugunsten meiner Familie geltend zu machen.« Doch läßt Awigdor Gruen jetzt keinen Zweifel mehr an seinem Entschluß, nach Palästina überzusiedeln. Im Juli 1925 kommt er an und läßt sich in Haifa nieder, wo er noch viele Jahre als Buchhalter arbeitet. Was Paula und die Kinder betrifft, bekennt Ben Gurion zu Recht: »Ich bin unfähig, ihnen gegenüber meine Pflicht zu erfüllen.« Während der ganzen zwanziger Jahre besteht sein Familienleben aus zwei Extremen: den wenigen Tagen, die er in liebevoller Fürsorge für die Seinen zu Hause verbringt, und den langen Phasen seiner Abwesenheit, den vielen Monaten, die er im Auftrag der Histadrut im Ausland weilt.

Es scheint, als habe er die Hälfte seiner Zeit auf Reisen verbracht, wobei jede einzelne als Abenteuer für sich gelten kann. Meist ist er allein unterwegs, allein mit sich und seiner Einsamkeit, die ihm zum ständigen Begleiter geworden ist. Allein verbringt er auch die Abende, schreibt und denkt nach, oft stundenlang. Bei den Vorbereitungen zu einer Reise bittet er meist Freunde, ihm ein Zimmer »mit Schreibtisch« zu reservieren, »das nicht teuer sein darf, aber geräumig, damit ich umhergehen kann«. Die meisten seiner Reisen verfolgen den Zweck, auch außerhalb Palästinas Freunde und Förderer für die palästinensische Arbeiterbewegung zu gewinnen und Kontakte zu vertiefen, wobei er sich bemüht, möglichst keinen der internationalen Arbeiterkongresse zu versäumen. In erster Linie aber geht es Ben Gurion um die Begegnung mit zionistisch-sozialistischen Organisationen, die mit der Arbeiterbewegung in Palästina sympathisieren. So reist er, ausdauernd und unermüdlich, von einem Kongreß zum nächsten, trifft sich mit »Zentralkomitees« und »Gruppen von Aktivisten«, gibt der jüdischen Regionalpresse Interviews, löst die kleinen Probleme einer irgendwo dahinkümmernden Parteifiliale, attackiert die politischen Rivalen in wütender Redeschlacht, führt bei langweiligen Verhandlungen den Vorsitz und schreibt an ebenso langweilige Politiker Hunderte von Briefen. Immer wieder muß er bittere Enttäuschungen hinnehmen, und wenn er auch langsam an Boden gewinnt und das Räderwerk allmählich in Bewegung kommt, ist es doch ein mühsamer Weg, gesäumt von Mißhelligkeiten, Spannungen und Reibereien, von Krisen und stürmischem Protest.

Gegen Ende der zwanziger Jahre ist die Position der Histadrut aber so weit gefestigt, daß kaum einer der palästinensischen Arbeiter ihre Autorität noch in Frage stellt. Selbst in den schwierigsten Jahren der Wirtschaftskrise und der landesweiten Arbeitslosigkeit haben sie den Glauben an die Histadrut-Führung nicht verloren. In den Briefen und Reden Ben Gurions kommt in dieser Zeit eine zunehmende Entschlußkraft und Selbstsicherheit zum

Ausdruck, die ihn jetzt befähigt, die letzte Phase seines Plans in Angriff zu nehmen: die Gründung einer Weltorganisation als Gegengewicht zum Zionistischen Kongreß. Doch ist die Voraussetzung dafür noch immer nicht erfüllt: der Zusammenschluß der beiden großen Arbeiterparteien Palästinas, der Achdut Haawoda und des Hapoel Hazair.

Was sie schließlich einander in die Arme treibt, ist die politische Lage. Seit der bürgerlichen Offensive, die sich Mitte der zwanziger Jahre gegen die Histadrut und die Arbeiterschaft richtete, hatte man die Notwendigkeit einer solchen Fusion klar erkannt, obwohl der Vorstand des Hapoel Hazair sich auch weiterhin ablehnend verhielt und mit Ben Gurion nach wie vor auf Kriegsfuß stand. Treibende und letztlich siegreiche Kraft ist die Basis beider Parteien mit ihrem dringenden Wunsch nach Vereinigung. Nach endlosen Verzögerungen fällt die Entscheidung, auf der Histadrut-Tagung im Oktober 1927 die Verhandlungen aufzunehmen. Es sind siebzehn lange, aufreibende Tage, in deren Verlauf ein wahrer Zermürbungskrieg zwischen den Führern beider Parteien ausgetragen wird. Jeder Versuch, ein gemeinsames Programm zu erstellen, erweist sich als vergeblich, und am Ende stecken die Verhandlungen in einer Sackgasse. Krank und erschöpft, bitter enttäuscht über die Haarspaltereien aller Beteiligten, verläßt Ben Gurion die Tagung, fährt nach Hause und geht schlafen. Um fünf Uhr früh aber wecken ihn jubelnde Arbeiter, die vor seiner Haustür aufmarschieren. Ihr Anführer, der Vorsitzende des Hapoel Hazair, läßt sich auch von Paula nicht daran hindern, Ben Gurion persönlich die gute Nachricht zu überbringen. Bis zur Stunde, berichtet er, habe man heiß diskutiert und sich schließlich auf ein gemeinsames Programm einigen können. Überglücklich springt Ben Gurion aus dem Bett und tritt auf den schmalen Balkon hinaus — Hand in Hand mit dem neuen Genossen und vom Jubel der Menge begrüßt.

Trotz der grundsätzlichen Übereinstimmung dauert es aber weitere zwei Jahre, bis das Programm auch im Detail fertig ausgearbeitet ist. Im Juli 1929 wird es den Mitgliedern beider Parteien zur Entscheidung vorgelegt und mit überwältigender Mehrheit angenommen. Wenige Monate später wird die Arbeiterpartei des Landes Israel, die Mapai, offiziell gegründet. Doch ist die Hochstimmung unter den palästinensischen Arbeitern nur von kurzer Dauer. Schon einen Monat nach dem Zusammenschluß nehmen die Ereignisse in Palästina eine dramatische Wendung.

Am 23. August 1929 brechen frühmorgens blutige Unruhen aus. Ihr Herd ist Jerusalem, ihr Auslöser ein Streit zwischen der jüdischen und der arabischen Gemeinde um die Gottesdienstordnung an der Klagemauer.

Zweifellos haben religiöse Gründe für die Masse der Moslems die entscheidende Rolle gespielt, nicht aber für deren Führer, die aus gänzlich anderen Motiven die Unruhen schürten. Ihr Ruf nach dem *Jihad*, dem Heiligen Krieg gegen die Juden, hatte seinen Grund in der Angst vor der wachsenden Stärke der Juden und in der Erkenntnis, daß sich die Ströme der Einwanderer auf Dauer in Palästina niederlassen wollten. Ihre Sorge war nicht unbegründet, denn die zionistische Bewegung hatte in der Tat ihre Ziele und Strukturen geändert. 1929 begann Chaim Weizmann mit dem Aufbau einer »erweiterten Jewish Agency«, die sich aus Zionisten und Nicht-Zionisten in gleicher Anzahl zusammensetzte. Was Weizmann erreichen wollte, lag auf der Hand: Ihm ging es um zusätzliches Kapital und steigende Einwanderungszahlen, um mehr Landerwerb und einen deutlichen Zuwachs an jüdischen Kolonien. In den Augen der Araberführer kam diese erweiterte Jewish Agency einer »zionistischen Regierung« gleich, die nur einen Zweck verfolgte: die arabischen Bewohner aus Palästina zu vertreiben. Als der Sechzehnte Zionistenkon-

118

greß im August 1929 die Gründung der erweiterten Jewish Agency bestätigte, folgten die Araberführer den Debatten mit größter Aufmerksamkeit. Was sie vornehmlich beunruhigte, war die Rede Wladimir Jabotinskys, der für die Errichtung eines Judenstaats zu beiden Seiten des Jordan plädierte. So kam es, daß das ominöse Wort *Jihad*, das schon bald in den Straßen Jerusalems von Mund zu Mund ging, eine sowohl religiöse als auch politische Bedeutung annahm.

Die Ausschreitungen, die innerhalb kürzester Zeit ein bislang ungeahntes Ausmaß an Grausamkeit erreichen, breiten sich rasch auf die Küstengebiete, auf Galiläa und die Jesreel-Ebene aus. Gleichzeitige Angriffe auf Dutzende jüdischer Siedlungen lassen auf eine koordinierte Aktion schließen. Die britische Armee muß eingreifen und Juden aus den Siedlungsgebieten evakuieren. In Jerusalem, Tel Aviv, Haifa und anderen Städten gelingt es dem jüdischen Selbstschutz, die Aufrührer abzuwehren und ihnen schwere Verluste beizubringen. Als die britische Armee sich zwei Tage später auf breiter Front einschaltet, ebbt die Welle der Gewalttaten allmählich ab. Nach offiziellen Angaben sind in den verschiedenen Landesteilen 133 Juden umgekommen, 339 wurden verletzt. 104 Araber wurden von den Engländern getötet, weitere 6 starben bei einem jüdischen Gegenangriff in der Gegend von Tel Aviv.

Auf politischer Ebene hatten die Unruhen verheerende Folgen. Die britische Regierung, um ihre Position im Nahen Osten besorgt, bemüht sich verzweifelt um eine Lösung, die aufgebrachten Araber zu besänftigen. Während die Labour-Regierung Ramsay MacDonalds in aller Eile »objektive« Untersuchungskommissionen nach Palästina schickt, plant Lord Passfield, Kolonialminister und Antizionist, eine Reihe von Maßnahmen gegen die Juden. 1930 ist ein bitteres Jahr für die zionistische Bewegung. Im

März publiziert die englische Untersuchungskommission unter dem Vorsitz von Sir Walter Shaw ein Ergebnis, das für die Politik der nationalen Heimstatt einen empfindlichen Rückschlag bedeutet. Die Kommission deutet die Notwendigkeit an, an dieser Politik wesentliche Abstriche vorzunehmen und die Einwanderungsmöglichkeit für Juden stark einzuschränken. Sie kritisiert auch den Verkauf von Grundbesitz an Juden. Sir John Hope-Simpson, ein Freund Lord Passfields und Experte für Bevölkerungsumsiedlung, wird nach Palästina geschickt, um praktische Vorschläge auszuarbeiten und sie der britischen Regierung vorzulegen.

Über Geist und Tendenz dieser Vorschläge machen die zionistischen Führer sich keine Illusionen. Bei ihrem Londoner Treffen im Juni 1930 wird ihnen klar, daß die gegenwärtige Krise einen fatalen Schlag gegen den Zionismus bedeuten kann. Am 30. Oktober legt Sir John Hope-Simpson seine Empfehlungen vor, wenige Tage später veröffentlicht Lord Passfield ein Weißbuch über die künftige Palästina-Politik Großbritanniens. Es besagt, daß im Hinblick auf die »ökonomische Aufnahmekapazität des Landes« sowohl die jüdische Einwanderungszahl als auch der Landerwerb für Juden drastisch einzuschränken sei. Unter dem Vorwand eines »Gleichgewichts« zwischen Juden und Arabern entzieht sich die britische Regierung jeder weiteren Bemühung um den Aufbau einer nationalen Heimstatt.

In der jüdischen Welt herrschen Zorn und tiefe Besorgnis. Weizmann zieht sich von der Jewish Agency zurück, und die englische Labour-Regierung, durch die heftige Reaktion der Juden verunsichert, riskiert vorerst keine Entscheidungen. Bei Erscheinen des Weißbuchs ist Ben Gurion so aufgebracht, daß er jedes Maß verliert und in flammenden Appellen zur Rebellion gegen England aufruft. Er entwirft die apokalyptische Vision eines blutigen

Aufstands, einer verzweifelten Revolte, deren Ausgang der Zerstörung des Zweiten Tempels von Jerusalem gleichkäme. Doch bringt er durch die Maßlosigkeit seiner Worte die Kollegen von der Mapai gegen sich auf. Auch ihnen hat das Weißbuch einen Schock versetzt, aber sie sind jetzt ebenso von der hysterischen Reaktion des Generalsekretärs der Histadrut schockiert. Allmählich legt sich sein Zorn wieder, er läßt den Gedanken an eine Rebellion fallen und geht sogar so weit, eine neue, optimistische Theorie zu entwickeln. »Alles, was wir geschaffen haben, war die Frucht von Krisen«, erklärt er in einer Rede im Dezember.

»Daß wir nach Palästina gekommen sind, ist die Frucht der historischen Krise eines entwurzelten Volkes; aber auch die Schaffung von Wirtschaftsunternehmen, deren Eigner die Arbeiter sind, ist die Frucht einer Krise; das Wachstum von Tel Aviv ist die Frucht der Unruhen von 1921; daß die Arbeiter die Städte verlassen und aufs Land zurückkehren, ist die Frucht der Arbeitslosigkeit in den Städten. Die Bereitschaft des Volkes zu stärken und die jüdische Gemeinde in Palästina zu verdoppeln, wird die Frucht der heutigen Krise sein.«

Das ist kein leeres Gerede: Ben Gurion kann durch die eigene Erfahrung belegen, daß die Verwirklichung eines seiner ehrgeizigsten Pläne »die Frucht« dieser schweren Krise ist, einer der schwersten, die die zionistische Bewegung durchzustehen hat. Im Verlauf dieser schwierigen Phase, die mit den Unruhen von 1929 begonnen hatte und mit der Publikation des Weißbuchs endete, vollzieht Ben Gurion den entscheidenden Schritt zur Realisierung seines Plans, der ihn seit zehn Jahren beschäftigt: die Gründung einer zionistisch-sozialistischen Weltorganisation, die die bisherige Zionistische Organisation ablösen soll. Ende August 1930 fällt die Entscheidung: Der Weltkongreß für Arbeit in Palästina (World Congress for Labor Palestine) soll noch im kommenden Monat in Berlin stattfinden.

Buchstäblich bis zum letzten Moment aber hängt sein Zustandekommen am seidenen Faden. Den rettenden Einfall hat Ben Gurion, als er — in Anlehnung an ein bei den Zionistenkongressen übliches Verfahren — »Tickets« verkauft, die dem zionistischen Shekel* entsprechen. Das Ergebnis der Aktion übertrifft die kühnsten Erwartungen Ben Gurions: In den jüdischen Gemeinden in Polen, Palästina und Amerika, in Mittel- und Osteuropa werden 240000 Tickets verkauft. Ein zweiter Erfolg ist, daß eine ganze Reihe bekannter und bedeutender Persönlichkeiten — Juden und Nichtjuden, Zionisten, Sozialisten, Arbeiterführer, Wissenschaftler und Intellektuelle — ihre Teilnahme zusichern. Am 27. September 1930 wird der Kongreß in Anwesenheit von 196 Abgeordneten aus neunzehn Ländern eröffnet, vertreten sind zionistisch-sozialistische Organisationen und Parteien aus aller Welt. In seiner Begrüßungsrede stellt Ben Gurion fest: »Wir haben diesen Kongreß nicht wegen, sondern trotz der Krise einberufen . . . Ein jüdischer Staat, eine Gesellschaft von Arbeitern, eine jüdisch-arabische Zusammenarbeit — das sind die drei Ziele, auf die sich das Tun und Trachten des jüdischen Arbeiters in seinem Vaterland richtet.«

Abschließend nimmt der Kongreß eine Resolution zur Gründung einer Internationalen Liga für Arbeit in Palästina (World League for Labor Palestine) an, deren Ziel es ist, »die jüdische Öffentlichkeit in aller Welt über die Arbeiter in Palästina und über Palästina im allgemeinen zu informieren«. Die Abgeordneten verpflichten sich, im Laufe des folgenden Jahres mindestens 36000 englische Pfund aufzubringen, die der Histadrut zur Verfügung ge-

---

* Münze aus der Makkabäerzeit; hier: jährlicher Mitgliedsbeitrag, der zu den Wahlen zum Zionistischen Kongreß berechtigt.

stellt werden sollen. Nach Absingen der hebräischen Arbeiterhymne und der Internationalen trennen sich die Abgeordneten und lassen einen überglücklichen Ben Gurion zurück. »Ein weltweites Forum ist entstanden«, schreibt er an seinen Vater, »ein Forum für den jüdischen Arbeiter, der von hier aus sein Vorhaben und seine historischen Perspektiven entwickelt hat; die Fundamente für eine weltweite Bewegung sind gelegt, und ihr Zentrum ist die palästinensische Arbeiterbewegung.« Diese weltweite Bewegung ist Ben Gurions innigster Wunsch.

Was Ben Gurion zu diesem Zeitpunkt nicht voraussehen kann, ist, daß die Liga bald schon in einen ausgedehnten Winterschlaf versinkt und daß die Arbeiterbewegung einen gänzlich anderen Weg nimmt als den ursprünglich geplanten. Ben Gurion selbst hält unbeirrbar an seinem Ziel fest — der Eroberung der zionistischen Bewegung und kämpft mit unglaublicher Willenskraft auch weiterhin um dessen Realisierung. Seine Taktik aber ändert sich von Grund auf, paßt sich den dramatischen Entwicklungen an, die sich innerhalb der zionistischen Bewegung vollziehen und dem Führungsanspruch der Arbeiter Vorschub leisten.

Es sind zwei entscheidende Ereignisse, die als Folgen der Unruhen von 1929 und des Weißbuchs Ben Gurion zur Revision seiner Pläne und zur Kursänderung zwingen. Ohne diese beiden Faktoren hätte sich der Auflösungsprozeß der zionistischen Bewegung zweifellos fortgesetzt und wäre unter dem Druck der Weltwirtschaftskrise von 1929/30 wohl noch beschleunigt worden.

Das erste dieser beiden Ereignisse ist die Publikation eines Briefes von Premierminister Ramsay MacDonald an Chaim Weizmann im Februar 1931. Er ist das Ergebnis einer massiven Kampagne, die von den konservativen Oppositionsführern, den Liberalen und selbst von angesehenen Mitgliedern der Labour-Partei gegen das Weißbuch geführt worden war und Lord Passfield dazu gezwungen hatte, einige Passagen zurückzuziehen. In aller Eile wurde ein Komitee aus Vertretern der britischen Regierung und der Jewish Agency gebildet, deren gemeinsame Arbeit am 13. Februar 1931 in jenem Brief ihren Niederschlag findet. Es ist ein persönliches Schreiben MacDonalds, der Weizmann — in der ihm eigenen diplomatischen Form — die Zurücknahme des Weißbuchs in Aussicht stellt. So hebt der Premierminister den Willen seiner Regierung hervor, die Verpflichtungen des Mandats gewissenhaft zu erfüllen; er erklärt, daß man die Bestimmungen zur Einschränkung der Einwanderungszahlen ebenso streichen werde wie die vorgesehenen Maßnahmen gegen den Landerwerb und die Gründung neuer jüdischer Siedlungen; außerdem betont er, daß man der Regelung, wonach die Einwanderung nach Palästina nur noch »der ökonomischen Aufnahmekapazität des Landes entsprechend« erfolgen könne, in Zukunft tatsächlich nur rein ökonomische und nicht politische Gesichtspunkte zugrunde legen werde. Dieser Zurücknahme des Weißbuchs folgt wenige Monate später die Ernennung eines neuen Hochkommissars, Sir Arthur Wauchopes, der seine Sympathien für den zionistischen Gedanken offen zu erkennen gibt. Später wird man den Brief MacDonalds als einen Meilenstein betrachten, als den Beginn des Goldenen Zeitalters der Aufbauphase der nationalen Heimstatt.

Obwohl Chaim Weizmann diese schwierige Schlacht gewonnen hat, bringt der Sieg ihm persönlich keine Vorteile ein. Der Schock, den Passfields Weißbuch der zionistischen Bewegung versetzt hatte, saß zu tief, als daß ein Brief ihn hätte auslöschen können. Die ganze Bitterkeit, die Enttäuschung und die Wut auf das verräterische England richtet sich jetzt gegen den Mann, der vierzehn Jahre lang als Fürsprecher Englands aufgetreten war und sich für eine Zusammenarbeit mit der Krone eingesetzt hatte. Weizmanns Stellung innerhalb der zionistischen Bewegung ist ernsthaft gefährdet, und Beobachter rechnen bereits damit, daß er beim Siebzehnten Zionistenkongreß, der im Juli 1931 in Basel stattfinden soll, die Mehrheit verliert. Ebenso wahrscheinlich ist, daß es bei der Frage um seine Nachfolge zu einem harten Kampf kommen wird, der zugleich ein Kampf um die politische Zukunft dieser Bewegung ist.

Schon vor Beginn des Kongresses zeichnet sich das zweite, entscheidende Ereignis ab: die Verlagerung der Kräfte, die sich in diesem Kampf begegnen werden. Die lose miteinander verbundenen zionistischen Zentrumsgruppen, die bislang über eine beachtliche Mehrheit verfügten und Weizmann unterstützten, stecken in einer Krise und verlieren zusehends an Macht. Bei den Wahlen zum Siebzehnten Kongreß rücken dafür zwei neue Gruppierungen nach vorn, die zunehmend an Einfluß gewinnen: die Arbeiterfraktion, die mit neunundzwanzig Prozent aller Abgeordneten zur stärksten Fraktion des Kongresses wird, und die Revisionisten des rechten Flügels, die sechs Jahre zuvor erstmals an den Wahlen zum Kongreß teilgenommen hatten und jetzt mit einundzwanzig Prozent der Abgeordneten den dritten Platz belegen.

Es ist ein Wechsel von weitreichender Bedeutung. Radikale revolutionäre Kräfte betreten die Szene und starten von beiden Seiten zum Angriff gegen den klassischen Zionismus. Die Grundsatzerklärung der Revisionisten klingt ebenso anmaßend wie erheiternd, obwohl man ihr zugestehen muß, daß sie den zionistischen Gedanken sehr klar zum Ausdruck bringt: »Ziel des Zionismus ist es, das Land Israel [einschließlich Transjordaniens] in einen jüdischen Staat umzuwandeln, der sich selbst regiert und auf einer jüdischen Mehrheit beruht. Jede andere Interpretation des Zionismus, insonderheit das Weißbuch von 1922, wird für ungültig erklärt.« Im Gegensatz dazu plädieren die anderen zionistischen Parteien (einschließlich der palästinensischen Arbeiterbewegung) für mehr Besonnenheit und Diplomatie den Briten gegenüber; auch warnen sie davor, unbedacht den Zorn der Araber zu provozieren. Trotz alledem kann es keinen Zweifel daran geben, daß die Erklärung der Revisionisten die Gefühle der Zionisten in aller Welt genau wiedergibt und darum zahlreiche Anhänger gewinnt.

Mit Wladimir Jabotinsky, der alle Eigenschaften einer charismatischen Führerpersönlichkeit in sich vereinigt, haben die Revisionisten eine weitere Trumpfkarte in der Hand. Jabotinsky, im westlichen Kulturbereich großgeworden, spricht und schreibt in mehreren europäischen

Sprachen und hat sich als origineller Geist, als glänzender Redner und begabter Schriftsteller rasch einen Namen gemacht. Eine ausgesprochene Schwäche aber liegt in seiner Unfähigkeit, sich der Realität zu stellen und eine politische Situation klar zu erkennen. So verschließt er sich beharrlich vor der Erkenntnis, daß die Briten nicht bereit sind, die Rolle zu übernehmen, die er ihnen zugedacht hat. Seit Jahren predigt er, daß man England dazu zwingen müsse, sich im vollen Wortlaut an das Mandat zu halten und in Palästina einen Judenstaat zu errichten. Und dies zu einer Zeit, da England die Balfour-Erklärung längst bereut hat und nach Mitteln und Wegen sucht, sich aus seinen Verpflichtungen den Juden gegenüber zu lösen. Dadurch gerät Jabotinsky in einen immer schärfer werdenden Konflikt mit der palästinensischen Arbeiterbewegung. Während er alle Karten auf den Judenstaat setzt, den die britische Regierung den Arabern aufzuzwingen habe, hält die Arbeiterbewegung unbeirrbar an ihrem Glauben an eine praktische Aufbauarbeit fest — mit oder ohne Englands Hilfe.

Bei diesen widersprüchlichen Auffassungen über die Verwirklichung des Zionismus spielen auch die Klassenunterschiede eine Rolle: Gegenüber der Parole, daß »dieses Land einzig durch die Macht der Arbeiter errichtet wird«, bezieht Jabotinsky eine zunehmend feindselige Position. Mehr und mehr orientiert er sich an der bürgerlichen Mittelschicht, bei der er auch in zunehmendem Maß Unterstützung findet. In den zwanziger Jahren steht er an der Spitze derer, die die Politik der Arbeiterbewegung bekämpfen, und er ist, da man ihn bereits als »Feind der Arbeiterklasse« bezeichnet, auch fest entschlossen, diesem Ruf zu entsprechen. »Wenn es eine Klasse gibt«, schreibt er 1927, »der die Zukunft gehört, dann ist es die unsrige, die Bourgeoisie. Die Humanität geht nicht in Richtung Sozialismus, sie kehrt ihm den Rücken zu.«

Jabotinsky stellt in vieler Hinsicht den Gegenpol zu Ben Gurion dar. Während dieser in den dreißiger Jahren nur einer von mehreren Führern der Arbeiterbewegung in Palästina ist, ist Jabotinsky der unumschränkte Führer der Revisionisten. Wer sich ihm widersetzt, erkennt sehr schnell, wie gering die Chancen sind, gegen ihn und seinen unwiderstehlichen Charme anzukommen, gegen seine glänzende Rhetorik und seine Fähigkeit, die Massen zu begeistern und zu überzeugen. Sein Hang zum Pathos, zu großen Worten und dramatischen Effekten, sein extravagantes Auftreten und seine Vorliebe für schillernde Pseudonyme, all das faszinierte die Massen und beeindruckte sie zutiefst. Weizmann beschreibt ihn als »eher häßlich, aber ungemein anziehend, umgänglich, warmherzig, großzügig und immer bereit, einem Weggefährten in einer Notlage zu helfen; alle diese Eigenschaften aber wurden von einem Hang zu fast theatralischer Höflichkeit und junkerhaften Allüren überdeckt, die völlig fehl am Platz und sehr unjüdisch waren«.

Jabotinskys Revisionisten und Ben Gurions Arbeiter — beides leidenschaftliche Befürworter radikaler Veränderungen innerhalb der zionistischen Bewegung — treffen erstmals beim Siebzehnten Zionistenkongreß aufeinander. In seiner Rede vor dem Kongreß nutzt Ben Gurion jede Gelegenheit, jedes Argument und jeden Einfall, Jabotinsky und seine Anhänger zu attackieren. »Kleine Churchills« nennt er sie und wirft ihnen vor, den jungen Leuten »eine chauvinistische Erziehung zu geben, die von Rassenhaß und Haß auf die Arbeiterschaft durchtränkt ist«. Es scheint, als habe Ben Gurion, ohne sich dessen bewußt zu sein, den Nachfolgestreit um die Führung der zionistischen Bewegung ausgelöst, denn Weizmanns Position als Präsident des Kongresses ist erheblich angeschlagen und sein Sturz scheint unmittelbar bevorzustehen.

Für die britische Regierung, der diese Entwicklung nicht verborgen bleibt, ist Weizmanns geschwächte Position ein Grund zu tiefer Besorgnis, da sie ihn jederzeit respektiert und großes Vertrauen in ihn gesetzt hatte. Jetzt befürchten die Engländer, daß die Leitung der zionistischen Bewegung nach seinem Sturz in die Hände radikaler, extremistischer Elemente fallen könnte. Winston Churchill meint noch wenige Tage vor Beginn des Basler Kongresses: »Ich halte das jüdische Volk nicht für so dumm, Weizmann gehen zu lassen.« Beim Kongreß selbst ist die Stimmung eine andere. Schon nach den ersten Begegnungen zwischen den Führern der verschiedenen Fraktionen stellt sich heraus, daß es vornehmlich die Abgeordneten der Arbeiterbewegung sind, die Weizmann noch unterstützen, wenngleich mit halbem Herzen.

Daraufhin unternimmt Weizmann am 10. Juli 1931 den verzweifelten Versuch, das Vertrauen des Kongresses in letzter Minute zurückzugewinnen. Für sein Vorhaben braucht er Ben Gurion. Obwohl sich die beiden Männer nicht besonders nahestehen, läßt Weizmann ihn ohne Wissen der andern zu sich rufen und berichtet ihm, daß er soeben einen Brief von Malcolm MacDonald, dem Sohn des britischen Premierministers, erhalten habe. Darin werde angedeutet, daß Ramsay MacDonald der Gründung einer jüdisch-arabischen verfassunggebenden Versammlung zustimmen wolle, in der beide Völker im Sinne der Parität vertreten sein sollten. (Dieses paritätische Verhältnis entsprach der zionistischen Forderung, wogegen die Engländer und Araber das Konzept einer proportionalen Repräsentanz vertraten.) Weizmann bittet Ben Gurion, zu einer geheimen Unterredung mit dem Premierminister nach London zu fliegen und ihm, Weizmann, das Ergebnis seiner Gespräche noch vor Schluß des Kongresses mitzuteilen.

Zusammen mit Professor Lewis Namier, dem Sekretär

der politischen Abteilung der Zionistischen Exekutive, trifft Ben Gurion am nächsten Tag in London ein und wird von Ramsay MacDonald auf dessen Landsitz empfangen. Hier, in Chequers, geht es in langen und eingehenden Gesprächen um die Situation der zionistischen Bewegung, um die auf dem Kongreß diskutierten Themen, um Malcolm MacDonalds Brief an Weizmann und die politische Lage in Palästina. Als Ben Gurion auf das Thema der Parität zu sprechen kommt, für Juden und Araber in »politischen wie auch in wirtschaftlichen Fragen« die gleiche Behandlung fordert und ausführt, daß man im Hinblick auf »unsere Rechte in Palästina nicht nur die Juden sehen dürfe, die bereits dort leben, sondern das jüdische Volk in aller Welt in Betracht ziehen müsse«, zeigt sich MacDonald sehr verständnisvoll. Er sagt sogar, daß die Mandatsbehörden »die Juden bevorzugt behandeln sollten . . . Es war die eigentliche Absicht des Mandats, den Juden in Palästina nicht das zu geben, was die Araber haben, sondern mehr.« Es liegt auf der Hand, daß Ramsay MacDonald alles zu tun entschlossen ist, um Weizmann in seiner Stellung zu halten.

Als Ben Gurion in Basel eintrifft und Weizmann diese wichtigen Nachrichten überbringt, kommt jedes Eingreifen zu spät: Der Kongreß enthebt Chaim Weizmann seines Amtes und wählt Nahum Sokolow mit 118 gegen 98 Stimmen zum neuen Präsidenten der Zionistischen Organisation. Zugleich gelingt es den Abgeordneten der sozialistischen Arbeiterbewegung, gemeinsam mit ihren Verbündeten die Revisionisten zu schlagen. Die Politik, die der Kongreß jetzt vertritt, ist die der sozialistischen Abgeordneten — und das heißt: eine Fortsetzung der Weizmannschen Politik.

Dieser Siebzehnte Zionistenkongreß übt auf die Wegrichtung der zionistischen Bewegung und ihre zukünftige Politik nachhaltigen Einfluß aus. Wenn Jabotinsky zuvor noch die heimliche Hoffnung hegte, zum Präsidenten des Kongresses gewählt zu werden, so muß er diese Hoffnung jetzt begraben. Mit zwei von fünf Sitzen bilden die Abgeordneten der Arbeiterbewegung das Rückgrat der neuen Zionistischen Exekutive, die – mit Ausnahme der Revisionisten – eine Koalition aus allen Parteien darstellt. Verbittert und in Gedanken schon dabei, sich von der zionistischen Bewegung abzuspalten, verlassen Jabotinsky und seine Anhänger den Kongreß. Die zionistische Bewegung selbst steht letztlich ohne wirklichen Führer da, denn der neugewählte Präsident, Nahum Sokolow, ist eine blasse Figur und gewiß nicht aus dem Stoff, aus dem Giganten sind.

Es mag sein, daß Ben Gurion die Bedeutung der neuen Situation nicht sofort erkannt hat. Im Laufe dieser umwälzenden, sich überstürzenden Juli-Ereignisse rührt er aber schon an die Schalthebel der internationalen Macht und erlebt das rauschhafte Gefühl, das Schicksal einer ganzen Nation beeinflussen zu können. Mehr und mehr wird ihm bewußt, daß es durch die Schwäche der neuen Führung und durch die wachsende Stärke der Arbeiterbewegung möglich ist, sich der Zionistischen Weltorganisation von innen her zu bemächtigen. Schon bald nach dem Zionistenkongreß verliert Ben Gurion das Interesse an der Internationalen Liga für Arbeit in Palästina, der er sich zehn Jahre gewidmet hat. Ein ganzes Jahr lang teilt er das niemandem mit, nicht einmal den engsten Mitarbeitern. Danach aber verkündet er, zum höchsten Erstaunen seiner Kollegen und des Vorstands der Mapai, das unerhört ehrgeizige Ziel, das er der Arbeiterbewegung gesetzt hat: den sofortigen Generalangriff auf die »offizielle« Zionistische Organisation mit dem Anspruch, die Führung der Weltorganisation zu übernehmen.

Wer hätte 1932 solche Gedanken zu äußern gewagt? Ben Gurion fordert jetzt die Ausarbeitung eines Aktionsplans, »nicht nur für Pioniere, sondern für alle Bevölkerungsgruppen, einschließlich des Privatkapitals«. Er ist entschlossen, das Image der Arbeiterbewegung so zu verändern, daß sie jene Gruppen, die nicht der Arbeiterschaft angehören, nicht mehr automatisch abschreckt, sondern im Gegenteil auch Angehörige der bürgerlichen Mittelschicht anspricht und sie, wenn nicht als Mitglieder, so doch zumindest als Verbündete zu gewinnen vermag.

Zunächst nimmt man die Vorschläge Ben Gurions mit Skepsis und Mißtrauen auf. In endlosen Debatten mit den Kollegen von der Mapai diskutiert Ben Gurion die Notwendigkeit einer solchen Offensive, kann sie aber nur mit größter Mühe dazu bewegen, zumindest den Versuch zu unternehmen und auf eine Mehrheit innerhalb der Zionistischen Organisation hinzuarbeiten. Schließlich, am 31. März 1933, geraten die Dinge in Bewegung: Ben Gurion fährt nach Osteuropa, während einige seiner Mitstreiter in andere Länder reisen, um die Massen für den Plan zu gewinnen. Es soll die längste und anstrengendste aller seiner Kampagnen werden: Vier Monate ist er unterwegs, kämpft in den jüdischen Gemeinden um jede Stimme. Mochten die Kollegen ihn ganz offen als »unzurechnungsfähig« erklären, Ben Gurion hält unbeirrbar fest an seiner Überzeugung, daß er sein Ziel, die Eroberung der zionistischen Bewegung, erreichen wird.

Das Europa der dreißiger Jahre erlebt den Niedergang der Demokratie, das Erwachen der niedrigsten Instinkte, den Zusammenbruch eines ganzen Wertsystems. Die schwarze Pest des Faschismus wird von einer Woge des Antisemitismus begleitet, die von Polen nach Deutschland rollt, von Rußland bis zu den Küsten des Baltikums, und die Juden Osteuropas in Angst und Schrecken versetzt. Sei es aus Verzweiflung und dem Zwang, einen radikal neuen Weg, eine Art Zauberformel zur Befreiung finden zu müssen, sei es unter dem Eindruck der totalitären

Stürme, die durch ganz Europa fegen, die jüdischen Massen drängen sich jetzt um Persönlichkeiten, klammern sich an Parolen und Fahnen, die ganz eindeutig faschistischer Färbung sind. Der Kult um Feuer und Schwert, der Glaube an eine bewaffnete Streitmacht findet in Wladimir Jabotinsky seinen Priester und Propheten.

Etwas Düsteres, Pathetisches, fast Tragisches umgibt diesen Mann, der als Künder eines entschlossenen, dynamischen Zionismus die Eroberung Palästinas auf seine Fahnen schreibt. Ihm fehlt die Geduld, sich mit der täglichen Kleinarbeit zu befassen, sein stürmischer Geist kann den Gedanken nicht ertragen, das Land Schritt für Schritt, in eintöniger körperlicher Arbeit besiedeln zu müssen. Während sich die Arbeiterbewegung seit vielen Jahren systematisch dieser Aufgabe widmet, sucht Jabotinsky die Lösung in dramatischen Aktionen und hat enormen Erfolg damit: Seine Reden, mit Schlagworten und Beschwörungsformeln gespickt, garantieren ihm den Zulauf der Massen. Seine jugendlichen Anhänger, Mitglieder der revisionistischen Jugendbewegung Betar, marschieren in Uniformen auf und faszinieren das Publikum nicht minder; seine Bewunderer sehen in ihm einen Führer, den der Himmel ihnen sandte. Daß Mussolini ihn einen »jüdischen Faschisten« nennt, dürfte ebensowenig verwundern wie die Tatsache, daß Ben Gurion 1930 die Nationalsozialisten als »die deutschen Revisionisten« bezeichnet und, nachdem er einen Artikel von Hitler gelesen hat, in sein Tagebuch schreibt: »Ich glaubte, Jabotinsky zu lesen — dieselben Worte, derselbe Stil, derselbe Geist.« Als Ben Gurion im Frühjahr 1933 nach Osteuropa fährt, in Gebiete, wo mehr Juden und Zionisten leben als irgendwo sonst auf der Welt, weiß er sehr wohl, daß er in dieser entscheidenden Wahlkampagne vor allem gegen die Revisionisten antreten muß und daß diese Kampagne mehr ist als ein Wahlkampf nämlich das persönliche Duell zwischen Jabotinsky und ihm selbst.

Dreieinhalb Monate vor den Wahlen zum Kongreß bricht Ben Gurion wie ein Wirbelsturm über die jüdischen Gemeinwesen Osteuropas herein. Als er am 9. April 1933 auf dem Warschauer Bahnhof ankommt, ist er bepackt mit Flugschriften, Artikeln und Aktionsplänen. Seine Notizbücher sind randvoll mit Tabellen und Daten über die Anzahl der Wähler in den verschiedenen europäischen Ländern, über die Ergebnisse der letzten drei Kongreßwahlen und die Stimmenanteile, die dabei auf die jeweiligen zionistischen Parteien entfielen. Direkt nach seiner Ankunft in Warschau stürzt er sich fieberhaft in die Arbeit, jagt von einer Massenversammlung, von einer Diskussion zur nächsten, ist so gut wie ständig unterwegs. Nebenher schreibt er Berichte, verfaßt Werbeschriften, Merkblätter, Fragebögen, stellt Erhebungen an, überschwemmt die Redaktionen der Regionalpresse mit Aufrufen, Artikeln und Essays. Nie zuvor hat sich Ben Gurion mit so viel Elan und Energie in eine Schlacht begeben, nie zuvor mit einer solchen Ausdauer gekämpft.

Seine körperlichen Kräfte aber sind den enormen Anforderungen dieser Reise von Lettland nach Estland und von Litauen in die verschiedenen polnischen Provinzen kaum gewachsen. Oft fühlt er sich dem physischen Zusammenbruch nahe. »Ich habe Galizien in einem Stück durchquert«, schreibt er an Paula, »ich muß aus Eisen sein.« Von großzügigen Gönnern erhält er Gelder, um den Wahlkampf zu finanzieren, doch schickt er einen Brief nach dem andern nach Palästina, bittet um Geld, um Helfer, um Unterstützung bei seiner Arbeit. Als er begreift, daß die Genossen im Zentralkomitee die Bedeutung seiner Kampagne noch immer nicht erkennen, befällt ihn tiefste Niedergeschlagenheit. Er wird die Befürchtung nicht los, daß der »jüdische Faschismus« die gesamte zionistische Bewegung erfassen könnte, und läßt darum keine Gelegenheit aus, mit Jabotinsky abzurechnen, dem »Duce«, wie er ihn nennt.

Bei der ersten Wahlversammlung, an der er teilnimmt, vergleicht er Jabotinsky mit Hitler, beschimpft die Revisionisten als »degeneriert« und wirft ihnen vor, aus der »Sensationslust« Kapital zu schlagen und eine »Hetzkampagne« gegen die Arbeiter zu führen. Die Selbstschutztruppen, die die Revisionisten in Polen organisieren, beschreibt er als einen »Haufen von Analphabeten, als ungebildetes Pack, das mit dem Zionismus nichts gemein hat, dafür aber mit Elementen der Unterwelt, mit Dieben und Zuhältern«. Die Revisionisten reagieren mit der Verbreitung von Pamphleten gegen Ben Gurion, sie bezeichnen ihn als »britischen Agenten« und setzen das Gerücht von einem Pakt zwischen Hitler, Stalin und Ben Gurion in die Welt. Doch bleibt es nicht bei persönlichen Angriffen und gegenseitigen Verleumdungen. In zunehmendem Maße kommt es zu Handgreiflichkeiten und, je näher der Tag der Wahlen rückt, zu gewaltsamen Unterbrechungen von Versammlungen. Ben Gurion wird mehrfach mit Steinen und Eiern beworfen. An besonders heiklen Orten läßt er sich von starken Männern begleiten, von Mitgliedern seiner Partei, die ihm den Weg ins Hotel oder zu einer Veranstaltung bahnen, indem sie sich mit Kommunisten oder Mitgliedern der Betar Prügeleien liefern. Doch läßt sich Ben Gurion von alledem nicht aus der Ruhe bringen und notiert in sein Tagebuch: »Als ich in meiner Rede auf Jabotinsky zu sprechen kam, schrie einer der Revisionisten: ›Schluß mit den Lügen!‹, worauf es einen kleinen Tumult gab; Schläge wurden ausgeteilt und die Störenfriede hinausgeworfen.«

Trotz dieser Gewalttätigkeiten aber verbessert sich seine Stimmung, als er bemerkt, daß sich das Blatt zu seinen Gunsten wendet, daß immer mehr Menschen zu seinen

Versammlungen kommen und ihn jubelnd empfangen. Von entscheidendem Einfluß auf das Wahlergebnis ist auch der dramatische Zwischenfall, der sich am 16. Juni 1933 ereignet und die jüdischen Wähler in aller Welt tief erschüttert: Der bedeutende Arbeiterführer Chaim Arlosoroff wird in Tel Aviv ermordet, das Verbrechen einer extremistischen Gruppe der Revisionisten angelastet.

Als Mitte Juli die Wahlen stattfinden, kann die Arbeiterfraktion Ben Gurions mit 44,6 Prozent der Stimmen einen überraschend hohen Sieg verzeichnen, die Revisionisten müssen sich mit 16 Prozent begnügen. Voller Zuversicht verläßt Ben Gurion Polen, um in Prag am Achtzehnten Zionistenkongreß teilzunehmen. Er ist sich jetzt ganz sicher, daß die palästinensischen Arbeiter eine Koalition in der Zionistischen Exekutive bilden und die Führung der Bewegung übernehmen werden.

In diesem ereignisreichen Sommer 1933 wird Ben Gurion, der jetzt achtundvierzig Jahre alt ist, zum ungekrönten König der Arbeiterbewegung. Als er in Prag die Rednertribüne des Kongresses betritt, wird er mit langanhaltendem Beifall begrüßt. Er selbst scheint eher überrascht von diesem Empfang und noch immer nicht zu begreifen, daß er zum »unbestrittenen Führer des sozialistischen Lagers« aufgestiegen ist, denn den Ehrgeiz, in eine Spitzenposition der Zionistischen Exekutive gewählt zu werden, hat er nie gehabt. Für alle andern aber gibt es keinen Zweifel, daß er und kein anderer in der Lage ist, dieser Aufgabe gerecht zu werden, daß er durch seine Autorität, sein Durchsetzungsvermögen und sein fundiertes Wissen als einziger für eine politische Führungsrolle in Frage kommt. Doch zögert er noch, die Wahl anzunehmen, stellt eine Reihe von Bedingungen: Er wird kein eigenes Ressort übernehmen und der Exekutive nur zwei Tage in der Woche zur Verfügung stehen, er wird weiterhin als Generalsekretär für die Histadrut arbeiten, in Tel

Aviv wohnen bleiben und der Exekutive nicht länger als zwei Jahre angehören.

Trotz dieser Einschränkungen verändert die Mitgliedschaft in der Zionistischen Exekutive seinen Lebensstil von Grund auf. In der Wohnung in Tel Aviv befindet sich jetzt ein Gegenstand, der für die damalige Zeit ein unerhörter Luxus ist: ein Telefon. Die Hagana (die militärische Untergrundorganisation der Jewish Agency) stellt ihm eine Leibwache zur Verfügung, und der britische Polizeichef bietet ihm ständigen Personenschutz an. Schon bald befaßt sich Ben Gurion sehr intensiv mit den Problemen der zionistischen Bewegung, vornehmlich mit politischen Fragen, an denen er gemeinsam mit Moshe Sharett* arbeitet. Die erste Aufgabe, die Ben Gurion vor dem Kongreß von 1933 schon skizziert hatte, betraf die Notwendigkeit, die Zahl der jüdischen Einwanderer in Palästina zu erhöhen. Besorgt um die Zukunft des europäischen Judentums, drängt er jetzt zur Eile und bestürmt die Mandatsregierung mit einem Elan, der den sanftmütigen Hochkommissar, Sir Arthur Wauchope, gänzlich unvorbereitet trifft. Mit der aggressiven Taktik des neuen Zionistenführers konfrontiert, hätte nur ein stahlharter Mann oder ein verschworener Zionistengegner Widerstand leisten können; Sir Arthur ist jedoch keines von beiden. Mehr als einmal kommt er Ben Gurion auf halbem Weg entgegen; so akzeptiert er dessen Forderung nach einer Zwischenregelung, d. h. einer Erteilung zusätzlicher Genehmigungen, wodurch sich die jährliche Einwanderungsquote erhöhte.

Da die Briten diese Genehmigungen gemäß der »ökonomischen Aufnahmekapazität des Landes« erteilten, hat

---

* Sharett, der damals noch Shertok hieß, hat seinen Namen erst nach der israelischen Staatsgründung geändert. Um Unklarheiten zu vermeiden, wird er hier grundsätzlich Sharett genannt.

sich Ben Gurion zum Fachmann auf diesem Gebiet entwickelt. Er weiß genau, wie viele Landarbeiter in den Orangenplantagen noch beschäftigt werden können, er kennt den Bedarf jeder einzelnen Fabrik an zusätzlichen Arbeitskräften, er hat jeden Kibbuz im Kopf, der noch Pioniere aufnehmen kann. Im hartnäckigen Kampf um jede Genehmigung läßt er auch das kleinste Detail nicht außer acht.

Mit derselben Sorgfalt geht er in London daran, sich die Feinheiten der zionistischen Diplomatie anzueignen. Von Nahum Sokolow, dem Präsidenten der Organisation, nimmt er keinerlei Notiz und macht sich auch kein Gewissen daraus. Er weiß, daß es auf politischem Gebiet keinen besseren Mann als Weizmann gibt, und versucht, ihn aus dem Abseits zu holen. Denn Weizmann hat den Schlag seiner Amtsenthebung von 1931 nicht verwinden können und sich auch geweigert, am Kongreß von 1933 teilzunehmen. Trotz aller Vorbehalte gegen Weizmanns zögernde, vermittelnde Haltung in politischen Fragen sieht Ben Gurion sehr wohl, daß die Bindungen zu England lebensnotwendig sind und daß man die britische Regierung unter Druck setzen muß, damit sie die Mandatsverpflichtungen einhält und die Errichtung der nationalen Heimstatt beschleunigt. Im großen und ganzen verfolgt Ben Gurion, wenngleich mit anderen Schwerpunkten, eine ähnliche Politik wie Weizmann. Unmittelbar nach dem Kongreß von 1933 fährt Ben Gurion nach Meran, um Weizmann zu besuchen und die Grundlagen für eine enge Zusammenarbeit in den nächsten zwei Jahren zu schaffen. Auch später schreibt er ihm regelmäßig, schickt ihm ausführliche Berichte und wendet sich jedesmal mit jener Hochachtung an ihn, die er als der Jüngere dem Älteren schuldet. Wenn Ben Gurion in London ist, um über Einwanderungsfragen oder die Gründung neuer Siedlungen zu verhandeln, ist ihm stets bewußt, daß Weizmann im

Hinblick auf die Kontakte zur britischen Regierung die Schlüsselfigur ist.

Innerhalb der Arbeiterbewegung ist man sich trotz aller Erfolge nicht so sicher, die Revisionisten endgültig aus dem Felde geschlagen zu haben. Immer wieder entlädt sich die Spannung zwischen den rivalisierenden Lagern in Gewalttätigkeiten. Aus Prinzip treten die Mitglieder der Betar als Streikbrecher auf und zerreißen die rote Fahne der Pioniere. Die Reaktion bleibt nicht aus. Im Frühjahr 1933 und Anfang 1934 stürmen Arbeitergruppen Versammlungen und Kundgebungen der Betar, verprügeln die Teilnehmer und bewerfen sie mit Steinen. Bei den Führern der Mapai ist man sich uneins über die Frage, wie man die Aggressivität der Betar in den Griff bekommen kann. Viele von ihnen lehnen es teils aus ideologischen, teils aus taktischen Gründen ab, sich in den Teufelskreis der Gewalt hineinziehen zu lassen. Dem Ansehen der Arbeiterbewegung könne das nur schaden.

Entschlossener als die andern und im festen Glauben an die Stärke der Arbeiterbewegung stimmt Ben Gurion für die radikalste Lösung:

»Es gibt nichts, das lächerlicher und krimineller wäre, als mit konstitutionellen Mitteln gegen eine Gewalt vorzugehen, die völlig unkonstitutionell ist. In unserem Kampf gegen die Betar ist es unmöglich, sich mit Predigten zufriedenzugeben. Wir müssen eine organisierte Streitmacht gegen sie aufbieten.«

Letztlich aber, und ganz im Gegensatz zu seinen Kollegen von der Mapai, glaubt Ben Gurion nicht daran, daß die Revisionisten die Hegemonie der Arbeiterbewegung ernsthaft gefährden können. Und weil er weiß, daß die kritische Situation des europäischen Judentums größtmögliche Einigkeit fordert, unterdrückt er den Wunsch, die Revisionisten aus der zionistischen Bewegung auszuschließen. Andererseits mußte der ständige Konflikt zwischen Arbeitern und Revisionisten — in Palästina wie auch in der Diaspora — den zionistischen Bestrebungen schweren Schaden zufügen, und eine Spaltung der zionistischen Bewegung hätte unabsehbare Folgen gehabt. Überlegungen dieser Art veranlassen ihn jetzt, nach Mitteln und Wegen für eine Verständigung mit den Revisionisten zu suchen.

Gelegenheit dazu bietet sich am 8. Oktober 1934 in London. Ben Gurion ist eben angekommen, als Pinchas Rutenberg, ein guter Freund Jabotinskys, ihn zu einem Treffen mit dem Revisionistenführer in sein Hotelzimmer einlädt. Zunächst verläuft das Gespräch eher förmlich, man begegnet einander mit Vorsicht, ja mit unverhohlenem Argwohn. Allmählich aber kommt man sich näher, bis das Eis schließlich ganz gebrochen ist. Jabotinsky stellt Ben Gurion eine Reihe »kühner Fragen« und schmeichelt ihm mit der Bitte, sie »in Ben Gurions Manier, ohne Bedenken« zu beantworten. Ben Gurion bringt die Bereitschaft zum Ausdruck, »alles zu besprechen, von der Situation der Arbeiterbewegung bis hin zu ihrem erklärten Ziel«. Zu seiner Überraschung stimmt Jabotinsky in manchen Punkten mit ihm überein, teilt etwa seine Ansichten über das Regime in Palästina und die Beziehungen zu England. In entspannter Atmosphäre stellen beide mit wachsender Verwunderung fest, daß sie sehr wohl imstande sind, hier beieinander zu sitzen und sich über eine ganze Reihe problematischer Fragen zu verständigen. Ben Gurion schreibt dazu:

»In großer Erregung sagte [Jabotinsky] mitten in unserem Gespräch: ›Wenn wir untereinander zu einer Versöhnung kommen, dann ist das eine große jüdische Leistung; diese Leistung aber sollte man für ein grandioses Projekt nutzen.‹ Ich stimmte ihm zu. Er fragte mich: ›Was für ein Projekt?‹ Ich sagte: ›Irgendein Siedlungsprojekt.‹ Darauf er: ›Ich bin nicht gegen die Besiedlung des Landes, aber das ist kein Projekt. Wir brauchen ein Projekt, an dem alle Menschen partizipieren. Ein gigantisches Massenprojekt, an dem alle Juden teilhaben.‹ Ich fragte: ›Was für ein Projekt meinen Sie?‹ Er sagte: ›Eine Petition . . . Sie wissen ja nicht, wie wichtig Kundgebungen und Programme sind. Das Wort, die Formel — sie besitzen ungeheure Kraft.‹ Ich spürte, daß wir hier bei grundsätzlichen Konflikten angelangt waren.«

Das Treffen in Rutenbergs Hotelzimmer ist der Anfang einer ganzen Reihe intensiver Gespräche. Im Laufe dieses Monats sehen Ben Gurion und Jabotinsky sich fast jeden Tag — entweder in Ben Gurions, in Jabotinskys oder, was immer seltener der Fall ist, in Rutenbergs Hotel. Man hält die Begegnungen streng geheim, Ben Gurion berichtet niemandem davon, nicht einmal den Parteigenossen in Palästina.

In dieser verschwiegenen Atmosphäre entsteht ein echtes Vertrauensverhältnis, wachsen gegenseitige Wertschätzung, Sympathie und der aufrichtige Wunsch, zu einer Einigung zu gelangen. Am 25. Oktober zeigt sich Jabotinsky sogar bereit, »der Mapai beizutreten, wenn sie ihren Namen (Partei der Arbeiter des Landes Israel) in Mabai (Partei der Erbauer des Landes Israel) ändere«, denn er wolle, fährt er fort, keine ideologische oder klassenabhängige Organisation, sondern eine unabhängige Vereinigung sämtlicher jüdischer Bürger.

Trotz mancher Zugeständnisse ist es nicht einfach, eine wirkliche Einigung zu erzielen. In zu vielen Fragen weichen die Standpunkte voneinander ab oder sind sogar diametral entgegengesetzt, und häufig mündet eine Diskussion in einen nervenaufreibenden Kampf. Beide sind reizbare, empfindliche Naturen, und sie müssen — als Führer rivalisierender Lager — oft gewaltige Anstrengungen unternehmen, um die Kluft zwischen sich zu überbrücken.

Nach zwei Verhandlungswochen treffen sich Ben Gurion und Jabotinsky am 26. Oktober erneut in Rutenbergs Hotel. Ihr Gespräch dauert die ganze Nacht. Als sie endlich um fünf Uhr früh das Haus verlassen und sich in dem feuchtkalten Londoner Morgen voneinander verabschieden, stehen zwei Vereinbarungen im Entwurf fest. Die erste besagt, daß man in Zukunft die Gewalttätigkeiten zwischen den sechzigtausend Histadrut-Mitgliedern und den siebentausend Mitgliedern des Nationalen Gewerkschaftsbundes (der revisionistischen Arbeiterorganisation) verhindern werde. Die zweite, eine Art Arbeitspapier, bezieht sich auf Fragen der Organisation und der Arbeitsteilung zwischen den beiden Gewerkschaften.

Ben Gurion und Jabotinsky sind überglücklich. Was noch zu tun bleibt, ist die Formulierung einer dritten Übereinkunft hinsichtlich der Zusammenarbeit in der Zionistischen Organisation. Nach dem Zustandekommen der ersten beiden Vereinbarungen sehen sie indes der künftigen Entwicklung mit Zuversicht entgegen. »Ich weiß nicht«, schreibt Ben Gurion in sein Tagebuch, »ob alle Genossen in Palästina diese Vereinbarung begrüßen. Für mich aber ist die Angelegenheit so wichtig und schicksalhaft, daß ich an eine Verwirklichung noch nicht glauben kann. Es ist zu schön, um wahr zu sein.« Jabotinsky macht ihm den Vorschlag, umgehend nach Palästina zu fliegen und die Kollegen gemeinsam von der Notwendigkeit zu überzeugen, ihren Überlegungen zuzustimmen.

Am nächsten Tag schreibt Ben Gurion dem »Freund und Kollegen« Jabotinsky einen herzlichen Brief: »Ich hoffe, daß Sie mir diese Anrede, ohne den förmlichen ›Herrn‹, nicht übelnehmen . . . Was immer geschehen mag, ich drücke Ihnen voller Hochachtung die Hand.« Jabotinsky erwidert in ähnlichem Ton: »Mein lieber Freund Ben Gurion. Ich bin bis ins Innerste meines Wesens gerührt, nach so vielen Jahren — und was für welchen! — aus

Ihrem Munde Worte wie ›Freund und Kollege‹ zuhören . . . Ich drücke Ihnen in aufrichtiger Freundschaft die Hand.«

Während Ben Gurion und Jabotinsky sich also gegenseitig ihrer freundschaftlichen Gefühle versichern, werden sie von ihren jeweiligen Parteien schärfstens angegriffen. Am 28. Oktober druckt die palästinensische Presse die Vereinbarungen im Wortlaut ab, und noch am selben Tag teilt Berl Katznelson Ben Gurion telefonisch mit, daß »die Genossen dagegen sind«. Wenig später wird Ben Gurion von einer wahren Flut von Telegrammen überhäuft, in denen fast ausschließlich die heftigste Kritik geübt wird — kaum eines findet sich darunter, das ihm Unterstützung zusagt. Empört darüber, daß Ben Gurion Vereinbarungen unterzeichnet hat, ohne dazu berechtigt zu sein, fordert das Zentralkomitee der Mapai seine sofortige Rückkehr nach Palästina.

Ben Gurion, der eine so negative Reaktion nicht erwartet hat, zieht sich noch am selben Tag tief enttäuscht in sein Hotelzimmer zurück und schreibt seinen Kollegen einen ausführlichen Brief, schildert die Verhandlungen mit Jabotinsky bis in die kleinste Einzelheit. Derweil gehen in Palästina die Wogen der öffentlichen Meinung hoch, die Flut der Telegramme reißt nicht ab, und die Presse — mit Ausnahme des rechten Blattes *Doar Hajom* — veröffentlicht nur mißbilligende Kommentare. Ein paar Tage später erhält Ben Gurion Protestbriefe und wiederholte Aufforderungen, jene dritte Vereinbarung, die eine Zusammenarbeit mit Jabotinsky innerhalb der Zionistischen Organisation in Betracht zieht, keinesfalls zu unterzeichnen. Dagegen wird Jabotinsky als alleiniger Führer der Revisionisten weit weniger unter Druck gesetzt. Doch nimmt auch Ben Gurion die allgemeine Empörung eher gelassen hin und setzt in London die Gespräche mit Jabotinsky fort.

Diesmal steht die Ausarbeitung »des großen Abkommens« auf dem Programm, dessen Ziel die endgültige Versöhnung der beiden Bewegungen ist. Trotz des Versuchs der beiden, die Verhandlungen streng geheimzuhalten, erfährt man in beiden Lagern davon und verwahrt sich aufs schärfste gegen eine Fortsetzung der Gespräche. Am 7. November fordert das Zentralkomitee der Mapai Ben Gurion auf, »keine den Zionismus betreffende Vereinbarung zu unterzeichnen, bevor das Zentralkomitee sie nicht im vollen und endgültigen Wortlaut abgesprochen hat«. Als Ben Gurion tags darauf auch noch zwei ihn eindringlich ermahnende Telegramme erhält — eins von Moshe Sharett, das andere von seinem Freund Berl Katznelson —, sieht er sich zum Nachgeben gezwungen und telegrafiert zurück: »Verhandlungen abgebrochen.« Es bleibt ihm nichts anderes übrig, als Jabotinsky mitzuteilen, daß auf zionistischer Ebene wohl keine Einigung zu erzielen sei.

Wenige Tage später ist Ben Gurion in Palästina zurück und versucht — engagiert und stürmisch wie immer —, den Kollegen klarzumachen, daß die mit Jabotinsky getroffenen Vereinbarungen ratifiziert werden müssen. Daraufhin beschließt das Zentralkomitee der Mapai, die Frage den Mitgliedern der Histadrut zur Abstimmung vorzulegen.

Auch Jabotinsky stößt auf beachtliche Schwierigkeiten, als er die Übereinkunft mit Ben Gurion im Januar 1935 beim Revisionistischen Weltkongreß in Krakau zu rechtfertigen sucht. Viele Abgeordnete kritisieren sein eigenmächtiges Vorgehen, darunter auch ein junger Mann namens Menachem Begin, der sein Mißfallen ausgesprochen deutlich zum Ausdruck bringt: »Sie haben es vielleicht vergessen, daß Ben Gurion Sie Wladimir Hitler genannt hat. Aber unser Gedächtnis ist besser.« Jabotinskys Antwort: »Ich werde nie vergessen, daß Männer wie Ben

Gurion, Ben Zwi . . . einmal die Uniform der Jüdischen Legion trugen und an meiner Seite kämpften; und ich bin sicher, daß sie, sollte der Zionismus es von ihnen fordern, nicht zögern werden, die Uniform wieder anzulegen und erneut zu kämpfen.«

Beim Histadrut-Kongreß vom März 1935 wendet sich Ben Gurion in eindringlichen Appellen an die Genossen und erinnert sie an die Kompromisse, die Lenin bei der Unterzeichnung des Friedensvertrages von Brest-Litowsk und bei der Einführung der Neuen Ökonomischen Politik (N.E.P.) schließen mußte. Und er wettert gegen das allzu enge Parteidenken der Histadrut, kritisiert ihren Anspruch, die Arbeiterschaft allein vertreten zu wollen. Als es dann aber am 24. März 1935 in äußerst gespannter Atmosphäre zur Abstimmung kommt, werden die Vereinbarungen allen Überzeugungsversuchen zum Trotz mit 16474 zu 11522 Stimmen abgelehnt: Ein Ergebnis, das dem Prestige Ben Gurions einen schweren Schlag versetzt. Sein Londoner Alleingang hatte bei den Kollegen zuviel Ärger und Mißtrauen ausgelöst, als daß er sie jetzt hätte umstimmen können. Umsonst versucht er, sie zu überzeugen, daß er die Vereinbarung mit Jabotinsky nicht in seiner Eigenschaft als Vertreter der Partei, sondern als Mitglied der Zionistischen Exekutive unterzeichnet habe, mit anderen Worten, daß er seine Arbeitermütze mit dem Zylinder des Zionistenführers vertauscht hatte. Doch zeigt diese Episode auch, wie gefestigt die Position Ben Gurions innerhalb der Mapai war: Niemand wäre auf den Gedanken gekommen, seine Absetzung zu fordern, niemand hätte es gewagt, den Mißtrauensantrag zu stellen, nicht einmal, ihm einen Verweis zu erteilen. Trotz des Rückschlags bleibt sein Ansehen als aufstrebender Führer der Arbeiterbewegung unangetastet.

Die weitere politische Entwicklung sorgte indes dafür, daß die Gegenseite recht behielt. Die Vereinbarungen zwischen Ben Gurion und Jabotinsky erwiesen sich als Fata Morgana. Zu groß war der Unterschied zwischen den Lagern, zu schwerwiegend der politische Konflikt, als daß eine freundschaftliche Übereinkunft die Kluft hätte überbrücken können. Zweifellos aber war die Tatsache, daß eine Verständigung mit Jabotinsky abgelehnt wurde, der Tropfen, der das Faß zum Überlaufen brachte: Nur zwei Wochen nach dem Referendum erklären die Revisionisten ihren Austritt aus der Zionistischen Organisation und gründen ihre eigene, die Neue Zionistische Organisation. Von ihrem gefährlichsten Gegner befreit und damit in ihrer Machtposition gestärkt, hat die Arbeiterbewegung jetzt freie Bahn, »das Volk zu erobern«.

Das alles hindert Ben Gurion und Jabotinsky nicht daran, auch weiterhin Freunde zu bleiben — zumindest für eine gewisse Zeit. Am 30. März, knapp eine Woche nach dem Histadrut-Kongreß, schreibt Jabotinsky an Ben Gurion:

»Vielleicht lesen Sie diese Zeilen heute mit anderen Augen. Und ich fürchte, daß auch ich mich ein wenig geändert habe. So muß ich zum Beispiel gestehen, daß mir, als ich von der Ablehnung unserer Vereinbarungen erfuhr, eine gewisse innere Schwäche zuflüsterte: ›Gelobt sei Er, der mich erlöst hat . . .‹, und vielleicht bringt Ben Gurion in diesem Augenblick den gleichen Dank zum Ausdruck . . . Hinsichtlich der Hochachtung aber, die ich in London für den Menschen Ben Gurion und seine Ziele zu empfinden lernte, hat sich nichts geändert.«

Und Ben Gurion schreibt in seinem Antwortbrief:

»Geschehe was da wolle, die Londoner Episode wird unauslöschlich in meinem Herzen sein . . ., und wenn es uns bestimmt ist, gegeneinander zu kämpfen, denken Sie immer daran, daß es unter Ihren ›Feinden‹ einen Menschen gibt, der Sie bewundert und Ihren Schmerz teilt. Diese Hand . . . wird sich Ihnen auch im heftigsten Kampf entgegenstrecken.«

Wirklich? Innerhalb kürzester Zeit verschlechtern sich die Beziehungen zwischen Arbeitern und Revisionisten weiter, und Ben Gurion wird zum schärfsten Gegner der Dissidenten, die er mit ganzer Kraft bekämpft. Eine Weile noch ist das Verhältnis zwischen Ben Gurion und Jabotinsky höflich und korrekt, später aber beschimpfen und beschuldigen sie sich wie zuvor.

Es scheint, als habe Jabotinsky den Bruch mit den Zionisten schon nach kurzer Zeit bitter bereut. Sein dramatischer Austritt aus dem Kongreß und die Gründung einer Neuen Zionistischen Organisation erweisen sich als Fehlschlag und lassen ihren Führer vereinsamt im Exil zurück. Im Juli 1937, wenige Tage vor dem Zwanzigsten Zionistenkongreß, besucht er Ben Gurion und schlägt ihm vor, den bestehenden Kongreß durch eine Zionistische Nationalversammlung zu ersetzen, die durch weltweite Wahlen zustande kommen müsse. »Ihre Mehrheit«, sagt Jabotinsky »entspricht nicht dem wahren Kräfteverhältnis.« Ben Gurion fragt ihn daraufhin: »Und wenn Sie keine Mehrheit bekommen? Werden Sie sich der Nationalversammlung beugen?« — »Ich kann nicht in der Minderheit sein«, erwidert Jabotinsky in aller Offenheit, »ich habe in einer Minderheit nichts verloren.«

Wladimir Jabotinsky stirbt 1940 in den Vereinigten Staaten. Ben Gurion wird sich während seiner gesamten Amtszeit als israelischer Ministerpräsident weigern, eine Bitte in Jabotinskys Testament zu erfüllen, seine sterbliche Hülle nach Israel überführen und dort bestatten zu lassen. Zur Rechtfertigung seiner Unnachgiebigkeit führt Ben Gurion zahlreiche Gründe an; eingewilligt hat er nie. In einem Brief vom Oktober 1956 erklärt er, daß nur zwei Juden der Überführung und Bestattung in Israel würdig wären: Dr. Theodor Herzl und Baron Edmond de Rothschild. Und Jabotinsky? »Das Land braucht lebende Juden«, schreibt Ben Gurion, »und nicht die Gebeine der

Toten.« Später hat sein Nachfolger Levi Eshkol diesen Akt der Menschlichkeit vollzogen. Ben Gurion war bis an sein Lebensende nicht in der Lage, sich über den politischen Aspekt dieses Akts hinwegzusetzen.

Im August 1935 übernehmen Chaim Weizmann und David Ben Gurion das Steuer der zionistischen Bewegung: Weizmann als wiedergewählter Präsident der Zionistischen Weltorganisation, Ben Gurion als neugewählter Vorsitzender der Zionistischen Exekutive der Jewish Agency. In den vorausgegangenen zwei Jahren hatte sich Ben Gurion mit ganzer Kraft für eine Stärkung der Arbeiterbewegung in Polen und den USA eingesetzt — den beiden Hauptzentren jüdischen Lebens. Und tatsächlich stellten die Arbeiterparteien beim Neunzehnten Zionistenkongreß in Luzern fünfzig Prozent der Abgeordneten. Als die Kongreßteilnehmer zu Hunderten am Vierwaldstätter See zusammenkommen, bedrängen viele von ihnen Ben Gurion, sich für die Kandidatur zur Verfügung zu stellen. Nach anfänglichem Zögern willigt er ein und wird zum Vorsitzenden der Exekutive gewählt.

Auch Chaim Weizmann ist noch unentschlossen, als er in Luzern ankommt. Er hat die Schlappe von 1931 nicht verwunden und ist, auch wenn sie jetzt schon vier Jahre zurückliegt, immer noch enttäuscht und verbittert. Hinzu kommt, daß es mit seiner Gesundheit nicht zum besten steht und er sich eigentlich am Sieff-Institut, das seine Freunde in Rechovot gegründet haben, der wissenschaftlichen Arbeit widmen will. Seine Anhänger aber, an ihrer Spitze die Abgeordneten der Arbeiterbewegung und Ben Gurion, lassen ihm keine Ruhe. Sie wissen, daß London das Zentrum politischer Aktivität ist und daß sich dort ohne Weizmanns Einfluß nichts ausrichten läßt. Am Ende gibt Weizmann ihrem Drängen nach.

Diese beiden sind es, die in den dreizehn Jahren bis zur israelischen Staatsgründung die Geschicke der Bewegung lenken. Es gibt Zeiten, wo sie in völliger Übereinstimmung zusammenarbeiten, und Phasen persönlicher Fehden und erbitterter Kämpfe, nicht selten um Fragen von grundsätzlicher Bedeutung. Das wechselnde Verhältnis der beiden zueinander übt auf die weitere Entwicklung der zionistischen Bewegung einen so entscheidenden Einfluß aus, daß sich Millionen von Zionisten in aller Welt in zwei Lager spalten — in Weizmannisten und Ben-Gurionisten.

Weizmann und Ben Gurion, höchst unterschiedliche und zugleich sehr verwandte Naturen, vertreten zwei Welten, zwei Lebensformen, zwei Schulen des Denkens und Handelns. Weizmann ist ein jüdischer Aristokrat, ein großer, respektgebietender, stets elegant gekleideter Mann. Er ist Jude durch und durch und empfindet das Leiden seines Volkes aus ganzer Seele mit. Er ist stolz darauf, Jude zu sein, was seinen Gesprächspartnern — Intellektuellen, bedeutenden Wissenschaftlern, Generälen oder Ministern — tiefsten Respekt abnötigt. Weizmann versteht es, sie als seinesgleichen zu behandeln, selbstbewußt und autoritär, ohne je arrogant oder hochmütig zu wirken. Viele sind der Ansicht, daß sich ein Großteil der politischen Kreise Englands jahrzehntelang von Weizmanns Charme und seiner moralischen Autorität beeinflussen ließ.

Selbstsicher und dominierend, ein erklärter Individualist und wenig geneigt, Macht abzutreten, ist Weizmann der einsame Wolf, unberechenbar und voller Widersprüche, ein Mann, der sich, des eigenen Wertes durchaus bewußt, intolerant gegen jede andere Führerpersönlichkeit verhält. Einer Partei hat er nie angehört (es sei denn sehr viel früher, als junger Mann in Berlin). Und als es infolge heftiger Auseinandersetzungen zwischen den Anhängern eines politischen Zionismus und den Befürwortern eines praktischen Zionismus zu einer Spaltung der zionistischen Bewegung kommt, tritt er für einen Ausgleich beider Standpunkte ein und wird zu einem der Führer des synthetischen Zionismus — einer Art chemischen Verbindung beider Richtungen. Was ihm besonders am Herzen liegt, ist die Besiedlung des Landes. Er selbst aber zeigt keinerlei Eile, nach Palästina zu ziehen. Die Mentalität der Engländer, ihre Lebensweise und Gesellschaftsordnung lassen ihm England zur Heimat werden, und er hält ihr zeit seines Lebens die Treue. Viele Jahre lang ist diese Bindung an England das Geheimnis seiner Macht — bis zu dem Tage, da sie seine Niederlage besiegelt. Solange sich England an die Balfour-Erklärung hielt, solange es seinen Mandatspflichten, wie er sie verstand, nachkam, war Weizmann der unumstrittene Führer der zionistischen Bewegung. Als England aber seine Politik änderte und seine Versprechen nicht einlöste, zahlte Weizmann mit dem Verlust seiner Führungsposition.

Weizmann, eine vielseitig begabte, facettenreiche Persönlichkeit, ein Mann, der in Politik und Wissenschaft große Erfolge verzeichnen kann und in hohem Ansehen steht, hat freilich auch seine Schattenseiten. Dazu gehört sein Mangel an Ausdauer, die Unfähigkeit, sich auf eine einzige Aufgabe zu konzentrieren und Wege zu gehen, deren Ziel noch verborgen ist. Ihm, der glänzend zu improvisieren versteht, fehlt die Geduld zur mühsamen, monotonen Kleinarbeit. Und wenn ein Problem seine Phantasie herausfordert, ist er zunächst mit Begeisterung dabei; geht es aber an die Ausführung, läßt sein Interesse schnell nach, und er wendet sich anderen Dingen zu.

Dagegen gehören Beharrlichkeit, Ausdauer und die

Bereitschaft, sich voll und ganz für ein Ziel einzusetzen, zu den charakteristischsten Eigenschaften Ben Gurions. Auch er ist ein vielseitig begabter Mann, in Wesen und Lebensweg aber das genaue Gegenstück zu Weizmann. Anstatt sich an der Wiener Universität zu immatrikulieren, geht er als Pionier nach Palästina. Er gibt sich nicht mit der Verkündung des praktischen Zionismus zufrieden, er praktiziert ihn — tagtäglich, jahrelang. Ben Gurion ist nicht über Nacht zu jenem einzigartigen Führer der Juden geworden, er hat sich Stufe für Stufe langsam nach oben gearbeitet und ist durch Wahlen in seine Führungspositionen gelangt. Seine Bildung, sein Wissen hat er sich selbst erworben, ohne den Wunsch nach einem regulären Studium je verhehlt zu haben. Trotz eiserner Selbstdisziplin hat er mit Fremdsprachen immer noch Schwierigkeiten und dringt nur schrittweise in die Geheimnisse westlicher Kultur ein. Heimisch fühlt er sich nie darin. Er verfügt weder über Weizmanns weltläufige Gewandtheit noch über dessen natürlichen Charme. In den dreißiger Jahren wirkt Ben Gurion eher schroff und ungehobelt, vornehmes Benehmen liegt ihm nicht, es fehlt ihm an Schliff. Auch sein Sinn für Humor hält sich in Grenzen, seine Reden und Artikel sind oft ermüdend lang. Dafür aber steckt Ben Gurion — klein, kräftig und mit braungebranntem Gesicht — voller Energie und Tatendrang, steht mit beiden Beinen auf dem Boden der Wirklichkeit in Palästina.

Weizmann dagegen sieht Palästina in diesen Jahren nur von seinem Londoner Blickwinkel Mayfair aus. Vielleicht kommt es daher, daß er zeitweilig so zurückhaltend reagiert und die Notwendigkeit raschen Handelns nicht erkennt. Welten liegen zwischen den Londoner Salons und dem Leben in Palästina, das ein Leben voller Entbehrungen, Hunger, Streiks und Arbeitslosigkeit ist. Ein Abgrund trennt den praktischen Zionismus der Pioniere von dem Zionismus Weizmanns. Selbst als er 1934 nach Palästina übersiedelt, läßt er sich in Rechovot, nicht weit von seinen Laboratorien, ein komfortables Wohnhaus bauen und lebt dort völlig unbelastet von den Sorgen um die tägliche Existenz. Die Führer der Arbeiterbewegung, selbst jene, die im großen und ganzen seine Standpunkte teilen, stehen darum nicht alle auf seiner Seite. Manche scharen sich bewundernd um ihn, andere machen ihm wegen seiner zögernden, zurückhaltenden Politik die schwersten Vorwürfe. Sie können ihm einfach nicht vergessen, daß er als Präsident den Diaspora-Zionisten der Mittelschicht die Kontrolle über die zionistische Bewegung eingeräumt hat.

Ben Gurions Haltung Weizmann gegenüber schwankt zwischen aufrichtiger Bewunderung und gnadenloser Kritik. »Sie sind heute der König von Israel«, schreibt er ihm 1937. »Sie besitzen zwar keine Armee und keine Flotte und man hat Sie auch nicht in Westminster gekrönt, aber das jüdische Volk sieht die Königskrone Israels auf Ihrem Haupte strahlen.« Im selben Brief erklärt er in einem seltenen Gefühlsausbruch: »Ich habe Sie mein Leben lang geliebt . . . Ich habe Sie aus ganzem Herzen und von ganzer Seele geliebt.«

Noch 1927, nach dem Fünfzehnten Zionistenkongreß, hatte Ben Gurion in sein Tagebuch notiert: »Dieser Tag setzte Weizmanns Personenkult ein Ende. Das war das letzte Mal, daß er seinen Satz: ›C'est à prendre ou à laisser‹ vor dem Kongreß wiederholen konnte. Ich hoffe, daß die Mehrheit ihm das beim nächsten Kongreß sagt. Und wenn Weizmann nicht auf die Mehrheit hört, wird er nicht in der Exekutive bleiben.« Weizmanns Rede vor dem Kongreß nennt Ben Gurion eine »Rede der Schwäche und der Kleingläubigkeit«. Ein Jahr später, bei einer Sitzung der Zionistischen Exekutive, gehört er zu den schärfsten Kritikern Weizmanns und der zionistischen Führung, spricht nach einer Rede Weizmanns in seinem Tagebuch von dessen »üblichen Lügen«, bezeichnet ihn als »lächerlich und bedauernswert«.

Auch in den folgenden Jahren hat sich Ben Gurion in zahlreichen bissigen Tagebuch-Kommentaren zu Weizmann geäußert. Diese Eintragungen belegen, daß er den Erklärungen Weizmanns, seinen Rücktrittsdrohungen oder den dramatischen Ultimaten, die er der zionistischen Führung oder der Exekutive stellte, keine große Bedeutung beimißt. Als »fatal« bezeichnet er Weizmanns Haltung gegenüber der britischen Regierung und schreibt nach dem Bericht der Shaw-Kommission (noch vor der Veröffentlichung des Weißbuchs von 1930): »Ich weiß nicht, wer hier mehr zu tadeln ist — Passfield oder Weizmann.« 1931, beim Siebzehnten Zionistenkongreß, ist Ben Gurion der Ansicht, daß Weizmann abtreten müsse. Dem Kongreß aber teilt er diese Ansicht nicht mit, sondern stimmt zusammen mit seinen Kollegen für Weizmanns Verbleiben im Präsidentenamt.

Erst 1935 kommt Ben Gurion zu der Erkenntnis, daß es keinen Geeigneteren als Weizmann gibt und daß man ihn wieder einsetzen müsse. Nicht unbedingt als Führer, eher als Wortführer und notwendigen Verbindungsmann zu den Engländern. Als er in Gesprächen mit führenden Vertretern der Juden Amerikas von seinen Plänen spricht, Weizmann wieder ins Präsidentenamt zu bringen, fügt er hinzu: »Weizmann wird nicht der Herrscher und nicht der Führer sein, und das weiß er auch. Die Exekutive wird die Führung innehaben, und er wird ihr vorstehen, aber nicht als ihr Chef.«

Ben Gurion kannte die eigenen Fehler und Schwächen sehr genau. Während seiner Reise durch die Vereinigten Staaten hatten ihm mehrere Zionistenführer nahegelegt, die Präsidentschaft der Zionistischen Organisation zu übernehmen. Er lehnte ab, wohl wissend, daß Weizmann an der britischen Front nützlicher war und auch in der jüdischen Welt in höherem Ansehen stand als er. So kam es denn, daß Ben Gurion trotz seiner Vorbehalte zwei Monate vor dem Neunzehnten Kongreß nach London fuhr und Weizmann zu überreden suchte, sich der Präsidentschaftskandidatur zu stellen.

Beim Kongreß selbst entwirft Ben Gurion kühne Pläne und setzt der zionistischen Bewegung das Ziel, »eine Million Familien nach Palästina zu holen, eine Million ökonomischer Einheiten, die im Boden unseres Heimatlandes Wurzeln schlagen werden«. Das waren keine leeren Sprüche. Nach den Rekordeinwanderungszahlen von 1935 ist Ben Gurion fest davon überzeugt, daß es für die zionistische Bewegung ein günstiger Zeitpunkt ist, um Massen jüdischer Einwanderer (vornehmlich aus Deutschland und Osteuropa) nach Palästina zu holen, sie hier anzusiedeln und auch die Voraussetzungen für ihren Lebensunterhalt zu schaffen. Dafür aber waren drei Bedingungen zu erfüllen: eine in sich einige und einsatzfähige Organisation, die finanzielle Unterstützung durch die amerikanischen Juden und das Wohlwollen Englands.

Um das zu erreichen, geht Ben Gurion unmittelbar nach dem Kongreß an eine Umstrukturierung der Organisation. Er verlegt die Geschäftsstelle nach Jerusalem und reduziert die Anzahl der Exekutiv-Mitglieder auf sieben, wodurch er eine effektivere Arbeit gewährleisten kann, aber auch den Groll derer auf sich zieht, die sich leitende Ämter versprochen hatten. Ebenso dringlich erscheint ihm die Aufgabe, die amerikanischen Juden um Finanzhilfe zu bitten, »Amerika«, schreibt er an einen Abgesandten der Arbeiterbewegung in den USA, »ist ein weites, ein gigantisches Wirkungsfeld . . . Ohne eine starke Bewegung, die von Amerika unterstützt und getragen wird, kann es keine zionistische Weltbewegung geben. Hier ist die Masse, die Macht, das Geld. Ohne Amerika gibt es keine Hoffnung auf eine große Zukunft.« Zugleich wirbt

Ben Gurion um die Sympathie der Engländer, knüpft allmählich Kontakte zu einflußreichen Politikern, zu Parlamentsmitgliedern und Ministern und erfährt dabei einiges über die Haupt- und Nebenwege britischer Politik. Gleichwohl bleibt er ganz bewußt im Schatten Weizmanns.

Auch für die Versöhnung mit den arabischen Nationalisten setzt sich Ben Gurion in den dreißiger Jahren verstärkt ein. Schon im Oktober 1921 hatte er vor der »Illusion« gewarnt, »daß Israel ein unbewohntes Land ist und man hier tun kann, was man will, ohne Rücksicht auf seine Bewohner«. Jahrzehntelang hatten breite Gruppierungen der zionistischen Bewegung die Tatsache schlicht ignoriert, daß in Palästina Araber lebten. Ben Gurion war dem Problem nicht ausgewichen, doch hatte er es lange Zeit mit einer gewissen Naivität betrachtet. Erst zu Beginn der dreißiger Jahre machte er einen Ernüchterungsprozeß durch, der ihn in die Lage versetzte, die Situation realistisch zu beurteilen.

Vor dem Ersten Weltkrieg hatte er wiederholt erklärt, daß die Araber mit demselben Recht das Land für sich in Anspruch nähmen wie die Juden. Und mit aller Schärfe hatte er sich dagegen verwahrt, arabischen Besitz zu enteignen oder die Eigentümer aus ihren Ländereien zu vertreiben. »Es ist unter keinen Umständen vertretbar, die Bewohner dieses Landes zu vertreiben. Das ist nicht das zionistische Ziel.« Immer wieder hatte er darauf hingewiesen, daß der Boden in diesem Land zum größten Teil Brachland war und daß sich die Juden dort — und nur dort — anzusiedeln hätten. Landerwerb sei nur dann zulässig, wenn man die Eigentümer voll entschädigt habe und die arabischen Pächter in ihrem Lebensraum beließe. Als junger Mann war Ben Gurion der Ansicht, daß die Fellachen kein Heimatgefühl kannten und darum auch kein Nationalitätsempfinden hatten, wohl aber »ein Gefühl für ihren

Grund und Boden«. Er ging sogar so weit, den jüdischen Siedlungsorganisationen vorzuschlagen, die »armen, ausgebeuteten Bauern« finanziell zu unterstützen, damit sie auf ihren Grundstücken bleiben konnten, ohne sie verkaufen zu müssen.

Als Ben Gurion nach dem Ersten Weltkrieg nach Palästina zurückkehrte, vertrat er einen neuen Standpunkt. Jetzt verfolgte er konsequent eine klare, streng marxistische Linie und erklärte, daß die jüdischen und die arabischen Arbeiter ein und derselben Klasse angehörten und Schulter an Schulter gegen die reichen Efendis kämpfen müßten, die sie nur ausbeuteten und gegeneinander aufhetzten. Es waren die »roten Jahre« in Ben Gurions politischer Entwicklung, und sein Vorschlag, Juden und Araber in einer einzigen Arbeiterklasse zu vereinigen, fiel nicht von ungefähr in diese Zeit.

Durch die Unruhen von 1929 fiel Ben Gurions Konzept über Nacht in sich zusammen. Zuerst versuchte er noch, anderen die Schuld zuzuschieben: »Banden von Pogromisten . . ., blutdürstigen Agenten« und den britischen Behörden. Religiöse Agitation sei es gewesen, die zu den tödlichen Auseinandersetzungen geführt habe. Die Mehrheit der arabischen Bauern hätte sich jedoch nicht daran beteiligt. Allmählich aber sah er die Dinge anders und forderte, als Reaktion auf die Unruhen, die Anzahl der jüdischen Einwanderer umgehend zu erhöhen und in jüdischen Betrieben ausschließlich jüdische Arbeiter zu beschäftigen. Gleichzeitig arbeitete er einen detaillierten Sicherheitsplan aus: »Es ist unmöglich, in einem Land zu überleben, das unter dem Schutz von Bajonetten aufgebaut werden muß — noch dazu unter fremden Bajonetten. Es ist unbedingt erforderlich, daß wir unsere Verteidigungsprobleme durch eigene Truppen lösen.« So drängte er auf eine territoriale Verbindung zwischen den jüdischen Siedlungen und forderte, Jerusalem sei mit jüdischen Dörfern und Vorstädten zu umgeben. Zehntausende junger Pioniere müsse man nach Palästina holen, um eine jüdische Verteidigungsmacht aufstellen zu können.

Nach den Unruhen dauerte es noch Monate, bis Ben Gurion einen klaren Standpunkt beziehen konnte und den Begriff Arabische Nationalbewegung zum erstenmal in seiner wahren Bedeutung gebrauchte, ohne daß er dabei die Briten oder die Efendis tadelte oder den Klassenkampf erwähnte. In einer Diskussion, die im November 1929 stattfand, gab er die Existenz einer Arabischen Nationalbewegung zu. »Der Araber im Land Israel ist kein Zionist, und er braucht die Zionisten auch nicht. Für ihn kann eine jüdische Mehrheit nicht wünschenswert sein. Hier liegt der wahre, der politische Konflikt zwischen uns und den Arabern. [Beide], wir und die Araber, wollen in der Mehrheit sein.« Dies war eine völlig neue, eine nüchterne und realistische Konzeption, die Ben Gurions künftiges Verhalten den Arabern gegenüber bestimmen sollte. Jahre später räumte er sogar ein, daß »die Arabische Nationalbewegung und der politische Zionismus fast gleichzeitig entstanden sind«.

Im Zwiespalt zwischen einer humanen und einer marxistischen Lösung des Araberproblems sah Ben Gurion keinen anderen Weg, als eine jüdische Mehrheit in Palästina anzustreben und das Mandat so lange beizubehalten, bis die jüdische Gemeinschaft Palästinas in der Lage war, sowohl politisch als auch militärisch auf eigenen Füßen zu stehen. Zugleich aber sah er die Notwendigkeit, mit den palästinensischen Araberführern zu einer Übereinkunft zu kommen und beide hier lebenden Bevölkerungsgruppen zu gegenseitiger Toleranz aufzurufen.

Um mit den Arabern ins Gespräch zu kommen, wandte sich Ben Gurion zunächst an Mussa Alami, einen wohlhabenden und angesehenen Grundbesitzer. Alami, bekannt für seine Intelligenz und Aufrichtigkeit, vertrat eine gemäßigte Politik und war, als Kronanwalt der britischen Mandatsverwaltung, ein einflußreicher Mann. In Moshe Sharetts Jerusalemer Wohnung trafen sich Ben Gurion und Alami Anfang April 1934 zum erstenmal. Man verstand sich sofort und sprach in aller Offenheit miteinander, was Alami freilich nicht daran hinderte, unumwunden zu erklären: »Auch wenn es noch weitere hundert Jahre dauern sollte, wäre es mir lieber, wenn das Land so lange arm und öde bliebe, bis wir Araber allein in der Lage sind, es wieder zu einem blühenden Land zu machen.« Ebenso offen sprach Alami von der Verbitterung der palästinensischen Araber angesichts der Tatsache, daß ihr fruchtbarer Boden in jüdische Hände überging, daß man Juden die Betriebserlaubnis für die großen Unternehmen des Landes erteilte und daß die Juden in allen wichtigen Ämtern die Stelle der Araber einnahmen. »Vielleicht«, fügte Alami hinzu, »sind die Juden gezwungen, nach Palästina zu kommen, doch für die Araber ist das sehr bitter.«

Ben Gurion stellte daraufhin die Frage, die ihn am meisten beschäftigte: »Gibt es irgendeine Möglichkeit, hinsichtlich der Gründung eines Judenstaates in Palästina, einschließlich Transjordaniens, zu einer Verständigung zu kommen?« Alami antwortete mit der Gegenfrage: »Warum sollten die Araber einem solchen Plan zustimmen?«

Ben Gurion, der mit dieser Frage gerechnet hatte, schlug die Gründung einer arabischen Föderation vor, der sich der neugegründete Judenstaat anschließen könne. »Selbst wenn die Araber Palästinas nur eine Minderheit darin bildeten, wären sie nicht im Status einer Minderheit, weil sie zu den Millionen Arabern der Nachbarländer gehören.«

»Das ist ein Vorschlag, über den sich reden läßt«, entgegnete Mussa Alami.

Mitte August besuchte Ben Gurion Alami in dessen Landhaus in der Nähe von Jerusalem. Es war der Anfang einer Reihe weiterer Begegnungen, in deren Verlauf er Alami unter Einsatz seiner ganzen Überzeugungskraft für die Idee einer jüdisch-arabischen Verständigung zu gewinnen suchte. Ein erster Schritt in diese Richtung bestand darin, Alami über den Zionismus aufzuklären, um dessen Befürchtungen zu zerstreuen. Denn Begriffe wie jüdische Arbeit, jüdische Mehrheit, Landerwerb oder freie Einwanderung hatten für die Araber noch immer einen bedrohlichen Klang. Als nächstes legte er Alami einen Zweistufenplan vor: eine Nationalregierung, an der Juden und Araber paritätisch beteiligt sind, und, zu einem späteren Zeitpunkt, die Gründung eines Judenstaates beiderseits des Jordan, der als Teil einer regionalen Föderation auch den Irak miteinschließen würde. Falls die Araber diesem Plan zustimmten, erklärte Ben Gurion sich zu der Gegenleistung bereit, die palästinensischen Araber bei der Entwicklung ihrer Industrie und Landwirtschaft zu unterstützen. Darüber hinaus versprach er, »den politischen, moralischen und finanziellen Einfluß des Weltjudentums« im Interesse der Araber geltend machen zu wollen.

Doch waren Alamis Befürchtungen damit nicht ausgeräumt. Es bedurfte einiger Überredungskünste Ben Gurions, um seinem Gesprächspartner glaubhaft zu versichern, daß die Juden ihren Tempel nicht an der Stelle der Omar-Moschee wiederaufbauen wollten, ja, daß ein Wiederaufbau bis zur Ankunft des Messias überhaupt nicht geplant sei. Und tatsächlich gelingt es Ben Gurion durch seine rückhaltlose Offenheit, durch sachliche Überlegungen und Analysen Alamis Vertrauen zu gewinnen.

Zum erstenmal sprachen ein jüdischer und ein arabischer Nationalist miteinander, ohne daß Wände des gegenseitigen Argwohns sie trennten. Durch diese Offenheit aber trat das Ausmaß ihrer Meinungsverschiedenheiten um so deutlicher hervor. Als Mussa Alami fragte: »Warum nicht gleich ein einziger Staat anstelle einer Föderation von Irak, Transjordanien und Palästina, wie Sie das vorschlagen?«, lehnte Ben Gurion eine solche Möglichkeit ab und verneinte auch die nächste Frage Alamis, ob es denkbar sei, in den kommenden Jahrzehnten die Einwanderung soweit einzuschränken, daß die jüdische Einwohnerzahl eine Million nicht überschritt. Nur in einem Punkt zeigte sich Ben Gurion zum Nachgeben bereit, in der Frage nach dem Status Transjordaniens: »Wenn man uns die unbegrenzte Einwanderung und Siedlungsrechte westlich des Jordan zusichert, sind wir bereit, über eine — befristete oder ständige — Sonderregelung für Transjordanien zu sprechen.«

Alami betrachtete die Vorschläge Ben Gurions als Ausgangsposition seines Spiels des Handelns und Feilschens, in dessen Verlauf er zu einem Kompromiß zu kommen hoffte, der beides verhindern sollte: die unbegrenzte Einwanderung und die Gründung eines Judenstaates. Nach einer ganzen Reihe solcher Verhandlungsgespräche informierte Alami den Chef der palästinensischen Nationalbewegung, Mufti Hadschi Amin el Husseini, über die Vorschläge Ben Gurions. Ende August 1934 unterrichtete er Ben Gurion über das Resultat dieses Besuchs: »Der Inhalt unserer Gespräche schlug bei dem Mufti wie eine Bombe ein. Niemals hätte er vermutet, daß es Juden gibt, die sich aufrichtig um eine Verständigung mit den Arabern bemühen. Was ihn persönlich angeht, so ist er [einer Übereinkunft] durchaus nicht abgeneigt, sofern die Möglichkeit besteht, die religiösen, wirtschaftlichen und politischen Rechte der palästinensischen Araber zu gewährleisten. Natürlich muß er den Plan noch überdenken . . . und kann zum gegenwärtigen Zeitpunkt noch keine Schritte unternehmen.«

Hocherfreut über die Reaktion des Mufti fährt Ben Gurion auf Anraten Alamis nach Genf um dort Ichsan

Bey al Dschabri und Schekib Arslan, zwei Führer der syrisch-palästinensischen Istiqlal-Partei zu treffen. Erwartungsvoll betritt er Arslans komfortable und luxuriös ausgestattete Wohnung, wo ihn die beiden Männer bereits erwarten. Arslan macht großen Eindruck auf Ben Gurion: »Ein schwerfälliger alter Mann, aber wenn er spricht, spürt man seine Kühnheit und eine glühende Leidenschaft.«

In der Tat zeigt sich Arslan in heftigen Attacken noch immer als der alte Löwe*. Das Angebot der Juden, bei einer Vereinigung der arabischen Staaten behilflich zu sein, lehnt er rundheraus ab: »Diese Vereinigung wird ohnehin zustande kommen«, dazu brauchten die Araber keine Juden. Und im Hinblick auf Palästina erklärt er, daß er »ohne die [jüdische] Zusicherung, eine arabische Mehrheit in Palästina zu garantieren«, zu keinerlei Verhandlungen bereit sei. Die Araber hätten kein Interesse daran, ein jüdisches Palästina zu schaffen. Selbst wenn ein solches Palästina entstehen sollte, würden sie das niemals hinnehmen. Immerhin sei dieses Land von mehreren Millionen Arabern umgeben. Arslans Bedingungen für eine Zustimmung lauten: ein ständiger Minderheitsstatus für die Juden in Palästina und ein Siedlungsverbot in Transjordanien.

Einen Monat später stellt Ben Gurion erstaunt fest, daß der Inhalt seiner vertraulichen Unterredung mit den Istaqlal-Führern in der Dezembernummer der Monatsschrift *La Nation Arabe* abgedruckt ist. Man habe sich, so die beiden Autoren Arslan und Dschabri, »Gewißheit über die Ernsthaftigkeit seiner Absichten verschafft« und danach einem Treffen mit Ben Gurion zugestimmt. In ihrem Gespräch habe dieser » . . .ganz offen erklärt, daß sie

---

* Arslan (türkisch): Löwe

162

nicht nur auf Palästina, sondern auch auf Transjordanien Anspruch erheben ... Er fragte in völliger Naivität, welche Entschädigung die Araber verlangten, falls sie sich mit einem Judenstaat in beiden Ländern einverstanden erklärten, wobei er sofort hinzufügte, daß es den Arabern, die nicht auswandern wollten, vollkommen freistehe zu bleiben. Auch ihren Grund und Boden wolle man ihnen nicht nehmen.«

An dieser Stelle hatten die Autoren einen ironischen Kommentar eingefügt: »Wir hielten es für unsere Pflicht, ihn zu fragen, ob er das alles im Ernst gesagt hätte. Denn wir konnten, als wir diesen Unsinn hörten, ein Lächeln nicht unterdrücken.«

Danach wiederholten sie, daß sein Vorschlag »absolut nichts« enthalten habe, » ... das eineinhalb Millionen Araber zur Verzweiflung treiben und sie veranlassen könnte, ihr Vaterland zu verlassen ... und in die Wüste zu gehen. Wer so arrogant und anmaßend denkt, sollte nicht erwarten, die Zustimmung seines Gegners zu finden. Er täte besser daran, weiterzumachen und mit Hilfe britischer Bajonette einen Judenstaat zu gründen.«

Auf Grund seiner Vorschläge, die sie als »kindisch und irrational« bezeichneten, hätten sie »Ben Gurion mitgeteilt, daß eine Fortsetzung dieses absurden Gesprächs nutzlos ist«.

In den Augen Ben Gurions bedeutete dies nichts anderes, als daß lediglich einer der Versuche, mit den Araberführern ins Gespräch zu kommen, gescheitert war. Mit Auni Bey Abdul Hadi, dem Chef der Istiqlal-Partei in Palästina, verhandelt er auch weiterhin, ebenso mit Fuad Bey Hamza, der in der Regierung des saudiarabischen Königs Ibn Saud für die Außenpolitik zuständig ist, mit Sir John Philby, dem zum Islam übergetretenen Berater Ibn Sauds, und mit Hafez Wahaba, einem der palästinensischen Araberführer. In Gesprächen mit dem christlichen Araber

Antonious schlägt Ben Gurion ein Fünf-Punkte-Abkommen vor, das beide dem Vorstand der jeweiligen Gemeinde vorlegen wollen. Ein paar Tage später aber erfährt Ben Gurion, daß sein Verhandlungspartner das Land verlassen hat und in die Türkei abgereist ist. Er sieht ihn nie wieder. Letzten Endes ist bei all diesen Treffen und Gesprächen nichts herausgekommen, denn inzwischen haben die Ereignisse Ben Gurions Bemühungen eingeholt, mit der Arabischen Nationalbewegung ins Einvernehmen zu kommen.

Im September 1935 verabschiedet das Dritte Reich die Nürnberger Gesetze. In den vorangegangenen Jahren hatten Zionistenführer schon vor der nahenden Katastrophe gewarnt und verstärkt auf die britische Regierung einzuwirken versucht. Infolge des Wechsels innerhalb der Führungsgruppe der zionistischen Bewegung zeigen sich jetzt erste Erfolge. Nachdem die Zahl der jüdischen Einwanderer Jahr für Jahr gestiegen war, erreicht sie 1935 mit 65 000 ihren absoluten Rekord. Eine Entwicklung, die die arabischen Nationalisten Palästinas so entscheidend beeinflußt wie die Ereignisse in den arabischen Nachbarländern, die das Nationalbewußtsein erneut aufleben ließen: Im Jahre 1927 war Transjordanien (obwohl noch unter britischem Mandat) als konstitutionell unabhängiger Staat anerkannt worden, 1932 hatte Syrien die Autonomie erlangt und befand sich damit auf dem Weg zur nationalen Unabhängigkeit, der Irak stand kurz vor der Unterzeichnung eines Vertrages mit England, der ihm völlige Unabhängigkeit zusicherte. Nur in Palästina waren die Araber eine abhängige Volksgemeinschaft. Angesichts der Tatsache, daß die Emanzipationswelle der Nachbarländer an ihrem Land vorbeiging, unterstellten die Führer der Arabischen Nationalbewegung den Zionisten, den Aufstieg des Nationalsozialismus zu benutzen, um auf Kosten der Araber einen Judenstaat zu etablieren. Niemand zweifelte mehr daran, daß es zum Aufstand kommen würde.

In der Nacht des 15. April 1936 halten Araber einen Lastwagen an und schießen auf die jüdischen Insassen. Einer von ihnen ist sofort tot, zwei weitere werden verwundet, von denen einer nach fünf Tagen seinen Verletzungen erliegt. Mitglieder der rechtsgerichteten Fraktion der Hagana schlagen zwei Tage später zurück und ermorden zwei Araber. Noch am gleichen Tag, einem Samstag, werden Araber in Tel Aviv von aufgebrachten Juden überfallen. Am Sonntag ziehen Araber in Massen durch die Straßen von Jaffa und töten jeden Juden, dem sie begegnen; bis zum Abend werden sechzehn Todesopfer gezählt. Die Hagana schreitet gegen die Aufrührer ein und evakuiert die Randgebiete der Stadt, wobei es nur mit Mühe gelingt, die militanten Kräfte zu jener Politik der Mäßigung zu bewegen, welche die Jewish Agency auf ihre Fahnen geschrieben hatte. Die Unruhen von 1936 hatten damit ihren Anfang genommen.

Es mag sein, daß der Aufstand von 1936 spontan begonnen hat; was danach geschah, war indes keineswegs mehr ungeplant. Innerhalb von zwei, drei Tagen entstehen in den arabischen Städten und Dörfern Nationalkomitees, um die Bevölkerung im ganzen Land zum Angriff gegen die Juden aufzurufen. Sechs Tage nach dem Massaker von Jaffa wird in Nablus, der Hochburg der palästinensischen Nationalbewegung, das Oberste Arabische Komitee gebildet, das von jetzt an die Befehle zur Fortsetzung der Kampfhandlungen erteilt. Die Führer der »arabischen Revolte«, wie Historiker den Aufstand nennen, rufen wenige Tage nach den Ausschreitungen von Jaffa den Generalstreik aus, die Welle des Terrors ebbt für kurze Zeit ab.

Seit Beginn der Unruhen hatte Ben Gurion gefordert, daß die Hagana von Vergeltungsschlägen gegen die Araber absehe und daß man dem Generalstreik mit wirksamen Maßnahmen begegnen müsse. Mit allen Mitteln müsse verhindert werden, daß der Streik die wirtschaftlichen Interessen und den normalen Arbeitsrhythmus des Jischuw (der jüdischen Gemeinschaft in Palästina) in Mitleidenschaft ziehe. Das sei nur zu erreichen, wenn man in den jüdischen Wirtschaftsunternehmen ausschließlich Juden beschäftige. Ferner müsse ein jüdischer Hafen die Unabhängigkeit von arabischen Hafenarbeitern gewährleisten. Darüber hinaus sei die britische Mandatsregierung von der Notwendigkeit zu überzeugen, den Streik wenn nötig mit Gewalt zu beenden, weil er nur weitere Unruhen und eine Ausbreitung des Terrors nach sich ziehen werde.

Ben Gurion, der weniger die Araber als die Engländer fürchtete, erinnerte die Kollegen daran, daß die britische Regierung ihre Politik nach den Araberaufständen von 1921 und 1929 zum Nachteil der Juden geändert hatte. Auch jetzt müsse man mit einer solchen Möglichkeit rechnen und sofort die notwendigen Schritte unternehmen, um möglichen Plänen zur Begrenzung der Einwanderung, zur Einschränkung jüdischer Rechte oder gar der Gründung einer verfassunggebenden Versammlung zuvorzukommen – ein Gedanke, der ihm schlaflose Nächte bereitete. Auch die Möglichkeit, daß die Engländer eine offizielle Untersuchungskommission nach Palästina schicken könnten, machte ihm Sorgen. Schließlich hatte der Bericht der Shaw-Kommission 1930 zu Passfields Weißbuch und damit zu gravierenden Konsequenzen für die jüdische Bevölkerung geführt.

Bei alledem aber gab es einen Grundsatz, von dem Ben Gurion keinen Fingerbreit abwich: Der Jischuw durfte keinesfalls mit Großbritannien in Konflikt geraten. Nur England konnte den Streik und den Terror beenden, nur England war in der Lage, durch die Fortsetzung der bisherigen Politik bei der Verwirklichung der nationalen Heimstatt zu helfen. Mithin war es eine Verpflichtung für den Jischuw, alles in seinen Kräften Stehende zu tun, um sich die Sympathien Großbritanniens zu erhalten.

Ben Gurion fährt deshalb nach London, wo sich Weizmann schon seit März dieses Jahres aufhält. Gemeinsam starten sie jetzt eine Kampagne von beispielloser Intensität, um Freunde für den zionistischen Standpunkt zu gewinnen. Sie sprechen mit dem Kolonialminister, William Ormsby-Gore, und seinen leitenden Beamten, halten Vorträge vor Politikern und öffentlichen Gremien, diskutieren mit pro-zionistischen Parlamentsmitgliedern und Journalisten. Ihr Einsatz zahlt sich aus: Bei der Palästina-Debatte im Unterhaus unterstützen fast alle Redner die zionistischen Argumente; auch die Presse bezieht jetzt eine klare, pro-zionistische Position.

Doch ist das Glück nur von kurzer Dauer. In Palästina verschlimmert sich die Lage, weil die arabische Revolte ihr Ziel nicht erreicht. Trotz des allseits befolgten Generalstreiks gelingt es nicht, die Wirtschaft des Landes lahmzulegen. Die jüdische Gemeinschaft ist auch weiterhin in der Lage, sich selbst zu versorgen, der Bahnbetrieb wird aufrechterhalten, in den Häfen und Fabriken geht die Arbeit weiter. Es gehört zu den paradoxen Folgeerscheinungen dieses Streiks, daß er den Juden Gelegenheit gibt, im wirtschaftlichen Bereich zusätzliche Ziele zu erreichen. So hatte die Mandatsregierung den Bau einer Werft in Tel Aviv gebilligt und damit den Juden gute Gründe für ihre Forderung nach einer erhöhten Einwanderungsquote an die Hand gegeben — denn dort mußten Tausende von Arbeitsplätzen, die vakanten Stellen der Araber, neu besetzt werden.

In ihrer Wut über den Fehlschlag beschließen die Araber neue Terroranschläge. Das beginnt mit einzelnen Überfällen auf Juden in einsamen Gegenden der Großstädte, auf Feldern oder Straßen. Später sind es ganze Gruppen bewaffneter Araber, die sich zu tödlichen Angriffen gegen die Juden zusammenrotten. Die Anführer der Revolte lassen einen berühmten Offizier, Fauzi Kaukij, aus dem Irak nach Palästina kommen und übertragen ihm das Kommando über eine Privatarmee.

Die neuerlichen Ausschreitungen alarmieren die Behörden in Palästina und Großbritannien. Im Jerusalemer Büro des Hochkommissars und im Londoner Kolonialministerium werden Stimmen laut, die für ein vorübergehendes Einwanderungsverbot plädieren. Plötzlich denkt auch Chaim Weizmann laut über eine solche Möglichkeit nach. Ben Gurion ist entsetzt und versucht, Weizmann umzustimmen, doch es ist bereits zu spät. Am 9. Juni 1936 kommt es zu einem Treffen zwischen dem Präsidenten der Zionistischen Organisation und dem Ministerpräsidenten des Irak, Nuri Said Pascha. Nach einer langen Diskussion über mögliche Lösungen der Krise in Palästina stimmt Weizmann Nuri Saids Vorschlag eines zeitlich begrenzten Einwanderungsverbots zu, was Nuri Said umgehend der britischen Regierung mitteilt. Am 25. Juni fragt der Kolonialminister brieflich bei Weizmann an, ob er den Bericht des irakischen Ministerpräsidenten bestätigen könne. Verzweifelt versucht Ben Gurion am Tag darauf Weizmann zu überreden, an Ormsby-Gore und Nuri Said zu schreiben und zu dementieren, den Vorschlag akzeptiert zu haben. »Es war ein sehr peinliches Gespräch«, schreibt Ben Gurion, »es ist hart, einen Menschen so tief sinken zu sehen.«

Der Vorfall vergiftet das gegenseitige Verhältnis. In größter Sorge nimmt Ben Gurion an einem Treffen Weizmanns mit Ormsby-Gore teil. Auf die Frage des Kolonialministers: »Was hielten Sie davon, wenn man die Einwanderung so lange untersagte, bis die Königliche Untersuchungskommission aus Palästina zurück ist?«

entgegnet Weizmann, er könne jetzt keine Antwort geben. Nach der Unterredung ist Ben Gurion »gebrochen, mutlos und deprimiert wie nie zuvor«. Seinen Kollegen berichtet er: »Chaim hat dafür gesorgt, daß wir diese Runde verloren. Ich habe das Desaster einfach nicht kommen sehen, das uns dieses Mannes wegen jetzt erwartet. Alle politischen Fehlschläge der vergangenen Jahre sind mir jetzt klargeworden.«

Die meisten Führungsmitglieder der Mapai teilen den Standpunkt Ben Gurions und sind, wenngleich in einer weniger radikalen Form, mit ihm der Ansicht, daß Weizmann für die zionistische Bewegung zwar einen wichtigen Faktor darstellt, daß man ihn aber genau »überwachen« müsse, damit er keine unüberlegten Schritte unternähme. Weizmann selbst ist sich dieser unerfreulichen Situation einer ständigen Kontrolle durchaus bewußt und beklagt sich bitter darüber. »Sie haben einen Führer gewählt«, sagt er in einem Gespräch in London, »aber ein Führer darf er nicht sein. Statt dessen will man, daß er geführt wird.«

Von Ben Gurion hatte Weizmann keine hohe Meinung. In seinen Memoiren erwähnt er den Namen nur zweimal, eher beiläufig und ohne ihm auch nur annähernd den gebührenden Rang zuzugestehen. (Passagen, die eine schwerwiegende Kritik an Ben Gurion enthielten, hat Weizmann kurz vor der Veröffentlichung gestrichen.) Es wäre durchaus denkbar, daß Weizmanns abfällige Äußerungen nur seine wachsende Angst vor dem ehrgeizigen Mann überdecken sollten, der in Palästina zum Zionistenführer aufgestiegen und damit zu einem gefährlichen Rivalen geworden war. Ben Gurion, der einerseits Weizmanns Charme, seine glänzenden Fähigkeiten als Redner und sein souveränes Auftreten bewunderte, hat ihn andererseits scharf kritisiert: Die Tagebücher und Aufzeichnungen des Jahres 1936 enthalten eine ganze Reihe heftigster Angriffe gegen den Präsidenten der Zionistischen Weltorganisation.

Im Laufe des Sommers steigt die Zahl der blutigen Zwischenfälle in Palästina bedrohlich an. In Safed, Jaffa und Jerusalem werden Juden ermordet und in einer einzigen Nacht achtunddreißig jüdische Siedlungen überfallen. Es kommt zu Anschlägen auf das Straßennetz, man zerstört Ölpipelines und Gleisanlagen. Unter Kaukijs Kommando nimmt die Revolte eindeutig antibritische Züge an. Die Hagana hält sich zunächst noch an die Order der Jewish Agency, Zurückhaltung zu üben. Angesichts der Tatsache aber, daß sich die Morde in erschreckendem Maße häufen, erhält sie die Erlaubnis zu Vergeltungsschlägen. Außerdem erklärt sich die Mandatsregierung mit der zahlenmäßigen Verstärkung der jüdischen Hilfspolizei einverstanden. Obwohl Ben Gurion die Gründung dieser jüdischen Armee als beachtlichen Fortschritt begrüßt, lehnt er einen Gegenterror durch die Hagana grundsätzlich ab, da er befürchtet, die Briten könnten ihre Waffenlieferungen an die Juden einstellen.

Am 2. September tritt das britische Kabinett zur entscheidenden Debatte über die Palästina-Krise zusammen und beschließt, den arabischen Forderungen nach einem Einwanderungsstop nicht nachzugeben, mehr noch, die arabische Revolte wenn nötig mit Gewalt niederzuschlagen. In Palästina wird eine britische Division stationiert, deren Einheiten aber laut Beschluß nicht sofort eingreifen sollen, da sich ein Ende der Revolte langsam abzuzeichnen scheint. Hinter den Kulissen verhandeln die Araberführer, an ihrer Spitze Nuri Said, mit Vertretern der Mandatsbehörden und kommen zu einer Vereinbarung, die es ihnen erlaubt, das Gesicht zu wahren. In einem Appell an die palästinensischen Araber rufen die arabischen Könige und politischen Führer das Volk dazu auf, die Ruhe im Land wiederherzustellen und »den lauteren Absichten ihres Freundes, Großbritanniens, zu vertrauen, das uns erklärt hat, für Gerechtigkeit sorgen zu wollen«. Am 11. November 1936 verkündet das Oberste Arabische Komitee das Ende der Revolte und der Streiks.

Im zionistischen Lager währt die Freude über den Sieg und die verdiente Atempause wieder einmal nur kurze Zeit. Noch im November bewahrheitet sich eine der Befürchtungen Ben Gurions. Eine Königliche Untersuchungskommission unter Lord Peel trifft in Palästina ein und weckt nicht nur bei Ben Gurion schlimme Erinnerungen an die Shaw-Kommission. Äußerst besorgt über die möglichen Konsequenzen, trifft sich Ben Gurion mit Moshe Sharett, Chaim Weizmann und den engsten Mitarbeitern zu Gesprächen, um den jüdischen Standpunkt zu formulieren und vor der Kommission angemessen vertreten zu können. Die alte Rivalität zwischen Weizmann und Ben Gurion flackert auch jetzt wieder auf. Als man beschließt, daß Weizmann den politischen Kurs der Zionisten darlegen soll, verzichtet Ben Gurion darauf, ebenfalls vor der Kommission zu erscheinen. Er fürchtet, von Weizmanns natürlicher Autorität, seiner eleganten Erscheinung und seinem rhetorischen Geschick in den Schatten gestellt zu werden.

Zunächst scheint es, als habe sich Ben Gurion richtig entschieden. Denn Weizmann formuliert seinen Bericht vor der Kommission in einer so großartigen und mutigen Rede, daß Ben Gurion ihn nur bewundern kann: »Chaim hat seine Position innerhalb des jüdischen Volkes einmal mehr behaupten können«, schreibt er in sein Tagebuch. »Ohne jeden Zweifel wird sich die Bewegung durch seine Worte so einig werden, wie sie es seit vielen Jahren nicht gewesen ist.« Nur wenige Tage später aber korrigiert er diese Meinung. Denn nach seinem öffentlichen Auftritt hatte Weizmann den Rest seiner Rede unter Ausschluß der Öffentlichkeit gehalten und auf die Einwanderungsfrage nur sehr vage Antworten gegeben. Als Ben Gurion von diesem Teil des Textes erfährt, bringt er seine Empörung im engsten Kollegenkreis zum Ausdruck und meint, daß es Weizmann »nicht erlaubt sein sollte, in camera zu sprechen. Seine Stärke liegt in seinen Attacken, und wenn er als einziger spricht, ist er unschlagbar. In Diskussionen aber ist er hilflos.«

Je intensiver sich Ben Gurion mit dem Protokoll von Weizmanns Aussagen befaßt, desto wütender reagiert er: »In meinen Augen ist dieser Bericht eine politische Katastrophe.« Weizmann hatte, als er auf die drohende Gefahr für sechs Millionen europäischer Juden zu sprechen kam, in der Tat erklärt, daß man nur zwei Millionen retten könne, wovon die eine Hälfte nach Palästina, die andere in sonstige Länder auswandern würde. Auf die Frage, wie lange diese Einwanderung und die Eingliederung einer Million Juden in Palästina dauere, antwortete er: »Schwer zu sagen, vielleicht zwanzig oder dreißig Jahre.« Dabei gab er zu verstehen, daß die Einwanderung dieser Million den Forderungen der zionistischen Bewegung genügen würde. Der Plan müsse möglichst rasch durchgeführt werden, »nur sollten wir uns klar darüber sein, daß wir uns den Hals brechen können, wenn wir zu schnell dabei vorgehen«.

Die Empörung Ben Gurions ist nur allzu berechtigt. Mit einem Schlag hatte Weizmann alle Pläne einer Masseneinwanderung und damit die Bildung einer jüdischen Mehrheit in Palästina in Frage gestellt. Mehr noch, er hatte die zionistischen Ziele so beschrieben, als bestünden sie in nichts anderem als in dem Wunsch, eine Million jüdischer Einwanderer im westlichen Palästina anzusiedeln, und das in einem Zeitraum von dreißig Jahren. Mit den Worten: »Nach langer und schmerzlicher Überlegung wurde mir klar, daß meine Ansichten über die zionistische Politik nicht mit den Ihrigen übereinstimmen«, erklärt

Ben Gurion in einem Brief an Weizmann seinen Rücktritt als Vorsitzender der politischen Abteilung der Jewish Agency. Weizmann, der von diesem Schritt tief betroffen ist, arrangiert auf Anraten seiner engsten Mitarbeiter eine Aussprache mit Ben Gurion. Das Ergebnis ist, daß Ben Gurion sein Gesuch zurückzieht und eine Woche später selbst vor der Königlichen Kommission erscheint.

Nachdem die Peel-Kommission Dutzende von Zeugen — darunter Moshe Sharett, Wladimir Jabotinsky und die wichtigsten Araberführer — zur Anhörung vorgeladen hatte, beendet sie im Januar 1937 ihre Arbeit in Palästina. Weizmann erhält einen Wink, in welche Richtung die Entscheidung tendiert: Sir Stafford Cripps, soviel war durchgesickert, bereite einen Vorschlag zur Teilung des Landes in zwei Staaten vor, einen jüdischen und einen arabischen. Am 8. Januar wird Weizmann in einem vertraulichen Gespräch mit der Kommission als erster gefragt, was er von diesem Plan halte. Als Ben Gurion davon erfährt, sieht er sich fast am Ziel seiner Wünsche. Wer hätte bislang zu denken gewagt, daß Großbritannien die Gründung eines unabhängigen jüdischen Staates vorschlagen würde? Ben Gurion bittet umgehend das Zentralkomitee der Mapai zu sich in die Wohnung und erklärt: »Auf den ersten Blick mag dieser Plan absurd erscheinen, und absurd wäre er vor einem Jahr auch gewesen, so gut wie er im nächsten Jahr absurd sein könnte. Zum gegenwärtigen Zeitpunkt aber ist er es nicht, denn es gibt da eine ganze Reihe vielversprechender Faktoren.« Noch lösen seine Worte bei den Kollegen keine große Begeisterung aus. Jahrzehnte später aber, nach der europäischen Katastrophe des Holocaust, mußten die Genossen zugeben, daß Ben Gurion recht gehabt hatte, im Februar 1937 den Plan einer Teilung zu befürworten. Erst später wird man es seiner prophetischen Ader zuschreiben, den Begriff Staat schon damals in seiner ganzen Bedeutung erkannt zu haben.

Auch Chaim Weizmann, der die Katastrophe bereits kommen sieht, greift die Idee einer Teilung mit Begeisterung auf und tritt schon zu einem Zeitpunkt für sie ein, wo sie nur als vager Gedanke in den Köpfen von zwei, drei britischen Politikern existiert. In diesem einen Punkt sind die beiden Zionistenführer durchaus einer Meinung. »Der Zionismus«, schreibt Ben Gurion, »ist nicht mit Tauen verankert, sondern hängt an einem seidenen Faden. Die Gegner der Teilung geben sich nur Illusionen hin.« Unter Einsatz aller Energien und rhetorischen Fähigkeiten versucht Ben Gurion, die Kollegen im Zentralkomitee von der Notwendigkeit der Teilung zu überzeugen. »Was wir vor uns haben, ist weniger die ›Gefahr einer Teilung‹ als die Möglichkeit zur Gründung eines Judenstaates.« Und er bekennt, »von der großen und wundervollen Erlösungsvision eines Judenstaates, dessen Stunde uns heute schlägt, bis ins Innerste meines Herzens und die Tiefen meiner Seele bewegt« zu sein.

Die Peel-Kommission hatte auf einer Karte die Grenzen der künftigen Staaten eingezeichnet. Demnach sollte der Judenstaat Ober- und Untergaliläa, die Jesreel-Ebene und die Küstenregion umfassen, ein Gebiet also, das weniger als ein Viertel des westlichen Palästina ausmachte und in dem neben den 258 000 Juden 225 000 Araber lebten. Der übrige Teil Palästinas und Transjordanien sollten — einschließlich der dortigen jüdischen Siedlungen — zum arabischen Staat gehören. Auch eine britische Enklave war vorgesehen: ein »Protektorat« unter einem ständigen Mandat, das einen Korridor von Jerusalem zum Mittelmeer mit den Orten Bethlehem, Jerusalem, Lod und Ramla enthielt. Nazareth, Akko, Safed, Tiberias und Haifa sollten ebenfalls unter britischer Oberhoheit bleiben. Bis zur Fertigstellung des Hafens von Tel Aviv-Jaffa, der von Juden und Arabern unter britischer Kontrolle verwaltet werden sollte, sicherte man den Juden per Sonderregelung das Nutzungsrecht für den Hafen von Haifa zu. Nach Absprachen mit dem Juden- und dem Araberstaat wollte England die heiligen Stätten in den verbliebenen Mandatsgebieten schützen.

Soweit die Hauptpunkte des Peel-Plans, der, sobald er bekannt wurde, gewaltige Stürme auslöste und die jüdische Welt in mehrere Lager spaltete. Die extreme Linke schwenkte drohend ihr Banner eines binationalen Staates und lehnte den Plan ebenso entrüstet ab wie die Anhänger religiöser Gruppen, die sich auf die Bibel beriefen. Die Revisionisten verkündeten die gleichen anmaßenden Parolen wie eh und je, und auch der gemäßigte rechte Flügel wollte nichts von einer Gebietsabtretung wissen. Ähnlich laute Gegenstimmen erhoben sich auch in Ben Gurions eigener Partei und unter seinen engsten Freunden. Doch konnte selbst der schärfste Protest nichts gegen seine feste Überzeugung ausrichten, daß ein Umschwung von historischer Bedeutung bevorstand. Die Bereitschaft Großbritanniens, den auf jüdischem Gebiet lebenden Arabern die Umsiedlung in andere Gebiete zu ermöglichen, stimmte ihn ebenso optimistisch wie der Gedanke an eine gemeinsame Grenze mit dem Libanon, der der einzige christliche Staat im Nahen Osten war und, in den Augen Ben Gurions, ein künftiger Verbündeter. Durch die Zusicherung des ausgedehnten Küstenstreifens sah er die Erfüllung seines Traums von der »Eroberung des Mittelmeers« in greifbarer Nähe.

Doch hat Ben Gurion den Peel-Plan völlig anders aufgefaßt als seine Kollegen. Während jene nur die Einbußen sahen, war für ihn mit der Festsetzung der Grenzen das letzte Wort noch nicht gesprochen. Er dachte weiter und gab in einem Brief an seinen Sohn Amos — dem einzigen Beleg für diesen Gedanken — seiner inneren Überzeugung Ausdruck:

»Ein jüdischer Teilstaat ist nicht das Ende, sondern erst

der Anfang . . . Wir werden in diesem Staat so viele Juden aufnehmen wie nur irgend möglich . . ., wir werden im landwirtschaftlichen, industriellen und im maritimen Bereich eine vielgestaltige jüdische Wirtschaft aufbauen. Wir werden eine moderne Streitmacht zur Verteidigung aufstellen, eine Elitetruppe . . . Ich bin sicher, daß man uns dann nicht daran hindern wird, uns auch in anderen Landesteilen niederzulassen, entweder im Einvernehmen mit unseren arabischen Nachbarn *oder durch irgendwelche anderen Mittel.* Wenn wir einen Staat haben, werden unsere Chancen steigen, in das Land einzudringen. Unsere Stärke den Arabern gegenüber wird wachsen. Ich bin kein Befürworter von Kriegen . . ., [aber wenn] die Araber auf [ihren] engstirnigen nationalistischen Gefühlen beharren und uns sagen, der Negev bleibt besser eine Wüste, als daß Juden sich dort niederlassen, *dann müssen wir eine andere Sprache mit ihnen sprechen. Diese andere Sprache aber werden wir nur sprechen können, wenn wir einen Staat haben.*«

Zur Probe aufs Exempel, zur Erkundung der wahren Meinung der Juden kommt es aber erst im August 1937 auf dem Zwanzigsten Zionistenkongreß in Zürich. Sichtlich nervös treffen die Abgeordneten ein. Sie sind der Meinung, von ihrer Entscheidung für oder gegen die Gründung eines jüdischen Teilstaates hänge das Schicksal des Zionismus ab. Zum erstenmal ist die zionistische Bewegung aufgerufen, die Frage nach ihrem definitiven Ziel zu beantworten. Nicht etwa, weil sie sich erstmals entschlossen hat, ein bis dahin tabuisiertes Thema zu berühren, sondern weil die größte Weltmacht — die einzige, die die Gründung eines Judenstaates ermöglichen kann — das jüdische Volk vor die Entscheidung stellt.

Im Kampf gegen die Teilung Palästinas formiert sich eine starke Koalition, die alle innerparteilichen Zwistigkeiten überwindet und den Befürwortern des Peel-Plans nur geringe Chancen läßt. Die Debatten innerhalb der Arbeiterbewegung, des rechten Flügels, der religiösen Gruppierungen und der jüdischen Gemeinden in Amerika zeigen, daß sämtliche Fraktionen den Plan ablehnen. Sie zeigen auch, daß die zionistische Bewegung vierzig Jahre nach ihrem Entstehen und zwanzig Jahre nach der Balfour-Erklärung weder stark noch reif genug ist, eine so schwere Verantwortung zu übernehmen. Am Ende verabschiedet der Kongreß auf Vorschlag der Teilungsbefürworter eine Kompromißerklärung und beauftragt die Führer der zionistischen Bewegung, mit der britischen Regierung Verhandlungen über den Teilungsplan aufzunehmen. Damit hatte der Kongreß weder ein klares Ja zur Teilung ausgesprochen noch zu einem weltweiten Kampf um den Staat aufgerufen, der ihm angeboten worden war.

Ben Gurion, der noch immer an die Zukunftsperspektiven des Peel-Plans glaubt, kann nicht wissen, daß in Europa und im Nahen Osten zu eben diesem Zeitpunkt eine neue Entwicklung eingesetzt hat, ein schleichender Prozeß, der den britischen Sympathien für den Zionismus einen Riegel vorschiebt. Noch ahnt er nicht, daß der Teilungsplan, der ihm so sehr am Herzen liegt, einer grundlegenden Kursänderung in der britischen Politik zum Opfer fallen wird. Einmal mehr tobt der Sturm eines grausamen Krieges durch ein hilfloses und verängstigtes Europa. Und die freie Welt — verschreckt oder absichtlich die Augen verschließend — macht vor der braunen Pest ihren Kotau. Amerika verteidigt seinen Isolationismus, Frankreichs Dritte Republik ist so gut wie am Ende, und das England Neville Chamberlains beugt die Knie, um Hitler und seine Komplizen zu beschwichtigen. In Palästina bricht die arabische Revolte erneut aus. In Reaktion auf den Teilungsplan fordert ein panarabischer Kongreß die Annullierung der Balfour-Erklärung und droht, falls die Briten ihre Palästina-Politik nicht ändern sollten, daß

»wir uns das Recht zu einem Bündnis mit anderen europäischen Mächten herausnehmen, die der englischen Politik feindlich gegenüberstehen«.

Im Laufe des Jahres 1937 kommt die englische Regierung zu der Erkenntnis, daß ihre Politik der nationalen Heimstatt für die Juden von Anfang an falsch war, daß sie zu einer gefährlichen Verschlechterung der Beziehungen zur arabischen und islamischen Welt geführt hatte, und dies zu einem Zeitpunkt, da Großbritannien auf die Freundschaft und Loyalität sowohl der Araber im Nahen Osten als auch der indischen Muslims mehr denn je angewiesen ist. Jetzt versucht England, den Uhrzeiger der Geschichte zurückzudrehen. Schritt für Schritt löst es sich aus den Verpflichtungen gegenüber den Juden, aus dem lästigen Erbe der Balfour-Erklärung. Es verfügt eine drastische Begrenzung der Einwanderungszahlen, die bei eintausend Juden pro Monat liegen. Auch Sir Arthur Wauchope, der als fairer und toleranter Hochkommissar eine Symbolfigur für die pro-zionistische Politik der Engländer gewesen war, wird abgelöst. An seine Stelle tritt Sir Harold MacMichael, den Ben Gurion später als »einen schrecklichen Menschen« beschreibt, »den schlimmsten aller Hochkommissare«. Im Dezember 1937 erklärt die britische Regierung offiziell, sie fühle sich nicht mehr an den Teilungsplan gebunden.

Ben Gurions Reaktion ist eindeutig: »Wenn [die Engländer] beschließen, daß wir dem Mufti anheimfallen, kann uns nur noch die jüdische Gemeinschaft in Palästina retten.« Folglich müsse man sich gegen ein solches Diktat wehren, doch »nicht mit Worten oder Demonstrationen, sondern durch Taten . . . Die Jugend wird sich erheben — die Jungen nach Jahren und die geistig Jungen; sie werden das Banner der Revolte und des Kampfes aufrichten.«

Diese Worte aus dem Frühherbst 1938 kennzeichnen den grundlegenden Wandel, der sich in Ben Gurions Denken vollzogen hat. Bis zu diesem Zeitpunkt hatte er gefordert, daß jeder Konflikt zwischen Juden und Engländern zu vermeiden sei. Da England aber jetzt versuche, sich über die Vereinbarungen hinwegzusetzen, »sollten auch wir die Briten nicht länger unterstützen, sondern unsere eigene Militärmacht aufstellen, damit wir wenn nötig gegen sie antreten können«. Ben Gurion weiß genau, daß Palästina nur ein kleines begrenztes Teilstück in der weltweiten Front englischer Streitmächte ist, die das britische Empire zur Verteidigung seiner Interessen aufgestellt hat. Obwohl die jüdische Gemeinschaft in Palästina nicht mehr als 400 000 Angehörige zählt, wäre sie im Falle eines energischen, geschlossenen Aufstandes gegen die Engländer durchaus in der Lage, die wenigen hier stationierten Truppen bei deren Bemühen, den Aufstand niederzuschlagen, abzuwehren. Folglich könnte selbst ein kleines Volk, wenn es nur fest genug entschlossen sei, dem großen Britischen Empire die Stirn bieten. In dieser Überzeugung schreibt Ben Gurion an die Kollegen in Palästina, daß es eines ihrer derzeitigen Ziele sein müsse, »unsere Stärke aufzubauen – im Polizeiwesen, in der Armee und, soweit möglich, in der Einwanderungspolitik . . . Vermutlich werden wir alle Kräfte einsetzen müssen, auch wenn sie nur gering sind.«

Obwohl sich der politische Zionismus in einer äußerst schwierigen Situation befindet, unternehmen Ben Gurion und seine Mitstreiter einen weiteren Versuch, ihre Differenzen mit Großbritannien beizulegen und einen Vorschlag zur Lösung der drängenden Probleme in Palästina auszuarbeiten. Ende 1938 beschließt die britische Regierung, eine Konferenz in den Londoner St.-James-Palast einzuberufen, ein letzter Versuch, sich mit den Juden und den Arabern zu verständigen, nachdem sich die Empfehlungen der Peel- und der Woodhead-Kommission als Sackgasse erwiesen hatten. Die Zionistenführer, allen voran Ben Gurion, zweifeln nicht daran, daß die von den Briten angestrebte Übereinkunft nur zugunsten der Araber ausfallen kann, denn England riskiert nicht allzuviel, wenn es die Juden benachteiligt. »Selbst wenn England uns in Palästina Schwierigkeiten macht«, schreibt Ben Gurion, »ist es undenkbar, daß die Juden sich hinter Hitler stellen . . . Nicht so die Araber. Die muß man kaufen, denn sie können [es sich erlauben], auf Hitlers Seite zu sein.« Für Ben Gurion und seine Kollegen steht es darum von vornherein fest, daß die Konferenz zum Scheitern verurteilt ist.

Die Befürchtungen bestätigen sich. Schon zu Beginn der Verhandlungen scheint die eisige Atmosphäre die Krise zu verkünden. Am Vormittag des 7. Februar 1939, es ist genau halb elf, durchschreitet die arabische Delegation das Friars'-Court-Portal zum St.-James-Palast. Nach einem kleinen Umtrunk im Queen-Anne-Saal bittet man sie in die Porträtgalerie, wo sie von Neville Chamberlain, der in offizieller Amtstracht und mit großem Gefolge erscheint, begrüßt wird. Nach einer kurzen Eröffnungszeremonie bricht die Delegation wieder auf, verläßt das Gebäude durch dasselbe Portal und stellt sich den wartenden Presseleuten. Um viertel vor zwölf wiederholt Chamberlain seinen Auftritt in der Porträtgalerie, diesmal, um die zionistische Delegation, an ihrer Spitze Dr. Chaim Weizmann und Ben Gurion, zu begrüßen. Als die kurze Zeremonie beendet ist, verlassen die zionistischen Abgeordneten den Palast durch das Delegates' Gate, wo auch sie von Journalisten und Pressefotografen erwartet werden. Weder bei ihrer Ankunft noch beim Verlassen des Gebäudes haben die Zionisten auch nur einen der Araber zu Gesicht bekommen. Durch die strikte Weigerung der Araber, mit den Juden in einem Raum zu sein, sah sich der britische Premierminister gezwungen, die Eröffnungszeremonie zweimal durchzuführen.

Auch im weiteren Verlauf der Konferenz weicht man von dieser Regelung nicht ab. Fünf Wochen lang führen die Vertreter der britischen Regierung Separatverhandlungen mit der jeweiligen Delegation, unterbreiten ihnen die Protokolle der Sitzungen mit dem Gegner, beraten untereinander, arrangieren informelle Gespräche und drohen, falls die rivalisierenden Lager zu keiner Einigung kommen, mit Zwangslösungen durch Regierungsbeschluß. Während die drohenden Wolken des Zweiten Weltkrieges den Himmel über Europa verdunkeln, spielen in London Araber und Juden Katz und Maus. Die Araber sind fest davon überzeugt, daß ihre Verhandlungstaktik zum Erfolg führen wird. Die Juden müssen verzweifelt erkennen, daß man sie nur herzitiert hat, damit sie dem Untergang der Idee einer nationalen Heimstatt beiwohnen, wenn nicht gar dazu beitragen. Diese Erkenntnis ist um so deprimierender, als alles nach den Regeln des Anstands und des guten Tons verläuft. Als Ben Gurion ein paar Wochen später krank wird, schickt ihm Außenminister Malcolm MacDonald mit den besten Wünschen für die baldige Genesung ein prächtiges Blumenarrangement. Ben Gurions bitterer Kommentar: »Von diesen Würdenträgern sollte man Form und Etikette lernen. Selbst wenn sie einen aufs Schafott führen, bewahren sie ihr Lächeln und ihre Höflichkeit.«

Es ist in der Tat ein Gang zum Schafott — trotz der prächtigen Kulisse und der feierlichen Zeremonie. MacDonald, der den Vorsitz führt, erklärt mit ruhigen Worten, daß sich Großbritannien die Sympathien der arabischen Staaten nicht verscherzen dürfe. England müsse sich die dortigen Stützpunkte und die strategisch wichtigen Routen erhalten, die im Falle eines Kriegsausbruchs lebensnotwendig wären. MacDonald macht sich viele der arabischen Argumente zu eigen und fordert die Juden auf, realistisch zu sein. Palästina sei kein unbewohntes Land;

hier einen Judenstaat gründen zu wollen, sei schlicht unmöglich, und die Araber wären mit ihrer Forderung nach nationaler Unabhängigkeit durchaus im Recht. Die Einwanderung müsse eingeschränkt werden, eine demographische Grenze von fünfunddreißig bis vierzig Prozent für die jüdische Minderheit sei als angemessen zu akzeptieren, und in weiten Teilen Palästinas werde es den Juden nicht erlaubt sein, Land zu erwerben. Den Hinweis Weizmanns und Ben Gurions auf die moralische Verpflichtung, die England mit der Balfour-Erklärung übernommen habe, läßt MacDonald nicht gelten.

Zum ersten Zusammenstoß zwischen Ben Gurion und MacDonald kommt es, als die Briten konkrete Angaben zur Einwanderungsbeschränkung machen und erklären, in wenigen Jahren eine vollständige Einwanderungssperre zu verhängen. Ben Gurion reagiert darauf in scharfer Form:

»Man hat uns gesagt . . ., daß eine kontinuierliche Einwanderung die Hilfe britischer Bajonette erforderlich mache. [Doch] ist es unmöglich, mit anderen Mitteln als durch britische Bajonette, britische Polizei und die britische Marine die jüdische Einwanderung zu verhindern. Und es ist natürlich unmöglich, Palästina gegen den Willen der Juden und ohne die ständige Hilfe britischer Bajonette in einen Araberstaat zu verwandeln.«

Am 16. Februar schlägt Ben Gurion in einem inoffiziellen Gespräch mit MacDonald drei mögliche Alternativen vor: 1) Die Gründung eines Judenstaates innerhalb einer arabisch-jüdischen Föderation — für ihn »die ideale Lösung«; 2) eine Teilung gemäß den Richtlinien des Peel-Plans; 3) ein Aussetzen der Verhandlungen auf weitere fünf Jahre, in deren Verlauf die Einwanderung in einem von den drei Parteien einvernehmlich festgesetzten Umfang weiterginge.

Mehr und mehr aber wird den Mitgliedern der zionistischen Delegation bewußt, daß es den Briten bei dieser Konferenz nicht darum geht, einen Ausweg aus der Krise zu suchen, sondern einer Politik, für die man sich bereits entschieden hatte, den offiziellen Segen zu erteilen. Am 26. Februar erhält Weizmann ein offizielles Schreiben der britischen Regierung. Als er den Umschlag öffnet und den Inhalt studiert, stellt er zu seinem Entsetzen fest, daß er den Entwurf eines Weißbuchs vor sich hat, das in Kürze publiziert werden soll. Es stellt die Gründung eines Araberstaates in Palästina innerhalb der nächsten fünf Jahre in Aussicht; während dieser Zeit soll die jüdische Einwanderung stark eingeschränkt und danach von der Einwilligung der Araber abhängig gemacht werden. »Ich wollte meinen Augen nicht trauen«, schreibt Weizmann. Später stellt sich heraus, daß das Schreiben irrtümlich an Weizmann ging. Das Kolonialministerium hatte es für die arabische Delegation bestimmt.

Wenige Tage später gelingt es den Engländern, die Araber zu einem Treffen mit der jüdischen Delegation zu überreden. Das Gespräch, das am Abend des 7. März 1939 im St.-James-Palast stattfindet, wird im kleinen Kreis und in angenehm entspannter Atmosphäre geführt. Vier Engländer, vier Juden und drei Araber sitzen in einem kleinen Raum am knisternden Kaminfeuer beieinander, müssen aber rasch erkennen, daß sie gegen Wände reden. Jede Seite stellt ihre Forderungen, in aller Ruhe zwar und mit gebotener Zurückhaltung, aber doch ohne eine Spur von Verständnis für die Standpunkte des Gesprächspartners. So wendet sich der arabische Wortführer, Ali Maher aus Ägypten, mit ausgesuchter Liebenswürdigkeit an Ben Gurion:

»Glauben Sie nicht auch, daß es das Allerwichtigste ist, den Frieden im Heiligen Land wiederherzustellen? Lassen Sie sich doch Zeit. Verzichten Sie vorerst auf weitere Einwanderungen. Es wird Frieden sein, Sie werden die

Freundschaft der Araber gewinnen . . ., und Sie können Ihre Aktivitäten später wiederaufnehmen. Sie könnten sogar die Mehrheit bilden. Aber drängen Sie nicht . . . Lassen Sie erst Frieden sein, und wenn Sie um dieses Zieles willen die Einwanderung verzögern — ist der Frieden einen solchen Einsatz nicht wert?«

Ben Gurion spürt, daß die Blicke aller Anwesenden auf ihn und seine Freunde gerichtet sind. In seiner Erwiderung gibt er Maher zu verstehen, wie sehr er dessen Friedenswillen schätze, betont aber, daß es nicht die Juden waren, die den Frieden in Palästina störten. Mahers Forderung nach einer zeitweiligen Einwanderungssperre beantwortet er mit einer Parabel:

»Die Forderung, unsere Arbeit für eine bestimmte Zeit ruhen zu lassen, ähnelt der Aufforderung, die eine glückliche, mit vielen Kindern gesegnete und im Wohlstand lebende Familie an eine Frau richtet, die nach vielen Jahren der Kinderlosigkeit ein Kind erwartet und, als sie in die Wehen kommt, von der Nachbarin mit groben Worten getadelt wird: ›Können Sie nicht mit der Niederkunft warten, damit wir in Frieden schlafen können?‹ Die Mutter kann das nicht. Es ist möglich, das Kind oder die Mutter zu töten. Aber es ist unmöglich, von ihr zu erwarten, daß sie die Geburt anhält.«

Das sind eindringliche Worte. Doch hatte der versöhnliche Ton in Ali Mahers Rede sein Ziel nicht verfehlt und das schwächste Glied der jüdischen Delegation getroffen — Chaim Weizmann.

»Mit großer Freude habe ich die Worte Ali Mahers gehört. Zum erstenmal seit zwanzig Jahren habe ich aus dem Munde eines Moslems Worte der Freundschaft und der Hochachtung vernommen. In diesem Geist können wir miteinander sprechen. Wir sind zu Verhandlungen mit den palästinensischen Arabern bereit . . . Palästina kann fünfzig- oder sechzigtausend Menschen im Jahr aufnehmen. Wenn Sie uns sagen: ›Wir werden zu einer Übereinkunft kommen, verzögern Sie die Einwanderung‹, dann läßt sich eine gemeinsame Basis finden.«

Moshe Sharett kann sein Entsetzen über Weizmanns Worte kaum verbergen. »Mir standen die Haare zu Berge, und mir war, als täte sich ein Abgrund zu meinen Füßen auf.« Malcolm MacDonald reagiert sofort auf Weizmanns Erklärung, die deutlich von der offiziellen zionistischen Linie abweicht. »Dieses Treffen«, sagt er, »war also nicht umsonst, denn zu guter Letzt haben wir doch noch eine gemeinsame Sprache gefunden. Und mir scheint, als gäbe es auch eine gemeinsame Basis, sich über eine Verzögerung der Einwanderung für eine bestimmte Zeit zu einigen.«

Ben Gurion fällt ihm ins Wort: »Ich bedaure, Ihre Freude trüben zu müssen, aber ich sehe noch nicht die geringste ›gemeinsame Basis‹. Dr. Weizmann sprach von Zugeständnissen auf Gegenseitigkeit, und jeder von uns ist zu Verhandlungen auf der Basis des Gebens und Nehmens bereit. Aber von Verzögerungen kann nicht die Rede sein, dies wäre eine einseitige Voraussetzung.«

Weizmann hat seinen Fehler offensichtlich eingesehen und schweigt, woraufhin Malcolm MacDonald widerstrebend meint: »Wir sollten die Debatte auf morgen vertagen.« Doch Ben Gurion läßt nicht locker: »Wird es bei der Fortsetzung dieser Debatte möglich sein, über eine Beschleunigung der Einwanderung zu sprechen?«

»Nein!« lautet die klare Antwort MacDonalds.

»Warum nicht?« insistiert Ben Gurion.

»Weil es auf dieser Basis keine Übereinstimmung geben wird.«

»Ich fürchte«, gibt Ben Gurion zurück, »daß es auch auf der Basis einer Verzögerung keine Übereinstimmung geben wird.«

Die Engländer sind wütend auf Ben Gurion, weil er

Weizmann zurückgepfiffen und damit jeder Öffnung gegenüber der von ihnen angestrebten Siedlungspolitik einen Riegel vorgeschoben hat. Als die Verhandlungen wieder aufgenommen werden, ist es auch weiterhin Ben Gurion, der seinen Standpunkt innerhalb der jüdischen Delegation am entschiedensten vertritt und dabei immer wieder in scharfen Konflikt mit MacDonald gerät. »Ben Gurion hat die Situation gerettet«, schreibt Moshe Sharett bewundernd, »auch wenn er sich dabei selbst aufopfern mußte.«

Mit dem Gefühl, daß alles »vorbei und vertan« ist, nimmt Ben Gurion an der letzten inoffiziellen Gesprächsrunde mit den Engländern teil. Er hat klar erkannt, daß die Briten tun, was ihnen beliebt, auch wenn es dadurch zu einem Bruch mit den Juden kommen sollte. Als der »perfide Plan« Großbritanniens, wie Ben Gurion ihn nennt, am 15. März den beiden Delegationen vorgelegt wird, nehmen weder Weizmann noch er an der Sitzung teil. Der britische Vorschlag sieht die Gründung eines unabhängigen palästinensischen Staates vor, der möglicherweise föderativ strukturiert, aber weder jüdisch noch arabisch sein soll. Seine Verfassung wäre von einer innerhalb der nächsten zwei Jahre zu wählenden verfassunggebenden Versammlung auszuarbeiten, der Staat selbst sollte in einem Zeitraum von zehn Jahren entstehen. Im Laufe der nächsten fünf Jahre dürften noch fünfundsiebzigtausend Juden einwandern, danach hinge jede weitere Einwanderung von der Zustimmung der Araber ab. Illegalen Einwanderungen werde man mit schärfsten Maßnahmen begegnen und den jüdischen Landerwerb drastisch einschränken. Eine der Bestimmungen ließ indes die Möglichkeit offen, daß die Juden auf der Fortsetzung des Mandats bestehen konnten, falls sie der Gründung eines unabhängigen Staates nicht zustimmten.

Dieser letzte Punkt, der die Staatsgründung von der jüdischen Einwilligung abhängig machte, führte dazu, daß man die Vorschläge auch auf arabischer Seite höflich, aber entschieden ablehnte — trotz der Tatsache, daß mit ihnen ein Großteil der arabischen Forderungen erfüllt worden wäre.

Vom zionistischen Standpunkt aus kann es jetzt keinen Zweifel mehr geben, daß die britischen Vorschläge das Ende der nationalen Heimstatt im Sinne der Balfour-Erklärung bedeuten. Dabei spielt das Datum ihrer Veröffentlichung eine symbolische Rolle: Am selben Tag, dem 15. März 1939, dringt Adolf Hitler in den Reststaat der Tschechoslowakei ein. Man hat vielfach darauf hingewiesen, daß Großbritannien an ein und demselben Tag die Tschechoslowakei im Stich gelassen und die Juden verraten habe.

Am späten Abend des 15. März trifft sich die jüdische Delegation in Ben Gurions Hotelzimmer und berät, was angesichts der verfahrenen Lage zu tun sei. Am 17. März schickt Weizmann einen kurzen Brief an MacDonald: »Nach gründlichem Studium der Vorschläge, die am 15. März von der Regierung Seiner Königlichen Majestät unterbreitet wurden, bedauert die jüdische Delegation, sie nicht als Verständigungsbasis akzeptieren zu können. Sie hat daher beschlossen abzureisen.«

Ben Gurion ist vom Ausgang der St.-James-Konferenz tief deprimiert. Nach wenigen Tagen aber schöpft er im Glauben an die Stärke der Juden und ihre Zukunft neue Kraft. In einem Brief an die Exekutiv-Mitglieder in Jerusalem schildert er die Situation ohne jeden Beschönigungsversuch:

»Wir haben die Londoner Konferenz als Geschlagene, aber nicht als Besiegte verlassen . . . Diesmal haben wir eine neue Karte ausgespielt, die ihre Wirkung nicht verfehlte: unsere Macht in Palästina. Die Engländer hatten von diesem Argument nie zuvor gehört und es vor den Londoner Gesprächen, wie ich mir denken kann, nicht in Rechnung gezogen. Dies scheint mir die wichtigste, wenn nicht die einzige Innovation in unseren Gesprächen mit den Engländern gewesen zu sein. Die Regierung hat erkannt, daß es in Palästina eine jüdische Macht gibt.«

Am nächsten Tag äußert Ben Gurion seine Meinung über die Zielrichtung des zionistischen Kampfes:

»Das einzige Ziel, nach dem wir streben und um das wir kämpfen müssen, ist die Unabhängigkeit der Juden in Palästina, mit anderen Worten, ein Judenstaat . . . Nachdem uns die Engländer definitiv erklärt haben, daß es kein Mandat mehr geben wird, gibt es keine andere Möglichkeit als einen Judenstaat.«

Am 17. Mai 1939 werden die repressiven Erlasse der britischen Regierung in einem Weißbuch veröffentlicht. Doch hatte Ben Gurion die Phase des militanten Zionismus schon Wochen vorher eingeleitet, hatte sich gleich nach seiner Rückkehr nach Palästina auf die Aufgabe konzentriert, die Hagana auf den Kampf gegen die neue Politik Großbritanniens vorzubereiten und sich selbst bis ins Kleinste Detail über Truppenstärke und Waffenbestände zu informieren.

Seinen Freunden in der Zionistischen Exekutive unterbreitet er einen detaillierten Plan für den zivilen Ungehorsam und den Kampf gegen die Bestimmungen des Weißbuchs. Den Kollegen von der Mapai schlägt er eine Terrorkampagne vor, die sie, wie vorauszusehen war, strikt ablehnen. Innerhalb des Jischuw zeichnet sich wachsende Unruhe ab, der Ruf nach energischen Schritten wird lauter. Delegationen aus allen Teilen des Landes, Vertreter aller Schichten belagern Ben Gurions Büro mit der Forderung nach einer entschlossenen Führung und einer starken Hand im Kampf gegen die Engländer. Manche von ihnen legen detaillierte strategische Pläne vor, andere gehen so weit, unumwunden die Diktatur zu fordern.

Anfang Juni wird Ben Gurion von der Exekutive der Jewish Agency zur Bildung von Sonderkommandos ermächtigt, einer geheimen »Untergrundtruppe innerhalb des Untergrunds«, deren Hauptaufgabe in antibritischen Operationen bestehen sollte. Außerdem war sie für Vergeltungsschläge gegen arabische Terroristen und für Strafaktionen gegen Spitzel im eigenen Lager gedacht. Jetzt befaßt sich Ben Gurion auch erneut mit dem Thema der illegalen Einwanderung. Er, der bisher ihr erklärter Gegner war, hatte jeden organisierten Menschenschmuggel nach Palästina mit der Begründung abgelehnt, daß man dadurch der legalen Einwanderung nur schaden könne (die Mandatsbehörden reduzierten die Quote der Einreisegenehmigungen um die ihnen bekannte Zahl illegaler Einwanderer). Zum jetzigen Zeitpunkt aber, da die Engländer den Juden das Einwanderungsrecht streitig machen, sieht er in der illegalen Einwanderung ein Symbol für den zionistischen Kampf und eine politische Waffe ersten Ranges.

Er stellt einen Plan auf, demzufolge eintausend illegale Einwanderer pro Woche nach Palästina kommen konnten, und schlägt vor, jeden einzelnen Fall einer Wiederausweisung mit Demonstrationen und Protestkundgebungen zu beantworten — mit Aktionen also, die sich die Weltpresse gewiß nicht entgehen lassen würde. Außerdem müsse man es den Einwandererschiffen notfalls mit Gewalt ermöglichen, die Küste Palästinas auf direktem Wege zu erreichen, wobei die Ankommenden unter den bewaffneten Schutz der Hagana zu stellen wären. Die Gefahr einer bewaffneten Auseinandersetzung mit den Engländern fürchtet er nicht. Ben Gurion ist vielmehr davon überzeugt, daß das jüdische Volk auf diesem Wege seine Bereitschaft demonstrieren kann, für das Einwanderungsrecht zu kämpfen. Überdies würden solche Zwischenfälle überall in der Welt zu Reaktionen führen, die

Englands Ansehen nur schaden konnten. Nach dem Abbruch der St.-James-Konferenz hatte Ben Gurion einem führenden britischen Politiker die Frage gestellt: »Was wird geschehen, wenn wir Gewalt anwenden, um Einwanderern die Einreise zu ermöglichen? Wird man auf uns schießen?« Die Antwort lautete: »Eine Regierung, die auf jüdische Flüchtlinge schießen läßt, könnte keine Woche überleben.«

Diesmal aber ist Ben Gurion zu weit gegangen. Viele seiner Kollegen können den abrupten Wechsel seiner England-Politik nicht so rasch nachvollziehen, hatten sie doch zwanzig Jahre lang die Zusammenarbeit mit Großbritannien unterstützt. Jetzt zögern sie, militärischen Aktionen zuzustimmen, die zu schweren Verlusten führen und viele Menschenleben fordern konnten. Wie schwer die Konflikte innerhalb der Jewish Agency sind, zeigt sich, als die Colorado mit dreihundertachtzig illegalen Einwanderern an Bord Palästina ansteuert. Ben Gurion fordert, das Schiff nach Tel Aviv zu dirigieren, wo man die Einwanderer unter dem Schutz der Hagana an Land geleiten könne. Nach anfänglichem Zögern lehnt die Jewish Agency diesen Plan ab. Ben Gurion gibt indes nicht nach und bringt die Angelegenheit vor den politischen Ausschuß der Mapai. Als auch hier die Mehrheit gegen ihn stimmt, droht er mit sofortigem Rücktritt, falls man seinen Vorschlag nicht akzeptiere. Inzwischen haben die Engländer das Schiff außerhalb der palästinensischen Hoheitsgewässer abgefangen und zum Hafen von Haifa dirigiert. Ben Gurions erste Reaktion ist, den Hafen mit Gewalt einzunehmen und so den Einwanderern die Landemöglichkeit zu verschaffen. Als sein Vorschlag sowohl von der Zionistischen Exekutive als auch von den Parteigenossen abgelehnt wird, verzichtet er auf dessen Realisierung. Der Gedanke, die illegale Einwanderung durch Waffengewalt erzwingen zu wollen, war damit ad acta gelegt.

Ende August 1939 tritt der Einundzwanzigste Zionistenkongreß in Genf zusammen. Er steht ganz im Zeichen des Weißbuchs und der bedrohlichen internationalen Krise, die sich von Tag zu Tag verschärft. Während der Kongreß noch über die anstehenden Fragen berät, erreicht ihn die Nachricht von dem deutsch-sowjetischen Nichtangriffspakt, den Molotow und Ribbentrop soeben unterzeichnet haben. Mit einer prophetischen Rede über die »Dunkelheit«, die sich in der Welt ausbreite, verabschiedet sich Chaim Weizmann von den Abgeordneten des Kongresses. Er ahnt nicht, daß er die meisten von ihnen nie wiedersehen wird.

Auf der Schiffsreise zurück nach Palästina erfährt Ben Gurion von der deutschen Invasion in Polen. Es ist der 1. September 1939. Der Zweite Weltkrieg ist ausgebrochen. Kurz nach seiner Ankunft in Palästina ruft er Jizchak Sadeh, einen der leitenden Hagana-Kommandeure, zu sich und teilt ihm mit, daß die Sonderkommandos aufgelöst wurden. Die Ära des militanten Zionismus hatte zwar begonnen, doch bevor das jüdische Volk um den eigenen Staat kämpfen konnte, mußte es ums nackte Überleben kämpfen. Von Ben Gurion stammt der Satz, der für das jüdische Volk in den sechs folgenden Jahren, den bittersten seiner Geschichte, zum Leitsatz wurde: »Wir müssen die Briten in ihrem Kampf [gegen Hitler] unterstützen, als gäbe es kein Weißbuch. Und wir müssen das Weißbuch bekämpfen, als gäbe es keinen Krieg!«

Am 3. September 1939, zwei Tage nach Hitlers Einmarsch in Polen, läuft Ben Gurions Schiff im Hafen von Jaffa ein. Als er fünf Tage später die Kommandeure der Hagana zu sich ruft, kann er ihnen bereits seine »Kriegsziele« umreißen: »Der Krieg von 1914 bis 1918 hat uns die Balfour-Erklärung gebracht. Dieses Mal müssen wir uns einen Judenstaat schaffen« und, als zweites Ziel, »eine jüdische Armee, zunächst und vor allem in diesem Land und für dieses Land«.

Allmählich wird Ben Gurion bewußt, daß die Kriegsereignisse entgegen seinen Hoffnungen weder zu einer Annullierung des Weißbuchs noch zu einer Annäherung zwischen England und der zionistischen Bewegung führen. Unter schweren Strafandrohungen verhaften die Briten jeden, der Waffen besitzt oder zum jüdischen Selbstschutz gehört. Auch in nicht-militärischen Fragen zeigt England sich zu keinem Kompromiß bereit. Während des Sitzkrieges im Winter 1939/40 kehrt England zur Tagesordnung zurück, und das heißt, man achtet sehr genau auf die Einhaltung jener Weißbuch-Paragraphen, die sich gegen das höchste Ziel der zionistischen Bewegung richten: gegen die Besiedlung des Landes Israel.

Am 28. Februar 1940 erläßt Großbritannien Bestimmungen zum Landerwerb, die für die Besiedlungspolitik der Juden das Todesurteil bedeuten. Palästina wird in drei Zonen aufgeteilt: In der Zone A, die fünfundsechzig Pro-

1 Ganz oben: David Gruen (erste Reihe Mitte) mit seinen Freunden in Plonsk am Vorabend seiner Abreise nach Palästina. Rechts neben ihm Rachel Nelkin

2 Oben: David Gruen (Mitte) mit anderen jungen Pionieren in Rishon-le-Zion

3   Rechts: David Ben
Gurion mit dem tradi-
tionellen türkischen Fes

4   Rechts: Paula und
David Ben Gurion kurz
nach ihrer Hochzeit im
Jahre 1917

5 Links: David Ben Gurion in der Uniform der Jüdischen Legion

6 Unten: David Ben Gurion mit Mitgliedern des Exekutivrates der Histadrut. Links neben ihm Berl Katznelson

7 Rechts: Wladimir
Jabotinsky, Freund
und Gegenspieler Ben
Gurions

8 Unten: David
Ben Gurion bei einer
Konferenz zwischen
Chaim Weizmann
(rechts) und Moshe
Sharett (links). Mit
beiden kam es im Laufe
seiner politischen
Karriere zu heftigen
Auseinandersetzungen

9 Oben: David Ben
Gurion am 14. Mai 1948
in Tel Aviv bei der Unab-
hängigkeitserklärung
des Staates Israel

10 Ganz oben:
Die *Altalena* steht
im Hafen von Tel
Aviv in Flammen

11 Oben: Minister-
präsident Ben Gurion
besucht die israelischen
Streitkräfte

12 Rechts: Vertei-
digungsminister Ben
Gurion in der Uniform
der israelischen Armee

13   Ganz oben: David Ben Gurion mit Botschafter Abba Eban (Mitte) beim amerikanischen Präsidenten Harry S. Truman (links), 1951

14   Oben: Der Ministerpräsident an seinem Schreibtisch

zent des Landes umfaßt, ist der Grunderwerb nur unter Arabern erlaubt. In der Zone B (dreißig Prozent) ist es den Juden nur in Sonderfällen gestattet, Land zu kaufen. Als freie Zone gilt das Sharon-Tal, ein Teil der nördlichen Küstenebene sowie städtischer Grundbesitz. Zweiundzwanzig Jahre nach der Balfour-Erklärung hatte man das jüdische Recht auf Landerwerb auf ein kleines Stück des westlichen Palästina, auf ganze fünf Prozent des Landes begrenzt!

Der Jischuw ist empört über diesen Erlaß und zum Kampf entschlossen; einmal mehr erweist sich Ben Gurion als Führer des militanten Zionismus. Einen Tag nach Bekanntwerden der neuen Regelung reicht er seinen Rücktritt als Exekutiv-Mitglied der Jewish Agency ein. Seine Absicht ist, sich durch einen Verzicht auf die offizielle Verantwortung ganz dem bewaffneten Kampf gegen die Mandatsregierung widmen zu können. Jetzt stimmt auch die Zionistische Exekutive dem Plan einer Protestkampagne in Form militanter Demonstrationen gegen die Engländer zu. Die Kampagne beginnt am 29. Februar mit einem Generalstreik und Massendemonstrationen in den Städten und Siedlungsgebieten. Tagtäglich inhaftiert die britische Polizei Dutzende von Mitgliedern der Hagana und versucht, die Kundgebungen mit Gewalt zu sprengen. Als die Führer der Hagana am 5. März zu einem gezielten Einsatz gegen die britische Polizei aufrufen, erreicht die Kampagne ihren Höhepunkt. Einheiten der Hagana errichten Blockaden auf den Ausfallstraßen, man sammelt Nägel und Glasscherben, um die Reifen der Polizeifahrzeuge zu zerstören, Stangen, um die Straßenlaternen zu zerschlagen, Schlagstöcke und Schlagringe für den Kampf Mann gegen Mann. Sondertrupps werden mit Waffen ausgerüstet, falls die Polizei das Feuer eröffnen sollte. Außerdem steht eine Spezialeinheit bereit, um im Laufe der Nacht in die Polizeistationen einzudringen und Garagen und Fahrzeuge anzuzünden.

Die gemäßigten Elemente innerhalb des Jischuw, vornehmlich die bürgerliche Mittelschicht, zeigen sich über die möglichen Folgen einer so radikalen Aktion äußerst besorgt. Zwei Abgesandte des Hagana-Kommandos in Tel Aviv suchen Ben Gurion auf und beschwören ihn, die Demonstrationen zu beenden, eine drohende Katastrophe abzuwenden. Ben Gurion empfängt sie stehend. Wie ein Augenzeuge berichtet, »fuhr er wie ein wütender Stier auf sie los, beschimpfte sie wegen ihrer Feigheit und ihrer völligen Fehleinschätzung der politischen Lage. Er kochte [vor Wut] und schloß [mit der Erklärung], daß einzig die Zionistische Exekutive ... die Richtlinien der Politik festzulegen habe. Jetzt läge es an der Hagana, entweder zu gehorchen oder abzutreten ... Diskreditiert verließen die beiden [Abgesandten] das Zimmer ..., aber Ben Gurion hörte nicht auf zu toben.«

Zum gleichen Zeitpunkt treffen angesehene Bürger aus Tel Aviv in Jerusalem ein, um die Verantwortlichen der zionistischen Führung unter Druck zu setzen. Sie fordern ein sofortiges Verbot der Demonstrationen, »die sonst noch Hunderte von Toten und Tausende von Verletzten« kosten würden. Das Ergebnis ist, daß die Kampagne tatsächlich abgebrochen wird.

Die Politik des aktiven Widerstands gegen England führt zu einer scharfen Polarisierung innerhalb der Führung der jüdischen Gemeinschaft. Viele lehnen die militante Auseinandersetzung mit Großbritannien ab, weil sie die Folgen fürchten; andere glauben tatsächlich, man würde damit Hitler unterstützen. Ben Gurion steht innerhalb der Exekutive der Jewish Agency auf einsamem Posten. Da er bei den Kollegen in der Zionistischen Exekutive keinerlei Unterstützung findet, erhärtet sich sein Entschluß, zurückzutreten.

Als die Exekutive der Jewish Agency sein Gesuch mit großer Mehrheit ablehnt und auch Berl Katznelson ihn bedrängt, es zurückzunehmen, gibt Ben Gurion nur ausweichende Antworten. Schließlich überrascht er die Kollegen mit der Ankündigung, nach England und Amerika reisen zu wollen. Am 1. März 1940 fliegt er in einem Seeflugzeug nach England, um erst zehn Monate später nach Palästina zurückzukehren.

Am Tag nach seiner Ankunft in London nimmt Ben Gurion an einem Treffen in den Räumen der Zionistischen Organisation teil. Erneut trägt er bei dieser Gelegenheit seine Pläne zum aktiven Widerstand vor, um abermals überstimmt zu werden. Wenig später muß er unter dem Eindruck des Kriegsgeschehens seinen Standpunkt revidieren: Wenige Wochen zuvor hatte Hitlers Armee Dänemark und Norwegen besetzt, am 10. Mai 1940 marschiert sie in Holland und Belgien ein. Am 13. Mai beginnt der deutsche Blitzkrieg gegen Frankreich, das wie ein Kartenhaus zusammenfällt. Plötzlich steht London an vorderster Front. Das faschistische Italien tritt an die Seite Hitlers, der Nahe Osten wird zu einem weiteren Kriegsschauplatz. Der »Krieg gegen Hitler, als gäbe es kein Weißbuch« wird jetzt zum Gebot der Stunde. Die internationalen Ereignisse haben, wie Ben Gurion jetzt selbst erkennt, den militanten Zionismus in den Hintergrund gedrängt.

Am 10. Mai, nach dem Rücktritt der Regierung Chamberlain, beauftragt König Georg VI. Winston Churchill mit der Neubildung des Kabinetts. Der britische Regierungswechsel und die dramatische Verschlechterung der militärischen Situation veranlassen Ben Gurion, sein Rücktrittsgesuch zurückzuziehen. Außer Churchill, der wegen seines energischen Widerspruchs gegen das Weißbuch von 1939 als Freund des zionistischen Gedankens bekannt war, gab es innerhalb der britischen Regierung und des verkleinerten Kriegskabinetts eine ganze Reihe von Politikern, die der zionistischen Bewegung große Sympathien entgegenbrachten. Gleichwohl hegt Ben Gurion keine allzu großen Hoffnungen, daß sich die offizielle Haltung Englands dadurch zugunsten des Zionismus ändern würde. Auch an eine Aufhebung des Weißbuchs glaubt er nicht. Gerade jetzt mußte Großbritannien die Einheit des Empire aufrechterhalten und konnte das Risiko nicht eingehen, sich Millionen von Arabern und Moslems zu Feinden zu machen, indem es das Weißbuch annullierte.

Dieser Sommer 1940, den Ben Gurion in London verbringt, wird ihm sein Leben lang in Erinnerung bleiben. Er bewundert die unerschrockene Haltung der englischen Bevölkerung, die auch im Bombenhagel der deutschen Luftangriffe den Mut nicht verliert. Jahre später, als er den jungen israelischen Staat durch den Unabhängigkeitskrieg führte, hat er immer wieder an den Heldenmut der Engländer erinnert und durch ihr Beispiel neue Kraft geschöpft:

»Im Mai 1948, als ich in Tel Aviv die Risiken und die Chancen einer Unabhängigkeitserklärung erwog, dachte ich an die Londoner Männer und Frauen während der Luftangriffe. Und ich sagte mir: ›Ich habe selbst erlebt, wozu ein Volk in der Stunde seiner schwersten Prüfung fähig ist. Ich habe seinen Mut und seine Größe erlebt . . . Das ist es, was das jüdische Volk tun kann.‹ Wir haben es getan.«

In diesem Sommer bringt Ben Gurion erstmals auch seine lebenslange Bewunderung für Winston Churchill zum Ausdruck. »Er war einmalig«, schreibt er, und fügt hinzu:

»Was er 1940 getan hat, war eine seltene Großtat in der Geschichte. Er zog eine ganze Nation aus den Tiefen der Erniedrigung und der Niederlage empor, er gab ihr die geistige Kraft, sich gegen eine starke Übermacht zu behaupten, und er hat sie zu Anstrengungen ermutigt, die am Ende zum Siege führten. Was ihn dazu befähigte, war ein einzigartiges Zusammentreffen hervorragender Eigenschaften — die magnetische Anziehungskraft seiner Führerpersönlichkeit, die Kraft seiner Rede, sein ansteckender Mut ..., sein profundes Geschichtsverständnis und sein unerschütterlicher Glaube an die Bestimmung seines Volkes ... Ich glaube, ... daß England ohne Churchill untergegangen wäre ... Ohne Churchill wäre die Geschichte anders verlaufen.«

Ben Gurion verbringt fünf Monate im bombardierten London und widmet sich hier mit großer Energie einer Kampagne für die Aufstellung einer jüdischen Armee. Anfang September trifft sich Weizmann mit Churchill und dem damaligen Kriegsminister Anthony Eden, die ihm die Aufstellung einer jüdischen Militäreinheit in Palästina zusichern. Hocherfreut über dieses Ergebnis, tritt Ben Gurion am 21. September die Überfahrt nach Amerika an. Anfang Oktober ist er in New York. Hier muß er allerdings feststellen, daß die führenden Juden Amerikas, an ihrer Spitze der Oberste Bundesrichter Louis Brandeis, aus Sympathie für die Engländer und ihren heldenhaften Kampf gegen Hitler nicht geneigt sind, Position gegen das Weißbuch zu beziehen. In den dreieinhalb Monaten seines Aufenthalts in den USA gelingt es ihm nicht, sie umzustimmen, obwohl zwei der zionistischen Führer, Dr. Nahum Goldmann und der militante Rabbiner Abba Hillel Silver, ihn in seinen Ansichten unterstützen. Mitte Januar 1941 verläßt Ben Gurion New York. Auf der Rückfahrt nach Palästina bringt er in einem Brief an Tamar de Sola-Poole, die Präsidentin der Frauenbewegung Hadassa, seine Enttäuschung zum Ausdruck:

»Ich will das quälende Gefühl nicht leugnen, das die jüdische Gemeinde Amerikas in mir geweckt hat. Selbst in zionistischen Kreisen fand ich nicht das Bewußtsein, das dieser schweren und tragischen Stunde in der Geschichte Israels angemessen gewesen wäre. Betrifft denn das Schicksal von Millionen europäischer Blutsbrüder die Juden Amerikas so wenig, weniger als das Schicksal Englands das amerikanische Volk berührt? Ist Palästina für die fünf Millionen Juden in den Vereinigten Staaten weniger wert, als es England für einhundertdreißig Millionen Amerikaner ist? . . . Ich fürchte, die amerikanischen Zionisten haben noch nicht vollends begriffen, wie gewaltig die Verantwortung ist, die die Geschichte ihnen in dieser schicksalsschweren Stunde aufgebürdet hat.«

Diese deprimierende Erkenntnis begleitet Ben Gurion auf seiner abenteuerlichen Rückfahrt nach Palästina, die einen Monat dauert und für den jetzt Fünfundfünfzigjährigen zu einer halben Weltreise wird. Wegen der Gefahren des U-Boot-Krieges im Atlantik fliegt er in einem Clipper von Ost nach West, von San Francisco nach Honolulu, Neuseeland, Australien, Indonesien, Singapur, Siam, Kalkutta, Karachi, Basra, und landet am 13. Februar 1941 am See Genezareth. Kurz nach seiner Ankunft überrascht er die Kollegen mit einem neuen politischen Programm, das er im wesentlichen schon im Mai 1940 formuliert und kurz vor seiner Abreise aus den Staaten in einem Brief zusammengefaßt hatte:

»Es ist von größter Wichtigkeit, während dieses Krieges und unmittelbar danach ein Maximum an Anstrengungen [zu erreichen], um eine vollständige und gründliche Lösung des jüdischen Problems [zu finden]: durch den Transfer von Millionen Juden nach Palästina und die Bildung eines jüdischen ›Commonwealth‹ in diesem Land, eines gleichwertigen Mitglieds der Völkerfamilie, die nach dem Krieg entstehen wird.«

Ben Gurions ebenso neues wie kühnes Konzept entspringt monatelangen Überlegungen und der Erkenntnis, daß der Krieg eine neue, revolutionäre Ausgangssituation schafft, die, wie es auch nach dem Ersten Weltkrieg der Fall war, alte Ordnungen zerstört und andere an ihre Stelle setzt. Aus der Sicht des jüdischen Volkes mußte diese Neuordnung der Welt zur Errichtung eines Judenstaates führen. Darum macht sich Ben Gurion zum Verfechter einer jüdischen Militärmacht, die sich aktiv am Kampf gegen Hitler beteiligen sollte und nach dem Krieg, wenn nötig, Palästina erobern könnte. Eine weitere Überlegung Ben Gurions geht dahin, daß England nach dem Krieg nicht mehr die Großmacht sein würde, die es vorher war, und die Juden sich deshalb nach einer neuen Schutzmacht umsehen müßten. Seiner Einschätzung nach würde sich das Zentrum der Macht in der freien Welt schon bald von London nach Washington verlagern, was den Aufstieg Amerikas zur führenden Weltmacht zur Folge hätte. Mithin sei es schon heute lebenswichtig, einen großangelegten Propagandafeldzug zu starten, der auch die Schaltstellen in der amerikanischen Regierung erreicht. Da das europäische Judentum, bisher traditionelles Reservoir des Zionismus und Hochburg der Jugendbewegung der Pioniere, durch die Nazis von der Welt abgeschnitten und zum Schweigen verurteilt ist, bildet die jüdische Gemeinde Amerikas das neue Zentrum des Weltjudentums. Dieses Zentrum gilt es jetzt zu aktivieren und die jüdischen Massen Amerikas für die Ziele des Zionismus zu gewinnen.

Bevor Ben Gurion mit diesen beiden Zielen im Kopf erneut nach Amerika fährt, fliegt er am 22. Juni 1941 zunächst nach London, wo er den neuen Kolonialminister, Lord Moyne, kennenlernt. Doch führt schon die erste Begegnung zu einer bitteren Enttäuschung: Palästina, erklärt Moyne, könne nicht die Lösung für das Judenproblem sein, da es ein zu kleines Land sei. »Wieviel Juden können Sie dort aufnehmen?«

»Das hängt vom Regime ab«, erwidert Ben Gurion. »Wenn dort ein Regime an die Macht kommt, das die Einwanderung jüdischer Siedler befürwortet, kann das Land Millionen aufnehmen.«

»Millionen?« fragt Moyne erstaunt. »Wie viele Millionen?«

»Es ist möglich, innerhalb kurzer Zeit drei Millionen Juden aufzunehmen.«

»Nach dem Krieg wird es nicht möglich sein, noch Jahre zu warten«, bemerkt Moyne. »Es wird Millionen entwurzelter und verarmter Juden geben. Man muß eine rasche und umfassende Lösung finden.« Moyne schlägt vor, »einen Judenstaat in Westeuropa zu errichten. Das Hitlerregime muß besiegt werden. Dann werden wir die Deutschen aus Ostpreußen vertreiben, das Land mit Juden besiedeln und dort einen Judenstaat schaffen.«

Ben Gurion hat verwundert zugehört. »Ich glaube an Ihren Sieg, und Sie können mit den Deutschen tun, was Sie wollen. Sie können die Deutschen mit dem Maschinengewehr aus Ostpreußen vertreiben, aber mit Maschinengewehren werden Sie es nicht schaffen, die Masse der Juden nach Ostpreußen zu bringen. Palästina ist das Land der Juden.«

Hinsichtlich der Jüdischen Brigade steht den zionistischen Führern eine weitere Enttäuschung bevor. Sowohl Churchills Versprechen an Weizmann, sie innerhalb der britischen Armee aufzustellen, als auch Anthony Edens Zusicherung, sie im Nahen Osten einzusetzen, ruht seit einem Jahr in der Schublade. Zwar hatte man bereits im Dezember 1940 einen Kommandeur ernannt und auch praktische Vorkehrungen getroffen, doch stieß das Projekt auf erheblichen Widerstand. Sowohl im Londoner Kolonialministerium als auch in den militärisch und politisch einflußreichen britischen Kreisen im Nahen Osten warnte man vor möglichen Reaktionen der Araber. Als sich auch

Lord Moyne und General Wavell gegen das Projekt stellten, sah Churchill sich zum Nachgeben gezwungen. Weizmann wurde nicht informiert. Monatelang ließ die britische Regierung die Zionistenführer im Ungewissen. Man gab vor, die Aufstellung der Brigade wegen technischer Schwierigkeiten verschieben zu müssen. Erst am 15. Oktober, nachdem Weizmann mehrfach Druck auf Lord Moyne ausgeübt hatte, erhielt er von der britischen Regierung den offiziellen Bescheid, daß man den Plan aufgegeben habe. Tief enttäuscht verläßt Ben Gurion am nächsten Tag London und trifft am 21. November in New York ein.

Wenn wir den genauen Zeitpunkt für den Beginn der Ära Ben Gurion in der Geschichte des Zionismus angeben müßten, dann wäre es dieser Novemberabend 1941, die Stunde seiner Ankunft in New York. Für die Kampagne, die er jetzt in Amerika startet, gibt es nur eine Parallele: die Wahlschlacht, die er 1933 in Osteuropa geführt hatte. Nachdem die Kollegen in Palästina seinem politischen Programm nur zögernd zugestimmt hatten, nachdem er gegen die Gleichgültigkeit der Londoner Freunde hatte ankämpfen müssen, deren Augenmerk allein auf die englische Politik gerichtet war, nachdem er sich dem dominierenden Einfluß Chaim Weizmanns und dessen Politik der Verbindlichkeiten entzogen hatte, steht jetzt für ihn fest: Er wird die größte Weltmacht mobilisieren und die jüdischen Massen in diesem Land zu einem Kreuzzug aufrufen, dessen oberstes Ziel die Errichtung des Judenstaates ist.

Vor einem New Yorker Komitee, das sich aus Zionisten und Nichtzionisten zusammensetzt, skizziert Ben Gurion das Projekt in groben Zügen. Wichtigster Punkt zum Thema Nachkriegszeit ist, »Palästina als ein jüdisches Commonwealth zu konstituieren, damit alle Juden, die nach dem Krieg hier einwandern wollen oder dazu gezwungen sind, sich in diesem Land niederlassen können«.

Nach und nach gelingt es Ben Gurion, die größeren zionistischen Organisationen Amerikas zu mobilisieren und für seine Pläne zu gewinnen. Trotz der zögernden Haltung einiger ängstlicher Zionistenführer wendet er sich jetzt gezielt an Regierungsbeamte. Eine Zeitlang lebt er in Washington, wo er, unterstützt von Felix Frankfurter, Richter am Obersten Bundesgericht, seinen Werbefeldzug auf einflußreiche Regierungskreise auszuweiten versucht.

Zu Beginn des Frühjahrs ist die Lage durchaus ermutigend. Das politische Programm Ben Gurions findet bei den meisten zionistischen Organisationen Amerikas volle Unterstützung, umso mehr, als auch Weizmann in einem Artikel, der in der Januarausgabe der *Foreign Affairs* erschienen war, die Bildung eines jüdischen Commonwealth in Palästina nach Kriegsende gefordert hatte. Weizmann trifft Mitte April in New York ein. Zum selben Zeitpunkt bereiten die amerikanischen Zionistenführer Nahum Goldmann und Meyer Weisgal den ersten nationalen Kongreß der amerikanischen Zionisten vor — für Ben Gurion das lang erhoffte Forum zur Vorstellung seines politischen Programms.

Durch diesen Kongreß geht das New Yorker Hotel Biltmore in die jüdische Geschichte ein. Zwischen dem 9. und dem 11. Mai 1942 kommen hier, in dem alten Gebäude an der Ecke Madison Avenue und 43. Straße, sechshundertdrei Abgeordnete zusammen. Die von diesem Kongreß verabschiedete Resolution übertrifft an Bedeutung und Reichweite alles, was seit Theodor Herzl, seit der Gründung der zionistischen Bewegung in Basel je auf einem Zionistenkongreß beschlossen worden war. Die Resolution enthält in drei Hauptpunkten die Forderungen der Zionisten für die Zeit nach dem Ende des Krieges:

1) Die Tore Palästinas müssen für die jüdische Einwanderung geöffnet werden. 2) Die Jewish Agency muß berechtigt sein, die jüdische Einwanderung durchzuführen

und brachliegendes Land, einschließlich der unbesiedelten und unkultivierten Gebiete, urbar machen zu lassen.
3) Palästina soll als ein jüdisches Commonwealth konstituiert werden, als ein Teil der neuen, demokratischen Welt.

Die Biltmore-Konferenz brach mit dem heiligsten Tabu des politischen Zionismus. Zum erstenmal seit Jahrzehnten gab sich der Zionismus nicht mit Unklarheiten und Ausflüchten zufrieden, sondern bekannte sich eindeutig zu seinem obersten Ziel: einem jüdischen Staat in Palästina.

Wobei zu fragen wäre, ob die Mehrheit der Kongreßabgeordneten sich der Tatsache bewußt war, daß man mit ein paar knappen Sätzen die traditionelle zionistische Politik der Mäßigung hinter sich gelassen und sie durch eine militante, tatkräftige Initiative ersetzt hatte, in der ein Konflikt mit Großbritannien gleichsam vorprogrammiert war. Auch mochten die wenigsten geahnt haben, daß sie mit dieser Resolution der Politik Weizmanns den Rücken kehrten und den gefährlichen Weg einschlugen, den Ben Gurion ihnen wies. Es fällt schwer zu glauben, ob die Resolution verabschiedet worden wäre, wenn die Delegierten, die sie einstimmig akzeptierten, ihre wahre Bedeutung erkannt hätten.

Die Verabschiedung des Biltmore-Programms markierte auch den Beginn eines Führungswechsels innerhalb der Zionistischen Organisation. In der Beurteilung des Kongresses gingen die Meinungen Weizmanns und Ben Gurions weit auseinander. So schrieb Weizmann wenige Monate nach dem Kongreß:

»Ich möchte noch ein Wort zur Biltmore-Erklärung sagen, um die Ben Gurion einen solchen Wirbel gemacht hat und die offensichtlich zu einem neuen Dekalog geworden ist, zumindest zu einem neuen Basler Programm . . . Sie ist nichts dergleichen. Die Biltmore-Erklärung ist nicht mehr als eine Resolution, eine von Hunderten, die in diesem Land oder anderswo nach großen Kongressen verabschiedet werden. Sie enthält in feierlicher Formulierung die wesentlichen Punkte, die ich in meinem Artikel in *Foreign Affairs* bereits aufgeführt habe. Aber weil B. G., nachdem er sich acht oder neun Monate hier aufgehalten hat, nichts Konkretes aufweisen konnte, klammert er sich an die Biltmore-Erklärung und versucht mehr oder minder den Eindruck zu erwecken, als sei sie der Triumph seiner Politik über meine gemäßigte Formulierung derselben Ziele, und er hat seine eigenen, radikalen Ansichten in diese Erklärung eingebracht.«

Anders Ben Gurion:

»Ich zweifelte nicht daran, daß die Biltmore-Erklärung das Basler Programm ablösen würde, das vor fünfundvierzig Jahren verabschiedet worden war, und daß sie nach dem Krieg das erklärte Ziel für das jüdische Volk werden würde.«

Die unterschiedliche Bewertung der Biltmore-Erklärung brachte den seit langem schwelenden Konflikt zwischen Weizmann und Ben Gurion offen zum Ausbruch. Für Ben Gurion lagen die Gründe dieser Streitigkeiten, die sich wie immer an grundsätzlichen Fragen entzündeten, in Weizmanns Unvermögen, zwei entscheidende Ereignisse des Jahres 1939 — den Ausbruch des Zweiten Weltkrieges und Englands Rückzug aus der bisherigen pro-zionistischen Politik — in ihrer ganzen Tragweite zu erkennen und demzufolge seine Politik zu ändern. Während Ben Gurion aus der grundlegend neuen Situation weitreichende Folgerungen zog und eine entsprechend neue Politik verfolgte, hielt Weizmann auch nach der St.-James-Konferenz und dem Weißbuch, nach den neuen Bestimmungen zum Landerwerb und dem Scheitern des Projekts einer jüdischen Armee weiterhin an seiner Verhandlungspolitik mit England und dem Prinzip seiner Geheimdiplomatie fest. Als entschiedener Gegner radikaler Maßnahmen konnte er Ben Gurions Tendenz zur Gewaltanwendung und zum aktiven Widerstand nur mit Entrüstung und Besorgnis zur Kenntnis nehmen. Bei mehreren Gelegenheiten erklärte er zwar, das Biltmore-Programm zu befürworten, doch nur, um gleich darauf zu beteuern, daß er gänzlich anderer Ansicht sei. Im April 1947, sieben Monate bevor die UNO die Teilung Palästinas in einen jüdischen und einen arabischen Staat billigte, kam er noch einmal darauf zurück: »Das Biltmore-Programm, das mit so großem Tamtam proklamiert worden ist, hat sich als Illusion erwiesen.« Einen schärferen Gegner als Weizmann hätte der militante Zionismus in der Tat nicht finden können.

Doch war der ideologische Konflikt zwischen Weizmann und Ben Gurion nur die eine Seite der Medaille. Das Verhältnis der beiden zueinander wird nur verständlich, wenn man auch die persönlichen Differenzen in Erwägung zieht, die einen Monat nach der Biltmore-Konferenz offen zutage traten. Am 10. Juni 1942 teilt Ben Gurion Weizmann telefonisch mit, daß er sich »hinsichtlich konkreter Vorhaben in keiner Weise mehr an ihn gebunden fühle«. Tags darauf nennt er in einem Brief an Weizmann die Gründe für seinen Entschluß, von jetzt an getrennte Wege zu gehen.

»Seit Sie hier sind, haben Sie ausschließlich allein gehandelt, wobei Sie hin und wieder Personen Ihrer Wahl zu Rate zogen und mit Ihnen zusammenarbeiteten, wie man das bei Privatgeschäften zu tun pflegt. Offen gestanden glaube ich nicht, daß das im Interesse unserer Bewegung geschieht . . . Ich wünschte, überzeugt davon zu sein, daß Sie allein imstande sind, unsere politischen Interessen zu vertreten und unsere Bewegung zu leiten. Ich bedaure, das verneinen zu müssen; mir scheint, daß manches, was Sie bisher gesagt und getan haben, unserer Sache nicht sehr dienlich war . . . Sie wissen, wie ich hoffe, daß ich persönlich tiefen Respekt und aufrichtige Freundschaft für Sie empfinde . . . Aber wenn die Exekutive und der Krisenrat nicht Ihre volle Unterstützung für ein notwendiges gemeinsames Handeln erfährt, dann weiß ich nicht, wie unser Werk vollbracht werden kann, wofür man mich hier braucht oder wie ich mich an der Verantwortung beteiligen kann.«

In seiner Erwiderung gibt Weizmann seinem Befremden Ausdruck und wehrt sich energisch gegen den Vorwurf, er habe die Kollegen nicht informiert oder zu Beratungen hinzugezogen.

»Wenn Sie aus Gründen, die ich nicht verstehen kann, an einigen oder den meisten dieser Beratungen nicht teilgenommen haben, so liegt der Fehler sicher nicht bei mir . . . Entgegen Ihrer Ansicht hat man mir den Auftrag erteilt, die Verantwortung für die zionistische Politik zu übernehmen. Ich sage das, weil es eine Tatsache ist. Es wäre auch nicht unwichtig, . . . sich zu fragen, ob dieser mir so unverständliche und allen Fakten widersprechende Brief nicht in der Absicht geschrieben wurde, das Scheitern einer Mission zu vertuschen, die, wie ich glaube, ihrem Wesen nach undurchsichtig war und kein klares Ziel verfolgte.«

Am Schluß des Briefes wendet sich Weizmann gegen die angekündigten Konsequenzen Ben Gurions und erklärt, daß er »das Ganze lediglich als Ergebnis einer vorübergehenden Laune« betrachte, »als einen Entschluß, der nicht von abwägenden Überlegungen diktiert worden ist, sondern von einem uneingestandenen Groll, der zweifellos durch die vielen, herzzerreißenden Enttäuschungen hervorgerufen wurde, denen wir alle in dieser kritischen Zeit ausgesetzt sind.«

Ben Gurion entgegnet am Tag darauf:
»Man hat Sie nicht ermächtigt, die zionistische Politik

allein zu bestimmen. Außerdem bin ich nach reiflicher Überlegung zu der Ansicht gelangt, daß es nicht im Interesse Palästinas und des Zionismus liegen kann, wenn Sie die Dinge allein entscheiden.«

Daraufhin bricht Weizmann in einem knapp formulierten Schreiben die Beziehungen zu Ben Gurion ab und schließt mit den Worten: »Ich reise noch heute in den mittleren Westen, und ich glaube nicht, daß eine Fortsetzung unserer Korrespondenz in irgendeiner Hinsicht dienlich sein könnte.«

Krasser denn je ist der latente Krieg zwischen Weizmann und Ben Gurion ausgebrochen. Wenn Weizmann daraus nicht als Sieger hervorgehen soll, ist es für Ben Gurion höchste Zeit, die Initiative zu ergreifen und eine Entscheidung herauszufordern. Am 19. Juni 1942, nach dem Abbruch der Korrespondenz mit Weizmann, wiederholt er in einem Brief an Dr. Stephen Wise, den Vorsitzenden des American Emergency Committee (des amerikanischen Krisenrates), seine Vorwürfe gegen Weizmann und droht, dessen Rücktritt zu fordern. »Falls diese unhaltbare Situation nicht umgehend geklärt wird, habe ich keine andere Wahl, als mich mit dieser Forderung an die Zionistische Exekutive und die Zionistische Exekutive in Palästina zu wenden.« Ohne ein klärendes Gespräch aber wolle er einen Schritt von solcher Tragweite nicht tun. Daher seine Bitte um ein inoffizielles Treffen, zu dem er, Dr. Wise, Weizmann und die amerikanischen Zionistenführer einladen solle.

Acht Tage später findet dieses Gespräch in Anwesenheit von neun Personen statt, darunter Stephen Wise, Meyer Weisgal, Nahum Goldmann, Weizmann und Ben Gurion, der als erster das Wort ergreift und den Vorwurf wiederholt, Weizmann habe ihn nicht konsultiert. In dessen Gegenwart nennt er dann unumwunden den wahren Grund seiner Besorgnis:

»Meiner Meinung nach kann Dr. Weizmann in Zusammenarbeit mit anderen der Sache unschätzbare Dienste erweisen, und er kann ihr, wenn er als einzelner handelt, unkalkulierbaren Schaden zufügen. Wenn er mit einer neuen Situation konfrontiert wird, ist er nicht immer imstande, sie in ihrem realen Ausmaß zu erkennen, und er könnte in einer unerwarteten Weise darauf reagieren, ohne sich klarzumachen, was eine solche Reaktion bedeutet. Er möchte jederzeit als vernünftig und einsichtig gelten, nicht nur gegenüber Engländern . . . Wenn er an einem Gespräch teilnimmt, hört er eher das, was er hören möchte, als das, was er wirklich hört. In vielen Fällen sind seine Berichte optimistischer, als die Situation es erlaubt. Er setzt die persönliche Position und die persönliche Höflichkeit mit politischer Höflichkeit gleich.

Aus diesem Grunde glaube ich, daß es nicht im Interesse der Bewegung sein kann, wenn Dr. Weizmann allein handelt. Darum hat die Exekutive bisher auch den Grundsatz befolgt, daß noch ein anderer zugegen sein sollte, wenn Dr. Weizmann politische Entscheidungen zu treffen hatte. Mit dieser Methode war man bis zum Krieg mehr oder weniger gut beraten.«

Nach diesen Worten erwähnt Ben Gurion eine ganze Reihe von Zusammenkünften, über die er nicht informiert worden war und bei denen Weizmann seiner Ansicht nach versagt hatte.

»Man kann beste Arbeit leisten und versagen . . . Ich selbst halte mich für einen persönlichen und ergebenen Freund Dr. Weizmanns, ganz gleich, wie er darüber denkt. Ich weiß, daß es unangenehm für ihn ist, wenn ich sage, daß ich ihn davor bewahrt habe, bestimmte Fehler zu begehen . . . Wenn sich kein Ausweg aus dieser Situation finden läßt, werde ich der Exekutive sagen müssen, daß Weizmann, wenn er seine Arbeit nur so und nicht anders tun kann, besser seinen Rücktritt einreichen sollte.«

Weizmann, der Ben Gurion zunächst zugesteht, »mit größter Aufrichtigkeit und ohne persönliche Feindschaft« gesprochen zu haben, wirft ihm danach mit unvermuteter Heftigkeit »Fehlinterpretationen und Mißverständnisse« vor, und »in zahlreichen Fällen eine falsche Darstellung der Fakten«. Energisch wehrt sich Weizmann gegen die Behauptung, allein gehandelt zu haben. »Die Frage, ob es besonders klug ist, immer zu zweit zu gehen, müßte erst noch erörtert werden. Und ob ich einen *kashrut* (Aufpasser) brauche, das muß ich Ihnen, dem Kongreß oder jemand anderem zur Entscheidung überlassen.«

Satz für Satz weist Weizmann Ben Gurions Vorwürfe zurück und gibt am Ende zu verstehen, wie sehr er sich durch diese Auseinandersetzung auch persönlich gekränkt fühlt.

»Ich bedauere aufrichtig sagen zu müssen, daß die ganze Art, wie man hier Vorwürfe konstruiert, fatal an Säuberungsaktionen erinnert . . . Ich behaupte nicht, keine Fehler gemacht zu haben — Fehler, die es rechtfertigen würden, mich an jedem Laternenmast dieser Stadt aufzuhängen. Hier aber kommt eine Fülle von Anschuldigungen zusammen, die völlig aus der Luft gegriffen sind und die auf einen politischen Mord hinauslaufen . . . Ich werde auch weiterhin so handeln wie bisher. Ich werde von meinem Weg nicht abweichen, weil ich ihn für den richtigen halte. Ich werde kollegial sein. Ob ich, wie das meist der Fall ist, Menschen allein zu sprechen wünsche oder, in selteneren Fällen, andere hinzuziehe, das muß meinem Ermessen überlassen bleiben. Hier aber sehe ich offengestanden nur den verzweifelten Versuch, Vorwürfe zu erfinden, um — in allen Ehren, denn Brutus war ein ehrenwerter Mann — den Akt des politischen Mordes zu rechtfertigen. Eine Leiche macht sich keine Sorgen mehr.

Ich wußte nicht, daß ein anderes Exekutivmitglied jedesmal nach England geschickt worden war, um aufzupassen, daß ich keine Fehler mache. Ben Gurion . . . macht sich Sorgen. Das ist so üblich bei ihm. Ich habe [über ein Treffen in London] Bericht erstattet. Entweder akzeptiert man den Bericht, oder ich bin ein Lügner oder nicht in der Lage, einen Tatbestand klar zu formulieren . . . Nächste Woche bin ich bei Schatzmeister [Henry] Morgenthau zum Essen eingeladen. Muß ich da [Louis] Lipsky oder B. G. mitnehmen? Das genau ist die Frage. Ich wehre mich gegen die beleidigende Behauptung, ein ›Führer‹ zu sein. Das bin ich nicht. Ich bin nur ein armer Sünder.«

Starr vor Staunen haben die Anwesenden dem Wortwechsel zugehört. Meyer Weisgal berichtet, daß Chaim Greenberg, Führer der zionistischen Arbeiterfraktion Amerikas, ihm mit Tränen in den Augen sagte: »Ich hätte nie geglaubt, daß ich den Tag erlebe, an dem ein Führer der palästinensischen Arbeiterbewegung solche Gemeinheiten sagt.« Ben Gurion hatte harte Worte gebraucht, doch war auch Weizmanns Entgegnung so verletzend, daß selbst sein treuer Gefolgsmann Stephen Wise sich zu dem Antrag genötigt sah, den »politischen Mord« aus dem Sitzungsprotokoll zu streichen. In einem Brief an Weizmann bat er ihn, Ben Gurion umgehend zu schreiben und die Worte »Unwahrheiten« und »Irreführung« zurückzunehmen. Weizmann dachte nicht daran.

Weizmanns scharfe Reaktion und seine Verdächtigungen gegenüber Ben Gurion hatten zwar für eine gewisse Aufregung gesorgt, die eigentliche Niederlage aber mußte Ben Gurion einstecken. Fast alle, die an jenem Treffen teilgenommen hatten, akzeptierten Weizmanns Standpunkt und wiesen Ben Gurions Behauptungen zurück. Als Ben Gurion nach der Sitzung in Schweigen verharrte, überschütteten ihn Weizmann und dessen Anhänger mit Beschuldigungen. »Seit Ben Gurion vor acht Monaten hier ankam«, schreibt Weizmann später, »hat seine Gegenwart fast vom ersten Tag an für Unruhe und Unfrieden gesorgt. Er ist in einem Dauerzustand von Erregung und angespannter Nervosität, daß jede Versammlung — im Krisenrat oder anderswo — dem Durcheinander einer Irrenanstalt gleicht.« Einem anderen Vertrauten schreibt Weizmann: »Die beste Lösung des Problems wäre, Ben Gurion nach Jerusalem zurückzuschicken, was natürlich mit großen Schwierigkeiten verbunden ist. Ich versuche mein Bestes, diese Reise möglich zu machen.«

Die genannten Schwierigkeiten liegen in dem kriegsbedingten Mangel an Verkehrsmaschinen. Mitte September 1942 gelingt es Weizmann endlich, den Gegner abzuschieben. Enttäuscht und entmutigt trifft Ben Gurion in Jerusalem ein, wo er nur wenigen seiner Kollegen in der Exekutive der Jewish Agency von der Weizmann-Episode erzählt. Nach seinem Bericht beschließen die Freunde, Weizmann »so rasch wie möglich« nach Palästina zu rufen, »zu Konsultationen und zur Klärung anstehender Probleme«. Weizmann ist aber nicht gewillt, Ben Gurion auf dessen Territorium zu begegnen, und lehnt deshalb die Einladung mit der Begründung ab, sein Gesundheitszustand lasse eine solche Reise nicht zu. Statt dessen schickt er einen langen Brief an die Exekutive, in dem er seine scharfe Kritik an Ben Gurion wiederholt:

»Ich habe Herrn Ben Gurion während seines hiesigen Aufenthaltes genau beobachtet. Sein ganzes Verhalten erinnerte mich in unangenehmer Weise an einen Diktator in Taschenformat, einen Typ, den man heute so oft im öffentlichen Leben antrifft. Sie sind alle nach dem gleichen Muster geformt: humorlos, schmallippig, seelisch verkümmert, fanatisch, engstirnig, allem Anschein nach in ihrem Ehrgeiz gescheitert. Nichts ist gefährlicher als ein kleiner Mann, der sich nur noch in Selbstmitleid ergeht.«

Wenig später kehrt Weizmann nach London zurück und beendet damit die erste — ziemlich unerfreuliche —

Runde im Kampf zwischen den beiden Giganten des Zionismus um die Führungsposition und um den Anspruch, ihre Politik zu bestimmen. Die Runde in Amerika hatte Weizmann gewonnen; in Palästina wird es Ben Gurion sein, der aus einer anderen, wichtigeren Schlacht als Sieger hervorgeht.

Als Ben Gurion am 2. Oktober 1942 nach Palästina zurückkehrt, sind vierzehn Monate vergangen, eine Zeit, in der auch der Nahe Osten nicht vom Krieg verschont worden war. Im Juni 1942 hatte sich das Afrika-Korps, Rommels gefürchtete Panzertruppe, den Weg nach Ägypten freigekämpft. In Palästina sah sich die Jewish Agency von einem weiteren Vormarsch der Hitler-Armee bedroht, während die Araber, die auf eine Niederlage der Engländer hofften, jeden Sieg der Deutschen jubelnd begrüßten. Großbritannien weigerte sich jedoch auch in dieser kritischen Situation, eine jüdische Armee aufzustellen, obwohl die Mandatsbehörden Ende 1941 die »Sturmbrigaden« der Hagana, den Palmach, inoffiziell anerkannt hatten und die Truppen für Sondereinsätze trainierten. Rommels Afrika-Korps, dessen Offensive in El Alamein abgewehrt worden war, wird zwei Monate nach Ben Gurions Rückkehr nach Palästina durch einen Gegenangriff Montgomerys endgültig geschlagen.

Als lebte die Welt im tiefsten Frieden, wenden die Mandatsbehörden die Weißbuch-Bestimmungen auch weiterhin an und halten die Zugänge nach Palästina vor den wenigen Flüchtlingen verschlossen, die dem Naziterror entkommen waren und in ihren Booten das Mittelmeer überquert hatten. Den meisten dieser kleinen, mit Menschen überladenen Schiffen war es nicht gelungen, irgendwo in der freien Welt einen Hafen zu finden, wo Juden landen durften. Zur Umkehr gezwungen, kenterten einige auf hoher See, andere, die wieder Kurs auf das besetzte Europa nahmen, wurden von den Engländern abgefangen und zu den entlegensten Winkeln der Erde geschickt, wo man die Flüchtlinge in Lagern internierte.

Im Sommer 1942 erhält der Jischuw in Palästina die schlimmste aller Nachrichten: Die Deutschen haben damit begonnen, ihren als Endlösung bezeichneten Plan in die Tat umzusetzen. Sechzehn Menschen, denen die Flucht aus polnischen Lagern gelungen war, erzählen von Gettos, von Folter und menschenunwürdiger Demütigung, von Massenhinrichtungen und Massengräbern. Sie erzählen von Orten, deren Namen noch keiner gehört hatte, von Auschwitz, Majdanek, Treblinka und Sobibor, wo man Millionen Juden zur Schlachtbank führe. Die Führer des Jischuw reagieren mit Entsetzen und hilfloser Verzweiflung, um so mehr, als ihr Appell an die Großmächte ungehört verhallt und die Mandatsbehörden sich stur an den Buchstaben des Weißbuchs halten — auch dann noch, als sie erfahren, daß in Polen ein ganzes Volk systematisch ausgerottet wird. Die Juden Palästinas hegen zwiespältige Gefühle gegenüber England: Einerseits kämpfen zwanzigtausend Juden auf britischer Seite gegen Hitler; andererseits liefert Großbritannien ihnen tagtäglich neue Beweise seiner zionistenfeindlichen Politik. Im Jischuw werden jene Stimmen immer lauter, die fordern, man müsse früher oder später den Bruch mit England herbeiführen.

Entsprechend angespannt ist die Atmosphäre in Palästina, als Ben Gurion mit den Ergebnissen des New Yorker Kongresses in Jerusalem eintrifft. Umgehend startet er einen überaus erfolgreichen Feldzug für die Biltmore-Erklärung, die er als Erfüllung der kühnsten Hoffnungen des jüdischen Volkes bezeichnet. Sein Plan einer Masseneinwanderung von zwei Millionen Juden bedeutete für die Menschen, die dem Holocaust in Europa entkommen konnten, eine spektakuläre Lösung; gleichzeitig garantierte er eine jüdische Mehrheit in Palästina. Ben Gurions

Ruf nach politischer Unabhängigkeit, der in der Tat den einzig möglichen Ansatz zur Lösung des Judenproblems bot, erfüllte die Juden Palästinas — und Europas — mit neuer Hoffnung. Mehr und mehr wird das Biltmore-Programm — so, wie Ben Gurion es interpretierte — zur Parole, zum obersten Gebot der zionistischen Bewegung: Am 11. Oktober 1942 wird es von der Zionistischen Exekutive einstimmig angenommen, und am 10. November spricht sich der Innere Exekutivrat in Jerusalem mit überwältigender Mehrheit für Ben Gurions radikale Lesart der Erklärung aus. Ben Gurion hat allen Grund, stolz auf seinen Sieg zu sein: Er ist zum Inbegriff des militanten Zionismus geworden. Weizmann ist weit weg, und seine Politik der Mäßigung läßt sich mit dem neuen Geist der Rebellion gegen England, der unter den Juden Palästinas rasch Verbreitung findet, nicht mehr vereinbaren. Jetzt bringt Ben Gurion sein Volk dazu, sich gegen England aufzulehnen, gegen jeden Schritt, den die britische Regierung zur Einhaltung der Weißbuch-Paragraphen unternimmt, entschieden Widerstand zu leisten. Selbst Menschen, die nicht zu seinen Freunden oder Bewunderern gehören, müssen zugeben, daß die Juden Palästinas in Ben Gurion ihren wahren Wortführer gefunden haben. Als Berl Locker, ein Anhänger Weizmanns, 1943 nach London fährt, kann er nur bestätigen, »daß Ben Gurion an Einfluß gewonnen hat und in Palästina der Führer ist«. Der Führer der zionistischen Weltbewegung aber ist Ben Gurion noch nicht.

Aus Washington erfährt man von Gesprächen und Verhandlungen, die Weizmann und seine Mitarbeiter mit den Gefolgsleuten von Ibn Saud geführt haben. Auch hört man, daß Weizmann die Biltmore-Beschlüsse gänzlich anders interpretiert und Erklärungen abgibt, die mit den militanten Bestrebungen der palästinensischen Führer nicht zu vereinbaren sind. Ben Gurion kocht vor Wut und beschwert sich beim politischen Ausschuß der Mapai über Weizmann, der sich wieder einmal so benähme, als wäre die Politik der Exekutive seine Privatsache. Radikal wie selten greift er Weizmann an:

»Ich weiß nicht, was ich raten soll, wenn Weizmann sich nicht aus der Politik heraushält. Er kann ja ruhig ein ›Parade-Präsident‹ sein, oder auch gar kein Präsident, nur politische Fragen sollte er nicht berühren . . . Weizmanns Gegenwart [fügt uns] den größten Schaden zu . . . Der Zionismus ist keine Privatangelegenheit.«

Mit dem letzten Satz gibt Ben Gurion zu verstehen, daß er zurücktreten will: »Meine Tage in der Exekutive sind gezählt.«

Die Mehrheit im politischen Ausschuß gibt Ben Gurion recht und beschließt, Weizmann aufzufordern, nach Palästina zu kommen. Damit ist der Gedanke geboren, eine Zionistische Weltkonferenz nach Palästina einzuberufen. Sie findet nicht statt, da der Präsident der Zionistischen Organisation die Einladung nach Palästina rundweg ablehnt, obwohl sich auch die Exekutive der Jewish Agency dieser Einladung angeschlossen hatte. In London erzählt Weizmann einem seiner Vertrauten, daß Ben Gurion in seiner Abneigung und seinem Mißtrauen ihm gegenüber jedes Maß verloren habe. »Nie wieder«, erklärt er abschließend, »werde ich mit ihm gemeinsam in derselben Exekutive sitzen.«

Im Oktober 1943 kommt es erneut zum Eklat. Weizmann, der Ende Juni nach London zurückgekehrt war, erfährt von Leo Amery, einem Kabinettsminister, daß ein neugebildeter Regierungsausschuß eine andere Palästinapolitik festlegen soll; eine der angestrebten Lösungen sehe eine Teilung Palästinas und die Gründung eines Judenstaates in Gebieten außerhalb Samarias vor. »Zu wenig und zu spät«, lautet Weizmanns Kommentar, was Ben Gurion erneut zum Kochen bringt. Während Weizmann in London bei Verhandlungen mit der britischen Regierung seine politische Linie weiterverfolgt, sind der Exekutive der Jewish Agency in Jerusalem die Hände gebunden. Nur gelegentlich erhält sie Nachricht von den Londoner Vorgängen und hat selbst keinerlei Möglichkeit, sich Gehör zu verschaffen. Als Moshe Sharett und Berl Locker nach London telegrafieren und Weizmann dringend bitten, nach Palästina zu kommen, lehnt dieser ein zweites Mal ab. In seinen Augen ist London nach wie vor das Zentrum zionistischer Politik. »Mit leeren Händen«, erklärt er, wolle er »nicht nach Palästina kommen«, und er wolle auch nicht »mit Ben Gurion an einem Tisch sitzen«. Als diese Antwort bei einer Sitzung der Zionistischen Exekutive in Jerusalem verlesen wird, erhebt sich Ben Gurion und erklärt seinen Rücktritt.

Die Nachricht von seinem Entschluß, die in Palästina wie eine Bombe einschlägt, dringt bis nach London, wo Weizmann wiederum vorgibt, Ben Gurions Entrüstung nicht verstehen zu können. Er lädt eine Delegation aus Palästina nach London ein und fügt hinzu: »Ben Gurion mag ruhig kommen. Aber ich werde nicht mit ihm zusammenarbeiten, ich kann einfach nicht mit ihm zusammenarbeiten.«

Im Laufe von zwei Monaten treten der politische Ausschuß und das Zentralkomitee der Mapai mehrfach zu Beratungen zusammen, in denen Ben Gurions Attacken gegen Weizmann ihren Höhepunkt erreichen. Zum erstenmal nennt er die Gründe seiner gestörten Beziehung zu Weizmann und schließt mit den Worten: »Das beste wäre, ihn aus der Politik, nicht aber aus der zionistischen [Bewegung] auszuschließen.« Selbst Moshe Sharett, der mit Ben Gurions Schlußfolgerung keineswegs einverstanden ist, muß ihm zubilligen, Weizmanns Fehler präzise geschildert zu haben. Gleichwohl ist Ben Gurions Stellung durch die Radikalität seiner Forderung so geschwächt, daß es ihm nicht gelingt, die Kollegen von der Notwendigkeit zu überzeugen, Weizmanns Machtposition zu erschüttern. Verbissen wehrt er sich gegen jeden Kompromiß und jeden Versuch, Weizmann zu einer Zusammenarbeit mit den zionistischen Führern zwingen zu wollen; er besteht derart hartnäckig auf seiner Forderung, Weizmann auszuschalten, daß selbst der engste Freund mit seiner Geduld am Ende ist. Wieder einmal ist es Berl Katznelson, der Ben Gurions Erregung zügelt und ihn bedrängt, sein Rücktrittsgesuch zurückzunehmen.

Aus dieser letzten Runde gegen Weizmann geht Ben Gurion gestärkt hervor. Denn anders als ein Jahr zuvor kämpft er jetzt nicht mehr auf einsamem Posten. Auf Drängen seiner Londoner Mitarbeiter schickt Weizmann ihm ein Telegramm und bittet ihn ebenfalls, sein Gesuch zurückzuziehen. Auch wenn es nicht gelungen ist, Weizmanns Position zu untergraben, so hat sich doch das Kräfteverhältnis zwischen den beiden Männern jetzt eindeutig zugunsten Ben Gurions verschoben.

Trotz der Beilegung dieses jüngsten Konflikts mit Weizmann kommt Ben Gurion nicht zur Ruhe. Kaum eine Woche später wird er mit einem neuen Problem konfrontiert, der Spaltung innerhalb seiner eigenen Partei, der Mapai. Schon Ende 1938 hatte sich die Fraktion B, eine Splittergruppe, gebildet und große Teile der Kibbuz-Bewegung — die Crème der Arbeiterparteien — in ihren Reihen versammelt. Gemäß ihrer politischen und militärischen Doktrin befürwortete die Fraktion B den Kampf gegen England und die Aufstellung jüdischer Selbstschutztruppen, was sie gewissermaßen zum Verbündeten Ben Gurions machte. Beim Thema der Teilung Palästinas aber gingen die Meinungen auseinander. Als entschiedener Teilungsgegner plädierte die Fraktion B für die vage Idee eines internationalen Mandats über ganz Palästina. Den Peel-Plan von 1937 hatte sie abgelehnt und im Biltmore-Programm nur die ersten Vorboten der Teilung gesehen. Zum endgültigen Bruch kommt es nun im März 1944 bei einer Generalversammlung der Mapai, wo sich die Fraktion B nach stürmischer Debatte von der Mapai lossagt und sich den alten Namen der von Ben Gurion, Berl Katznelson und Jizchak Tabenkin (dem jetzigen Fraktionsführer) gegründeten Partei zulegt: Achdut Haawoda. Ben Gurion sieht sich von vielen seiner früheren Verbündeten alleingelassen. Die Aktivisten, die Mitglieder der Kibbuz-Bewegung und die Elite der Hagana, die Mitglieder des Palmach, folgen Tabenkin und verlassen die Partei.

Im Sommer 1944 steht Ben Gurion, nach dem Konflikt mit Weizmann und der Enttäuschung durch Tabenkin, noch weitaus Schlimmeres bevor. In der Nacht des 15. August 1944 wird Ben Gurion von David Hacohen, einem Führungsmitglied der Mapai, aus dem Schlaf geweckt. Er steht auf, geht schlaftrunken zur Tür und hört, wie Hacohen sagt: »Ben Gurion, ich habe soeben erfahren, daß Berl Katznelson gestorben ist.« Fassungslos wankt Ben Gurion ins Zimmer zurück und stürzt zu Boden. Als er sich wieder erhebt, ist sein Gesicht zur Grimasse verzerrt, er starrt vor sich hin, taumelt zurück aufs Bett. Hacohen, der die Szene wie gelähmt verfolgt hat, berichtet später:

»Er hüllte sich in die Decke, wickelte sie um den Kopf, stöhnte und schrie wie ein verwundetes Tier . . . Es war furchtbar. Ich habe noch nie einen Menschen so erschüttert gesehen. Er wälzte sich hin und her, schlug mit dem Kopf gegen die Matratze, stieß unzusammenhängende Worte hervor: ›Berl, ohne Berl. Wie ist es möglich ohne Berl . . . O Berl, wie soll ich ohne dich leben?‹«

Noch vor dem Morgengrauen ist Ben Gurion in Katznelsons Jerusalemer Wohnung, wo der Leichnam aufgebahrt liegt. Als er das Zimmer betritt und die vielen Menschen bemerkt, bleibt er stehen, sieht seine Freunde an und wird ohnmächtig. Nachdem er wieder zu sich gekommen ist, bittet er darum, ihn mit Berl alleinzulassen. Die Freunde gehen aus dem Zimmer und hören von draußen, wie Ben Gurion mit gebrochener Stimme zu dem Toten sagt: »Wie kannst du das nur tun, Berl? Wie kannst du uns nur verlassen?« Danach wird es still. Zwei Stunden verbringt er allein mit dem Toten. Als er wieder bei den andern ist, sagt er zu seinem Sohn Amos: »Er war der einzige wirkliche Freund, den ich hatte.«

Katznelsons Tod ist ein grausamer Schlag für Ben Gurion. Keinen hatte er so geliebt wie ihn. Von ihm sagte er später einmal, daß er »der Mensch war, der mir in meinem Leben am nächsten stand«. Katznelsons Tod bringt zudem für das politische Leben Ben Gurions entscheidende Veränderungen mit sich. Allein auf sich gestellt, wird er jetzt zum wichtigsten, fast dem einzigen Führer seiner Partei. Von jetzt an wird er keinen mehr an seiner Seite haben, der ihn in seinen Entscheidungen beeinflußt, seine Impulsivität zügelt, ihn zur Mäßigung ermahnt.

So kommt es, daß Ben Gurion gegen Ende des Krieges einsamer ist als je zuvor, daß die Last der Verantwortung allein auf seinen Schultern liegt. Rings um ihn her lichten sich die Reihen der großen Führerpersönlichkeiten. Weizmann, ein Mann der älteren Generation und gesundheitlich angegriffen, ist kaum noch in der Lage, Ben Gurion zu kontrollieren; Tabenkin hat sich in der Festung seines sektiererischen Fanatismus verschanzt; Jizchak Ben Zwi und andere Gründungsväter der Arbeiterbewegung sind mehr und mehr ins Abseits geraten. Jetzt gibt es auch Berl nicht mehr, den Kompaß Ben Gurions. Einsam, ohne einen wahren, verständnisvollen Freund wächst Ben Gurion in die große Aufgabe hinein, die jüdische Gemeinschaft Palästinas durch die schweren Prüfungen des Schicksals hindurchzuführen.

Zu den Nöten und Schwierigkeiten, die Ben Gurion in den Kriegsjahren durchzustehen hat, kommt eine schwerwiegende familiäre Krise. Seine Beziehung zu Paula scheint festgefahren, Paula selbst ist der Verzweiflung nahe. Daß er ein normales Familienleben geführt habe, wird man Ben Gurion kaum nachsagen können. Selbst wenn er in Palästina war und zu Hause bei seiner Familie lebte, widmete er sich den politischen Aufgaben mit solcher Intensität, daß er Probleme im häuslichen Bereich nicht einmal wahrnahm. Wenn er auf seinen Reisen Dutzende von Büchern bestellte und den Auftrag erteilte, sie an seine Heimatadresse zu schicken, kam er nicht auf den Gedanken, daß Paula dafür zehn Pfund bezahlen mußte — zehn von siebzehn Pfund, die ihr monatlich an Haushaltsgeld zur Verfügung standen. Paula tat ihr Bestes, ihm finanzielle Probleme zu ersparen, sie kochte und wusch bis spät in die Nacht und ließ mehr als einmal heimlich eine Mahlzeit aus, damit das Essen für David und die Kinder reichte. Das Ergebnis war, daß man später bei ihr ein chronisches Magenleiden infolge von Unterernährung feststellte. Als Gëula heiratete, reichte das Geld nicht einmal für das Brautkleid aus, geschweige denn für eine Mitgift. Das Geld aber, das die Jewish Agency ihm für diesen Zweck überwies, schickte Ben Gurion, pedantisch wie immer, wütend zurück.

Neben ihren Haushaltspflichten war Paula auch für die Erziehung der Kinder verantwortlich. Auch hier hielt sich Ben Gurion völlig heraus, vergrub sich in sein Arbeitszimmer, ohne je mit den Kindern zu reden oder mit ihnen zu spielen. So lernten sie schon früh, ihn nicht zu stören. Nur einmal, als Amos ein schlechtes Zeugnis heimbrachte, rief Ben Gurion seinen Sohn ins Arbeitszimmer und sagte traurig: »Wenn ich einmal alt bin, werde ich mir schwere Vorwürfe machen, mich nie um deine Schulaufgaben gekümmert zu haben. Aber ich habe ja so viel zu tun, Amos.

Ich kann mich einfach nicht darum kümmern, auch wenn ich ganz genau weiß, daß mich das später einmal sehr quälen wird.«

Unter diesen Umständen konnte es nicht verwundern, daß Paula immer verbitterter und unzufriedener wurde. Doch gab es für die Entfremdung zwischen ihr und David noch andere Gründe. Ben Gurion war noch immer der Romantiker, leidenschaftlich und gefühlsbetont (als solchen hat ihn später auch seine jüngere Tochter Renana geschildert). Doch konnte Paula seiner Sehnsucht ebensowenig entsprechen, wie sie seine politischen Standpunkte zu teilen vermochte. Die Folge war, daß er sich auch zu Hause isoliert und einsam fühlte. Von Zeit zu Zeit machte Paula ihrem Unmut Luft und warf ihm vor, sie nicht genug zu lieben, ihr zu wenig Beachtung zu schenken. Als es kurz vor einer seiner Auslandsreisen wieder zu einer solchen Szene gekommen war, schrieb er ihr aus Stockholm:

»Ich liebe Dich mehr als Du vielleicht glaubst . . . Das Problem, Liebling, ist nur, daß Du mich nicht gut genug kennst, obwohl ich weiß, daß Du mich sehr liebst. Aber Liebe allein genügt nicht. Ich möchte, daß Du alles, was mich beschäftigt, mit mir teilst. Ich möchte, daß Du Interesse an meiner Arbeit und meinen Kämpfen zeigst. Dann würdest Du selbst auch glücklicher sein, Dein Leben wäre reicher und interessanter.«

Gebessert aber hat sich nichts zwischen ihnen. 1937 schrieb er ihr, in Erwiderung eines ihrer verbitterten Briefe, in aller Offenheit:

»Mein Leben ist sehr hart . . . Ich habe mich nie beklagt und beklage mich auch jetzt nicht . . ., aber ich bin sehr allein, obwohl ich meine Freunde und meine Kameraden habe . . . Manchmal ist es sehr, sehr hart für mich. Es gibt Augenblicke, wo mich . . . schwere und bittere Fragen quälen und ich niemanden habe, an den ich mich wenden könnte. Ich bin allein, eine schwere Bürde lastet auf mir, eine manchmal untragbar schwere Bürde . . . Jedes Zeichen Deiner Liebe und Freundschaft ist mir so kostbar . . . Aber es gibt Zeiten, wo Du mir, ohne das zu wollen, ohne es zu wissen und ohne böse Absicht, großen Kummer machst, wo sich mein Leiden verstärkt und meine Einsamkeit immer schlimmer wird.«

Das Leben an der Seite Ben Gurions hatte Paula wirklich keine großen Freuden beschert, doch gemessen an der Krise, die sie während des Krieges durchzustehen hatte, verblaßten die täglichen Probleme: Paula war überzeugt, daß es im Leben ihres Mannes andere Frauen gab.

Auf den ersten Blick mag ihr Verdacht unverständlich scheinen: Ein Ben Gurion, der Frauen den Hof macht, paßt so gar nicht zu dem Bild, das man sich von ihm als Mensch und Politiker macht. Da er aber als junger Mann sehr empfindsam und gefühlsbetont war und sich zu schönen Mädchen hingezogen fühlte, kann man durchaus annehmen, daß er auch später, als reifer Mann und führender Politiker, nicht unempfänglich für weibliche Schönheit war. Bis auf den heutigen Tag aber hat keine Frau auch nur ein Wort über eine Romanze mit Ben Gurion geschrieben oder veröffentlicht, was dafür spricht, daß Frauen, die seine Gesellschaft suchten, seinem Ruf zuliebe Stillschweigen bewahrten. In seiner Zeit als Ministerpräsident behandelten die Vertrauten und engsten Mitarbeiter sein Privatleben als Geheimsache und sorgten dafür, daß nichts über seine Beziehungen zu anderen Frauen nach außen drang.

Manche Beobachter sehen in Ben Gurions Liebesgeschichten eine Folge seiner Enttäuschungen mit Paula, die sein Bedürfnis nach Liebe und Zuneigung unerfüllt ließ. Was immer man davon auch halten mag, Ben Gurion selbst vertrat die Ansicht, daß eine private Liebesbeziehung für einen Mann des öffentlichen Lebens weder eine Sünde war noch seinem Ansehen in der Öffentlichkeit schaden konnte. Jahre später hat er darum auch Moshe Dayan in Schutz genommen, als dessen Liebesaffären publik wurden, und den Brief eines aufgebrachten Ehemanns, der Dayan des Ehebruchs beschuldigte, in diesem Sinne beantwortet:

»Ich hoffe, daß Sie es mir nicht übelnehmen, wenn ich zwischen dem privaten, dem intimen Aspekt und der öffentlichen Seite einen Unterschied mache . . . Nicht nur heutzutage, auch in früheren Generationen und sogar in alter Zeit hat man diese beiden Ebenen unterschieden – und man mußte sie unterscheiden . . . Ein Mann kann sein ganzes Leben lang ein Asket, ein Heiliger und für öffentliche Aufgaben ungeeignet sein, doch ist auch das Gegenteil möglich.«

Als Beleg für seine These führte Ben Gurion König David und Admiral Nelson an und schloß mit den Worten: »Es ist unmöglich (und meiner Ansicht nach auch unzulässig), das Privatleben eines Menschen – ob Mann oder Frau – unter die Lupe zu nehmen und ihm von daher seinen Platz in der Gesellschaft zuzuweisen.« Als Ruth Dayan wenig später zu ihm kam und sich ihrerseits bitter beklagte, wiederholte er seinen Standpunkt: »Sie müssen sich daran gewöhnen, daß sich das private und das öffentliche Leben großer Männer auf parallelen Ebenen abspielt, die sich niemals begegnen . . .«

Ben Gurions Worte konnten Ruth Dayan nicht trösten. Für sie war eine Welt zusammengebrochen. Ganz ähnlich scheint Paula in den vierziger Jahren empfunden zu haben, als sie an der Untreue ihres Mannes kaum noch zweifeln konnte. Schockiert, ratlos und tief unglücklich fuhr sie zu Ben Gurions Freunden nach Jerusalem, um ihnen das Herz auszuschütten. Nur mit größter Mühe gelang es den Freunden, Paula zu beruhigen, sie von ihren Selbstmordgedanken abzubringen. »Wir rieten ihr dringend«, berichtet eine Freundin, »zu Ben Gurion zurückzukehren und sich für seine Arbeit und seine Probleme zu interessieren, um so die Liebe ihres Mannes zurückzugewinnen. Und so geschah es auch. Paula bemühte sich redlich, an all seinen Tätigkeiten und Kämpfen teilzunehmen. Sie hat ihn spüren lassen, wie sehr sie an ihm hing, sie hat sich völlig mit ihm identifiziert und so ihren Platz an seiner Seite zurückerobert.« Obwohl sich Paulas Argwohn nie ganz verflüchtigte und sie eines Tages ihrer Tochter schwere Vorwürfe machte, eine Freundin eingeladen zu haben, »die Vaters Geliebte war«, fanden David und Paula doch wieder zusammen und konnten ihre Beziehung zunehmend festigen.

Wenn man bedenkt, was Paula von den offenbar beachtlichen Fähigkeiten ihres Mannes halten mußte, mutet es mehr als seltsam an, daß man zu eben jener Zeit begann, Ben Gurion den »Alten« zu nennen. Soweit er selbst sich erinnert, tauchte der Spitzname zum erstenmal auf, als er gemeinsam mit Freunden in einem Restaurant saß. Da stand ein kleines Mädchen vom Nebentisch auf, zeigte auf ihn und fragte so laut, daß jeder es hören konnte: »Wer ist der Alte?«

Ben Gurion ging damals auf die Sechzig zu und war in seiner Position als Führer der palästinensischen Juden allgemein anerkannt. Seine Reden, Bücher und Aufsätze wurden viel gelesen, man befaßte sich gründlich damit und zitierte sie häufig. Seine persönliche Anziehungskraft, seine charismatische Ausstrahlung wirkte auf Menschen jedoch oft einschüchternd, so daß es nur wenigen in seiner Gegenwart gelang, die Scheu zu überwinden und mit ihm zu debattieren.

Als Mann der Tat war Ben Gurion kein Freund von Partygesprächen und oberflächlicher Konversation; an Klatsch und politischem Geplänkel lag ihm nichts. So war eines Tages ein bekannter Schriftsteller bei Katznelson aufgetaucht und hatte ihm — noch völlig außer sich — erzählt, daß er soeben bei Ben Gurion gewesen sei und daß dieser ihn nur kurz und knapp gefragt habe: »Was wünschen Sie? Worum geht es?« Es sei völlig ausgeschlossen, sich einfach hinzusetzen und mit Ben Gurion zu plaudern. Am nächsten Tag sagte Katznelson zu dem Schriftsteller: »Ben Gurion will Sie sprechen. Gehen Sie bitte heute nachmittag zu ihm.« Der Mann war ziemlich überrascht, tat aber, was man ihm sagte, und traf Ben Gurion über Akten gebeugt in seinem Arbeitszimmer an. Der Alte hob kurz den Kopf, sagte: »Setzen Sie sich!« und vertiefte sich wieder in die Akten. Nach einer ganzen Weile legte er endlich die Feder beiseite, beugte sich vor und sah dem Besucher fest in die Augen. »Los«, sagte er, »plaudern Sie! Plaudern Sie!« Als er die Verblüffung seines Gegenübers bemerkte, fügte er unschuldig hinzu: »Sie sagten doch, daß man unmöglich mit mir plaudern könne. Versuchen wir's also. Plaudern wir!«

Von Natur aus autoritär, hatte Ben Gurion eine klare Vorstellung von den Qualitäten eines Führers. So hielt er es für sehr wichtig, im politischen Leben die Wahrheit zu sagen. Was ein verantwortungsbewußter Führer tun sollte und was nicht, hat er später definiert:

»Er muß genau wissen, was er erreichen will, er muß seiner Ziele sicher sein und sie stets im Kopf haben. Er muß wissen, wann er seine politischen Gegner bekämpfen und wann er abwarten muß. In grundsätzlichen Fragen darf er keine Kompromisse schließen . . . Und da die Welt nie aufhört, sich zu drehen, und die Strukturen der Macht sich ständig verschieben wie die Muster in einem Kaleidoskop, muß er die einmal gewählte Politik im Hinblick auf seine Ziele immer wieder überprüfen.«

Obwohl Ben Gurion diese knappe Zusammenfassung seiner politischen Überlegungen erst Jahre später niedergeschrieben hat, entspricht sie doch genau den Gegebenheiten der Kriegsjahre und ihren Forderungen nach Flexibilität. Denn je mehr sich das Blatt zugunsten der Alliierten wendet, desto schwieriger wird es, den Kurs der zionistischen Politik zwischen dem Krieg gegen Hitler und dem Kampf gegen das Weißbuch zu steuern. Als Winston Churchill Chaim Weizmann über den Beschluß seiner Regierung informiert, innerhalb der britischen Armee eine Jüdische Brigade aufzustellen, sieht es ganz so aus, als sei Großbritannien zu einer Versöhnungsgeste gegenüber den Juden Palästinas bereit. Zwar kommt die Brigade 1944 nur in den wenigen Monaten vor dem Ende des alliierten Vormarsches in Italien zum Einsatz, doch wird sie durch die gründliche militärische Ausbildung der Soldaten, durch den Dienst in einer regulären Einheit, ihren Kampfgeist und die entscheidende Rolle, die sie bei der Aufnahme der Überlebenden des Holocaust und ihrer illegalen Einwanderung nach Palästina spielte, zu einem der wichtigsten Faktoren im Kampf um die Errichtung eines Judenstaates.

Churchill, der noch im Laufe des Krieges die Versprechen der Balfour-Erklärung einzulösen gedenkt, setzt 1943 eine Regierungskommission ein, die ein Grundsatzprogramm zur Teilung Palästinas erarbeitet. Während man sich in Whitehall auf diese Lösung einigt, setzt die Mandatsregierung in Palästina ihre Weißbuch-Politik fort. Angesichts der harten Maßnahmen der Engländer konnte sich in Palästina wohl niemand so recht vorstellen, daß der britische Premierminister insgeheim die Errichtung eines Judenstaates plante. Kein Wunder also, wenn die Revisionisten ihrem Zorn auf die Engländer freien Lauf lassen und noch mitten im Krieg eine antibritische Terrorkampagne starten.

In dieser Kehrtwendung der revisionistischen Politik liegt eine gewisse Ironie. Denn bei Ausbruch des Krieges hatten die Revisionisten und ihre Militärorganisation, der Irgun Zwai Leumi (IZL), Jabotinskys Politik unterstützt, der eine Zusammenarbeit mit den Engländern gegen Hitler befürwortete. Der Irgun hielt sich so eng an diese Politik, daß er sogar die von Ben Gurion organisierten Protestkundgebungen gegen die britischen Landerwerbsbestimmungen boykottierte. Das Ausmaß dieser Zusammenarbeit stieß aber bei den radikaleren Elementen der Organisation auf heftige Kritik. Unter der Führung von Abraham Stern traten sie für eine großangelegte Terrorkampagne gegen England ein. Auf Grund dieser Forderungen, die für den Irgun unannehmbar waren, kam es nach Jabotinskys Tod zur Spaltung. Die Fraktion Abraham Stern trat aus dem Irgun aus und gab sich den Namen Lohamei Cherut Israel Lechi (Kämpfer für die Freiheit Israels). Der Irgun machte eine lange, von Zweifeln und Krisen geprägte Phase durch. Er stand vor der Frage, entweder der britischen Armee beizutreten oder sich im Kampf gegen das Weißbuch zu engagieren. Die Lechi konnte sich nicht einigen, wie gegen die Briten vorzugehen sei. Mit ihren radikalen Parolen fand sie in der Bevölkerung keine Unterstützung. Sie geriet vollends in Mißkredit, als sie mit Banküberfällen ihre Aktivitäten zu finanzieren versuchte und bei einer ihrer Attacken jüdische Polizisten ums Leben kamen. Einen schweren Schlag erlitt die Lechi, als die Engländer das Versteck Abraham Sterns entdeckten, sich gewaltsam Einlaß verschafften und ihn umbrachten.

1944 beendet der Irgun seinen Waffenstillstand mit den Engländern und geht zum Angriff über. Sein neuer Kampfgeist erwacht mit der Ankunft Menachem Begins, der vordem Betar-Führer in Polen gewesen war und jetzt die Führung des Irgun übernimmt. Begin, ein kühner, unerschrockener Mann, ein geborener Organisator und hochbegabter Redner, verhilft der geschwächten Organisation zu neuem Leben. Der Irgun startet eine blutige antibritische Kampagne. Im ganzen Land werden britische

Nachrichtenbüros und Polizeistationen überfallen. Als britische Soldaten, Polizisten oder auch als Araber verkleidet, dringen IZL-Kommandos in britische Lager ein, entwenden Waffen, töten Offiziere, nehmen Geiseln gefangen.

Auch unter den Irgun-Soldaten gibt es viele Tote und Verwundete. Ein Teil der jüdischen Bevölkerung, vornehmlich die Jugend, ist voller Begeisterung für die tapferen Freiheitskämpfer, die im Kampf gegen die Fremdherrschaft ihr Leben riskieren. Die Mehrheit des Jischuw lehnt den Terror jedoch entschieden ab. Auch die Leitung der Jewish Agency sieht in der Gewalt eine politische Waffe, die nur begrenzt anzuwenden ist und nur, wenn sie unter politischen und moralischen Gesichtspunkten gerechtfertigt scheint. Der Irgun aber hatte diese Grenzen weit überschritten. Bei der Offensive gegen die Engländer war es nicht geblieben; hinzu kam eine lange Reihe von Banküberfällen und Erpressungsdelikten sowie Morde an »Verrätern« und »Spitzeln«.

Mit der zunehmenden Krisenstimmung wächst in Palästina auch die Gefahr eines offenen Konflikts zwischen den Dissidenten (dem Irgun und der Lechi und der Hagana). Im Oktober 1944 trifft sich Begin mit Moshe Sneh, einem Vertrauten Ben Gurions und Chef des nationalen Hauptquartiers der Hagana. Wie Sneh berichtet, hat Begin im Laufe ihrer Unterredung mehrfach betont, daß »wir nach Jabotinskys Tod in David Ben Gurion den einzigen Mann sehen, der den politischen Kampf der Zionisten führen kann. Wir sind bereit, seinen Befehlen Folge zu leisten, aber nur, wenn Ben Gurion an der Spitze eines nationalen Befreiungskomitees oder einer provisorischen jüdischen Regierung steht und wenn er gegen die [britische] Regierung Krieg führt.« Begin spricht von Kampf — Sneh von politischen Ideen. Als Sneh fordert, der Irgun müsse den Terror zumindest vorübergehend beenden, stößt sein Appell auf taube Ohren; man redet aneinander vorbei. Dasselbe ist bei einem zweiten Gespräch der Fall, das Begin mit Elijahu Golomb führt, dem inoffiziellen Führer der Hagana. Auch Golomb gelingt es nicht, Begin von der Notwendigkeit zu überzeugen, die Terrorkampagne unverzüglich zu beenden. Beim Abschied erklärt er darum scharf und deutlich, die Hagana werde den Irgun mit allen Mitteln bekämpfen, um dem Terror ein Ende zu machen. Laut Begin hat Golomb gedroht, den Irgun »auszulöschen«. Zum Zeitpunkt ihres Gesprächs arbeitet eine Gruppe von Hagana-Leuten bereits an Plänen, wie gegen den Irgun vorzugehen sei. Als die internen Spannungen ihren Höhepunkt erreichen, kommt es zu einem Zwischenfall, der die gesamte jüdische Welt in Aufruhr versetzt — zum Mord von Kairo.

Im November 1944 bereitet sich Weizmann nach fünfjähriger Abwesenheit auf seine Rückkehr nach Palästina vor. Kurz vor seiner Abreise aus London trifft er sich noch einmal mit Churchill, der ihm rät, in Kairo mit Lord Moyne zu sprechen, der jetzt britischer Ministerresident im Nahen Osten ist. »Er hat sich in den vergangenen zwei Jahren verändert«, meint der Premierminister, »er ist an seinen Aufgaben gewachsen.« Das bestätigt oder widerlegt zu finden, hat Weizmann keine Gelegenheit mehr. Zwei Tage später wird Lord Moyne von zwei Mitgliedern der Lechi ermordet, die man mit diesem Sonderauftrag nach Kairo geschickt hatte. Weizmann ist erschüttert. In einem Brief an Churchill gibt er seinem »Abscheu und seiner moralischen Entrüstung« Ausdruck und erklärt, daß »politische Verbrechen dieser Art besonders verwerflich sind«. Ben Gurion verschickt keine Kondolenzschreiben, doch ist er fest entschlossen, mit allen Mitteln gegen die Dissidenten vorzugehen.

Es liegt eine gewisse Ironie darin, daß ausgerechnet Ben Gurion, der streitbarste unter den Arbeiterführern, sich jetzt zum Sprecher einer Kampagne gegen die Dissidenten macht. Gleichwohl aber ist dieser Standpunkt bezeichnend für ihn und seinen Glauben an den Kampf um die Grundrechte der Juden, wie sie in der Balfour-Erklärung niedergelegt worden waren. Für Ben Gurion ist der bewaffnete Kampf lediglich ein Mittel zur Verteidigung und nur dann gerechtfertigt, wenn Großbritannien versucht, den Juden diese Grundrechte mit Gewalt streitig zu machen. Antibritische Terroraktionen wie diese aber kann er nur als einen Dolchstoß betrachten, den man einem Verbündeten hinterrücks versetzt.

Unter diesem Aspekt wird eine Operation durchgeführt, der man den Namen *Saison* (Jagdsaison) gibt. In einem politischen Klima, das infolge des Mordes an Lord Moyne überreizt und emotional aufgeladen ist, gelingt es Ben Gurion, die Jewish Agency zur Verabschiedung eines folgenschweren Erlasses zu bewegen.

»Die jüdische Gemeinschaft ist aufgerufen, sämtliche Mitglieder dieser gefährlichen und destruktiven Bande auszustoßen, ihnen jeden Schutz und jede Unterkunft zu verweigern, ihren Drohungen nicht nachzugeben und den Behörden jede Hilfeleistung zu gewähren, die zur Vermeidung weiterer Terroranschläge und zur Vernichtung dieser [terroristischen] Organisation nötig ist. Denn hier geht es um Leben oder Tod.«

Der Aufruf löst allgemeinen Unmut aus, doch weicht Ben Gurion keinen Schritt zurück. Fest entschlossen, gemeinsam mit den Engländern gegen die Dissidenten vorzugehen, sagt er im November 1944:

»Wir haben nur die Wahl zwischen zwei Möglichkeiten: Terror oder politischer Kampf des Zionismus; terroristische Organisationen oder ein organisiertes jüdisches Gemeinwesen. Wenn wir den politischen Kampf wollen . . ., müssen wir uns erheben und gegen Terror und terroristische Organisationen einschreiten. Wir dürfen nicht nur reden, wir müssen handeln.«

Diese Erklärung leitet die zweite Phase der *Saison* ein, in deren Verlauf man überall im Land Irgun-Mitglieder aufgreift, zum Verhör in einsam gelegene Häuser oder Kibbuzim bringt, sie mitunter auch prügelt oder beraubt. Der britischen Polizei werden Namenslisten übergeben, es kommt auch vor, daß die Hagana-Leute gefangene Irgun-Mitglieder direkt an die Briten ausliefern. Die Kampagne hätte durchaus zu einem gegenseitigen Vernichtungskrieg ausarten können, wenn der Irgun nicht eingelenkt hätte: »Ihr sollt eure Hand nicht gegen junge Juden erheben oder mit Waffen gegen sie vorgehen«, lautet Menachem Begins Anordnung an die Irgun-Führer. »Sie haben keine Schuld. Sie sind unsere Brüder . . . Es darf keinen Bruderkrieg geben.« Zu einem Bruderkrieg ist es auch nicht gekommen.

Die *Saison* wurde bis zum März 1945 fortgesetzt, und man erreichte fürs erste, daß es bis Kriegsende seitens der IZL zu keinen Gewalttaten mehr kam. Auch die Lechi stellte, nachdem sie mit der Hagana ein Abkommen getroffen hatte, ihre Kampagne ein, so daß ihre Mitglieder von den Aktionen der *Saison* nicht mehr betroffen waren. Gleichwohl aber konnten beide Organisationen nicht zerschlagen werden, und Menachem Begin gelang es, der Verhaftung zu entgehen. Für den Augenblick mochte Ben Gurion den Kampf gegen die Dissidenten gewonnen haben. Doch blieb es ein fragwürdiger Triumph, der auf beiden Seiten offene Wunden und blinden Haß zurückließ, der so leicht nicht zu besänftigen war. Später flackerte er immer wieder auf und drohte entscheidende Phasen im Kampf um den Judenstaat zu gefährden.

Am 8. Mai 1945 geht Ben Gurion durch die Straßen des zerstörten London, sieht die freudig erregten Gesichter in der Menge ringsum, die den Zusammenbruch Nazideutschlands feiern. Nur eine einzige Zeile seines Tagebuchs hat er diesem Ereignis gewidmet: »Tag des Sieges — traurig, sehr traurig.« Die deutsche Niederlage bedeutet für ihn und das jüdische Volk keinen Sieg. Sechs Millionen Juden sind in den sechs Jahren dieses Krieges ermordet worden, zu viele, um die Freude der andern teilen zu können. Ben Gurion weiß, daß die eigentliche Bewährungsprobe, die entscheidende Schlacht noch bevorsteht.

Bei seiner Ankunft in London hatte man ihm von einem wichtigen Gespräch berichtet, das zwischen Präsident Roosevelt und Stephen Wise in Washington geführt worden war und durchaus ermutigend klang. Wie Wise dort erfuhr, hatten die drei Großmächte auf der Konferenz von Jalta beschlossen, Palästina den Juden zu überlassen und weitere Einwanderungen zu gestatten. Auch habe der us-Präsident ein vierstündiges, allerdings enttäuschendes Gespräch mit Ibn Saud geführt. Ben Gurion nimmt die Berichte aus Washington mit großer Skepsis auf. In Roosevelts Einstellung zur Palästina-Frage zeigt sich ein hohes Maß an Doppelzüngigkeit. Einerseits versichert er den Zionistenführern, in ihrem Sinne zu entscheiden, andererseits macht er den arabischen Staatschefs großzügig gegenteilige Versprechungen. Auf seiner

Rückreise von Jalta hatte er eine Unterredung mit Ibn Saud, doch scheint dieses Gespräch völlig andere Ergebnisse gehabt zu haben als die, von denen er Wise berichtete. Am 1. März, gleich nach seiner Rückkehr nach Washington, hatte Roosevelt erklärt: »Im Gespräch mit Ibn Saud habe ich in fünf Minuten mehr über das arabische und das jüdische Problem erfahren, als ich durch den Austausch von zwei oder drei Dutzend diplomatischer Noten erfahren hätte.«

Wenige Tage später wiederholte der Präsident in einem Geheimschreiben an Ibn Saud seine Zusage: »In meiner Eigenschaft als Regierungschef werde ich nichts unternehmen, das als feindliche Handlung dem arabischen Volk gegenüber betrachtet werden könnte.« Auf Roosevelts angeblich pro-zionistische Gesinnung war kein Verlaß. Später vertraten viele Beobachter die Ansicht, daß es wohl kaum zu einem Judenstaat gekommen wäre, hätte Roosevelt das Ende seiner Amtszeit erreicht. Überraschend sagte auch Churchill, auf den die Zionisten große Hoffnungen setzten, einen vereinbarten Gesprächstermin mit Weizmann ab. Der Präsident der Zionistischen Organisation konnte nicht ahnen, daß der von der britischen Regierung heimlich vorbereitete Plan zur Teilung Palästinas inzwischen aufgegeben worden war. Für den Zionismus sah es in diesen letzten Kriegswochen keineswegs günstig aus.

Ben Gurion erkennt sehr bald, daß er in England nicht viel ausrichten kann. Ursprünglich hatte er geplant, nur kurze Zeit in London zu bleiben und dann in die USA weiterzureisen, dem neuen Zentrum der internationalen Politik. Doch ist er, als Weizmann das enttäuschende Schreiben Churchills über die Vertagung der Palästina-Frage erhält, immer noch in London; er reist erst eine Woche später in die USA ab. Ben Gurion, durch das Schreiben Churchills in seiner Überzeugung bestärkt, daß ein Konflikt mit England nicht mehr zu vermeiden ist, erklärt in seiner ersten Rede vor dem Zionistischen Krisenrat und auf einer Pressekonferenz am Tag darauf: »Es ist möglich, daß in Palästina massiver Widerstand entsteht, wenn es uns mit amerikanischer Hilfe nicht gelingen sollte, Großbritannien zu einer Änderung seiner Politik zu bewegen.« In diesem Satz ist die gesamte neue Strategie Ben Gurions enthalten. Ein letztes Mal noch wollte man versuchen, die britische Regierung zur Rücknahme des Weißbuchs zu bewegen und der Gründung eines Judenstaates zuzustimmen. Sollte sie beides verweigern, war der bewaffnete Kampf unumgänglich.

Gleichwohl durfte eine unüberlegte Kampfhandlung die auf lange Sicht geplanten Ziele nicht in den Hintergrund rücken. In seinen Überlegungen ging Ben Gurion daher über den bevorstehenden Konflikt hinaus und zog auch die möglichen Konsequenzen in Erwägung, daß nämlich nach Abzug der Engländer und nach der Gründung eines Judenstaates mit Angriffen seitens der arabischen Nachbarstaaten zu rechnen war. Schon darum galt es jetzt, sich in großem Umfang mit Waffen zu versorgen und sie im eigenen Land herzustellen. Für den Fall eines Angriffskrieges gerüstet zu sein, ist für Ben Gurion eine Lebensnotwendigkeit und das wichtigste Ziel, das er mit seiner Reise in die Vereinigten Staaten zu verwirklichen hofft.

Bei seiner Ankunft in New York steigt er im Hotel Fourteen ab, das in der 60. Straße liegt und in dem viele Juden aus Palästina wohnen. Er ruft Meyer Weisgal zu sich und skizziert ihm sein Vorhaben. Weisgal macht ihn mit Henry Montor bekannt, »der hervorragende Fähigkeiten besaß, Geld aufzutreiben, und jeden kannte, den zu kennen sich lohnte«. Montor übergibt ihm eine Liste von siebzehn »vermögenden Leuten, denen an der Sicherheit der Juden in Palästina gelegen war«. Danach sucht Ben

Gurion einen Freund, den Millionär Rudolph Sonneborn, auf und sagt ihm, daß er sich »aus einem lebenswichtigen Grunde mit einer Reihe von Freunden in seinem Hause treffen« wolle. Mit Sonneborns Einverständnis schickt er allen auf Montors Liste genannten Personen ein Telegramm mit der Bitte, am 1. Juli 1945 morgens um halb zehn zu Sonneborn zu kommen; es ginge um »lebenswichtige« Fragen. Alle siebzehn sind pünktlich zur Stelle.

Das geheime Treffen in dem Apartment in der 57. Straße ist es sicherlich wert, in die Geschichte einzugehen. Bis fünf Uhr nachmittags überschütten die Gäste Ben Gurion mit Fragen über seine Pläne, Millionen Dollar in die Verteidigung eines Staates zu investieren, den es noch gar nicht gibt. Trotz des drückend heißen Tages verläßt keiner die Runde, und am Ende betont jeder der achtzehn Millionäre, sich mit ganzer Kraft für das Projekt einsetzen zu wollen. Es ist die Geburtsstunde des Sonneborn-Instituts, dessen Namensgeber offiziell für die Lieferung von Medikamenten und Krankenhausbedarf nach Palästina zuständig war, inoffiziell aber schon die erste Million für Waffenankäufe eintrieb. Später hat Sonneborn noch weitere Millionen für die Rüstung und den Ankauf von Schiffen für die illegale Einwanderung zusammenbekommen. Am Abend dieses denkwürdigen Treffens schreibt Ben Gurion in sein Tagebuch: »Das war die beste zionistische Versammlung, an der ich je in den Vereinigten Staaten teilgenommen habe.«

Ende Juli tritt Ben Gurion zusammen mit vielen prominenten Zionistenführern Amerikas an Bord der *Queen Elizabeth* die Rückreise nach London an, wo der erste Zionistische Weltkongreß nach dem Krieg stattfinden soll. Noch auf See erfahren sie vom Ergebnis der Wahlen in Großbritannien, von der vernichtenden Niederlage Churchills und der Konservativen. Der neue Premierminister heißt Clement Attlee, sein Außenminister ist Ernest

Bevin. Sowohl in Palästina als auch an Bord der *Queen Elizabeth* feiern die Zionistenführer den Sieg der Labour Party als ein Ereignis von historischer Bedeutung. Für sie kann es jetzt keinen Zweifel mehr geben, daß die Gründung ihres Staates unmittelbar bevorsteht.

Ihre Zuversicht gründet auf der klaren pro-zionistischen Linie, die die Labour Party seit langem verfolgt. Seit 1939 hatte sie energisch gegen die Weißbuch-Bestimmungen protestiert und 194o, mitten im Krieg, einen Mißtrauensantrag wegen der neuen Verordnungen zum Landerwerb gestellt. Im Dezember 1944 ging die Partei sogar weit über das offizielle Programm der Zionisten hinaus und akzeptierte auf ihrem jährlichen Kongreß den Vorschlag, Palästina als ein jüdisches Commonwealth zu konstituieren, die Grenzen des Landes zu erweitern und die arabische Bevölkerung in die Nachbarländer umzusiedeln. Dieser letzte Punkt erschien selbst den Zionistenführern — einschließlich Ben Gurions — als so radikal, daß sie sich in aller Eile von einem solchen »Bevölkerungstransfer« distanzierten, um die Araber nicht zu provozieren.

Anders als die begeisterten Mitstreiter sieht Ben Gurion der künftigen Entwicklung unter einer Labour-Regierung jedoch mit Skepsis entgegen. Auf dem Londoner Zionistenkongreß im August 1945 dankt er der Labour Party für die Sympathien, die sie den Zionisten entgegenbringt. An die Kollegen aber richtet er ernste Worte der Mahnung:

»Verlaßt euch nicht allzusehr auf tiefgreifende Veränderungen und glaubt nur nicht, daß das Weißbuch-Problem damit schon gelöst wäre . . . Die Annahme, daß eine regierende Partei noch die gleiche ist, wie sie vordem in der Opposition war, entbehrt jeder Grundlage . . . Wir haben keinerlei Garantien dafür, daß die Partei, die jetzt an die Macht gekommen ist, von sich selbst erwartet, was sie vorher von den andern erwartet hat, und diese Erwartungen auch erfüllt . . . Ich möchte der britischen Labour Party folgendes sagen: Wenn sie aus diesem oder jenem Grunde den Inhalt des Weißbuchs für eine unbegrenzte Zeit aufrechterhält . . ., werden wir uns vor der Macht Großbritanniens weder fürchten noch zurückweichen, wir werden sie bekämpfen.«

Ben Gurions Worte schockieren das Weizmannsche Lager, vornehmlich Weizmann selbst, dessen Rede mit den kraftvollen Worten beginnt: »Ein Judenstaat in Palästina sollte eine der Früchte des Sieges sein, und das wird, mit Gottes Hilfe, auch so kommen.« Danach aber bringt er erneut seine Zweifel an den Parolen zum Ausdruck, daß der »Judenstaat heute noch« entstehen müsse, und wiederholt, daß ein solcher Prozeß seine Zeit brauche, gewiß fünf Jahre. Viele der Abgeordneten, die das Biltmore-Programm befürworten, reagieren verärgert auf die Worte ihres Präsidenten und fordern eine klare, eindeutige Politik. Einmal mehr kommt es zwischen Weizmann und Ben Gurion zu einer scharfen Auseinandersetzung, einmal mehr zeigt sich die völlige Unvereinbarkeit ihrer Standpunkte.

Seit Anfang März 1945 hatte es zunehmend Streitigkeiten gegeben. Weizmann, für den sich weder an den zionistischen Zielen noch an den Methoden, sie zu verwirklichen, etwas geändert hatte, vertrat auch weiterhin den Standpunkt: »Neue Ziegen, neue Weiden«, während Ben Gurion, nach Nahum Goldmanns Schilderung ihres Konflikts, »darauf drang, mit den Ereignissen Schritt zu halten . . . und sich nach der Stimmung im zionistischen Lager zu richten«. Noch auf dem Londoner Kongreß sieht Weizmann sich unter dem Druck der Aktivisten zum Nachgeben gezwungen. Er akzeptiert eine Resolution, die das Biltmore-Programm erneut bestätigt und damit auch die Drohung enthält, daß es »in Palästina zu verschärften

Spannungen kommen werde«, falls die britische Regierung einer Lösung des Problems ausweiche.

Ein Prüfstein für die wahren Absichten der Labour-Regierung ist der Appell des amerikanischen Präsidenten Truman, unverzüglich hunderttausend jüdische Einwanderer nach Palästina einreisen zu lassen. Im Sommer 1945, noch während der Potsdamer Konferenz, hatte Truman ein Memorandum an Churchill geschickt und darin seiner Hoffnung Ausdruck gegeben, daß man die im Weißbuch verordneten Einwanderungsbeschränkungen baldmöglichst aufheben werde. Drei Tage später wurde Churchills Regierung abgelöst, und sein Nachfolger, Clement Attlee, übersandte dem US-Präsidenten nur ein unverbindliches Antwortschreiben. Doch für Truman war das Thema damit nicht vom Tisch. Nach seiner Rückkehr erklärt er auf einer Pressekonferenz in Washington: »Wir wollen so viele Juden wie möglich nach Palästina schikken. Danach werden wir mit den Engländern und den Arabern diplomatische Gespräche führen müssen, damit dieser Staat, falls man ihn dort errichten kann, auf friedlichem Wege entsteht. Ich habe nicht die Absicht, fünfhunderttausend amerikanische Soldaten nach Palästina zu schicken, um dort für Frieden zu sorgen.«

Die britische Regierung macht in diesem Spätsommer eine kritische Phase durch. Von einem Offizier des britischen Geheimdienstes erfährt Ben Gurion, daß die Regierung derzeit das Programm ihrer Palästina-Politik festlege, ihre Beschlüsse aber streng geheimhalte. In Erwartung dieser Entscheidungen werden die Monate August und September für die zionistischen Führer zu einer nervenaufreibenden Geduldsprobe. Am 20. September 1945 sieht Ben Gurion seine schlimmsten Befürchtungen bestätigt. Am selben Tag schreibt eine Freundin Weizmanns zornig in ihr Tagebuch: »[Chaim und Moshe Sharett] sagten mir, daß die Labour-Regierung von ihrer bisherigen

Linie abgewichen sei und die Absicht habe, die Weißbuch-Politik mit gewissen Einschränkungen! — fortzusetzen . . . Sie sei zu keinerlei Verhandlungen über das Weißbuch bereit.«

Am nächsten Tag treffen sich die Exekutiv-Mitglieder
der Jewish Agency in London hinter verschlossenen Türen. Ben Gurion, der eine klare und unmißverständliche
Position bezieht, fordert die sofortige Veröffentlichung
einer Erklärung, die den folgenden Satz enthalten müsse:
»Die Tore Palästinas dürfen nicht geschlossen bleiben,
und sie werden auch nicht geschlossen bleiben.« Außerdem fordert er den Abbruch der Gespräche mit der Regierung (mit Ausnahme eines bereits vereinbarten Treffens zwischen Weizmann und Bevin) und schlägt vor, in
Großbritannien und den USA eine öffentliche Protestkampagne zu starten, die Jüdische Versammlung Palästinas
einzuberufen und sowohl in England als auch in den Vereinigten Staaten eine Aktion zur Unterstützung jüdischer
Einwanderer in die Wege zu leiten.

Obwohl Weizmann den meisten Vorschlägen Ben Gurions zustimmt, meldet er doch Zweifel an, ob solche
»Schritte zum gegenwärtigen Zeitpunkt von Nutzen sein
können«. Ben Gurion aber ist der festen Überzeugung,
daß man eben jetzt konkrete Schritte unternehmen müsse.
Am 29. September fliegt er nach Paris, am 1. Oktober
schickt er ein codiertes Telegramm an das Hauptquartier
der Hagana, das den Befehl zum bewaffneten Aufstand
enthält.

Ben Gurion hatte die Depesche abgeschickt, ohne
Weizmann davon vorher in Kenntnis zu setzen. Man kann
sich denken, wie wütend dieser beim Lesen der geheimen
Instruktionen geworden wäre. Die Einwanderung müsse
mit Waffengewalt erzwungen werden, hieß es da; »Sabotageakte« wurden angeordnet und »Vergeltungsschläge«
gegen jene, die den Tod von Juden auf dem Gewissen hat-

ten. In diesem Telegramm an Moshe Sneh ging Ben Gurion weit über das hinaus, was er den Kollegen in London vorgeschlagen hatte. Er machte sich nicht vor, die Engländer durch einen bewaffneten Aufstand aus Palästina vertreiben zu können. Doch versprach er sich von einer Revolte ein so starkes Echo und so viele Sympathien in aller Welt, daß Großbritannien zu einer Änderung seiner Palästina-Politik gezwungen wäre. Auf eine solche Reaktion zielt auch eine Äußerung, die er auf einer Pariser Pressekonferenz machte: »Die Schritte der neuen britischen Regierung sind eine Fortsetzung der feindseligen Politik Hitlers.«

Auf seinem Weg in den bewaffneten Kampf wird Ben Gurion zu einem Mann mit zwei Gesichtern, der seine Identität so rasch wechselt wie andere das Hemd. In London ist er der Vorsitzende der Exekutive der Jewish Agency, der in seiner Eigenschaft als Repräsentant der zionistischen Institutionen offizielle Kontakte zur britischen Regierung unterhält. In Paris ist er der Chef der zionistischen Widerstandsbewegung, der die Menschen mobilisiert, Gelder und Waffen beschafft und ständig neue Kriegslisten ersinnt, um eben jene Regierung aus dem Felde zu schlagen, mit der er gestern noch Gespräche führte und mit deren Vertretern er morgen wieder zu Verhandlungen zusammentrifft.

Am 5. Oktober 1945, Ben Gurion reist an diesem Tag von Paris nach London zurück, trifft sich Weizmann mit dem britischen Außenminister Ernest Bevin zu einem Gespräch über die Einwanderungsgenehmigungen. Bevin, ein untersetzter, kräftiger Mann mit breitem Gesicht und allen Anzeichen unbeirrbarer Willenskraft, hatte durch einen Brief der zionistischen Institutionen bereits erfahren, daß sich die Jewish Agency gegen die niedrige, im Weißbuch festgesetzte Einwanderungsquote zur Wehr setzte und für die aus Europa vertriebenen Juden hunderttausend Genehmigungen forderte. Kaum hat Weizmann das Büro des Ministers betreten, als dieser ihn grob anfährt: »Soll das etwa heißen, daß Sie sich weigern, die Genehmigungen zu akzeptieren? Versuchen Sie mir Vorschriften zu machen? Wollen Sie Krieg? Wenn es das ist, was Sie wünschen — wir machen mit!« Als Ben Gurion Weizmanns Bericht hört, packt ihn ein solcher Zorn, daß er bei einer Versammlung in den Londoner Räumen der Zionistischen Organisation die Forderung stellt, die Beziehungen zur britischen Regierung unverzüglich abzubrechen. Doch stößt er bei Weizmann und dessen Anhängern auf einstimmigen Widerstand. Mit einem Krieg aber wird Bevin jetzt rechnen müssen, ganz gleich, ob das Weizmannsche Lager dafür ist oder nicht.

In Palästina hat Moshe Sneh, Chef des nationalen Hauptquartiers der Hagana, die Weichen für ein Bündnis mit dem Irgun und der Lechi bereits gestellt und damit die Hebräische Widerstandsbewegung ins Leben gerufen. Am 9. Oktober 1945 greifen Einheiten des Palmach das britische Straflager in Atlit an und befreien zweihundert der dort inhaftierten illegalen Einwanderer. In der Nacht des 1. November führt die Hebräische Widerstandsbewegung ihren ersten großangelegten Einsatz durch. Einheiten des Palmach, des Irgun und der Lechi demolieren die Eisenbahnstrecken des Landes an 153 Stellen und zerstören Boote der Küstenwacht, deren Aufgabe es ist, Schiffe mit illegalen Einwanderern zu verfolgen. Ein Blutvergießen hat man dabei bewußt vermieden, was Ben Gurion zu einem Gratulationsschreiben an das Hauptquartier der Hagana veranlaßt. Ganz anders Weizmanns Reaktion. Er besteht darauf, daß das Zionistische Büro in London eine offizielle Erklärung abgibt und die Vorgänge in Palästina ausdrücklich verurteilt. Dort läßt man sich Zeit mit der Erklärung; sie wird erst fertig, nachdem »Chaim mit seinem Rücktritt gedroht hatte, falls man dem Wort ›verurteilen‹ nicht auch ein ›verabscheuen‹ hinzufügte«.

Als Ben Gurion am Abend des 12. November in London eintrifft, ist Weizmann, von Juden und Engländern gleichermaßen enttäuscht, bereits auf dem Weg in die Vereinigten Staaten. Am nächsten Tag werden Ben Gurion und Moshe Sharett dringend ins Kolonialministerium gebeten, wo Minister Hall ihnen die Kopie einer Erklärung vorlegt, die Bevin in wenigen Minuten vor dem Parlament abgeben werde. Laut Kabinettsbeschluß sollte eine Untersuchungskommission nach Palästina entsandt werden, zu der man auch amerikanische Vertreter einladen wolle. Dieser Ausschuß werde entscheiden, ob Palästina die aus Europa vertriebenen Juden aufnehmen könne oder ob man sie in andere Länder weiterleiten müsse. Bis zur Klärung dieser Frage werde man sich an die Regelungen des Weißbuchs halten und die Einwanderungsgenehmigungen wie bisher auf eintausendfünfhundert pro Monat beschränken.

Auf einer anschließenden Pressekonferenz schlägt Bevin deutliche Töne an und erklärt, daß die zionistischen Pläne zur Erweiterung der Aufnahmekapazität Palästinas »zu achtzig Prozent Propaganda und nur zu zwanzig Prozent realistisch« seien. Überdies befürchte er, daß »die europäischen Juden ihren Rassenstatus zu sehr betonen . . . Wenn die Juden, die so viel gelitten haben, sich derart nach vorne drängen, besteht erneut die Gefahr antisemitischer Reaktionen in ganz Europa.«

Bevins Ankündigung der Regierungsbeschlüsse und sein Kommentar dazu rufen in Palästina wütenden Protest hervor. Es kommt zu Demonstrationen und Massenansammlungen in den Städten; man versucht, die Regierungsgebäude in Brand zu setzen. Auch Präsident Truman zeigt sich empört über das Verhalten Großbritanniens und erklärt, daß er auf seiner Forderung bestehe, hunderttausend jüdische Flüchtlinge in Palästina aufzunehmen. Ben Gurion kehrt Ende November nach Palästina zurück, wo nach heftigen Zusammenstößen mit der britischen Polizei neun Juden getötet worden waren. In einer Rede vor der Gewählten Versammlung palästinensischer Juden geht er auf Bevins Erklärungen ein:

»Ich möchte einige Worte an Bevin und seine Kollegen richten. Wir, die Juden des Landes Israel, wollen nicht umgebracht werden. Wir wollen leben. Im Gegensatz zur Ideologie Hitlers und seiner Gefolgsleute in verschiedenen Ländern glauben wir, daß wir auch als Juden, als einzelne wie als ganzes Volk, ein Recht auf Leben haben, genausogut wie die Engländer und andere Völker. Doch wie die Engländer besitzen auch wir etwas, das uns kostbarer ist als das Leben. Ich möchte Bevin und seinen Kollegen sagen, daß wir bereit sind, uns umbringen zu lassen, aber nicht, auf folgende drei Dinge zu verzichten: auf die freie jüdische Einwanderung, auf unser Recht, die brachliegenden Gebiete unserer Heimat zu bebauen, auf die politische Unabhängigkeit für unser Volk in seinem Vaterland.«

Die Krisensituation in Palästina verschärft sich in einem solchen Maße, daß die britische Regierung zu gravierenden Maßnahmen greift und im ganzen Land Notstandsverordnungen erläßt. Ausgangssperren, Verhaftungen und Hausdurchsuchungen sind an der Tagesordnung. Juden, die Uniform tragen oder bewaffnet sind, werden mit der Todesstrafe oder lebenslänglichem Gefängnis bedroht. Die 6. Luftlandedivision der Briten, die sich im Zweiten Weltkrieg durch ihre heroische Einsatzbereitschaft hervorgetan hatte, wird jetzt zu einem Instrument antijüdischer Repressionen. Palästina, schreibt Ben Gurion zynisch in sein Tagebuch, sei auf dem beste Wege, »eine nationale Heimstatt für die britische Armee im Nahen Osten« zu werden.

Angesichts der bevorstehenden Ankunft des anglo-amerikanischen Untersuchungsausschusses Anfang März 1946 ordnet die Hebräische Widerstandsbewegung die Einstellung der Gewalttaten an. Weizmann, der aus London eingetroffen ist, erstattet der Kommission in gesetzten und eindringlichen Worten Bericht. Auch Ben Gurion tritt mit einer Rede vor den Ausschuß.

»Ich habe in London die Luftangriffe erlebt . . . Ich habe die Engländer erlebt, denen ihr Land und ihre Freiheit teurer ist als ihr Leben. Warum glauben Sie, daß wir anders sind als sie? Auch für uns gibt es Dinge, die uns kostbarer sind als das Leben. In diesem Land und in anderen Ländern gibt es Hunderttausende von Juden, die, wenn es sein müßte, ihr Leben für Zion und den Judenstaat hingeben würden.«

Im April verläßt die Kommission Palästina, um ihre Empfehlungen in Lausanne schriftlich niederzulegen. Ihr Bericht, der am 1. Mai veröffentlicht wird, lehnt die Errichtung eines Judenstaates ab und empfiehlt statt dessen eine Treuhänderschaft über Palästina (faktisch also eine Verlängerung des britischen Mandats). Zugleich wird die Aufhebung des Weißbuchs und der Restriktionen zum Landerwerb empfohlen. Die wichtigste Forderung an die Mandatsbehörden lautet, umgehend hunderttausend Einwanderungsgenehmigungen für jüdische Flüchtlinge auszustellen.

Während Weizmann und seine Anhänger — einschließlich der erklärten Aktivisten — den Bericht begrüßen, gibt Ben Gurion seine Enttäuschung offen zu. Er sieht in den Empfehlungen nichts anderes als eine »raffiniert getarnte Wiederholung des Weißbuchs«. Kurz darauf aber wird jede Debatte über den Bericht gegenstandslos. Bevin hatte den Ausschußmitgliedern zugesagt, er werde ihre Empfehlungen in die Tat umsetzen, falls sie einstimmig ausgesprochen würden. Obwohl dies der Fall war, distanzieren sich Bevin und Attlee jetzt von diesem Versprechen. Attlee behauptet, daß er, falls der Flüchtlingstransfer ausgeführt würde, gezwungen sei, eine weitere britische Division nach Palästina zu entsenden. Als Vorbedingung dafür verlangt er die Auflösung der geheimen Widerstandsorganisationen. Bevin gibt zu bedenken, daß die Einwanderung von hunderttausend Juden in der britischen Armee zu antisemitischen Reaktionen führen könne und zusätzliche Ausgaben in Höhe von zweihundert Millionen Pfund erforderlich mache. Damit wandern die Empfehlungen der Kommission in den Papierkorb.

Die Weigerung der Briten, ihre Zusagen einzulösen, ruft in der zionistischen Bewegung tiefe Enttäuschung hervor. Ben Gurion erteilt von Paris aus die Anweisung, den bewaffneten Kampf wieder aufzunehmen. Am 18. Juni 1946, fünf Tage nach der Rede Bevins, führt die Hebräische Widerstandsbewegung einen ihrer spektakulärsten Einsätze durch: Vierzehn Jordan-Brücken, die Palästina mit den Nachbarländern verbinden, werden zerstört. Am 29. Juni 1946 starten die Mandatsbehörden einen militärischen Großeinsatz, die *Operation Broadside*, die unter dem Namen Schwarzer Samstag in die jüdische Geschichte eingeht. Siebzehntausend britische Soldaten werden an diesem Tag aufgeboten, Panzer und gepanzerte Fahrzeuge rollen durch ganz Palästina, die Grenzen sind geschlossen, die Telefonverbindungen abgeschnitten, eine allgemeine Ausgangssperre wird verhängt. Man verdächtigt Hunderte von jüdischen Führern, mit der Hagana in Verbindung zu stehen, man verhaftet sie und durchsucht ihre Wohnungen.

Die Welle der Verhaftungen macht auch vor den Exekutiv-Mitgliedern der Jewish Agency nicht halt. Ben Gurion ist zu diesem Zeitpunkt in Paris; Moshe Sneh wird in letzter Minute vom Geheimdienst der Hagana gewarnt und kann der Polizei entkommen. Andere Hagana-Führer verschwinden ebenfalls im Untergrund, nur Dr. Weizmann wird nicht behelligt. Im ganzen Land werden die Kibbuzim nach Mitgliedern des Palmach durchsucht, Tausende in Lagern interniert, wo einige geschlagen und gefoltert und drei Personen sogar getötet werden. Die Führer der Hagana, denen es gelungen ist, auch im Untergrund in Verbindung zu bleiben, sind zum Gegenschlag und zur Verschärfung ihrer Kampagne entschlossen. Mehrere Operationen werden besprochen und vorbereitet, darunter auch ein Anschlag auf das King-David-Hotel in Jerusalem.

Eines aber hat man dabei nicht in Rechnung gezogen: Ben Gurion befindet sich außer Landes; das bedeutet eine Chance für Chaim Weizmann. Als entschiedener Gegner jeder Gewalt schickt Weizmann seinen Assistenten Meyer Weisgal zu Moshe Sneh und läßt ihm sagen, daß »die Hagana die Kampfhandlungen der Widerstandsbewegung so lange einzustellen habe, bis die Exekutive der Jewish Agency, die sich so zahlreich wie möglich versammeln wird, über die künftige Politik beraten und entschieden hat«. In der Politik sei es üblich, führt Weizmann weiter aus, daß »der Präsident auch Oberbefehlshaber der Truppen ist. Ich habe dieses Recht niemals in Anspruch genommen, und es wäre mir nie in den Sinn gekommen, mich in Ihre Angelegenheiten einzumischen. Zum gegenwärtigen Zeitpunkt aber berufe ich mich zum ersten und letzten Mal auf dieses Vorrecht und fordere Sie auf, sämtliche Kampfhandlungen einzustellen.« Das ist schon eher ein Ultimatum als eine Aufforderung. Weizmann droht mit seinem Rücktritt, falls Sneh sein Amt nicht unverzüglich zur Verfügung stelle. Außerdem werde er öffentlich erklären, was ihn zu diesem Schritt bewogen habe. Daraufhin bietet Sneh seinen Rücktritt an, passiert unerkannt die Landesgrenze und ist wenige Tage später bei Ben Gurion in Paris.

Der Schwarze Samstag war mehr als eine Offensive gegen die Widerstandsbewegung. Er war Teil einer sorgfältig geplanten britischen Kampagne, die den Aktivisten galt und das Ziel verfolgte, sie führerlos zu machen, während man die gemäßigten Kräfte für die Kollaboration mit England zu gewinnen suchte. Das erste Ziel hatte der Schwarze Samstag zweifellos erreicht; und Weizmanns Schritte gegen die Hagana wiesen ebenso wie Snehs Rücktritt daraufhin, daß man auch beim zweiten Ziel einige Aussicht auf Erfolg hatte. Darum zögert der Hochkommissar nicht lange, Weizmann zu einer Unterredung zu bitten und ihm anzudeuten, daß er »die Bildung einer neuen Führungsgruppe für notwendig erachtet. Dabei ging er so weit, bereits die Namen der erwünschten Führungsmitglieder zu nennen.« Weizmann indes geht auf die Vorschläge des Hochkommissars nicht ein; bei einem Treffen in Tel Aviv stellt er die Notwendigkeit einer neuen Führungsgruppe überhaupt in Frage.

Für Ben Gurion, der von Paris aus die Entwicklung verfolgt, liegen die Motive der Mandatsregierung klar auf der Hand. Auf einer Massenversammlung spricht er eine deutliche Warnung aus.

»Man hat den Versuch gemacht, eine [neue] Führungsgruppe aus dem ›rechten Flügel‹ des Jischuw zu rekrutieren. Die britische Regierung hat sich getäuscht. Sie wird in der Rechten und in der Linken niemanden finden . . ., der einverstanden wäre, in der Jewish Agency den Quisling oder Pétain zu spielen.«

Während seines Aufenthalts in Paris lernt Ben Gurion Ho Chi Minh kennen, der im Hotel sein Zimmernachbar ist und sich mit ihm anfreundet. Ho Chi Minh schlägt ihm eine jüdische Exilregierung in Nordvietnam vor. Dazu ist es freilich nie gekommen.

In jenen Julitagen des Jahres 1946 fühlt sich Ben Gurion in Paris mehr und mehr isoliert, nachdem es in Jerusalem zu einem dramatischen Zwischenfall gekommen ist. Eine Einheit der IZL hat den Südflügel des King-David-Hotels, wo sich die Büros der Mandatsregierung befanden, in die Luft gesprengt. Trotz telefonischer Vorwarnung und der Empfehlung, das Gebäude zu räumen, befanden sich zum Zeitpunkt des Anschlags mehrere hundert Menschen in dem Hotel. Die gewaltige Bombenexplosion zerstörte fünf Stockwerke des Südflügels; neunzig Menschen wurden getötet. Der Anschlag, der innerhalb des Jischuw große Empörung auslöst, wird auch von Ben Gurion aufs schärfste verurteilt. Gleichwohl bezeichnen die Sprecher beider Häuser des britischen Parlaments Ben Gurion als den Schuldigen. In Palästina gehen die Gemäßigten so radikal wie nie zuvor gegen die Aktivisten vor. Es kommt zur Bildung eines Bündnisses gegen den militanten Zionismus.

Ben Gurion erkennt, daß in der gegenwärtigen Krisensituation schon der geringste Anstoß genügen würde, um die Einheit seines politischen Lagers zu Fall zu bringen. Er handelt darum mit äußerster Vorsicht, fordert weder die Wiederaufnahme der Kämpfe, noch läßt er es zu erneuten Auseinandersetzungen mit Weizmann und den Gemäßigten kommen. Er tut alles, was in seinen Kräften steht, um »Unruhen innerhalb der Bewegung und eine Verschärfung der internen Streitigkeiten« zu vermeiden. Seine ganze Aufmerksamkeit gilt der bevorstehenden Tagung der Zionistischen Exekutive in Paris. Er hofft auf einen Sieg, selbst wenn dafür ein hoher Preis zu zahlen ist.

Die politischen Perspektiven, die Ben Gurion auf dieser Tagung entwirft, sind sehr komplex, nicht immer eindeutig und so wenig konsequent, daß viele seiner Äußerungen im krassen Gegensatz zum vorher vertretenen Standpunkt stehen. Obwohl er persönlich für eine Fortsetzung der Kämpfe ist, erhebt er keinen Einwand, als die Mehrheit sich für deren Einstellung bis zum nächsten Zionistenkongreß ausspricht. Er stimmt sogar einem schwerwiegenden Kompromiß zu, als Nahum Goldmann erklärt, daß »die Exekutive zu einer Diskussion über den Vorschlag bereit ist, auf einem Teilgebiet des Landes Israel, das genügend Platz dafür bietet, einen lebensfähigen Judenstaat zu konstituieren«. Das war in der Tat eine mutige Erklärung, denn zum erstenmal seit der Biltmore-Konferenz hatte es jemand gewagt, die Teilung des westlichen Palästina wieder zur Diskussion zu stellen. Noch erstaunlicher aber ist das Verhalten Ben Gurions, der sich zunächst mit dem Teilungsgedanken einverstanden erklärt, sich dann aber, als dieser Punkt zur Abstimmung kommt, der Stimme enthält. Als die Exekutive den Teilungsvorschlag akzeptiert, distanziert sich Ben Gurion von der Gebietsdefinition des Judenstaates, wie sie im Biltmore-Programm formuliert worden ist.

Doch hätte Ben Gurion niemals kampflos vor Goldmann kapituliert, wenn er nicht im wesentlichen seiner Meinung gewesen wäre. Zweifellos war er längst bereit, den Teilungsplan zu akzeptieren. Vor der Öffentlichkeit aber wollte er nicht dafür eintreten. Dabei ist zu betonen, daß sowohl Ben Gurion als auch Goldmann wußten, daß sie mit der Unterstützung Präsident Trumans für den Teilungsplan und damit für die Gründung eines Judenstaates rechnen konnten. Als die Exekutive ihre Tagung für kurze Zeit unterbricht, fliegt Goldmann nach Amerika, um das von Truman gebildete Dreierkomitee, das die amerikanische Palästina-Politik festlegen sollte, zur Annahme des Teilungsplans zu bewegen. Am 9. August 1946 trifft er David Niles, den Berater des Präsidenten, »der [ihm] zu Tränen gerührt mitteilt, daß der Präsident dem gesamten Plan zugestimmt und [Dean] Acheson die Anweisung erteilt habe, die britische Regierung davon in Kenntnis zu setzen«. Am 13. August kehrt Goldmann nach Paris zurück, wo die Exekutive ihre Gespräche wieder aufnimmt.

Am 23. August 1946 geht die Tagung zu Ende, nachdem die Exekutive die neue zionistische Teilungspolitik bestätigt hat.

Enttäuscht und erschöpft erkennt Weizmann im Herbst dieses Jahres, daß die führenden Vertreter der britischen Regierung, mit denen er zu verhandeln hat, ganz anders sind als jene, die er zwischen den beiden Weltkriegen kennengelernt hatte. Sie sind schwierig und unnachgiebig, hören ängstlich auf jedes Wort, das von den Arabern kommt, und sie halten sich nicht an ihre Versprechen. Auch die Juden sind nicht mehr dieselben wie vor dem Krieg. Ihre lautstarke Forderung nach einer sofortigen Staatsgründung klingt schrill in den Ohren eines Mannes, der zu Recht wiederholt, daß ihm dieser Staat genauso am Herzen liegt, der aber weiterhin Geduld empfiehlt, an eine Politik der kleinen Schritte glaubt und der Ansicht ist, daß diese »neuen« Juden sich vom messianischen Virus Ben Gurions haben anstecken lassen. Weizmann ist zweiundsiebzig Jahre alt, leidend und nach einer Reihe schwieriger Augenoperationen so gut wie blind. Im Laufe des Jahres 1946 hat er mehrfach angekündigt, daß er beim bevorstehenden Zweiundzwanzigsten Zionistenkongreß in Basel nicht mehr für seine Wiederwahl zum Präsidenten der Zionistischen Organisation kandidieren werde.

In Wahrheit aber ist Weizmann ebenso fest entschlossen, an der Spitze zu bleiben, wie Ben Gurion ihn abzusetzen entschlossen ist. Mitte September schickt Weizmann ihm einen freundschaftlichen Brief, in dem er ihn mit »mein lieber Ben Gurion« anredet und erklärt, mit allen in Paris getroffenen Entscheidungen einverstanden zu sein. Die Antwort Ben Gurions klingt noch freundlicher und ist, in Anbetracht des Augenleidens ihres Empfängers, in großen, deutlich lesbaren Buchstaben geschrieben. »Sehr lieber Dr. Weizmann ... Wo immer Sie sind, soll die Liebe und die Hochachtung meiner Kollegen und meiner selbst Sie begleiten.« Weizmann erwidert den Brief in ähnlichem Ton, läßt aber, wie nebenbei, auch eine Bemerkung über seine politischen Pläne fallen: »Wenn ich recht verstanden habe, besteht die Absicht, die Frage der Wahlen [für die Zionistische Exekutive] noch vor Kongreßbeginn zu klären. Das ist eine ausgezeichnete Idee, wenn sie sich durchführen läßt. Sie würde uns eine Menge Ärger und Aufregung ersparen.« In der Tat hat Ben Gurion die Absicht, diesen Punkt schon im voraus zu regeln, nur sehen seine Pläne anders aus, als Weizmann sich das vorstellt. In einem Brief an Weizmann schreibt er: »Vielleicht fahre ich bald — für kurze Zeit — nach Amerika.« Das »bald« war wohl nicht ganz das rechte Wort, denn schon wenige Stunden nach dem Schreiben dieser Zeilen tritt Ben Gurion seine Reise in die USA an.

Seine Absicht ist, sich mit Abba Hillel Silver, dem ebenso dynamischen wie streitbaren Führer der amerikanischen Zionisten, gegen Weizmann zu verbünden. Silver ist Aktivist, in seinen Forderungen noch extremer als Ben Gurion und wie dieser von einem messianischen Glauben an den Judenstaat beseelt — eine starke, dominierende Persönlichkeit, die keinen Widerspruch duldet, zu keinen Kompromissen bereit ist und politische Gegner mitleidlos bekämpft. Schwer vorstellbar, daß zwei Männer vom Schlage eines Silver und eines Ben Gurion über längere Zeit miteinander auskommen konnten, ohne sich in Machtkämpfe zu verwickeln. Doch hatten beide während des Krieges in einem immer enger werdenden Bündnis gemeinsam Front gegen die gemäßigte Politik von Chaim Weizmann und Stephen Wise gemacht. Daß sich der Zionismus in Amerika zu einer streitbaren Massenbewegung entwickelte, ist Silvers Verdienst. Einen Silver-Ben-Gurion-Block zu errichten, ist daher eines der Ziele, das sich Ben Gurion vor seiner halb geheimen Reise in die USA und angesichts des bevorstehenden Zionistenkongresses, der am 9. Dezember 1946 in Basel eröffnet wird, gesetzt hat.

Als die Kongreßabgeordneten aus allen Teilen der Welt in Basel zusammenkommen, herrscht gedrückte Stimmung. Altgediente Zionisten halten vergeblich nach bekannten Gesichtern Ausschau. Der Massenmord am jüdischen Volk konnte in seiner ganzen Tragik hier kaum deutlicher zum Ausdruck kommen als durch das Fehlen Hunderter von Zionistenführern, denen man beim Genfer Kongreß, wenige Tage vor Hitlers Einmarsch in Polen, zum letztenmal begegnet war. Während sich die Reihen der Abgeordneten aus Osteuropa erschreckend gelichtet haben, ist die Zahl der amerikanischen Delegierten merklich gestiegen: ein untrügliches Zeichen, daß sich das Zentrum des Zionismus und des jüdischen Volkes nach Amerika verlagert hat.

Die Auseinandersetzung zwischen Weizmann und Ben Gurion über die zionistische Politik findet vor versammeltem Plenum statt. In seiner Eröffnungsrede unterstreicht Ben Gurion das Recht des jüdischen Volkes auf ganz Palästina, erklärt sich aber bereit, dem Teilungsplan und der »Diskussion über einen Kompromiß« zuzustimmen, »wenn man unsere Rechte, zum Ausgleich für die Gebietsbeschränkungen, umgehend erweitert und uns die nationale Unabhängigkeit gewährleistet«. Im weiteren Verlauf der Debatte geht er mit lobenden Worten auf den Widerstand ein. Damit meint er den bewaffneten Kampf, dessen Grenzen er jedoch genau definiert. Während er sich von jeder Form des Terrorismus distanziert, spricht er über den Kampf des jüdischen Volkes und die illegale Einwanderung mit Würde und großer innerer Bewegtheit:

»Dies [die Widerstandsbewegung] ist in der Geschichte Israels eine neue Erscheinung. Es gibt Juden in der Diaspora, für die die Einwanderung nach Palästina eine Frage auf Leben und Tod ist. Für sie ist das Land Israel weder Zionismus noch Ideologie, noch eine Zukunftsvision, sondern eine Lebensnotwendigkeit, die Voraussetzung zum Überleben. Das Schicksal dieser Juden ist das Leben in diesem Land, oder der Tod. Auch hier haben wir es mit Gewalt zu tun.«

In einer nicht minder beeindruckenden Rede vertritt Weizmann den gegensätzlichen Standpunkt:

»Ich habe den eindrücklichen Worten meines Freundes Ben Gurion aufmerksam zugehört. Er sagte, daß einige fallen, die anderen aber leben werden. Ich hoffe, daß es so sein wird, aber es kann auch anders kommen. Viele könnten fallen. Und was wird dann mit dem jüdischen Volk geschehen? Was wird mit Palästina geschehen, wenn wir die Basis ins Wanken bringen, auf der wir durch unsere Arbeit, durch unser Blut und unsere Mühsal dies alles errichtet haben? . . . Jene, die die britische Regierung angreifen, können nichts anderes erwarten, als daß sie zurückschlägt. Wir beklagen uns, wenn sie härter zurückschlägt und wir das deutlicher zu spüren bekommen. Was erwarten wir denn? Das hätten wir doch vorher wissen können.«

Während Weizmanns Rede gibt es einen Zwischenfall. Als er den amerikanischen Zionisten, die den bewaffneten Kampf unterstützen, den Vorwurf macht, sie würden sich dabei allein auf ihre moralische und finanzielle Hilfe beschränken, aber die andern auf die Barrikaden schicken, wird er von einem Zwischenruf unterbrochen. »Demagoge!« ruft einer der Delegierten ihm zu. Empört weist Weizmann ihn zurecht:

»Mich einen Demagogen zu nennen! Ich gehöre zu denen, die alle Kämpfe des Zionismus durchgefochten haben, Kämpfe auf Leben und Tod. Der Mann, der mir dieses Wort an den Kopf geworfen hat, sollte wissen, daß an jedem Bauernhof und jeder Scheune in Nahalal, an jedem

Haus in Tel Aviv oder Haifa bis hin zur kleinsten Werkstatt ein Tropfen meines Blutes klebt!«

Stürmischer Beifall ist die Antwort, die meisten der Abgeordneten applaudieren ihm stehend. Weizmann fährt fort:

»Ich warne Sie vor verfälschender Vereinfachung, vor falschen Propheten, vor trügerischen Verallgemeinerungen und vor der Verzerrung historischer Fakten, das ist meine Mentalität. Ich glaube nicht an Gewalt. Ich bin in einer liberalen Epoche groß geworden, die vergangen und für immer verloren ist. Wir sind in ein Zeitalter der Brutalität hineingewachsen. Auch wenn andere Nationen sich brutaler Methoden bedienen, weiß ich nicht, ob wir uns das erlauben können . . . ›Zion wird durch Rechtschaffenheit erlöst werden‹ und nicht durch andere Mittel.«

Es war eine glänzende Rede, an den Fakten aber änderte sie nichts. Weizmanns Vorschläge gingen in eine gänzlich andere Richtung als die Ben Gurions. Er wünschte die offene Auseinandersetzung mit Ben Gurion und eine klare Entscheidung.

Das Tauziehen um die Wahl der neuen Exekutive und des Präsidenten findet jedoch außerhalb des Kongreßgebäudes statt. Vor Beginn des Kongresses hatte Ben Gurion mehrere Mitglieder der Mapai zu sich ins Hotel Drei Könige gebeten und ihnen den Vorschlag gemacht, »Weizmann zum Ehrenpräsidenten zu wählen«. Die meisten Vertreter der palästinensischen Mapai waren einverstanden, doch die Mitglieder der zur Mapai gehörenden Diaspora-Parteien (die innerhalb der Fraktion die Mehrheit bildeten) sprachen sich für Weizmann als Präsidenten aus. Als die Fraktion der Mapai während des Kongresses zur Beratung zusammentritt, ist Ben Gurion nicht da. »Plötzlich ging das Gerücht um, er nehme absichtlich nicht an der Versammlung teil«, berichtet Shimon Peres, einer der palästinensischen Delegierten. Und weiter:

»Paula kam herein und sagte: ›Ben Gurion reist ab!‹ . . .
Wir gingen zum Hotel Drei Könige . . ., klopften an die
Tür; keine Antwort. Daraufhin öffneten wir die Tür und
trafen Ben Gurion beim Kofferpacken an . . . Er wandte
sich zu uns um und sagte: ›Seid ihr gekommen, um mit mir
abzureisen, oder wollt ihr bleiben?‹ Als wir ihn fragten,
wohin er fahre, sagte er: ›Die zionistische Bewegung hat
ihre Ziele verraten. Sie wird keinen Staat gründen. Die
Mehrheit ist zu einem Friedensschluß mit den Engländern
bereit. Ich habe die Hoffnung aufgegeben, ich werde eine
neue zionistische Bewegung gründen.‹ Wir baten ihn, mit
uns zur Mapai-Versammlung zu gehen. Wenn er dort die
Mehrheit bekäme, würden wir bleiben, wenn nicht, würden wir geschlossen abreisen.«

Nach langem Zureden willigt Ben Gurion ein, zum
Kongreßgebäude zurückzukehren, wo die Mapai tagt. Die
Debatte dauert bis tief in die Nacht. Am frühen Morgen
hat Ben Gurion die Mehrheit auf seiner Seite. Die Mapai
stimmt für eine aktivistische Exekutive. Gleichzeitig gehen die Bemühungen weiter, Weizmann zur Annahme
der Ehrenpräsidentschaft zu bewegen, was dieser jedoch
entschieden von sich weist. Mit den Worten »Ehre habe
ich genug« wehrt er jeden ab, der ihn auf dieses Thema anspricht.

Letztlich kommt es in dieser Frage nicht zur Abstimmung, da Weizmann seine Kandidatur für das Amt des
Präsidenten von dem eindeutigen Kongreßbeschluß abhängig macht, an den bevorstehenden Londoner Verhandlungen mit der britischen Regierung teilzunehmen.
Mit knapper Mehrheit wird sein Antrag abgelehnt, was einem Mißtrauensvotum gleichkommt. Daraufhin kandi-
diert Weizmann gar nicht erst. Ironischerweise bedeutet
dieses Votum gleichzeitig die Auflösung des Bündnisses
zwischen Ben Gurion und Silver. Die Gesamtfraktion der
Mapai hatte sich mehrheitlich für eine Teilnahme an den

Londoner Verhandlungen ausgesprochen. Ben Gurion und die palästinensischen Abgeordneten waren zwar dagegen, beschlossen aber, sich der Mehrheit zu fügen, und stimmten ebenfalls für Weizmanns Vorschlag. Daß man ihn dennoch ablehnte, lag also ebensowenig wie Weizmanns Sturz an den Delegierten aus Palästina.

Zum Zeichen seiner Hochachtung Weizmann gegenüber beschließt der Kongreß, keinen Präsidenten zu wählen. Die neugewählte Zionistische Exekutive zählt neunzehn Mitglieder, darunter sechs aus den USA. Nach seiner Wiederwahl übernimmt Ben Gurion erneut den Vorsitz und das Verteidigungsressort. Geschlagen und verbittert kehrt Weizmann nach London zurück. Es ist das Ende einer Epoche. Nach dem jahrzehntelangen Kampf der Giganten hat der militante Zionismus jetzt die Oberhand gewonnen.

Weizmann, der trotz dieser Niederlage auch weiterhin eine höchst bedeutsame politische Figur bleibt, bemüht sich zeitweilig um ein Comeback und den Sturz Ben Gurions, wofür er aber bei seinen Anhängern keine Unterstützung findet. Ungleich größeren Erfolg hat er auf diplomatischem Gebiet. Als hochgeachteter Persönlichkeit steht ihm das Weiße Haus jederzeit offen, und es gelingt ihm, Präsident Truman dahingehend zu beeinflussen, daß er sich der israelischen Staatsgründung wohlwollend annimmt. Später freilich, als er zum ersten Präsidenten des Staates Israel gewählt worden ist, beklagt er sich bitter über seine eingeschränkten Machtbefugnisse und beschuldigt Ben Gurion, ihn zum Gefangenen seiner Residenz in Rechovot gemacht zu haben.

In Ernest Bevin, dem britischen Außenminister, findet Ben Gurion einen neuen Gegner seines Formats. Bevin, der in den dreißiger Jahren durchaus pro-zionistisch eingestellt war, steht nun, nach dem Holocaust und den Greueln des NS-Regimes, dem jüdischen Volk mit befremdlicher Gleichgültigkeit gegenüber. Da er sich in der Zwischenzeit mehr für den arabischen Aspekt des Palästina-Problems interessiert, hat er seine Politik nach Kriegsende von Grund auf geändert. Er kann nicht begreifen, warum Hunderttausende jüdischer Flüchtlinge nach Palästina einwandern wollen. Für ihn sind sie Opfer des Krieges wie andere Europäer auch. Ebensowenig versteht er, daß es für sie unmöglich ist, nach Europa zurückzukehren, sich dort zu integrieren und ein neues Leben aufzubauen. Angesichts des arabischen Drucks eine härtere Position zu beziehen, mochte für die Briten unvermeidbar sein. Sie indes in eine Politik des Hasses und der Unterdrückung zu verkehren, hätte Bevin durchaus vermeiden können. So aber macht er sich nicht nur in Palästina zum bestgehaßten Mann — auch die Weltöffentlichkeit reagiert mit unüberhörbarem Protest. Überdies wurde jenen Zionisten, die England noch Sympathien entgegenbrachten, durch Bevins radikale Haltung der Boden unter den Füßen entzogen, die zionistische Führung in zunehmend militante Positionen gedrängt. In den drei Jahren nach dem Zweiten Weltkrieg lag es eindeutig an ihm, daß sich die Beziehungen zwischen Großbritannien und den Juden Palästinas zusehends verschlechterten.

Wie jeder Mensch mit starrsinnigem, unnachgiebigem Charakter war Bevin nicht bereit, eine einmal getroffene Entscheidung zurückzunehmen, seine Meinung zu revidieren. Je schärfer man seine Politik kritisierte, desto härter reagierte er. Angesicht der illegalen Einwanderung und der bewaffneten Revolte schickte er immer mehr Truppen nach Palästina und griff zu drastischeren Vergeltungsmaßnahmen. Sein bislang eher latenter Antisemitismus trat durch die Proteste in Palästina und in den Vereinigten Staaten immer deutlicher zutage. Auf einem Kongreß der Labour Party warf er den Amerikanern vor, »den Juden bei ihrer Einwanderung nach Palästina nur darum helfen zu wollen, weil man sie in New York nicht haben will«. Das genügte, um die amerikanische Presse zu höchst unschmeichelhaften Vergleichen zwischen Bevin und Hitler zu provozieren. Und als Bevin anläßlich der UNO-Vollversammlung in New York war und ein Baseballspiel besuchte, sah die Polizei sich gezwungen, ihn vor der aufgebrachten Menge zu schützen und aus dem Stadion zu schmuggeln.

Auf der Londoner Palästina-Konferenz, die Ende Januar 1947 von der britischen Regierung einberufen wird, ist Bevin die treibende Kraft. Doch schon zu Beginn steht fest, daß die Gespräche zum Scheitern verurteilt sind, daß der Versuch, Engländer, Araber und Juden an einen Tisch zu bringen, ein weiteres Mal erfolglos bleibt. Die palästinensischen Araber, vertreten durch eine Delegation des Obersten Arabischen Komitees, zeigen sich unter dem Einfluß des Mufti zu keinerlei Kompromissen bereit. Ihre Forderung lautet, die jüdische Einwanderung generell zu untersagen und in Palästina umgehend einen unabhängigen Staat zu errichten. Wie vordem bei der St.-James-Konferenz lehnen es die Araber strikt ab, sich mit den Zionisten zu gemeinsamen Gesprächen zu treffen. Und Bevin macht sich zu ihrem Wortführer. Er weist sämtliche Forderungen der Juden zurück; an eine Teilung Palästinas oder an die Annullierung des Weißbuchs sei nicht zu denken. Beides sei für die Araber gänzlich unannehmbar.

Am 7. Februar trifft im Büro der Zionistischen Organisation in der Great Russell Street ein offizielles Schreiben ein, das ein letztes Angebot der Regierung Seiner Majestät enthält: den Vorschlag, Palästina in selbstverwaltete Kantone aufzuteilen. Dabei bleibt der größte Teil des Landes für jüdische Einwanderer und die Gründung neuer Siedlungen ausgespart. Im Laufe von zwei Jahren, so die Empfehlung der Briten, könnten sechsundneunzigtausend Juden in die übrigen Gebiete einwandern; nachfolgende Einwanderungen würden von der Entscheidung des Hochkommissars abhängig gemacht. »Diesen Vorschlag lehnen wir aufs schärfste ab!« ereifert sich Ben Gurion. »Mit dem Köder von monatlich viertausend [Genehmigungen] in zwei Jahren wird man uns nicht dazu bringen, klein beizugeben.«

Vier Tage später lehnen sowohl die arabischen als auch die jüdischen Delegierten Bevins Vorschläge ab. Daraufhin erklärt der Außenminister: »Da die von der Regierung Seiner Majestät unterbreiteten Vorschläge nicht als Basis für weitere Verhandlungen akzeptiert worden sind, hat die Regierung Seiner Majestät beschlossen, das Problem vor die Vereinten Nationen zu bringen.« Damit gesteht Bevin seine Niederlage ein. »Eine Epoche ist zu Ende gegangen«, schreibt Ben Gurion, »vielleicht die wichtigste Epoche der Mandatsregierung . . . Jetzt steht uns eine große, schwere und entscheidende Schlacht bevor.«

Auch für Ben Gurion geht eine Epoche zu Ende. Die fehlgeschlagene Londoner Konferenz war das letzte Gefecht, in das er sich vor der Staatsgründung begeben hat. Mit seinem einzigartigen Instinkt hatte er in jeder Phase seines politischen Lebens klar erkannt, wo die Schwerpunkte lagen, und seine Aktivitäten darauf konzentriert. Im Dezember 1946 lag ein israelischer Staat noch in weiter Ferne, er war auch im Februar 1947 noch nicht in Sicht. Doch ist Ben Gurion fest von seiner historischen Notwendigkeit überzeugt. Er weiß auch, daß die Geburt dieses Staates zur Invasion der arabischen Armeen und zu blutigen Zusammenstößen führen wird und daß es eine lebenswichtige Aufgabe ist, für diesen Krieg gerüstet zu sein. Darum verläßt er jetzt die politische Arena und widmet sich dem Studium militärischer Fragen und Probleme.

Bei seiner Rückkehr nach Palästina läßt er die bewaffneten Kämpfe und militanten Operationen der Widerstandsbewegung einstellen. Schon vorher hatte er erklärt, daß Waffengewalt »lediglich ein Mittel für uns« sein könne. Und eben jetzt gibt es in seinen Augen kein geeigneteres Mittel als den gewaltlosen Kampf: illegale Einwanderung und Gründung neuer Siedlungen. Den Dissidenten aber, dem Irgun und der Lechi, ist an friedlichen Mitteln wenig gelegen. Erneut überziehen sie das Land mit einer Welle von Terroranschlägen. Palästina gleicht einem Heerlager: Hunderttausend britische Soldaten sind im Einsatz, es kommt zu neuerlichen Verhaftungen, Hausdurchsuchungen und sogar zu Exekutionen. Im Viertel der britischen Mandatsregierung herrscht der Belagerungszustand. Da es von Stacheldrahtzäunen, Mauern und Sandsäcken umgeben ist und von Scharfschützen bewacht wird, heißt es im Volksmund »Bevingrad«. Als die Dissidenten eine Eskalation des Terrors herbeiführen, als die Zerstörungen, die Brand- und Mordanschläge immer häufiger werden, greift die Hagana mit Gegenaktionen ein.

Am 28. April 1947 tritt in New York die Vollversammlung der Vereinten Nationen zusammen, um die Palästina-Frage zu erörtern. Danach wird ein UN-Sonderausschuß, der UNSCOP, nach Palästina entsandt, um dort zahlreiche Zeugen, darunter Ben Gurion, zu befragen und Lösungsvorschläge auszuarbeiten. Vor diesem Ausschuß erstattet Ben Gurion Anfang Juli Bericht:

»Meine Herren, ich möchte Ihnen eine Frage stellen. Gibt es hier jemanden, der bereit und in der Lage ist, uns zu garantieren, daß sich nicht wiederholt, was in Europa geschehen ist? Kann sich das Gewissen der Menschheit . . . von der Verantwortung für diesen Massenmord freisprechen? Es gibt nur eine Sicherheitsgarantie: ein Vaterland und einen Staat.«

Ben Gurion weiß, daß es für die elf Mitglieder des Ausschusses kein überzeugenderes Argument für die Staatsgründung gibt als die Tragödie der aus Europa vertriebenen Juden. Und so kann er sie dazu bewegen, sich das schockierendste aller Zeugnisse vor Augen zu führen, das sie im Lauf ihrer Mission zu protokollieren hatten: das Schicksal der jüdischen Einwanderer auf der *Exodus*.

In seinen besseren Tagen hatte dieser Dampfer *President Warfield* geheißen und nicht mehr als sechshundert Passagiere auf dem Mississippi befördert. Nach dem Verkauf an das Sonneborn-Institut war das Schiff im Auftrag der Hagana mit Holz- und Stahlplatten verstärkt worden, um in Frankreich fünftausend Menschen, Überlebende des Holocaust, an Bord nehmen zu können. Unter dem symbolischen Namen *Exodus Europe 1947* hißte es auf See die blau-weiße Fahne und nahm Kurs auf Palästina. Dabei galt es, die britische Seeblockade zu durchbrechen, ein demonstrativer Akt, der sich unter den kreisenden Flugzeugen der Engländer und in bedrohlicher Nähe britischer Zerstörer vollzog. Die Welt hielt den Atem an. Noch bevor das Schiff palästinensische Hoheitsgewässer erreichte, wurde es von britischen Kriegsschiffen abgefangen und, nach einem kurzen Kampf an Bord, der drei Menschenleben forderte, nach Haifa gebracht, wo man die Emigranten mit Gewalt von Bord holte und auf drei britische Frachter verlud, die wieder Kurs auf Europa nahmen. Der Tod dreier Emigranten und die Tragödie der fünftausend Flüchtlinge war indes nicht umsonst. Mitglieder des UNSCOP haben die Szenen in Haifa tief erschüttert mitangesehen. Jetzt ist Ben Gurion sich ganz sicher, daß die Staatsgründung unmittelbar bevorsteht.

Wenig später, am 31. August 1947, veröffentlicht der UNSCOP-Sonderausschuß die Ergebnisse seiner Mission. Er empfiehlt die Teilung Palästinas in einen arabischen und einen jüdischen Staat; Jerusalem soll unter internationale Treuhänderschaft gestellt werden. Während der monatelangen Debatte in den Vereinten Nationen über die UNSCOP-Empfehlungen führt die Delegation der Jewish Agency einen nervenaufreibenden Werbefeldzug, um die Stimmen der Mitgliedstaaten für den Teilungsplan zu gewinnen. Am 29. November 1947 findet die schicksalhafte Abstimmung in Lake Success auf Long Island statt, dem damaligen Sitz der Vereinten Nationen.

An diesem Abend begibt sich Ben Gurion schon früh zu Bett. Er weilt gerade in einem Hotel an den Ufern des Toten Meeres. Um Mitternacht klopft es laut an der Tür, er wird wach und schaut aus dem Fenster: Draußen am Strand jubeln die Menschen, Arbeiter tanzen, lachen, umarmen sich. Die UNO-Vollversammlung hat für die Teilung gestimmt, das britische Mandat soll mit dem 14. Mai 1948 enden. »In dieser Nacht«, erinnert sich Ben Gurion, »tanzten die Leute auf den Straßen. Ich selbst konnte nicht tanzen. Ich wußte, daß uns ein Krieg bevorstand und daß wir die Elite unserer Jugend in diesem Krieg verlieren würden.«

Der Krieg brach aus, noch bevor es einen jüdischen Staat gab.

Ben Gurion hat sich seit langem darauf eingestellt, daß die palästinensischen Araber und die Nachbarländer dem jungen, noch kaum existierenden Staat den Krieg erklären werden, falls es je zu diesem Staat kommen sollte. Und während die zionistische Welt sich ganz dem Kampf um die Beendigung des Mandats verschrieben hat, bereitet sich Ben Gurion als einer der wenigen Vorausschauenden auf die Krise vor, zu der es nach Ablauf des Mandats unweigerlich kommen wird. Erst nach der Teilungsempfehlung des UNSCOP aber findet seine ständige Warnung vor einem Krieg bei seinen Mitstreitern Gehör, und volle Zustimmung erfährt er erst, als mit der Bestimmung der UNO-Vollversammlung zur Teilung Palästinas in zwei Staaten die Würfel endgültig gefallen sind.

Als Ben Gurion die Exekutive der Jewish Agency ersucht, ihm das Verteidigungsressort zu übertragen, muß er sich eine ganze Reihe ironischer Kommentare gefallen lassen. Konnte ein führender Politiker, nicht mehr der Jüngste und ohne jede militärische Vorbildung, von heute auf morgen zum Militärstrategen werden? Nun, die Zweifler unterschätzten die phänomenale Lern- und Konzentrationsfähigkeit des Alten. In den Monaten nach dem Basler Zionistenkongreß hatte er sich fast ausschließlich dem Studium militärischer Fragen gewidmet, hatte in seinem Arbeitszimmer im zweiten Stock seines Hauses in Tel Aviv jeden Morgen sein »Seminar« abgehalten, wobei er vor aufgeschlagenem Tagebuch Offiziere der Hagana über alles und jedes befragte. Nichts war ihm unwichtig, alles wurde notiert, von der Anzahl einsatzfähiger Männer bis hin zur Menge der versteckt gelagerten Waffen- und Munitionsbestände. Mehrfach verließ er auch sein privates Hauptquartier, um die Truppen der Hagana und ihre Waffenlager zu inspizieren. War er allein, verbrachte er die Zeit mit dem Studium militärtheoretischer Werke, militärischer Handbücher oder Publikationen der Hagana.

Diese hatte es inzwischen zu hohem Ansehen gebracht, galt als allmächtige, als bestens ausgerüstete Geheimorganisation. Nach einer Erhebung des britischen Geheimdienstes soll die Hagana schon im Jahr 1943 zwischen achtzig- und hunderttausend Mitglieder gezählt haben. Eine schöne Legende; die Realität freilich sah anders aus. Einschließlich der 9500 Jugendlichen des Gadna-Jugendverbandes verfügte die Hagana Anfang Mai 1947 über ganze 45 337 Mitglieder. Doch auch diese Zahl war irreführend, da nur 2200 Männer des Palmach für den Kriegsfall gerüstet waren. Die Mehrzahl der übrigen hatte sich nur gelegentlich militärischen Übungen unterzogen, auf einen wirklichen Einsatz waren sie nicht vorbereitet. Selbst der Palmach hatte noch nie Truppenübungen in Bataillonsstärke abgehalten.

Noch enttäuschender war das verfügbare Waffenarsenal. Am 12. April 1947 besaß die Hagana 10 073 Gewehre verschiedenen Typs, 1900 Maschinenpistolen meist schlechter Qualität, 444 leichte Maschinengewehre, 186 Maschinengewehre mittleren Kalibers, 672 Granatwerfer vom Kaliber zwei, 96 vom Kaliber drei Zoll, 93 738 Handgranaten sowie 4 896 303 Patronen. Schwere Maschinengewehre waren nicht vorhanden, ganz zu schweigen von Panzern, Geschützen, Flugzeugen oder Kriegsschiffen. Das verfügbare Potential an Truppen und

Waffen hätte also im Kampf gegen reguläre Armeen keine Chance gehabt. Einen weiteren Schwachpunkt stellte Ben Gurion fest: Bislang war man bei allen Einsatzplanungen von der Annahme ausgegangen, daß den Juden Palästinas die eigentliche Gefahr durch regionale Araberaufstände drohe, und nur für diesen Fall war die Hagana gerüstet. Die weitaus bedrohlichere Möglichkeit den Angriff regulärer arabischer Armeen — hatten die jüdischen Befehlshaber bisher nicht in Betracht gezogen.

Ben Gurion aber rechnete mit einer solchen Möglichkeit. Darum hatte er die »Seminare« eingeführt und sich die entscheidende Frage gestellt: War die Hagana in der Lage, ihre Truppen in eigener Regie zu einer regulären Armee auszubauen? Da die Antwort zum jetzigen Zeitpunkt nur negativ ausfallen konnte, beschließt Ben Gurion, sich an eine militärisch versiertere Gruppe zu wenden, sich von Veteranen der britischen Armee und der Jüdischen Brigade beraten zu lassen, von fronterfahrenen Soldaten also, nach denen er in der Hagana vergeblich suchte. Doch gleicht schon sein erster Schritt in diese Richtung einem Stich ins Wespennest.

»In der Hagana«, schreibt er, »traf ich zwei Parteien an, die einander nicht über den Weg trauten: die Hagana-Fraktion und die Armee-Fraktion.« In den oberen Rängen der Hagana ist die Armee-Fraktion so gut wie nicht vertreten. Viele Hagana-Veteranen, die während des Krieges in Palästina geblieben sind, stehen ihren Kameraden, die in der britischen Armee gedient haben, abweisend, ja feindselig gegenüber. Sie mokieren sich über deren militärisches Gehabe und über deren Ansprüche in bezug auf Ausbildung und Ausrüstung, die ihrer Ansicht nach einer regulären Armee, nicht aber einer militärischen Untergrundorganisation angemessen sind. Dagegen wehren sich die Armee-Veteranen, die ihre militärische Erfahrung gern anwenden und weiterreichen würden. Aber oft genug sind sie dem Befehl von Hagana-Kommandeuren unterstellt, die schlechter ausgebildet sind als sie selbst.

Ende Mai 1947 unterbreitet die Hagana-Führung Ben Gurion ihre militärischen Rüstungspläne.

Erforderlich sind nach ihrer Vorstellung zwei Truppenkörper: 1) Eine Verteidigungsstreitmacht zur Bemannung von Garnisonen in einer Stärke von 15 000 Mann zuzüglich neun Bataillone von je siebenhundert Mann für eine mobile Regionalverteidigung, insgesamt also 21 300 Soldaten; 2) eine aus fünfzehn kleinen Brigaden mit je zweitausend Mann bestehende Angriffstruppe sowie ein Sonderverband für Spezialeinsätze, der sich aus sechs Bataillonen mit zusammen 4500 Mann zusammensetzt, insgesamt 34 500 Mann.

Dieser Vorschlag wird von Ben Gurion begrüßt, doch steht er anderen Aspekten des Plans kritisch gegenüber. »Da die Hagana zum damaligen Zeitpunkt über keine schweren Waffen verfügte, schlug sie vor, die Ausrüstung mit leichten Waffen zu verstärken und mehr Gewehre, Maschinenpistolen, Handgranaten und Maschinengewehre anzuschaffen . . . Ich hielt es indes für vordringlich, die Landstreitkräfte mit schweren Waffen auszurüsten: mit Panzern, Raupenfahrzeugen, Artilleriegeschützen und schweren Granatwerfern; für die Aufstellung einer Luftwaffe waren Flugzeuge erforderlich, für die Kriegsmarine Torpedoboote und andere Kriegsschiffe. Ich war sehr erstaunt, bei einigen Hagana-Führern kein Verständnis für die Notwendigkeit schwerer Waffen zu finden.«

Ben Gurion wendet sich, von dem ihm vorgelegten Plan enttäuscht, an andere, erfahrene Militärs und bittet zwei ehemalige Offiziere der Jüdischen Brigade um Vorschläge zur Aufstellung einer Armee. »Unter strengster Geheimhaltung«, schreibt Chaim Laskov, »wurde ich zu Ben Gurion gerufen und gefragt, was zu tun sei und in welcher Reihenfolge. Ich legte einen Plan vor . . . Wir brauchten zwölf starke Brigaden, eine Luftwaffe, Panzertruppen, Artillerie, soundsoviel Gewehre, Treibstoff und Munition.« Angesichts des eklatanten Unterschieds zum vordem eingebrachten Vorschlag sieht Ben Gurion sich in seiner Überzeugung bestärkt, daß nur Offiziere der Armee in der Lage sind, die Hagana auf ihre neuen Aufgaben vorzubereiten, und daß er sein Vertrauen allein auf die Veteranen der Jüdischen Brigade setzen muß. Wohl wissend, daß ein solcher Schritt heftige Proteste bei den Kommandeuren der Hagana und in den politischen Machtzentren auslösen würde, hütet er sich freilich, jüdische Veteranen der britischen Armee mit Führungsaufgaben in der Hagana zu betrauen.

Statt dessen setzt er im Frühjahr 1947 eine Reihe durchgreifender Veränderungen innerhalb des Führungsstabs der Hagana durch. Der Chef des nationalen Kommandobereichs, Zeew Shefer, wird zum Rücktritt gezwungen. Schon im Dezember 1946 hatte Ben Gurion während des Zionistenkongresses Yaakow Dori und Israel Galili zu Gesprächen nach Basel beordert. Dori ist Veteran der Jüdischen Legion und einer der Gründer der Hagana; Galili gehört, was in den Augen Ben Gurions ein schwerwiegender Nachteil ist, zu den Führern der Fraktion B, die sich nach der Abspaltung von der Mapai den Namen Achdut Haawoda zugelegt hatte. Gleichwohl erkennt er Galilis Fähigkeiten an, die ihm den hohen Offiziersrang im Nationalkommando der Hagana eingetragen haben. Nun, im Frühjahr 1947, ernennt er ihn zum Nachfolger Shefers; Dori wird Generalstabschef. Im Sommer 1947 läßt Ben Gurion den ehemaligen Operationschef Yigael Yadin, einen Archäologiestudenten, ins Hauptquartier rufen und überträgt dem Dreißigjährigen, der sich in den Angelegenheiten der Hagana gut auskennt, wieder seinen früheren Posten.

Trotz all dieser Vorkehrungen sieht Ben Gurion mit

wachsender Besorgnis im Sommer 1947, daß man weder innerhalb der zionistischen Bewegung noch im Jischuw oder in der Hagana die drohende Gefahr zur Kenntnis nimmt. Seine Vorahnungen erweisen sich später als berechtigt, aber er kann seine Gesprächspartner zunächst nicht überzeugen. Man schlägt seine Warnungen in den Wind, hält sie für fixe Ideen. Selbst in einer Geheimsitzung der Hagana-Führung ist lediglich von Waffen für einige untere Truppengruppierungen die Rede. Die Notwendigkeit schwerer Waffen wird nicht einmal erwähnt. Als Ben Gurion, der aufmerksam zugehört hat, unvermittelt die Frage stellt: »Und was ist mit Geschützen? Mit Flugzeugen?«, herrscht eine Weile lang verständnisloses Schweigen. Einer sieht den andern an, manche scheinen bemüht, ein Lachen zu unterdrücken. »Er ist verrückt«, flüstert einer. »Wovon spricht er eigentlich? Während wir von leichten Maschinengewehren und Gewehren reden, träumt er von Geschützen und Flugzeugen.« Ben Gurion fährt unbeirrt fort: »Es wird Krieg geben. Die arabischen Länder werden sich zusammenschließen, und . . . es wird überall Kampflinien geben. Dieser Krieg wird nicht von einzelnen Truppenteilen geführt. Wir müssen eine moderne Armee aufstellen. Und wir müssen über die Ausrüstung einer modernen Armee nachdenken.«

Ben Gurion sollte recht behalten. Schon Mitte September 1947, noch vor der Abstimmung der Vereinten Nationen über die Teilung Palästinas, hatte das politische Komitee der Arabischen Liga beschlossen, alle politischen und militärischen Kräfte zu mobilisieren, um die Verwirklichung der UNSCOP-Empfehlungen zu verhindern. Die Hauptstädte der arabischen Länder werden über Rundfunk und Presse mit Erklärungen der politischen und militärischen Führer überschwemmt, daß man in Kürze gegen die Juden Palästinas in den Krieg ziehen werde. Grund genug für Ben Gurion, seine Vorkehrungen zu beschleunigen und zwei seiner Ziele — die Aufstellung einer regulären Armee und die Ausstattung der Truppen mit schweren Waffen — mit verstärktem Engagement anzugehen. Als ihm das Oberkommando der Hagana einen ersten Kostenvoranschlag für Ausbildung und Ausrüstung vorlegt, der Ausgaben in Höhe von einer Million Pfund, also nur das Doppelte des Vorjahresetats, vorsieht, schickt er den Entwurf erbost zurück und stellt einen eigenen Kostenplan über drei Millionen Pfund auf.

Ohne einen Augenblick Zeit zu verlieren, kümmert sich Ben Gurion um die Finanzierung der Waffenkäufe und leitet die dafür bestimmten Gelder weiter. Am 30. September sendet er seinen Assistenten Munia Mardor mit dem Auftrag nach Europa, sich nach Waffenlieferanten umzusehen. Drei Tage später beschließt er, Flugzeuge anzuschaffen und Militärexperten aus dem Ausland anzuwerben. Am 6. Oktober bittet er den Direktor von Taas, einer einheimischen Waffen- und Munitionsfabrik, zu sich und beauftragt ihn, umgehend alle Materialien und Rohstoffe zu beschaffen, die zur Waffenproduktion nötig sind: »Geld steht [Ihnen] zur Verfügung.«

Noch im gleichen Monat fällt Ben Gurion die strategisch wichtigste, für den Unabhängigkeitskrieg hochbedeutsame Entscheidung: Keine Siedlung darf aufgegeben werden, selbst wenn sie sich innerhalb der Grenzen des zukünftigen Araberstaates befinden sollte. Ben Gurion fordert die Hagana auf, ihre Truppen auf das ganze Land zu verteilen, um so die Zufahrtswege zu allen Siedlungen und die Verbindung mit ihnen aufrechtzuerhalten. Überdies gibt er bekannt, daß die zionistische Führung versuchen werde, die Grenzen des jüdischen Staates zu erweitern, falls die endgültigen Teilungsgrenzen nicht ihren Wünschen entsprächen. Der Satz »Wir werden keine territorialen Grenzen festlegen« spricht für sich.

Am 7. November 1947 verkündet die Hagana ihre die

nationale Struktur betreffenden Weisungen und legt damit den Grundstein für die regulären israelischen Verteidigungsstreitkräfte.

Drei Wochen später stimmt die UNO-Vollversammlung dem Teilungsplan für Palästina zu. Bald darauf kommt es zu den ersten Scharmützeln des Unabhängigkeitskrieges. Die Feindseligkeiten haben nicht über Nacht begonnen. In einer ersten Reaktion auf den UNO-Beschluß ruft das Oberste Arabische Komitee einen dreitägigen Streik aus. Danach mehren sich die Zwischenfälle und nehmen an Heftigkeit zu. Immer wieder geraten Juden und Araber in kleineren Gefechten aneinander, die mit veralteten leichten Waffen ausgetragen werden. Auf arabischer Seite kämpfen, weder organisiert noch koordiniert, bunt zusammengewürfelte Banden, die sich mehrfach — ganz dem Beispiel ihrer gegeneinander intrigierenden Führer folgend — in offener Feindschaft gegenseitig angreifen. Wichtigster Führer der palästinensischen Araber ist der Mufti von Jerusalem, Hadschi Amin el Husseini, der im Zweiten Weltkrieg auf seiten Hitlers gestanden hatte und jetzt im Nahen Osten wieder aufgetaucht ist. Er drängt auf die Gründung eines unabhängigen Palästinenserstaates. Am Einmarsch einer regulären arabischen Armee ist er nicht interessiert. Sie könnte ihm, wie er befürchtet, nach einem Sieg die Macht entreißen.

So unrecht hat er damit nicht, denn König Abdulla von Transjordanien plant in der Tat, das gesamte, den Arabern zugesprochene Gebiet zu annektieren und seinem Königreich zuzuschlagen. Da ihm ein Sieg des Mufti sehr ungelegen käme, ist er auch nicht gewillt, ihm zu helfen. Er führt sogar geheime Verhandlungen mit Vertretern des Jischuw. Selbst innerhalb Palästinas sind die Araber in zwei Lager gespalten, in Anhänger und Gegner des Mufti. Das interne Gezänk erfaßt auch die über die Grenzen eindringenden Araberbanden. Offene Feindschaft besteht zudem zwischen dem Mufti und Fauzi Kaukij, dem Führer der Arabischen Befreiungsarmee, die sich aus Freiwilligen aller arabischen Staaten zusammensetzt. Dagegen findet der Mufti Unterstützung bei den Anführern der palästinensischen Araberbanden und durch ein Freiwilligenbataillon der Egyptian Moslem Brotherhood, das bis zum Negev vorgedrungen ist.

Bei vielen der bewaffneten Zusammenstöße zwischen Juden und Arabern greift die britische Armee ein, die noch immer in Palästina stationiert und eindeutig pro-arabisch eingestellt ist. Dabei kommt es vor, daß sie Mitglieder der Hagana entwaffnet und der Lynchjustiz des arabischen Pöbels ausliefert. Oder sie konfisziert die dürftigen Waffen einer jüdischen Begleitschutztruppe, während sie die bewaffneten Araber unbehelligt läßt. Ungerechtigkeiten dieser Art wie auch die Weigerung der Briten, den Juden gemäß der UNO-Resolution einen eigenen Hafen zur Verfügung zu stellen, rufen im Jischuw bitteren Groll hervor. Großbritannien bringt die dreißig Jahre seiner Mandatsherrschaft in der Tat zu einem unrühmlichen Abschluß, beendet sie, nach Churchills Urteil, mit Bevins »schmutzigem Krieg« gegen die Juden Palästinas.

Im November 1947, kurz nach der UNO-Resolution, läßt Ben Gurion Ehud Avriel zu sich ins Büro kommen. Avriel, dreißig Jahre alt, in Wien geboren und Mitglied des Kibbuz Neot Mordekhay, hatte sich während des Zweiten Weltkrieges und danach als einer der fähigsten Unterhändler erwiesen, die im Auftrag der Hagana und der Untergrundorganisation für die illegale Einwanderung in Europa tätig waren. Als Avriel Ben Gurions Büro betritt, empfängt ihn der Alte mit den Worten: »Wir müssen unsere Taktik ändern« und erklärt, es genüge nicht mehr, planlos Waffen ins Land zu schmuggeln. Dann zieht Ben Gurion einen mehrfach gefalteten, merklich abgegriffenen Zettel aus der Hemdentasche, auf dem die Typen und die Anzahl der Waffen vermerkt sind, die er umgehend anzuschaffen wünscht: »Zehntausend Gewehre, zweieinhalb Millionen Patronen, fünfhundert Maschinenpistolen, hundert Maschinengewehre.« Nach dem Gespräch fliegt Avriel nach Genf und später nach Paris, wo er – rein zufällig, wie es scheint – mit einem Verbindungsmann der tschechischen Regierung zusammentrifft, der ihm empfiehlt, nach Prag zu fliegen, um bei regierungsnahen Stellen Waffen zu kaufen. Nach mehrwöchigen Verhandlungen unterzeichnet Avriel einen ersten Vertrag mit der Tschechoslowakei über den Ankauf von viertausendfünfhundert Gewehren, zweihundert Maschinengewehren und fünf Millionen Patronen. Der Vertrag wird zwischen der Tschechoslowakei und Äthiopien geschlossen, da Avriel Schreibpapier mit dem offiziellen Briefkopf der Regierung in Addis Abeba benutzt, was ihm schon bei seinen früheren Missionen für die Hagana und die Organisation für illegale Einwanderung mehrfach gute Dienste geleistet hatte. Daß die Tschechoslowakei sich zur Waffenlieferung an die Juden Palästinas bereit erklärte, geschah zweifellos unter dem Einfluß und auf Anraten Moskaus. Nach dem Prager Staatsstreich vom Februar 1948 und der kommunistischen Machtübernahme erweitert die tschechoslowakische Regierung ihre Waffenlieferungen nach Palästina um schwere Maschinengewehre und Flugzeuge. Bis Ende Mai 1948 hat Avriel insgesamt vierundzwanzigtausendfünfhundert Gewehre, über fünftausend leichte und zweihundert mittlere Maschinengewehre gekauft, dazu vierundfünfzig Millionen Patronen und fünfundzwanzig deutsche Messerschmitt-Jagdflugzeuge, Restbestände aus dem Zweiten Weltkrieg. Auf Grund der scharfen Kontrollen der britischen Mandatsbehörden traf indes ein Großteil dieser Waffen erst nach der israelischen Staatsgründung in Palästina ein, was für die Hagana bedeutete, sich bis dahin mit den vorhandenen, nur unzureichenden Waffenbeständen begnügen zu müssen.

In seinem Bemühen um Waffen aller Art gönnt Ben Gurion weder sich noch anderen die geringste Atempause. Die Militärtechniker spornt er an, einen Flammenwerfer zu konstruieren sowie Methoden zur Herstellung von kugelsicherem Glas zu entwickeln, und läßt sich Einzelheiten über die Versuche mit neuen Sprengstoffen und Geheimwaffen erklären. Für die Mitarbeiter Ben Gurions nimmt sein Ehrgeiz und das Ausmaß seiner Forderungen schon beängstigende Formen an. So beauftragt er eines Tages Pinchas Sapir, Stahl für die Panzerung von Militärfahrzeugen zu bestellen. »Soll ich zweihundert Tonnen ordern?« fragt Sapir. »Bestellen Sie fünfhundert!« lautet die Antwort. »Die Hagana braucht aber nur dreihundert gepanzerte Fahrzeuge«, meint Sapir. Darauf Ben Gurion: »Meiner Ansicht nach braucht sie mindestens tausend!«

Aber Waffenkäufe in diesem Umfang, Investitionen in die Produktion im eigenen Land, dazu die laufenden Kosten für eine ständig wachsende Armee, all das verschlingt Unsummen. Und Geld ist nicht da. Also beschließt Ben Gurion, in die USA zu fliegen, um bei der jüdischen Gemeinde Amerikas Mittel in Höhe von fünfundzwanzig bis dreißig Millionen Dollar aufzutreiben. Zu seiner Überraschung aber wird sein Ersuchen entschieden abgelehnt. Golda Meir schlägt ihm vor, an seiner Stelle nach Amerika zu fliegen. »Was du hier tust«, meint sie, »wäre mir nicht möglich. Aber was du in Amerika vorhast, das könnte ich durchaus übernehmen.« Ben Gurion will nichts davon hören. »Ich brauche dich hier«, sagt er. Golda Meir leitete damals in Vertretung Moshe Sharetts, der in New York bei den Vereinten Nationen um Stimmen für die israelische Staatsgründung warb, die politische Abteilung der Jewish Agency in Jerusalem. »Wenn das so ist«, erwidert sie Ben Gurion, »dann sollten wir darüber abstimmen.« Die Entscheidung fällt, der Vorschlag wird angenommen, und schon am nächsten Tag ist Golda Meir unterwegs ohne warme Sachen, ohne Gepäck und mit einem Reisebudget von ganzen zehn Dollar. Sie hatte sich nicht einmal die Zeit gelassen, in ihre Jerusalemer Wohnung zurückzukehren und das Nötige einzupacken. Wenige Tage nach ihrer Ankunft in den USA hält sie auf einer jüdischen Versammlung in Chicago eine Stegreifrede, die ihre Zuhörer fasziniert aufhorchen läßt. Zwei Monate lang reist sie kreuz und quer durch Amerika, sammelt Geld für die Aktion, der Ben Gurion den Namen Eiserner Appell gegeben hat. Mit Zusagen über rund fünfzig Millionen Dollar kehrt Golda Meir nach Palästina zurück. Der Betrag ist fast doppelt so hoch wie der, den sie sich erhofft hatte. »Eines Tages«, versichert ihr Ben Gurion, »wenn man unsere Geschichte niederschreibt, wird von einer jüdischen Frau berichtet werden, die das Geld für die Gründung unseres Staates beschafft hat.«

Im Laufe des Winters 1947/48 muß der Jischuw eine Reihe militärischer Niederlagen hinnehmen. Das Durchhaltevermögen wird vor allem durch die Bombenanschläge auf das Hauptquartier der Jewish Agency, dem Symbol jüdischer Macht, und auf die Innenstädte von Jerusalem und Haifa geschwächt. Die gewaltigen Explosionen richten hohen Schaden an, Dutzende von Menschenleben sind zu beklagen. Die Araber haben inzwischen erkannt, daß ihre Strategie, einzelne Siedlungen anzugreifen, nichts einbringt, daß es sinnlos ist, jüdische Vorstädte oder einsame Höfe zu überfallen und wahllos deren Bewohner umzubringen. Denn jedesmal hatte man die Angreifer abwehren und in die Flucht schlagen können. In diesem Winter aber haben sie die Schwachstelle des Gegners entdeckt: die Verkehrswege. In den Monaten Januar und Februar häufen sich daher die Überfälle arabischer Freischärler auf jüdische Transportkolonnen, die vom

Landesinnern nach Jerusalem, zum Negev und nach Galiläa unterwegs sind. Im März 1948 wird der Kampf um ungehinderte Durchfahrt auf den Überlandstraßen zur entscheidenden Machtprobe zwischen den feindlichen Lagern.

Rein taktisch haben die Juden diesen Übergriffen wenig entgegenzusetzen. Anfangs werden die Konvois noch von Wachtposten begleitet, die ihre »Waffen« — bestenfalls Revolver oder Maschinenpistolen — unter Frauenkleidern versteckt halten, um sie angesichts der scharfen Kontrollen der britischen Armee durchzubringen. Trafen sie aber auf die ungleich besser ausgerüsteten Araber, die entlang der Straße Position bezogen oder gar Barrikaden errichtet hatten, halfen die Maschinenpistolen nur wenig. Die Hagana versucht es daher mit taktischen Tricks. Sie läßt Umwege oder schlechte Wegstrecken fahren, sie schickt die Fahrzeugkolonnen zu ungewöhnlichen Tageszeiten los und setzt Panzerfahrzeuge ein, um die Barrikaden zu durchbrechen. Doch verbessern auch die Araber ihre Taktik, indem sie Minen mit Fernzündung einsetzen und Hinterhalte legen, in weiten Abschnitten beiderseits der Straßen Posten aufstellen und ihre Männer über die gesamte Länge des Fernstraßennetzes verteilen. Im März 1948 kommen allein innerhalb einer einzigen Woche mehr als hundert jüdische Kämpfer in verschiedenen Teilen des Landes ums Leben. Die meisten Transporte mit wichtigen Versorgungsgütern werden aus dem Hinterhalt überfallen und zerstört, wodurch der Negev, das Ezion-Gebiet südlich von Jerusalem, Jerusalem selbst und Galiläa abgeschnitten werden.

Zur gleichen Zeit kommt aus unerwarteter Richtung ein weiteres schwerwiegendes Problem auf die jüdische Gemeinschaft zu. Am 13. Februar schickt Moshe Sharett einen Bericht an Ben Gurion, in dem er tiefe Besorgnis zum Ausdruck bringt. »Die Amerikaner scheinen im Begriff, eine Kehrtwendung zu machen«, schreibt er. Außenminister George Marshall habe in einem Gespräch mit führenden Vertretern des amerikanischen Judentums wörtlich erklärt, er halte die Teilung Palästinas für »einen Fehler«. »Marshall«, fährt Sharett fort, »ist von der Hagana enttäuscht. Er hatte fest damit gerechnet, daß wir die Araber bekämpfen, besiegen und aus dem Lande jagen.« Die strikte Weigerung der Araber, die Teilung zu akzeptieren, hätte ebenso wie der sich zuspitzende Konflikt zwischen Arabern und Juden in Palästina und die Unfähigkeit der Vereinten Nationen, ihre Beschlüsse durchzusetzen, dazu geführt, daß die Verantwortlichen in Washington sich gegenwärtig abwartend verhielten. Überdies werde die US-Regierung von den Ölgesellschaften, dem Pentagon, hohen Beamten des Außenministeriums und Großbritannien zunehmend unter Druck gesetzt, ihre Zustimmung zum Teilungsplan zurückzuziehen, zumindest aber dafür zu sorgen, daß der Negev nicht zukünftiges jüdisches Staatsgebiet werde.

Der Prager Staatsstreich vom Februar 1948 und die Tatsache, daß die Tschechoslowakei damit endgültig ins sowjetische Lager übergewechselt war, hatte die führenden US-Politiker aufgerüttelt und ihre Befürchtungen vor einem sowjetischen Vordringen auch in gefährdete Gebiete westlicher Orientierung bestärkt. Die Panik in amerikanischen Regierungskreisen wirkte sich unmittelbar auf die Nahost-Politik Washingtons aus: Um eine Einflußnahme Moskaus in Palästina zu verhindern, mußte der Teilungsbeschluß rückgängig gemacht werden.

Am 19. März wartet Senator Warren Austin, Chef der amerikanischen Delegation bei den Vereinten Nationen, mit einem überraschenden Vorschlag auf: Er plädiert für eine »provisorische Treuhandschaft« der Vereinten Nationen über Palästina, um dort den Frieden zu gewährleisten und den Juden und Arabern die Möglichkeit zu geben, zu einer Einigung zu kommen. Austins Antrag sieht nicht weniger als die Aufhebung des Teilungsbeschlusses vor — und damit den Tod des jüdischen Staates, noch bevor dieser Staat geboren ist. Entsprechend scharf fällt die Reaktion Ben Gurions aus:

»Diese Erklärung der Amerikaner schadet den Vereinten Nationen mehr als uns . . . Sie ist die Kapitulation vor dem Terror arabischer Banden, die vom britischen Außenministerium mit Waffen ausgerüstet wurden und unter britischem Schutz in das Land eingedrungen sind . . . Die Gründung des Judenstaates hängt nicht von dem Beschluß der Vereinten Nationen vom 29. November ab — obwohl dieser Beschluß moralisch und politisch von hohem Wert gewesen ist —, sondern sie hängt von unserer Fähigkeit ab, hier in diesem Land eine Entscheidung zu erzwingen. Der Staat wird durch unsere eigene Kraft entstehen, selbst jetzt . . . Wir stimmen keiner Form von Treuhänderschaft zu — weder einer zeitweiligen noch einer auf Dauer, nicht einmal einer für kürzeste Zeit. Was auch geschieht, wir werden uns dem Joch der Fremdherrschaft nicht länger beugen.«

Die eigentliche Antwort aber, die Ben Gurion Amerika und der ganzen Welt erteilt, besteht nicht aus Worten, sondern, wie immer bei ihm, aus Taten. Sein erster Schritt ist politischer Natur: die Gründung einer provisorischen Regierung, der sogenannten Volksleitung, die aus dreizehn Mitgliedern besteht. Der zweite Schritt ist militärischer Natur. Er basiert auf der Notwendigkeit, Initiativen zu ergreifen, um der Serie von Rückschlägen ein Ende zu machen.

Eine Zeitlang sieht es so aus, als habe Ben Gurion die günstige Gelegenheit für diesen Schritt verpaßt. Die Woche nach Austins Erklärung ist die schlimmste in der Auseinandersetzung mit den Arabern. Ratlosigkeit und Verwirrung scheinen viele Kreise des Jischuw und seiner

Führung erfaßt zu haben. »Dies ist der schlimmste Tag seit Beginn der Kämpfe«, schreibt Ben Gurion am 28. März an Moshe Sharett. »Während der Konvoi aus dem Ezion-Gebiet immer noch von Straßensperren eingeschlossen und heftigen Attacken der Araber ausgesetzt ist, setzt die britische Armee, die sich heute zum Ort des Geschehens aufgemacht hat, ihr diabolisches Spiel fort.« Am Tag darauf wird ein Konvoi, der von der Küste nach Jerusalem unterwegs ist, bei Bab el-Wad, einem Engpaß im ansteigenden Bergland Judäas, angegriffen und zur Rückkehr gezwungen. Damit ist Jerusalem abgeschnitten. Jetzt zögert Ben Gurion nicht länger, zum entscheidenden Schlag gegen die arabischen Banden auszuholen.

Am selben Abend trifft sich der Führungsstab der Hagana in Ben Gurions Wohnung. Yigael Yadin berichtet, daß eine fünfhundert Mann starke Truppe bereitsteht, die stärkste, die je von der Hagana aufgestellt worden ist. Ben Gurion gibt sich damit jedoch nicht zufrieden. »Es gibt momentan ein Problem, das uns auf den Nägeln brennt: der Kampf um die Straße nach Jerusalem . . . Die Einheiten, die Yigael zusammengezogen hat, reichen dafür nicht aus, denn es steht uns eine Entscheidungsschlacht bevor. Der Verlust des jüdischen Jerusalem würde den Todesstoß für den Jischuw bedeuten.« Dann wartet Ben Gurion mit phantastisch anmutenden Zahlen auf: Zweitausend Mann mit zweitausend Gewehren würden benötigt. »Dieses Mal mache ich — zum erstenmal vielleicht — von meinem Recht Gebrauch, Befehle zu erteilen: In zwei Tagen mußt du bei Tagesanbruch zweitausend Mann abmarschbereit beisammen haben.« Schließlich einigt man sich auf einen fünfzehnhundert Mann starken Verband, der bei der Operation mit dem Decknamen *Nahshon* (Der Waghalsige) zum Einsatz kommen soll.

Die schwierigste Frage aber, woher man diese fünfzehnhundert Mann nehmen soll, bleibt noch zu klären.

Dem Oberkommando der Hagana stehen keine überzähligen Kampftruppen zur Verfügung, sie sind übers ganze Land verteilt. Ben Gurion beschließt daher, Teile der bewaffneten Einheiten aus den Siedlungsgebieten und von mehreren Frontabschnitten abzuziehen. Ein riskantes Unternehmen, ein Vabanquespiel, das die Kommandeure in den jeweiligen Kampfgebieten befremdet zur Kenntnis nehmen. Letztlich aber gehorchen sie dem Befehl, so daß sich die Einheiten noch vor Morgengrauen des angesetzten Tages in einem Kibbuz am Fuße der Berge von Judäa versammeln. Doch ergeben sich von Minute zu Minute neue, unvorhergesehene Schwierigkeiten. Der Kampfverband hat den Umfang einer Brigade. Da aber keiner der militärischen Führer eine Ahnung hat, wie man eine Brigade zum Einsatz bringt, wird beschlossen, die Einheiten jeweils in Bataillonsstärke ins Gefecht zu entsenden und dem Oberbefehlshaber der Truppe die Entscheidung über die Zusammensetzung dieser Bataillone zu überlassen. Hinzu kommen Probleme der Logistik, denn bislang hatten die Einheiten der Hagana die Siedlungen als Ausgangspunkt ihrer Operationen sowie als Rückzugsbasen und Waffendepots benutzt. Jetzt gilt es erstmals, ein unabhängiges Nachschubsystem einzurichten. Während einer der Kommandeure Waffen aus den Depots der Siedlungen beschlagnahmt, werden Lkws auf dem Weg nach Tel Aviv angehalten, requiriert und mit Versorgungsgütern beladen. Diese Lastkraftwagen bilden später den ersten Konvoi, der sich den Weg nach Jerusalem freikämpft.

In dieser Nacht geschieht etwas, das an ein Wunder grenzt: Ein aus der Tschechoslowakei kommendes Flugzeug liefert die ersten Waffen an — zweihundert Gewehre und vierzig Maschinengewehre —, die noch in der gleichen Nacht an die Kampfeinheiten ausgegeben werden. Schon tags darauf ereignet sich das zweite »Wunder«: Mit viertausendfünfhundert Gewehren, zweihundert Maschinengewehren und fünf Millionen Patronen aus der ČSSR an Bord gelingt es dem Frachtschiff *Nora,* die britische Seeblockade zu durchbrechen und im Hafen von Tel Aviv vor Anker zu gehen. Die kostbare Fracht, die unter mehreren Tonnen Zwiebeln versteckt lag, wird innerhalb von zwei Tagen gelöscht und auf verschiedene, an der *Operation Nahshon* beteiligte Einheiten verteilt.

Dieses Unternehmen bedeutete für Jerusalem die Rettung. Während die Truppen der Hagana arabische Stützpunkte oberhalb von Bab el-Wad erobern, kann eine Einheit des Palmach den Berg Kastel einnehmen, den wichtigsten Kontrollpunkt an der Straße nach Jerusalem. In der Nacht zum 5. April 1948 gelingt dem ersten Konvoi die Durchfahrt nach Jerusalem, fünf Tage später folgt der zweite. Am 13. April erreicht eine Kolonne von zweihundertfünfunddreißig Fahrzeugen die Stadt. Am 20. April fährt Ben Gurion persönlich in Begleitung mehrerer Mitglieder der provisorischen Regierung nach Jerusalem.

Unter rein militärischen Aspekten hat die *Operation Nahshon* lediglich begrenzten Erfolg gehabt. Die Straße nach Jerusalem blieb nur für kurze Zeit offen, bevor sie erneut von den Arabern blockiert wurde. In diesen wenigen Tagen aber konnte die Stadt mit Waffen und Lebensmitteln versorgt und die Zahl der Verteidiger erhöht werden, wodurch sie sich über längere Zeit zu halten vermochte. Unter anderen Gesichtspunkten aber war das Gelingen dieses Unternehmens ein so herausragender Erfolg, daß man es später eine Revolution genannt hat, einen Wendepunkt und »die wichtigste Operation des Unabhängigkeitskrieges«. Es war ein Symbol für die Anwendung neuer Strategien gewesen und bildete den Auftakt zu einer Änderung der militärischen Operationen der Hagana. Die *Operation Nahshon* hatte aber auch weitreichende politische Bedeutung, denn sie zeigte, daß die weitverbreitete Befürchtung, die jüdische Widerstandskraft beginne zu erlahmen, übertrieben pessimistisch gewesen war. Ausländische Stimmen bezeichneten das Unternehmen als militärische Antwort der jüdischen Gemeinschaft auf den amerikanischen Treuhänderschaft-Vorschlag.

Aber auch für Ben Gurion ist die *Operation Nahshon* von großer Bedeutung. Zum erstenmal hat er im Verlauf der Kampfhandlungen eingegriffen und eine strategische Entscheidung getroffen, die sich sowohl in militärischer wie auch in politischer Hinsicht als vorzüglich erweist. Aus der *Operation Nahshon* geht Ben Gurion als militärischer Führer hervor. Sein Vabanquespiel signalisiert den Beginn der zweiten Phase des irregulären Krieges (die sich bis zur Unabhängigkeitserklärung erstreckt), mit der die Initiative an die Juden übergeht. Die sporadischen Erfolge verschiedener arabischer Kampfverbände vermögen nicht die bei den palästinensischen Arabern einsetzende negative Stimmung zu verbessern, die sich bereits auf Zusammenbruch und Niederlage einzustellen beginnt. Paradebeispiel für die Demoralisierung bei den Arabern ist die einsetzende Fluchtbewegung aus Haifa, wo die arabische Bevölkerung die Mehrheit bildete. Zehntausende von ihnen verlassen nach der Machtübernahme durch die Hagana eilends die Stadt; nur ein paar Tausend bleiben zurück. »Ein schrecklicher und zugleich phantastischer Anblick!« vermerkt Ben Gurion in seinem Tagebuch nach einer Inspektionstour durch die verlassenen arabischen Stadtteile. »Eine tote Stadt, eine Stadt mit der Stille einer Leichenhalle! Wie ist es möglich, daß Zehntausende von Einwohnern ihre Wohnungen, ihre Umgebung und ihren Besitz ohne erklärbaren Grund derart panikartig verlassen haben? Was hat diese Flucht ausgelöst? War es nur ein Befehl von oben, der dies bewirkte? Oder stand Angst dahinter?« Auf den ersten Blick war wohl »ein Befehl von oben« das auslösende Moment für die Flucht. Haifas arabische Bewohner setzten sich zu Tausenden ab, nachdem das Oberste Arabische Komitee ihren Führern untersagt hatte, eine Kapitulationsvereinbarung mit der Hagana zu unterzeichnen. Doch es besteht kein Zweifel daran, daß der überstürzte Abzug des Großteils der arabischen Bevölkerung aus Haifa, Tiberias und anderen Gebieten eine andere Ursache hatte, nämlich die Vorgänge in Deir Yasin.

Deir Yasin, eine kleine Ortschaft unweit von Jerusalem, war am 9. April, als die *Operation Nahshon* ihren Höhepunkt erreichte, von Verbänden des Irgun und des Lechi angegriffen worden. Zuvor hatte man ein mit Lautsprecher ausgerüstetes Fahrzeug in Hörweite des Dorfes gefahren und auf Arabisch die kampflose Übergabe verlangt. Diese Aufforderung erfolgte mehrfach, bis der Wagen in einen Graben fuhr und der Lautsprecher verstummte. Ob die Araber nun den Aufruf verstanden hatten oder nicht, war nicht festzustellen. Jedenfalls ergaben sie sich nicht und ergriffen auch nicht die Flucht, sondern setzten sich energisch zur Wehr, so daß es zu einem Artilleriegefecht mit den angreifenden jüdischen Kräften kam. Die Kampfhandlungen zogen sich über Stunden hin, und der arabische Widerstand war so stark, daß die Juden Mühe hatten, die Oberhand zu behalten. Im Verlauf der Auseinandersetzung, vor allem aber nach ihrem Abschluß, richteten die Angreifer ein Blutbad unter den Dorfbewohnern an, die ihnen in die Hände fielen. Die meisten Einwohner wurden in ihren Häusern oder in deren Nähe getötet; eine geringe Anzahl — zumeist Frauen und Mädchen — wurde mit Lkws in die Altstadt abtransportiert. Alles sprach dafür, daß Irgun und Lechi ursprünglich nicht an ein Massaker gedacht hatten. Doch die Hitze des Gefechts, der hartnäckige Widerstand, auf den sie stießen, die Wut, die sie beim Anblick ihrer gefallenen Kameraden packte, und nicht zuletzt auch ihr Haß auf die Araber erzeugten einen Ausbruch von Massenhysterie, deren Blutzoll zweihundertfünfundvierzig Tote betrug, darunter ältere Leute, Frauen und Kinder.

Die Nachricht von dem Gemetzel in Deir Yasin verbreitet sich in Windeseile durch das ganze Land. Eingehende Schilderungen der jüdischen Greueltaten werden, ausgeschmückt mit orientalischer Phantasie, von arabischen Rundfunkstationen ausgestrahlt und in Zeitungen und Flugblättern wiedergegeben. Auch die Mundpropaganda trägt dazu bei, daß sich unter den Arabern Entsetzen breitmacht. Schon vor Deir Yasin waren die Bewohner einer Reihe von arabischen Dörfern geflohen. Jetzt setzt eine von Panik bestimmte Massenflucht ein.

Die führenden Männer des Judentums in Palästina sind über die Vorgänge in Deir Yasin erschreckt und empört. Der Hagana-Sprecher, der Exekutivrat der Jewish Agency und sogar das Oberste Rabbinat veröffentlichen Erklärungen, in denen sie das Massaker entrüstet brandmarken. Mit Ben Gurions Zustimmung — manche behaupten, auf seine Initiative hin — sendet die Jewish Agency ein Telegramm an König Abdulla und bringt darin ihr Entsetzen über das Ereignis zum Ausdruck. Der Monarch unterhielt seinerzeit Geheimkontakte zu führenden Vertretern der Juden in der Absicht, zwischen beiden Seiten eine Einigung über die Teilung des Landes herbeizuführen. Entsprechende Abmachungen sahen vor, daß Abdulla das für die palästinensischen Araber bestimmte Territorium ohne Einwände von jüdischer Seite annektieren und dafür die Zusage geben sollte, keinen Krieg gegen den neuen jüdischen Staat zu führen. Ben Gurion befürchtet nun, daß Deir Yasin im arabischen Lager Öl ins Feuer bedeutet und man Abdulla unter Druck setzen wird, die berühmt-berüchtigte Arabische Legion gegen die Juden aufmarschieren zu lassen. Es ist zweifelhaft, ob das Telegramm die erhitzten Gemüter zu beruhigen vermochte. Wenige Tage nach Deir Yasin üben die Araber jedenfalls schreckliche

Rache an den Juden, als sie den Konvoi, der sich regelmäßig mit Krankenfahrzeugen den Weg zum Hadassa-Krankenhaus auf dem Skopus-Berg bahnt, in einen mörderischen Hinterhalt locken. Viele Verwundete und ihr Pflegepersonal verbrennen bei lebendigem Leibe in den in Brand geschossenen Sanitätsautos und anderen Kraftwagen, die für den Transport benutzt werden. Mehr als siebzig Juden, darunter zahlreiche bekannte Ärzte, ferner Krankenschwestern und Mitarbeiter der medizinischen Fakultät kommen bei dem Überfall ums Leben. Unter den Toten befindet sich auch der Verlobte Renana Ben Gurions, ein junger Medizinstudent.

Als der April sich dem Ende nähert und damit der Ablauf des britischen Mandats heranrückt, sieht sich Ben Gurion plötzlich mit zwei internen Krisen konfrontiert, die beinahe die langersehnte Gründung des neuen Staates verhindert hätten. Die erste resultiert aus Meinungsverschiedenheiten über die Struktur der Armee; sie entwikkelt sich schließlich zu einem Vorgang, der später als Aufstand der Generäle bezeichnet wird und in Ben Gurions Entschluß ihre Ursache hat, den Posten des Chefs des nationalen Kommandobereichs abzuschaffen. Der hohe Militär in diesem Amt war rangmäßig zwischen Generalstab und Verteidigungsminister angesiedelt. Angesichts der Schaffung nationaler Verbände bei der Armee besteht nach Ben Gurions Auffassung keine Notwendigkeit mehr für eine dazwischengeschaltete Institution. Aber seine Entscheidung löst eine schwere Kontroverse aus, weil der Mann, der seinen Posten räumen soll, Israel Galili, einer rivalisierenden politischen Partei, der Mapam, angehört, die zahlreiche hohe Offiziere der Hagana zu ihren Mitgliedern zählt.

Seit Beginn des Zweiten Weltkrieges hat die von der Mapai abgespaltene und sich seit 1944 Achdut Haawoda nennende Fraktion B ständig wachsenden Einfluß innerhalb des Oberkommandos der Hagana gewonnen. 1948 schließt sich die Achdut Haawoda mit einer anderen Linkspartei, dem Haschomer Hazair, zur Mapam (Vereinigte Arbeiterpartei) zusammen, die in starkem Maße pro-sowjetisch ausgerichtet ist und in einer Reihe fundamentaler politischer Fragen in Opposition zur Mapai steht. Da die Mehrzahl der obersten Kommandeure der Hagana der Mapam angehört, wundert es nicht, daß Ben Gurions Schritt, Galilis Dienststelle aufzulösen, binnen kürzester Zeit zur politischen Zeitbombe wird.

Israel Galili war damals achtunddreißig Jahre alt und hatte einen raschen Aufstieg in der Hagana-Hierarchie hinter sich. Weil der vor kurzem zum Oberbefehlshaber ernannte Yaakow Dori häufig krank war und seinem Posten fernblieb, hatten sich die Führer der Hagana daran gewöhnt, Galili, den sie als Kapazität ansahen, in militärischen Dingen um Rat zu fragen. Er war bekannt für sein Wissen und seinen Scharfsinn und bei seinen Untergebenen äußerst beliebt. Ben Gurion hat den heftigen politischen Sturm, den er mit der Abberufung dieses Mannes auslöste, bestimmt nicht vorausgesehen.

Bei einer Unterredung unter vier Augen zwischen beiden Männern, die am 26. April 1948 stattfindet, wehrt sich Galili gegen die Entlassung. In weiteren Gesprächen wird vergeblich der Versuch unternommen, einen Ausweg aus der Krise zu finden. Die Kontroverse zwischen dem künftigen Regierungschef und dem Militärexperten der Hagana erreicht am 3. Mai ihren Höhepunkt, als Ben Gurion in der Hoffnung, mit einem Federstrich die Auseinandersetzung zu beenden, ein kurzes offizielles Schreiben an den Generalstab richtet, in dem es heißt: » . . . Der Posten des Chefs des nationalen Kommandobereichs wird hiermit abgeschafft und die Dienstzeit des derzeitigen Amtsinhabers Israel Galili somit beendet. Der Stab der Sicherheitskräfte wird künftig seine Befehle ausschließlich vom Leiter der Sicherheitsbehörde [d.h. von Ben Gurion] oder dessen Stellvertreter erhalten.«

Galili und der Generalstab sind angesichts dieses unerwarteten Schritts Ben Gurions wie vor den Kopf gestoßen. Als der Brief auf einer Tagung des Generalstabs verlesen wird, gehen die Wogen der Erregung hoch, und verschiedene Abteilungsleiter (wie die Hagana-Führer offiziell heißen) wollen sofort geschlossen zurücktreten. Eine Abordnung sucht kurz darauf Ben Gurion auf und drängt darauf, Galili auf seinem Posten zu belassen, da dieser de facto als Oberbefehlshaber fungiert. Ben Gurion weist dieses Ansinnen zurück und ersucht statt dessen Yigael Yadin, den Posten des Oberbefehlshabers so lange zu übernehmen, bis Dori gesundheitlich wieder hergestellt ist. Yadin lehnt den Auftrag jedoch ab. Schließlich kommt nach einigem Hin und Her eine Art Kompromiß zustande: Unter Verzicht auf eine offizielle Ernennung erklärt sich der stellvertretende Oberbefehlshaber Zwi Ajalon bereit, für ein paar Tage nominell den Oberbefehl innezuhaben. Doch noch am selben Tag wird auf einer kurzfristig einberufenen Sitzung der provisorischen Volksleitung, des Vorläufers der Regierung, Ben Gurion von den Vertretern der Mapam heftig angegriffen. Das offizielle Organ dieser Partei, die Zeitung *Al Hamishmar*, prophezeit, daß Ben Gurions Gebaren unweigerlich zu einer »Diktatur dieses Mannes« führen müsse.

Am 5. Mai, zehn Tage vor Ablauf des Mandats, bricht der Zwist zwischen dem Generalstab und Ben Gurion abermals offen aus. Erneut drängt eine Abordnung der Generäle bei Ben Gurion auf Galilis Wiedereinsetzung. Yadin schlägt vor, Galili für die Dauer einer Woche als Oberkommandierenden fungieren zu lassen, und Ben Gurion erklärt sich damit einverstanden, »vorausgesetzt, daß er als amtierender Oberbefehlshaber Dienst tut und nicht als Chef des nationalen Kommandobereichs, nicht einmal provisorisch«. Dann läßt Ben Gurion Galili ein weiteres Mal zu sich kommen und bittet ihn, auf seinem Posten zu verbleiben, bis die Angelegenheit geklärt sei. Galili verlangt jedoch unnachgiebig seine Wiederverwendung als Chef des nationalen Kommandobereichs, was Ben Gurion ihm verweigert.

Die Krise hat ihren Höhepunkt erreicht. Einen Tag später, am 6. Mai, leitet Galili dem Exekutivrat der Jewish Agency ein umfangreiches Schreiben zu, in dem er seine Entlassung und die Abschaffung des bislang von ihm wahrgenommenen Amtes schildert. Am Mittag desselben Tages meutern die Hagana-Führer und stellen Ben Gurion ein Ultimatum: »Die Abteilungsleiter erachten es für notwendig, [Israel Galili] bis zu einer endgültigen Entscheidung wieder auf seinen Posten zu berufen. Wenn diese Angelegenheit nicht binnen zwölf Stunden zufriedenstellend bereinigt ist, werden die Abteilungsleiter sich außerstande sehen, für ihren Befehlsbereich weiterhin die Verantwortung zu tragen!« Dies war ein eindeutiger Versuch, die Zivilbehörden einem militärischen Diktat zu unterwerfen.

Eine Stunde nach Erhalt des Schriftstücks beordert Ben Gurion die fünf Abteilungschefs zu einer Aussprache zu sich. Angesichts der Drohung eines gemeinsamen Rücktritts der höchsten Militärs bleibt er dennoch hart und weigert sich kategorisch, Galili seinen Posten zurückzugeben. Darauf bedacht, seine Generalstäbler zu beschwichtigen, unternimmt er dann aber einen taktischen Rückzieher und verspricht Galili wieder in den Generalstab zu versetzen, ohne allerdings seine Aufgaben genau zu umreißen. Die Abteilungsleiter kehren zu ihren Kommandostellen zurück, und am folgenden Tag erklärt Galili seine Zustimmung zu Ben Gurions Angebot. In einem Punkt hatte Ben Gurion nachgegeben: Er verschaffte Galili einen wichtigen Posten im Oberkommando der Hagana. Doch den Posten eines Vorsitzenden des nationalen Kommandobereichs hat er nicht wieder eingeführt und Galilis Befehlsbefugnisse nicht genau festgelegt. Damit war die erste Phase der Konfrontation abgeschlossen.

Ben Gurion hielt es für ratsam, einen Waffenstillstand in seiner Auseinandersetzung mit Galili eintreten zu lassen, weil weitaus schicksalhaftere Fragen auf der Tagesordnung standen. Würde der Jischuw imstande sein, den arabischen Armeen Widerstand entgegenzusetzen, die in Palästina einzumarschieren drohten? Würde er sich dem amerikanischen Druck widersetzen können, der darauf abzielte, daß die Führung des Jischuw von dem Plan Abstand nahm, die Unabhängigkeit zu proklamieren? Würde es zur Gründung des Staates Israel kommen oder nicht?

Je näher der letzte Tag des britischen Mandats rückt, um so größer wird die Unsicherheit unter den jüdischen Politikern und Militärs, ob sie wirklich die Unabhängigkeit ausrufen sollen. Auch in den Reihen der Mapai sind die Meinungen geteilt. Die Basis der Partei steht weitgehend hinter Ben Gurion, der sich nachdrücklich für die sofortige Unabhängigkeitserklärung einsetzt. Aber einige Spitzenfunktionäre zögern noch oder sprechen sich sogar gegen diese Politik aus. Selbst Moshe Sharett ist sich nicht schlüssig. Von den vier Mapai-Vertretern in der provisorischen Regierung ist Ben Gurion der einzige, der eine aktive Politik befürwortet.

Am 11. Mai 1948 tritt das Zentralkomitee der Mapai zu Beratungen über die Frage der Staatsgründung zusammen. Auf der Eröffnungssitzung hält Ben Gurion eine mitreißende Rede, in der er prophezeit: »Wir werden jede Prüfung bestehen!« Nachdem er geendet hat und andere Parteimitglieder das Wort ergreifen, betritt Golda Meir den Saal. Ihr Erscheinen versetzt Ben Gurion in nicht geringe Unruhe, da er weiß, daß sie soeben von einer geheimgehaltenen Reise nach Amman zurückgekehrt ist, wo sie versucht hat, König Abdulla in letzter Minute zum Abschluß eines Nichtangriffspakts zu bewegen.

Es war nicht die erste Geheimverhandlung zwischen Golda Meir und dem König. Bereits im November 1947 war sie mit ihm zusammengetroffen, und Abdulla hatte ihr dabei versichert, er werde sich an einem arabischen Angriff auf die Juden nicht beteiligen und stets ein Freund der Juden bleiben. Die Gespräche mündeten in einen nicht formell geschlossenen Nichtangriffspakt, nachdem Golda Meir dem König die Zusicherung gegeben hatte, die Juden würden sich nicht einmischen, falls er, wie beabsichtigt, Territorium annektiere, das eigentlich dem arabischen Palästina-Staat zufallen sollte. Im Frühjahr 1948 hatte es jedoch Anzeichen dafür gegeben, daß Abdulla seine Politik änderte. Der transjordanische Herrscher befehligte die stärkste arabische Armee im Nahen Osten, und die übrigen arabischen Staaten übten gewaltigen Druck auf ihn aus, um ihn zu bewegen, sich dem Kampf gegen die Juden anzuschließen. Anfang Mai 1948 kommt Ben Gurion zu der Überzeugung, daß der jüdische Staat unmittelbar nach seiner Gründung von allen Seiten angegriffen werden wird. Die Ereignisse der folgenden Tage und Wochen bestätigen seine pessimistischen Voraussagen. Zu Beginn des Monats hatte die ägyptische Regierung überraschenderweise beschlossen, an der Invasion Palästinas teilzunehmen. In Damaskus arbeiteten hohe Offiziere verschiedener arabischer Armeen an der Koordination eines Invasionsplans. Unterdessen verlautete aus einer französischen Quelle, das britisch-transjordanische Abkommen enthalte »einen geheimen Passus, der Abdulla die Krone Palästinas in Aussicht stellt«. Saudi-Arabien, Syrien und Ägypten hätten beschlossen, daß erstens Abdulla [in Palästina] einmarschieren solle, um gegen die Juden zu kämpfen, daß er zweitens ermordet werden solle und daß man drittens in Palästina eine Regierung unter dem Mufti von Jerusalem einsetzen wolle. Angesichts dieser Fakten und Gerüchte wurde Golda Meir erneut zu Abdulla entsandt.

Bei dieser Begegnung macht der König einen neuen Vorschlag zur Abwendung eines Krieges: Palästina solle nicht geteilt werden, und die Juden sollten in einem Teil des Landes Autonomie erlangen. Binnen Jahresfrist werde dann das Land mit Transjordanien vereinigt und ein gemeinsames Parlament geschaffen, in dem die Juden die Hälfte der Sitze innehätten. Golda Meir weist diese Pläne rundweg zurück. »Es wird Krieg geben«, erklärt sie dem König, »aber wir werden ihn gewinnen. Wir können uns nach dem Krieg noch einmal treffen, aber dann gibt es bereits einen jüdischen Staat.« Sie fährt nach Tel Aviv zurück, wo die Sitzung des Zentralkomitees der Mapai noch andauert, und läßt Ben Gurion, der voll Ungeduld auf ihr Eintreffen gewartet hat, eine kurze Notiz zukommen: »Wir haben ein freundschaftliches Gespräch geführt. Er ist sehr besorgt und sieht schrecklich aus. Er hat nicht bestritten, daß wir bei unserem letzten Treffen Einverständnis darüber erzielt haben, daß er palästinensisches Gebiet übernimmt, doch jetzt ist er nur noch einer von fünf [arabischen Staatschefs].« Nach Erhalt dieser Nachricht verläßt Ben Gurion unverzüglich die Tagung des Zentralkomitees, fährt zum Hauptquartier der Hagana und befiehlt seinen Kommandeuren, eilends Pläne für das Zurückschlagen einer arabischen Großinvasion aufzustellen.

Golda Meirs düstere Nachrichten sind aber nicht die einzigen negativen Neuigkeiten, mit denen Ben Gurion an diesem turbulenten Tag konfrontiert wird. Den ganzen Nachmittag und Abend über wartet er voller Nervosität auf die Ankunft von Moshe Sharett aus Washington, der dort ein wichtiges Gespräch mit dem amerikanischen Außenminister George Marshall geführt hat. Erste Informationen über den Inhalt dieser Unterredung lassen nichts Gutes erwarten. Marshall hatte Sharett am 8. Mai 1948 empfangen, nachdem zuvor die USA die Juden in Palästina in scharfer Form aufgefordert hatten, die Ausrufung eines neuen Staates zu verschieben und einem Waffenstillstand zuzustimmen. Sharett bedeutete Marshall, es bestünden wenig Aussichten, die Zustimmung der Jewish Agency zur Feuereinstellung zu erhalten. Außerdem ließ er durchblicken, daß mit ziemlicher Wahrscheinlichkeit »ein Abkommen zwischen König Abdulla und der Jewish Agency zustande kommen werde«. Sharett erklärte dem US-Außenminister, darüber hinaus gebe es einen weiteren, schwerwiegenderen Grund, auf seinen — Marshalls — Vorschlag nicht einzugehen: »Wir würden von der späteren jüdischen Geschichtsschreibung dafür verantwortlich gemacht, wenn wir einem Aufschub unserer Unabhängigkeitserklärung zustimmen, ohne die Gewißheit zu haben, daß wir den neuen Staat nach der vereinbarten Frist auch wirklich ausrufen können . . . Die Regierung der Vereinigten Staaten hat für uns gestimmt, und wir werden das nie vergessen. Aber wir haben unseren Krieg allein ausgetragen, ohne Hilfe zu bekommen. Die USA haben uns Waffen, Militärausbilder und sogar die Lieferung von Stahlplatten zur Panzerung unserer zivilen Autobusse verweigert. Diesmal ersuchen wir nicht um Hilfe. Wir bitten [Sie] nur dringend, von einer Intervention abzusehen!«

Marshall antwortete mit einer Warnung: »Es ist nicht meine Sache, Ihnen zu sagen, was Sie tun sollen. Doch als alter Soldat möchte ich Ihnen einen Rat geben: Verlassen Sie sich nicht auf Ihre militärischen Berater. Sie sind nach Ihren Siegen erfolgstrunken. Was passiert, wenn es zu einer langwierigen Invasion kommt? Haben Sie in Betracht gezogen, wie sehr Sie durch einen solchen Schritt Ihrer Gegner geschwächt werden? Sollte es sich erweisen, daß

Sie recht daran taten, Ihren jüdischen Staat auszurufen, würde ich persönlich das begrüßen. Sie nehmen jedoch eine sehr schwere Verantwortung auf sich.«

Sharett verabschiedete sich mit den Worten: »Wir messen [Ihren] Auffassungen großen Wert bei, und Sie sollen wissen, wenn wir uns anders entschieden haben, so ist dies nicht aus Mißachtung Ihres Ratschlags geschehen.«

Die selbstbewußten Worte Sharetts sollten aber nur seine tiefe innere Besorgnis und qualvolle Ungewißheit kaschieren. David Hacohen, der Sharett auf einem New Yorker Flughafen erwartete, erinnert sich später: »Er zog mich in eine Telefonzelle und ließ mich wissen: ›Marshall hat mir erklärt, er spreche zu mir als General, als alter Soldat. Wir würden restlos vernichtet!‹ Ich will nicht sagen, Moshe habe die Meinung geäußert, wir sollten von der Staatsgründung absehen. Aber er war schrecklich mitgenommen . . .« Später setzte sich Weizmann mit Sharett in Verbindung und sprach ihm Mut zu. »Lassen Sie sich nicht unterkriegen. Entweder wird unser Staat jetzt ins Leben gerufen oder, was Gott verhindern wolle, es wird nie einen jüdischen Staat geben.«

Bedrückt trat Sharett den Heimflug an. Auf der damals noch langwierigen Reise scheint er sich zu der Auffassung durchgerungen zu haben, in Übereinstimmung mit Marshalls Vorschlägen eine zeitliche Verschiebung der Ausrufung des neuen Staates zu empfehlen. Am späten Abend des 11. Mai sucht er unmittelbar nach der Rückkehr Ben Gurion zu Hause auf. Dieser berichtet über das Gespräch unter vier Augen:

»Moshe kam in mein Arbeitszimmer und erstattete mir einen eingehenden Bericht über sein Zusammentreffen mit Marshall. Er erzählte mir von dessen Warnung, wir liefen Gefahr, vernichtet zu werden, und von seinem Vorschlag, mit der Ausrufung der Unabhängigkeit noch zu warten. Seine Darstellung schloß er mit den Worten: ›Ich bin seiner Ansicht.‹ Ich erhob mich und verriegelte die Tür. Dann erklärte ich ihm unmißverständlich: ›Hör zu, Moshe! Ich möchte dich bitten, [dem Mapai-Zentralkomitee] eine vollständige und exakte Darstellung deiner Unterredung mit Marshall zu geben, so wie du sie mir gegeben hast. Aber du kommst hier nicht raus, bevor du mir nicht versprichst, deine letzten vier Worte [›Ich bin seiner Ansicht.‹] wegzulassen, wenn du im ZK sprichst!‹ Moshe gab mir sein Wort.«

Am selben Abend versammelt sich eine große Zuhörermenge in dem Saal, in dem das Zentralkomitee der Mapai in öffentlicher Sitzung berät. Die Mapai-Mitglieder, die Sharetts Scharfsinn und Klugheit schätzen, warten voll Ungeduld auf seine Ausführungen. Sie hatten bereits gerüchtweise von seinen Befürchtungen angesichts des enormen Drucks gehört, dem er in den Vereinigten Staaten ausgesetzt gewesen war. Als Sharett schließlich hereinkommt, wird er mit großer Begeisterung begrüßt. Und als er aufsteht, um das Wort an die Versammlung zu richten, hält er das Versprechen, das er Ben Gurion gegeben hat. »Er hat nicht nur sein Wort gehalten«, sagte Ben Gurion später dazu, »sondern befürwortete in seiner Rede eindeutig die Errichtung des neuen Staates.« Tatsache ist, daß Sharetts Ansprache klug ausgewogen war. Zunächst malte er die große Gefahr aus, die daraus erwuchs, daß die USA dem Judenstaat nicht zu Hilfe kommen würden, falls eine arabische Invasion stattfände. An einem bestimmten Punkt seiner Ausführungen vollzog er dann eine Kehrtwendung und erklärte: »Die Verschiebung der Staatsgründung beziehungsweise Unabhängigkeitserklärung birgt ein größeres Risiko in sich als der Vollzug dieses Schrittes . . . Unsere Zukunft sieht sehr besorgniserregend und düster aus, aber es hat den Anschein, daß uns keine andere Wahl bleibt als die Flucht nach vorn.«

Seine Worte lösen unter den ZK-Mitgliedern und beim

Parteivolk Überraschung aus. Der Gegner einer sofortigen Staatsgründung sehen sich plötzlich des Banners beraubt, um das sie sich scharen wollten. In der anschließenden Debatte, die bis tief in die Nacht hinein dauert, geht es hoch her. Doch schließlich spricht sich eine eindeutige Mehrheit für die Proklamation des jüdischen Staates aus. Die Tagung endet mit der Wahl eines siebenköpfigen Ausschusses, der die Meinung des Zentralkomitees schriftlich fixieren soll. Fünf der Komiteemitglieder sind für die alsbaldige Ausrufung des neuen Staates, die beiden anderen ausgesprochene Gegner eines solchen Schritts. Man beschließt, das Zentralkomitee für den folgenden Abend erneut einzuberufen.

Der 12. Mai ist ein schicksalhafter Tag. Im Morgengrauen tritt die Arabische Legion zum Angriff an. Obwohl das Mandat noch nicht abgelaufen ist und die britische Armee noch im Lande steht, wird die belagerte Ezion-Siedlung von Hunderten von Mitgliedern der Legion mit Panzerunterstützung und unter Mithilfe von Tausenden von bewaffneten Männern aus den umliegenden arabischen Dörfern überfallen. Aus der Ferne müssen die Führer der jüdischen Gemeinschaft ohnmächtig mit ansehen, wie die Handvoll jüdischer Verteidiger tapfer kämpfend in den Tod geht. Ben Gurion verbringt unterdessen den Tag größtenteils in einer Sitzung der Volksleitung, die rund elf Stunden lang über die drängenden Entscheidungen berät. Diese Sitzung ist die Stunde der Wahrheit für die jüdische Gemeinschaft in Palästina. Hier und jetzt muß entschieden werden, ob der jüdische Staat gegründet werden soll.

Nachdem Golda Meir über ihre Verhandlungen mit Abdulla berichtet hat, trägt Moshe Sharett den amerikanischen Vorschlag bezüglich eines Waffenstillstandes vor. Mehrere Anwesende sind geneigt, diesem Vorschlag zuzustimmen, und verlangen konsequenterweise vor einer

Abstimmung einen aktuellen Bericht über die militärische Lage. Ben Gurion erteilt dazu Yadin und Galili das Wort. Yadin beschreibt die Situation in düsteren Farben und läßt sich über die Gefahren einer arabischen Invasion sowie über die Auswirkungen aus, die unweigerlich mit dem Einmarsch ausländischer Streitkräfte verbunden sind. »Um es vorsichtig auszudrücken«, schließt Yadin seinen Lagebericht, »möchte ich sagen, daß zum gegenwärtigen Zeitpunkt unsere Chancen ziemlich ausgeglichen sind. Wenn ich es freimütiger ausdrücken sollte, würde ich zugeben, daß sie [die Araber] beträchtlich im Vorteil sind.« Israel Galili verweist unter anderem auf die Überlegenheit des Gegners hinsichtlich schwerer Waffen. »Sollte es im Laufe der nächsten Woche zu einer Konfrontation kommen, wäre die Situation äußerst ernst.« Gleichzeitig betont er, daß sich die Lage nach Eintreffen der im Ausland gekauften Waffen zum Positiven wenden könne.

Die ungeschminkte, nüchterne Bestandsaufnahme der beiden Militärexperten hinterläßt bei den Sitzungsteilnehmern nachhaltigen Eindruck. Als die Reihe an Ben Gurion ist, Stellung zu beziehen, kostet es ihn nicht geringe Mühe, jene ZK-Mitglieder, die von Zweifeln geplagt werden, aufzumuntern und zuversichtlich zu stimmen. Schritt für Schritt entwickelt er vor seinen Zuhörern die einzig mögliche, unvermeidbare Schlußfolgerung:

» . . . Wenn uns lediglich die Waffen bleiben, die wir jetzt in Händen halten, wird unsere Lage äußerst gefährlich sein. Doch wir können davon ausgehen, daß sich in dieser Hinsicht unsere Situation bessern wird . . . Falls es uns gelingt, nicht alle [verfügbaren Waffen], sondern beispielsweise fünfzehntausend Gewehre und ein paar Millionen Patronen — wir haben an einem geheimen Ort mehr davon gelagert — [ins Land] zu bringen, dazu die Geschütze, die Panzerbüchsen und die mit Bordkanonen und Maschinengewehren ausgerüsteten sowie mit Bomben bestückten Kampfflugzeuge — auch dies alles steht an einem geheimen Ort bereit —, dann wäre unsere Lage bei Ausbruch der Kampfhandlungen völlig anders. Wir wären imstande, den Arabern gleich zu Beginn ihrer Invasion einen gewaltigen Schlag zu versetzen und ihre Kampfmoral zu untergraben.«

Gegen Abend treffen unablässig Nachrichten aus den Kampfgebieten bei der jüdischen Führung in Tel Aviv ein: Gefechte auf der Straße nach Jerusalem, schlimme Neuigkeiten aus dem Ezion-Siedlungsgebiet, Übergabeverhandlungen in Jaffa. Es ist an der Zeit, eine Entscheidung zu treffen. Die Frage, über die abgestimmt werden muß, ist die Annahme oder Ablehnung des amerikanischen Vorschlags für eine Waffenruhe. Sollte er angenommen werden, so bedeutet dies eine Verschiebung der Proklamation des neuen Staates. Sechs Mitglieder der Volksleitung, darunter Ben Gurion und Sharett, stimmen gegen den Waffenstillstand und sprechen sich für die sofortige Gründung eines eigenen Staates aus. Vier Mitglieder, zwei von ihnen führende Mapai-Funktionäre, heißen den Plan der USA gut und votieren für einen Aufschub der Unabhängigkeitserklärung. Man beschließt, den jüdischen Staat am 14. Mai, also binnen achtundvierzig Stunden, auszurufen.

Dieser Entscheidung schließt sich eine Diskussion über ein weiteres brennendes Problem an: Sollen in der Unabhängigkeitserklärung bereits die Grenzen des neuen Staates festgeschrieben werden oder nicht? Ben Gurion hat keineswegs die Absicht, sich in diesem Punkt schriftlich festzulegen, weil dies seinem Bestreben, die Staatsgrenzen zu erweitern, Einhalt geboten hätte. Er erläutert deshalb seinen Kollegen in der provisorischen Regierung seine diesbezüglichen Gedankengänge: »Wenn die Vereinten Nationen sich aus dieser Angelegenheit heraushalten und sie [die arabischen Staaten] Krieg gegen uns führen und wir sie besiegen . . ., warum sollten wir uns dann im vorhinein festlegen?« Mit einer einzigen Stimme Mehrheit von fünf zu vier schließt man sich Ben Gurions Auffassung an und entscheidet, daß die Grenzen des neuen Staates in der Unabhängigkeitserklärung nicht definiert werden.

Am selben Abend tritt das Zentralkomitee der Mapai ein drittes Mal zusammen und billigt den von einer Kommission vorgelegten Text der Unabhängigkeitserklärung. Die größte Partei innerhalb des Jischuw beschließt, der Volksleitung zu empfehlen, »unverzüglich die Beendigung des britischen Mandats und die Errichtung eines jüdischen Staates und seiner provisorischen Regierung zu verkünden«. »Unter den gegebenen Umständen«, kommentierte Yigael Yadin den dramatischen Vorgang später, »war die Beschlußfassung über die Unabhängigkeitserklärung allein David Ben Gurions Werk. In seiner Bedeutung und Auswirkung war der Beschluß vergleichbar mit Tausenden von [militärischen] Operationen.«

Am 13. Mai wird der Jischuw in höchste Aufregung versetzt, als gerüchtweise verlautet, die Unabhängigkeitserklärung stehe unmittelbar bevor. Doch in die nervöse Spannung und Vorfreude mischt sich wachsende Besorgnis angesichts der Meldungen aus dem Kampfgebiet um den Ezion-Block, in dem rund fünfhundertfünfzig jüdische Siedler leben. Gegen 15.30 Uhr wird bekannt, daß die Siedlung Kfar Ezion vom Feind erobert worden ist. Nach kurzer Beratung entscheiden Ben Gurion, Levi Eshkol und Galili, den Verteidigern der übrigen Siedlungen in dieser Gegend telegrafisch zu empfehlen, bei aussichtsloser Lage ihre Waffen zu vernichten und die weiße Flagge zu hissen. Diese Entscheidung war natürlich schmerzlich und deprimierend. Auch aus dem Negev kommen schlechte Nachrichten. Dort haben die Ägypter mit starker Übermacht die Siedlung Kfar Darom angegriffen. Die Stimmung im Generalstab ist niedergeschlagen. Von König Abdulla trifft ein ultimativer Appell ein, in dem er seine Vorschläge an Golda Meir wiederholt, doch man weist sie zurück.

Abends hält die Volksleitung ihre abschließende Sitzung ab, um den Text der Unabhängigkeitserklärung zu verabschieden. Ein von Moshe Sharett geleiteter Ausschuß legt einen Entwurf vor, dessen Wortlaut größtenteils von Sharett selbst erarbeitet wurde. Bei der Formulierung des Textes hatte er deutliche Anleihen bei der Mandatserklärung gemacht. Er beginnt ebenfalls mit den Worten: »Angesichts der Tatsache, daß . . .« Im Stil ebenso juristisch unanfechtbar wie bilderreich abgefaßt, hat der Entwurf einen ziemlichen Umfang. Ben Gurion ist mit verschiedenen rhetorischen Phrasen nicht einverstanden und läßt jeden direkten Hinweis auf den Teilungsplan streichen. Noch in derselben Nacht setzt er sich in sein Arbeitszimmer und schreibt die Erklärung ein weiteres Mal um. Unter seiner Hand nimmt der Text ein völlig anderes Aussehen an. Aus ihm spricht jetzt mehr Entschlossenheit, Festigkeit und Selbstsicherheit. Er reinigt den Wortlaut von überflüssigen Schnörkeln, kürzt ihn zusammen und streicht jede Anspielung auf eine Teilung. Um zwei Uhr früh legen ihm seine Mitarbeiter ein Telegramm vor, in dem gemeldet wird, daß »in Kfar Ezion trotz Aufziehens der weißen Fahne die jüdischen Verteidiger von den Arabern massakriert worden sind«.

In dieser Nacht schläft Ben Gurion nur zwei Stunden. Er steht um sieben Uhr auf, wie es seine Gewohnheit ist, trinkt am Küchentisch sitzend eine Tasse schwarzen Kaffee und sichtet Unterlagen und Meldungen. So begann stets sein Tagesablauf. Nichts an seinem Verhalten hätte an diesem Tag auf besondere innere Erregung schließen lassen. Er war bereits an seinem Dienstsitz eingetroffen, als er kurz nach acht Uhr das Dröhnen eines Flugzeuges am Himmel hört. Es ist die Sportmaschine, die den britischen Hochkommissar, General Cunningham, nach Haifa bringt, wo er an Bord des Kreuzers *Euryalus* gehen und in den Küstengewässern das Ende des britischen Mandats über Palästina abwarten wird. Dieses soll in der Nacht vom 14. auf den 15. Mai 1948 um null Uhr erlöschen. Da der 15. Mai ein Samstag ist, muß die Unabhängigkeitserklärung wegen der Unantastbarkeit des Sabbats vor Einbruch der Dunkelheit veröffentlicht werden.

Sekretärinnen, Stenographen und Beamte sind die ganze Nacht über mit der Vorbereitung der feierlichen Erklärung beschäftigt. Man hat prominente Persönlichkeiten aus allen Bevölkerungsschichten zu der Zeremonie eingeladen, die um vier Uhr nachmittags im Museum von Tel Aviv stattfinden soll. Der Museumssaal war in aller Eile mit dem nötigen Mobiliar sowie Flaggenschmuck und Blumen hergerichtet worden. Ben Gurion erscheint im dunklen Anzug mit weißem Oberhemd, und für dieses bedeutsame Ereignis hat er sich auch eine Krawatte umgebunden. Kurz vor vier Uhr hält seine schwarze Limousine vor den Stufen des Museumsgebäudes. Obwohl der Schauplatz des feierlichen Akts der Staatsgründung strikt geheimgehalten worden ist, haben Tausende von Tel Avivern auf geheimnisvolle Weise erfahren, wo die Zeremonie stattfindet. So hat sich auf der Straße eine riesige Menschenmenge eingefunden, und auch Journalisten und Fotografen drängen sich vor dem Eingang. Die Bevölkerung, die keinen Einlaß findet, will zumindest von draußen der feierlichen Stunde beiwohnen, die sie zu einem freien Volk machen soll.

Als Ben Gurion und seine Frau Paula aus dem Auto steigen, legt ein dort postierter Polizeibeamter grüßend die Hand an die Mütze. Ben Gurion wird förmlich, strafft seinen Körper und grüßt stolz und selbstbewußt zurück. Dann steigt er raschen Schritts die Stufen zum Haupteingang empor. Um Punkt vier Uhr klopft er mit einem kleinen Hammer auf das Podium, um Ruhe eintreten zu lassen. Die Festversammlung erhebt sich und stimmt spontan die zionistische Hymne, die *Hatikwa*, an. Dann nimmt Ben Gurion zwei maschinenbeschriebene Seiten mit dem Text der Unabhängigkeitserklärung in die Hand und beginnt, ihn zu verlesen.

In klaren, prägnanten Worten beschreibt das Dokument das Exil des jüdischen Volkes, sein immerwährendes Bestreben, in die angestammte Heimat zurückzukehren, das Erwachen der zionistischen Bewegung und die Mühsal der »Pioniere, Einwanderer und Beschützer«, die in das Land Israel gekommen sind. Die Urkunde erinnert an die Balfour-Erklärung, sie ruft die furchtbare Verfolgung und Vernichtung der Juden durch das Dritte Reich ins Gedächtnis und auch den Krieg, den die Juden gegen dieses Reich geführt haben. Erst jetzt, als Ben Gurion die Unabhängigkeitserklärung verliest, erfahren die Zuhörer im Saal und die Juden im ganzen Land über Radio den Namen ihres neuen Staates: Israel.

Als Ben Gurion mit der Verlesung fertig ist, springen die anwesenden Politiker und Ehrengäste auf und brechen in Jubel aus. Die Begeisterung überträgt sich nach draußen auf die Straße. Ben Gurions rauhe, vertraute Stimme war über den Äther zur Bevölkerung gedrungen und hat sie in einen Freudentaumel versetzt. Ein ganzes Volk hat seine Worte begierig aufgenommen. Tausende von Rundfunkhörern haben den aus jeder Zeile der Erklärung herauszuhörenden Stolz vernommen, aber auch mitbekommen, daß ihnen neben der zukunftsweisenden Hoffnung drohende Gefahren nicht erspart bleiben werden. Nicht nur sentimental gestimmte Gemüter verspüren einen Kloß im Hals und haben Tränen in den Augen.

Siebenunddreißig Minuten nach Besteigen des Rednerpults gibt Ben Gurion abermals ein Zeichen mit dem

Hammer. »Der Staat Israel ist geboren!« ruft er aus. »Die Sitzung ist geschlossen.« In seinem Tagebuch notiert er: »Um vier die Unabhängigkeitserklärung. Überall im Land unermeßliche Freude und Jubel, aber wieder einmal fühle ich mich wie am 29. November als eine Art Leidtragender unter lauter frohgestimmten Menschen.«

War Israel Wirklichkeit geworden? Am 14. Mai 1948 marschieren die Heere des Libanon, Syriens, Iraks, Transjordaniens und Ägyptens in Palästina ein – und der junge Staat hat immer noch keine eigene Armee. Die Operationsabteilung der Arabischen Legion sagt ihren Befehlshabern den Zusammenbruch des Judenstaates binnen weniger Tage voraus.

In der Nacht wird Ben Gurion zweimal geweckt. Um ein Uhr sucht ihn der Chef des Nachrichtendienstes der Hagana auf, um ihm mitzuteilen, daß der amerikanische Präsident Truman sich entschlossen habe, den Staat Israel de facto anzuerkennen. (Zwei Tage darauf erkannte die Sowjetunion Israel de jure an.) Um halb fünf in der Frühe weckt derselbe Mitarbeiter erneut Ben Gurion und läßt ihn wissen, daß israelische Repräsentanten in den USA ihn dringend ersuchen, sich in einer direkt übertragenen Rundfunkansprache an das Volk der Vereinigten Staaten zu wenden. Ben Gurion kleidet sich rasch an, und als der Morgen heraufdämmert, ist er im Sendegebäude der Hagana. Sobald die Verbindung mit Amerika hergestellt ist, beginnt er mit seinen Ausführungen. Da vernehmen seine Zuhörer auf der anderen Seite des Atlantiks plötzlich das Aufheulen von Flugzeugmotoren und den anschließenden Lärm von gewaltigen Detonationen. Ben Gurion kann sofort eine Erklärung geben: Beim ersten Tageslicht sind ägyptische Bomber über Tel Aviv aufgetaucht und haben ihre Last über dem nahegelegenen Flugplatz Dov abgeworfen. Mit der Routine eines erfahrenen Radioreporters schildert Ben Gurion, wie die feindlichen Flugzeuge Tel Aviv bombardieren. Nach Beendigung der Sendung läßt er sich in einem offenen Jeep ohne Begleitfahrzeuge wieder nach Hause bringen. »Aus allen Häusern waren die Leute in Schlafanzügen und Nachthemden auf die Straße geeilt, um die Wirkung der weiter entfernt fallenden Bomben zu beobachten. Aber es gab keine Anzeichen von Panik. Ich hatte das sichere Gefühl, daß auf diese Menschen Verlaß ist.«

Die ersten Tage des jungen Staates sind mit schrecklichen Ereignissen angefüllt. Im Norden finden blutige Kämpfe gegen die eingedrungenen Syrer und Libanesen statt; bei Jerusalem hat die Arabische Legion die bisherigen jüdischen Geländegewinne wieder wettgemacht und die Straße zum Skopus-Berg unter Kontrolle, und ägyptischen Streitkräften ist es gelungen, eine strategisch günstig gelegene Festung israelischer Polizeitruppen im nördlichen Negev einzunehmen. Der Feind hat die eindeutige Luftherrschaft. Einem schweren Bombenangriff auf den Autobusbahnhof von Tel Aviv sind zweiundvierzig Menschen zum Opfer gefallen. Die Flugzeuge, die Ehud Avriel in Prag gekauft hat, sind noch nicht eingetroffen. Außerdem lagern die zugesagten Waffenlieferungen in europäischen Frachtschuppen oder befinden sich an Bord von Schiffen, die auf dem Weg nach Israel sind. Ben Gurions nächstliegendes Ziel lautet demnach, Zeit zu gewinnen. Er weiß genau, daß jeder zusätzliche Tag die Aussicht auf das Eintreffen der seit langem erwarteten Waffen vergrößert, und weigert sich kategorisch, die Bewohner umkämpfter Siedlungen evakuieren zu lassen.

Diese Strategie hat hohe Verluste zur Folge. Am 19. Mai, einen Tag nach einem schweren syrischen Angriff, sucht eine Abordnung von Siedlern aus dem Jordantal

Ben Gurion auf und bittet ihn dringend um Hilfe. Josef Baratz, ein alter Freund Ben Gurions, fordert im Namen der Siedler, Geschütze, Flugzeuge und Truppenverstärkungen zu schicken. »Wir können euch nicht helfen«, ist Ben Gurions Antwort. »Es gibt nicht genug Geschütze, Flugzeuge sind ebenfalls nicht in ausreichender Zahl vorhanden, und da unser ganzes Land ein Schlachtfeld ist, fehlen uns an allen Fronten Soldaten. Wir sind nicht in der Lage, euch Verstärkungen zu schicken.« Daraufhin bricht einer der Männer aus der Delegation in Tränen aus: »Wollen Sie damit sagen, Ben Gurion, daß wir das Jordantal aufgeben sollen?« Jahre später schildert Ben Gurion diese Szene einem Freund und bemerkt dazu: »Du kannst dir nicht vorstellen, was ich empfand, als ich ihn weinen sah. Da stand er vor mir, ein kräftiger, erwachsener Mann, und schluchzte wie ein Kind. Und ich konnte ihm nichts versprechen.«

Ben Gurion verbirgt seine eigenen Gefühle und verweist seine Freunde an Yadin. Der Chef des Operationsstabes erklärt Baratz mit nüchternen Worten: »Wir wissen genau, wie die Situation aussieht. Es gibt keine andere Lösung, als die Araber bis auf zwanzig oder dreißig Meter an die Zufahrt zu eurer Siedlung herankommen zu lassen und dann ihre Panzer anzugreifen.« Yadin schlägt vor, die feindlichen Kampfwagen mit Molotowcocktails zu bekämpfen. Baratz, der nur mühsam die Tränen unterdrücken kann, erwidert: »Und du meinst, Yigael, daß es klappt, wenn wir solch ein Risiko eingehen und sie bis vor die Einfahrt von [unserem Kibbuz] Deganya kommen lassen?«

»Ja«, antwortet Yadin. »Es gibt keine Alternative. Zugegeben, es ist eine ziemlich riskante Sache, doch euch bleibt keine andere Wahl.«

Nichtsdestoweniger sucht Yadin Ben Gurion auf, um nach einer Lösung zu suchen, die den Siedlern helfen könnte. Mit den jüngsten Waffenlieferungen waren auch vier 65-mm-Gebirgsartillerie-Geschütze, allerdings ohne Visiereinrichtung, eingetroffen. Wegen ihres Alters nannte man sie scherzhaft Napoleontschiks. Yadin bittet nun Ben Gurion dringend, diese Geschütze im Jordantal zum Einsatz zu bringen. Ben Gurion verweigert zunächst seine Zustimmung, denn er beabsichtigt, mit dieser Batterie die Straße nach Jerusalem freizukämpfen. Die beiden Männer diskutieren heftig miteinander, bis sie schließlich einen Kompromiß erzielen. Ben Gurion erklärt sich einverstanden, die Geschütze zunächst für vierundzwanzig Stunden im Jordantal einzusetzen. Danach sollen sie an der Mittelfront Verwendung finden. In einer heroischen Schlacht an der Zufahrt zum Kibbuz Deganya gelingt es den Verteidigern, die feindlichen Panzer zu stoppen und den Angriff abzuschlagen. Auch die Geschütze erfüllen ihren Zweck; die syrischen Truppen ziehen sich fluchtartig zurück. Mit Befriedigung vermerkt Ben Gurion in seinem Tagebuch: »Die vier ins Jordantal geschafften Geschütze haben die Moral in unseren Siedlungen gestärkt.« Doch die Lage bleibt in Wirklichkeit unverändert kritisch.

Der allerschlimmste Tag ist der 22. Mai. Von Süden her schiebt sich eine ägyptische Panzerkolonne auf Tel Aviv zu. Die Ägypter nehmen Beerscheba ein und greifen eine Reihe von weiter nördlich gelegenen Siedlungen an. Die Arabische Legion erobert bei Jerusalem eine jüdische Stadtrandsiedlung nach der anderen und bedroht inzwischen den gesamten jüdischen Bezirk, der von ihr unablässig bombardiert wird. Einheiten der Arabischen Legion haben sich auch bereits in den Besitz des Polizeitruppenstützpunkts Latrun an der Überlandstraße nach Jerusalem gebracht. Im Zentrum des Landes besteht die Gefahr, daß das irakische Expeditionskorps gemeinsam mit Verbänden der Legion die jüdischen Verteidigungslinien durchbricht und das Meer erreicht. Dadurch wäre der neue Staat in zwei Teile zerschnitten worden.

Ben Gurion verbringt die ganze darauffolgende Nacht mit intensiven Beratungen im Kreis von Mitgliedern des Generalstabs. »Wir hatten nichts mehr in den Kampf zu werfen«, schildert ein Mapai-Führer später die Lage. »Jene Nacht von Samstag auf Sonntag war der kritischste Moment . . . Ben Gurion schlich herum wie ein verwundeter Löwe. Alle Handwerker aus Tel Aviv wurden mobilisiert und in Bataillone eingeteilt, um die Stadt zu verteidigen. Am Abend erklärte mir einer der Stabsoffiziere: ›Noch zweiundsiebzig Stunden, dann ist alles vorbei!‹« Doch nach dieser schlaflosen Nacht bessern sich die Dinge zusehends. In Jerusalem wird die Offensive der Arabischen Legion zum Stillstand gebracht, und die Ägypter vermögen trotz des von der Masse ihrer Verbände ausgehenden Drucks ihren Vormarsch nicht fortzusetzen.

Ein weiterer Tag geht zu Ende, und endlich gewahrt Ben Gurion trotz alarmierender Meldungen von den Frontabschnitten einen Silberstreif am Horizont. Die ersten deutschen Messerschmitt-Kampfflugzeuge treffen aus der ČSSR ein. Fünf tschechoslowakische Techniker bauen insgeheim die Maschinen zusammen, und schon bald starten erstmals jüdische Flugzeuge zu ihren Bombenflügen zur südlichen Front bei Jerusalem und zu anderen Abschnitten. Außerdem nähert sich ein Frachter mit fünftausend Gewehren und fünfundvierzig Geschützen an Bord der israelischen Küste. »Das wird der Wendepunkt werden!« schreibt Ben Gurion triumphierend in sein Tagebuch.

Am 24. Mai fühlt er sich zuversichtlich genug, um den Generalstab mit seinen strategischen Zielen vertraut zu machen:

»Ich schlug vor, zur Offensive überzugehen, sobald die Waffen aus dem Schiff entladen waren, mit dem Ziel, den

Libanon, Transjordanien und Syrien vernichtend zu schlagen. Im Negev müssen wir durchhalten. Mein Plan für die erste Woche sah die Befreiung Jerusalems und seiner Umgebung vor. Die Schlacht um Jerusalem ist die wichtigste, sowohl moralisch wie politisch — und in großem Maße auch militärisch gesehen ... Der Schwachpunkt in der arabischen Koalition ist der Libanon, [denn] das dortige Moslem-Regime steht auf wackeligen Beinen und ist leicht zu unterminieren. Es sollte dort ein christlicher Staat errichtet werden, mit dem Litani-Fluß als Südgrenze. Wir würden mit ihm ein Bündnis schließen. Wenn wir die Kampfkraft der [Arabischen] Legion lähmen und Amman bombardieren, können wir auch Transjordanien ausschalten, und dann wird Syrien ebenfalls fallen. Sollte Ägypten noch weiter zu kämpfen wagen, werden wir Port Said, Alexandria und Kairo mit Bomben belegen.«

Diese erstaunlichen Erklärungen enthüllen Ben Gurions geheime Gedanken und Absichten. Vielleicht ist sein letzter Satz am bezeichnendsten: »Auf diese Weise werden wir den Krieg beenden und die Rechnung unserer Vorfahren mit Ägypten, Assyrien und Aram begleichen.« Ben Gurion sah Geschichte als lebendige Wirklichkeit an; für ihn waren Nationen Gemeinwesen, die in Zeiträumen von Hunderten und Tausenden von Jahren handelten, dachten und die Vergangenheit erstehen ließen. Das Königreich Israel war vor undenklichen Zeiten ausgelöscht worden. Jetzt, da Israel wiedererstanden war, sah es sich denselben Feinden wie einstmals gegenüber. Ihre Staaten trugen andere Namen, ihre Bevölkerung hatte sich bis zur Unkenntlichkeit verändert, doch bei eingehender Analyse waren es dieselben Reiche, mit denen »unsere Vorväter« noch eine Rechnung offen hatten, und nun war die Zeit gekommen, sie zu begleichen.

In strategischer Hinsicht hielt Ben Gurion die Arabische Legion für den gefährlichsten Gegner. Ein israeli-

scher Sieg war nur dann möglich, wenn die Legion ausgeschaltet wurde. War erst Abdullas Armee vernichtet, würden sich die übrigen gegnerischen Streitkräfte auflösen.
Ein weiterer Grund dafür, den Hauptstoß gegen die Arabische Legion zu richten, war Jerusalem. Nach dem Generalangriff der arabischen Armeen erklärte Ben Gurion auf
einer Kabinettssitzung, »der Beschluß vom 29. November
ist gestorben«. Da die Teilungsgrenzen hinfällig geworden
seien und die Umwandlung Jerusalems in eine unter internationaler Kontrolle stehende Stadt ein Wunschtraum
bleibe, müsse Jerusalem Teil des jüdischen Staates werden. Das sei jedoch nur möglich, wenn die Arabische Legion besiegt werde, weil König Abdulla gleichfalls Jerusalem als Hauptziel betrachte. Für Ben Gurion war diese
Stadt gewissermaßen das Symbol jüdischer Souveränität
und Unvergänglichkeit. Er war sogar der Meinung, falls
Jerusalem an den Gegner falle, sei der ganze Staat verloren.

Die meisten Mitglieder des Generalstabes teilten Ben
Gurions Einschätzung der Lage nicht. »Ben Gurion
kannte die Widerstandskräfte Jerusalems nicht«, behauptet Yadin, der dem Alten häufig aufs schärfste wider-
sprach. »Er übertrieb die Dinge, weil er befürchtete, die
Stadt werde innerhalb von zwei oder drei Tagen vom
Feind genommen. Für mich waren die Ägypter der Gegner, von dem die größte Gefahr ausging. Deshalb räumte
ich der Front im Süden den Vorrang bei meinen Überlegungen ein.«

Am 22. Mai verschlimmert sich die Lage in Jerusalem
auf dramatische Weise. In einem Telegramm wird Ben
Gurion davon unterrichtet, daß die Arabische Legion in
der Umgebung der Stadt eine Ortschaft nach der anderen
erobere. Ben Gurion ist entsetzt. »Ich verlangte, ohne
Verzögerung eine Militärkolonne nach Jerusalem in
Marsch zu setzen, die nur aus ausgebildeten und bewaff-

neten Einheiten bestand . . . Diese Truppen sollten mit allen verfügbaren Waffen ausgerüstet werden. Die Panzerwagen sollten ebenfalls sofort in dieses Kampfgebiet abrücken. Sie hatten den Auftrag . . ., alle umliegenden Dörfer zurückzuerobern und den Durchbruch nach Jerusalem zu schaffen.«

Zwischen Ben Gurion und Yadin kommt es zu einer hitzigen Debatte. Ein sofortiger Einsatz von Truppen für die Öffnung der Fernstraße nach Jerusalem erforderte zugleich einen Frontalangriff auf die diese Route kontrollierende Festung Latrun. Die Arabische Legion hielt diesen Stützpunkt mit starken, gutausgebildeten Kräften besetzt, die von Panzern und Artillerie unterstützt wurden. Die Hagana hatte dagegen keine verfügbaren Verbände. Die einzige zu diesem Zeitpunkt nicht im Einsatz stehende Truppe war die neugebildete 7. Brigade. Ben Gurion verstärkte sie persönlich im letzten Augenblick mit Hunderten von noch nicht ausgebildeten Rekruten und jungen Einwanderern, die gerade mit Schiffen eingetroffen waren. Sie hatten noch nie ein Gewehr in der Hand gehabt, redeten in allen möglichen Sprachen, beherrschten aber kein Wort Hebräisch. Ihre Offiziere versuchten verzweifelt, ihnen die einfachsten Handgriffe an den Waffen beizubringen. Die Neuen mußten außerdem eine Reihe von hebräischen Befehlen auswendig lernen und sie wie Papageie nachplappern, um sie sich einzuprägen.

In Yadins Augen hat die 7. Brigade sich erst noch als kämpfende Truppe zu bewähren; aber Ben Gurion weist derartige Einwände zurück. Für den Abend dieses 22. Mai beruft er eine dringende Sitzung des Generalstabes ein. Als er erfährt, daß die dreitausend Mann der 7. Brigade seit drei Tagen in ihrem Lager hocken, brüllt er zornig: »Dreitausend Soldaten faul in ihren Unterkünften? Das macht in drei Tagen bereits neuntausend ›Soldatentage‹, die zu einem Zeitpunkt verschwendet worden sind, da Jerusalem jeden Augenblick vom Feind eingenommen werden kann!«

Ben Gurion schlägt vor, die Operation, mit der die Zufahrt nach Jerusalem freigekämpft werden soll, von der 7. Brigade — verstärkt durch ein Bataillon der Alexandroni-Brigade — durchführen zu lassen. Deren Kommandeur bringt seine Befürchtung zum Ausdruck, daß dadurch seine eigene Truppe geschwächt werde, die der irakischen Armee gegenübersteht. Dieser könne dann möglicherweise ein Durchbruch gelingen, mit dem Ergebnis, daß die Verbindung zwischen Tel Aviv und Haifa unterbrochen werde. Ben Gurion läßt sich jedoch nicht beirren. »Ich bin bereit, die Verantwortung für das Risiko zu übernehmen«, erklärt er.

Der Angriff ist für die Nacht vom 23. auf den 24. Mai geplant. Im Laufe des 23. Mai wird jedoch bekannt, die Brigade sei noch nicht kampfbereit. Damit ist es unmöglich geworden, in der Nacht zum Angriff überzugehen. Mit großer Mühe gelingt es Yadin, Ben Gurion zu überreden, die Operation um vierundzwanzig Stunden zu verschieben. Bei Ben Gurion macht sich wachsende Anspannung bemerkbar. Es hatte bereits erste Gespräche über einen Waffenstillstand gegeben. Wenn jetzt die Kampfhandlungen eingestellt würden, solange die Überlandstraße nach Jerusalem noch von der Arabischen Legion besetzt ist, würde die Stadt abgeschnitten bleiben und die Moral der Bevölkerung auf den Nullpunkt sinken. Aus Jerusalem treffen schlechte Nachrichten ein. Die Artilleriegeschosse der Legion schlagen überall ein, und Lebensmittel und Wasser müssen bereits so stark rationiert werden, daß jeder Einwohner nur sehr wenig erhält. Das jüdische Viertel in der Jerusalemer Altstadt, das von den übrigen jüdisch besiedelten Stadtteilen abgeschnitten ist, sendet dringende Hilferufe. Defätisten aller Art beginnen von »Kompromissen« und von »Rettung von Menschenleben« zu reden und gebrauchen noch andere Begriffe, die alle auf das eine hinauslaufen: Kapitulation.

Am Vorabend der Operation fliegt Yadin zu dem Kibbuz, auf dessen Gelände die Angriffskräfte bereitstehen. Er hat den Eindruck, daß sich die Brigade in einem chaotischen Zustand befindet. Zusammen mit den Offizieren dieses Truppenteils gewinnt er die Überzeugung, daß es unumgänglich ist, das Unternehmen abermals — diesmal um mehrere Tage — zu verschieben. Er kehrt nach Tel Aviv zurück und versucht Ben Gurion zu überreden, den Angriff für den Augenblick abzublasen. Ben Gurions Antwort lautet lakonisch: »Du mußt ohne Rücksicht auf Verluste sofort angreifen.«

Die Straße nach Jerusalem schlängelt sich am Fuße der Latrun-Höhen durch ein breites Tal, das von dem gleichnamigen Polizeitruppen-Stützpunkt eingesehen und kontrolliert werden kann. In der Nähe befindet sich ein malerisch gelegenes, von Weinbergen umgebenes Trappistenkloster. Von den Hügeln herab blickte man damals auf ein offenes, in Reife stehendes Getreidefeld, und aus dieser Perspektive beobachteten die Einheiten der Arabischen Legion die Angriffskolonne der Israelis, die sich am 25. Mai im Morgengrauen schwerfällig auf ihr Ziel zubewegte. Durch Artilleriebeschuß und Maschinengewehrsalven deckten die Araber die Angreifer sofort mit mörderischem Sperrfeuer ein. Auf israelischer Seite gab es in diesem Stadium schwere Verluste. Viele der noch nicht ausgebildeten Soldaten verloren den Kopf und begannen zu fliehen. An diesem Tag wehte in der Morgenfrühe ein heißer Ostwind, und als die fliehenden Soldaten, durch das Weizenfeld stolpernd, sich in Sicherheit zu bringen versuchten, wurden sie von Schwärmen von Stechfliegen überfallen und von Durst gequält. Von den Hügeln herab stürmten mit altertümlichen Gewehren und Dolchen bewaffnete arabische Dorfbewohner, die darauf aus waren, verwundete Israelis, die nicht mehr fliehen konnten, umzubringen. Einigen israelischen Offizieren gelang es unter großen Schwierigkeiten, erfahrene Soldaten um sich zu scharen und einen einigermaßen geordneten Rückzug zu organisieren. Der Angriff endete mit einem Desaster. Auf israelischer Seite waren fast zweihundert Mann gefallen oder verwundet. Die 7. Brigade war bei ihrer Feuertaufe schwer mitgenommen worden. Der Konvoi von Lastkraftwagen, mit dem Nahrungsmittel nach Jerusalem gebracht werden sollten, mußte stehenbleiben, ohne seine Mission erfüllen zu können.

In der darauffolgenden Nacht sinnt Ben Gurion auf Möglichkeiten für einen neuen Angriff auf Latrun. Wie eine Bulldogge verbeißt er sich in seinen Plan, den Sturmangriff auf Latrun so oft zu wiederholen, bis die Zufahrt nach Jerusalem wieder frei ist. Er setzt sogar die gerade fertig gewordenen Messerschmitts ein, um Latrun und das nahegelegene arabische Dorf Emmaus zu bombardieren. Aus Jerusalem treffen zur gleichen Zeit bestürzende Nachrichten ein: Die Arabische Legion hat das jüdische Viertel in der Altstadt erobert und die Bewohner gefangengenommen. Unterdessen drängen die Vereinten Nationen auf einen Waffenstillstand. Am 30. Mai läßt Ben Gurion ein weiteres Mal seine Truppen gegen Latrun anstürmen — und scheitert abermals.

Nach der Schlacht sandte Mickey Marcus, ein ehemaliger Oberst der US-Armee, der kurz zuvor zum Kommandeur der Jerusalem-Front ernannt worden war, ein Telegramm an Yadin und meldete ihm: »Ich war dort und habe die Schlacht beobachtet. Der Plan war gut. Die Artillerie war bestens. Die Panzer wurden exzellent eingesetzt. Die Infanterie war eine Schande.«

Ben Gurion aber gibt immer noch nicht auf. Am 9. Juni wirft er zwei zusätzliche Brigaden in die Schlacht um Latrun und überträgt Yigal Allon den Oberbefehl. Im Planungsstab des Angriffsverbandes sitzt Jizchak Rabin, der eine der Verstärkungsbrigaden befehligt. Es ist ein letzter Versuch, Latrun zu erobern, bevor der vereinbarte einmonatige Waffenstillstand in Kraft tritt. Doch auch dieser Angriff scheitert im arabischen Feuer. Noch heute steht die Festung unversehrt und erinnert an den schmerzlichsten Rückschlag, den die Armee im Unabhängigkeitskrieg hinnehmen mußte.

Dennoch ist es schließlich gelungen, das belagerte Jerusalem zu entsetzen. Drei Mitglieder des Palmach hatten einen Weg durch das Hügelland entdeckt, der an Latrun vorbei ausschließlich durch von Israelis kontrolliertes Territorium führte. Als Ben Gurion am 2. Juni von diesem glücklichen Zufall erfährt, erteilt er sofort den Befehl, den Feldweg als Straße auszubauen, um über diese Strecke Lebensmitteltransporte nach Jerusalem zu leiten. Sofort wird fieberhaft gearbeitet, und schon bald ist eine Teilstrecke für den Verkehr fertiggestellt. Ein Streckenstück allerdings, das auf rund einhundertfünfzig Metern Länge eine steile Felswand hinaufführt, kann nicht so schnell befestigt werden. Darum hat man Hunderte von Zivilisten aus Tel Aviv mobilisiert, die nachts beim Transport von Lebensmitteln und wichtigen Versorgungsgütern helfen, unterstützt durch eilends zusammengestellte Maultier- und Jeepkolonnen. Schließlich ist die Straße fertig, und als der Waffenstillstand verkündet wird, ist Jerusalem längst nicht mehr abgeschnitten.

Am 11. Juni 1948 legen Juden und Araber für vier Wochen die Waffen nieder. Der vom Sicherheitsrat der Vereinten Nationen ernannte Friedensemissär, der schwedische Diplomat Folke Graf Bernadotte, kommt nach Israel und nimmt sofort Gespräche mit dem Ziel auf, eine längere Feuerpause zwischen den kriegführenden Parteien zu erreichen. Der israelische Kommandeur an der Nordfront bezeichnet das Inkrafttreten des Waffenstillstandes als

»himmlisches Manna«. Die Existenz Israels ist nicht länger bedroht. Doch gerade als die qualvolle Spannung für eine Weile nachläßt, muß der junge Staat seine schwerste Prüfung durchmachen — nicht im Krieg gegen die Araber, sondern beim plötzlichen Aufflammen von Kampfhandlungen zwischen jüdischen Militäreinheiten.

Altalena, das Pseudonym Wladimir Jabotinskys, war der Name, den man einem alten, vom National Liberation Committee (den Sympathisanten des Irgun in den USA) erworbenen Landungsboot der US-Navy gegeben hatte. Am Tage nach der Ausrufung des neuen Staates setzte sich der Oberkommandierende des Irgun, Menachem Begin, mit Leuten aus der Umgebung Ben Gurions in Verbindung und bot das Schiff der Regierung zum Kauf an, um von dem Erlös Waffen zu erwerben. Doch die für den Waffeneinkauf zuständigen Stellen bei der neuen Regierung lehnten dieses Geschäft ab. Daher beschloß die Irgun-Führung, das Schiff in Südfrankreich mit Waffen beladen und die israelische Küste ansteuern zu lassen. Gleichzeitig sollten etwa tausend Einwanderer mitgenommen werden. Quellen der IZL zufolge befanden sich an Bord fünftausend Gewehre, dreitausend Handgranaten, drei Millionen Patronen, Hunderte Tonnen von Sprengstoff, ferner rund zweihundertfünfzig Maschinengewehre, Granatwerfer, Bazookas und andere leichte Waffen sowie rund achthundertfünfzig Emigranten, als die *Altalena* am 11. Juni in einem südfranzösischen Hafen die Anker lichtete.

Das Unternehmen stand in offenem Widerspruch zu den Gesetzen des neuen Staates und bedeutete eine flagrante Verletzung der vom Irgun gegebenen Garantien. Denn Begin hatte sich am 1. Juni in einem Abkommen mit der provisorischen Regierung schriftlich verpflichtet, die Irgun-Truppen bataillonsweise in die israelischen Verteidigungsstreitkräfte zu überführen und sie den Treueid auf die Verfassung schwören zu lassen. Ihre Waffen und übriges Kriegsmaterial sollten sie dem Armee-Oberkommando aushändigen. Ferner war vereinbart worden, daß der Irgun und seine militärische Führung ihre Aktivitäten auf dem Boden des Staates Israel und in den Gebieten unter der Rechtshoheit der israelischen Regierung einstellten. (Ein provisorisches Irgun-Oberkommando sollte innerhalb von höchstens einem Monat die Übernahme der Bataillone in die israelische Armee regeln.) Der Irgun hatte sich überdies verpflichtet, seine Waffenkäufe im Ausland einzustellen.

In der Zwischenzeit ist der erste Waffenstillstand in Kraft getreten, und in der Nacht vom 15. auf den 16. Juni treffen sich Menachem Begin und Vertreter des Verteidigungsministeriums. Am nächsten Morgen unterrichten Levi Eshkol und Israel Galili Ben Gurion von der bevorstehenden Ankunft der *Altalena*, die in ein bis zwei Tagen einlaufen soll. Für Ben Gurion ist es selbstverständlich, daß die eintreffenden Waffen sofort der Armee übergeben werden. Er wendet daher seine Aufmerksamkeit der Frage zu, wie das Schiff entladen werden kann, ohne Verdacht bei den UNO-Beobachtern zu erregen. Noch am selben Tag fordert Begin jedoch, daß zwanzig Prozent der Waffen den in Jerusalem operierenden Irgun-Gruppen vorbehalten bleiben. Die Stadt mußte noch in den jüdischen Staat eingegliedert werden und hatte bis zur Lösung dieses völkerrechtlichen Problems den Status eines corpus separatum inne, eines eigenständigen, internationaler Kontrolle unterstehenden Gemeinwesens also. Da sich die israelische Souveränität nicht auf Jerusalem erstreckte, operierten Irgun und Lechi dort unabhängig von der israelischen Armee. Infolge dieser rechtlichen Lage erstreckt sich das Abkommen vom 1. Juni nicht auf Jerusalem, und Galili unterrichtet Begin, daß er dessen Forderung nachkommen wolle.

Dann kommt Begin mit einem neuen Vorschlag: Die

verbleibenden achtzig Prozent der erwarteten Waffen sollen in erster Linie zur Ausrüstung der in die israelische Armee integrierten Irgun-Einheiten verwendet werden, und nur der Rest solle dem Armee-Oberkommando zur Verfügung stehen. Galili weist diesen Vorschlag unnachgiebig zurück, ist sich jedoch klar darüber, daß der Irgun »jetzt zu selbständigen Aktionen neigt«. Am selben Abend setzt sich Galili erneut mit Begin in Verbindung, der ihn davon in Kenntnis setzt, daß der Irgun die in Kürze eintreffenden Waffen in eigenen Depots lagern will. Die Waffen würden den Irgun-Einheiten der Armee im Rahmen einer besonderen Zeremonie übergeben, bei der ein Mitglied des provisorischen Oberkommandos des Irgun anwesend sein würde. Diese Unterredung besiegelt den Bruch der Vereinbarungen zwischen dem Irgun und dem Verteidigungsministerium.

Am Samstag, dem 19. Juni, erstattet Galili Ben Gurion Bericht über den jüngsten Stand der Verhandlungen mit Begin. Er ist der Meinung, es sei »eine neue, gefährliche Situation entstanden: die Forderung nach einer Art Privatarmee, mit eigenen Waffen, für bestimmte Einheiten in der Armee«. Ben Gurion beschließt, die Angelegenheit zum Gegenstand einer Kabinettsberatung zu machen, die am 20. Juni in einer von dunklen Ahnungen und Besorgnis erfüllten Atmosphäre stattfindet. Überdies treffen stündlich neue alarmierende Nachrichten ein: Die *Altalena* nähere sich rasch der israelischen Küste, und Hunderte von Soldaten — Mitglieder der IZL — hätten ihre Armee-Einheiten verlassen und sich auf den Weg zur Küste gemacht, um beim Löschen der Waffenfracht zu helfen.

Die sich am Ufer unweit der Siedlung Kfar Vitkin sammelnden Soldaten werden von Begin und dessen Kollegen vom Irgun-Oberkommando erwartet. Führende Politiker, die Vorsitzenden der Arbeiterparteien sowie das Armee-Oberkommando äußern angesichts dieser Entwicklung abermals ihre jahrelang gehegte Befürchtung, daß die Dissidenten einen bewaffneten Aufstand planen, um die Macht zu ergreifen oder einen separaten jüdischen Staat in Jerusalem und Judäa auszurufen. »Unter keinen Umständen wird es zwei Staaten geben«, versichert Ben Gurion dem Kabinett. »Und es werden auch nicht zwei Armeen entstehen. Herr Begin kann nicht tun, was ihm beliebt. Wir müssen uns entscheiden, ob wir ihm Machtbefugnisse übertragen wollen oder ihm klarmachen müssen, daß er seine separatistischen Aktivitäten einzustellen hat. Wenn er nicht nachgibt, eröffnen wir einfach das Feuer!«

Dann werden Israel Galili und Yigael Yadin zur Kabinettssitzung hinzugezogen. Galili berichtet, die *Altalena* werde am selben Abend gegen neun Uhr vor Anker gehen. Yadin gibt bekannt, an dem betreffenden Küstenstreifen stünden israelische Armee-Einheiten in Stärke von rund sechshundert Mann bereit; zusätzlich könnten dort zwei weitere Bataillone eingesetzt werden. An dieser Stelle der Beratungen bringt ein Minister einen Vorschlag zur Abstimmung ein, der aus einem einzigen Satz besteht: »Die Regierung beauftragt den Verteidigungsminister, geeignete Maßnahmen in Übereinstimmung mit den Gesetzen des Landes zu treffen.«

»Maßnahmen treffen bedeutet in diesem Fall Schußwechsel«, erläutert Ben Gurion.

Trotzdem wird der Vorschlag einstimmig als Regierungsbeschluß angenommen. Das Kabinett beauftragt den Generalstab, eine Truppe für den Gegenschlag bereitzustellen. »Der kommandierende Offizier sollte bemüht sein, ohne Waffengewalt auszukommen, wird jedoch ermächtigt, Waffen einzusetzen, falls seine Befehle nicht befolgt werden«, heißt es in der Anweisung. Ben Gurion und seine Mitarbeiter machen sich sofort auf den

Weg zum Sitz des Generalstabes, um dort die Einzelheiten der Aktion auszuarbeiten. Ben Gurion ist »äußerst erregt« und offensichtlich von dem Kabinettsbeschluß überrascht. Yadin gegenüber äußert er: »Wenn diese Leute [die Kabinettsmitglieder] es so beschlossen haben, müssen wir schnell handeln.« Zu diesem Zeitpunkt liegt die *Altalena* bereits bei Kfar Vitkin auf Reede. Hunderte von Soldaten und Zivilisten begrüßen vom Ufer aus das Schiff mit großem Jubel. Mit improvisierten Hilfsmitteln beginnt man, Waffen und Munition zu entladen.

Abends treffen Galili und Yadin im Hauptquartier der Alexandroni-Brigade unweit von Kfar Vitkin ein. Der Brigade-Kommandeur beordert sofort einige Truppeneinheiten zur Abriegelung des Uferabschnitts, vor dem die *Altalena* liegt. Pinchas Wazeh, der mit Galili und Yadin gekommen ist, erhält den Auftrag, mit Begin zu verhandeln. Angehörige des Irgun fahren ihn in einem Jeep zum Strand. Dort teilt Wazeh den Führern des Irgun mit, er sei gekommen, um Begin zu einer Aussprache mit Israel Galili zu bitten und ihn gleich mitzunehmen. Begin erklärt jedoch: »Wenn Galili mich sprechen will, soll er gefälligst hierher kommen. Richten Sie ihm aus, Begin sei bereit, sich mit ihm hier am Strand zu treffen.« Wazeh kehrt mit dieser Nachricht zu seinen Vorgesetzten zurück. Da es offenkundig ist, daß die Irgun-Führung nicht mit den Vertretern der Regierung zusammentreffen will, wird ihr ein Ultimatum gestellt. Am 21. Juni, um ein Uhr fünfzehn früh, übermittelt der Kommandeur der Alexandroni-Brigade Menachem Begin folgende Nachricht:

» . . . Ich habe den Befehl erhalten, die Waffen und das Kriegsmaterial zu beschlagnahmen, die an der Küste des Staates Israel eingetroffen sind. Der Auftrag ist mir von der israelischen Regierung erteilt worden. Sie werden hiermit ersucht, dem Befehl unverzüglich Folge zu leisten. Falls Sie ihm nicht nachkommen . . ., werde ich sofort alle mir zur Verfügung stehenden Mittel einsetzen, um seine Ausführung zu erzwingen ... Ich muß Sie davon in Kenntnis setzen, daß das gesamte Gebiet durch vollständig ausgerüstete Militäreinheiten abgeriegelt ist und die Zufahrtswege blockiert sind ... Sie erhalten hiermit eine zehnmütige Bedenkzeit für Ihre Antwort.«

Begin weist das Ultimatum zurück und verlangt statt dessen, der Brigadekommandeur solle mit einer weißen Fahne zu ihm kommen. Dies lehnt der Kommandeur jedoch ab. Israel Galili, der keine Lust verspürt, die im Ultimatum ausgesprochene Drohung auf der Stelle in die Tat umzusetzen, informiert Ben Gurion. Der Ministerpräsident antwortet mit einer äußerst nachdrücklichen Anweisung: »Diesmal ist es unmöglich, einen Kompromiß zu schließen. Entweder nehmen sie unsere *Befehle* entgegen und befolgen sie, oder [wir] eröffnen das Feuer. Ich bin gegen jedwede Verhandlungen mit ihnen und gegen jegliches *Abkommen*. Die Zeit für Abkommen ist vorbei ... Wenn Stärke vorhanden ist, muß sie auch ohne Zögern angewandt werden.« Handschriftlich setzt Ben Gurion das Wort darunter: » *Unverzüglich*!«

Die Lage erreicht in Kfar Vitkin und landesweit ein kritisches Stadium. Offiziere und Mannschaften, die früher in den Reihen des Irgun gestanden hatten, verlassen scharenweise die Alexandroni-Brigade und versuchen, zu ihren eingeschlossenen früheren Kameraden am Mittelmeerufer zu stoßen. Zum Meer hin ist die *Altalena* durch zwei kleinere Schiffe und mehrere Barkassen der israelischen Marine abgeriegelt und kann deshalb nicht auslaufen. Im Laufe des Vormittags wird das Schiff von UNO-Beobachtern entdeckt. Irgun-Soldaten hindern sie daran, näher zu kommen, und setzen die Ausladung der Waffen fort. Zur gleichen Zeit veröffentlicht die provisorische Regierung eine Erklärung, in der sie den festen Entschluß von Regierung und Armeeführung bekräftigt, »diesen feigen Versuch«, die Autorität des Staates zu mißachten und ein »schändliches *Attentat* von innen her« zu unternehmen, im Keim zu ersticken.

Gegen Abend kommt es zu einem ersten Feuergefecht zwischen Einheiten des Irgun und der Armee. Bei Einbruch der Dunkelheit lichtet die *Altalena* Anker und nimmt Kurs auf die offene See. Menachem Begin und einige seiner Anhänger sind an Bord geblieben. Die Kriegsschiffe verfolgen sie, als sie Kurs nach Süden nimmt und Tel Aviv ansteuert. Die Kampfhandlungen an der Küste bei Kfar Vitkin gehen unterdessen weiter, und erst am nächsten Morgen ergeben sich die rund dreihundert Irgun-Kämpfer den regulären Armee-Einheiten. Diese Konfrontation mündet jedoch in ihre tragischste Phase, als die *Altalena* die Küste in Höhe von Tel Aviv erreicht.

Das Schiff ist nach einer die ganze Nacht andauernden Verfolgungsjagd in die Gewässer vor Tel Aviv gelangt. Das Oberkommando hatte zwar den Kommandeur der Jagdflottille angewiesen, unter allen Umständen das Schiff am Erreichen Tel Avivs zu hindern, aber dafür ist es nun zu spät. Bei Tagesanbruch wird die dunkle Silhouette der *Altalena* von Tel Aviv aus sichtbar. Die Nachricht von ihrem Einlaufen verbreitet sich in Windeseile. Hunderte von Irgun-Sympathisanten strömen in Richtung Meer. Ihnen schließen sich Irgun-Soldaten an, die von ihren Einheiten desertiert sind. Es gibt fast keine loyal zur Regierung stehenden Armee-Einheiten mehr in der Stadt. Viele Anhänger des Irgun springen ins Meer und versuchen, das Schiff schwimmend zu erreichen. Andere fahren der *Altalena* in Ruderbooten entgegen. Die Konfrontation ist jetzt auf ihrem Höhepunkt. Würde der Staat diese Herausforderung schweigend hinnehmen? Oder würde der Zusammenprall der erhitzten Gemüter den Funken für einen Bürgerkrieg liefern?

Am frühen Morgen des gleichen Tages wird Shmuel

Yanai, der Operationschef der Marine, ins Hauptquartier des Generalkommandos befohlen. Als er den Konferenzsaal betritt, bietet sich ihm ein seltsamer Anblick: Sämtliche hohen Heeresoffiziere sitzen schweigend auf ihren Stühlen entlang der Wände, während in der Mitte Ben Gurion »wie ein Löwe im Käfig« hin und her läuft und unverständliche Worte vor sich hinmurmelt. Die Hände hat er auf dem Rücken verschränkt, und sein Gesichtsausdruck spiegelt Wut wider.

Als Yanai vor ihm steht, will Ben Gurion von ihm, dem Marineexperten, wissen, was in bezug auf das Schiff unternommen werden kann.

»Ich machte alle möglichen Vorschläge: Einsatz von Rauchbomben, um das Schiff zu zwingen, seinen Ankerplatz zu verlassen, Entern des Fahrzeugs von anderen Booten aus, Überbordwerfen der Fracht . . . Ben Gurion tat alle meine Empfehlungen mit einer Handbewegung ab. Ich hatte einfach nicht die richtige Idee. Erst später wurde mir klar, was er von mir hören wollte, wie seine Lösung aussah: Er war willens, das Schiff zu zerstören. Es war . . . zum Vorwand für einen Bruderkampf geworden. Er wollte es versenken, um das Symbol aus der Welt zu schaffen, um das seine Landsleute gegeneinander zu kämpfen bereit waren. Hinterher hätte es hitzige Debatten und gegenseitige Beschuldigungen gegeben, doch es wäre kein Vorwand mehr vorhanden gewesen, einander die Köpfe einzuschlagen.«

Im Laufe des Vormittags erteilt Ben Gurion Yadin schriftliche Anweisungen: »Du mußt alle [notwendigen] Schritte einleiten: Konzentration [von Einheiten] der Armee, der Feuerkraft, von Flammenwerfern und allen übrigen uns zur Verfügung stehenden Mitteln, mit denen wir die bedingungslose Übergabe des Schiffes erzwingen können. Alle diese Maßnahmen sollen zur Anwendung kommen, sobald entsprechende Weisungen der Regierung vorliegen.«

Das Kabinett wird zu einer Dringlichkeitssitzung einberufen. Einigen Ministern ist die Ungewißheit, Besorgnis und sogar Angst anzusehen, die sie bewegt. Mehrere sind bereit, mit dem Irgun zu verhandeln und in einigen Punkten nachzugeben, um einen Bruderzwist zu vermeiden. Ben Gurion jedoch äußert seine Meinung mit merklicher Erregung: »Was geschehen ist . . ., gefährdet den Staat . . . Dies ist ein Versuch, die Armee zu vernichten. Es ist zugleich ein versuchter Mordanschlag auf den Staat. In diesen beiden Punkten darf es meiner Meinung nach keinerlei Kompromisse geben. Und falls es zu unserem großen Unglück notwendig wird, dafür zu kämpfen, müssen wir eben kämpfen.« Bei der Abstimmung im Kabinett wird beschlossen, den Irgun aufzufordern, die *Altalena* an die Regierung auszuliefern, und für den Fall der Weigerung gewaltsame Schritte anzudrohen. Sofort weist Ben Gurion Yadin an, entsprechende Maßnahmen zu ergreifen.

Die *Altalena* liegt noch immer vor Tel Aviv in Sichtweite der Küste vor Anker. Die dort zusammengezogenen Armee-Einheiten sind bemüht, die Parteigänger des Irgun, unter denen sich auch bewaffnete Soldaten befinden, am Betreten der Uferzone zu hindern. Doch die Menge drängt mit Gewalt immer weiter zum Strand, und das Schiff läßt ein Beiboot mit bewaffneten Männern zu Wasser, das der Küste zustrebt.

Schließlich kommt es zu Schußwechseln. Für die unbeteiligten Zeugen ist es ein schrecklicher Anblick. Zur gleichen Zeit entwickelt sich im Zentrum von Tel Aviv unter den Augen der Bevölkerung, ausländischer Beobachter und Journalisten sowie von Mitarbeitern der Vereinten Nationen eine mit Geschützen ausgetragene Straßenschlacht. Yigal Allon, der Kommandeur des Palmach, hat auf seiten der Regierungstruppen den Oberbefehl über die Operation. »Ben Gurion ließ mich zu einem Gespräch unter vier Augen zu sich kommen«, erinnert sich Allon später. »Er erteilte mir mit dramatischer Stimme Befehle und knirschte buchstäblich mit den Zähnen, als er mich aufforderte: ›Schnappt euch Begin! Schnappt euch Begin!‹«

Allon fordert ein Geschütz an, »um zu drohen, das Schiff zu versenken«. Da die *Altalena* auch Sprengstoff geladen hat und nur rund hundert Meter vom Strand entfernt ankert, werden die Bewohner der ufernahen Häuser vorsichtshalber evakuiert. Um vier Uhr nachmittags befiehlt Ben Gurion Yadin, das Schiff unter Beschuß zu nehmen. Die erste Granate verfehlt ihr Ziel, doch die zweite schlägt im Laderaum des Schiffes ein und löst Feuer aus. Eine gewaltige Rauchwolke steigt gen Himmel. Besatzung und Passagiere verlassen eilends die *Altalena* und besteigen die Rettungsboote. Sekunden später erfolgt eine ungeheure Explosion. Kurz darauf ebbt der Kampf am Ufer ab und kommt schließlich ganz zum Erliegen. Die traurige Bilanz: Vierzehn Männer des Irgun und ein Palmach-Soldat sind gefallen, auf beiden Seiten Dutzende von Kämpfern verwundet.

An diesem Abend lauscht die ganze Nation einer zweistündigen Rundfunkansprache Menachem Begins, die vom Untergrundsender des Irgun übertragen wird. Im Verlauf seiner Ausführungen verliert Begin die Kontrolle über sich selbst, er bricht in Tränen aus und beschimpft Ben Gurion als »Narren« und »Idioten«, der ein »Komplott« geschmiedet habe, um ihn — Begin — ermorden zu lassen. Er behauptet, die *Altalena* sei nur deshalb beschossen worden, um ihn zu töten. Begin brüstet sich damit, ein »Wink mit dem kleinen Finger« hätte genügt, um Ben Gurion zu beseitigen, wenn dies seine Absicht gewesen wäre. Ben Gurion und dessen Gefolgsleuten droht er an, sie seien »zum Untergang verurteilt, wenn sie gegen einen von uns ihre Hand erheben. Sie sind verloren, wenn sie nicht auf der Stelle unsere Offiziere und Soldaten freilassen.« Seine eigenen Leute ruft Begin zur Besonnenheit auf: »Wir werden nicht das Feuer eröffnen. Es darf keinen Bruderkrieg geben, während der Feind vor den Toren steht.« Noch am Abend desselben turbulenten Tages veröffentlicht der Irgun eine haßerfüllte, hetzerische Erklärung. Ben Gurion wird darin als »verrückter Diktator« und sein Kabinett als »eine Regierung von kriminellen Tyrannen«, von »Verrätern« und »Brudermördern« bezeichnet. In der Erklärung wird auch der frühere Befehl an die Irgun-Truppen, sich der regulären israelischen Armee anzuschließen und den Treueid auf die Regierung zu leisten, zurückgenommen. »Die Irgun-Offiziere und -Mannschaften ziehen es vor, in die Konzentrationslager zu gehen, die der verrückte Diktator mit Sicherheit errichten wird«, schließt der Aufruf.

Auf einer wenige Stunden später stattfindenden Sitzung der Volksleitung schlägt Ben Gurion zurück: »Mit einem Gewehr kann man mehrere Menschen töten; mit fünftausend Karabinern [der Anzahl der von der *Altalena* transportierten Gewehre] läßt sich eine ganze Volksgemeinschaft ausrotten!« Diese bissige Schlußfolgerung bedeutet sinngemäß: Da die Waffenladung nicht für die israelische Armee bestimmt war, tat man gut daran, sie zu vernichten. Die ewige Feindschaft des Irgun zieht sich Ben Gurion mit der abschließenden Bemerkung zu: »Gesegnet sei das Geschütz, das dieses Schiff versenkt hat!« Diese Worte wurden zum Schlachtruf in der wütenden Kampagne, die die Irgun-Anhänger eine Generation lang gegen Ben Gurion führten. Für sie waren die *Altalena* und ihre Waffenfracht etwas Heiliges gewesen; Ben Gurion dagegen sah in der Kanone, mit der die Fracht in die Luft gejagt wurde, ein von Gott gesegnetes Instrument. Das haben sie ihm nie verziehen.

Der dramatische Zwischenfall mit der *Altalena* war

vorüber. Zwar hatte Ben Gurion eine Rebellion von rechts im Anfangsstadium niederschlagen können, doch besitzt er noch immer nicht die volle Kontrolle über die Streitkräfte des Landes. Schon kurze Zeit nach Versenkung der *Altalena* sieht er sich mit einer erneuten Meuterei der Generäle konfrontiert. Im Generalstab wächst das Unbehagen angesichts der Einmischung Ben Gurions in alle Dinge: Einsätze, Ernennungen und Beförderungen, Gliederung der Streitkräfte, Waffenbeschaffung und -kontingentierung sowie andere Aufgaben bis hin zu den unwichtigsten Einzelheiten. Viele hohe Offiziere können sich damit nicht abfinden, so daß es häufig zu Unstimmigkeiten zwischen dem Alten und Yadin sowie anderen Kommandeuren kommt.

Bei den Kämpfen gegen die Araber wurde es Ben Gurion zunehmend klar, daß eine tiefgreifende Umstrukturierung der Armee unumgänglich war. Abgesehen von der rein militärischen Notwendigkeit dieses Schrittes wollte er auch den Einfluß der Mapam vermindern, indem er eine Reihe von Offizieren, die dieser Partei angehörten und sich in den Kämpfen als Truppenführer nicht bewährt hatten, in ihren Schlüsselpositionen ablöste. Darüber hinaus waren die Führungsränge der Armee noch stark mit Veteranen der Hagana und des Palmach durchsetzt. Ben Gurion war bestrebt, einige der Spitzenpositionen, so die Posten von Abteilungschefs im Generalstab und von Frontkommandeuren, mit Berufsoffizieren zu besetzen, die keiner Partei angehörten und in der britischen Armee gedient hatten.

Am 24. Juni legt Yigael Yadin dem Regierungschef seinen Plan für eine Umorganisation der Armee vor und fügt eine Liste mit den Namen von hohen Offizieren bei, die seiner Ansicht nach geeignet sind, Brigaden und ganze Frontabschnitte zu befehligen. Zum überwiegenden Teil sind es Palmach-Mitglieder und Angehörige der Mapam.

Yadins Ernennungsvorschläge waren zuvor von Israel Galili gebilligt worden. Ben Gurion streicht jedoch die meisten Namen von der Liste und macht sich daran, eine eigene Liste zu erstellen. Er beabsichtigt, drei Generäle, die ehemals in britischen Diensten gekämpft hatten, zu Abteilungschefs beim Generalstab zu ernennen, und einem vierten, Mordechai Makleff, das Kommando über die Truppen an der kritischen Zentralfront anzuvertrauen.

Sofort brauen sich Sturmwolken am Horizont zusammen. »Heute morgen drohte mir Yigael, als ich ihn ... von meinen Entscheidungen unterrichtete, mit Aufruhr und Destruktion in altbekannter Manier«, notiert Ben Gurion. Bei der Konfrontation geht es vor allem um die Ernennung von Makleff zum Frontkommandeur. Der junge Offizier besaß alle Qualitäten, die Ben Gurion verlangte: Er war nicht zu alt, hatte als Offizier in der britischen Armee gedient und gehörte keiner Partei an. Yadin schätzte den Mann, hielt ihn aber nicht für hinreichend begabt oder erfahren genug, um einen ganzen Frontbereich zu befehligen. Er war sich zwar klar darüber, daß die drei von ihm als Frontkommandeure nominierten Generäle Mitglieder der Mapam waren, doch waren sie in seinen Augen die erfahrensten Offiziere der Armee.

In den Reihen des Oberkommandos verschärfen sich die Auseinandersetzungen. Wieder läßt Ben Gurion Yadin zu sich kommen. »Ich erklärte, daß jetzt, nach Aufstellung der regulären Armee, die Zusammensetzung der obersten Kommandoposten und ihrer Stäbe ungewöhnlich sei ... ›Es ist kein einziger richtiger Soldat dabei‹, sagte ich ihm. ›Höchste Zeit, das zu ändern.‹ ... « Ungeachtet der Einwände Yadins bleibt Ben Gurion bei seiner eigenen Bestallungsliste und unterzeichnet sie.

Am darauffolgenden Tag bricht ein Proteststurm im Generalstab aus. Yadin sowie sämtliche der Mapam angehörenden hohen Offiziere reichen ihre Rücktrittsgesuche ein und bestehen darauf, daß diese dem Kabinett vorgelegt werden. Ben Gurion zitiert umgehend Yadin zu sich und bezeichnet die Abdankungsschreiben als »politische Meuterei in den Reihen der Armee« und als »Angelegenheit von unvergleichlicher Tragweite«. Warnend macht er darauf aufmerksam, eine solche Revolte könne »die große Auseinandersetzung [mit den Arabern] gefährden, die ein Kampf auf Leben und Tod ist«. Falls er — Yadin — auf seinem Rücktritt als Chef der Operationsabteilung bestehe, sagt Ben Gurion, werde er sein Rücktrittsgesuch annehmen. »Es ist jedoch meine Pflicht«, fährt er fort, »dich darauf hinzuweisen, daß ich diesen Schritt als einen gravierenden Akt von Sabotage betrachte . . .« Darauf Yadin: »In meiner Eigenschaft als Operationsleiter werde ich nicht die Verantwortung für eine derartige Entscheidung übernehmen. Wenn Sie darauf bestehen, trete ich zurück. Als Soldat nehme ich Befehle von Ihnen entgegen, aber Sie können mich nicht zwingen, für Ihre Beschlüsse geradezustehen.«

Auf einer anschließenden Kabinettssitzung äußert sich Ben Gurion in ungewöhnlich scharfem Ton. Er kritisiert den Palmach wegen dessen Insubordination, erhebt wütende Beschuldigungen gegen die Parteien wegen ihrer Einmischung in Heeresangelegenheiten und bietet seinen eigenen Rücktritt für den Fall an, daß sein Reorganisationsplan und seine Nominierungsliste nicht angenommen würden. Er verlangt die Bildung eines ministeriellen Ausschusses, der sich mit der Angelegenheit befassen und anschließend Bericht erstatten soll. Dann nennt er den Preis für die Rebellion der Generäle: die Entlassung Israel Galilis.

Das Kabinett beschließt die Einsetzung einer fünfköpfigen Kommission auf Ministerebene zur Untersuchung der Situation im Oberkommando. Die Ausschußberatungen verlaufen in einer dramatischen Atmosphäre, denn in einer Woche geht der Waffenstillstand an allen Fronten zu Ende. Die Abteilungschefs im Generalstab geben nicht nach. In den Medien führt die Mapam einen erbitterten Propagandafeldzug gegen Ben Gurion, beschuldigt ihn, er hasse den Palmach und wolle ihn aushöhlen, indem er dessen Einheiten wichtige Nachschublieferungen versagte; zudem hege er eine Aversion gegen die zur Mapam gehörenden Kibbuzim.

Im Verlauf weniger Tage hört der Ausschuß einige als streng geheim eingestufte Zeugenaussagen zur Krise in der Armee. Galili übt heftig Kritik an Ben Gurion wegen dessen Unterlassungssünden; Yadin beschwert sich über Ben Gurions ständige Einmischung in Operationsentscheidungen und geht hart mit ihm ins Gericht wegen seiner Politik während der Schlacht um Jerusalem.

Die Untersuchung läßt den schweren Vertrauensmangel zutage treten, der das Verhältnis zwischen Ben Gurion und einer Reihe seiner hohen Armee-Offiziere kennzeichnet. In zunehmendem Maße setzt sich die Auffassung durch, daß seine Umstrukturierungspläne nicht realisiert und die bestehenden Verhältnisse einstweilen belassen werden sollten. Am 6. Juli faßt der Ausschuß seine Erkenntnisse in schriftlicher Form zusammen. Sie sind für David Ben Gurion ein Schlag ins Gesicht. In dem Bericht wird die Wiedereinrichtung des Postens eines Vorsitzenden des nationalen Kommandobereichs gefordert. Als Generaldirektor für militärische Angelegenheiten — so der Titel — wird Israel Galili vorgeschlagen, dessen Stellung entsprechend seiner früher selbst geäußerten Forderung zwischen Verteidigungsminister und Stabschef angesiedelt sein soll. Die geforderten Maßnahmen engen Ben Gurions Entscheidungsbefugnisse in militärischen Dingen in zweierlei Hinsicht ein: gegenüber der Armee durch die Schaffung des Generaldirektorpostens; gegenüber der

Regierung durch das Kriegskabinett. Ben Gurion studiert das Ausschußpapier Seite für Seite. Am Abend teilt er dem Kabinett mit, er trete von seinen Ämtern als Ministerpräsident und Verteidigungsminister zurück. Seinem Rücktrittsschreiben fügt er einen Nachsatz hinzu: »Um der Regierung wertvolle Zeit zu ersparen, bitte ich Sie, die Reformpläne für das Verteidigungsministerium zu den Akten zu legen — wenn es um ein Verteidigungsministerium geht, das ich leite.«

Die Mitglieder der Kommission sind über das Ultimatum des Alten bestürzt. Der Vorsitzende, Minister Gruenbaum, macht einen Rückzieher und überlegt, sich von der ganzen Untersuchung »völlig zurückzuziehen«. Andere Minister reden auf Moshe Sharett ein, das Amt des Regierungschefs zu übernehmen. Doch dieser lehnt ab. Als Gruenbaum sich mit Mitgliedern des Generalstabs berät und ihnen den Ernst der Lage vor Augen führt, geben auch sie klein bei und verkünden, sie würden jedem Regierungsbefehl Folge leisten und auch dann nicht zurücktreten, wenn der Befehl ihrer eigenen Auffassung widerspreche. Gruenbaum macht Galili darauf aufmerksam, er sei »vermutlich der Leidtragende«, falls Ben Gurion in die Regierung zurückkehre. Galili erwidert, er sei gewillt, seinen Posten zur Verfügung zu stellen, wenn sich das als erforderlich erweise.

Die Situation entbehrte nicht der Komik: Der Ministerpräsident und Verteidigungsminister war zurückgetreten, blieb zu Hause und kümmerte sich nicht mehr um die laufenden Regierungsgeschäfte. Mehrere Generalstabsoffiziere, darunter Yadin und Galili, befanden sich in einer ähnlichen Lage, nachdem sie abgedankt hatten. Yigael Yadin machte sich, wie er später berichtete, »schreckliche Vorwürfe« und begab sich zu Ben Gurions Haus in der festen Absicht, »das Eis zu brechen«. Paula Ben Gurion trat ihm in den Weg und wollte ihn daran hindern, die Treppe zum Arbeitszimmer ihres Mannes hinaufzugehen. »Es hat keinen Zweck«, erklärte sie ihm ungehalten, »er wird Sie nicht empfangen.« Doch Yadin ging nach oben.

»Ben Gurion lag im Bett auf der Seite, mit dem Gesicht zu mir. Sobald er mich erblickte, drehte er sich zur Wand und kehrte mir den Rücken zu. Er war eingeschnappt und sagte kein Wort. Ich redete ihn an: ›Hör zu, Ben Gurion. Ich — wer bin ich schon? Du bist derjenige, der das Sagen hat. Man wird dir die augenblickliche Lage nicht verzeihen. Wirf mich raus, wenn wir nicht miteinander sprechen können! Gib mir den Laufpaß! Aber denk daran, die Waffenruhe läuft ab. Wie kannst du die Verantwortung für das übernehmen, was möglicherweise passiert? Ich schlage einen Kompromiß vor: Wir ernennen vorläufig keine neuen Frontkommandeure . . . Unsere Hauptsorge ist Jerusalem . . . Ich schlage vor, daß wir Yigal Allon zum Befehlshaber der *Operation Larlar* [Deckname für das Unternehmen, in dessen Rahmen auf dem Vormarsch nach Jerusalem arabische Städte besetzt werden sollten] machen. Später können wir ja dann weitersehen.‹

Er drehte sich langsam zu mir herum und sagte: ›Einverstanden. Damit bin ich einverstanden.‹ Auf diese Weise war die Angelegenheit beigelegt.«

Den Schlußakt der Krise bildet die Kabinettssitzung vom 7. Juli. Ben Gurion bleibt den Beratungen fern, die von Sharett geleitet werden. Stundenlang dreht und wendet sich das Gremium, dessen Mitglieder vor allem dagegen protestieren, unter Zwang zu stehen und auf Grund eines Ultimatums, eines »Diktats«, wie sie es nennen, handeln zu müssen. Man kritisiert Ben Gurions Charakter und seine Mißachtung von Kollektiventscheidungen, wirft ihm vor, unfähig zu sein, mit anderen zusammenzuarbeiten, sich nicht mit dem Generalstab zu verstehen, macht ihn verantwortlich für das Debakel bei Latrun und rügt seinen Eingriff in die Militärhierarchie durch seine jüngsten Vorschläge für Ernennungen und Beförderungen. Schließlich ersuchen die Minister — gewissermaßen mit einem heimlichen Seufzer der Erleichterung und von dem Wunsch getrieben, ehrenvoll zu kapitulieren — Ben Gurion um Rückkehr in seine Ämter. Die Empfehlungen des fünfköpfigen Ausschusses wandern in den Papierkorb.

Ben Gurions Sieg bedeutete das Ende der Meutereien in der Armeeführung. Von nun an sollte er freie Hand bei seinen Entscheidungen in Verteidigungsangelegenheiten haben. Er war großzügig genug, sich einen ministeriellen Ausschuß zur Seite stellen zu lassen, doch er blieb Oberbefehlshaber der israelischen Armee und führte den Unabhängigkeitskrieg so durch, wie er es sich erhofft hatte. Der Mann, der für die Auseinandersetzungen letzten Endes bezahlen mußte, war Israel Galili. Formell wurde er nicht entlassen; er verblieb auf seinem Posten im Verteidigungsministerium. Doch in dieser Stellung, deren Kompetenzen schrittweise beschnitten wurden, war er ohne Einfluß. Im September 1948 kehrte er schließlich dem Ministerium den Rücken und zog sich in seinen Kibbuz zurück.

Im Verlauf des vierwöchigen Waffenstillstandes war die israelische Armee von Grund auf umstrukturiert worden. Große Mengen Waffen waren ins Land gebracht und zusätzliche Rekruten ausgehoben worden. »Nach Ablauf des ersten Waffenstillstandes übernahmen wir die Initiative«, erinnert sich Yigael Yadin später, »und wir gaben sie nie mehr an die arabischen Truppen ab.« Am 8. Juli, vierundzwanzig Stunden vor Beendigung der Waffenruhe, unternahmen die Ägypter im Süden einen Überraschungsangriff, und die Kämpfe entflammten von neuem. Schon bald war zu erkennen, daß der Krieg einen völlig anderen Charakter angenommen hatte.

Die Kampfhandlungen dauerten lediglich zehn Tage

und trugen Israel erhebliche territoriale Gewinne ein. Große Gebiete in Galiläa und im Raum Jerusalem wurden besetzt, der Jerusalemer Korridor konnte verbreitert werden. Im Ausland erworbene Bomber des amerikanischen Typs B-17 (sogenannte Fliegende Festungen) flogen auf ihrer Überführung nach Israel Einsätze auf Kairo und Rafah an der ägyptisch-israelischen Grenze. Am Tag darauf bombardierten sie den ägyptischen Militärflugplatz El Arish im Norden der Sinai-Halbinsel, während zur gleichen Stunde eine Dakota-Maschine ihre Bombenlast über der syrischen Hauptstadt Damaskus ablud. Als der zweite, diesmal unbefristete Waffenstillstand in Kraft trat, war eine völlig neue Situation entstanden. Die israelischen Siege während dieser zehntägigen Kämpfe hatten die arabischen Staaten und die übrige Welt sehr beeindruckt.

Aus der damaligen Sicht Ben Gurions hätte Israel für jedes Friedensabkommen einen hohen Preis in Form von Terrainverlusten zahlen müssen. Der von der UNO und den westlichen Großmächten ausgeübte Druck drohte trotz der militärischen Erfolge Israels dem jungen Staat einen politischen Rückschlag einzutragen.

Ben Gurions Ahnungen bestätigen sich, als am 16. September der Friedensemissär der UNO-Vollversammlung, Folke Graf Bernadotte, seinen zweiten Plan für eine friedliche Lösung des Konflikts zwischen Juden und Arabern vorlegt. In Israel begegnet man dem hochgewachsenen, hageren schwedischen Grafen mit Mißtrauen, denn Bernadotte ist stark von den Briten beeinflußt und gleich von Beginn seiner Mission an bemüht gewesen, den Teilungsplan der Vereinten Nationen zum Nachteil Israels zu ändern. Sein erster Vorschlag vom Juni 1948 sah vor, den geplanten palästinensischen Araberstaat von der neuentworfenen Landkarte gänzlich zu streichen und statt dessen eine wirtschaftliche, militärische und politische Alli-

anz zwischen dem jüdischen Staat und Abdullas Königreich zu begründen; die Flüchtlinge sollten die Erlaubnis
zur Rückkehr erhalten. Ferner hatte Bernadotte empfohlen, den Negev von Israel abzutrennen und den Arabern zu überlassen. Im Austausch dafür sollten die Juden
das westliche Galiläa erhalten. Bernadottes Plan enthielt
außerdem die Überlegung, Jerusalem in das arabische
Gebiet einzugliedern und den jüdischen Einwohnern der
Stadt eine örtliche Selbstverwaltung zu gewähren. Aber
weder bei der israelischen Regierung noch bei den arabischen Staaten waren Bernadottes Vorschläge auf Zustimmung gestoßen.

Am 16. September legt der schwedische Diplomat ein
Bündel neuer Vorschläge vor, von denen einige bereits in
seinem früheren Plan enthalten waren. Von seiner zuvor
geäußerten Idee, Jerusalem den Arabern zu übereignen,
ist nun jedoch nicht mehr die Rede. Statt dessen greift
Bernadotte wieder den Plan einer Internationalisierung
der Stadt unter Kontrolle der Vereinten Nationen auf.
Auch diese Lösung wird von beiden Seiten abgelehnt.
Vierundzwanzig Stunden später ereignet sich ein tragi-
scher Zwischenfall, der dem Bernadotte-Plan plötzlich
großes moralisches Gewicht verleiht: Am Nachmittag
des 17. September befindet sich eine Wagenkolonne mit
Graf Bernadotte und seinen führenden Mitarbeitern im
jüdischen Teil Jerusalems auf dem Weg zu einer Besprechung mit dem israelischen Gouverneur der Stadt. Als
die Wagen einen Außenbezirk durchfahren, versperrt
mit einem Mal ein Jeep die Straße. Im selben Moment
taucht eine Anzahl maskierter und bewaffneter Männer
auf, die das Feuer auf die UNO-Diplomaten eröffnen. Einer der Attentäter schiebt eine Maschinenpistole durch
das Fenster von Bernadottes Wagen. Die ersten Schüsse
treffen einen französischen Offizier tödlich, von den
nächsten wird Graf Bernadotte durchsiebt. Den Mör-

dern gelingt unerkannt die Flucht in bereitgestellten Autos.

Durch ein Telegramm des Jerusalemer Militärkommandanten Moshe Dayan erfährt Ben Gurion gegen sechs Uhr abends von der Bluttat. Eine Reihe ausländischer Konsulate findet in ihren Briefkästen Schreiben von einer sich Vaterländische Front nennenden Organisation, die sich damit brüstet, ihre Mitglieder hätten die Morde begangen. Rasch eingeleitete Ermittlungen ergeben, daß sich hinter dem Namen Vaterländische Front eine Gruppe von Lechi-Extremisten verbirgt, die bereits mehrfach mit der Ermordung Bernadottes gedroht hatten, da er in seinen Friedensplänen weitreichende Konzessionen von Israel erwartete.

Innerhalb weniger Stunden verbreitet sich die Nachricht von der Ermordung Bernadottes und löst weltweit Empörung und Abscheu aus. Auch die führenden Politiker Israels sind in verständliche Aufregung versetzt. Ein Vorschlag Ben Gurions wird sofort verwirklicht: Die auf eigene Faust in Jerusalem arbeitenden Dissidenten-Organisationen müssen aufgelöst und ihre Gefolgschaft im übrigen Land muß zerschlagen werden. Kurz nach Erhalt des Telegramms aus Jerusalem läßt Ben Gurion den Chef des nationalen Sicherheitsdienstes und den Kommandeur der Militärpolizei zu sich kommen und gibt Anweisung, sämtliche Lechi-Mitglieder im ganzen Land festzunehmen. Ferner entscheidet er, wirkungsvolle Maßnahmen gegen den Irgun zu ergreifen, obwohl er genau weiß, daß dieser nicht in den Mordanschlag auf Bernadotte verwickelt ist. Drei Tage nach dem Attentat sind in ganz Israel die Untergrundorganisationen aufgelöst.

Die Ermordung des schwedischen Diplomaten hatte ein merkwürdiges Nachspiel. Siebzehn Jahre später entdeckte der Autor dieses Buches in Ben Gurions Tagebuch unter dem Datum des 19. September 1948 die Namen von

drei Lechi-Mitgliedern, die er offenbar für die Mordver-
dächtigen gehalten hatte. Einer von ihnen war ein Mann,
mit dem sich Ben Gurion in den Jahren danach angefreundet hatte. Als der Autor Ben Gurion die handschriftliche Eintragung zeigte und ihn fragte: »Erinnern Sie sich
daran?«, war der Alte überrascht und erklärte: »Nein,
aber ich kann ihn ja mal fragen.« Der Freund wurde zu einem Gespräch unter vier Augen herbeizitiert, und als er
gegangen war, ließ Ben Gurion den Autor wissen: »Er hat
es gestanden.« Der Alte hat niemandem sonst dieses Geheimnis enthüllt; später wurde die Freundschaft zu dem
geständigen Attentäter noch enger. Der ehemalige Regierungschef und der ehemalige Terrorist sollten noch viele
beschauliche Stunden miteinander verbringen, verbunden durch gegenseitige Zuneigung, aber auch durch das
schreckliche Geheimnis, das einst den neugegründeten
Staat in seinen Grundfesten hatte erbeben lassen.

Die Wogen der Erregung schlagen hoch nach Bernadottes Ermordung. Wenige Tage darauf will die UNO-
Vollversammlung ihre Beratungen über Jerusalem und
den Negev fortsetzen. Der Bernadotte-Plan stellt in beiden Punkten eine ernste Bedrohung der israelischen Interessen dar. Offenbar wollen die Vereinten Nationen Israel zu schmerzhaften Konzessionen zwingen. Ben
Gurion weiß, daß diese Entwicklung nur durch sofortige
militärische Aktionen verhindert werden kann, um Faits
accomplis zu schaffen. Einen Vorwand dafür bietet ihm
die Verletzung der Waffenruhe durch den Feind.

Natürlich ist Ben Gurions Hauptziel Jerusalem. Am
26. September legt der Ministerpräsident den Plan für ein
riskantes militärisches Unternehmen vor. Er will die Arabische Legion angreifen und den gesamten Südteil der
West Bank, nämlich Judäa, von Jerusalem bis zur Demar-
kationslinie im nördlichen Negev besetzen. Er kommt in
der Kabinettssitzung zu der Überzeugung, daß die Mini-

ster der Operation zustimmen. Schließlich haben Einheiten der Arabischen Legion die Pumpstation bei Latrun zerstört, wodurch Jerusalem seiner Wasserzufuhr beraubt wurde; das kam ihm als Vorwand für militärische Vergeltung sehr gelegen.

Ben Gurion hatte der Armeeführung bereits befohlen, den Großangriff vorzubereiten. Sein Vorhaben zeugt von List und Einfallsreichtum, doch die meisten Minister sprechen sich aus politischen Gründen dagegen aus. Als es zur Abstimmung kommt, sind Ben Gurion und die Befürworter des Plans in der Minderheit. Er verläßt die Kabinettssitzung in gedrückter Stimmung und gibt Yigael Yadin Anweisung, die für die Operation bereitgestellten Truppen in ihre Quartiere zurückzubeordern. Später einmal sollte er diesen Kabinettsbeschluß als »Grund zum Jammern auf Generationen hinaus« bezeichnen, »weil gegenwärtig Jordanien die Hügellandschaft von Judäa und alle Straßen nach Jerusalem wie auch die Altstadt selbst in seiner Gewalt hat«. Unter dem Kabinettsbeschluß vermerkt er: »Das Kabinettsprotokoll mit meinem Vorschlag, den Kampf um die Stadt wiederaufzunehmen, ist noch nicht zur Veröffentlichung frei, da ich nicht diejenigen Mitglieder der provisorischen Regierung beschämen möchte, die dagegen gestimmt haben.«

Trotz dieser Abstimmungsniederlage läßt sich Ben Gurion nicht entmutigen und entwirft das Konzept für eine neue Offensive. Auf breiter Front soll ein Angriff gegen die Ägypter vorgetragen und der Negev befreit werden. Dieses Gebiet war damals abgeschnitten und konnte nur über eine improvisierte Luftbrücke mit Proviant, Munition und Truppenverstärkungen für die israelischen Garnisonen versorgt werden. Ben Gurion will den Oberbefehl über dieses Unternehmen Yigal Allon anvertrauen. Im einzelnen soll das Vorhaben so ablaufen, daß sich ein israelischer Nachschubkonvoi in Richtung Negev in Bewegung setzt. Die Ägypter werden ihn ohne Zweifel mit Waffengewalt stoppen und dadurch den Waffenstillstand verletzen. Israel könnte dann mit einer Generaloffensive entlang der gesamten Südfront antworten.

Obgleich Yigael Yadin von dem Gedanken, den Negev zurückzuerobern, begeistert ist, weiß Ben Gurion, daß ihm auch mit seinem neuen Plan eine harte Auseinandersetzung im Kabinett bevorsteht. Aus seinem jüngsten Rückschlag hat er allerdings Lehren gezogen. Diesmal versichert er sich zuerst der Unterstützung der Minister aus seiner eigenen Partei, bevor er den Schlachtplan der Regierung unterbreitet. So kann er zu Beginn der Kabinettssitzung sicher sein, dieses Mal gute Aussichten auf die Stimmenmehrheit zu haben.

Bei der Darlegung von Einzelheiten der Operation äußert er die Zuversicht, daß es möglich sei, die ägyptischen Truppen innerhalb von sieben Tagen entscheidend zu schlagen. »Wenn sich der Kampf auf den Süden beschränkt«, führt er aus, »werden wir den Negev in seiner gesamten Breite vom Toten Meer bis zum Roten Meer besetzen und sind möglicherweise auch imstande, in Hebron und Bethlehem einzumarschieren, falls keine [feindlichen] Kräfte von Norden her in das Geschehen eingreifen.« In der anschließenden Debatte sprechen sich die meisten Minister für diese militärische Aktion aus. Es wird beschlossen, sie am 14. Oktober unter dem Decknamen *Operation Zehn Plagen* anlaufen zu lassen. Aber ebenso wie während des ersten Waffenstillstandes kommt es kurz vor Anlaufen des Unternehmens zu einer heftigen internen Auseinandersetzung, einer Kraftprobe mit dem Palmach.

Die ehemaligen Elite-Stoßtruppen der im Untergrund operierenden Hagana, der Palmach, bildeten einen Sonderfall innerhalb der israelischen Verteidigungsstreitkräfte. Die anderen »Privatarmeen« — Irgun und Lechi — waren inzwischen völlig in die Armee integriert worden, und die Hagana selbst stellte den Grundstock für die nationalen Streitkräfte. Das unabhängige Oberkommando des Palmach hatte dagegen bislang weiterexistiert. Jetzt beschließt Ben Gurion, es aufzulösen. Der Palmach hatte ihn zwar bei seinen Fehden mit den Dissidenten stets unterstützt — während des ersten Waffenstillstandes, als er mit dem Irgun aneinandergeraten war, und auch beim zweiten, als er nach Bernadottes Ermordung die jüdischen Untergrundorganisationen in Jerusalem zerschlagen hatte. Doch nachdem diese inneren Schwierigkeiten überwunden waren, reduzierte Ben Gurion stufenweise die Befugnisse der Palmach-Führungsspitze und kommandierte sogar einige ihrer Einheiten ab. Nun mußte er nur noch den Schlußstrich ziehen.

Am 29. September informiert Ben Gurion den Generalstab von seinem Entschluß, das Palmach-Oberkommando abzusetzen, und erteilt dem Stabschef die entsprechenden Anweisungen. Gleichzeitig wartet er auf einen geeigneten Zeitpunkt, um offiziell den Befehl zu erlassen. Nachdem das Kabinett die Offensive gegen die Ägypter gebilligt hat, ist die Gelegenheit günstig. Am Vorabend der Wiederaufnahme der Kampfhandlungen sendet der Chef des Generalstabes an das Hauptquartier des Palmach eine im Wortlaut mit Ben Gurion abgestimmte Erklärung, in der es heißt, daß künftig keine Notwendigkeit mehr für ein Palmach-Oberkommando bestehe und deshalb die Einheiten des Palmach ab sofort der Befehlsgewalt des Generalstabes unterstünden.

Daraufhin erhebt sich in der Mapam, die bisher jegliche Verbindungen zum Palmach bestritten hatte, ein Sturm der Entrüstung. Ihre Führer beschließen, gegen die neue Regelung Berufung einzulegen. Sie tun das jedoch nicht bei einem staatlichen Gremium wie dem Kabinett oder dem Staatsrat, sondern wenden sich an den Exekutivrat der Histadrut. Dadurch machen sie aus einer politischen Entscheidung der Zivilregierung einen Parteienzwist innerhalb der breitgefächerten Gewerkschaftsbewegung.

So kommt es, daß zur selben Zelt, als die israelischen Streitkräfte im Süden des Landes zu einem Überraschungsangriff gegen die ägyptischen Stellungen aufmarschieren, die Führer der Arbeiterparteien zu Beratungen über die Zukunft des Palmach zusammentreffen. Anwesend sind ferner der Stabschef, der Befehlshaber des Palmach und sogar Yigal Allon, der eigentlich in seiner Eigenschaft als Oberbefehlshaber über die Operation im Negev anderweitig benötigt wird. Erbitterte und turbulente Debatten entflammen. Ben Gurion bezeichnet das Vorgehen der Mapam als »Gefahr für die Integrität des Staates, als größte Gefahr seit Errichtung des Staates«. Ein Mapam-Führer malt ein apokalyptisches Bild:

»Der rechte Flügel kennt keine Hemmungen. Sobald er die Macht ergreifen kann, tut er es. Ist der Palmach erst einmal ausgeschaltet, wird es zu einer geheimen linksgerichteten [Bewegung] in der Armee kommen. Es wird [auch] einen faschistischen Untergrund geben . . . Durch die Beseitigung des Palmach sägt die Arbeiterbewegung im Lande Israel mit eigener Hand einen der stärksten Äste ab, die unsere Sicherheit garantieren . . .«

Mit einer Ausnahme scharen sich alle Mapai-Mitglieder um Ben Gurion und greifen die Mapam-Vertreter scharf an. Die Diskussionen dauern zwei volle Tage. Am Schluß ergibt sich eine Mehrzahl von sechzehn gegen acht Stimmen für Ben Gurions Schritt.

Das Palmach-Oberkommando leistet dem Befehl Folge und löst sich auf. Weder der Palmach noch die Mapam wehren sich gegen die Regierungsverfügung. Aber sowohl die Mapam-Führung als auch die Palmach-Kommandeure sind voller Groll. In ihren Augen ist Ben Gurion ein zerstörerischer Widersacher, der eines der hervorragendsten

Pionierwerke der Jugend des Landes zerschlagen hat. So wie die Irgun-Mitglieder Ben Gurion niemals die *Altalena*-Episode verziehen, vergaben die Palmach-Veteranen ihm nicht die Auflösung des Führungsstabs ihrer militärischen Organisation.

Doch damit war das Ende der Affäre noch nicht gekommen. Ben Gurions Vorgehen zielte letztendlich auf die Liquidierung des Palmach im ganzen ab, nicht nur seiner Führungsspitze. Bei Kriegsende wurden schließlich auch die Palmach-Brigaden aufgelöst, obwohl der Alte vorher das Gegenteil versprochen hatte. Diese gänzliche Abschaffung des Palmach verärgerte seine Offiziere aufs äußerste. Nach dem Unabhängigkeitskrieg traten die meisten von ihnen aus der Armee aus, zusammen mit anderen Offizieren, die nicht beim Palmach Dienst getan hatten, sondern mit der Mapam sympathisierten. Ihr Abtreten war ein schwerer Schlag für die Effektivität der Armee.

Am 15. Oktober rollt der Nachschubkonvoi, der das Signal zur *Operation Zehn Plagen* geben soll, in Richtung Negev. Die Ägypter spielen bereitwillig die ihnen zugedachte Rolle und greifen die Fahrzeugkolonne unter den Augen der UNO-Beobachter an. Die israelische Armee reagiert sofort mit der ersten von ihr vorgetragenen Operation, die alle Merkmale einer uneingeschränkten militärischen Offensive trägt. Die zum Einsatz kommenden Truppen werden in Divisionsstärke nach vorn geworfen. Den Auftakt der Offensive bildet ein Luftangriff auf den ägyptischen Flugplatz El Arish. Im Laufe der *Operation Zehn Plagen* kommt es zu den erbittertsten und blutigsten Schlachten des gesamten Unabhängigkeitskrieges. Es sind Gefechte, bei denen sich oftmals die Gegner im Nahkampf gegenüberstanden und mit Gewehrkolben, Messern, Fäusten und Zähnen aufeinander losgingen.

Während die Kämpfe noch in vollem Gange sind, tritt am 19. Oktober in New York der Sicherheitsrat der Vereinten Nationen zusammen und fordert die kriegführenden Parteien zur sofortigen Einstellung der Feindseligkeiten auf. Ben Gurion verzögert die Antwort Israels, um noch ein bis zwei Tage Zeit zu gewinnen und die Offensive im Negev abzuschließen. Währenddessen gelingt es israelischen Truppen, in nervenaufreibenden, schrittweisen Kämpfen, die Fernstraße in den Negev wieder freizukämpfen, die acht Monate lang abgeschnitten war. Durch einen nächtlichen Überraschungsangriff, der erst am frühen Morgen endet, können sie den Ägyptern auch die Stadt Beerscheba entreißen. Dieser Erfolg macht auf die israelische Öffentlichkeit und das Ausland großen Eindruck und führt zu einem weiteren Verlust der Kampfmoral bei den ägyptischen Truppen. Am Nachmittag sind die Kämpfe abgeschlossen.

Nachdem die Operationen im Süden erfolgreich beendet sind, richtet Ben Gurion sein Augenmerk auf den Norden. Er erteilt dem Chef des Kommandobereichs Nord den Einsatzbefehl. Auch hier hatte sich ein Vorwand für den Angriff auf Grund einer Verletzung des Waffenstillstandsabkommens durch die libanesische Befreiungsarmee unter Fauzi Kaukij ergeben. In einer brillanten Blitzoperation benötigen die Truppen des nördlichen Kommandobereichs nur sechzig Stunden, um das gesamte mittlere Galiläa zu befreien und in den Libanon einzudringen. Dort erobern sie vierzehn Dörfer, bevor sie am Litani-Fluß haltmachen und Stellung beziehen.

Die erfreulichen Meldungen aus Galiläa festigen Ben Gurions Selbstvertrauen und bestärken ihn in seinem Ziel, das er seit Monaten verfolgt: die Eroberung der West Bank und damit die Einverleibung des historischen Landes Israel in den neuen israelischen Staat. Aber aus Paris, wo die UNO tagt, kommen beunruhigende Nachrichten. Der britische und der chinesische Delegierte im Sicherheitsrat haben eine scharf formulierte Resolution eingebracht, die einen israelischen Rückzug auf die Kampflinien von vor dem 14. Oktober verlangt. Das allein hält Ben Gurion von weiteren Schritten ab. Unterdessen fordert Ralph Bunche, damals Hauptsekretär der UNO-Palästinakommission, Israel auf, seine Stellungen im Negev zu räumen und aus Beerscheba abzuziehen, das einen ägyptischen Gouverneur bekommen soll. Großbritannien will, daß Israel den Negev an Transjordanien abtritt; die Sowjetunion unterstützt einen Rückzug auf die Grenzen vom 29. November 1947, und die Vereinigten Staaten befürworten Verhandlungen zwischen Israel und den arabischen Staaten mit dem Ziel eines territorialen Kompromisses. Ben Gurion verhält sich vorsichtig bei seinen Verhandlungen mit der UNO. Er lehnt es jedoch strikt ab, auch nur einen Zentimeter Boden des im Negev besetzten Gebietes wieder aufzugeben.

Am 16. November ruft der Sicherheitsrat Israel und seine arabischen Gegner auf, in Gespräche über ein Waffenstillstandsabkommen einzutreten. Ägypten beeilt sich, seine Weigerung zu Verhandlungen mit Israel zu verkünden. Daraufhin erteilt Ben Gurion seinen Truppen Ende Dezember den Befehl, das abschließende Unternehmen im Süden anlaufen zu lassen: die *Operation Horev*. Die erste Phase sieht vor, die Ägypter vollständig aus dem Negev zu vertreiben; im zweiten Abschnitt sollen der Gaza-Streifen eingekesselt und die dort stehenden ägyptischen Verbände vernichtet werden. Für dieses Unternehmen werden fünf Brigaden unter dem Oberbefehl von Yigal Allon zusammengezogen.

Im Verlauf der *Operation Horev* dringen israelische Truppen auf die Halbinsel Sinai vor und gelangen bis in Steinwurfweite an den Flugplatz El Arish an der Mittelmeerküste. Die Einnahme des Luftwaffenstützpunktes hätte die völlige Einschließung des Gaza-Streifens bedeutet. Die Kämpfe lösen eine schwere Regierungskrise in

Kairo aus, und es hat den Anschein, als könne nichts mehr das Land vor einem völligen militärischen und politischen Zusammenbruch retten. Am 31. Dezember kommt es jedoch zu einer dramatischen Wende. Der amerikanische Botschafter James MacDonald überreicht der israelischen Regierung eine dringende Botschaft mit der Warnung, Großbritannien wolle auf Grund des anglo-ägyptischen Verteidigungspaktes mit Waffengewalt gegen Israel vorgehen, falls israelische Truppen auf ägyptischem Territorium verblieben. Ben Gurion, der sich zu diesem Zeitpunkt in Tiberias aufhält, erteilt sofort Anweisungen zum Abzug der israelischen Verbände von der Sinai-Halbinsel. Noch im Laufe desselben Abends kommt MacDonald persönlich nach Tiberias und überbringt Ben Gurion eine Botschaft von Präsident Truman, in der dieser »eine Überprüfung des Aufnahmegesuchs der israelischen Regierung für die Vereinten Nationen und . . . der Beziehungen zwischen den Vereinigten Staaten und Israel . . . zur Verhinderung der Ausweitung des Konflikts« androht. Ben Gurion ist über den barschen Ton der Note verärgert. »Hat eine Großmacht es nötig, einen solchen Ton im Umgang mit einem kleinen, schwachen Staat anzuschlagen?« fragt er den US-Botschafter. Im privaten Teil der Unterredung räumt MacDonald ein, er sei ebenfalls über die Wortwahl in Präsident Trumans Memorandum überrascht, führt dies jedoch darauf zurück, daß der Präsident unter beträchtlichem Druck stehe. Zum Inhalt der amerikanischen Forderung erklärt der israelische Ministerpräsident, die Armee seines Landes »habe im Anschluß an die Befreiung des Negev die Grenze überschritten, um Manöver abzuhalten, indes bereits die Order erhalten, sich zurückzuziehen«.

Obwohl die Krise faktisch vorbei ist, nimmt Großbritannien die Gelegenheit wahr, seine Präsenz dadurch zu verdeutlichen, daß es während der letzten Stunden der

Kämpfe mit Flugzeugen über der Gefechtszone auftaucht. Am Nachmittag überfliegen Spitfire-Jäger mit britischem Hoheitszeichen die israelischen Kampftruppen, offenbar um herauszufinden, ob sich diese wirklich vom Sinai zurückziehen. Die Israelis nehmen die Flugzeuge unter Flakbeschuß und lassen Abfangjäger aufsteigen. Drei Spitfires werden abgeschossen. Wenige Stunden später erscheinen erneut britische Flugzeuge über den israelischen Stellungen. Und noch einmal kommt es zu einem Luftkampf mit israelischen Maschinen, die dabei zwei weitere Briten herunterholen. Die Berichte hierüber beunruhigen Ben Gurion, denn er muß jetzt einen Konflikt mit Großbritannien befürchten. Es treten jedoch keine Verwicklungen ein. Im Gegenteil: US-Präsident Truman verurteilt Großbritannien aufs schärfste wegen der Entsendung von Flugzeugen ins Krisengebiet. Eine Konfrontation mit Großbritannien bleibt Israel also erspart.

Am 13. Januar 1949 beginnen dann doch noch Waffenstillstandsverhandlungen mit Ägypten im Hotel Roses auf Rhodos. Nachdem Ägypten vom Kriegsschauplatz abgetreten ist, wendet Ben Gurion den Blick zurück nach Osten. Er neigt noch immer zur Ansicht, daß es unumgänglich ist, eine weitere Schlacht zu riskieren, um ganz Jerusalem und den Nordteil der West Bank (Samaria) zu befreien. Bei seinen diesbezüglichen Überlegungen sieht er sich allerdings vor Widersprüche gestellt. Einerseits ist es dringend notwendig, Frieden zu schließen. Andererseits ahnt er, daß er ohne Krieg den Irak nicht bewegen kann, seine Armee aus den gegenwärtigen Stellungen unweit des Roten Meeres abzuziehen, wo sie eine Bedrohung Israels darstellen; ferner dürfte es ohne Kampfhandlungen kaum möglich sein, die Straßen nach Jerusalem zu befreien. Er beschließt, auf die militärische Lösung nur dann zu verzichten, wenn ihm ein echter Friedensschluß mit Transjordanien gelingt. Im Laufe des Januar führen

Moshe Dayan und Elijahu Sasson Geheimgespräche mit König Abdulla in dessen Palast. Der Monarch bekundet dabei seine Bereitschaft, zu einer friedlichen Lösung mit Israel zu gelangen. Zu den angeschnittenen Themenkomplexen gehört auch der Wunsch Transjordaniens, Zugang zum Mittelmeer über Gaza zu erhalten. Abdulla seinerseits ist allerdings strikt dagegen, Israel die Nutzung des Gebietes um Eilat am Roten Meer zu gewähren.

Als Ende Februar das Waffenstillstandsabkommen mit Ägypten unterzeichnet ist, hält Ben Gurion die Zeit für gekommen, weitere vollendete Tatsachen zu schaffen. Er gibt Anweisungen für eine militärische Operation zur Besetzung Eilats. Zwei Brigaden marschieren heimlich auf verschiedenen Strecken zum Roten Meer hinunter. Am 10. März erreichen beide Eilat, ohne auf Widerstand zu treffen. Unweit zweier verfallener Hütten am Ufer des malerischen Golfs von Akaba hissen die Soldaten eine selbst angefertigte israelische Flagge in den Farben Blau und Weiß, wobei sie den Davidstern und die blauen Linien mit Tinte auf ein weißes Bettlaken auftragen. Auf diese Weise hat Ben Gurion durch entschlossenen Einsatz seiner Armee das erreicht, was König Abdulla ihm verweigert hatte.

Schließlich gibt Ben Gurion seinen Plan auf, die nördliche West Bank zu besetzen, da sich ein diplomatischer Erfolg anbahnt: Die irakische Armee hat beschlossen, ihre Stellungen an die Arabische Legion abzugeben und sich zurückzuziehen. Dayan läßt daraufhin König Abdulla wissen, daß Israel diesem Wechsel nur unter der Bedingung zustimme, wenn der Grenzverlauf zu seinen Gunsten geändert würde. Die Jordanier erklären sich einverstanden und haben auch nichts dagegen, daß die gesamte Eisenbahnstrecke nach Jerusalem zu israelischem Territorium erklärt wird. Am 3. April 1949 wird ein Waffenstillstandsabkommen mit Transjordanien unterzeichnet.

Zehn Tage zuvor war ein ähnlicher Vertrag mit dem Libanon zustande gekommen; eine Übereinkunft mit Syrien wird am 20. Juli erzielt. Der Unabhängigkeitskrieg ist zu Ende.

Kurze Zeit später fragt ein junger Reporter Ben Gurion: »Warum haben Sie nicht das ganze Land befreit?« Darauf der Alte: »Es bestand die Gefahr, daß eine feindliche arabische Mehrheit sich auf uns stürzte . . ., daß es Verwicklungen mit den Vereinten Nationen und den Großmächten gab und daß unsere Staatsfinanzen sich erschöpften. Trotzdem ist es uns gelungen, ein weitaus größeres Gebiet zu befreien, als wir es uns vorgestellt hatten. Jetzt haben wir Arbeit für zwei oder drei Generationen. Was das übrige betrifft, so werden wir eines Tages sehen . . .« Der Realpolitiker in Ben Gurion hatte über den Phantasten triumphiert, und der Staatsmann hatte die Oberhand über den Eroberer gewonnen. Die Realisierung seines Traums hatte er dennoch nicht völlig abgeschrieben.

Ein paar Monate später macht sich der Alte auf seinen »großen Treck nach Eilat«. Er wird von Offizieren des Generalstabes begleitet. Als sie den Jordan-Graben durchfahren, blickt Ben Gurion bei einer Rast auf die Edom-Berge jenseits der jordanischen Grenze. Neben ihm steht ein junger General, den er bewundert.

»Wie würden Sie es anpacken, um diese Berge zu erobern?« erkundigt sich Ben Gurion.

Der General beginnt das Problem zu analysieren, beschreibt die Route, die seine Verbände einschlagen würden, und schätzt die benötigte Truppenstärke. Plötzlich hält er inne und fragt Ben Gurion verwundert: »Warum fragen Sie mich das eigentlich? Wollen Sie denn diese Berge erobern?«

Spontan murmelt der Alte: »Ich? Nein. Aber *Sie* werden das tun.«

Noch vor Ende des Unabhängigkeitskrieges hatte Ben Gurion seine schier unerschöpfliche geistige Kraft der Lösung des nächsten Problems zugewandt. Er machte eine jähe Verwandlung durch und beschäftigte sich intensiv mit einer Zielsetzung, für die sein bisheriges Handeln die Grundlage gebildet hatte: der Ansiedlung der weltweit im Exil lebenden Juden.

Es gab prominente Vertreter der Mapai und Kabinettsmitglieder, die befürchteten, eine uneingeschränkte Einwanderung könne das Staatsgefüge zum Einsturz bringen. Nach dem Gesetz der Logik hatten sie recht. Wie kann es ein Staat mit rund siebenhunderttausend Einwohnern verkraften, alljährlich Hunderttausende von Einwanderern aufzunehmen? Ben Gurion beachtet die Einwände seiner Politikerkollegen jedoch nicht. Fast im Alleingang setzt er Mapai, Regierung und die Jewish Agency unter moralischen Druck und bringt sie dazu, die wohl wichtigste Entscheidung seit der Staatsgründung zu treffen, nämlich die Tore Israels für eine Masseneinwanderung zu öffnen. »Daß eine solche Einwanderungswelle erfolgreich verkraftet wurde«, schrieb er später, »war nicht mein Verdienst. Im Verlauf unserer Geschichte wurde die Einwanderung durch Kräfte wie Verzweiflung, Unterdrückung und Hoffnung reguliert, und Tausende von Menschen ließen sich ihre Durchführung und Lenkung angelegen sein. Hätte sie sich dagegen als Fehlschlag erwiesen und den

Staat ruiniert, wie viele nicht ohne Grund vorausgesagt hatten, dann wäre ich allein dafür verantwortlich gewesen.«

Ben Gurion hat sich das Ziel gesetzt, die Bevölkerung des Staates Israel binnen vier Jahren zu verdoppeln. Die Masseneinwanderung erweist sich als großartiges, erregendes Heldenepos. Der Einwandererstrom setzt schon ein, als der Unabhängigkeitskrieg noch auf dem Höhepunkt ist. Über hunderttausend Juden treffen zwischen dem 14. Mai und dem 31. Dezember 1948 ein. Während der junge Staat noch um seine Existenz kämpft, bringt er im Inneren die Kräfte auf, die Neuankömmlinge zu versorgen, sie unterzubringen und ihnen Arbeitsplätze zu verschaffen. Im Jahre 1949 wächst der Einwanderungszufluß zu einer Flutwelle an: Genau 239 576 Neusiedler betreten in diesen zwölf Monaten den Boden Israels. 1950 sind es 170 249, 1951 dann 175 095. Innerhalb von vier Jahren werden 686 748 Juden Neubürger Israels. Sie erhöhen — in Verbindung mit dem Geburtenzuwachs — die Bevölkerungszahl um einhundertzwanzig Prozent. Ben Gurions Erwartungen haben sich mehr als erfüllt.

Zuerst werden die Einwanderer in leerstehenden, ehemaligen britischen Militärlagern, Holzbaracken oder verlassenen arabischen Dörfern untergebracht; dann in alten Zelten, improvisierten Segeltuchkonstruktionen, Wellblechhütten und Transitlagern, die überall im Lande wie Pilze aus dem Boden schießen. Im Winter machen schwere Regenfälle und Kälte den Einwanderern zu schaffen; Überschwemmungen und Epidemien fordern ihre Opfer. Im Sommer brennt die Sonne unbarmherzig auf die Neuankömmlinge nieder. Es gibt Zeiten, in denen rund zwei Millionen Menschen in Zelten hausen, wobei sich manchmal zwei Familien diese Unterkunft teilen müssen. Das gesamte Land ist mit Notaufnahmelagern, überfüllten Siedlungen und im Eiltempo errichteten häßlichen kleinen Ortschaften bedeckt. Und die Staatskasse ist leer.

Die israelische Regierung unternimmt verzweifelte Anstrengungen, um Anleihen, Kredite und Zuschüsse von ausländischen Regierungen und Spenden von den Juden in aller Welt zu bekommen. Immer wieder fehlen die finanziellen Voraussetzungen, um im Ausland Grundnahrungsmittel zu kaufen, so daß die regierungseigenen Lagerhäuser oft leer sind. Mehrmals hing die Ernährung der Bevölkerung des ganzen Landes von der Ankunft eines einzigen Frachtschiffes mit Weizen oder Weizenmehl ab; hätte sich das Einlaufen des Dampfers verzögert, wäre eine Hungersnot die Folge gewesen. Der Bevölkerung müssen hohe Steuern auferlegt werden. Mit Hilfe strenger Sparmaßnahmen und einer Zwangsbewirtschaftung der Konsumgüter versucht man, den privaten Verbrauch zu drosseln und die staatlichen Devisenausgaben niedrig zu halten. Die Rationierung der Lebensmittel führt naturgemäß zum Entstehen eines blühenden Schwarzmarkts, aber Ben Gurion zieht die Polizei, den nationalen Sicherheitsdienst sowie verschiedene staatliche Ämter zur Bekämpfung des Schwarzhandels heran und übernimmt persönlich die Leitung der dafür eigens gegründeten Kontrollbehörde. Später sollte er einmal die Behauptung aufstellen, die vier ersten Jahre nach der Gründung des Staates Israel seien »die großartigsten in unserer Geschichte seit dem Sieg [der Makkabäer] über die Griechen 2113 Jahre vor der Wiedergeburt des Staates in unserer Zeit« gewesen.

Dennoch bringen ihm diese heroischen Jahre auch manch bittere Enttäuschung. Bei den am 25. Januar 1949 abgehaltenen Parlamentswahlen erhält die Mapai sechsundvierzig der hundertzwanzig Knesset-Sitze. Die rivalisierende Mapam, die mit dem Ziel angetreten war, die

Vorherrschaft der Mapai zu brechen, erreicht nur neunzehn Mandate, die Religiöse Front sechzehn und die Herut (die Partei der Revisionisten) vierzehn. Doch Ben Gurions Traum von der Bildung einer breiten Koalition ist bald verflogen. Die schmerzlichste Absage erhält er von der Mapam; sie ist in erster Linie auf deren pro-sowjetischen Kurs und ihre scharfe Kritik an der politischen Linie der Mapai zurückzuführen. Ben Gurion ist deshalb gezwungen, mit einer aus Mapai, Religiöser Front und Progressiver Partei gebildeten Koalition zu regieren, die nur eine knappe Mehrheit im Parlament besitzt. Diese lose Partnerschaft, die mehrfach zerbrach, führte dazu, daß die Knesset schon nach zwei Jahren wieder aufgelöst und Neuwahlen ausgeschrieben werden mußten. Die 1951 gewählte Zweite Knesset erlebte ebenfalls eine Reihe von Regierungskrisen.

Trotz der Rückschläge, wie sie eine labile parlamentarische Situation mit sich bringt, muß der Ministerpräsident nicht nur ein höchst schwieriges innenpolitisches Programm zu verwirklichen suchen, sondern auch damit beginnen, eine scharf umrissene Außenpolitik zu betreiben. Die erste schwere Aufgabe auf der Ebene der internationalen Diplomatie kommt Ende 1949 auf Israel zu, als die Vollversammlung der Vereinten Nationen die Frage der Internationalisierung Jerusalems auf die Tagesordnung setzt. Ursache hierfür ist eine in der ursprünglichen Teilungsresolution vom November 1947 enthaltene Klausel. In der Zwischenzeit sind jedoch durch den Unabhängigkeitskrieg neue territoriale Fakten geschaffen worden, und Jerusalem ist zwischen Israel und Abdullas Königreich Transjordanien geteilt.

Nun also greift die UNO das Jerusalem-Problem wieder auf. Am 5. Dezember informiert Außenminister Moshe Sharett Ben Gurion telefonisch aus New York, es scheine, als würden die Befürworter des Plans, Jerusalem unter internationale Kontrolle zu stellen, bei der Abstimmung die Mehrheit erhalten. Israel macht daraufhin einen Gegenvorschlag, wonach die Stadt souveränes Gebiet der beiden Staaten bleiben soll, die sie gegewärtig besetzt haben. Die heiligen Stätten hingegen sollen internationaler Kontrolle zugänglich gemacht werden. Vor der Abstimmung kabelt die israelische Delegation an Ben Gurion, daß »unser Vorschlag . . . Aussichten hat, nur eine Stimme zu bekommen — die unsrige«. Ben Gurion liest in seinem Arbeitszimmer gerade in der Bibel, als das Telegramm eintrifft. Bei der Bemerkung seiner Sekretärin, vermutlich werde nur die israelische Stimme den Vorschlag unterstützen, blickt er von der aufgeschlagenen Bibel auf und sagt: »Ja, aber das ist doch die Stimme, die zählt!«

Diese Äußerung ist ein Hinweis auf seine Absichten. Als am 9. Dezember die UNO-Vollversammlung abstimmt, wird erwartungsgemäß der Internationalisierungsvorschlag angenommen. Die Resolution bringt Israel in eine schwierige Lage: ein Nichtreagieren würde bedeuten, daß man den UNO-Beschluß akzeptiert. Wieder einmal handelt Ben Gurion in der für ihn charakteristischen Weise: Er schafft vollendete Tatsachen.

Am 10. Dezember 1949 schlägt er dem Kabinett vor, unverzüglich die Hauptstadt von Tel Aviv nach Jerusalem zu verlegen. Es kommt zu einer leidenschaftlichen Debatte in der Ministerrunde. Die meisten sind Ben Gurions Meinung, einige zögern jedoch, ihre Zustimmung zu geben. Moshe Sharett reicht telegraphisch aus New York seinen Rücktritt als Außenminister ein. Ohne seine Kabinettskollegen über diese Tatsache zu informieren, kabelt Ben Gurion zurück, er weigere sich, den Rücktritt anzunehmen. Drei Tage später erklärt er vor der Knesset, die Regierung sei während des Unabhängigkeitskrieges wegen der Belagerung Jerusalems gezwungen gewesen, zeitweilig ihren Sitz nach Tel Aviv zu verlegen.

»Aber der Staat Israel hat und wird nur eine einzige Hauptstadt haben: Jerusalem . . . Seit Kriegsende haben wir die Übersiedlung der Regierung nach Jerusalem vorbereitet . . . Jetzt steht der Rückkehr der Knesset nach Jerusalem nichts mehr entgegen. Daher schlagen wir vor, einen entsprechenden Beschluß zu fassen.«

Weltweit erheben sich geharnischte Proteste gegen die Entscheidung Israels. Frankreich verliert keine Zeit und bringt im Sicherheitsrat eine Resolution ein, in der Israel wegen seines Schrittes verurteilt wird; der Vatikan ist empört, und die traditionell katholischen Länder erheben in scharfer Form Einspruch. Doch nach dieser lauten Welle der Entrüstung unternimmt niemand Schritte, die Ausführung des Knesset-Beschlusses zu verhindern. Schon wenige Tage später rollen Lkws mit Möbeln, Akten und Büromaterial in Richtung Jerusalem; die Ministerien haben mit dem Umzug begonnen. Lediglich zwei von ihnen verbleiben in Tel Aviv: das Verteidigungsressort, um es möglichst weit von der Grenze entfernt zu belassen, und das Außenministerium. Letzteres siedelt deshalb nicht um, weil Sharett die Befürchtung geäußert hatte, eine Reihe von Diplomaten würde sich weigern, nach Jerusalem zu kommen. Sharett bleibt mit dem Außenministerium noch für eine ganze Weile in Tel Aviv, und erst auf Ben Gurions energische Vorhaltungen hin erklärt er sich 1953 mit dem Umzug nach Jerusalem einverstanden.

»Warum war ich der Meinung, daß wir es riskieren konnten?« fragte Ben Gurion Jahre später. »Zunächst einmal wußte ich, daß wir in Transjordanien einen Verbündeten hatten. Wenn man *diesem Land* gestattete, in Jerusalem zu bleiben, warum dann nicht auch *uns*? Transjordanien würde sich von niemandem aus Jerusalem vertreiben lassen. Folglich würde auch niemand wagen, uns hinauszuwerfen. Außerdem war ich mir sicher, daß unser Vorgehen uns keinen Schaden eintragen würde. Denn bei mir hatte sich die Überzeugung durchgesetzt, daß es sich [bei den Warnungen der UNO] um bloßes Geschwätz handelte . . .«

Möglicherweise führte ihr gemeinsamer Widerstand gegen eine internationale Kontrolle über Jerusalem Jordanien und Israel so eng zusammen. Am selben Tag, an dem die Knesset Jerusalem zur israelischen Hauptstadt erklärt, wird auf einer jordanisch-israelischen Geheimkonferenz in Amman ein Dokument erarbeitet, das dem Entwurf für einen Friedensvertrag nahekommt, wie Israel ihn nie wieder erreichen sollte. Doch das Abkommen bleibt nicht sehr lange in Kraft. Schon bei der Paraphierung macht König Abdulla die israelischen Abgesandten warnend darauf aufmerksam, »daß er nicht völlig Herr im eigenen Haus ist und die Zustimmung des britischen Vertreters in Jordanien braucht«. Als die Briten tatsächlich Einspruch erheben, läßt der Monarch die Israelis wissen, daß die Vereinbarung als nichtig angesehen werden müsse. Im Oktober 1950 kommt es jedoch erneut zu Kontakten, um einen Friedensvertrag zwischen beiden Staaten abzuschließen. Diese Sondierungsgespräche dauern bis Anfang 1951. Geringfügige Unstimmigkeiten, die aus dem Waffenstillstandsabkommen mit Jordanien resultieren, lassen die Verhandlungen ins Stocken geraten, so daß Ben Gurion daran zu zweifeln beginnt, ob eine Friedensvereinbarung erzielt werden könne. Er gelangt zu der Überzeugung, Jordanien sei nicht wirklich zu einem Friedensschluß mit Israel bereit, solange Großbritannien einem solchen Schritt die Zustimmung verweigere. »Es ist doch nicht zu leugnen«, bemerkt er zu seinen Mitarbeitern, »daß die [Arabische] Legion eine britische Armee ist und Abdulla auf Londons Gehaltsliste steht.« Dann wird plötzlich König Abdulla am 20. Juli 1951 vor dem Eingang zur Al-Aqsa-Moschee in Jerusalem ermordet. Der Attentäter ist ein fanatischer Anhänger des Mufti von Jerusalem.

Abdullas Tod war symptomatisch für die Umwälzungen, die die arabische Welt seinerzeit erlebte und die teilweise aus der ungelösten Palästina-Frage resultierten. Wenige Tage zuvor war bereits der libanesische Politiker Riad Sulh in Amman einem Attentat zum Opfer gefallen. Auch er hatte sich für ein friedliches Übereinkommen mit Israel ausgesprochen. In Syrien begann eine längere Periode politischer Unbeständigkeit, und in Ägypten gärte es zunehmend, eine Entwicklung, die ein Jahr später zum Militärputsch führen sollte. Alle Versuche, zwischen Israel und den arabischen Staaten Frieden zu schaffen, waren zum Scheitern verurteilt. Auch die Bemühungen der Schlichtungskommission der Vereinten Nationen fanden ein klägliches Ende. Die Konferenz, die 1949 in Lausanne zusammentrat, ging ohne konkrete Ergebnisse auseinander, was auf die unbeugsame Haltung der arabischen Vertreter zurückzuführen war. In Paris anberaumte Gespräche erwiesen sich gleichfalls als fruchtlos. Nachdem die Bemühungen der UNO fehlgeschlagen sind, entschließen sich die westlichen Großmächte zu einem Schritt, der die Lage im Nahen Osten stabilisieren soll: Am 25. Mai 1950 veröffentlichen die Vereinigten Staaten, Frankreich und Großbritannien eine gemeinsame Erklärung, in der sie den Status quo im Nahen Osten garantieren und sich verpflichten, zwischen Israel und seinen Nachbarn ein Waffengleichgewicht aufrechtzuerhalten. Ferner sprechen sie sich gegen jeden Einsatz kriegerischer Mittel in diesem Teil der Welt aus.

Diese Dreiererklärung räumt jedoch die israelischen Befürchtungen nicht aus. Ben Gurion sorgt sich zunehmend um die Zukunft Israels. Denn das Scheitern der Friedensgespräche hat eine Situation geschaffen, die der während der britischen Mandatszeit gleicht: Als Minderheit gegenüber den Arabern benötigen die Juden die Unterstützung einer ausländischen Macht. Ben Gurion glaubt keineswegs, daß Israel, auf sich allein gestellt, sich immer wird behaupten kann. Deshalb sucht er fieberhaft nach anderen Möglichkeiten, um die Sicherheit seines Landes zu garantieren. Wieder einmal muß er erkennen, daß eine Allianz mit einer Großmacht vonnöten ist, damit die Araber Israel nicht vernichten können. Doch welche Großmacht würde sich mit Israel verbünden?

Wegen seiner weit in die Vergangenheit zurückreichenden Verbindungen zum Nahen Osten — und zu Palästina im besonderen — schien Großbritannien in den Augen Ben Gurions der aussichtsreichste Kandidat zu sein. Zu einem Zeitpunkt, da der Koreakrieg auf dem Höhepunkt war und zwischen den beiden großen Weltblöcken wachsende Spannung herrschte, gab es weitverbreitete Befürchtungen, daß ein dritter Weltkrieg bevorstand. Strategische Schlüsselregionen gewannen plötzlich aus der Sicht westlicher Militärs zusätzliche Bedeutung. Zu diesen Gebieten zählte auch der Nahe Osten.

Am 17. Februar 1951 trifft der Oberkommandierende der britischen Streitkräfte im Nahen Osten, Sir Brian Robertson, auf einer Rundreise durch mehrere Staaten in Israel ein. Im Verlauf der Gespräche mit ihm stellt Ben Gurion die Frage: »Wie sehen Ihre Pläne für den Fall eines Krieges mit der Sowjetunion aus?«

»Die Russen werden vermutlich südwärts in Richtung Irak vorstoßen«, erwidert Robertson. »Wir werden von unseren Stützpunkten in Ägypten nach Norden vorrücken und dabei durch die Länder Israel, Jordanien und Irak marschieren.«

Ben Gurion entrüstet sich: »Wie können Sie so etwas sagen? Haben Sie denn Israel in der Hand? Glauben Sie, wir sind eine britische Kolonie? Oder ein Ihrer Kontrolle unterstehender Staat wie Jordanien? Israel ist klein, aber unabhängig. Bevor Sie sich entscheiden, es zu einer

›Transitstrecke‹ für Ihre Armeen zu machen, müssen Sie erst einmal eine Absprache mit uns treffen.«

Nach diesen Worten steht knisternde Spannung im Raum. Außenminister Sharett wirft Ben Gurion warnende Blicke zu. Schließlich erklärt der englische General: »Es tut mir leid. Ich bin Soldat. Das ist eine politische Frage.«

Völlig unvermutet sagt Ben Gurion darauf: »Es ist möglich, die Beziehungen zwischen Israel und Großbritannien auf eine andere Grundlage zu stellen. Warum sollten wir nicht dem britischen Commonwealth beitreten? Sie haben mehr mit uns gemeinsam als mit Ceylon. Wir könnten eine Beziehung von der Art eingehen, wie Sie sie beispielsweise mit Neuseeland unterhalten.«

Die anderen Teilnehmer der Gesprächsrunde sind bestürzt. Noch nie hatte Ben Gurion zu verstehen gegeben, daß er daran interessiert war, sich dem Commonwealth anzuschließen. Robertson überrascht dieser Vorschlag ebenso wie er ihn in Verlegenheit bringt. In militärischen Dingen weiß er besser, was er will: ein Abkommen mit Israel über die Errichtung britischer Luftwaffen- und Marinestützpunkte im Lande sowie die Erlaubnis zur Benutzung der Reparatur- und Instandhaltungswerkstätten der israelischen Armee, ihrer Zulieferbetriebe und ihrer Materialdepots. Dieser Gedanke findet den Beifall einer Reihe von hohen israelischen Heeresoffizieren. »Unsere Isolation belastete uns stark«, äußerte Stabschef Mordechai Makleff später. »Es kursierte sogar der Vorschlag, den Engländern den Negev als Militärstützpunkt zum Schutz des Suezkanals zu überlassen, denn es war offenbar, daß sie Ägypten räumen würden. Auf die gleiche Weise wollten wir uns auch mit der NATO arrangieren.«

Robertson berichtet bei seiner Rückkehr nach London über seine Gespräche mit Ben Gurion. Inzwischen hat im britischen Kabinett eine bedeutsame Veränderung stattgefunden: Ben Gurions »größter Feind«, Außenminister Ernest Bevin, ist am 9. März 1951 von seinem Posten zurückgetreten. (Er starb fünf Wochen später.) Sein Nachfolger, Herbert Morrison, sendet eine höchst vielsagende Botschaft an Ben Gurion. Darin heißt es:

»... Wir entnehmen dem Bericht General Robertsons, daß ... die Beziehungen zwischen dem Vereinigten Königreich und Israel derart gestaltet werden sollten, als befände sich Israel im Ausnahmezustand, so daß es von seiten des Vereinigten Königsreichs behandelt werden könne wie ein Mitglied des Commonwealth ... Wir glauben, daß es möglich ist, zwischen unseren beiden Völkern Beziehungen zu schaffen, die ... uns aneinanderbinden und die einen stufenweisen Ausbau zulassen. Unserer Ansicht nach muß dies aber ein schrittweiser Prozeß sein, ein Prozeß, der sich ganz natürlich auf Grund fortgesetzter Kontakte ergibt, zu denen ein häufiger Meinungsaustausch und individuelle Akte der Kooperation auf militärischem Gebiet zählen ...«

Ben Gurion erhält diese Note Ende April, beantwortet sie jedoch nicht. Enttäuscht von manchen vagen Formulierungen in diesem Schreiben, kommt er zu dem Schluß, daß »Morrison ein schlauer Fuchs ist, dem man nicht trauen sollte«. Ende Oktober jedoch, als bei Neuwahlen zum Unterhaus die Konservativen gewinnen und Winston Churchill wieder Premierminister wird, sieht sich Ben Gurion imstande, Morrisons Botschaft zu erwidern. Ende November schreibt er an Sir Anthony Eden, den Außenminister in Churchills neuem Kabinett:

»Wir sind gewillt, unseren Beitrag zur Wahrung der Interessen unserer beiden Länder und zur Förderung der Ziele der freien Welt im Nahen Osten zu leisten ... Um unsere Rolle effektiv wahrzunehmen, ist es unerläßlich, unser Industriepotential zu stärken, das Transport- und Fernmeldewesen auszubauen ..., die Ausbildung und

Ausrüstung unserer Streitkräfte zu verbessern . . . und Lebensmittel- und Treibstofflager anzulegen. Unserer Ansicht nach sollten baldmöglichst zwischen unseren Regierungen direkte Verhandlungen über konkrete Pläne aufgenommen werden.«

Ben Gurion ist also auf seinen Vorschlag eines israelischen Beitritts zum Commonwealth nicht mehr zurückgekommen; er spricht lediglich von einer militärischen Zusammenarbeit in Anlehnung an die Vorschläge Morrisons.

Edens Antwort trifft erst im späten Januar 1952 ein. »Die Regierung Seiner Majestät stimmt Ihrem Vorschlag zu, jetzt mit direkten Gesprächen über spezifische Angelegenheiten zu beginnen . . ., [und] regt dementsprechend an, eine kleine britische Delegation zwecks Sondierungsgesprächen der in Ihrem Schreiben angedeuteten Art nach Israel zu entsenden . . .« Die englische Abordnung kommt allerdings erst im Oktober 1952 nach Israel. Mordechai Makleff leitet auf israelischer Seite die Verhandlungen, bei denen die in Ben Gurions Brief angesprochenen Themen zur Sprache kommen. Nach Abschluß des Meinungsaustausches vereinbart man ein zweites Treffen in Großbritannien, zu dem es aber nie gekommen ist. Das Projekt schlief dann allmählich ein. »Das Foreign Office war von Anfang an gegen eine solche Zusammenarbeit«, kommentierte ein enger Mitarbeiter Ben Gurions das Scheitern des Plans einer militärischen Kooperation. »Das Vorhaben hatte nie Aussicht auf Verwirklichung.«

Nachdem er eingesehen hatte, daß die Hoffnung auf ein Bündnis mit Großbritannien vergeblich war, richtete Ben Gurion sein Augenmerk auf die Vereinigten Staaten, wo er bei einem Besuch im Mai 1951 begeistert begrüßt worden war. Doch im November 1952 wird Dwight D. Eisenhower zum Präsidenten gewählt, und die Übernahme der Regierung durch die Republikanische Partei läßt in Israel böse Ahnungen aufkommen. Viele Israelis sind überzeugt, daß die Amerikaner nun eine Beschwichtigungspolitik gegenüber den Arabern einschlagen und ihnen nötigenfalls Waffenlieferungen zukommen lassen werden, um eine Annäherung zu garantieren. Die erste Probe aufs Exempel wird für das Frühjahr 1953 erwartet, wenn der neue Außenminister John Foster Dulles seine angekündigte Reise durch mehrere Nahostländer unternimmt.

Zuvor legt Ben Gurion dem politischen Ausschuß der Mapai seine außenpolitischen Ansichten dar und weist unmißverständlich darauf hin, daß er eine strikte proamerikanische Linie vertritt. Seiner Meinung nach kann Israel im Falle eines globalen Konflikts nicht neutral bleiben, da zum einen die Kontrahenten keine Rücksicht auf diese Neutralität nehmen würden und zum anderen eine Besetzung durch die Sowjets, selbst eine nur vorübergehende, »das Ende des Staates Israel und des Zionismus« bedeutete. Ben Gurion unterstreicht Israels große Bedeutung für die westliche Welt im Kriegsfall, weil dann seine militärische Stärke zum Tragen käme. Für Friedenszeiten hingegen schätzt er die Macht der Araber auf Grund ihrer politischen Stärke höher ein. Er will daher mit Nachdruck darauf hinwirken, daß die Vereinigten Staaten Israel zum »Stützpunkt, zur Werkstatt und zur Kornkammer« des Nahen Ostens machen. »Die Überlassung von Stützpunkten an Freunde und Verbündete beeinträchtigt unsere Souveränität nicht«, führt er aus. »Wir müssen [den Amerikanern] klarmachen, daß Israel in seiner Gesamtheit — in militärischer und industrieller Hinsicht — ein Stützpunkt ist . . ., der der freien Welt für den Notfall zur Verfügung steht.« Ben Gurion ist inzwischen bereiter denn je, Israel eng an den Westen anzubinden, um Amerika zu dem Stützpfeiler zu machen, den er sucht. Die Formel: Israel als Bastion des Westens im Nahen Osten sollte zum Eckstein von Ben Gurions künftiger Außenpolitik werden.

Der Ministerpräsident unternimmt alles, um diese These US-Außenminister Dulles nahezubringen, der am 13. Mai 1953 nach Israel kommt; doch seine Bemühungen sind vergeblich. Kurz nach seiner Rückkehr nach Washington führt Dulles vor einem Senatsgremium aus: »Unser fundamentales politisches Interesse [im Nahen Osten] . . . ist es, die Einstellung der Moslemstaaten zu den westlichen Demokratien zu verbessern, weil unser Ansehen in dieser Region in der Nachkriegszeit ständig abgenommen hat.«

Die Vereinigten Staaten zeigen Israel also ebenfalls die kalte Schulter. Der kleine Staat bleibt ohne Schutzmächte und Verbündete. Er bleibt auch in einer alarmierenden finanziellen Klemme, und es ist offensichtlich, daß das Land nicht unbegrenzte Zeit von der Hand in den Mund leben kann.

Bereits im September 1950 hatte Ben Gurion die Führer des amerikanischen Judentums nach Jerusalem eingeladen und ihnen vorgeschlagen, eine Milliarde US-Dollar als Anleihe bei den Juden der Vereinigten Staaten und anderer westlicher Länder aufzubringen. Im Mai 1951 war er vor allem deswegen in die USA geflogen, um auf einer Massenkundgebung im New Yorker Madison Square Garden den Startschuß für die Verkaufskampagne von sogenannten Israel-Bonds, Schuldverschreibungen mit fester Verzinsung, zu geben. Diese Aktion war zwar sehr erfolgreich, aber die dadurch hereinfließenden Gelder reichten für eine langfristige Stabilisierung der schwachen israelischen Wirtschaft bei weitem nicht aus. Das Land benötigte auf lange Zeit massive Finanzspritzen. In diesem kritischen Moment zeichnete sich ein Hoffnungsschimmer am Horizont ab, daß die Bundesrepublik Deutschland Wiedergutmachungszahlungen leisten würde.

Am 12. März 1951 stellte Israel Forderungen in Höhe von anderthalb Milliarden US-Dollar als Entschädigung für jüdisches Eigentum, das von den Nationalsozialisten beschlagnahmt und geraubt worden war. Dieser Anspruch wurde bei den vier Besatzungsmächten vorgebracht, die bei Kriegsende Deutschland unter sich aufgeteilt hatten. Doch die Großen Vier lehnten es ab, sich mit den Forderungen zu beschäftigen. Wiedergutmachungszahlungen waren folglich nur durch Direktverhandlungen mit der deutschen Regierung zu erhalten. Bundeskanzler Konrad Adenauer, der Regierungschef der 1949 gegründeten Bundesrepublik Deutschland, bekundete seine Bereitschaft, Reparationen an den Staat Israel zu leisten, der die Interessen der Nachkommen der jüdischen Opfer Hitler-Deutschlands vertrat. Dieser Vorgang löste beispiellose Proteste und Bekundungen von Abscheu und Entsetzen in allen Teilen der israelischen Bevölkerung aus. Angesichts des enormen Fingerspitzengefühls, das dieses Thema erforderte, mußte Ben Gurion seine ganze persönliche Autorität in die Waagschale werfen. Er tat es bereitwillig. Viele seiner Kabinettskollegen, darunter führende Politiker der Mapai, wurden von schweren Gewissensbissen geplagt. Sie schwankten zwischen der Notwendigkeit, mit ausländischen Mitteln den Staat zu sanieren, und ihrem Widerwillen, »gottloses« Geld von den Mördern von sechs Millionen Juden entgegenzunehmen. Nicht so Ben Gurion. »Um es in einem einzigen Satz auszudrücken: Der Grund [für meine Einstellung] war in dem stummen Aufschrei der sechs Millionen Opfer des Naziterrors zu suchen, deren Ermordung gerade einen lauten Appell an Israel darstellt, den Aufstieg zu schaffen, ein starkes und blühendes Land zu werden und seine Ordnung und Sicherheit zu verteidigen, damit nie wieder eine solche Katastrophe über das jüdische Volk hereinbrechen kann.«

Anfang Dezember 1951 beriet sich Ben Gurion mit Nahum Goldmann, dem Vorsitzenden der Jewish Agency, bevor dieser zu einer geheimen Begegnung mit Bundeskanzler Adenauer aufbrach. Die beiden Männer beschlossen, sich mit der Summe von einer Milliarde Dollar als Ausgangspunkt der Verhandlungen einverstanden zu erklären. »Erst im Anschluß an eine solche Bereitschaftserklärung würde Ben Gurion die Knesset um eine Ermächtigung für die Verhandlungen Israels mit der Bundesregierung angehen«, schrieb Goldmann später in seinen Memoiren. Am 6. Dezember 1951 traf er mit Adenauer in London zusammen. Der deutsche Bundeskanzler unterzeichnete an Ort und Stelle einen Brief, in dem er die israelische Forderung von einer Milliarde Dollar als Verhandlungsbasis anerkannte. Am 10. Dezember kehrte Goldmann nach Israel zurück und übergab Ben Gurion das Schriftstück. Mit Adenauers Garantie in den Händen entschloß sich der israelische Ministerpräsident, vor das Kabinett und die Knesset zu treten.

Ganz Israel war in Aufruhr, als der Tag herankam, an dem das Parlament über die Frage der deutschen Wiedergutmachung abstimmen sollte. Mapam und Herut veranstalteten Protestkundgebungen. Vom rechten Flügel sikkerte durch, daß er Terroranschläge vorbereite. Das Kabinett, das sich für Verhandlungen mit der Bundesrepublik Deutschland ausgesprochen hatte, sah sich in der Knesset einer Opposition auf breiter Front gegenüber, die vom Leiden und der Erniedrigung Hunderttausender von Israelis getragen wurde. Am 7. Januar 1952 brachen diese Gefühle offen und ungezügelt hervor. Mitglieder der Knesset, die zur entscheidenden Parlamentssitzung eintrafen, mußten sich ihren Weg durch Polizeikordons und Stacheldrahtsperren bahnen. Gegen Abend eröffnete

362

Ben Gurion die Debatte in einer Atmosphäre knisternder Spannung. Seine Ausführungen waren sehr an den Fakten orientiert. Ohne rhetorische Floskeln beschrieb er die Bemühungen der israelischen Regierung, Reparationszahlungen von Deutschland auf dem Weg über die vier Besatzungsmächte zu erhalten, und gab die israelische Auffassung wieder, wie sie in der Note an die Siegermächte zum Ausdruck gekommen war.

»Mehr als sechs Millionen Juden sind vergast, zu Tode gefoltert, totgeprügelt und durch Nahrungsentzug umgebracht worden . . . Vor, während und nach diesem systematischen Massenmord wurden unsere jüdischen Brüder und Schwestern ausgeraubt — auch das in einem noch nie dagewesenen Ausmaß . . . Für ein Verbrechen solch gigantischer Größenordnung kann es keine materielle Entschädigung geben. Ein Schadenersatz, gleichgültig, in welcher Höhe, ist keine adäquate Wiedergutmachung für den Verlust von Menschenleben und keine angemessene Sühne für die Martern und Todesqualen von Männern und Frauen, Kindern, alten Leuten und Säuglingen. Andererseits genießt auch nach dem Sturz des Hitlerregimes das deutsche Volk . . . weiterhin die Früchte jener Massaker und räuberischen Akte, der Ausplünderung und Beraubung der ermordeten Juden. Die israelische Regierung sieht es als ihre Verpflichtung an, vom deutschen Volk eine Entschädigung für dieses gestohlene Eigentum zu verlangen. Wir können nicht zulassen, daß die Mörder unseres Volkes auch noch die Nutznießer von dessen Vermögen sind!«

Zur gleichen Zeit, als Ben Gurion seine Rede vor der Knesset hält, ergreift Menachem Begin auf einer großen Versammlung unter freiem Himmel wenige hundert Meter entfernt das Wort. In einer emotionsgeladenen Ansprache, deren Ton in krassem Gegensatz zu Ben Gurions sachlichen Ausführungen steht, peitscht Begin die Gefühle seiner Zuhörerschaft auf und erklärt, an die Adresse der Regierung gewandt:

»Als ihr mit einem Geschütz auf uns gefeuert habt, habe ich den Befehl gegeben, nicht zurückzuschießen! Heute werde ich befehlen, es zu tun! Dies wird ein Kampf auf Leben und Tod werden . . . An diesem Tag schickt sich der jüdische Regierungschef an zu verkünden, daß er nach Deutschland reisen will, um Geld in Empfang zu nehmen, daß er die Ehre des jüdischen Volkes gegen Geld verkauft und es dadurch mit ewiger Schande bedeckt . . . Es gibt keinen Deutschen, der nicht einen unserer Angehörigen auf dem Gewissen hätte. Jeder Deutsche ist ein Nazi. Jeder Deutsche ist ein Mörder. Adenauer ist ein Mörder. Alle seine Mitarbeiter sind Mörder. Aber denen da oben geht es bloß ums Geld, Geld, Geld. Für ein paar Millionen Dollar geht man hin und übt schändlichen Verrat . . .«

Die lautstark zum Ausdruck kommenden Gefühlserregungen der Menge weiß Begin mit demagogischen Behauptungen noch weiter anzuheizen: »Wie wir soeben erfahren, hat Herr Ben Gurion Polizisten aufgeboten, die mit Tränengasgranaten bewaffnet sind. Das Gas wurde in Deutschland hergestellt. Es ist dasselbe Gas, mit dem unsere Eltern umgebracht wurden.« Er droht mit gewalttätigem Widerstand und versichert, er und seine Freunde seien bereit, »in Konzentrationslager und Folterkammern zu gehen«. »Freiheit oder Tod!« ruft er aus. »Es gibt keinen Weg zurück!«

Von der Kundgebung begibt sich Begin in die Knesset, um sich auch dort zu Wort zu melden. Die aufgewiegelte Menge folgt ihm, durchbricht die Polizeisperren und dringt bis zum Parlamentsgebäude vor, das mit Steinen beworfen wird. Zweiundneunzig Polizeibeamte und sechsunddreißig Demonstranten werden bei den Zusammenstößen verletzt. Das Geschrei der Menschenmassen, die lautstarken Handgreiflichkeiten zwischen ihnen und der Polizei und das Heulen von Krankenwagensirenen verleihen der erregten Debatte in der Knesset zusätzliche dramatische Akzente. Als der Mapam-Vorsitzende Yaakow Hazan gerade am Rednerpult steht und mit scharfen Worten die Regierung angreift, stürzt ein Herut-Abgeordneter in den Saal und schreit: »Sie setzen Gas ein! Gas gegen Juden!« Zwei kommunistische Parlamentarier brüllen daraufhin: »Draußen fließt Blut! Die Sitzung kann unmöglich fortgesetzt werden!« Geschrei, Drohungen und Verwünschungen hallen durch den Saal. Selbst durch die geschlossenen Fenster dringt der Gestank von Tränengas, der sich noch verstärkt, als die ersten Scheiben zu Bruch gehen. Bald ist der Boden mit Steinen und Glasscherben übersät. Die Extremisten der Rechten und der Linken wollen um jeden Preis eine Unterbrechung der Knesset-Sitzung erzwingen. Gegen neunzehn Uhr ruft Ben Gurion die Armee zu Hilfe, um die Ordnung wiederherzustellen. Er vermag seiner Erregung Herr zu bleiben, bis Begin das Rednerpodium besteigt. Dann kommt es zu einem wütenden verbalen Schlagabtausch zwischen beiden Politikern. Als der Sprecher der Knesset versucht, Begin zum Schweigen zu bringen, erwidert dieser: »Wenn ich nicht reden darf, soll hier keiner reden!«

In diesen Tagen des Aufruhrs und der Entrüstung spürte Ben Gurion, daß es an der Zeit war, sich mit eindeutigen Worten an sein Volk zu wenden, um ihm zu versichern, daß es ihm nicht an tatkräftiger Führung fehlte. Am 8. Januar 1952 hielt Ben Gurion eine kurze Rundfunkansprache.

»Gestern hat sich eine feige Hand gegen die Souveränität der Knesset erhoben. Es war der Beginn eines Versuches, die Demokratie in Israel zu zerstören . . . Der Anführer und Organisator dieser ›Revolte‹, Herr Menachem Begin, hat sich gestern auf dem Jerusalemer Zionsplatz hingestellt und die Massen aufgewiegelt . . . Seine Erklärung, er rüste sich für einen Kampf auf Leben und Tod, kann ich nicht unwidersprochen hinnehmen. Als Regierungschef und Verteidigungsminister halte ich es für meine Pflicht, euch, dem Volk Israels, zuzurufen: Habt keine Angst! Der Staat besitzt hinreichend Mittel und Wege, um die Souveränität und die Freiheit Israels zu schützen, um Gangster und politische Mordgesellen daran zu hindern, die Macht an sich zu reißen, und um anhaltende Terrorakte auf dem Territorium dieses Staates zu unterbinden . . . Israel wird kein zweites Spanien oder Syrien werden.«

Die Knesset-Debatte dauerte noch zwei weitere Tage, aber allmählich kühlten sich die erhitzten Gemüter etwas ab. Am 9. Januar 1952 kam es zur namentlichen Abstimmung über die Regierungsvorlage. Beide Lager mobilisierten dafür ihre letzten Kräfte: Ein Mapai-Mitglied, das sich auf einer Auslandsreise befand, wurde zur sofortigen Rückkehr veranlaßt, und ein Abgeordneter der Herut, der an den Nachwirkungen eines Herzanfalls litt, wurde auf einer Tragbahre in den Saal geschafft. Der Antrag der Regierung wurde mit einundsechzig gegen fünfzig Stimmen angenommen. Einen Monat später wurde das Wiedergutmachungsabkommen mit der deutschen Bundesregierung unterzeichnet, demzufolge die Bundesrepublik an Israel innerhalb der nächsten zwölf Jahre Waren und Dienstleistungen im Werte von siebenhundertfünfzehn Millionen US-Dollar zu liefern hatte. Ferner verpflichtete sich Bonn, eine Summe von einhundertsieben Millionen Dollar an ein Komitee zu zahlen, das jüdische Organisationen in aller Welt repräsentierte. Die deutschen Reparationsleistungen beliefen sich somit auf insgesamt achthundertzweiundzwanzig Millionen Dollar.

Es ist kein Zufall, daß Ben Gurion im Jahre 1953, von der Last ermüdenden Kleinkrams erdrückt, seine Regierungsämter aufgibt. In den fünf Jahren seit der Staatsgründung hat er allen großen Herausforderungen mutig die

Stirn geboten und Entscheidungen in allen schicksalhaften Fragen getroffen, die den Ruf des jungen Staates begründen und seine Zukunft gestalten sollten. Die vorrangige Aufgabe, durch Masseneinwanderung binnen vier Jahren die Bevölkerung zu verdoppeln, war mehr als zufriedenstellend verwirklicht worden. Ende 1952 begann der Zustrom der Einwanderer abzunehmen. Die Eingliederung der Neuankömmlinge war längst zur Routine geworden. Die erbitterte Parteienfehde wegen der Wiedergutmachungsforderungen an Deutschland gehörte der Vergangenheit an. Die Armee war dank gesetzgeberischer Maßnahmen und organisatorischer Straffung zu einer schlagkräftigen Einheit geworden. Der politische Weg Israels war klar abgesteckt, seit das Land seine Politik der Blockfreiheit aufgegeben und eine pro-westliche Richtung eingeschlagen hatte. Zwar waren Friedensverhandlungen mit den Arabern gescheitert, doch hatte Israel sich mit dem Gedanken vertraut gemacht, sich auf lange Sicht auf seine militärische Überlegenheit verlassen zu müssen. Im großen und ganzen konnte man die heroische Epoche der Wiedergeburt Israels als abgeschlossen betrachten.

Ben Gurion hatte bei all diesen Entwicklungen eine entscheidende Rolle gespielt. Die häufigen Kabinettskrisen, die heftigen Auseinandersetzungen innerhalb seiner eigenen Partei, die Fragen der Tagespolitik, die ihm, der klare Entscheidungen liebte, Kompromisse und halbherzige Vereinbarungen abnötigten – alles zusammen hatte bei ihm tiefe Enttäuschung ausgelöst und seine Kräfte unterminiert. Als Kabinettssekretär Zeew Sharef Ende 1953 von Journalisten gefragt wird, warum Ben Gurion seiner Meinung nach sich zum Rücktritt entschlossen habe, erwidert er: »Der Messias kam, sammelte die im Exil lebenden Juden um sich, triumphierte über alle Völker ringsum, eroberte das Land Israel – und war dann genötigt, sich mit einer Koalitionsregierung zu arrangieren . . .«

Während dieser unerquicklichen Periode hatte Ben Gurion häufig Urlaub von der Politik genommen. Er verbrachte ihn entweder in Israel oder im Ausland und versuchte während dieser Zeit, völlig abzuschalten und die tägliche Routine zu vergessen. So machte er Ende November 1950 dreiwöchige Ferien in Griechenland, England und Frankreich. Begleitet wurde er dabei von Elkana Gali und Ehud Avriel. Während seines Aufenthaltes in Großbritannien verloren die Reporter eines Tages seine Spur; er war buchstäblich von der Bildfläche verschwunden. Das löste sofort Spekulationen aus, er habe Geheimkontakte zu britischen und ausländischen Politikern aufgenommen. In Wirklichkeit war er »untergetaucht«, um in Ruhe in den Buchhandlungen und Antiquariaten in Oxford und Cambridge stöbern zu können.

Diese Reise beschlossen ein paar Ruhetage an der französischen Riviera. Hier erlaubte sich Ben Gurion sogar einen kleinen Streich mit seinen Begleitern: Eines Tages fährt man, Ben Gurion sitzt auf dem Rücksitz, auf der kurvenreichen Küstenstraße oberhalb des Mittelmeers in Richtung Monaco. Plötzlich beschließt Ben Gurion, daß der Zeitpunkt für ihn gekommen ist, Auto fahren zu lernen. Schon immer hatte er das Lenken eines Kraftwagens als eine der unabdingbaren Fähigkeiten des modernen Menschen betrachtet und nicht seinen Neid auf seine Reisegefährten verhehlt, die diese Kunst beherrschten. Er läßt den Wagen anhalten und äußert die Absicht, sich selbst ans Steuer zu setzen. Seine beiden Begleiter suchen ihm dieses tollkühne Vorhaben auszureden, vergebens. Der Vierundsechzigjährige ergreift das Lenkrad, und die Luxuslimousine rast in beängstigendem Tempo weiter. Gali und Avriel haben sich links und rechts auf die Trittbretter des Wagens gestellt, halten sich mit einer Hand an der Tür fest und warnen mit der anderen entgegenkommende Fahrzeuge, anzuhalten oder auszuweichen. Au-

ßerdem ist es ihnen gelungen, ein Begleitfahrzeug voraus-
zuschicken, um die Straße freizumachen. Ben Gurion
steuert das Fahrzeug wie ein Betrunkener im Zickzack.
Zwar beendet er das Experiment nach kurzer Fahrtdauer,
aber Avriel und Gali brauchen lange, um sich von der gefährlichsten Autofahrt ihres Lebens zu erholen.

Am Abend wollen sich die beiden Männer im Spielca-
sino von Monte Carlo von den nervlichen Strapazen erholen. Sie beschließen zu warten, bis Ben Gurion in seinem
Hotelzimmer verschwunden ist. Doch der Alte zeigt nicht
die geringste Spur von Müdigkeit. Ihm fällt jedoch auf,
daß seine Begleiter sich nervöse Blicke zuwerfen. Plötzlich blitzen seine Augen lausbubenhaft, und er fragt sie ge-
radeheraus: »Ihr wollt doch im Kasino euer Glück versuchen, stimmt's? Und gewinnen wollt ihr doch sicher auch?
Kommt, ich zeig' euch, wie ihr's machen müßt.« Er setzt
sich neben sie, nimmt Papier und Bleistift zur Hand und
erläutert ihnen sein »Geheimsystem«, mit dem man beim
Roulette gewinnt. Avriel und Gali starren den Alten ganz
perplex an. Hatte Ben Gurion sein System während eines
früheren privaten Aufenthalts an der Riviera ausgearbeitet und erprobt? Oder sonstwo auf einer seiner zahlreichen Reisen erdacht? Ben Gurion gibt sein Geheimnis
nicht preis. Die beiden Reisebegleiter sind noch erstaun-
ter, als sich beim Spielen herausstellt, daß das System tatsächlich funktioniert!

Weder Auslandsreisen noch gelegentliche Ruhetage
daheim vermögen Ben Gurion von seiner Amtsmüdigkeit
zu heilen. So ringt er sich zu dem Entschluß durch, »ein bis
zwei Jahre, vielleicht auch länger, den Regierungsgeschäf-
ten fernzubleiben«. Aus heutiger Sicht ist es allerdings
zweifelhaft, ob altersbedingte Erschöpfung wirklich der
einzige Grund für Ben Gurions Rücktritt war. Zu dem
Gefühl, er benötige Abstand von seiner Arbeit im Kabinett, scheint bei Ben Gurion die Überzeugung gekommen

zu sein, er werde persönlich gebraucht, um das eine oder andere Pionierprojekt seines Landes, deren es viele gab, in Schwung zu bringen. Um sich den Erfordernissen der Entwicklung anzupassen, war Israel in großem Maße auf ein Heer von Freiwilligen angewiesen, die Aufgaben anpackten, die von staatlichen Stellen nicht zu bewältigen waren: Urbarmachung und Besiedlung von Wüstengebieten, Betreuung und Einarbeitung von Einwanderern und Ausgleich sozialer Unterschiede zwischen Neuankömmlingen und ansässigen Israelis. Ben Gurion hat begriffen, daß er trotz all seiner Machtbefugnisse als Regierungschef nicht von seinem Amtssitz aus Freiwillige für diese Arbeiten einteilen kann. Er muß persönlich dabeisein, die Leute anleiten und auch einmal mit anpacken, wenn es not tut.

Dieser Gedanke läßt ihn nicht mehr los. Vielleicht ohne sich dessen recht bewußt zu sein, sucht er nach einer neuen, lohnenden Aufgabe, die ihn in gleicher Weise fordert, wie er bisher andere gefordert hat. Er findet sie im Frühjahr 1953 auf der Rückfahrt von Eilat. Im Herzen des Negev sieht er eine Anzahl von Hütten und eine Gruppe junger Leute, die dort arbeiten. Er läßt seinen Wagen halten, geht zu den jungen Menschen hinüber und fragt sie aus. So erfährt er, daß sie während des Unabhängigkeitskrieges in diesem Abschnitt gekämpft und sich hinterher entschlossen hatten, hier einen neuen Kibbuz, Sdeh Boker (Feld des Hirten), zu errichten. Dies ist eine echte Herausforderung, einen neuen Kibbuz mitten in der Wüste aufzubauen, ganz von vorn anzufangen!

Schrittweise reift sein Entschluß: Er wird aus der Regierung ausscheiden und nach Sdeh Boker gehen. Doch vor seinem Abschied von der Politik muß er sicher sein, daß er den Staat in gute Hände übergibt und Israel keine Gefahr von außen droht. Für genau zwei Jahre will er sich aus der Politik zurückziehen, da er davon überzeugt ist, daß die Araber die zweite Runde ihres Krieges gegen Israel nicht vor 1956 eröffnen werden. Auf alle Fälle gedenkt er, seinen Nachfolgern in den Ämtern des Ministerpräsidenten und des Verteidigungsministers für die Dauer seiner Abwesenheit einen detaillierten Verteidigungsplan zu hinterlassen. Deshalb tritt Ben Gurion am 19. Juli 1953 einen dreimonatigen Urlaub an und inspiziert in diesem Zeitraum überall im Land Armeeverbände. Er beabsichtigt, Umbesetzungen in der Führungsspitze der Streitkräfte vorzunehmen, und arbeitet ein Programm für eine stärkere Sicherung der Landesgrenzen und eine Aufstockung von Heer, Luftwaffe und Marine aus. Am 18. Oktober 1953 ist sein Achtzehn-Punkte-Memorandum fertig.

Befriedigt wendet sich der Alte nun praktischeren Dingen zu. In Gegenwart seines Privatsekretärs Jizchak Navon mißt er eines Nachmittags sein Arbeitszimmer aus und notiert sich sorgfältig die Abmessungen auf einem Zettel. Diesen drückt er Navon in die Hand und sagt dazu: »So, hier ist die genaue Länge und Breite. Sag ihnen, daß sie die Baracke genauso groß bauen.«

»Welche Baracke?« erkundigt sich Navon verdutzt.

»Die in Sdeh Boker«, erwidert Ben Gurion. »Ich will mich dort nämlich niederlassen!«

Die Nachricht von Ben Gurions Entschluß verbreitet sich in Windeseile im ganzen Land und löst Bestürzung aus. Während sich die politischen Gegner über die Entscheidung des Alten lustig machen, reagieren seine Anhänger und Bewunderer besorgt und erschreckt. Wie würden sie ohne ihn auskommen? Konnte man sich den Staat Israel ohne Ben Gurion überhaupt vorstellen? Ben Gurion läßt sich von den Vorhaltungen und Bitten, die Parteifreunde, Abordnungen aus der Bevölkerung und Leitartikler vorbringen, nicht beirren. Am 2. November 1953 überreicht er Staatspräsident Ben Zwi sein Rücktrittsschreiben und verabschiedet sich nacheinander von Armee, Partei und Kabinett. Am 7. November räumt er seinen Posten als Regierungschef und sagt in einer vom Rundfunk übertragenen Absprache der Bevölkerung Israels Lebewohl. In leidenschaftlichen Worten begründet er seinen Entschluß und beendet seine Rede mit einem Zitat aus dem Buch der Psalmen: »Herr, mein Herz ist nicht hoffärtig, und meine Augen sind nicht stolz; ich gehe nicht mit Dingen um, die mir zu hoch und zu wunderbar sind.« (131,1)

Beim Ausscheiden aus der Regierung trat Ben Gurion das
Amt des Regierungschefs an einen Nachfolger ab, den die
Mapai erkoren hatte: Moshe Sharett. Die Beziehungen
zwischen den beiden Männern reichten bis zum Beginn
dieses Jahrhunderts zurück. Viele Jahre lang war Sharett
ein Bewunderer Ben Gurions gewesen. »Deine hohe Meinung von mir ist mein moralisches Rückgrat«, hatte er
Ben Gurion 1937 geschrieben.

»Für mich bist Du nicht ein älterer Arbeitskollege,
nicht nur der Führer der Bewegung, die mir zur zweiten
Heimat geworden ist, sondern Du bist für mich ein Mann,
dessen persönliche moralische Autorität ich schon achte-
te, als ich noch an der Schwelle meiner Jugend stand . . .
Mich schaudert's bei dem Gedanken, was aus mir geworden wäre, hättest Du nicht an meiner Seite und vor mir gestanden . . . Ich möchte, daß Du weißt, was Du für mich
bedeutest und was Du hoffentlich für mich sein wirst bis
ans Ende unserer Tage.«

Sharetts Gefühle wurden jedoch von Anfang an nicht
erwidert. Ben Gurion schrieb über ihn an Paula:

»Er ist kein Mann mit Weitblick . . . Zuweilen gelingt es ihm nicht, sich in einer komplizierten Materie
zurechtzufinden . . . Er ist unfähig, eine Entscheidung
in Angelegenheiten zu treffen, die großen intellektuellen und moralischen Mut erfordern. Aber er tut seine
Arbeit gründlich und besitzt auch vielerlei Talente . . .

Und ich glaube, er weiß selbst, daß er ständige Führung braucht.«

Sharett war nicht aus dem gleichen harten Holz geschnitzt wie Ben Gurion mit seiner kraftvollen, entschlußfreudigen Persönlichkeit. Seine politische Einstellung war gemäßigter, er war auch skeptischer als Ben Gurion und vermied es, Probleme allzusehr zu vereinfachen. Er maß dem geschriebenen und gesprochenen Wort große Bedeutung bei und besaß angenehme Umgangsformen. Sharett war nicht barsch oder abweisend, wie Ben Gurion es sein konnte. Auch er hielt viel von Pioniertaten und Faits accomplis — Leistungen, die den Kern von Ben Gurions zionistischer Philosophie bildeten —, doch er ging diese Aufgaben nicht mit demselben kompromißlosen Enthusiasmus an. Die unterschiedliche Weltanschauung beider Männer läßt sich am besten an Hand einer der bekanntesten Aussagen Ben Gurions und an Sharetts Kommentar dazu aufzeigen. 1955 sagte Ben Gurion einmal: »Unsere Zukunft hängt nicht davon ab, was die Gojim (die Nichtjuden; hier im Sinne von: die Großmächte) sagen, sondern davon, was die Juden tun!« Sharett, um seine Meinung befragt, äußerte sich so: »Das stimmt. Aber es ist auch wichtig, was die Gojim tun.«

Hitzige Diskussionen über die Frage »Was werden die Gojim sagen?« führten zu zahlreichen Unstimmigkeiten, die im Laufe der fünfziger Jahre allmählich das Verhältnis zwischen Ben Gurion und Sharett trübten. Sharett war über die Mißbilligungsresolutionen der UNO beunruhigt und verfocht hartnäckig die Auffassung, daß »ohne den Beschluß der Vereinten Nationen unser Staat nicht zustande gekommen wäre«. Ben Gurion hielt dem entgegen, daß »der Staat Israel einzig und allein dem Volk Israels und vor allem der Armee seine Existenz verdankt«.

Die wachsende Kluft zwischen den beiden Männern war eine ernste Sache. Hier trafen entgegengesetzte Charaktere aufeinander: Da war einerseits ein charismatischer Führer, ein Mann von enormer Willenskraft, eine faszinierende, überwältigende Persönlichkeit. Der Mann, der ihm gegenüberstand, war weitaus schwächer und verfügte nicht über die Führungsqualitäten, über jenen Grad an Größe und Weitsicht – Eigenschaften, die Ben Gurion an die Spitze geführt hatten. Bei ihren Wortwechseln und Auseinandersetzungen verspürte Sharett schmerzliche Gefühle der Unterlegenheit und des Zorns gegenüber seinem älteren Kollegen. Ende 1953, als Ben Gurion sich entschloß, aus dem Amt des Regierungschefs zu scheiden, war sein Verhältnis zu Moshe Sharett besonders stark getrübt. Er wollte diesen Mann nicht zu seinem Nachfolger haben.

Während des Urlaubs, den Ben Gurion vor seinem Rücktritt angetreten hatte, amtierten Sharett als Ministerpräsident und Pinchas Lavon als Verteidigungsminister. Erst am 5. Oktober unterrichtet Ben Gurion die Mapai-Minister im Kabinett, daß er »für zwei Jahre« seine Posten zur Verfügung stelle. Außenminister Sharett und seine Kollegen versuchen, Ben Gurion dazu zu bewegen, seinen Entschluß zu widerrufen, setzen jedoch nicht viel Hoffnung in diese Bemühungen. Sharett sah indes nicht voraus, welch bitteren Enttäuschungen ihm die Nachfolge Ben Gurions bringen würde. Zunächst einmal war er wenig angetan von dem neuen Verteidigungsminister Lavon, den Ben Gurion vorgeschlagen hatte, und auch die Mentalität des neuen Stabschefs der Streitkräfte, Moshe Dayan, sagte ihm wenig zu. Sharetts Probleme begannen schon, als er kommissarisch Ministerpräsident war.

Am 12. Oktober 1953 dringen arabische Untergrundkämpfer aus Jordanien in ein israelisches Dorf ein und werfen eine Handgranate in ein Haus. Eine Frau und zwei ihrer Kinder finden dabei den Tod. Der Vorfall löst in Israel große Aufregung aus, und führende politische Kreise vertreten zunehmend die Meinung, man müsse einen harten Vergeltungsschlag gegen die Jordanier führen. An diesem Tag verfolgt Ben Gurion in Begleitung seines Stellvertreters im Verteidigungsamt, Pinchas Lavon, des Stabschefs Mordechai Makleff und des Operationschefs Moshe Dayan ein großes Manöver im Norden des Landes. Als sie von dem Überfall hören, halten die vier Männer eine improvisierte Lagebesprechung neben ihrem Jeep ab. Ben Gurion hört zu, beteiligt sich aber nicht an der Diskussion. Formell befindet er sich ja in Urlaub, und Lavon ist der amtierende Verteidigungsminister; also schweigt er und läßt diesen die Entscheidungen treffen.

Es wird beschlossen, eine Vergeltungsaktion zu unternehmen, die größer sein soll als alle vorhergehenden. Als Ziel wählt man die jordanische Ortschaft Kibija, die den Freischärlern als Ausgangsbasis und Zufluchtsort dient. Ein israelisches Kommando soll in diesem Dorf mehrere Dutzend Häuser in die Luft sprengen. Außerdem kommt man überein, den Jordaniern auch Verluste an Menschenleben in der relativ hohen Zahl von zehn bis zwölf Opfern zuzufügen.

Dayan fährt sofort zum Sitz des Generalstabes zurück, um den Operationsbefehl auszuarbeiten. Von Beginn an soll deutlich werden, daß die Aktion als Racheakt für die tote Israelin und ihre Kinder gedacht ist und als Warnung an die Adresse der Jordanier, daß Israel bei Überfällen nicht länger die Hände in den Schoß legen wird.

Vom Generalstab geht der Einsatzbefehl an das Zentralkommando der Streitkräfte, das entscheidet, für die Operation eine Kompanie Fallschirmjäger einzusetzen. Die Kompanie wird einem jungen Major namens Arik Sharon unterstellt.

Der amtierende Ministerpräsident Moshe Sharett wird von keiner Stelle konsultiert, Lavon unterrichtet ihn nur beiläufig von der geplanten Aktion. Sharett erhebt zunächst keine Einwände gegen das eigenartige Vorgehen der Militärs, doch kommen ihm offenbar über Nacht schwere Zweifel. Jedenfalls ruft er am anderen Morgen Lavon zu einer Unterredung zu sich. Als er sich gegen die beabsichtigte Vergeltungsmaßnahme ausspricht, kontert Lavon mit der Bemerkung: »B. G. ist nicht Ihrer Meinung.« Nach diesem Gespräch fordert Sharett Ben Gurion brieflich auf, aus dem Urlaub zurückzukehren und das Kabinett zu leiten, »da ich nicht gewillt bin, bei der Sitzung am kommenden Sonntag den Vorsitz zu übernehmen«.

Während Sharett sein Schreiben verfaßt, bereiten sich Fallschirmjäger vom Kommando 101 auf ihren Einsatz vor. Der Beginn der Operation war auf 21.30 Uhr am selben Abend angesetzt worden. Rund hundert israelische Soldaten springen zu dieser Stunde in kleinen Gruppen über Kibija ab. Sie führen ungefähr sechshundert Kilogramm Sprengstoff mit sich. Die jordanischen Soldaten ergreifen panikartig die Flucht. Beim Befehl zum Angriff stürmen die Israelis das Dorf. Mindestens zwölf Jordanier, zumeist Soldaten, fallen im Kampf. Die Dorfbewohner fliehen mit Frauen und Kindern in Nachbarorte. Die Israelis hindern sie nicht daran. Binnen kurzem liegt das Dorf wie ausgestorben im Dunkeln. Nur eine arabische Melodie aus dem alten Radioapparat eines Cafés, dessen Besitzer mit seiner Familie geflüchtet ist, ohne sich die Zeit zu nehmen, das Radio abzustellen, unterbricht die Stille. Diese Musik bildet die Untermalung für eine Reihe von Explosionen. Die Fallschirmjäger machen sich nicht die Mühe, die zur Sprengung vorgesehenen Häuser zu durchsuchen. Sie verschaffen sich Einlaß, bringen die Sprengsätze an und suchen draußen Deckung. Nur in einem Fall vernimmt der das Sprengkommando leitende Offizier das Weinen eines Kindes aus einem Haus, als er bereits die Zündschnur in Brand gesetzt hat. Er hastet in das Haus, entdeckt ein kleines Mädchen, das sich in einem Winkel versteckt hat, kann es rechtzeitig herausholen und in ein Nachbardorf schicken.

Während die Fallschirmjäger ein Haus nach dem anderen in Schutt und Asche legen, kommt es keinem von ihnen in den Sinn, unbeabsichtigt ein Blutbad anzurichten. Dutzende von Frauen, Kindern und alten Leuten haben sich nämlich in den Kellern, in den oberen Stockwerken und unter ihren Betten versteckt. Sie geben keinen Laut von sich, und niemand bemerkt sie. Die Sprengungen dauern drei Stunden; nach der Zerstörung von etwa fünfundvierzig Häusern zieht sich das Kommando auf israelisches Territorium zurück. Nach Abschluß der Aktion meldet Arik Sharon seinen Vorgesetzten, auf feindlicher Seite habe es zehn bis zwölf Gefallene gegeben. Dayan übermittelt ihm handschriftlich ein Lob: »Sie sind unübertrefflich!«

Als die jordanischen Bewohner am nächsten Tag in ihr Dorf zurückkehren, kommt die furchtbare Wahrheit ans Licht. In den Trümmern findet man siebzig Leichen, darunter Dutzende Frauen und Kinder. Die Greueltat löst weltweit eine Welle der Empörung aus. Auch im israelischen Generalstab ist man über die Maßen bestürzt. Niemand hatte vorausgesehen, daß die Vergeltungsaktion einen derartigen Ausgang nehmen würde. Moshe Sharett ist entsetzt. Das Oberkommando der Armee beschließt, keine Verlautbarung zu dem Unternehmen herauszugeben. Kabinett und Knesset erleben kritische Stunden angesichts der Empörung in der Weltöffentlichkeit und des Abscheus, den das Blutbad auch in der israelischen Bevölkerung und bei den Politikern des Landes hervorgerufen hat. Von Winston Churchill erhält Ben Gurion eine persönliche Botschaft, in der er die Aktion bedauert. Mehrere Tage ist sich das israelische Kabinett nicht schlüssig, wie es der Krise Herr werden kann.

Am 18. Oktober 1953 kehrt Ben Gurion aus seinem Urlaub zurück und leitet die Kabinettssitzung. Auf die Frage, ob er von dem Überfall auf Kibija vorher gewußt habe, antwortet er mit Unschuldsmiene. »Ich hatte Urlaub, da braucht mich niemand zu fragen, ob ein Vergeltungsschlag angemessen sei oder nicht. Hätte man mich zu Rate gezogen, hätte ich gesagt: ›Schlagt zu!‹« Mordechai Makleffs Kommentar: »Genaugenommen hat Ben Gurion recht.« Tatsächlich war Ben Gurion zum fraglichen Zeitpunkt in Urlaub, und er war auch nicht konsultiert worden. Aber er wußte von der Vergeltungsaktion. Ben Gurion ergänzt: »Ich wußte von dieser Operation nur das, was ich vom amtierenden Verteidigungsminister darüber erfahren hatte, [nämlich], daß sie von Bewohnern der Grenzsiedlungen unternommen worden ist.« Er veranlaßt eine entsprechende Erklärung, die in Israel veröffentlicht und auch dem Ausland übermittelt werden soll. Darin wird der Überfall nicht als eine Aktion der Armee bezeichnet, sondern als das Unternehmen israelischer Siedler an der jordanischen Grenze, die aus eigener Initiative gehandelt hätten. Trotz Sharetts Einwänden beharrt Ben Gurion darauf, die Armee dürfe ihre Verantwortung für das Massaker nicht zugeben.

Später gestand er einem seiner Vertrauten, daß er gelogen hatte, nannte aber auch seine Gründe dafür. »Hast du Victor Hugos Roman *Les Misérables* gelesen?« fragte er. »Da kommt eine Stelle vor, wo ein geflohener Häftling sich vor dem ihn verfolgenden Polizisten in einem Zimmer verbirgt, in dem eine Nonne sitzt. Der Polizist kommt herein und fragt: ›Haben Sie den Ausbrecher gesehen?‹ Und sie erwidert: ›Nein.‹ Er bezweifelt natürlich nicht das Wort einer Ordensschwester und verläßt den Raum, ohne ihn zu durchsuchen. Die Nonne beging keine Sünde, als sie log, weil sie mit ihrer Lüge ein Menschenleben rettete. Eine solche Lüge muß mit andrer Elle gemessen werden.«

Ben Gurion glaubte also, daß es unter bestimmten Umständen erlaubt ist, im Staatsinteresse zu lügen. Moshe Sharett war bestürzt über sein Verhalten. »Ich sagte zu Zippora [seiner Frau], daß ich meinen Rücktritt eingereicht hätte, hätte ich vor ein Mikrofon treten und dem israelischen Volk und der ganzen Welt über Rundfunk einen falschen Bericht über das Geschehene geben müssen.«

Das Kibija-Unternehmen hatte weitreichende militärische Konsequenzen. Das Oberkommando entschied, künftige Vergeltungsschläge nur noch gegen militärische, nicht aber gegen zivile Ziele zu führen. Die wichtigste Lektion aus dieser Episode war indes die Aufdeckung der mangelnden Abstimmung führender Politiker untereinander und der erschreckend unzulänglichen Regelung ihrer ministeriellen Kompetenzen. Sharett, zum Zeitpunkt der Aktion amtierender Ministerpräsident, hatte es versäumt, Verteidigungsminister Lavon zu verpflichten, ihn zu konsultieren oder ihm Bericht zu erstatten.

Ben Gurion, der die Entscheidung Lavons stillschweigend gutgeheißen hatte, mag den blutigen Zwischenfall möglicherweise als Vorgeschmack auf kommende Entwicklungen gesehen und die Gefahren erkannt haben, die in Sharetts Schwäche lagen. Jedenfalls empfiehlt er auf der Tagung des politischen Ausschusses der Mapai am 2. November Levi Eshkol als seinen Nachfolger im Amt des Regierungschefs und Pinchas Lavon als Verteidigungsminister. In dem Augenblick, als er seine Vorschläge unterbreitet, wird allen klar, daß Sharetts Qualitäten nach Ben Gurions Meinung nicht ausreichen, um ihm das Amt des Ministerpräsidenten anzuvertrauen. Binnen weniger Stunden gelangen die Namen seiner Wunschkandidaten an die Öffentlichkeit, und das ganze Land weiß jetzt, daß Ben Gurion Sharett als Nachfolger ablehnt. Eshkol nimmt die Kandidatur jedoch nicht an. Der wachsende Druck von Sharetts Freunden in der Partei führt zu heftigen Auseinandersetzungen innerhalb der Mapai. Mitte November nimmt ein Dreier-Ausschuß die Sichtung der Kandidatenliste für den Posten des Regierungschefs vor. Die Ausschußmitglieder verhandeln mit Ben Gurion und können ihn schließlich dazu bewegen, Sharetts Kandidatur zu unterstützen. Andere Gegner Sharetts ziehen ebenfalls ihre Einwände zurück. Der einzige, der nach wie vor energisch gegen Sharett Stellung bezieht, ist Pinchas Lavon.

Am 14. Dezember 1953 brechen Ben Gurion und seine Frau Paula nach Sdeh Boker auf. Sekretäre, Militärpolizisten und Sicherheitsbeamte haben geholfen, mehrere Lastwagen mit Möbeln, Haushaltsgegenständen, Koffern, Bündeln und vor allem Kartons mit vielen hundert Büchern zu beladen. Ein ganzer Hofstaat von Freunden und Journalisten begleitet die Ben Gurions auf der Fahrt nach Sdeh Boker. Nach ihrer Ankunft in der Negev-Siedlung verabschiedet Ben Gurion seine Begleitung, legt seinen dunklen Anzug und Krawatte ab und zieht eine dicke Winteruniform aus grobem Tuch an. Dieser Kleiderwechsel ist symbolisch für die Änderung seines Lebensstils. Das neue Kibbuzmitglied macht sich gleich an die Arbeit: Er karrt Dünger auf die Felder. Es ist genau dieselbe Arbeit, die er siebenundvierzig Jahre zuvor an seinem ersten Tag in Petach Tikwa verrichtet hatte.

In Sdeh Boker erreichen Ben Gurion täglich viele Briefe aus aller Welt. Mit der für ihn eigenen Gewissenhaftigkeit läßt er nicht einen unbeantwortet. Er empfängt auch jeden Tag viele Besucher, geladene und ungeladene. Delegationen aus dem In- und Ausland, prominente Persönlichkeiten aus aller Welt, führende Politiker, Journalisten und Jugendgruppen suchen ihn auf. Sie nehmen ihm viel von der kostbaren Zeit, die er sich für die Lektüre, fürs Schreiben und Arbeiten an der frischen Luft vorbehalten hat. Es ist erstaunlich, daß er trotzdem noch Zeit und Kraft findet, sich mit der Landwirtschaft zu beschäftigen.

Ihm ist es vollkommen ernst mit seiner Einstellung zum Leben im Kibbuz und seinem Status als gewöhnliches Mitglied dieser Gemeinschaftssiedlung. So läßt er sich von den anderen Mitgliedern des Kibbuz »David« nennen, nicht »Ben Gurion«.

Seine Arbeit verschafft ihm große Befriedigung. Allabendlich sucht er am Schwarzen Brett im Speisesaal seinen Namen auf der Einteilungsliste für den nächsten Tag. Zunächst wird er beim Düngen und Pflügen eingesetzt, doch als man merkt, daß diese Arbeit für ihn zu schwer ist, vertraut ihm der Kibbuz die Betreuung der kleinen Wetterstation an. Die meiste Zeit aber hütet er die Schafe.

Er fühlt sich wohl, und sein Allgemeinbefinden bessert sich. Gesicht und Hände sind sonnengebräunt, er ist voller Energie und Vitalität, und er schläft besser als je zuvor.

Viele Israelis bitten ihn in ihren Briefen dringend, wieder an die Spitze der Regierung zurückzukehren. Seine Antwortschreiben offenbaren immer wieder, wie sehr es ihn drängt, Pionierarbeit zu leisten. Einen Briefschreiber aus Tel Aviv läßt er wissen:

»Ich bin glücklich und zufrieden, daß es mir noch vergönnt ist, in der Negev-Wüste arbeiten und einer Gruppe wunderbarer junger Leute helfen zu können, die sich eine große und mühselige Aufgabe gestellt haben: aus der Wüste einen Garten Eden zu machen. Ich betrachte es als außergewöhnliches Privileg, an diesem kühnen Unternehmen beteiligt zu sein ... Auf diese Weise kann ich ebenfalls zum Aufbau des Landes beitragen, nicht nur dadurch, daß ich die Regierungsgeschäfte wahrnehme.«

Trotzdem vermag er sich nicht ganz von seinem bisherigen Amt zu lösen. Zahllose hochrangige Besucher kommen nach Sdeh Boker: Minister, Generalstäbler, hohe Staatsbeamte und Parteiführer suchen Ben Gurions Rat in Fragen der Innen- und Außenpolitik. Einer der Gründe für diese »Völkerwanderung« — vermutlich der Hauptgrund — ist die Tatsache, daß es Moshe Sharett an Autorität und echten Führungsqualitäten mangelt. Ben Gurions Fehlen wird deutlich spürbar, zumal sich die Situation an den Grenzen Israels zu verschlechtern beginnt. Die Überfülle von jordanischem Territorium aus häufen sich; sie finden ihren entsetzlichen Höhepunkt, als elf Insassen eines Busses ermordet werden, den eine arabische Bande im Negev aus dem Hinterhalt überfallen hat. Im Frühherbst 1953 spitzt sich auch die Lage an der israelisch-ägyptischen Grenze zu, wo es ebenfalls zu blutigen Zusammenstößen kommt.

Zu allem Überfluß gab es noch fundamentale Meinungsverschiedenheiten zwischen Ministerpräsident Sharett, der eine gemäßigte Politik befürwortete, und Verteidigungsminister Lavon, der an der Spitze der »Aktivisten« stand. Außer diesem Grundsatzstreit entzweite eine erbitterte persönliche Auseinandersetzung die beiden Politiker, die ihre Beziehung auf den Gefrierpunkt sinken ließ. Lavon lag darüber hinaus in ständiger Fehde sowohl mit Stabschef Moshe Dayan als auch mit Shimon Peres, dem Generaldirektor des Verteidigungsministeriums. Beide Männer — Schüler Ben Gurions und ausgesprochene Aktivisten — unterstützten Lavon zwar in politischen und militärischen Fragen gegen Sharett; aber dennoch war ihr Verhältnis zu Lavon spürbar von Krisen geprägt. Unter den politischen Führern der Nation gab es bald nur noch Streitigkeiten und Verdächtigungen. Es war nicht nur Ben Gurions Abwesenheit von der politischen Bühne, die diesen Aufruhr ausgelöst hat. Ganz offensichtlich vergiftete die Person Pinchas Lavons das Klima an der Regierungsspitze.

Ben Gurion mochte von seinem Wunschkandidaten für das Verteidigungsressort angetan gewesen sein, aber

seine Kabinettskollegen stellten an dem neunundvierzig-
jährigen Lavon eine Reihe negativer Charaktereigen-
schaften fest, die dem Alten offensichtlich entgangen waren. Lavon war überaus sarkastisch, und seine spitzen
Bemerkungen wirkten häufig verletzend. Er galt als arrogant und selbstgefällig und behandelte andere gern von
oben herab. Schon als amtierender Verteidigungsminister
hatte Lavon Sharett das Leben schwergemacht, ihm offen
seine Verachtung gezeigt und jeglichen Versuch unterlas-
sen, ihn zu konsultieren oder zu unterrichten. Er hielt es
nicht einmal für notwendig, Sharett rechtzeitig von einem
geplanten Vergeltungsschlag in Kenntnis zu setzen. Zwi
Maimon, seinerzeit Stenograph des Kabinetts, berichtete
einem engen Mitarbeiter Ben Gurions:

»Es kommt einen hart an, wenn man miterlebt, daß er
[Sharett] nicht imstande ist, auf seine Kabinettskollegen
entscheidenden Einfluß auszuüben. Aber noch widerwär-
tiger ist es, zu beobachten, wie Lavon ihm das Leben zur
Hölle macht. Nicht einmal durch die Anwesenheit anderer [Koalitions-]Minister läßt sich dieser ›Satan‹ davon
abhalten, mit diabolischen verbalen Tricks zu operieren . . . Es gibt keine Entschuldigung für die boshaften
verbalen Entgleisungen, die er sich gegenüber dem Ministerpräsidenten erlaubt . . .«

Neben führenden Mapai-Politikern hatte auch der
scheidende Chef des Stabes, Mordechai Makleff, Ben Gurion vor Lavon gewarnt. Der Alte fragte ihn geradeher-
aus: »Warum lehnen Sie Lavon ab?« Makleff erwiderte,
Lavon habe »keine Ahnung, wie man mit Soldaten um-
geht«, und fügte hinzu, er sei »ein gefährlicher Mann . . .
Lavon hat mir einmal gesagt, es sei nötig, durch Sabotageakte in Amman Verstimmung zwischen Amerikanern
und Jordaniern zu erzeugen.« Makleff erinnerte sich später an seine Worte als eine Art Vorspiel zur sogenannten
Lavon-Affäre.

Lavon scheint sich seine Stellung selbst untergraben zu haben. Sein unverhüllter Zynismus und seine Arroganz stoßen allmählich selbst seine besten Freunde ab. Die Dinge spitzen sich zu und erreichen Ende Juli 1954 einen neuen Höhepunkt. Mehrere führende Mapai-Politiker, darunter Levi Eshkol, Golda Meir und Salman Aran, besuchen Ben Gurion und beklagen sich bitter über das miserable Verhältnis zwischen Sharett und Lavon. Ben Gurion vermerkt lakonisch in seinem Tagebuch: »Ich riet Eshkol, mit Pinchas ein offenes Wort zu reden. Er versprach es.« Was der Alte in seinen täglichen Aufzeichnungen nicht festhielt, waren die deutlichen Worte, die er Eshkol an die Adresse Lavons mit auf den Weg gab. Doch Nehemia Argov, Ben Gurions engster Mitarbeiter, notierte in seinem Tagebuch: »Eshkol berichtete P. L., B. G. habe erklärt, er [Lavon] werde niemals Regierungschef und B. G. habe auch gesagt, daß er nicht hinter ihm [Lavon] stehe . . .«

In der Tat hatte Ben Gurion Lavon inzwischen seine Gunst entzogen. Bei Sharett war er von Anfang an ohne Illusionen gewesen; nun enttäuschte ihn auch noch sein eigener Protegé. Die beiden Männer blieben zwar auch weiterhin in freundschaftlichem Kontakt, doch im Sommer 1954 scheint Ben Gurion erkannt zu haben, daß die an seine Stelle getretenen Politiker ein völliger Mißgriff waren und er mit der Wahl Lavons einen Fehler begangen hatte.

Zwei Gruppierungen setzen nun eine Kampagne ins Werk mit dem Ziel, Ben Gurion an die Macht zurückzuholen, und verfolgen dabei ihre eigenen Interessen. Die eine ist die Gruppe der jungen Männer: eine Reihe von Assistenten Ben Gurions (darunter Nehemia Argov und Jizchak Navon), mehrere hohe Regierungsbeamte, die unter ihm gearbeitet haben (Shimon Peres, Teddy Kollek, Ehud Avriel) sowie Moshe Dayan. Einzeln oder gemeinsam reisen sie wiederholt nach Sdeh Boker in der Hoffnung, Ben Gurion zur Rückkehr überreden zu können. Mehr beeindruckt zeigt sich Ben Gurion allerdings vom wachsenden Druck seiner alten Parteifreunde. Die erste Delegation der Mapai sucht ihn im Juli 1954 auf. »Sie kamen, um mich zur Rückkehr zu bewegen«, berichtet Ben Gurion knapp und bündig über ihre Aussprache. Doch mit der für ihn charakteristischen Leidenschaftlichkeit hat er den alten Weggefährten gesagt: »Ich werde nicht zurückkommen . . . Hierher, nach Sdeh Boker, bin ich zurückgekehrt, hier will ich bleiben.« Dasselbe sagt er auch Salman Aran und Golda Meir, als diese ihn in der Absicht besuchen, ihn in die aktive Politik zurückzuholen.

Die politische Lage in Israel sah Ende 1954 so aus: starker Druck von außen auf die Regierung; eine gespannte Lage an den Grenzen; Suche nach einer neuen politischen Richtung; nachlassendes Vertrauen der Öffentlichkeit in die Führung der Nation; Verstrickung politischer und militärischer Persönlichkeiten in erbitterte Fehden, die in einem Klima des Mißtrauens und der Verleumdung ausgetragen werden. Hinzu kam noch, daß Parlamentswahlen bevorstanden und allgemein der Wunsch nach einer starken, glaubwürdigen Regierung laut wurde, die neuen Elan und Initiative an den Tag legte. Da hob sich der Vorhang zum ersten Akt eines Dramas, das sich Lavon-Affäre nannte.

Im Frühjahr 1954 hatte in Ägypten Oberst Gamal Abd el Nasser nach heftigen Auseinandersetzungen hinter den Kulissen die Macht übernommen. Um Ägypten im westlichen Lager zu halten, übten die Vereinigten Staaten Druck auf Großbritannien aus, sich aus dem Land am Nil zurückzuziehen. Diese Forderung bildete vermutlich das Hauptthema der Unterredungen zwischen Premierminister Winston Churchill und Präsident Eisenhower Ende

Juni 1954 in Washington. (Das anglo-ägyptische Abkommen wurde schließlich Ende Juli unterzeichnet.)

Während die Verhandlungen noch andauerten, gab es in Israel große Besorgnis über den bevorstehenden britischen Abzug aus der Sicherheitszone am Suezkanal. In Israel war man allgemein der Auffassung, daß die Anwesenheit britischer Truppen gewissen abenteuerlichen Gelüsten der ägyptischen Machthaber einen Dämpfer aufsetzte. Der Rückzug der Briten vom Suezkanal bedeutete gleichzeitig eine unmittelbare Stärkung des ägyptischen Militärpotentials, da zu erwarten war, daß die englischen Flugplätze, militärischen Einrichtungen sowie Waffen- und Munitionsdepots entlang des Kanals in ägyptische Hände übergingen.

Bestimmte Kreise in Israel beschlossen, jeden nur denkbaren Versuch zu unternehmen, Großbritannien von der Räumung der Kanalzone abzubringen. In letzter Minute scheinen sich Verteidigungsminister Lavon und der Chef des militärischen Geheimdienstes, Benjamin Gibly, die miteinander befreundet waren, dafür entschieden zu haben, unkonventionelle Maßnahmen zu ergreifen, um den britischen Abzug zu vereiteln oder zumindest zu verzögern.

Für eine solche Operation wurden bereits drei Jahre zuvor die Weichen gestellt. 1951 war ein israelischer Geheimdienstoffizier namens Abraham Dar mit einem gefälschten britischen Paß, der auf den Namen John Darling lautete, nach Ägypten eingereist. Er war als Geschäftsmann aufgetreten, hatte eine Gruppe junger ägyptischer Juden — Mitglieder zionistischer Jugendorganisationen — rekrutiert und mit ihnen ein Spionagenetz aufgebaut, das aus zwei Zellen bestand: einer in Kairo, der anderen in Alexandria. Die Leiter der Zellen waren mit Funkgeräten ausgestattet worden, um Kontakt mit dem israelischen Nachrichtendienst halten zu können.

In der ersten Jahreshälfte 1954 löste ein neuer Führungsoffizier Abraham Dar ab. Die Mitglieder des Spionagerings lernten ihn unter dem Decknamen »Robert« kennen. Bei der Einreise hatte er einen deutschen Paß vorgelegt, der ihn als Paul Frank auswies. Auch er trat als Geschäftsmann auf. In Wirklichkeit hieß dieser Mann Avry Elad, gebürtig aus Wien. Er hatte im Palmach gekämpft und war dabei bis zum Major aufgestiegen. (Allerdings wurde er später wegen Diebstahls eines Kühlschranks zum Gemeinen degradiert.) 1953 hatte ihn der Geheimdienst der israelischen Armee angeworben und ihm den Rang eines Majors zurückverliehen. Man schickte ihn zunächst in die Bundesrepublik Deutschland, damit er sich dort eine glaubhafte neue Identität aufbauen konnte, bevor er nach Ägypten ging. Zur selben Zeit reiste ein anderer israelischer Geheimdienstmann, der lose mit dem Spionagering in Verbindung bleiben sollte, nach Ägypten ein. Sein bundesdeutscher Paß war auf einen gewissen Max Bennet, von Beruf Fachmann für die Anfertigung von Prothesen, ausgestellt.

Als der Abzug der Briten vom Suezkanal immer wahrscheinlicher wird, schlagen israelische Geheimdienstkreise eine Reihe von Sabotageakten vor, um dies zu verhindern oder zu verzögern. Die Anschläge sollen sich vor allem gegen Botschaften westlicher Staaten sowie andere Einrichtungen, wie öffentliche Bibliotheken, Kulturinstitute und ausländische Konsulate, in Ägypten richten. Diese Terrorakte, so glaubt man, würden die Engländer entweder der ägyptischen Regierung oder der fanatischen Moslembruderschaft, einer politischen Vereinigung nationalistisch gesinnter Ägypter, zur Last legen. In jedem Fall würden sie beweisen, daß das neue Regime auf schwachen Füßen stehe, nicht in der Lage sei, die Ordnung aufrechtzuerhalten, und keinen Verlaß dafür böte, daß die geschlossenen Verträge eingehalten würden. London würde also genötigt sein, seinen Abzugsplan zu überdenken oder sogar ganz zu annullieren.

Aus heutiger Sicht erscheint dieser Plan erstaunlich naiv und gefährlich. Diejenigen, die ihn ausheckten, waren wohl ohne eine Spur von politischem Verstand. Als er noch im Vorbereitungsstadium war, gab es Einwände aus dem kleinen Kreis derer, die ihn kannten. Doch der Chef des militärischen Geheimdienstes, dem die Idee gefiel, legte den Plan seinem Freund, dem Verteidigungsminister, vor, der ihn ebenfalls akzeptabel fand. Lavon hatte ja bekanntlich einige Zeit zuvor ähnliche Anschläge in Amman befürwortet, um Zwietracht zwischen Jordanien und den USA zu säen. Im Frühjahr 1954 besprechen Lavon und Gibly den Plan. Der Minister sagt Gibly volle Unterstützung zu, wird jedoch nicht ersucht — vermutlich, weil seine Rückendeckung bekannt ist —, mündliche oder schriftliche Anweisungen für die Ausführung zu erteilen. Diese Einmütigkeit sollte sich zu einem späteren Zeitpunkt als äußerst bedeutsam herausstellen.

Am 26. Mai 1954 fliegt der Vizechef des israelischen Militärgeheimdienstes nach Europa, um in Paris mit Avry Elad zusammenzutreffen. Im Auftrag Giblys wird der Spion angewiesen, nach Ägypten zurückzukehren und durch die Zellen Anschläge auf ägyptische, britische und amerikanische Institutionen in Kairo und Alexandria verüben zu lassen. Weitere Instruktionen sollten in Kodeform in einem Kochrezept versteckt folgen, das im Rahmen einer Sendung für Hausfrauen im *Voice-of-Israel*-Programm ausgestrahlt werden würde.

Elad reist am 25. Juni wieder in Ägypten ein. Innerhalb kurzer Zeit treten seine Agenten in Aktion. Am 2. Juli deponieren drei der Alexandria-Zelle angehörende Männer mittelgroße Pakete mit selbstzündenden Brandbomben in Schließfächern eines Kairoer Postamts; am 14. Juli verstecken Mitglieder beider Agentenzellen selbstgebastelte

Brandsätze in den Amerika-Häusern von Kairo und Alexandria. In beiden Fällen kommt es zu kleineren Bränden, die schnell gelöscht werden können. Am 23. Juli läßt Elad seine Saboteure bei fünf Objekten gleichzeitig zuschlagen: in je zwei Kinos in Kairo und Alexandria und in der Gepäckaufbewahrung im Kairoer Hauptbahnhof. Die Attentäter tragen kleine, in Brillenetuis verpackte Brandsätze am Körper. An diesem Abend ereignet sich ein fataler Zwischenfall. Einer der Brandsätze entzündet sich vorzeitig in der Tasche von Philip Nathanson, einem Mitglied der Alexandria-Zelle, als er gerade das Rio-Lichtspielhaus betreten will. Ein ägyptischer Offizier beobachtet, wie sich der junge Mann vor Schmerzen krümmt, während aus seiner Anzugtasche Rauch dringt. Unter Mithilfe mehrerer Polizisten wird Nathanson festgehalten, das Feuer gelöscht und der Verdächtige in Polizeigewahrsam gebracht. Noch in der Nacht werden mehrere Mitglieder seiner Zelle verhaftet. Binnen weniger Tage ist der gesamte israelische Agentenring ausgehoben. Unter den Festgenommenen befindet sich auch Max Bennet. Avry Elad kommt ungeschoren davon, obwohl er der Leitoffizier des gesamten Netzes war und alle Spuren auf ihn hinwiesen. In aller Ruhe wickelt er seine Geschäfte ab, verkauft sein Auto und reist erst zwei Wochen nach Beginn der Verhaftungen nach Europa ab.

Die ersten Meldungen von den Festnahmen erreichen den Chef des militärischen Nachrichtendienstes Israels wenige Stunden später. Gibly sieht sich in eine höchst unangenehme Lage gebracht. Ein Erfolg hätte sein Ansehen beim Verteidigungsminister, der ihm volle Rückendeckung gegeben hatte, enorm gesteigert. Jetzt aber, da das Projekt sich als Fehlschlag erwiesen hatte, liegt die ganze Verantwortung bei ihm. Lavon hatte ihn zugegebenermaßen ermuntert und den Plan gutgeheißen, jedoch keine speziellen Anweisungen für die Durchführung erteilt.

Da kommt Gibly ein perfider Gedanke: Ohne den Verteidigungsminister darüber zu informieren, daß die Aktionen in Ägypten bereits stattgefunden und mit der Festnahme der Agenten geendet hatten, schlägt er Lavon vor, den Plan jetzt ausführen zu lassen. Lavon stimmt zu, ohne zu ahnen, daß seine Verfügung rückwirkenden Charakter haben soll.

Am 25. Juli 1954 melden die arabischen Medien die Aufdeckung eines zionistischen Agentenrings, der versucht habe, Kinos in Brand zu setzen, und vermutlich auch für die jüngsten Brandstiftungen in den Amerika-Häusern verantwortlich sei. Gibly läßt Lavon eine Mitteilung zukommen, in der es heißt, unter den in Alexandria Verhafteten seien auch »unsere Leute« gewesen. Der Verteidigungsminister liest die Nachricht und zeichnet sie ab. Gibly hatte geschrieben, daß die Aktion fehlgeschlagen war, aber schließlich waren derartige Geheimdienstoperationen sehr risikoreich. Zwei Wochen später, am 8. August, gibt Gibly dann noch eine ausführliche schriftliche Darstellung der Vorgänge in Ägypten, die zur Verhaftung der Mitglieder des Spionagenetzes geführt hatten. Für Lavon ist die Angelegenheit damit abgeschlossen.

Am 24. August besucht der gerade von einer Auslandsreise zurückgekehrte Moshe Dayan Ben Gurion in Sdeh Boker. Ben Gurion schreibt in sein Tagebuch: »Er berichtet mir von einer merkwürdigen Anweisung P. L. s – in seiner [Dayans] Abwesenheit – für eine Operation in Ägypten, die fehlschlug (sie hätten wissen müssen, daß sie scheitern würde) – kriminelle Verantwortungslosigkeit!« Auf diese Weise hatte Ben Gurion zum erstenmal von der Panne bei der Aktion in Ägypten gehört, und so lautete sein Urteil über Lavons Vorgehen. Bis Mitte Oktober hat er offenbar mit niemandem mehr über diese Affäre gesprochen. Doch an seinem achtundsechzigsten Geburtstag, am 16. Oktober 1954, vertraut er sich Nehemia Argov an. »Zum ersten Male unterhielt ich mich mit dem Alten über dieses Subjekt namens Lavon«, vermerkt Argov in seinem Tagebuch. »Der Alte analysierte das ägyptische Unternehmen und meinte dazu: ›Es war nicht Sache des Verteidigungsministers, über diese [Operation] zu entscheiden. Mit welchem Recht maßte er sich an, auf einem durch und durch politischen Gebiet selbstherrlich zu beschließen und zu handeln?‹«

Damit steht fest, daß Ben Gurion bereits im Oktober Lavon als Alleinschuldigen für das Debakel in Ägypten ansah.

Am 11. Dezember 1954 beginnt der zweite Akt der Tragödie mit der Eröffnung des Prozesses gegen die »zionistischen Agenten« in Kairo. Das Verfahren löst einen Sturm der Entrüstung in Israel aus, und die Zeitungen berichten ausführlich aus der ägyptischen Hauptstadt. Verteidigungsminister Lavon erfährt bei der Lektüre zu seiner großen Überraschung, daß die Sabotageakte bereits vor seiner Zustimmung stattgefunden haben. Sofort stellt er den Chef des militärischen Nachrichtendienstes zur Rede. Der behauptet jedoch nachdrücklich, Lavon habe die Operationen bei einem Treffen am 16. Juli gutgeheißen. Das ist eine glatte Lüge, da Lavons Verfügung vom 23. Juli datiert. Um sich aus der Affäre zu ziehen, beteuert Gibly, die Anweisung eine Woche früher erhalten zu haben. Der Verteidigungsminister stellt indes an Hand seines Terminkalenders fest, daß Giblys Behauptung nicht stimmen kann, da er an jenem Tag gar nicht mit ihm zusammengetroffen ist. Lavon, der ebenfalls mit allen Wassern gewaschen ist und längst bemerkt hat, daß Gibly ihm den Schwarzen Peter zuschieben will, beschließt, es ihm mit gleicher Münze heimzuzahlen. Er behauptet nun seinerseits, mit Gibly erst am 31. Juli gesprochen zu haben — mit anderen Worten, eine Woche nach Auffliegen des Spionagerings; der

Geheimdienstchef habe ihm bei diesem Treffen die Bewilligung für die Operation abgerungen.

Diese zweite Lüge läßt sich nicht aufrechterhalten. In den Akten des Ministers findet sich nämlich das handschriftliche Memorandum vom 26. Juli, mit dem Gibly den Verteidigungsminister darüber informierte, daß »unsere Leute« in Alexandria verhaftet worden waren. Nun ändert Lavon seine Taktik: Er bestreitet, überhaupt einen Befehl erlassen zu haben, und leugnet auch, jemals mit der Durchführung der Operation einverstanden gewesen zu sein. Er tritt sogar an Ministerpräsident Moshe Sharett heran und verlangt von ihm die Einsetzung einer Untersuchungskommission zur Aufklärung der Angelegenheit. Sharett kommt diesem Wunsch nach.

Der Ausschuß besteht aus dem früheren Generalstabschef Yaakow Dori und dem Richter am Obersten Gerichtshof, Jizchak Olshan. Einer der geladenen Zeugen ist Avry Elad, der sich noch immer in Europa aufhält. Seine Aussage könnte für den militärischen Geheimdienstchef bedrohlich werden. Falls Elad wahrheitsgemäß aussagte, würde sich herausstellen, daß er die Instruktionen für Sabotageakte in Ägypten bereits im Mai und Juni in Europa bekommen hatte — also lange vor Giblys Gespräch mit Lavon.

Ein loyaler Mitarbeiter des Geheimdienstchefs, Mordechai Ben Tzur, sendet Elad einen Brief in versiegeltem Umschlag. In diesem Schreiben, das von Gibly und Ben Tzur verfaßt ist, wird Elad vorgewarnt, er werde in Kürze nach Israel gerufen, um als Zeuge über das Debakel in Ägypten auszusagen. Gleichzeitig wird er angewiesen, die Verantwortung für die Anschläge auf das Postamt in Alexandria und auf die Amerika-Häuser am 2. und am 14. Juli zu bestreiten. Darüber hinaus soll er seinen Terminkalender und seine sonstigen Aufzeichnungen entsprechend ändern. Mit diesem Schreiben will man Elad zu der Aussage bewegen, die Anschläge des israelischen Agentenrings seien nach dem 16. Juli verübt worden — dem Tag, an dem Gibly angeblich mit Lavon gesprochen und dessen Zustimmung für die Durchführung der Operationen erhalten hat. Als Elad nach Israel zurückkehrt, wird er auf dem Flughafen von Mitarbeitern Giblys in Empfang genommen, die ihn instruieren, wie er vor der Olshan-Dori-Kommission auszusagen hat. Außerdem bereiten sie ihn auf eine Aussprache mit Moshe Dayan und Pinchas Lavon vor. Vor dem Ausschuß macht Elad seine Falschausage im Sinne von Ben Tzurs geheimem Brief.

Diese Zeugenaussage war auch noch aus einem weiteren Grund von entscheidender Bedeutung. Während die Aktionen in Kairo und Alexandria im Gange waren, hatte Gibly Moshe Dayan, der sich gerade in den USA befand, schriftlich über die Anschläge informiert. Sein Brief trug das Datum des 19. Juli 1954. Dayan las das Schreiben und vernichtete es. Später stellte die Untersuchungskommission fest, daß die Kopie dieses Briefes, die sich in den Akten des militärischen Geheimdienstes befand, auf Anweisung Giblys gefälscht worden war. Eine Sekretärin hatte das Schreiben neu getippt und in den Absatz, der die Sabotageakte in Ägypten betraf, den Zusatz »auf Geheiß Lavons« eingefügt. Dadurch wurde nicht nur die Behauptung Giblys, die Anweisung bereits am 16. Juli erhalten zu haben, gestützt, sondern auch die Falschaussage Elads.

Inzwischen sorgt der Kairoer Prozeß in Israel für neue Aufregung. Am Abend vor seiner Eröffnung begeht einer der Angeklagten, ein ägyptischer Jude namens Karmonah, in seiner Zelle Selbstmord. (Nach anderer Darstellung wurde er von der ägyptischen Polizei totgeprügelt.) Am 21. Dezember verübt Max Bennet in der Untersuchungshaft Selbstmord. Eine junge Frau, die ebenfalls unter Anklage steht, versucht zweimal, sich das Leben zu nehmen. Die Monate Dezember 1954 und Januar 1955 sind ein einziger Alptraum für die politische Führung Israels und die wenigen anderen Personen, die in die Einzelheiten der Geheimoperation eingeweiht sind. Einerseits starten sie eine verzweifelte Kampagne in den Hauptstädten der Welt, um das Leben der Angeklagten von Kairo zu retten. Auf der anderen Seite deckt die Olshan-Dori-Kommission ein erschreckendes Netz von Lügen, Intrigen und Korruption an der Spitze des israelischen Verteidigungsapparats auf.

Am 27. Januar 1955 verkündet das Kairoer Militärtribunal seine Urteile: Zwei der Angeklagten werden mangels Beweises freigesprochen, sechs zu langen Haftstrafen (zwischen sieben Jahren und lebenslänglich) verurteilt, und gegen zwei weitere Beschuldigte, Shmuel Azar und Moshe Marzouk, wird die Todesstrafe verhängt. Dringende Appelle von Staatsoberhäuptern, Repräsentanten der großen Kirchen und Intellektuellen aus aller Welt, die Todesurteile aufzuheben, bleiben ohne Erfolg. Am 31. Januar werden Azar und Marzouk im Hof des Kairoer Gefängnisses gehängt.

Lavon hatte große Hoffnungen in die Olshan-Dori-Kommission gesetzt, mußte aber feststellen, daß ihre Ermittlungen sich als Schuß erwiesen, der nach hinten losging und ihn traf. Sämtliche Zeugen — mit einer einzigen Ausnahme — belasteten ihn. Er mußte erfahren, daß die Chefs des militärischen Geheimdienstes Beweismaterial zu seinen Ungunsten gefälscht hatten. Mit zunehmender innerer Spannung fühlte er sich zum Äußersten gedrängt: Einem zuverlässigen Freund vertraute er an, Dayan und Peres hätten »ein Komplott gegen ihn geschmiedet, um ihn aus dem öffentlichen Leben auszuschalten«. Und er fügte hinzu, wenn er »in der Kairo-Affäre seine Unschuld nicht beweisen könne, werde er sich das Leben nehmen«. Lavon wiederholte seine Selbstmorddrohung in den darauffolgenden Tagen noch mehrfach. Seine leidenschaftlichen Worte setzten den Mapai-Vorstand unter starken Druck. Als die Mapai-Minister sich nach Abschluß der Untersuchung nicht einig werden konnten, was sie in bezug auf Lavon unternehmen sollten, hatte das zweifellos mit ihrer Befürchtung zu tun, er könnte sich umbringen.

Die Untersuchungskommission tagt zehn Tage lang hinter verschlossenen Türen. Zwischenberichte lassen Sharett zu der Überzeugung gelangen, daß sich am Ende Lavon als der Schuldige herausstellen würde. Doch als die Kommission ihm am 13. Januar die abschließenden Ergebnisse vorlegt, sind die Schlußfolgerungen alles andere als eindeutig. » . . . Wir wurden nicht über jeden berechtigten Zweifel hinweg davon überzeugt, daß [der Chef des militärischen Nachrichtendienstes] keine Anweisungen vom Verteidigungsminister empfangen hat. Andererseits sind wir nicht sicher, ob der Verteidigungsminister die ihm zugeschriebenen Anweisungen erteilt hat.«

Beunruhigt sieht Sharett Lavons Reaktion auf das Untersuchungsergebnis entgegen. Wie er befürchtet hatte, macht Lavon seinem Ärger lautstark Luft, als er am 18. Januar ins Arbeitszimmer des Ministerpräsidenten stürmt. »Ich war Zeuge eines Ausbruchs blinden Zorns«, sagt Sharett später. Erbost kritisiert Lavon den Abschlußbericht der Kommission und bezeichnet ihn als »verlogenes Dokument« und als »schreiende Ungerechtigkeit«. Er erhebt schwere Vorwürfe persönlicher Art gegen die Kommissionsmitglieder und kündigt zu guter Letzt an, er werde eine parlamentarische Untersuchung verlangen. Sharett, von dieser Reaktion völlig überrascht, versucht, Lavons Vorwürfe zu entkräften, und erinnert ihn daran, daß er mit den Kommissionsmitgliedern zunächst sehr einverstanden gewesen sei. Zugleich warnt er ihn vor der Einsetzung eines parlamentarischen Untersuchungsausschusses, weil damit die ganze Angelegenheit zwangsläufig Öffentlichkeitscharakter bekäme. Lavon seinerseits erklärt, es gebe »Situationen, wo ein Mensch aufhört, sich um das zu kümmern, was die Welt dazu sagt«.

Im Zustand großer Erregung beraumt Sharett eine Konferenz seiner engen Freunde von der Maipai an. Die Mehrzahl spricht sich gegen Lavon aus; lediglich Eshkol rät von dessen Entlassung ab und fordert Sharett auf, »sich mit der Situation abzufinden und alles in seiner Macht Stehende zu tun, um den Schaden zu begrenzen«. Schließlich einigt man sich darauf, Ben Gurion um Rat zu fragen. Der Mapai-Vorstand wahrt absolutes Stillschweigen über dieses Treffen und läßt auch nichts über seine Entscheidung verlauten, Ben Gurion zu konsultieren. Die Lavon-Affäre und alles, was mit ihr zusammenhing, war damals das bestgehütete Geheimnis in ganz Israel. Nicht einmal Kabinettsminister und Mitglieder der Knesset waren darüber unterrichtet, was sich an der Regierungsspitze abspielte.

Am 1. Februar fährt eine »hochkarätige« Mapai-Delegation nach Sdeh Boker zu Ben Gurion. Dessen Meinung ist: »Er [Lavon] muß gehen!« Lavon hört noch am selben Abend von dem Besuch. Tags darauf berichtet eine Zeitung über das Treffen in Sdeh Boker unter der Überschrift »Interne Veränderungen unter den Mapai-Kabinettsmitgliedern«. Das bedeutet einen schweren Schlag für Lavon. Am folgenden Tag überreicht er Ministerpräsident Sharett sein Rücktrittsgesuch. Man hätte meinen sollen, mit diesem Schritt sei ein Schlußstrich unter die Krise gezogen. Doch Lavons Schreiben enthält einen Haken: »Ich behalte mir [das Recht] vor, der Partei und dem Knesset-Ausschuß für Außenpolitik und Verteidigung die Gründe für meinen Rücktritt zur Kenntnis zu bringen. Ich bin nicht gewillt, öffentlich die Schuld für die Ägypten-Affäre auf mich zu nehmen, und keine Parteidisziplin vermag mich dazu zu zwingen . . .«

Die führenden Vertreter der Mapai sind fest entschlossen, ein Bekanntwerden der ganzen Angelegenheit unter allen Umständen zu verhindern, und revidieren ihre Absicht, Lavon fallenzulassen. Sie ersuchen ihn, auf seinem Posten zu verbleiben. Darauf hat Lavon nur gewartet. Er präsentiert einen Plan, den er Sharett bereits vorgelegt hatte, als die Untersuchung noch im Gange war: die Entlassung von Shimon Peres und Benjamin Gibly in Verbindung mit einem gründlichen Revirement im Verteidigungsministerium.

Um Lavon zu beschwichtigen, ist Sharett zu weitgehenden Konzessionen bereit. Am 11. Februar zitiert er Gibly zu sich, ohne Stabschef Dayan zu informieren. Nehemia Argov berichtet:

»Der Ministerpräsident erklärte ihm, es sei offenbar, daß er, Benjamin [Gibly], die Aktionen [in Ägypten] nicht ohne Befehl eingeleitet habe. Er hätte das Unternehmen jedoch entschlossen verhindern müssen, selbst wenn ein entsprechender Befehl vom Verteidigungsminister vorlag. Folglich sei er verpflichtet, seinen Posten als Chef des [Nachrichten-]Dienstes zur Verfügung zu stellen.

Benjamin war wie vor den Kopf geschlagen. Er erwiderte irgend etwas, sagte, er fühle sich ungerecht behandelt. Falls man ihn entlasse, werde er die Öffentlichkeit über die Hintergründe unterrichten; aus freien Stücken wolle er jedenfalls nicht zurücktreten.

Der Ministerpräsident ließ den Chef des Stabes [Dayan] zu sich kommen ... und berichtete [ihm], Lavon habe einen Verbleib [auf seinem Posten] von der Entlassung Benjamins [Gibly] und Shimons [Peres] abhängig gemacht. Folglich müsse er (Gibly) gehen. Der Stabschef sagte zu Sharett: ›Fünf Juden haben beschlossen, daß Lavon abtreten soll: Sie, Dori, Olshan, Shaul [Avigur] und Ben Gurion. Sie haben das Ausmaß des Desasters erkannt, zu dem es unter Lavon gekommen ist. Aber statt gefeuert zu werden, verlangt er nun unschuldige Opfer. Welche Rechtfertigung gibt es für solch ein Vorgehen? Wenn man sich entscheidet, Lavon [in seinem Amt] zu belassen, ist das nur unter einer einzigen Voraussetzung möglich: Status quo auf der ganzen Linie. Keine Konzessionen mehr an Lavon. Wenn er [das] nicht will, soll er abtreten. Es besteht kein Anlaß für Konzessionen irgendwelcher Art. Ich möchte jedenfalls nicht angewiesen werden, Benjamin [Gibly] freiwillig zu entlassen.‹«

Ministerpräsident Sharett macht einen Rückzieher. Eine bereits anberaumte Aussprache mit Peres sagt er ab. Statt dessen greift er Dayans Anregung auf, alles beim alten zu belassen: Niemand wird entlassen, niemandem der Rücktritt nahegelegt. Lavon steht jetzt mit dem Rücken zur Wand. Am 17. Februar 1955 reicht er endgültig seinen Rücktritt ein. Ben Gurion notiert an diesem Tag in seinem schwarzen Notizbuch:

»Es war ein ›munterer‹ Tag, sofern sich dieses Eigenschaftswort auf einen Tag anwenden läßt. Um acht Uhr in der Frühe traf bereits Nehemia [Argov] ein. Moshe [Sharett] hatte ihn gebeten, mich so bald wie möglich aufzusuchen, um mir mitzuteilen, daß P. L. auf [Einreichung seines] Rücktritts und Darlegung seiner Version [der Affäre] vor dem Kabinett und dem Ausschuß für Außenpolitik [und Verteidigung] besteht. Shaul [Avigur] weigert sich, [den Posten] zu übernehmen. (Es gibt keinen anderen Kandidaten.)«

Dem Besuch Argovs folgt am selben Tag ein unablässiger Strom von Abordnungen. In seinem Tagebuch vermerkt Ben Gurion: »Lavon geht endgültig, und es gibt niemanden, [der an seine Stelle treten könnte]. Sie wollen, daß ich zurückkomme. Ich habe mich überreden lassen. Ich entschied, der Bitte zu folgen und ins Verteidigungsministerium zurückzukehren. Verteidigung und Armee haben vor allem anderen Vorrang.«

Ben Gurions Entschluß wird mit überschwenglicher Begeisterung aufgenommen. Der israelische Rundfunk meldet am selben Abend in den Spätnachrichten, Ben Gurion trete als Verteidigungsminister wieder in die Regierung ein. Moshe Sharett schickt ein enthusiastisches Telegramm nach Sdeh Boker:

»Bewundere Deinen Schritt als Vorbild für ausgeprägten Bürgersinn und Beweis tiefwurzelnder Kameradschaft unter uns. Ich weiß, was Du opferst. Laß Dich durch die Begeisterung von Nation und Streitkräften trösten. Ich werde Dich am Sonntag nach der Kabinettssitzung besuchen. Kopf hoch! Moshe.«

Ben Gurion war wieder da.

Eine jubelnde Menschenmenge begrüßt Ben Gurion, als der soeben wiederernannte Verteidigungsminister am 21. Februar 1955 vor der Knesset vorfährt und zusammen mit seiner Frau Paula im Gebäude verschwindet. Er ist braungebrannt, sieht gesund aus und trägt unter einem kurzen Wintermantel mit Flanellkragen Khakikleidung. Seine Rückkehr in die Regierung gleicht der Heimkehr eines siegreichen Feldherrn. Aus allen Kreisen der Bevölkerung schlägt ihm eine Welle der Bewunderung entgegen. Ben Gurion zeigt sich allerdings weniger hochgestimmt über seinen Wiedereintritt ins Kabinett. »Wenn mir die militärische Situation nicht Sorgen bereitete«, schreibt er, »hätten mich auch hundert Bulldozer von Sdeh Boker nicht weggebracht.«

Einen Tag bevor der Alte nach Jerusalem kam, hatte Sharett ihn in Sdeh Boker besucht. Die Ben Gurions in schlichter Arbeitskleidung und Sharett im dunklen Anzug mit Krawatte stellten sich lächelnd den Pressefotografen. Der äußere Eindruck ließ vollkommene Harmonie vermuten, aber in Wirklichkeit sahen die Dinge ganz anders aus. Im Verlauf des Besuchs zogen sich der Regierungschef und sein Verteidigungsminister zu einem Gespräch zurück, bei dem deutliche Worte zum Verhältnis zwischen ihren beiden Ministerien gewechselt wurden.

Am nächsten Tag schickt Ben Gurion Sharett ein förmliches, in scharfem Ton gehaltenes Schreiben, in dem er verlangt, daß zwischen Sharetts Status als Regierungschef und seinem zusätzlichen Amt als Außenminister unterschieden werde. »Da beide Posten jetzt in einer Person vereint sind«, schreibt er, »ist eine Besprechung mit dem Ministerpräsidenten zugleich auch eine Konsultation des Außenministers. Doch die Beratung mit dem Minister des Äußeren ist eine Sache, und die permanente Einmischung des Ministers und seiner Untergebenen in Verteidigungsangelegenheiten eine andere. Ich werde einer solchen Praxis nicht zustimmen.« Ben Gurion droht damit, falls er feststellen müsse, »daß das Außenministerium sich in Verteidigungsangelegenheiten einmischt . . . und der Ministerpräsident in seiner Eigenschaft als Regierungschef die Intervention unterstützt, . . . werden Sie das Verteidigungsressort von mir übernehmen oder jemand anderen an meiner Stelle ernennen müssen.«

Der Brief löst bei Sharett »Bedauern und Enttäuschung« aus. Er fragt Ben Gurion in einem Antwortschreiben: »Gibt es tatsächlich so wenig Hoffnung auf Verständigung und Möglichkeiten einer Übereinkunft?« Bei seiner Rückkehr bemerkt Ben Gurion gegenüber dem Kabinettssekretär: »Sharett züchtet eine Generation von Feiglingen heran. Ich lasse ihm das nicht durchgehen. Eindringlinge lauern auf ihre Chance, und wir verstecken uns wieder einmal hinter unseren Schutzwehren. Ich werde das nicht hinnehmen. Diese Generation wird eine Generation von Kämpfern sein.«

In der Nacht zum 23. Februar schleicht sich eine Gruppe von Arabern im Auftrag des ägyptischen Geheimdienstes am Gaza-Streifen über die Grenze, verschafft sich gewaltsam Zugang zur Wachstube eines regierungseigenen israelischen Forschungsinstituts und entwendet alle Dokumente. Dieselben Männer locken später einen israelischen Zivilisten, der mit dem Fahrrad die Straße entlangkommt, in einen Hinterhalt und ermorden ihn. Ein anderer Arabertrupp stößt auf eine israelische Grenzpatrouille, die einen der Eindringlinge tötet. Bei der Durchsuchung der Kleidung des Toten findet man Aufzeichnungen über den Verkehr auf den Überlandstraßen im Süden Israels. Vier Tage darauf suchen Ben Gurion und Dayan den Ministerpräsidenten in seinem Jerusalemer Amtssitz auf und dringen auf eine Vergeltungsaktion gegen Ägypten. Sie schlagen einen Überfall auf einen ägyptischen Armeestützpunkt bei Gaza vor. Dayan schätzt die zu erwartenden feindlichen Verluste auf zehn Mann. Sharett gibt seine Einwilligung zu dem Unternehmen, das die Tarnbezeichnung *Schwarzer Pfeil* erhält. Einhundertneunundvierzig israelische Fallschirmjäger unter dem Befehl Arik Sharons führen die Aktion aus.

Das Ausmaß der Operation vergrößert sich unerwarteterweise, weil die Ägypter Verstärkungen heranziehen. Acht Israelis fallen bei dem Gefecht. Ihre Aktion ist jedoch ein voller Erfolg und ein empfindlicher Schlag für die ägyptische Armee. Radio Kairo beziffert am nächsten Tag die eigenen Verluste auf achtunddreißig Tote und über dreißig Verwundete. Sharett ist »entsetzt« und charakterisiert den Bericht über den Gefechtsverlauf als »böse Überraschung«. In einer Mitteilung an Ben Gurion zeigt er sich äußerst besorgt über die Konsequenzen, die auf Israel zukommen könnten, und warnt zugleich vor den Reaktionen der Vereinten Nationen und der USA. Ben Gurion antwortet kurz angebunden: »Unsere Isolation resultiert nicht aus [dieser Operation]; sie kam früher [zustande], als wir noch wahre Unschuldslämmer waren.«

Über Nacht läßt der Überraschungsangriff von Gaza die militärischen Spannungen zwischen Israel und Ägypten jäh eskalieren. Die ägyptische Regierung befürchtet, Israel plane einen Krieg auf breiter Front. Nasser erklärte später, die »Alptraum-Nacht« von Gaza habe ihn zu zwei wichtigen Entscheidungen veranlaßt: Aufstellung von

Selbstmordkommandos (Fedajin) für Überfälle von Gaza aus nach Israel hinein und Ausrüstung der ägyptischen Armee mit modernen Waffen. Den Gaza-Überfall bezeichnet er als »Wendepunkt« in den israelisch-ägyptischen Beziehungen, der alle Friedensaussichten zunichte gemacht habe. Doch eine vorsichtige Analyse der militärischen und politischen Gegebenheiten zu jener Zeit läßt erhebliche Zweifel an der Richtigkeit dieser die Dinge allzusehr vereinfachenden Behauptung aufkommen.

Das entscheidende Ereignis, das Nasser bewegte, bei den Ostblockstaaten um Waffen und politische Unterstützung nachzusuchen, trug sich am 24. Februar 1955 in Bagdad zu, vier Tage vor dem israelischen Überraschungsangriff: der Abschluß eines irakisch-türkischen Bündnisses. Diese Allianz war das Kernstück des berühmten Bagdad-Paktes, der — mit britischer Beteiligung und der Zustimmung der Vereinigten Staaten — die »nördliche Flanke« zur Sowjetunion hin absicherte. Nasser hatte sich heftig gegen das Vertragswerk ausgesprochen; sein Zustandekommen Ende Februar war in Wirklichkeit der »Wendepunkt«, der ihn bewegte, sich anderswo nach Freunden und Waffen umzusehen. Der Überfall von Gaza verstärkte Nassers Bemühungen nur noch.

Nach seiner Rückkehr ins Verteidigungsministerium ordnet Ben Gurion Maßnahmen an, die die militärische Spannung an den Landesgrenzen noch erhöhen — nicht, um überall Konfrontationen zu provozieren, sondern im Gegenteil, um solchen zuvorzukommen. Er ist der festen Überzeugung, daß Ägypten, falls Israel bei ägyptischen Provokationen hart zurückschlage, abgeschreckt werde und zurückstecke. Die ägyptische Antwort auf die Ereignisse von Gaza ist jedoch, die Spannungen entlang des Gaza-Streifens weiter anzuheizen. Am Abend des 24. März überquert eine Gruppe Freischärler unbemerkt die

Grenze und sucht sich ihren Weg durch die über den nördlichen Negev verstreuten Einwanderersiedlungen. Rund fünfzehn Kilometer von der Grenze entfernt sehen die Eindringlinge festliche Beleuchtung und vernehmen Musik und Gelächter: Kurdische Einwanderer feiern im Moshav Pattish eine Hochzeit. Im Schutze der Dunkelheit schleichen sich die Freischärler an den Dorfplatz heran, wo sich die feiernden Menschen versammelt haben, Stürmen plötzlich vor, schießen mit Maschinenpistolen in die Menge und werfen Handgranaten. Innerhalb von Sekunden verwandelt sich das Fest in eine Horrorszene. Verletzte Moshav-Bewohner wälzen sich in Blutlachen. Schmerzensschreie haben das Lachen und Singen abgelöst. Die Menschen fliehen in alle Richtungen. Einer der Wachtposten der Siedlung nimmt die Terroristen unter Beschuß und verjagt sie. Als die letzten Schüsse verhallt sind, beträgt die Bilanz ein Todesopfer und zweiundzwanzig zum Teil Schwerverletzte.

Nach diesem Überfall wollte ein bekannter Journalist von Ben Gurion wissen, warum er eine Politik der Vergeltung betreibe. Der Alte erwiderte, ein Grund sei die Abschreckung des Feindes. »Doch es gibt noch einen weiteren Grund«, fügte er hinzu, »einen erzieherischen und moralischen.«

»Sehen Sie sich diese Juden an. Sie sind aus dem Irak, aus Kurdistan, aus Nordafrika gekommen. Sie stammen aus Ländern, wo ihr vergossenes Blut nicht gerächt wurde, wo sie mißhandelt, gefoltert, geschlagen wurden . . . Sie hatten sich daran gewöhnt . . ., hilflose Opfer zu sein. Hier müssen wir ihnen zeigen, daß . . . das jüdische Volk einen Staat besitzt und eine Armee, die nicht länger tatenlos zusehen, wenn sie geschmäht und mißhandelt werden . . . An uns liegt es, sie wieder aufzurichten . . . und ihnen zu zeigen, daß ihre Angreifer nicht ungeschoren davonkommen; daß sie Bürger eines souveränen Staates sind, der für ihr Leben und ihre Sicherheit die Verantwortung trägt.«

Der Überfall auf den Moshav Pattish war ein Schock für Ben Gurion. Am 25. März 1955 legt er Ministerpräsident Sharett einen Plan vor, der sofortige militärische Aktionen vorsieht, »um die Ägypter aus dem Gaza-Streifen hinauszuwerfen«. Sharett widersetzt sich energisch diesem Gedanken, aber Ben Gurion läßt nicht locker. Bei der nächsten Kabinettssitzung bringt er den Vorschlag formell ein und stellt ihn damit zur Diskussion. Einige Kabinettskollegen sind gegen den Plan und führen politische und militärische Gründe dafür an; andere zeigen sich abgeneigt, weil ihnen der Gedanke nicht gefällt, eine zahlenmäßig derart große arabische Minderheit der eigenen Bevölkerung einzuverleiben. Am 3. April, bei der nächsten Sitzung des Kabinetts, wird Ben Gurions Vorschlag mehrheitlich abgelehnt.

Ben Gurion und seine Freunde befinden sich plötzlich im Kabinett in der Minderheit. Auf Monate hinaus würde er sich nun Zurückhaltung auferlegen und sich den Wünschen der gemäßigten Koalitionsregierung unter Sharett fügen müssen.

Die Abstimmungsniederlage erstickt Ben Gurions kriegerische Gelüste im Keim. Sie beendet auch seinen nur oberflächlich geschlossenen Waffenstillstand mit Moshe Sharett. Das Verhältnis zwischen beiden verschlechtert sich rapide. Die grundlegenden Meinungsverschiedenheiten treten öffentlich zutage, als Ben Gurion in einer Rede Positionen vertritt, die denen Sharetts diametral entgegengesetzt sind. Ein verärgerter Regierungschef erinnert Ben Gurion daran, daß er ihm nahegelegt habe, etwas anderes zu sagen. Darauf Ben Gurion: »Ich habe nicht das gesagt, was du zu sagen mir empfohlen hast, weil mir deine Worte nicht gefallen haben.« Der Ministerpräsident ist vor allem deshalb zunehmend enttäuscht, weil

Ben Gurion keinen Hehl aus seinen Absichten macht. In einem anderen Schreiben an den Regierungschef kündigt er mit einer für Sharett schmerzlichen Offenheit an:

»Nach nochmaligem Überdenken der Angelegenheit habe ich mich entschlossen, von Zeit zu Zeit der Öffentlichkeit meine Ansichten zu den Hauptproblemen der Außenpolitik darzulegen (ohne die von der Regierung vertretene Linie zu kritisieren und ohne Deine öffentlich geäußerte Auffassung anzugreifen), denn wir stehen vor Wahlen. Unter bestimmten Umständen könnte ich mit der Regierungsbildung betraut werden, was ich akzeptieren würde. Ich bin [daher] verpflichtet, das Volk über die grundlegenden Richtlinien meiner Außenpolitik zu informieren.«

Bei den Knesset-Wahlen von Ende Juli 1955 erzielen die Aktivisten deutliche Stimmengewinne. Das Ergebnis wird von Beobachtern als Quittung der Wähler gewertet, die von der lauen Politik der Regierung Sharett enttäuscht sind.

Am 12. August erklärt sich Ben Gurion offiziell bereit, die Bildung der Regierung zu übernehmen. Während die Mapai diesen Entschluß freudig begrüßt, schäumt Sharett vor Wut. Er glaubt, Ben Gurion gehe es nur darum, den Posten des Außenministers neu zu besetzen.

» . . . Er suchte jemanden, [der] gehorsam und nachgiebig [ist], einen professionellen Mietling, dessen Aufgabe darin besteht, die Politik seines tyrannischen Herrn und Meisters zu formulieren, zu erläutern und zu rechtfertigen . . . Sollte ich mich dieser entwürdigenden Verpflichtung unterziehen? Sollte ich zulassen, daß meine Würde mit Füßen getreten wird? [Sollte ich] . . . gegen mein Gewissen handeln? . . . Zum erstenmal wurde mir bewußt, daß für mich im Kabinett Ben Gurion kein Platz war.«

Allerdings folgten derartigen Erklärungen keine ent-

sprechenden Taten. Denn als Ben Gurion an ihn heran-
trat, erwies sich Sharetts Widerstand als ziemlich kurzle-
big. Ben Gurion stellte ihm jedoch ein Ultimatum: Er wolle das Amt des Regierungschefs nur unter der Bedingung
übernehmen, wenn Sharett sich bereit erkläre, Außenminister zu werden. Sharett ließ sich umstimmen und nahm
das Angebot an.

Bevor Ben Gurion das Amt des Ministerpräsidenten
wieder antreten kann, kommt es zu einem folgenschweren
Zwischenfall an der israelisch-ägyptischen Grenze: Aus
einem ägyptischen Stützpunkt wird eine israelische Pa-
trouille beschossen, die daraufhin die ägyptische Befesti-
gungsanlage stürmt und drei Soldaten tötet. Die Ägypter
schlagen zurück. Fedajin dringen etwa vierzig Kilometer
tief auf israelisches Territorium vor, ermorden sechs Zivilisten, beschießen Militärfahrzeuge und versuchen, eine
Sendeanlage des israelischen Rundfunks in die Luft zu
sprengen. Nach Ansicht Ben Gurions und Dayans kann
Israel sich angesichts dieses Übergriffs nicht länger Zurückhaltung auferlegen. Wegen Sharetts Bedenken gegen
Vergeltungsaktionen legt Dayan dem Kabinett einen Plan
für eine Operation begrenzten Ausmaßes vor, der die
Zerstörung der Brücken an einer großen Durchgangsstra-
ße im Gaza-Streifen vorsieht. Mit Billigung der Regierung
werden die für den Einsatz vorgesehenen Stoßtruppen
noch am selben Tag an der Grenze zusammengezogen
und auf ihren Einsatz vorbereitet. Am späten Abend
kommen Sharett indes Bedenken; er ordnet an, die Aktion abzublasen und die Sondereinheit zurückzuziehen.

Daraufhin unterbreitet Dayan Ben Gurion, dem noch
amtierenden Verteidigungsminister, sein schriftliches
Rücktrittsgesuch. Ben Gurion, der ganz auf seiten seines
Stabschefs steht, legt das Schreiben dem Kabinett vor.
»Entweder Sharetts Politik oder meine«, erklärt er seinen
Ministerkollegen. »Denn wenn man abwechselnd beide

Richtungen verfolgt, entsteht nur Schaden.« Erhobenen Hauptes verläßt er die Kabinettssitzung und geht nach Hause. Wieder einmal gibt Sharett nach und beruft für denselben Tag eine weitere Sitzung des Kabinetts ein, auf der eine großangelegte Vergeltungsaktion beschlossen wird, wie Dayan sie vorgeschlagen hat. Nach einer längeren Periode der Zurückhaltung soll die Armee nun die größte Operation seit dem Überfall auf Gaza in Angriff nehmen.

In der darauffolgenden Nacht sprengen israelische Fallschirmjäger die Kommandozentrale der Palästinensischen Brigade im Gaza-Streifen in die Luft, wobei siebenunddreißig ägyptische Soldaten ums Leben kommen. Die Ägypter reagieren höchst aufgebracht. Am nächsten Tag werfen sie sofort Verstärkungen in den Gaza-Streifen, und es kommt zu längeren Feuergefechten entlang der Grenze. Ägyptische Kampfflugzeuge dringen in den israelischen Luftraum ein. In einem kurzen Luftgefecht schießen israelische Jäger zwei gegnerische Maschinen des Typs Vampir ab. Am 12. September 1955 gibt Nasser überraschend den Befehl, die Blockade der Straße von Tiran zu verschärfen und auch den Luftraum über dieser Meerenge in die Blockade mit einzubeziehen. Als die Spannungen ihren Höhepunkt erreichen, kommt noch eine bestürzende Meldung aus Kairo: Die Tschechoslowakei hat den Ägyptern Waffenlieferungen zugesagt.

Verhandlungen über dieses Waffengeschäft waren monatelang geführt worden. Bereits im April war Nasser auf der Bandung-Konferenz an den chinesischen Ministerpräsidenten Tschou En-lai herangetreten mit der Bitte, Waffenkäufe in der Sowjetunion zu vermitteln.

Tschou war dazu bereit und hatte wenige Wochen darauf Nasser wissen lassen, die Sowjets seien einverstanden. Am 21. Mai hatte Nasser erstmals mit dem russischen Botschafter in Kairo über das Geschäft verhandelt. Die

Sowjets, die Vorsicht walten ließen, weil sie damit erstmals in eine als westliche Domäne angesehene Region eindrangen, hatten darauf bestanden, die Lieferungen über die ČSSR abzuwickeln. Die Verhandlungen waren deshalb im August nach Prag verlegt und jetzt, vier Wochen später, erfolgreich abgeschlossen worden.

Die Nachricht von den tschechoslowakischen Waffenlieferungen an Ägypten schlägt im Westen wie eine Bombe ein. Die arabischen Länder werden dagegen von einem »an Ekstase grenzenden Freudentaumel« erfaßt. Nasser ist über Nacht zum Triumphator der arabischen Welt, zum Idol von Millionen geworden. Er ist, so hofft man, der Mann, der die Ehre der Araber wiederherstellen wird, nachdem sie jahrelang von den imperialistischen Großmächten gedemütigt wurden. Millionen von Arabern erfüllt er auch mit der Hoffnung, die Vernichtung Israels werde nicht mehr lange auf sich warten lassen. Dafür spricht allein schon die Tatsache, daß durch die Waffenlieferungen an Ägypten das militärische Gleichgewicht im Nahen Osten total umgestoßen wird. Für die damalige Zeit ist der Umfang der in Aussicht gestellten Lieferung wirklich atemberaubend: rund zweihundert Düsenjäger und -bomber (MIG-15-Jagdflugzeuge und Iljuschin-28-Bombenflugzeuge), zweihundertdreißig Panzer, zweihundertdreißig gepanzerte Mannschaftstransportwagen, hundert Selbstfahrlafetten und fünfhundert weitere Geschütze verschiedenen Kalibers sowie Torpedoboote, Zerstörer und sechs U-Boote.

In Israel ist man zutiefst beunruhigt, als die Einzelheiten des Abkommens bekannt werden. Plötzlich ist die Gefahr einer Auslöschung Israels durch die arabischen Staaten in greifbare Nähe gerückt. Zum Beweis ihrer freiwilligen Opferbereitschaft spenden Zehntausende von israelischen Bürgern spontan Bargeld, Schmuck und andere Wertgegenstände an den Verteidigungsfonds zum

Ankauf von Waffen. Dringende Appelle und Sonderbeauftragte werden in die Hauptstädte der westlichen Welt gesandt, um Waffen zu kaufen und das bisherige Kräftegleichgewicht zwischen Israel und Ägypten wiederherzustellen.

Der scheidende Ministerpräsident Sharett reist in seiner letzten Mission nach Europa, um Gespräche mit den Außenministern der vier Großmächte, die in Paris und Genf tagen, zu führen. Bei ihnen will er um Waffenlieferungen an Israel oder Maßnahmen nachsuchen, die den Ägyptern einen Strich durch die Rechnung machen. Mit Ausnahme einer Zusage des französischen Ministerpräsidenten Faure, Israel Düsenjäger vom Typ Mystère 4 zu liefern, kommt Sharett mit leeren Händen nach Israel zurück.

Der designierte Regierungschef hat von vornherein nicht an einen Erfolg der Reise Sharetts geglaubt und wartet deshalb gar nicht erst dessen Rückkehr ab, bevor er den privat in Paris weilenden Stabschef Moshe Dayan dringend zurückruft. Er weist ihn an, eilends einen Aufmarschplan für drei verschiedene Operationen zu erarbeiten: die Besetzung des Gaza-Streifens, eine Offensive in den nördlichen Sinai hinein sowie die Eroberung der Straße von Tiran, um die ägyptische Blockade zu durchbrechen und freie Durchfahrt ins Rote Meer zu garantieren. Der Schwerpunkt der Planung soll auf dem dritten Unternehmen liegen.

Ben Gurion ist nach Krieg zumute. Als er am 2. November 1955 das Rednerpodium in der Knesset besteigt, um sein neues Kabinett vorzustellen, leitet seine markige Rede — zusammen mit der sich zeitlich anschließenden militärischen Aktion gegen ägyptische Stützpunkte entlang der Negev-Grenze — einen neuen Abschnitt in der Außen- und Verteidigungspolitik der Regierung ein. Angesichts des tschechisch-ägyptischen Waffenabkommens, der zunehmenden Bedrohung an der Südfront und der Blockade der Straße von Tiran schlägt Israel einen Weg ein, der in einen Präventivkrieg münden soll. Ben Gurion spricht das nicht offen aus, doch seine Politik in den nächsten zwölf Monaten zielt eindeutig darauf ab, den Weg für die unvermeidliche kriegerische Auseinandersetzung mit Ägypten zu ebnen.

Von Oktober bis Dezember 1955 befindet sich Ben Gurion in einem Dilemma. Er hat die Wahl zwischen einer militärischen Lösung, wie die Armee sie vorschlägt, und der Eröffnung einer politischen Kampagne zum Kauf von Waffen, wodurch er der Notwendigkeit eines Präventivkrieges zu entgehen hofft. In einer am 9. November veröffentlichten Erklärung verkündet Präsident Eisenhower, die Vereinigten Staaten seien grundsätzlich bereit, Waffen für »Verteidigungszwecke« zu liefern. In Ben Gurion keimt die – wenn auch nur schwache – Hoffnung, amerikanisches Rüstungsmaterial kaufen zu können. Als Dayan am 13. November nach Sdeh Boker fliegt, um mit Ben Gurion Einzelheiten der Operation zu erörtern, mit der die Blockade der Straße von Tiran durchbrochen werden soll, reagiert der Alte mit Zurückhaltung. Das Unternehmen sollte zunächst an einem Tag Ende Dezember durchgeführt werden. Jetzt aber drängt Ben Gurion den Chef des Generalstabes, den Termin auf Ende Januar 1956 zu verschieben. »Wir bekommen möglicherweise Waffen aus Amerika«, bedeutet er ihm.

Doch Dayan läßt nicht locker, so daß es Anfang Dezember zu heftigen Diskussionen über das Tiran-Vorhaben kommt. Schließlich legt Ben Gurion am 5. Dezember 1955 Dayans Plan dem Kabinett zur Beschlußfassung vor. Der Vorschlag wird abgelehnt. Die Mehrheit der Minister ist der Auffassung, der gegenwärtige Zeitpunkt sei dafür nicht günstig. Israel werde »Maßnahmen an dem Ort und zu dem Zeitpunkt ergreifen, den es für geeignet hält«, lautet der Beschluß. Damit sind zumindest vorläufig die militärischen Lösungen kein Thema mehr. Ben Gurion kann nur hoffen, daß der Westen Israel mit Waffen und durch Bündnisse unterstützt.

Die Vorstellung von einer amerikanischen Garantie war bereits viele Monate vor dem tschechoslowakisch-ägyptischen Waffengeschäft zu einem der Hauptziele der israelischen Außenpolitik geworden. Nachdem Ben Gurion im Februar 1955 an die Regierungsspitze zurückgekehrt war, hatte er sich im Kabinett für den Abschluß eines Verteidigungspaktes mit den Vereinigten Staaten eingesetzt. Botschafter Abba Eban griff den Gedanken auf und führte monatelange Verhandlungen in Washington. Der Vorschlag, den er unterbreitete, sah vor, daß Israel sich verpflichtete, seine Grenzen nicht gewaltsam zu verändern, und daß die USA verbindlich zusagten, Israel zu Hilfe zu kommen, »soweit die konstitutionellen Machtbefugnisse des Präsidenten dies erlauben«. Obwohl die Amerikaner diesen Vorschlag als nicht praktikabel ansahen, benutzten sie ihn doch zuweilen auch als Drohung –, um Israel zu einer Haltung zu bewegen, die ihren Zielen entsprach.

Im April 1955 trat Außenminister Sharett an seinen amerikanischen Amtskollegen John Foster Dulles mit dem Vorschlag heran, die USA sollten Israels territoriale Integrität garantieren und seinem Land Waffen liefern, um den Rüstungsvorsprung der arabischen Staaten auszugleichen. Doch die Amerikaner machten eine Prüfung dieser Idee von Bedingungen abhängig, die man als Einschränkung der israelischen Souveränität bezeichnen konnte. Die Verhandlungen, die zur Überwindung dieser Schwierigkeiten geführt wurden, dauerten den ganzen Sommer 1955 über, da Ben Gurion ein Bündnis mit den Amerikanern erreichen wollte und sogar bereit war, ihnen Militärstützpunkte in Israel anzubieten. Die Gespräche gerieten jedoch um die Herbstmitte ins Stocken, und schließlich wurde das Vorhaben ganz aufgegeben.

Dies war nur eine von zahlreichen Enttäuschungen, die Amerika Israel bereitete. Selbst als das Lieferabkommen zwischen Prag und Kairo bekannt wurde, lehnten die Vereinigten Staaten es ab, Israel mit Waffen zu versorgen. Die USA waren nämlich entschlossen, eine Gesamtfriedensregelung zu erreichen, um die Lage im Nahen Osten zu entspannen — auch auf Kosten Israels. In einer Rede vor der American Foreign Policy Association sprach Außenminister Dulles erstmals von einer internationalen Anleihe, mit der Israel den palästinensischen Flüchtlingen Entschädigungen zahlen konnte. Ferner kündigte er amerikanische Gelder für Wasserwerke und Bewässerungsanlagen an, um weitere Flüchtlingslager zu errichten; er bot amerikanische Garantien für Verträge an, die eine gewaltsame Änderung der Grenzen Israels ausschlossen, und sagte die Hilfe der USA zu, die Probleme jener Grenzen lösen zu helfen, »die nicht als endgültige Staatsgrenzen geplant worden sind«. Wenige Wochen später sagte Moshe Sharett in einer Rede vor der Knesset: »Eine einseitige Abtretung israelischen Territoriums steht völlig außer Frage.« Diese eindeutige Bekräftigung der israelischen Haltung hinderte den britischen Premierminister Eden allerdings nicht, in seiner berühmten Guildhall-Rede umfangreiche israelische Konzessionen als eine Art Kompromiß zwischen dem Teilungsplan von 1947 und den Waffenstillstandslinien von 1949 vorzuschlagen.

In erster Linie ist es jedoch die zunehmende sowjetische Präsenz im Nahen Osten, die den Vereinigten Staaten am meisten Sorge bereitet. Washington glaubt, den Russen mit Hilfe eines Vertrages zwischen Israel und Ägypten einen Strich durch die Rechnung machen zu können, weil dadurch das tschechisch-ägyptische Waffengeschäft hinfällig und Ägypten zurück ins westliche Lager gebracht würde. Aus diesem Grund entsendet die amerikanische Regierung unter strengster Geheimhaltung im Januar 1956 einen hochrangigen Sonderbeauftragten in den Nahen Osten, der die Möglichkeiten für ein israelisch-ägyptisches Abkommen sondieren und versuchen soll, den Weg dorthin zu ebnen.

Der Diplomat mit dem Geheimauftrag ist Robert Anderson, ein mit Präsident Eisenhower befreundeter Mann, der amerikanischer Marine- und später Verteidigungsminister gewesen ist. Mit persönlichen Botschaften Eisenhowers an Nasser und Ben Gurion ausgestattet, fliegt Anderson zunächst nach Kairo, wo er eine Begegnung mit Nasser hat, über die kein Wort an die Öffentlichkeit dringt. Anschließend reist er über Athen nach Israel weiter, wo sein Besuch ebenfalls unter einem Schleier der Geheimhaltung erfolgt. Nicht einmal das Kabinett erfährt von seiner Anwesenheit oder seinen Gesprächen mit dem Ministerpräsidenten.

Anderson informiert Ben Gurion zunächst über sein Treffen mit Nasser, der ihn seines Wunsches nach Frieden versichert habe. Für eine Verständigung mit Israel habe er die Lösung zweier Probleme zur Vorbedingung gemacht: der Flüchtlings- und der territorialen Frage. Nasser habe darauf bestanden, die palästinensischen Flüchtlinge frei entscheiden zu lassen zwischen Entschädigung und Repatriierung auf israelisches Gebiet; um eine »territoriale Verbindung« zwischen Ägypten und Jordanien herzustellen, fordere er die Abtretung eines Teils des Negevs von Israel und seine Übergabe an die Araber. Ben Gurion bezweifelt den Friedenswillen Nassers und weist Vorschläge für Gebietsabtretungen konsequent zurück. Hinsichtlich der vorgeschlagenen Lösung des Flüchtlingsproblems vertritt er die Auffassung, eine »freie Wahl« habe für Israel »das Eindringen einer fünften Kolonne, die den jüdischen Staat von innen her aushöhlt«, zur Folge. Zugleich bittet er Anderson, ein Geheimtreffen zwischen ihm oder Sharett und Nasser zu arrangieren. »Wenn Nasser persönlich an den Verhandlungstisch gebracht wird und wir die Probleme in ihrem gesamten Umfang besprechen, könnten wir innerhalb von zehn Tagen Frieden erreichen«, äußert Ben Gurion zuversichtlich und schlägt für eine solche Begegnung Kairo vor, wo absolute Geheimhaltung garantiert sei. Sein amerikanischer Gesprächspartner ist eher skeptisch angesichts dieses Vorschlags. »Sie hier in Israel sind viel beweglicher als die Ägypter«, sagt er vorsichtig. »Und Sie haben auch klarere Vorstellungen von dem, was machbar ist.«

Anderson behält recht. Als er am 25. Januar wieder nach Kairo kommt, um Nasser über seine Gespräche mit der israelischen Regierung zu unterrichten, äußert sich der ägyptische Regierungschef zu den Vorschlägen Ben Gurions ausweichend. Eine persönliche Begegnung lehnt er aus Sicherheitsgründen ab, da er nicht wolle, »daß ihm das passiert, was [König] Abdulla passiert ist«. In grundlegenden Fragen bleibt Nassers Standpunkt unverändert.

Der amerikanische Sonderbotschafter fliegt ein weiteres Mal via Athen nach Israel und setzt am 31. Januar Ben Gurion und Sharett von Nassers Antwort in Kenntnis. Ben Gurion verhehlt seine Enttäuschung und schlägt einen versöhnlichen Ton an. Er regt ein Waffenstillstandsabkommen am Gaza-Streifen an, das zusätzlich durch persönliche Kontaktaufnahme zwischen den örtlichen Kommandeuren beider Seiten bekräftigt werden soll. Erneut drängt er auf ein Gipfeltreffen mit der ägyptischen Führung und stellt für den Fall, daß eine Begegnung mit Nasser zustande kommt, in Aussicht, »Dinge vorzuschlagen, an die Nasser nicht einmal denkt. Äußerst wichtige Dinge.« Sharett bringt seinerseits gegenüber Anderson seine Bereitschaft zum Ausdruck, mit Jordanien eine Vereinbarung über die Aufteilung der Souveränität in Jerusalem zu treffen.

Anderson fliegt nach Washington zurück, um dem Präsidenten über seine Mission Bericht zu erstatten. In einer Note an Eisenhower äußert Ben Gurion sich enttäuscht über Nassers Ablehnung direkter Verhandlungen und sucht — unter Hinweis auf die tschechoslowakischen Waffenlieferungen an Kairo — noch einmal um Defensivwaffen nach. In seiner Antwort räumt Eisenhower ein, daß »die Gespräche meines Nahostbeauftragten keinen Fortschritt gebracht haben, wie Sie gehofft hatten, die uns angehenden Probleme zu lösen«. Seine Antwort auf die Bitte um Waffenlieferungen aber ist ausweichend.

Als Anderson in den Nahen Osten zurückkehrt, erwartet ihn eine Enttäuschung. Nasser spricht sich kategorisch gegen jedweden Direktkontakt mit Israel aus. Auch in anderen Fragen hat sich seine Position verhärtet. Erneut besteht er auf seiner Forderung nach »freier Entscheidung« für die Flüchtlinge und israelischen Gebietsabtretungen. Wieder in Jerusalem, gibt Anderson offen zu, daß seine Mission gescheitert ist. »Herr Ministerpräsident«, sagt er zu Ben Gurion, »ich habe getan, was ich konnte . . . Noch nie hat er so entschieden reagiert wie bei der Frage einer persönlichen Begegnung. Für die nächste Zukunft kann ich nicht voraussagen, ob ein direktes Treffen stattfindet.« Das einzige Versprechen, das Anderson geben kann, ist, daß er auch weiterhin zwischen beiden Regierungen vermitteln wolle.

Sharett und Ben Gurion sind zutiefst enttäuscht, zumal sie noch einen weiteren Rückschlag hinnehmen müssen: Zwei Tage vor Andersons Eintreffen hat Präsident Eisenhower die israelische Bitte um Waffen abschlägig beschieden. Noch einmal ersucht Ben Gurion, wiederum durch Anderson, die amerikanische Regierung, Israel mit Waffen auszurüsten. Doch dieses Mal enthalten seine Worte eine versteckte Drohung. »Nehmen wir mal an, daß wir, nachdem Sie Bericht erstattet haben, eine negative oder gar keine Antwort [auf unseren Wunsch nach Lieferung von Waffen] erhalten. Dann werden wir nur noch eine einzige Pflicht kennen, nämlich die, unsere Sicherheit zu schützen. Nichts anderes mehr wird dann für uns von Interesse sein.« Damit warnt er indirekt vor dem Präventivkrieg, den Israel bald darauf gegen Ägypten auslösen wird.

Israel wurde in diesen Krieg, den Ben Gurion zu vermeiden gesucht hatte, durch die Kurzsichtigkeit der Vereinigten Staaten getrieben. Ohne Zweifel hatten sie die bedrohliche Situation zu verantworten, die sich im Frühjahr 1956 im Nahen Osten entwickelt und den Sinai-Feldzug ausgelöst hat.

Mit Beginn des Frühjahrs ziehen sich wieder einmal Kriegswolken über dem Nahen Osten zusammen. An allen drei Grenzen Israels brennt es. Im Norden nehmen die Syrer israelische Fischerboote und Polizeipatrouillenfahrzeuge auf dem See Genezareth unter Artilleriebeschuß. An der Ostgrenze steigen die Spannungen infolge innerer Unruhen in Jordanien, wo Nasser-freundliche Elemente an Einfluß gewinnen. Die ägyptischen Truppen im Gaza-Streifen liefern den jenseits der Grenze stationierten israelischen Einheiten unablässig Feuergefechte, und Anfang März ziehen die Ägypter starke Verbände im Norden der Sinai-Halbinsel zusammen und zetteln Grenzzwischenfälle an. An einer Stelle wird eine von ägyptischer Seite begonnene Artillerieschlacht über die Grenze des Gaza-Streifens hinweg ausgetragen. Als Antwort auf die eigenen schweren Verluste schicken die Ägypter Fedajin nach Israel, die Tod und Zerstörung mit sich bringen. Ein Krieg zwischen Israel und Ägypten scheint unvermeidlich zu sein. UNO-Generalsekretär Dag Hammarskjöld konferiert mit Ben Gurion und Nasser und versucht verzweifelt, die Feindseligkeiten zu stoppen.

Es war eine der schwierigsten Phasen in Ben Gurions

418

Karriere. Auf der einen Seite mußte er mit einem zaudernden Kabinett ringen, dessen Mitglieder sich dem Außenminister anschlossen und gegen Gewaltaktionen stimmten. Andererseits hatte er die drängenden Forderungen von Stabschef Dayan zu bremsen, der auf einem Präventivschlag gegen Ägypten bestand, bevor es zu spät war.

Durch die dunklen Kriegswolken hindurch dringt jäh ein lichter Sonnenstrahl für Israel: Während die Zusammenstöße an der ägyptischen Grenze auf dem Höhepunkt sind, landet ein Dutzend Düsenjäger vom Typ Mystère 4 auf einem israelischen Militärflugplatz. Eine neue Quelle für Waffen und Rüstungsmaterial hat sich den Israelis aufgetan: Frankreich.

Der Aufstieg Frankreichs zum Hauptwaffenlieferanten Israels begann kurz nach Ben Gurions Rückkehr ins Verteidigungsministerium Anfang 1955. Von diesem Zeitpunkt an bis zum 1. April 1956, als die ersten französischen Flugzeuge nach Israel übergeführt wurden, hatte Shimon Peres, der Generaldirektor im israelischen Verteidigungsamt, in französischen Regierungskreisen eine Kampagne für positive Beziehungen zwischen beiden Ländern geführt. Zweimal hatte die französische Regierung unter Ministerpräsident Edgar Faure den Israelis alles mögliche zugesagt, von leichten Panzern und Geschützen bis zu Düsenjägern, und zweimal hielt man sich nicht daran. Ende November 1955 wurde Faures Kabinett jedoch gestürzt, und bei den Neuwahlen im Januar 1956 erhielt Guy Mollet den Auftrag zur Regierungsbildung. Die Machtübernahme durch Mollet brachte den entscheidenden Wendepunkt in den französisch-israelischen Beziehungen.

Beide Hauptpartner in Guy Mollets Koalitionsregierung unterstützten Israel — jeder aus anderen Gründen. Die von Ministerpräsident Mollet und Außenminister

Christian Pineau angeführten sozialistischen Minister hatten viel Sympathie für Israel und ihre Schwesterpartei, die Mapai. Ihr wichtigster Koalitionspartner, die Radikale Partei unter Bourgès-Maunoury, beschäftigte sich vor allem mit dem Algerienproblem. Ihre Politik wurde in erster Linie durch den Haß auf Nasser diktiert, dem wesentlichsten Waffenlieferanten und Förderer der algerischen Befreiungsarmee (FLN). Auf diese Weise hatte Israel nun mit einer neuen französischen Regierung zu tun, die mehr als ihre Vorgängerinnen bereit war, dem jungen Staat zu helfen. Der erste Beweis dafür war das Mystère-Geschäft.

Im Februar und März 1956 finden Kontakte zwischen den Verteidigungsministerien beider Länder statt. Als Peres zu eingehenden Gesprächen mit Verteidigungsminister Bourgès-Maunoury in Paris eintrifft, sind beide Seiten geneigt, direkte Beziehungen zwischen ihren Verteidigungsministerien und den Streitkräften unter Umgehung der jeweiligen Außenministerien aufzunehmen. Am 23. April unterzeichnen Peres und Bourgès-Maunoury einen Vertrag über die Lieferung von zwölf weiteren Mystère-4-Flugzeugen.

Der entscheidende Schritt zur Begründung einer französisch-israelischen Partnerschaft erfolgt jedoch erst einen Monat später. Ende Mai 1956 kommt Peres mit einem ehrgeizigen Plan zu Ben Gurion: Er schlägt den Abschluß eines nicht schriftlich fixierten Paktes mit Frankreich gegen Nasser vor. Ben Gurion stimmt zu. Daraufhin fliegt Peres erneut in die französische Hauptstadt und konferiert mit Bourgès-Maunoury. Diesmal regt er Waffenlieferungen großen Stils an Israel sowie Vorbereitungen für ein gemeinsames Vorgehen gegen Ägypten an. Bourgès' Antwort ist positiv, und beide Politiker beschließen, ihre Geheimgespräche auf französischem Boden innerhalb der nächsten Tage fortzusetzen.

Es war vorauszusehen, daß die Initiative des israelischen Verteidigungsministeriums und seine Verhandlungen mit einer ausländischen Regierung die Spannungen zwischen Ben Gurion und seinem Außenminister vertiefen würden. Da Sharett der Umfang der Kontakte zwischen Peres und Bourgès-Maunoury ebensowenig bekannt war wie ihre Absprache, die Außenministerien in die Verhandlungen nicht einzubeziehen, sah er in Israels immer heftigeren Vergeltungsschlägen auf ägyptische Provokationen eine Gefahr für die Unterstützung durch Frankreich. Oberflächlich betrachtet scheint er damit recht zu haben. Und als der französische Außenminister Anfang April 1956 eine Reise nach Israel wegen der blutigen Zwischenfälle am Gaza-Streifen absagt, erreicht Sharetts Verärgerung über den Ministerpräsidenten ihren Höhepunkt. Ben Gurion weiß jedoch, daß eine Kooperation zwischen Israel und Frankreich von der Bereitschaft seines Landes abhängt, Krieg gegen Ägypten zu führen. Ihm ist klar, daß das Kabinett gezwungen sein wird, sich zwischen Sharetts politischer Linie und seiner eigenen zu entscheiden. Aber trotz all seines Ansehens und obwohl er für seine Entschlußfreudigkeit bekannt ist, vermag nicht einmal ein Ben Gurion Sharetts Rücktritt zu verlangen. Folglich ersinnt er einen plausiblen Vorwand: die Notwendigkeit, »die Partei wiederzubeleben«.

Im Mai 1956 findet in Ben Gurions Jerusalemer Haus ein Treffen der Mapai-Spitzenfunktionäre statt. Es geht um die Ernennung eines neuen Generalsekretärs für die Partei. Alle sind sich einig, daß der neue Mann ein prominenter Führer aus den eigenen Reihen sein muß. Als verschiedene Namen in die Debatte geworfen werden, bemerkt Sharett »scherzhafterweise«: »Na, vielleicht sollte *ich* für den Posten kandidieren.«

»Alle lachten«, schreibt Golda Meir, »nur Ben Gurion nicht. Der ging sofort auf Sharetts Witz ein.«

»Wunderbar«, ruft er erfreut aus. »Eine wunderbare

Idee! Die Mapai wird auf diese Weise gerettet.« Seine Parteifreunde sind zunächst verblüfft, machen sich aber allmählich mit dem Gedanken vertraut und finden ihn ebenfalls gut. Ein bis zwei Tage später will Ben Gurion von Golda Meir wissen: »Meinst du nicht auch, daß es eine ideale Lösung ist, wenn Moshe Generalsekretär wird?«

»Aber wer soll dann Außenminister werden?« fragt sie.

»Du«, sagt er trocken.

Golda Meir glaubt ihren Ohren nicht zu trauen. Sie versucht, mit ihm darüber zu diskutieren, will ihm erklären, warum das nicht möglich sei, doch der Alte gibt nicht nach. »Dabei bleibt's«, entscheidet er.

Am 2. Juni erhält Sharett nachmittags von zwei führenden Mapai-Mitgliedern, Pinchas Sapir und Salman Aran, Besuch. Als Sharett sie sieht, »explodiert« er. Sapirs Darstellung zufolge »wußte er, daß dies das Ende war«. Er brüllt: »Ich weiß genau, warum ihr gekommen seid: Ihr wollt mich abschlachten. Gut, ich bin einverstanden.« Wenig später erfährt Ben Gurion, daß Sharett zum Rücktritt bereit ist.

Seine Abdankung ebnet den Weg für einen der geheimsten — und schicksalhaftesten — Schritte in den Annalen des Staates Israel: das schriftlich nicht fixierte Bündnis mit Frankreich. Sharett legt sein Amt am 19. Juni 1956 nieder. Nur drei Tage später, am Abend des 22. Juni, startet von einem Fliegerhorst nördlich Tel Avivs eine französische Militärmaschine des Typs Nord in Richtung Paris. An Bord sind Moshe Dayan, Shimon Peres und Geheimdienstchef Yehoshafat Harkawi. Die israelische Delegation wird in der Seine-Metropole von Vertretern der französischen Streitkräfte und Oberst Louis Mangin, dem Leiter des Ministerbüros des französischen Verteidigungsministers, begrüßt. Gemeinsam fährt man zu einem alten Schloß in der Nähe von Paris, das Schauplatz der israelisch-französischen Geheimverhandlungen wird. Dort stoßen noch mehrere Generäle vom französischen Oberkommando, darunter die Generäle Challe und Lavaud, sowie ein Vertreter des französischen Geheimdienstes SDECE zu den Delegationen. Man erörtert Mittel und Wege, wie man Nasser im Zaum halten und eventuell sogar seinen Sturz herbeiführen kann. Es wird beschlossen, umfangreiche französische Waffenverkäufe an Israel zu empfehlen. Außerdem vereinbart man den Austausch von Geheimdienstinformationen, enge Zusammenarbeit der Nachrichtendienste und die gemeinsame Vorbereitung bestimmter militärischer Operationen, Krieg eingeschlossen.

Nachdem das Gesamtkonzept einer Kooperation beiderseits gebilligt ist, legen die Israelis ihre Wünsche auf den Tisch: zweihundert AMX-Panzer, zweiundsiebzig Mystère-Düsenjäger vom Typ 4, vierzigtausend 75-mm-Granaten und zehntausend SS-10-Panzerabwehrraketen. Für die Israelis sind dies astronomisch hohe Zahlen, doch ihre französischen Verhandlungspartner zucken mit keiner Wimper, als sie sie hören. Man kommt überein, das Waffengeschäft unter strenger Geheimhaltung abzuwickeln, und die französische Seite verspricht, ihr Bestes zu tun, damit die Lieferungen innerhalb der nächsten Monate erfolgen können, selbst wenn die für Israel bestimmten Quoten von französischen Heeres- und Luftwaffeneinheiten abgezogen werden müßten. Der vereinbarte Kaufpreis beträgt achtzig Millionen US-Dollar.

Am 25. Juni kehrt die israelische Abordnung hochbefriedigt nach Jerusalem zurück. Als sie Ben Gurion Bericht erstattet, spricht dieser laut seine Gedanken aus: »Wir lassen uns da auf ein ziemlich gefährliches Abenteuer ein, aber was können wir machen? Unser ganzes Dasein ist solch ein Abenteuer.« Dem Kabinett verheimlicht er das Waffengeschäft. Lediglich Außenministerin Golda

Meir und Finanzminister Levi Eshkol, der die finanziellen Mittel zur Verfügung stellen muß, zieht er ins Vertrauen.

Den Monat Juli verbringt Ben Gurion in gespannter Erwartung des neuen Rüstungsmaterials und bereitet alles für dessen Ankunft vor. In der Nacht zum 25. Juli läuft der erste Frachter mit französischen Waffen an Bord einen israelischen Hafen an. Die Ladung wird unbemerkt von der Öffentlichkeit gelöscht. Für die Handvoll Männer, die in das Geheimnis eingeweiht sind, ist es eine unvergeßliche Nacht. Doch zu einem weltgeschichtlich bedeutsamen Datum wird ein anderer Tag in derselben Woche: Am 26. Juli 1956, zwei Tage nach Eintreffen der ersten französischen Waffen für Israel, verkündet Präsident Nasser in Kairo die Verstaatlichung des Suezkanals. Es hat den Anschein, als sei er damit zu weit gegangen. Die Nachricht von diesem Schritt löst eine Welle der Empörung in den Hauptstädten der westlichen Welt aus. Zwischen Frankreich und Großbritannien, der bisherigen Schutzmacht für den Kanal, werden eilends politische und militärische Beratungen anberaumt. Die Land- und Seestreitkräfte beider Länder werden in Alarmbereitschaft versetzt. Im Einsatzzentrum der britischen Streitkräfte in London sitzen englische und französische Generalstabsoffiziere über Plänen für eine gemeinsame Invasion Ägyptens im September. Ziele sind die Städte Alexandria und Kairo.

Diese Pläne müssen jedoch zurückgestellt werden, da die Amerikaner sich entschieden gegen Gewaltanwendung im Nahen Osten aussprechen. Außenminister Dulles stellt sein Talent als Beschwichtigungspolitiker bei den Regierungen in Paris und London erfolgreich unter Beweis. Auf seine Anregung hin wird für den 16. August eine internationale Konferenz in die britische Hauptstadt einberufen, die über die Zukunft des Suezkanals beraten soll. Die Tagungsteilnehmer beschließen die Annahme

424

des Dulles-Vorschlages, der die Gründung eines internationalen Gremiums zur Verwaltung des Kanals vorsieht. Der australische Ministerpräsident Robert Gordon Menzies fliegt nach Kairo, um Nasser vom Beschluß der Konferenz zu unterrichten; doch dieser lehnt am 9. September die vorgeschlagene Lösung ab. John Foster Dulles läßt sich jedoch nicht entmutigen und beraumt für den 19. September eine weitere Suezkanal-Konferenz nach London ein, auf der die Canal Users' Association gegründet wird, ein Zusammenschluß von Nationen, die Schiffahrt betreiben. Diese Gesellschaft soll die Verwaltung des Kanals und den Einzug der Transitgebühren übernehmen. Aber auch diese Lösung ist ein totgeborenes Kind. Die Erklärung von Dulles, die Vereinigten Staaten hätten nicht die Absicht, die Durchfahrt von Schiffen durch den Suezkanal mit Waffengewalt zu erzwingen, beruhigt Nasser und nimmt ihm die Angst vor einem militärischen Eingreifen des Auslands. Verzweifelt appellieren Frankreich und Großbritannien daraufhin an den Sicherheitsrat der Vereinten Nationen.

Dulles mag überzeugt gewesen sein, sein Hauptziel erreicht zu haben: Verhinderung eines sofortigen Kriegsausbruchs und Zeitgewinn, damit sich die Gemüter abkühlen und insbesondere die zum Krieg entschlossenen Engländer beruhigen konnten. Im Gegensatz zu London war Paris nicht gewillt, sich die einmalige Gelegenheit zum Sturz Nassers entgehen zu lassen. Die Franzosen gaben die Hoffnung auf die Amerikaner auf, spürten aber auch, daß die Briten von ihrer bisherigen militanten Haltung abrückten. So blieb ihnen nur eine einzige Möglichkeit, den Erfolg ihrer Operation zu sichern: Israel.

Ben Gurion reagiert auf die Idee, gemeinsam mit den Westmächten militärisch vorzugehen, zunächst äußerst zurückhaltend. Als Dayan ihm am 2. August berichtet, daß »die Franzosen genaue Angaben über unsere Häfen und Flugplätze haben wollen«, erwidert er: »Wenn sie diese Informationen benötigen, müssen wir sie ihnen bereitwillig liefern; wir sollten sie ohnehin auf der ganzen Linie als Waffenbrüder behandeln.« Gleichzeitig sucht er jedoch Dayans freudige Erregung zu dämpfen. Er prophezeit ihm, daß Eden sich bestimmt nicht ohne Unterstützung der Vereinigten Staaten zu Maßnahmen gegen Ägypten bereitfände. »Außerdem«, so Ben Gurion, »besteht keine Hoffnung, daß Dulles, dieser Schuft, irgendeine riskante Operation gegen die Araber und die Russen unterstützt.«

Anfang September 1956 beginnen die Franzosen ernsthaft zu überlegen, Israel an einem militärischen Unternehmen zu beteiligen. Man denkt an die Hinzuziehung israelischer Verbände ungefähr eine Woche nach Beginn des Angriffs auf Ägypten. Nach einer Unterredung mit Abel Thomas und Louis Mangin in Paris sendet der Leiter der Waffeneinkaufskommission des israelischen Verteidigungsministeriums ein entsprechendes Telegramm nach Jerusalem. Ben Gurion gibt Anweisung für eine sofortige Antwort, in der er versichert, daß Israel zur Zusammenarbeit bereit sei. Am 18. September fliegt Shimon Peres in die französische Hauptstadt. Seine Reise hat nur scheinbar mit Waffenkäufen zu tun. In Wirklichkeit nutzt er seinen Aufenthalt dazu, die französische Führung für eine gemeinsame Politik gegenüber Kairo zu gewinnen. In einem Gespräch mit Verteidigungsminister Bourgès-Maunoury äußert dieser Zweifel an der britischen Bereitschaft, an einer militärischen Aktion gegen Ägypten teilzunehmen, und läßt die Möglichkeit einer gemeinsamen französisch-israelischen Operation durchblicken. Als Peres dies Ben Gurion telegraphisch mitteilt, rät der Alte in seiner Antwort diplomatisch, diesen Vorschlag weiterzuverfolgen. Peres verliert keine Zeit und informiert seinen französischen Gesprächspartner entsprechend. Am nächsten Tag, dem 22. September, berät sich Frankreichs Verteidigungsminister mit seinen wichtigsten Kabinettskollegen, die sich für die Vorbereitung einer gemeinsamen Aktion mit Israel gegen Nasser aussprechen.

Nachdem Peres nach Israel zurückgekehrt ist, hält Ben Gurion die Kernpunkte seines Berichts in seinem Tagebuch fest. Die Franzosen wünschen, daß »eine Delegation von drei Personen — darunter wenigstens ein Minister — [entsandt wird], um am kommenden Samstag mit Guy Mollet, Pineau und Bourgès-Maunoury über eine Kooperation auf der Basis der Gleichberechtigung zu verhandeln«.

Nach der nächsten Kabinettssitzung bittet Ben Gurion einige Minister zu sich in sein Amtszimmer und unterrichtet sie über den französischen Vorschlag. Mehrere Kabinettsmitglieder äußern die Befürchtung, daß sich sämtliche arabischen Länder der Auseinandersetzung anschließen und auch die Ostblockländer »Freiwillige« entsenden könnten. »Ich war der Auffassung«, schreibt Ben Gurion, »daß sich uns hier erstmals die Gelegenheit bot, einen Verbündeten zu finden . . .« Und er fährt fort:

»Alle Befürchtungen bleiben, aber das tun sie auch, wenn wir allein dastehen und Nasser uns zu vernichten sucht. Wir werden diese Partnerschaft nur unter folgenden Bedingungen eingehen: 1) daß Frankreich im voraus über unser begrenztes Potential an Flugzeugen und Panzern informiert wird; 2) daß Großbritannien tatsächlich hinter Frankreich steht und sie [die Operation] mit Wissen der Vereinigten Staaten erfolgt; 3) daß uns die Küste an der Straße von Tiran zugesprochen wird . . . Hier kommt die erste ernsthafte Allianz zwischen uns und einer westlichen Großmacht zustande, und wir dürfen sie unter keinen Umständen ablehnen.«

Ein paar Tage darauf reist eine israelische Regierungsdelegation, darunter die Kabinettsminister Golda Meir und Moshe Carmel sowie Moshe Dayan und Shimon Peres, zu Verhandlungen mit französischen Regierungsvertretern. Sie wird von Außenminister Christian Pineau, Verteidigungsminister Bourgès-Maunoury und deren politischen und militärischen Beratern erwartet. Später werden noch der Oberkommandierende der französischen Streitkräfte, General Ely, und weitere hohe Offiziere zur Konferenz hinzugezogen.

Pineau eröffnet die erste Sitzung mit einer politischen Analyse und unterstreicht die französische Ansicht, die Operation müsse Mitte Oktober stattfinden, das heißt noch vor den amerikanischen Präsidentschaftswahlen. Im Endstadium des Wahlkampfs könne Eisenhower dann gegen das militärische Vorgehen nicht Einspruch erheben. Gleichzeitig verhehlt er aber auch nicht seine Besorgnis, die Briten könnten möglicherweise ihre Zusage, sich an dem Unternehmen zu beteiligen, zurückziehen. Deshalb will er von seinen israelischen Gesprächspartnern wissen, ob Israel bereit sei, die Operation im Falle einer britischen Absage allein mit Frankreich durchzuführen. Für den Angriff auf Ägypten gibt es nach Pineaus Worten Zwei Möglichkeiten: Entweder nimmt Israel den Kampf allein auf, mit militärischer Unterstützung Frankreichs, oder beide Länder greifen nach einem koordinierten Aufmarschplan zugleich an.

Golda Meir unterstreicht in ihrer Antwort den Wunsch ihres Landes nach einem gemeinsamen Vorgehen mit Frankreich. Gleichzeitig verlangt sie Garantien dafür, daß Großbritannien keine militärischen Maßnahmen gegen Israel ergreift (auf der Basis des britischjordanischen Verteidigungspaktes), falls es zu Kampfhandlungen an der jordanischen Grenze kommt. Sie will auch Genaueres über die Haltung der Sowjetunion und der USA wissen. Pineau entgegnet, sein Land glaube nicht, daß die Sowjets intervenierten; auch die Vereinigten Staaten würden ohne

Zweifel eine passive Haltung einnehmen. »Die französische Seite empfiehlt jedoch nicht, daß Frankreich oder Israel in dieser Sache [an die Amerikaner] herantritt.«

In dieser Erklärung tauchte zum erstenmal verschwommen der Gedanke eines »israelischen Vorwands« auf, was bedeutete, daß ein Angriff Israels auf Ägypten für Frankreich und England oder für Frankreich allein als Vorwand zur Intervention diente, um den Suezkanal vor den kriegführenden Parteien zu schützen. Im Verlauf der folgenden Wochen sollte dieser Gedanke zum Rückgrat des gemeinsamen Angriffsplans der Franzosen und Israelis werden. Pineau ist der Meinung, wenn die Briten begriffen, daß Israel bereit sei, in der ersten Phase der Operation allein zu agieren, »wird das die Aussichten auf eine positive Entscheidung des britischen Kabinetts verbessern . . .« Auf Anweisung aus Jerusalem erwidert die israelische Delegation, man befürworte ausschließlich eine zeitlich aufeinander abgestimmte gemeinsame Angriffsoperation. Bei Dayan verstärkt sich der Eindruck, daß die Franzosen zu guter Letzt das Unternehmen nicht ohne die Briten anlaufen lassen wollen. »Wir spürten, daß Ben Gurion recht hatte, als er sagte, für den Fall, Großbritannien bekäme kalte Füße, würde in Frankreich dasselbe passieren.«

Am Nachmittag dieses Verhandlungstages diskutiert man die militärischen Aspekte der Operation und die Frage, ob Israel imstande ist, Großbritannien als Verbündeten Frankreichs zu ersetzen. Es wird beschlossen, eine weitere Sitzung mit dem französischen Oberkommandierenden abzuhalten, bei der taktische Fragen beraten werden. Ferner soll eine Anzahl französischer Offiziere mit nach Israel reisen, um an Ort und Stelle die israelischen Truppen zu inspizieren und sich ein Bild von der Qualität der Stützpunkte und Ausgangsstellungen zu machen. Am nächsten Tag unterbreitet Dayan General Ely einen Vorschlag zur Aufteilung der Kampfzonen: Israel würde danach auf der Sinai-Halbinsel östlich des Suezkanals operieren, Frankreich in der Kanalzone.

Nach Beendigung der Konferenz hat Golda Meir noch ein vertrauliches Gespräch mit Guy Mollet in dessen Amtssitz. Sie erinnert daran, daß das israelische Kabinett zunächst noch über jedwede Aktion zu beschließen habe. Zu gleicher Zeit kommen Moshe Dayan und General Ely überein, daß der 20. Oktober ein geeignetes Datum für den Angriff auf Ägypten sei, wenn man davon ausgehe, daß der UNO-Sicherheitsrat seine Nahost-Debatte am 12. Oktober abschließen und am 15. Oktober eine Resolution annehmen werde; Israel würde dann bis zum 20. Oktober die vollständige Mobilmachung seiner Reservisten vornehmen.

Als am Abend des 1. Oktober die Israelis, begleitet von einer französischen Sachverständigenkommission, wieder zu Hause sind, beruft Dayan sofort eine Sitzung des Generalstabs ein, um ihn vorzuwarnen, daß möglicherweise eine Operation gegen Nasser bevorsteht. Als wahrscheinliches Datum nennt er den 20. Oktober 1956.

Über den Bericht, den die israelische Delegation Ben Gurion erstattet, zeigt sich dieser nicht gerade begeistert. Am nächsten Tag hält er seine Meinung zu einem gemeinsamen französisch-israelischen Vorgehen in einem Satz fest: »Mein Eindruck ist nicht günstig . . ., denn ich bin sicher, die Engländer werden sich nicht beteiligen und auch den Franzosen nicht gestatten, von Zypern aus zu operieren.« Er will diese Auffassung gegenüber General Challe, einem der Leiter der nach Israel gekommenen französischen Militärmission, zum Ausdruck bringen und auch an Ministerpräsident Guy Mollet schreiben. Doch zunächst bespricht er sich mit Golda Meir und Moshe Dayan. Der Stabschef teilt diese Befürchtungen keineswegs und bittet Ben Gurion, seine Einwände den Franzosen nicht vorzutragen. »Es wäre ein leichtes, diese winzige Flamme der [französischen] Bereitschaft zum Krieg gegen Nasser auszulöschen«, erklärt Dayan, »doch es wäre unmöglich, [sie] wieder zu entfachen.« Dayan hält Ben Gurions Furcht vor ägyptischen Bombenangriffen auf israelische Städte für übertrieben. »Eine rigorose Tonart« anschlagend, bestürmt er den Alten, sich bei seinem bevorstehenden Gespräch mit Challe Zurückhaltung aufzuerlegen. »Noch vor drei Monaten wäre uns eine solche Situation, in der uns Frankreich gemeinsame militärische Schritte gegen Ägypten anbietet, wie ein Traum vorgekommen; jetzt, wo dies zur Realität wird, machen wir einen Rückzieher.« Der Stabschef, der weitaus überzeugter von der militärischen Stärke Israels ist als Ben Gurion, befürchtet ernsthaft, die Vorbehalte seines Regierungschefs könnten das Unternehmen noch vor seiner Inangriffnahme scheitern lassen.

Kurz darauf empfängt Ben Gurion Oberst Mangin und General Challe. Bei der Aussprache hält er sich an Dayans Rat und verliert kein Wort über seine Vorbehalte gegen den französisch-israelischen Kriegsplan. Allerdings fragt er seine Besucher in der für ihn charakteristischen Gründlichkeit über den Plan aus und will vor allem Näheres über die französische Beteiligung in Erfahrung bringen. So erkundigt er sich, welche Verbände zum Einsatz kämen, von welchen Stützpunkten aus sie in die Kampfgebiete transportiert würden, ob auch die französische Kriegsmarine beteiligt sei, von welchen Flugplätzen aus die Transportmaschinen mit den Fallschirmjägern starten, und so weiter.

Obwohl er sich von den französischen Militärs in herzlichem Ton verabschiedet und den »Dank des ganzen jüdischen Volkes« für ihre Hilfe zum Ausdruck bringt, bleibt sein Mißtrauen bestehen. Die Unterredung hatte ihm gezeigt, daß die Franzosen keineswegs über einen wohldurchdachten Plan zur Führung des Krieges bis zu seinem Abschluß verfügten und sich auch nicht überzeugend über die britischen Absichten äußern konnten. Da er die begründete Furcht hegt, daß Frankreich nicht ohne Großbritannien handeln wird, verstärkt sich sein Widerstand gegen den Plan. Dennoch ist er am darauffolgenden Tag ruhig und gelassen und pflichtet Dayan bei, die gemeinsamen Operationsplanungen mit den Franzosen sollten fortgesetzt werden, obwohl, wie er betont, »der Plan ohne Zustimmung Großbritanniens nicht in die Tat umgesetzt werden darf«.

Die Suezkrise tritt in ihre Endphase. Wie erwartet, endet die Debatte im UNO-Sicherheitsrat mit einem sowjetischen Veto gegen den anglo-französischen Vorschlag einer internationalen Kontrolle des Kanals. Am folgenden Tag, dem 14. Oktober, fliegen General Challe und Arbeitsminister Albert Gazier (in Vertretung von Pineau) zu einem eilig einberufenen Treffen mit dem britischen Premierminister Anthony Eden auf dessen Landsitz Chequers bei London. Bei diesen Gesprächen erläutert General Challe den »israelischen Vorwand«, wonach Israel einen Krieg gegen Ägypten auslösen und dadurch Großbritannien und Frankreich den Vorwand zur Intervention liefern würde.

Nach diesem Plan soll Israel den größten Teil der Sinai-Halbinsel besetzen, während französische und britische Truppen entlang des Suezkanals Stellung beziehen, angeblich, um den Kanal gegen die kriegführenden Nachbarn zu verteidigen. Der Gedanke sagt Eden zu. In Begleitung von Außenminister Selwyn Lloyd fliegt er nach Paris, wo am 16. Oktober die Regierungschefs und Außenminister beider Länder in die entscheidenden Beratungen treten.

Nach fünfstündiger Verhandlung kommen die beiden Staaten überein, sich die Idee von einem »israelischen

Vorwand« zu eigen zu machen. Die Briten sind bereit, Israel zuzusichern, bei Ausbruch eines Krieges zwischen Ägypten und Israel auf keinen Fall Nasser zu Hilfe zu kommen; sie übergeben sogar ihren französischen Gesprächspartnern eine entsprechende schriftliche Erklärung zur Weiterleitung nach Jerusalem. Für den Fall allerdings, daß es an Israels Ostgrenze zu Kampfhandlungen komme, würden die Engländer angesichts des gültigen Verteidigungspaktes mit Amman nicht zögern, den Jordaniern beizustehen. Schließlich erheben die Briten keine Einwände gegen französisch-israelische Gespräche in den nächsten Tagen und erklären sich nach Beseitigung anfänglicher Zweifel sogar bereit, zu den Verhandlungen auf höchster Ebene einen Vertreter Großbritanniens nach Paris zu entsenden.

Der erste telegraphisch übermittelte Bericht über den Inhalt der anglo-französischen Gespräche erreicht Ben Gurion am 17. Oktober. Er ist mit dem Vorschlag ganz und gar nicht einverstanden. »Ich antwortete, der britische Vorschlag könne nicht in Erwägung gezogen werden. Falls Mollet es unter den gegebenen Umständen der Mühe für wert hielt, daß ich persönlich käme, sei ich dazu nach dem kommenden Sonntag bereit.« Als Mollet ihm am nächsten Tag antwortet, die Franzosen seien nach wie vor an einem Treffen interessiert, fliegt Ben Gurion nach Frankreich. Er ist jedoch fest entschlossen, das zurückzuweisen, was jetzt als »britischer Vorschlag« bezeichnet wird (womit der »israelische Vorwand« gemeint ist, der in Wirklichkeit eine Idee der Franzosen war). Schon am Tag zuvor hatte er darauf gedrungen, diese Version des »Vorwands« ganz aufzugeben. Daraufhin hatte Moshe Dayan ihm seine nüchterne Einschätzung der Situation unterbreitet und sie mit den Worten zusammengefaßt: »England und Frankreich benötigen uns nicht für die militärische Auseinandersetzung . . . Das einzige As, das wir in diesem Zusammenhang in der Hand haben — das einzige, das England und Frankreich fehlt —, ist die Tatsache, daß wir ihnen den Vorwand liefern können, den sie für einen Krieg [gegen Ägypten] benötigen. Nur das kann uns als Eintrittskarte in die Schlacht um [den] Suez[-kanal] dienen.«

Am Sonntag, dem 21. Oktober, landet General de Gaulles Privatflugzeug in Israel mit General Challe und Oberst Mangin an Bord. Die Mission der beiden Offiziere besteht darin, Ben Gurion vor seiner Begegnung mit Guy Mollet umzustimmen und ihn dazu zu bewegen, sich mit dem »britischen« Plan einverstanden zu erklären. Unter strengster Geheimhaltung besteigt Ben Gurion seine Limousine und läßt sich zum Flughafen fahren. Doch seine Geduld ist am Ende, als Dayan und Peres ihn unterwegs über den Inhalt ihrer Gespräche mit Challe und Mangin informieren und er hören muß, daß die anglofranzösische Position unverändert ist. Ben Gurion wird wütend, will den Wagen wenden lassen und nach Tel Aviv zurückfahren. »Was soll in diesem Fall überhaupt meine Reise?« knurrt er. »Ich fürchte, sie kann unsere Beziehungen zu Frankreich nur verderben.« Er trifft die beiden französischen Militärs an der Gangway der Maschine, die sie nach Paris bringen soll. Ben Gurion schluckt seinen Ärger hinunter und sagt zu den beiden: »Falls Sie die Absicht haben, uns nochmals mit dem britischen Vorschlag zu kommen, [wird] der einzige Nutzen meiner Reise nach Frankreich [der sein], daß ich die Bekanntschaft Ihres Ministerpräsidenten mache.«

Nach siebzehnstündigem Flug landet die DC-4 auf der regennassen Piste des Flugplatzes Villacoublay bei Versailles, wo die israelischen Gäste unter strikten Geheimhaltungsmaßnahmen empfangen werden. Autos stehen bereit, um sie nach Sèvres zu bringen, wo eine wunderschöne Villa Schauplatz der Konferenz sein soll.

Nach ihrer Ankunft wird Ben Gurion und seiner Begleitung ein Mittagessen serviert. Guy Mollet, Christian Pineau und Maurice Bourgès-Maunoury treffen ein, als die Besucher noch bei Tisch sitzen. Nach der gegenseitigen Vorstellung nehmen die Israelis und ihre französischen Gastgeber an einem runden Tisch Platz, und die Konferenz von Sèvres beginnt. Ben Gurion ergreift als erster das Wort und meldet starke Bedenken gegen den britischen Plan an. »An seiner Stelle legte ich einen Plan zur Lösung aller strittigen Probleme im Nahen Osten vor — einer Lösung, die nicht von heute auf morgen zu erreichen war, sondern nur nach ausgiebigen Verhandlungen mit den Vereinigten Staaten und England. Ich bezeichnete den Plan als ›phantastisch‹, aber durchführbar, vorausgesetzt, die Engländer legten guten Willen an den Tag und zeigten Vertrauenswürdigkeit, was ich aber bezweifelte.«

Dann erläutert Ben Gurion die Einzelheiten seines Plans. »Vorrangig ist natürlich die Ausschaltung Nassers.« Ihr müßte der Aufteilung Jordaniens folgen, bei der die West Bank an Israel fallen und die East Bank dem Irak zugeschlagen werden sollte. Die Grenzen des Libanon wollte Ben Gurion ebenfalls ändern: Ein Teil sollte zu Syrien kommen, ein weiterer bis zum Litani-Fluß israelisch werden; auf dem restlichen Territorium könnte ein christlicher Staat entstehen. In dem vergrößerten Syrien müßte das Regime stabilisiert werden, indem man einen pro-westlichen Politiker an die Macht brächte. Schließlich sollte der Suezkanal internationalen Status bekommen und die Straße von Tiran israelischer Kontrolle unterliegen. Ben Gurion betont, sein Plan werde sowohl »die Bedürfnisse Englands, Frankreichs und Israels als auch die des Irak und des Libanon befriedigen«.

Trotz seiner praktischen Aspekte stößt der Plan bei Ben Gurions französischen Kollegen auf wenig Gegenliebe. Ministerpräsident Mollet meint höflich, der Plan sei »keineswegs phantastisch« und er sei »bereit, ihn zu akzeptieren«. Doch er wendet sich sofort wieder dem aktuellen Verhandlungsthema zu und hebt hervor: »Die Zeit drängt im Hinblick auf Nasser und den Kanal.« Christian Pineau bezeichnet Ben Gurions Vorstellungen als »zu ehrgeizig« und unterstreicht ebenfalls die Vorteile sofortigen Handelns. Die Vereinigten Staaten befänden sich gegenwärtig im Präsidentschaftswahlkampf, und die Sowjets seien vollauf mit Polen und Ungarn beschäftigt. Selbst das Wetter verlange eine rasche Entscheidung, erklärt Pineau, und erinnert daran, der Mittelmeerraum werde Ende Oktober von Herbststürmen heimgesucht, die Operationen großen Stils erschwerten.

Zum Kern der Dinge führt der französische Außenminister aus, Großbritannien werde sich ohne Vorwand nicht zum Eingreifen imstande sehen. Es sei daher unbedingt notwendig, daß Israel Ägypten angreife. Offenbar sei Israel auf Grund von Sicherheitserwägungen unschlüssig. Sein Land sei jedoch bereit, Israel Garantien zu geben, und aus diesem Grund habe man Ben Gurion nach Paris eingeladen.

Ben Gurion gibt sich noch nicht geschlagen. Er macht auf die Gefahr sowjetischer Freiwilliger aufmerksam, die als Soldaten in den Nahen Osten kommen könnten, und weist darauf hin, Präsident Eisenhower, dessen Wahlkampf-Slogan »Frieden um jeden Preis« laute, werde nach den Wahlen freiere Hand haben. Er wiederholt seine Befürchtung, daß Israel im Falle eines Angriffs auf Ägypten von aller Welt als Aggressor gebrandmarkt werde, und malt seinen französischen Zuhörern Schreckensbilder von israelischen Städten aus, die von ägyptischen Flugzeugen sowjetischer Bauart bombardiert wurden. Dann kommt er auf seinen ursprünglichen Vorschlag zurück: Verschiebung der Operation auf einen späteren Zeitpunkt, bis man sich der amerikanischen Neutralität versichert habe und Großbritannien dazu gebracht worden sei, den Gesamtplan zu akzeptieren.

Auf diese Weise ist man an einem toten Punkt angelangt, und beide Seiten sind gleichermaßen enttäuscht. Verteidigungsminister Bourgès-Maunoury meldet sich zu Wort und erklärt kategorisch, falls die Operation nicht binnen weniger Tage ins Rollen gebracht werde, »müsse Frankreich sich von ihr zurückziehen«. Als Begründung führt er an, man könne nicht Dutzende von Schiffen und die Reservisten unbegrenzt in Alarmbereitschaft halten. »In drei Monaten ist die militärische und politische Situation eventuell günstiger, aber Frankreich wird dann nicht mehr mitmachen. Wir sind nicht in der Lage, noch länger zu warten. Anfang November ist der äußerste Termin.« Zugleich bietet er an, den Luftraum und die Küste Israels durch französische Flugzeuge und Schiffe sichern zu lassen.

Zum erstenmal gibt Ben Gurion seinen Widerstand gegen das sofortige Anlaufen der Operation auf und erklärt sich einverstanden, sie in allernächster Zeit zu starten, »vorausgesetzt, daß in dem Moment, wo wir am frühen Morgen des Tages x [mit den Kampfhandlungen] beginnen, nachdem wir zuvor Ägypten ein Ultimatum gestellt haben, [die Franzosen] die ägyptischen Flugplätze bombardieren«. Er appelliert an die französische Seite, einen von den drei Bündnispartnern ausgehenden Angriffsplan auszuarbeiten und ferner die Briten zu bewegen, in eine »volle Partnerschaft« einzusteigen und die Operation in der folgenden Woche durchzuführen. Die Franzosen erwidern, ein solcher Schritt würde Änderungen im ursprünglichen Angriffsplan zur Folge haben; zudem sei es sehr schwer, die Briten von der Notwendigkeit ihrer Beteiligung zu überzeugen.

Die erste Sitzung der Konferenz endet somit ohne Ergebnisse. Dennoch gehen die Teilnehmer nicht auseinander, da man jeden Augenblick einen ranghohen Vertreter der britischen Regierung erwartet, von dessen Reaktionen und Ansichten das Schicksal der gemeinsamen Operation offensichtlich abhängt. »Es wurde gerätselt, ob es Salisbury, Butler oder Lloyd sein würde«, schreibt Ben Gurion. »Es war dann Lloyd.«

Niemand ist über die Ankunft des britischen Außenministers begeistert. Als Lloyd in Begleitung seines Privatsekretärs Logan hereinkommt, fällt den Anwesenden auf, daß beide verlegen und mürrisch dreinblicken. Es ist, als hätten sie eine frostige Brise mit in die Villa gebracht. Die freundliche Atmosphäre, die sich zwischen Franzosen und Israelis angebahnt hatte, wird plötzlich steif und förmlich. Die Begegnung zwischen Ben Gurion und Lloyd sollte allen Teilnehmern dieser Dreierkonferenz von »Verschwörern« unvergeßlich bleiben. Die beiden Männer begrüßen sich mit einem kühlen, protokollgerechten Händedruck, und es ist für alle Anwesenden unübersehbar, wie sehr sie einander mißtrauen; sie bemühen sich gar nicht erst, das zu verbergen. Ben Gurion hat das Gefühl, als versuche Lloyd, »ihn als Untergebenen zu behandeln«. »Großbritanniens Außenminister mag ein umgänglicher Mensch gewesen sein, liebenswürdig, charmant, freundlich. Jedenfalls bewies er jetzt die fast genialische Fähigkeit, diese Eigenschaften zu verbergen«, notiert Dayan in seinen Aufzeichnungen über die Konferenz. »Sein ganzes Gebaren drückte Widerwillen aus — gegen die Tagungsstätte, die Gesellschaft und das Diskussionsthema.«

Lloyd zieht sich zunächst mit seinen französischen Kollegen zurück, um sich über die israelische Position unterrichten zu lassen. Seine Reaktion ist negativ. Israelis und Franzosen spüren, daß die Sache keine Chance hat. »Ben Gurion erklärte, er sei nicht gewillt, die britischen Vorschläge zu akzeptieren. Er täte besser daran, am nächsten Morgen nach Israel zurückzukehren«, schreibt Dayan. »Bourgès-Maunoury kündigte an, er müsse die Auflösung der für die Suezkanal-Operation zusammengezogenen französischen Verbände für das Ende der Woche erwägen, wenn nicht rasch eine positive Entscheidung getroffen werde.«

Die Verfechter der Operation geben noch nicht auf. »Zu meinem Erstaunen wurde ich zu einer Aussprache, an der alle drei Seiten beteiligt waren, in einen anderen Raum gebeten«, schreibt Ben Gurion. Dayan begleitet den Alten. Lloyd spricht als erster und erläutert den britischen Standpunkt. Danach wurde das Suez-Problem bereits in Gesprächen mit dem ägyptischen Außenminister Fawzi gelöst. Er gibt damit zu verstehen, daß England kein Interesse an einer militärischen Aktion, schon gar nicht mit der Unterstützung Israels hat. Seiner Meinung nach ist das einzige Ziel, das eine solche Aktion rechtfertige, der Sturz Nassers. Der aber sollte auf die von Briten und Franzosen vorgeschlagene Weise herbeigeführt werden: Der israelischen Invasion des Sinai, die innerhalb von zwei Tagen bis zum Suezkanal vordringt, soll ein anglo-französisches Ultimatum an beide Seiten folgen, sich vom Kanal zurückzuziehen. Falls die Ägypter sich weigerten, würden Frankreich und Großbritannien in das Land eindringen, die Kanalzone besetzen und Nasser stürzen.

Ben Gurions Entgegnung ist »kurz und bündig«. Er weist Lloyds Vorschlag insgesamt zurück. Ein weiteres Mal macht er auf die Gefahr ägyptischer Bomberflüge gegen israelische Städte aufmerksam und verlangt, daß Briten und Franzosen am Tag nach dem israelischen Angriff damit beginnen, Einsätze gegen ägyptische Flugplätze zu fliegen. Damit ist Ben Gurion in einem weiteren Punkt von seiner ursprünglichen Position abgewichen, denn nun stimmt er zu, daß Israel als erster die Kampfhandlungen eröffnet. Alles, was er jetzt noch zu erreichen sucht, ist die Zusage, daß die ägyptischen Militärflugplätze bombardiert werden und daß die Zeitspanne zwischen dem israelischen Angriff und dem Beginn der französisch-britischen Operation verkürzt wird. Außerdem ist er besorgt, daß es möglicherweise zwei Tage lang zu großen Gefechten kommen könnte. In diesem Fall würde man Israel als Angreifer verurteilen. Darüber hinaus liefe es Gefahr, mit Freiwilligeneinheiten aus dem Ostblock konfrontiert zu werden.

An diesem Punkt meldet sich Dayan mit einem Vorschlag zu Wort, der darauf abzielt, die Kluft zwischen den beiden Seiten zu überbrücken. Er stellt eine begrenzte israelische Operation in der Nähe des Suezkanals zur Diskussion — beispielsweise das Absetzen von Fallschirmjägern. Israel würde diese Aktion bekanntgeben, woraufhin die britische und die französische Regierung unverzüglich Israel und Ägypten auffordern müßten, ihre Truppen aus der Kanalzone zurückzuziehen, um den Schiffsverkehr auf der Wasserstraße sicherzustellen. Die Ägypter würden diese Aufforderung zweifellos zurückweisen, und bei Anbruch des nächsten Tages könnten Briten und Franzosen sofort mit der Bombardierung ägyptischer Militärflugplätze beginnen. Lloyd lehnt Dayans Vorschlag nicht rundweg ab, verlangt aber statt einer räumlich begrenzten Aktion »eine richtige Kriegshandlung«. Großbritannien würde sonst wegen seines Eingreifens verurteilt. »Ich fragte: Warum sollen [wir] uns eine Operation aufhalsen, für die wir verurteilt werden?« schreibt Ben Gurion in sein Tagebuch. »[Lloyd] erklärte, Nasser sei unser Feind, der uns unsere Rechte verwehre. Ich sagte: Er tut das schon seit Jahren, und niemand hat protestiert. Lloyd räumte ein, meine Befürchtung, Tel Aviv, Haifa und [unsere] Flugplätze könnten bombardiert werden, sei berechtigt. Er blieb jedoch bei seiner Ablehnung der Operation.«

Auch beim gemeinsamen Abendessen ändert sich Selwyn Lloyds feindselige Haltung nicht, die er bei dieser Konferenz an den Tag legte. Ein Teilnehmer schildert die Situation so: »Er war verärgert und verbittert, daß er, der Außenminister Großbritanniens, gezwungen war, mit Ben Gurion, dem Ministerpräsidenten Israels, an einem Tisch zu sitzen und auf gleichem Fuß mit ihm zu verkehren . . . Er schien es als demütigend zu empfinden, sich heimlich mit den Israelis zu treffen und darüber hinaus noch gemeinsame Sache mit ihnen bei der Planung eines Angriffs auf die Araber, die Freunde seines Landes, zu machen.« Selbst als Ben Gurion sich gutgelaunt bei ihm erkundigte, wann die britische Geschichte begonnen habe, verweist ihn Lloyd an seinen Sekretär Logan. »Für solche Dinge brauche ich ihn«, bemerkt er mit saurer Miene.

Nach dem Abendessen setzt man die Debatte fort, und um Mitternacht fliegt Lloyd nach London zurück, um die neuen Vorschläge dem britischen Kabinett zu unterbreiten. Nachdem Pineau ihn verabschiedet hat, sagt er zu Ben Gurion, daß er »Lloyd nicht traut und morgen abend nach

London fliegen wird«, um mit Lloyd (und Eden) über den Plan zu sprechen. Ben Gurion ist pessimistischer als die anderen. »Ich fürchte, Pineaus Reise wird vergebens sein, wenn Lloyd einen Beschluß [des britischen Kabinetts] nach seinem Geschmack erreicht, der der französischen Absicht und unserer eigenen zuwiderläuft.«

Ben Gurion sollte recht behalten. Der britische Außenminister kehrt mit dem Eindruck aus Paris zurück, daß die Operation abgeblasen wird, und er ist darüber höchst zufrieden. Aber seine Freude ist verfrüht. Anthony Eden befindet sich in kriegerischer Stimmung und will daher einen weiteren Versuch unternehmen, zu einer Übereinkunft mit Israel zu gelangen.

Internationale Entwicklungen bestärkten Eden in seiner Absicht. Die Wahlen in Jordanien erbrachten einen überlegenen Sieg der Nasser-freundlichen Elemente, und der neue Ministerpräsident erklärte, den anglo-jordanischen Verteidigungspakt außer Kraft setzen und Jordaniens Truppen dem vereinigten ägyptisch-syrischen Oberkommando unterstellen zu wollen. Diese Ereignisse bestätigten Edens Meinung, daß Nasser England aus dem Nahen Osten verdrängen wollte und es folglich unerläßlich war, ihn zu stürzen.

Am Mittag des 23. Oktober werden die französisch-israelischen Gespräche wieder aufgenommen und geraten sofort in eine Sackgasse. General Challe legt einen geradezu machiavellistischen Plan auf den Tisch, der es den Luftwaffen Frankreichs und Englands ermöglichen soll, unmittelbar nach Ausbruch der Kämpfe auf Israels Seite zu intervenieren: Die israelische Luftwaffe soll noch in der gleichen Nacht die Stadt Beerscheba bombardieren. Natürlich würde der Angriff den Ägyptern angelastet werden. Der französischen und englischen Luftwaffe sei damit der Anlaß zum sofortigen Eingreifen gegeben. Wutentbrannt erhebt sich Ben Gurion und verlangt, daß seine Ausführungen wörtlich übersetzt werden.

»Für meine eigene Person, als Jude, erklärte ich, daß ich nicht willens sei, an [einem Akt der] Täuschung gegenüber der Weltöffentlichkeit mitzuwirken ... Wir glauben an die Rechtmäßigkeit [unserer Sache]. Und wenn wir kämpfen, werden wir [auf der Grundlage] dieses Glaubens kämpfen. Aber ich sehe nicht ein, daß wir die Welt hinters Licht führen und solch eine Sache inszenieren sollen.« Ärgerlich fügt er hinzu: »Die ganze Welt belügen, um die Dinge einfacher und annehmbarer für Großbritannien zu machen? Nein, das nicht! Niemals!«

In gedrückter Stimmung versammelt sich die israelische Delegation zu einer internen Aussprache, um ihre abschließende Meinung zusammenzufassen und sie Pineau mit auf den Weg nach London zu geben. Diese Zusammenkunft ist die entscheidendste der ganzen Sèvres-Konferenz. Peres schlägt vor, ein Schiff durch den Suezkanal zu schicken. Die Ägypter würden es aller Wahrscheinlichkeit nach aufbringen, womit für Israel der Vorwand für eine militärische Intervention gegeben sei, der wiederum das Eingreifen der Franzosen und Engländer folge. Dayan wiederholt sein ursprüngliches Konzept: Ein Fallschirmjägerbataillon sollte im Schutz der Dunkelheit ungefähr fünfzig Kilometer vom Suezkanal entfernt abgesetzt werden. In der gleichen Nacht würde eine israelische Panzerkolonne durch den südlichen Sinai vorstoßen und sich mit den Fallschirmjägern zusammenschließen. Sechsunddreißig Stunden später sollten Franzosen und Briten intervenieren. Daraufhin träten die gesamten israelischen Streitkräfte in Aktion. Nach Dayans Meinung würde die Landung des Fallschirmjägerbataillons auf der Sinai-Halbinsel und der Angriff einer Panzerbrigade auf grenznahe Stützpunkte den Ägyptern den Eindruck vermitteln, dies sei ein Überfall großen Ausmaßes, aber nicht eigentlich Krieg. Das Risiko, in größere Kampfhandlungen verwickelt zu werden, und vor allem die Gefahr ägyptischer Bombenangriffe auf israelische Wohngebiete sind nach Dayans Dafürhalten gering. Eine solche Operation würde zweifelsohne auch die britische Forderung nach einem »Vorwand« erfüllen.

Ben Gurion äußert sich nicht zu Dayans Plan, gestattet ihm aber, ihn Pineau vorzutragen, der sich sorgfältig die wesentlichen Punkte notiert und zusagt, sie den Briten zur Kenntnis zu bringen. Dayan nennt auch den Preis für Israels Beteiligung: England und Frankreich sollen Israel das Recht zugestehen, nach Beendigung der Kämpfe bestimmte Abschnitte des Sinai besetzt zu halten, um den freien Schiffsverkehr von und nach Eilat zu gewährleisten.

Am selben Abend reist Pineau nach London, wo er mit Eden ein langes vertrauliches Gespräch führt und den »Dayan-Plan« vorlegt. Eden stimmt ihm zu. »Ich glaube, ich kann ihn durchbringen«, erklärt er Pineau. Unterdessen besuchen Peres und Dayan mit ihren Beratern einen Nachtklub in Paris, um sich von den Strapazen der vergangenen beiden Tage zu erholen. Ben Gurion bleibt allein in Sèvres zurück. Für ihn ist es die Nacht der Entscheidung. »Irgendwo würde irgendwer die Entscheidung treffen müssen«, schreibt Peres über diese Stunden. »Er hatte eine eindeutige Entscheidung zu treffen, die die Gefahr der Vernichtung in sich barg. Keiner von uns beneidete ihn um den langen Abend, der vor ihm lag.«

Am nächsten Morgen müssen sich Peres und Dayan sofort bei Ben Gurion melden. Gespannt darauf, was er ihnen mitzuteilen hat, treffen sie in der Villa in Sèvres ein. Hatte er sich für einen Krieg oder dagegen entschieden? Seelenruhig sitzt Ben Gurion im schönen Park der Villa und hält eine Liste mit Fragen in der Hand. »Als er sie uns vorlas, wurde mir stetig leichter ums Herz«, erinnert sich Dayan. » . . . Es war offenkundig, daß er eine positive

Entscheidung über unsere Beteiligung an der Operation getroffen hatte.«

Ben Gurion hatte sich tatsächlich zustimmend entschieden. An jenem Morgen schreibt er in sein Tagebuch:

»Ich habe die Lage erwogen, und wenn wirksame Luftwaffenmaßnahmen zu unserem Schutz während des ersten Tages oder der ersten beiden Tage getroffen werden, bis die Franzosen und Briten die ägyptischen Flugplätze bombardieren, halte ich die Operation für unerläßlich. Dies ist eine einmalige Gelegenheit, [weil] zwei Großmächte . . . versuchen werden, Nasser auszuschalten, und wir ihm nicht allein gegenüberstehen, während er immer mächtiger wird und alle arabischen Länder unter seinen Einfluß bringt. Diese Operation ist ihrer Art nach ein ›Stoßtruppunternehmen‹ — diesmal allerdings mit stärkerem Truppenaufgebot —, und wenn sie gelingt, werden wir freien Schiffsverkehr in der Straße [von Tiran] haben, denn wir werden Scharm el-Scheich und die Insel Tiran besetzen . . . Die Situation im Nahen Osten könnte dann in Übereinstimmung mit meinem Plan eine Wende erfahren.«

Ben Gurion stellt seinen Mitarbeitern eine ganze Reihe von Fragen und bittet schließlich Dayan, den Aufmarschplan zu skizzieren. Da die Männer im Park kein Schreibpapier zur Hand haben, »opfert« Peres seine Zigarettenschachtel für das Sinai-Unternehmen. Er nimmt die Zigaretten heraus, reißt vorsichtig die Packung auf und klappt sie auseinander; auf diesem Stück Karton markiert Dayan in groben Zügen die Umrisse der Sinai-Halbinsel. Durch die Mitte zieht er eine punktierte Linie und deutet so die Route der Transportflugzeuge an, die die Fallschirmjäger über dem Mitla-Paß absetzen sollen. Im Norden zeichnet er eine zweite, parallel zur Mittelmeerküste verlaufende Linie ein: den Weg der israelischen Panzer für ihren Durchbruch zum Suezkanal. Eine dritte Linie verläuft entlang der Küste des Golfs von Akaba und endet mit einem auf Scharm el-Scheich weisenden Pfeil. Spaßeshalber setzen Ben Gurion, Moshe Dayan und Shimon Peres ihre Unterschriften unter die »erste Landkarte von der Sinai-Operation«.

Ben Gurions territorialen Wünsche, von denen er seinen Mitarbeitern jedoch nichts verriet, beschränkten sich allerdings nicht auf Scharm el-Scheich und die Insel Tiran. Ihm schwebte die Abtrennung der gesamten Sinai-Halbinsel von Ägypten vor und ihre Annexion durch Israel. Guy Mollet erfährt von dieser Idee bei einer privaten Unterhaltung mit Ben Gurion am frühen Nachmittag. Ben Gurion erklärt, im westlichen Sinai seien große Erdölvorkommen entdeckt worden, »und [daher] lohnt es die Mühe, die Halbinsel von Ägypten abzutrennen; sie hat ohnehin nie zu Ägypten gehört. Die Engländer haben sie den Türken abgenommen, als sie glaubten, Ägypten in der Tasche zu haben.« Er versucht, Mollet für diese Idee zu gewinnen, und schlägt ihm die gemeinsame Förderung des vorhandenen Öls vor. Ben Gurion zufolge zeigt Mollet »Interesse« an diesem Vorschlag.

Am Nachmittag kehrt Außenminister Pineau aus London zurück, wo es ihm gelungen ist, Edens Zustimmung für den Plan zu erhalten. Auf einer Sitzung der engsten Kabinettsrunde, die am Vormittag in London stattfand, hatten die drei ranghöchsten Minister sich ihrem Premierminister angeschlossen und den Plan entgegen der Auffassung Lloyds gutgeheißen. Zwei britische Regierungsvertreter haben Pineau nach Sèvres begleitet: Lloyds Sekretär Logan und der stellvertretende britische Außenminister Patrick Dean. Sie sollen England in der Endphase der Dreierverhandlungen anstelle von Lloyd vertreten. Die drei Delegationen versammeln sich zu ihrer Schlußsitzung um den runden Tisch im Speisezimmer.

Im Verlauf der Diskussion verlangt Ben Gurion von

den Franzosen und Briten, Israels Recht anzuerkennen, die Insel Tiran auf Dauer zu besetzen. »Für uns«, so betont er, »ist [der] Suez[-Kanal] nicht so wichtig. Unser Suez ist die Straße von Tiran, und wir möchten die Küste von Eilat bis hinunter zu den Inseln im Süden einschließlich der Inseln selbst in Besitz nehmen.« Nach Abschluß der Aussprache schlägt Ben Gurion vor, ein Protokoll zu dem gemeinsamen Unternehmen anzufertigen, »das die drei Seiten unterzeichnen und das von den drei Regierungen gebilligt werden muß«.

Innerhalb von zwei Stunden wird ein Schriftstück folgenden Inhalts aufgesetzt: Am Nachmittag des 29. Oktober nehmen die israelischen Streitkräfte ihre Operationen in der Nähe des Suezkanals auf. Am darauffolgenden Tag richten die Regierungen Frankreichs und Großbritanniens »Appelle« an die ägyptische und die israelische Regierung. Ägypten wird aufgefordert, sofort das Feuer einzustellen und seine Truppen auf eine Entfernung von fünfzehn Kilometern westlich des Kanals zurückzunehmen; ferner soll es einer zeitweiligen Besetzung von Schlüsselpositionen entlang des Kanals durch Frankreich und Großbritannien zustimmen, um die freie Schiffahrt auf der Wasserstraße zu gewährleisten. Der Appell an Israel enthält ebenfalls die Forderung nach völliger Waffenruhe und dem »Rückzug« seiner Verbände auf eine Linie fünfzehn Kilometer östlich des Suezkanals. Paris und London verlangen, daß ihre Forderungen binnen zwölf Stunden erfüllt werden; für den Fall, daß eine der kriegführenden Parteien sich weigert, drohen Franzosen und Engländer die notwendigen Maßnahmen »zur Erfüllung ihrer Forderungen« an. Gleichzeitig wird festgelegt, daß Israel die Bedingungen des an seine Adresse gerichteten Appells nicht zu erfüllen braucht, falls Ägypten sich weigert, ebenfalls darauf einzugehen. Sollte Ägypten den Auflagen nicht nachkommen, werden französische und britische Kräfte am Vormittag des 31. Oktober 1956 angreifen.

Israel soll die Straße von Tiran und die Inseln Tiran und Snapir besetzen, um den Schiffahrtsweg durch diese Meerenge freizuhalten. Israelische Truppen, so heißt es schließlich in dem Protokoll, werden im Verlauf der Operation Jordanien nicht angreifen; sollte Jordanien jedoch gegen Israel vorgehen, wird die britische Regierung Amman nicht zu Hilfe kommen.

Dies sind die wesentlichen Punkte des Dreierabkommens. In einer Sonderabmachung sagt Frankreich den Israelis die Entsendung einer Staffel Mystère-Düsenjäger und einer Staffel Jagdbomber des Typs Sabre F-86 zu. Darüber hinaus sollen »freiwillige« Piloten die israelischen Mystère-Jäger fliegen, für die Israel keine Besatzungen hat. Ferner verspricht die Regierung in Paris, französische Kriegsschiffe zu entsenden, die mit Flugabwehrgeschützen ausgerüstet sind und vor Haifa und Jaffa vor Anker gehen sollen.

Die Vereinbarungen werden am selben Abend um sieben Uhr im Rahmen einer improvisierten Zeremonie unterzeichnet. Christian Pineau unterschreibt für Frankreich, Patrick Dean für Großbritannien und Ben Gurion für Israel. Damit ist die Konferenz von Sèvres beendet. Kurz vor Mitternacht startet die DC-4 mit der israelischen Delegation vom Flugplatz Villacoublay aus. Wieder einmal ist Ben Gurion mit seinen Gedanken allein. Als der Morgen heraufdämmert, schreibt er: »Gestern war möglicherweise ein bedeutsamer Tag . . . Wenn wir nach unserer Rückkehr die Ratifikation der britischen Regierung vorfinden, erwarten uns große Tage in unserer Geschichte. Aber ich bin höchst skeptisch, ob London zustimmen wird.«

Nachdem die französische Sondermaschine am Mittag auf einem israelischen Luftwaffenstützpunkt gelandet ist,

15 Der Alte
und sein Tagebuch

16 Rechts: Ben
Gurion und seine Frau
Paula in Sdeh Boker

17 Unten: Golda Meir
und Pinchas Lavon

18 Oben: Ministerprä-
sident Moshe Sharett
bietet im Jahre 1955 Ben
Gurion den Posten des
Verteidigungsministers
an, nachdem Pinchas
Lavon aus dem Kabinett
ausgeschieden ist

19 Links: Ben Gurion
kehrt – in Begleitung
seiner Frau Paula – ins
Verteidigungsministe-
rium zurück

20 Ganz oben: Ben
Gurion informiert sich
an Ort und Stelle über
den Fedajin-Überfall auf
den Moshav Pattish

21 Oben: Die
Brandeis Universität
verleiht Ben Gurion
den Ehrendoktortitel

22 Ganz links:
Doris May

23 Links: Die
beiden »großen« Alten:
David Ben Gurion und
Charles de Gaulle

24 Unten: David Ben
Gurion und Konrad
Adenauer bei ihrem
historischen Treffen
am 14. März 1960
in New York

25 Ganz oben:
Generalstabschef
Moshe Dayan (Mitte) im
Gespräch mit Shimon
Peres (links), dem da-
maligen Generaldirektor
des Verteidigungs-
ministeriums, und
Teddy Kollek (rechts),
damals Generaldirektor
im Büro des Minister-
präsidenten. Alle drei
folgten Ben Gurion, als
dieser die Rafi (Israeli-
sche Arbeiterliste)
gründete

26 Linke Seite unten:
Ben Gurion mit General
Ezer Weizman (Mitte)
und seinem alten Kon-
trahenten Menachem
Begin (rechts) beim
Mittagessen. Mitte 1967

27 Links: Der
Gründungsvater
im hohen Alter

28 Unten: Ben Gurion
in seinem Arbeitszim-
mer in Sdeh Boker

29 Rechts: Der Alte vor der zerklüfteten Landschaft der Wüste Zin

30 Rechts: Die israelische Armee nimmt von ihrem Gründer Abschied

begibt sich Dayan auf schnellstem Wege zum Generalstab, wo er die Planung und Mobilmachung in die Hand
nimmt, um, wie er sagt, der drohenden Gefahr eines Zu-
sammenstoßes mit Jordanien zu begegnen. Dieser beginnt
sich tatsächlich wegen des bevorstehenden Einmarsches
einer irakischen Division nach Jordanien abzuzeichnen,
da das haschemitische Königreich zum syrisch-ägypti-
schen Oberkommando gehört.

Am nächsten Abend erhält Ben Gurion zu später Stunde die offizielle Bestätigung des Sèvres-Protokolls: Ungeachtet der Dreierberatungen in Sèvres hatte Anthony
Eden beschlossen, Israel völlig zu ignorieren und ein unverbindliches Schreiben ausschließlich an Guy Mollet zu
richten. Der französische Regierungschef ist indes nicht
gewillt, eine solche Heuchelei hinzunehmen, und sendet
eine Fotokopie des Eden-Briefes an Ben Gurion. Eden
äußerte sich darin wie folgt:

»Die Regierung Ihrer Majestät ist über den Verlauf der
vom 22. bis 24. Oktober in Sèvres abgehaltenen Gespräche unterrichtet worden. Sie bestätigt, daß sie bei dem ins
Auge gefaßten Unternehmen die vereinbarte Aktion
durchführen wird. Dies geschieht in Übereinstimmung
mit der meiner Nachricht vom 21. Oktober beigefügten
Erklärung.« (Eden bezog sich dabei auf seine erste Mitteilung an Pineau, in der er die vereinbarten Punkte aufgeli-
stet hatte, die eine gemeinsame Operation mit Frankreich
und Israel betrafen.)

»Ein typisch doppeldeutiger Foreign-Office-Brief«,
meint Ben Gurion aufgebracht und antwortet Mollet:
»Wenn die Beschlüsse von den beiden ratifiziert worden
sind, werden sie auch von Israel ratifiziert.«

Ben Gurion ist entschlossen, seine Minister nicht über
die Einzelheiten des Abkommens mit Frankreich und
Großbritannien zu informieren; vor allem sollen sie nichts
über seine Reise nach Frankreich und die Unterzeichnung

der Sèvres-Protokolle erfahren. Er beschränkt sich darauf, jenen Ministern, die noch nicht in das Geheimnis eingeweiht sind, anzukündigen, daß er am kommenden Sonntag militärische Maßnahmen gegen Ägypten vorschlagen werde, die am Tag darauf anlaufen sollten. Frankreich und Großbritannien würden »gemäß einer früheren Absprache« am Montag an beide Seiten appellieren und am Mittwoch morgen mit Waffengewalt gegen Ägypten vorgehen.

Kabinettsmitglieder, die der Mapam angehören, zieht Ben Gurion vorher nicht ins Vertrauen. Denn er befürchtet, sie könnten das Geheimnis Angehörigen der sowjetischen Botschaft verraten. Erst am Sonntag, dem 28. Oktober, bittet Ben Gurion kurz vor der entscheidenden Kabinettssitzung die Mapam-Minister zu sich und enthüllt ihnen den Operationsplan. Sie ziehen sich zu einer kurzen Beratung zurück und erklären anschließend, daß sie die Operation ablehnen und gegen sie stimmen werden, doch als Kabinettsmitglieder die »Verantwortung mitübernehmen« würden. Bei der Abstimmung über den Vorschlag Ben Gurions sind die Mapam-Minister als einzige in der Opposition.

Nichts mehr kann dem Lauf der Dinge jetzt Einhalt gebieten. Neunzigtausend Reservisten sind einberufen worden, französische Kampfstaffeln landen auf israelischen Flugplätzen, und drei französische Kriegsschiffe nähern sich der Küste Israels. Schwere Transportmaschinen vom Typ Nord-Atlas starten von ihren Heimathorsten in Nordafrika in Richtung Israel; bei einer Zwischenlandung auf Zypern nehmen sie Ausrüstungsgegenstände und technisches Personal an Bord. All dies erfolgt bis zum allerletzten Augenblick unter striktester Geheimhaltung.

Ben Gurion wirkt an diesem Tag gelassen und zuversichtlich, doch die enorme Spannung, unter der er steht, findet ein ungewöhnliches Ventil: Er bekommt Fieber.

Unmittelbar nach der Kabinettssitzung bricht er zu Hause zusammen und muß sich ins Bett legen; aber er findet keine Ruhe. Nacheinander sprechen die Vorsitzenden der Oppositionsparteien — mit Ausnahme der Kommunisten — bei ihm vor. Ben Gurion unterrichtet sie über die geplante Aktion gegen Ägypten in der Hoffnung, für den geheimen Kabinettsbeschluß eine breite parlamentarische Mehrheit zu finden. Die Oppositionsführer nahmen seine Ankündigung »bereitwillig [entgegen] und erteilten ihre volle Zustimmung«. Das Zusammentreffen Ben Gurions mit seinem Erzfeind Menachem Begin, der jetzt neben seinem Bett Platz nimmt und ihm aufrichtig zu seiner Entscheidung gratuliert, entbehrt nicht der Elemente des klassischen Dramas.

Im allerletzten Augenblick stellt sich Ben Gurions Plänen jedoch ein einziger, aber mächtiger Gegner entgegen: der Präsident der Vereinigten Staaten. Um acht Uhr abends überbringt an diesem Sonntag, dem 28. Oktober 1956, der amerikanische Botschafter Ben Gurion in dessen Haus in Tel Aviv eine kurze geheime Botschaft Präsident Eisenhowers. Darin weist Eisenhower auf einen früheren Notenaustausch zwischen beiden Politikern hin, bei dem Ben Gurion seine Besorgnis über einen möglichen Einmarsch der irakischen Armee in Jordanien ausgedrückt hatte, und hält Ben Gurion jetzt entgegen:

»Soweit ich weiß, hat es keinen Einmarsch irakischer Truppen nach Jordanien gegeben . . . Offen gestanden bin ich über Berichte besorgt, denen zufolge bei Ihnen eine umfangreiche Mobilmachung im Gange ist, ein Schritt, der, wie ich fürchte, die Spannungen nur verstärken wird, die Sie nach Ihren eigenen Angaben gern gemindert sehen möchten . . . Ich bin der Überzeugung, daß nur auf friedlichem und maßvollem Wege die Situation wirklich verbessert werden kann, und wiederhole die dringende Bitte, die Ihnen [bereits] durch [Außen-] Minister Dulles übermittelt wurde, von seiten Ihrer Regierung keine gewaltsame Initiative einzuleiten, die den Frieden und die wachsende Freundschaft zwischen unseren beiden Ländern gefährden würde.«

Ben Gurion liest die Nachricht und stellt dem amerikanischen Diplomaten eine baldige Antwort in Aussicht. Der Botschafter sucht die Absichten des Alten durch eine Fangfrage auszuloten: Sollten amerikanische Staatsbürger, die in Israel leben, evakuiert werden? Ben Gurion antwortet, zu dieser Frage könne er sich nicht äußern. Die Amerikaner hegen noch keinen Verdacht, daß Israel sich anschickt, militärische Aktionen im Süden zu unternehmen. Sie richten ihr Augenmerk auf die Ostgrenze. Am selben Tag wird Israels Botschafter in Washington, Abba Eban, ins State Department gebeten, wo er an der Wand von Dulles' Arbeitszimmer eine riesige Landkarte Israels und Jordaniens entdeckt. In Amerika ist man überzeugt, daß Israel eine Operation gegen König Hussein plant.

Bevor Ben Gurion Zeit findet, Eisenhowers Schreiben zu beantworten, wird ihm eine zweite Geheimnote des amerikanischen Präsidenten überbracht.

»Heute morgen habe ich weitere Berichte erhalten, die darauf hindeuten, daß die Mobilmachung der israelischen Streitkräfte fortgesetzt wird und beinahe abgeschlossen ist . . . Ich habe Anweisung gegeben, diese Entwicklung mit dem Vereinigten Königreich und Frankreich zu erörtern, die Mitunterzeichner der [Dreier-]Erklärung [von 1950] sind, und sie ersucht, alle notwendigen Schritte zur Verbesserung der Lage zu unternehmen.«

Die Botschaft schloß abermals mit der dringenden Bitte an Israel, »nichts zu unternehmen, was den Frieden gefährden kann«. Eisenhowers Erwähnung, sich mit England und Frankreich zu beraten, macht deutlich, wie falsch der Präsident der Vereinigten Staaten die Lage einschätzte.

Am Montag, dem 29. Oktober, erhält Ben Gurion kurz vor Mittag von seinem neuernannten politischen Berater Yaakow Herzog den Entwurf der Antwort an Eisenhower. Darin wird eindringlich die »Expansionspolitik« Oberst Nassers geschildert, die zu einer »beispiellosen Spannung in dieser Region« geführt habe; Ägyptens Aufrüstung mit gewaltigen Mengen sowjetischer Waffen; Kairos Drohungen, Israel auszulöschen; die Fedajin-Überfälle sowie die Blockade des Suezkanals und der Straße von Tiran. Die Schaffung des vereinten ägyptisch-syrisch-jordanischen Oberkommandos bezeichnet die Antwortnote als »Einschließung Israels mit einem Stahlband«. Wichtigster Passus der Botschaft ist ihr Schlußteil:

» . . . Angesichts der in großer Zahl an der irakisch-jordanischen Grenze rassierten irakischen Truppen, der Errichtung eines Oberkommandos für Ägypten, Syrien und Jordanien und der Wiederaufnahme der Streifzüge ägyptischer Banden nach Israel hinein würde meine Regierung ihre wesentliche Pflicht vernachlässigen, wenn sie nicht alle notwendigen Maßnahmen ergreifen würde, um sicherzugehen, daß das erklärte arabische Ziel, die gewaltsame Auslöschung Israels, nicht erreicht wird.«

Die Note enthielt keine Zusage, von kriegerischen Aktivitäten Abstand zu nehmen. Überdies konnte jeder erfahrene politische Beobachter ihrer Formulierung entnehmen, daß sie einen bevorstehenden Angriff ankündigte.

Um 16.59 Uhr springen dreihundertfünfundneunzig israelische Fallschirmjäger aus den Transportmaschinen. Diese sind, um den ägyptischen Radarschirmen zu entgehen, so tief geflogen, daß sie beinahe die Gipfel des Sinai-Gebirges streiften. Über ihre Ticker verbreiten die Nachrichtenagenturen die sensationelle Neuigkeit in der ganzen Welt: Israel hat einen Krieg begonnen. In Washington erhält der stellvertretende US-Außenminister

Rountree mitten in einem Gespräch mit dem israelischen Botschafter Abba Eban, der Israels friedfertige Absichten darlegt, die Meldung. Rountree wirft einen Blick darauf und bemerkt trocken zu Eban: »Ich glaube, unsere Unterhaltung ist irgendwie akademisch geworden.« In Neu-Delhi kauft Moshe Sharett auf dem Weg zu einer Unterredung mit Ministerpräsident Nehru eine Zeitung, deren Schlagzeilen die Neuigkeit verkünden. In den Hauptstädten der Welt werden die Botschafter Israels von dem Geheimnis in Kenntnis gesetzt: Der Sinai-Feldzug hat begonnen.

Der 30. Oktober 1956 war der Tag, vor dem sich Ben Gurion am meisten gefürchtet hatte, denn laut Operationsplan mußte Israel die gesamte Bürde der Kampfhandlungen allein tragen und außerdem gewärtigen, im Hinterland von den Ägyptern bombardiert zu werden. Aber die ägyptische Luftwaffe erweist sich als Papiertiger. Mit Ausnahme eines einzigen Iljuschin-Bombers, der bei Nacht in den israelischen Luftraum eindringt, sind Nassers Piloten zu vorsichtig, um sich den Grenzen Israels zu nähern.

In seinem Haus in Tel Aviv wartet Ben Gurion unterdessen ungeduldig auf das französisch-britische Ultimatum, das sich um mehrere Stunden verzögert. Der Alte ist beunruhigt. »Ich war nicht völlig überzeugt, daß Eden seinen Teil der Vereinbarung einhalten würde«, schreibt er. Am späten Abend kommt Yaakow Herzog endlich mit dem Ultimatum und einem Antwortentwurf. Weit nach Mitternacht gehen in Paris und London die Antwortnoten Israels und Ägyptens ein. Israel will dem Appell folgen; Ägypten weist ihn zurück. Vereinbarungsgemäß kündigen Frankreich und Großbritannien daraufhin an, sie beabsichtigten, in den allernächsten Stunden Maßnahmen zu ergreifen.

Der 31. Oktober bricht an. Den ganzen Tag über wartet

man in Israel gespannt auf die englischen und französischen Aktionen. Im Verlauf des Abends wächst Ben Gurions Verärgerung, als klar wird, daß die Verbündeten mit ihren Bombenangriffen noch gar nicht begonnen haben. Die dramatische Situation spitzt sich zu, als Ben Gurion in einem Telefongespräch mit Luftwaffenbefehlshaber Dan Tolkowsky erfährt, zuverlässigen Quellen zufolge wollten die Ägypter Tel Aviv bombardieren. Tolkowsky bittet um Erlaubnis zu einem sofortigen Bombereinsatz gegen den Flugplatz Kairo-West. Ben Gurion ist entschieden dagegen: »Solange die Ägypter nicht unsere dichtbevölkerten Gebiete oder unsere Flugplätze im Hinterland bombardieren, werden wir das auch nicht tun.« Er will die englischen und französischen Luftangriffe abwarten. Nach nervenaufreibendem Warten trifft endlich die Meldung ein, die Bombardierung ägyptischer Militärflugplätze habe begonnen. Ben Gurion stößt einen Seufzer der Erleichterung aus. »Obwohl [Eden] zwölf Stunden zu spät dran war«, schreibt er in sein Tagebuch, »und ich befürchten mußte, daß Tel Aviv oder unsere Flugplätze bombardiert werden, hielten sich [unsere] Partner an die wesentlichen Absprachen.«

Die schwerste Schlacht steht aber noch bevor: nicht im Kampfgelände des Sinai, sondern in der politischen Arena. Als eine dringende Sitzung des UNO-Sicherheitsrates einberufen wird, setzt Präsident Eisenhower Israel erneut unter Druck. Sein politischer Berater Sherman Adams telefoniert mit Rabbiner Abba Hillel Silver und bittet ihn, sich umgehend mit Ben Gurion in Verbindung zu setzen und ihm folgendes mitzuteilen:

» . . . Der Präsident schlägt vor, daß Israel den unverzüglichen Rückzug auf seine Grenzen anbietet, da es seine Aufgabe, die Vernichtung der Fedajin-Stützpunkte, erfüllt hat. Wenn Israel dies tut, wird der Präsident sofort eine Erklärung veröffentlichen, in der er Israel tiefe Bewunderung ausspricht und es der unerschütterlichen Freundschaft versichert.«

Abba Eban kabelt diese Botschaft an Ben Gurion. Doch dieser gebietet der Armee keineswegs Einhalt. Im Sicherheitsrat legen Frankreich und Großbritannien ihr Veto gegen die von den USA und der Sowjetunion eingebrachten Resolutionsentwürfe ein, in denen eine sofortige Feuereinstellung und ein Rückzug der israelischen Streitkräfte auf die eigenen Grenzen gefordert wird. Präsident Eisenhowers Druck hält unvermindert an. Diesmal telefoniert er persönlich mit Abba Hillel Silver und wiederholt sein Angebot, »in einer für denselben Abend geplanten Rundfunkansprache eine höchst freundschaftliche Erklärung [für Israel] abzugeben«.

Unterdessen hatte die Royal Air Force an diesem 31. Oktober gegen 17.00 Uhr mit der Bombardierung ägyptischer Flugplätze begonnen. Dies war allerdings mehr ein De-Luxe-Angriff: Die Briten hatten es nicht versäumt, über Radio Zypern Vorwarnungen auszustrahlen. Dadurch war dem ägyptischen Bodenpersonal die Möglichkeit gegeben, in Bunkern Zuflucht zu suchen, und die Piloten konnten ihre Maschinen auf Flugplätzen im Süden des Landes in Sicherheit bringen oder sie in andere arabische Länder ausfliegen. Ägyptische Panzerverbände rückten in die Städte ein und gingen an Straßenecken oder in Parks in Stellung. Die Bombenangriffe verursachten daher nur geringe Sachschäden.

Israel jedoch hat sein Ziel erreicht. Von nun an läßt der Druck auf den jungen Staat erheblich nach, da sich das Hauptaugenmerk der Weltöffentlichkeit auf Frankreich und Großbritannien richtet. Eisenhower bedrängt die zionistischen Führer nicht mehr länger; jetzt werden die Franzosen und Briten — allen voran Anthony Eden — zur Zielscheibe seines Zorns.

Nachdem es dem Sicherheitsrat nicht gelungen war, eine Waffenruhe durchzusetzen, beantragt Jugoslawien eine Sondersitzung der UNO-Vollversammlung. Diese verabschiedet eine Entschließung, in der eine Feuerpause und der Rückzug der Israelis verlangt werden. Nur fünf Staaten hatten dagegen gestimmt: Großbritannien, Frankreich, Israel, Australien und Neuseeland.

Die Resolution bestärkt Israels Führer in dem Gefühl, daß Eile geboten sei. Sie schätzen, daß sie binnen achtundvierzig Stunden mit den Vereinten Nationen zu einer Vereinbarung kommen müssen. Darum sollte die Besetzung des Sinai — vor allem der Stadt Scharm el-Scheich an der Straße von Tiran — innerhalb der nächsten beiden Tage abgeschlossen sein. Am 3. November ist der größere Teil der Halbinsel in israelischer Hand, und am 5. November besetzen israelische Einheiten Scharm el-Scheich sowie die Inseln Tiran und Snapir. An diesem Tag lassen Briten und Franzosen endlich auch ihre Landung in Ägypten anlaufen. Aber dieser 5. November bringt auch die alarmierendste Entwicklung dieses Feldzugs: die Intervention der Sowjetunion.

Am Tag zuvor war es sowjetischen Streitkräften endlich gelungen, den Aufstand in Ungarn niederzuschlagen, so daß die UdSSR jetzt freie Hand hatte, das Nahostproblem anzupacken. So wendet sich der sowjetische Ministerpräsident, Marschall Bulganin, am 5. November in äußerst scharf formulierten Noten an Frankreich, England und Israel. In den Schreiben an Großbritannien und Frankreich bezeichnet er die anglo-französische Operation gegen Ägypten als Akt der Aggression und droht indirekt mit dem Einsatz sowjetischer Atomraketen gegen die beiden Länder. Bei den Vereinten Nationen verbreiten sich wie ein Lauffeuer Gerüchte über den unmittelbar bevorstehenden Ausbruch eines Weltkrieges. Frankreich und Großbritannien werden zunehmend unter Druck gesetzt, die Kampfhandlungen sofort einzustellen. Am

nächsten Tag sollen die amerikanischen Präsidentschaftswahlen stattfinden. Eisenhower telefoniert unablässig mit
Eden und drängt ihn, die Kämpfe zu beenden. Der britische Premierminister fühlt sich krank, nervös und niedergeschlagen und ist zusehends außerstande, diesem wachsenden Druck zu widerstehen. Zudem üben die USA einen
spürbaren finanziellen Druck auf England aus, indem sie
durch Manipulationen an den internationalen Devisen-
märkten das Pfund Sterling in Gefahr bringen, ins Boden-
lose zu stürzen.

Bulganins Note an Israel ist nachgerade brutal in ihrer
Formulierung:

»Die Regierung von Israel spielt in krimineller und unverantwortlicher Weise mit dem Schicksal der Welt und
dem ihres eigenen Volkes. Sie sät bei den orientalischen
Völkern Haß auf den Staat Israel, was unweigerlich Auswirkungen auf die Zukunft Israels haben muß und die
Existenz Israels als Staat in Frage stellt . . . Die sowjetische Regierung, die brennend daran interessiert ist, den
Frieden zu erhalten und den Frieden im Nahen Osten zu
gewährleisten, unternimmt in diesem Augenblick Schritte, um den Krieg zu beenden und die Aggressoren in ihre
Schranken zu weisen.«

Nach außen reagiert Ben Gurion auf die in der sowjetischen Note enthaltenen Drohungen kühl und zurückhaltend. Seine innere Besorgnis ist jedoch größer, als er zu
zeigen bereit ist. »Stünde nicht [Bulganins] Name darunter [unter der Note], hätte ich meinen mögen, sie sei von
Hitler verfaßt, und da ist ja auch kein großer Unterschied
zwischen diesen beiden Henkern«, schreibt er. »[Was]
mir Sorge bereitet, [ist die Tatsache], daß sowjetische
Waffen nach Syrien fließen, und man darf annehmen, daß
die Waffen von ›Freiwilligen‹ begleitet werden.«

In Israel, wo man nichts von den sowjetischen Drohungen ahnt, ist der Jubel groß. Der Sinai-Feldzug war mit ei-

nem überwältigenden Sieg zu Ende gegangen. Die Blokkade bei Scharm el-Scheich konnte durchbrochen werden; die schwere Artillerie der Ägypter, die die Zufahrt zur Meerenge bestrich, hatte man in die Luft gesprengt. Rund sechstausend ägyptische Gefangene drängten sich in Internierungslagern, während von den Ägyptern nur vier Israelis gefangengenommen worden waren. Die israelischen Verluste waren mit hundertzweiundsiebzig Gefallenen relativ gering. Auf ägyptischer Seite verzeichnete man zwischen ein- und dreitausend Tote. Ben Gurion stimmt in die allgemeine Begeisterung ein: »Zunächst wirkte das Ganze wie ein Wachtraum, dann schien es eine Sage zu sein, und schließlich kam es einem wie eine Folge von Wundern vor.«

Am selben Tag beendeten Großbritannien und Frankreich auf Grund des immer stärker werdenden internationalen Drucks ihre Intervention. Am Nachmittag hatte Eden telefonisch mit Mollet gesprochen und ihm seine Absicht mitgeteilt, eine Waffenruhe zu verkünden. Nachdem auch das französische Kabinett die Feuereinstellung beschlossen hatte, wurden die Kampfhandlungen um Mitternacht eingestellt. Der Suezkanal war nicht eingenommen worden, und das französisch-britische Unternehmen hatte sich als beschämender Fehlschlag erwiesen.

Der 7. November ist Ben Gurions großer Tag. Der ansonsten nüchterne, beherrschte Staatsmann ist nicht wiederzuerkennen. Er schlägt den Rat seiner Mitarbeiter in den Wind und besteigt um elf Uhr an diesem Vormittag triumphierend die Rednerbühne in der Knesset. Er ist noch nicht ganz genesen von der Krankheit, die ihn während der Kämpfe ans Bett gefesselt hatte. Doch ein Mann wie er hätte sich nie die Gelegenheit zu einer Siegesrede vor dem israelischen Parlament entgehen lassen, dessen Saal bis auf den letzten Platz besetzt ist.

»Die Gottesoffenbarung am Sinai ist in unserer Zeit

durch den heldenhaften Vorstoß unserer Armee zu neuem Leben erwacht«, ruft er zu Beginn seiner Rede aus. »Dies war die größte und glanzvollste militärische Unternehmung in der Chronik unseres Volkes und eine der größten in der Geschichte der Völker.« Er gibt auch einen versteckten Hinweis auf seinen Wunsch, die gesamte Sinai-Halbinsel zu annektieren, als er sagt: »Unsere Armee hat ägyptisches Territorium nicht verletzt ... Unsere Operationen beschränkten sich ausschließlich auf die Sinai-Halbinsel.«

Ben Gurions leidenschaftliche Rede mit ihren mitreißenden biblischen Analogien gipfelt in einigen wichtigen Punkten:

»Erstens: Das Waffenstillstandsabkommen mit Ägypten ist tot und begraben und wird nicht ins Leben zurückgerufen ... Zweitens: Zusammen mit diesem Abkommen haben auch die Waffenstillstandslinien zwischen uns und Ägypten ihren Geist aufgegeben ... Drittens: Wir wünschen eine Beendigung der Anarchie, die unser Verhältnis zu Ägypten [kennzeichnet], und wir sind zu Verhandlungen bereit, die einen dauerhaften Frieden zur Folge haben ... Viertens: Wir sind zu solchen Verhandlungen mit jedem anderen arabischen Staat bereit ... Fünftens: Israel läßt unter keinen Umständen zu, daß irgendeine ausländische Streitmacht, welchen Namen sie auch trägt, innerhalb seiner Staatsgrenzen oder auf einem der von ihm besetzten Territorien stationiert wird. Sechstens: Israel wird weder gegen Ägypten noch gegen irgendeinen arabischen Staat kämpfen, solange es von diesen nicht angegriffen wird.«

Ben Gurions Worte machen deutlich, daß er den Sinai und die Inseln im Golf von Akaba annektieren will. Aber mehr noch als seine Rede vor der Knesset bleibt ein Satz aus seiner Grußadresse anläßlich der in Scharm el-Scheich abgehaltenen Siegesparade im Gedächtnis aller haften: »Jotwat [der hebräische Name für die Insel Tiran] wird noch einmal Bestandteil des Dritten Königreichs Israel werden!« Das Dritte Königreich Israel war erstanden, wenn auch nur für vierundzwanzig Stunden.

Am nächsten Tag ist dieser Begriff verschwunden. Er taucht in Ben Gurions Schriften nicht mehr auf und wird auch nicht in seinen Memoiren erwähnt. Als Israel am nächsten Tag erwacht, sieht es sich mit einer düsteren Realität konfrontiert, die das Gestern mit seinem Triumph und seinem Jubel wie einen Spuk erscheinen läßt. Das bittere Erwachen beginnt mit den ersten ausländischen Reaktionen sämtlich ungünstig und verärgert — auf Ben Gurions Knesset-Rede. Mit fünfundzwanzig Stimmen gegen eine, die Israels, beschließt die UNO-Vollversammlung, daß Israel sich bedingungslos vom Sinai zurückziehen müsse. Ben Gurion erfährt am Morgen des 8. November von der Resolution, scheint aber nicht besonders betroffen davon zu sein. Zwei entscheidende Vorgänge zwingen ihn jedoch zu erneutem Nachdenken: die nachdrückliche Intervention der Vereinigten Staaten und der Sowjetunion.

Zunächst geht ihm eine dringende Botschaft Präsident Eisenhowers zu, der mit überwältigender Mehrheit für eine zweite Amtszeit im Weißen Haus wiedergewählt worden ist und jetzt freie Hand hat, hart durchzugreifen. Es ist in ihrer Wortwahl die schärfste amerikanische Note, die Israel je erhalten hat:

»Jedwede Entscheidung seitens der israelischen Regierung [sich nicht von ägyptischem Territorium zurückzuziehen] ist geeignet, die Bemühungen der Vereinten Nationen, den Frieden im Nahen Osten wiederherzustellen, zu unterminieren; sie müßte unweigerlich zu einer Verurteilung Israels wegen Verletzung der Grundsätze und Anweisungen der Vereinten Nationen führen . . . Alle meine Landsleute würden es aufs tiefste bedauern, wenn die israelische Politik in einer für die Welt derart ernsten Angelegenheit auf irgendeine Weise die freundschaftliche Zusammenarbeit zwischen unseren beiden Ländern beeinträchtigen *sollte* . . .«

Dann gibt der amerikanische Präsident noch eine Demonstration seiner Macht, um seinen Worten Nachdruck zu verleihen: Das State Department warnt den israelischen Gesandten, sein Land gefährde den Weltfrieden.

»Dies ist die ernsteste Situation, in der sich die freie Welt je befunden hat, nicht nur im Hinblick auf die Zukunft des Nahen Ostens, sondern auch auf die der ganzen Welt. Für uns ist es offenkundig, daß die Sowjets diese Situation für verhängnisvolle Zwecke ausnutzen wollen. Wenn das eintreten sollte, würde Israel als erstes [Land] von ihnen geschluckt werden.«

Der stellvertretende US-Außenminister Hoover nennt eine ganze Reihe von amerikanischen Maßnahmen, die gegen Israel ergriffen würden, falls es der Aufforderung zum Abzug nicht nachkäme: Stopp aller Regierungs- und privaten Hilfe der Vereinigten Staaten an Israel (einschließlich der UJA-Finanzierung); Sanktionen der Vereinten Nationen; eventueller Ausschluß Israels aus der UNO. Ferner geben die Amerikaner sehr deutlich zu verstehen, daß sie im Falle eines Angriffs sowjetischer »Freiwilliger« Israel nicht zu Hilfe kommen würden.

Botschafter Abba Eban beeilt sich, Yaakow Herzog telefonisch über die amerikanischen Drohungen zu informieren. Ben Gurion schreibt darüber in seinem Tagebuch:

»Eban rief mich angsterfüllt an. Auch seine Telegramme sorgen für Angst und Schrecken. Hoover hat [unseren Gesandten Reuven] Shiloah gewarnt, daß sie alle Verbindungen zu uns abbrechen, alle Hilfe stoppen und uns vielleicht aus der UNO werfen wollen. Sie scheinen schreckliche Angst vor Rußland zu haben. Gerüchten zufolge werden große Mengen Waffen und viele Freiwillige nach Syrien gebracht.«

Tatsächlich beherrscht die Furcht vor einem sowjetischen Eingreifen die ganze Welt. Die Panik wächst, als Meldungen bekannt werden, die von der Anwesenheit sowjetischen Militärs in Syrien und Ägypten berichten. Die größte Besorgnis lösen jedoch Berichte aus CIA-Kreisen in Paris aus, wonach die Sowjetunion beabsichtigt, Israel durch einen massiven Luftangriff, der innerhalb von vierundzwanzig Stunden beginnen soll, völlig zu vernichten.

Auch Ben Gurion wird von der allgemeinen Unruhe erfaßt, obwohl er versucht, es sich nicht anmerken zu lassen. Seinem Tagebuch vertraut er an:

»Es war ein beklemmender Tag. Aus Rom, Paris und Washington treffen ständig Berichte ein, in denen von einem Strom sowjetischer Flugzeuge und ›Freiwilliger‹ nach Syrien gesprochen wird, von einer [sowjetischen] Zusicherung, Israel zu bombardieren — Flugplätze, Städte und so weiter —, falls die Syrer und Jordanier gegen uns einen Krieg beginnen . . . In diesen Berichten mag einiges an Übertreibungen stecken, aber Bulganins Note an mich . . . und das Wüten der Sowjetpanzer bezeugen, wozu diese kommunistischen Nazis fähig sind.«

Plötzlich hatte es den Anschein, als befände Israel sich am Rande der Zerstörung. Doch die sowjetische Bedrohung vom 6. und 7. November war nichts als ein Einschüchterungsversuch, eine glänzende taktische Anwendung von psychologischer Kriegführung. Die Berichte über eine sowjetische Militärpräsenz im Nahen Osten erwiesen sich alle als falsch. In seinen Erinnerungen brüstet Chruschtschow sich damit, gefälschte Berichte über »Freiwillige«, die in den Nahen Osten entsandt wurden, in Umlauf gesetzt zu haben. Aber das wußte niemand an jenem beklemmenden 8. November. Israels politische Führer befürchteten eine Katastrophe für ihr Land, und die

Welt sah sich mit der Gefahr eines Atomkrieges konfrontiert. Frankreich, Großbritannien und Israel hatten ihre Kampfhandlungen in der Annahme eröffnet, daß die Vereinigten Staaten ihnen vor möglichen sowjetischen Interventionsversuchen Schutz gewährten. Die Wirklichkeit sah dann anders aus. Ein aufgebrachter Eisenhower zog amerikanische Garantien zurück, und Israel stand isoliert und verwundbar da.

Beim Betreten von Ben Gurions Arbeitszimmer trifft Dayan den Regierungschef »sehr bleich und wütend wie einen verwundeten Löwen« an.

Der »verwundete Löwe« tut sein Bestes, um seine Angst vor einem sowjetischen Angriff zu verbergen. Aber einigen seiner engsten Mitarbeiter und Kabinettskollegen gelingt das nicht. In Ben Gurions Diensträumen versammeln sich verunsicherte Berater und Beamte, die in einer Atmosphäre der Spannung und Verzweiflung hastig miteinander beraten, während ununterbrochen die Telefone klingeln und Fernschreiben aus allen Ecken der Welt mit unheilverkündenden Nachrichten eintreffen. Mehrere Minister fordern lautstark den sofortigen Rückzug.

Der Druck von allen Seiten, besonders aber die sowjetischen Drohungen und die Gefahr eines Weltkrieges untergraben schließlich Ben Gurions Entschlossenheit. »Er neigte mutig sein Haupt vor der Realität«, berichtet Herzog, »und er stimmte dem Rückzug ohne Friedensvertrag zu.«

Die Drohungen der Russen haben ihm zwar Angst eingejagt, aber vor den Amerikanern kapituliert er schließlich. An diesem Tag entwirft Ben Gurion die Antwortschreiben auf die Noten der amerikanischen und der sowjetischen Führung. Sein Brief an Bulganin ist kühl, selbstbewußt und enthält kein Rückzugsversprechen. Eisenhower teilt er dagegen seinen Entschluß mit, die israelischen Truppen abzuziehen. Aber selbst jetzt versäumt er nicht, in letzter Minute noch einige Vorteile für Israel herauszuholen. Er hält an seiner Absicht fest, die Straße von Tiran und vielleicht auch den Gaza-Streifen zu annektieren. Den Vereinten Nationen hofft er die Zusicherung abringen zu können, daß beim Rückzug die israelische Armee durch eine internationale Truppe, nicht aber durch ägyptische Einheiten ersetzt wird. Schließlich erwartet er die Zusage der Vereinigten Staaten, daß sie sich tatkräftig für eine endgültige Friedensregelung im Nahen Osten einsetzen.

Um neun Uhr abends ruft Yaakow Herzog Botschafter Eban in Washington an und erkundigt sich, ob die Amerikaner zu der festen Zusage bereit wären — sozusagen als Gegenleistung für den israelischen Truppenabzug —, die von Israel geforderte Entsendung einer internationalen Streitmacht (statt des von der UNO verlangten sofortigen bedingungslosen Abzugs) zu unterstützen. Eban ruft nach gut zwei Stunden zurück und berichtet, Außenminister Dulles habe diesem Vorschlag zugestimmt. Daraufhin formulieren Ben Gurion und Herzog den Kernsatz des Briefes an Präsident Eisenhower: »Wir werden unverzüglich unsere Truppen zurückziehen, sobald mit den Vereinten Nationen eine befriedigende Lösung hinsichtlich des Einrückens einer internationalen Truppe in die Suezkanal-Zone erzielt worden ist.« Ben Gurion fügt noch hinzu: »Weder ich noch sonst ein autorisierter Sprecher der israelischen Regierung hat je behauptet, daß wir die Sinai-Halbinsel zu annektieren beabsichtigen.«

In der Zwischenzeit sitzt ein ganzes Volk voller Erwartung vor den Rundfunkgeräten. Am frühen Abend war die israelische Bevölkerung davon unterrichtet worden, Ben Gurion wolle in Kürze eine Ansprache an die Nation richten. Endlich, als Mitternacht längst vorbei ist, kommt die vertraute Stimme über den Äther. Der Ministerpräsident spricht in müdem, zurückhaltendem Ton, und viele hören aus seiner Rede Enttäuschung und Schmerz heraus. Ben Gurion verliest die Noten Bulganins und Eisenhowers und seine Antwortschreiben. Seiner Botschaft an den amerikanischen Präsidenten entnehmen die Hörer, daß die israelische Armee sich vom Sinai zurückziehen wird. Zum Schluß seiner Ausführungen wendet sich Ben Gurion an die Soldaten: »Keine Macht der Welt kann euren großen Sieg für null und nichtig erklären . . . Das Israel nach dem Sinai-Feldzug wird nie wieder das Israel sein, [das] vor dieser gewaltigen Operation [existierte].«

Am nächsten Tag erhält Ben Gurion ein anerkennendes Telegramm von Eisenhower, in dem ihm dieser zu seiner Entscheidung über den Truppenabzug gratuliert. Verbittert bemerkt Ben Gurion in seinem Tagebuch: »Kann ich ihm ebenfalls ein Danktelegramm für sein Verhalten während der Krise schicken?«

Was war aus seinem Traum von einem Dritten Königreich Israel geworden? Zehn Jahre später gestand Ben Gurion in einem freimütigen Augenblick, daß die damalige Rede ein Fehler gewesen war. »Ich beging ein paar Irrtümer in der Rede, als ich sagte, das Waffenstillstandsabkommen sei tot und begraben und Ägypten würde nicht wieder auf den Sinai zurückkehren. Ich bin zu weit gegangen . . .« Er schwieg einen Augenblick lang nachdenklich und fügte dann hinzu: »Aber wissen Sie . . ., der Sieg kam zu schnell. Auch ich war im Siegestaumel.«

Nachdem die bedrohliche Spannung im Nahen Osten vorüber war, wartete die ganze Welt ungeduldig darauf, daß Israel seine Zusage einhielt und sich aus den besetzten Gebieten zurückzog. Doch Ben Gurion schlug eine andere Taktik ein. Er vertraute darauf, daß die Vereinten Nationen, vom Alptraum sowjetischer Drohungen befreit, eine objektivere Haltung Israel gegenüber einnehmen würden. Zudem gäbe eine zeitliche Verzögerung Israel Gelegenheit, seinen Standpunkt in den Vereinigten Staaten zu erläutern und die öffentliche Meinung Amerikas für sich zu gewinnen. Das zweite Ziel seiner Verzögerungstaktik war es, aus dem Truppenabzug eine Trumpfkarte für Israel zu machen, mit der bestimmte konkrete Vorteile im Austausch gegen die Räumung des eroberten Territoriums erreicht werden konnten. Ein drittes Ziel behielt Ben Gurion für sich und verriet es nur seinen engsten Vertrauten. In einer Unterhaltung mit Dayan sagte er: »Man kann nie genau wissen, aber ich glaube, wir müssen uns aus der Straße von Tiran und aus dem Gaza-Streifen gar nicht zurückziehen.«

Am 15. November gibt Israel bekannt, daß der Truppenabzug begonnen habe; am 3. Dezember haben sich die israelischen Streitkräfte jedoch erst fünfzig Kilometer vom Suezkanal zurückgezogen. Ben Gurion hofft zunächst, daß diese erste Stufe des Rückzugs auf unbestimmte Zeit genügen würde. Eine Woche später teilen indessen Frankreich und Großbritannien den Vereinten Nationen mit, daß der Abzug ihrer Truppen aus der Kanalzone bis zum 18. Dezember abgeschlossen sein werde. Der Druck auf Israel wächst, und Ben Gurion sagt zu, den Rückzug auf wöchentlich rund fünfundzwanzig Kilometer zu beschleunigen. Gleichzeitig unternimmt die israelische Armee aber alles, um das Vorrücken der UNO-Truppen und den Wiedereinzug ägyptischer Verbände zu verzögern. Israelische Einheiten reißen die Fernstraßen auf der Sinai-Halbinsel auf, Fällen Telegraphenmasten und demontieren die Eisenbahnschienen. Daraufhin kommt es zu scharfen Auseinandersetzungen mit UNO-Generalsekretär Hammarskjöld und den Vereinigten Staaten, und Israel nimmt seine Truppen bis El Arish zurück. Unter wachsendem Druck von außen zieht es sich bis Mitte Januar 1957 auf die letzte Verteidigungslinie zurück. Die israelische Armee geht entlang der Grenzen des palästinensischen Mandatsgebietes (das auch den Gaza-Streifen umfaßt) und bei Scharm el-Scheich in Stellung.

In einem Telegramm an Botschafter Eban schreibt Ben Gurion: »Ich werde dem Kabinett vorschlagen, [daß wir] jeder Vereinbarung über den Sinai zustimmen, wenn man uns dazu zwingt. Wir werden jedoch unter gar keinen Umständen in der Frage der Straße von Tiran, der Inseln (die übrigens gar nicht zu Ägypten gehören) und des [Gaza-]Streifens nachgeben . . . [Diese Gebiete] sind lebenswichtig [für uns], und wir wollen eher den Tod erleiden, als auf sie verzichten.« Ben Gurion ist entschlossen, bis zum äußersten zu kämpfen. Seinen engsten Mitarbeitern vertraut er an, es werde keinen Abzug aus dem Gaza-Streifen und aus der Straße von Tiran geben, selbst wenn Amerika »explodiere« und ein wirtschaftliches und finanzielles Embargo gegen Israel verhänge.

Eisenhowers Haltung verhärtet sich im Laufe des Januar 1957. Anfang Februar schaltet er sich mit einer scharfformulierten Note an Ben Gurion persönlich in den Konflikt ein:

»Ich erwarte umgehend, daß dieser Rückzug ohne weitere Verzögerung abgeschlossen wird. Eine fortgesetzte Mißachtung des Urteils der Nationen, wie es in den Resolutionen der UNO zum Ausdruck kommt, wird mit ziemlicher Sicherheit weitere Maßnahmen der Vereinten Nationen heraufbeschwören. Dadurch würden die Beziehungen zwischen Israel und anderen Mitgliedstaaten, darunter den Vereinigten Staaten, ernsthaft gestört.«

Das bedeutet die unverhüllte Androhung von Sanktionen. Ben Gurion, der sich seit Wochen nicht wohl fühlt, bekommt einen Wutanfall. Er ruft Herzog an: »Yaakow, schreib ihm, er soll uns mit Fernlenkraketen beschießen! Er hat ja Atomraketen; warum sollte er sie nicht auf uns abfeuern? Laß sie doch ihre Sanktionen durchführen!«

468

Etwas weniger erregt, aber nicht minder verärgert formuliert er seine Antwort an Eisenhower:

»In Ihrem Schreiben deuteten Sie die Möglichkeit von ›Maßnahmen‹ der Vereinten Nationen gegen Israel an, weil wir den Beschlüssen der Vollversammlung nicht vollständig nachgekommen sind. Solche ›Maßnahmen‹ sind gegen Ägypten noch nie angewandt worden, das jahrelang gegen die Resolutionen des Sicherheitsrats und gegen die Charta der Vereinten Nationen verstoßen hat und es weiter tut . . . Wie ist es zu begreifen, daß die Vereinigten Staaten, das Land der Freiheit, Gleichheit und der Menschenrechte, eine solche Diskriminierung sowie UNO-›Maßnahmen‹ unterstützen wollen, die darauf abzielen, uns in eine Lage zurückzuversetzen, in der wir erneut Mord und Blockade ausgesetzt wären? . . . Unser Volk wird das niemals hinnehmen, gleichgültig, welche Opfer das nach sich zieht.«

Mitte Februar verschärft sich die Auseinandersetzung zwischen dem amerikanischen Präsidenten und Ben Gurion noch mehr. Eisenhower beschließt, sich in einer von Rundfunk und Fernsehen übertragenen Ansprache direkt an das amerikanische Volk zu wenden.

»Wenn wir damit einverstanden sind, daß ein bewaffneter Angriff dem Angreifer die gewünschten Ziele verschafft, heißt das, daß wir die Uhr der internationalen Ordnung zurückgedreht haben . . . Ich bin der Auffassung, daß die Vereinten Nationen um des Friedens willen keine andere Wahl haben, als Druck auf Israel auszuüben, den Resolutionen über einen Truppenabzug Folge zu leisten . . . Sollte es einer Nation, die trotz Mißbilligung durch die Vereinten Nationen ausländisches Territorium angreift und besetzt, gestattet sein, die Bedingungen für den eigenen Rückzug zu diktieren?«

Sowohl Israel als auch die USA bereiten sich jetzt auf die letzte gegenseitige Kraftprobe vor: die Sitzung der UNO-

Vollversammlung am 26. Februar. Im letzten Augenblick gibt es indessen eine weitere unerwartete Entwicklung. Am 27. Februar schreibt Ben Gurion morgens in sein Tagebuch: »Einem Bericht aus New York zufolge soll Pineau irgendeinen überraschenden Vorschlag gemacht haben, aber wir wissen noch nichts über dessen Inhalt.« Am Abend übermittelt Eban telegraphisch die wesentlichen Punkte des von Außenminister Pineau vorgelegten Plans. Pineau hielt sich mit Guy Mollet zu einem offiziellen Besuch in Washington auf.

Danach solle Israel den vollständigen Rückzug aus dem Gaza-Streifen auf Grund der »Annahme« ankündigen, daß UNO-Streitkräfte die volle militärische und zivile Verwaltung im Gaza-Streifen übernähmen und dort verblieben, bis eine friedliche Lösung gefunden sei. Falls Ägypten gegen diese Abmachung in irgendeiner Form verstoße, habe Israel das Recht auf Selbstverteidigung. Die Vereinigten Staaten und andere Länder sollten die Vollversammlung davon in Kenntnis setzen, daß sie die israelische »Annahme« akzeptieren. Auf diese Weise erhielte Israel internationale Rückendeckung. Was das Recht auf Selbstverteidigung angehe, so solle Israel darauf zurückgreifen können, falls die ägyptische Armee wieder in den Gaza-Streifen einmarschiere oder die freie Schiffahrt behindere. Diesen Vorschlag hätten Pineau und Mollet der Regierung der Vereinigten Staaten unterbreitet, die ihn bereits gebilligt habe.

Ben Gurion beruft für denselben Abend eine dringende Kabinettssitzung ein, auf der der französische Vorschlag angenommen wird. In der Nacht geht ein Telegramm Ben Gurions mit detaillierten Instruktionen an Eban ab. Bereits am nächsten Tag erarbeitet eine von Eban geleitete israelische Delegation in Washington mit einer von Außenminister Dulles geführten amerikanischen Expertengruppe ein gemeinsames Dokument. Ferner wird das Vorgehen für die Abschlußdebatte der UNO-Vollversammlung festgelegt. Demzufolge soll der israelische Außenminister eine Erklärung abgeben, deren Hauptpunkte in dem Dokument enthalten sind. Im Anschluß daran soll der Vertreter der USA die positive Einstellung seines Landes zu den in der israelischen Erklärung genannten »Annahmen« hervorheben. Schließlich würden die Schiffahrt treibenden Länder erklären, daß sie die Forderung nach freier Durchfahrt durch die Straße von Tiran unterstützen. Durch einen solchen Ablauf hofft man die Krisenstimmung in der Vollversammlung beenden und eine Abstimmung im Plenum verhindern zu können, wo der Ostblock zusammen mit den afroasiatischen Ländern über die Mehrheit verfügt und imstande wäre, den Plan zu Fall zu bringen.

Am 1. März 1957, dem entscheidenden Tag, liegt Ben Gurion wiederum krank zu Bett. Kurz bevor Golda Meir an diesem Abend in New York ihre Rede vor der Vollversammlung hält, bittet Ben Gurion einige Generäle zu sich nach Hause. Er fühlt sich moralisch und als Staatsmann dazu verpflichtet, diese Männer, die in seinen Augen die Sieger des Sinai-Feldzuges sind, von den Vorzügen des französischen Vorschlags zu überzeugen. Ungeschminkt schildert er die Risiken, die Israel eingeht, wenn es sich mit dem Abzug seiner Truppen einverstanden erklärt:

»Ich habe [dem Kabinett] gesagt, daß dies ein Vabanquespiel ist; aber es ist ein kalkuliertes Risiko. Wir müssen möglicherweise wieder kämpfen . . . [und] wenn wir wieder kämpfen müssen, werden nicht alle Mitglieder der Vereinten Nationen auf unserer Seite stehen. Doch [wir werden die Unterstützung von] genügend Staaten [haben], was uns in die Lage versetzt, das Kämpfen mit größerer innerer Ruhe anzugehen.« Ben Gurion betont, er sei bereit gewesen, Sanktionen in Kauf zu nehmen. Wenn Israel Pineaus Vorschlag jedoch ablehne, liefe es Gefahr, den Nachschub mit französischen Waffen zu unterbinden, und dann gäbe es keinen einzigen Staat mehr auf der Welt, der Israel mit Waffen versorgte. »Morgen«, schließt er, »wird es keine Freudentänze auf den Straßen geben. Ich kann mir vorstellen, daß man auch in den Reihen der Armee . . . voller Sorge ist. Ich bin jedoch fest davon überzeugt, daß in sechs Monaten . . . (die Arbeiten) zum Bau einer Eisenbahn beginnen, daß amerikanische, französische, englische, italienische und äthiopische Schiffe eintreffen — [und] es wird Grund zur Freude geben . . .«

In nicht geringerem Maße als seinen Offizieren scheint Ben Gurion sich selbst einreden zu wollen, daß dies der einzig gangbare Weg für ihn sei. Er erläutert die bevorstehenden politischen Schachzüge Israels in der UNO-Vollversammlung und zählt zugleich die zu erwartenden Rückschläge für die Feinde des Landes auf, allen voran Nasser. »Was sich in einer Stunde bei den Vereinten Nationen abspielt, wird Nasser möglicherweise nicht lange überleben«, kündigt er an. »Heute wendet sich sein Schicksal. Er wird nicht um elf Uhr heute abend stürzen, so schnell geht das nicht, aber ich glaube, heute wird seine Zukunft besiegelt. Dieser Akt [bei den Vereinten Nationen] bedeutet die Ausschaltung Nassers; aber sie läßt sich natürlich nicht binnen einer Stunde vollziehen.«

Ben Gurion hatte sich geirrt. Nasser stand nicht kurz vor dem Sturz. Im Gegenteil, er wußte von der »Verschwörung« gegen ihn. Weder Hammarskjöld noch Dulles waren zu irgendeinem Zeitpunkt bereit gewesen, die israelische »Annahme« zu akzeptieren, daß Ägypten nicht in den Gaza-Streifen zurückkehrt; und Dulles' Versprechungen an Israel waren nichts weiter als taktische Manöver gewesen. All dies sollte Israel an diesem Abend auf unerwartete und schmerzliche Weise klar werden.

Zur festgesetzten Stunde besteigt Golda Meir die Rednertribüne in der Vollversammlung und kündigt die Räumung des Gaza-Streifens und der Straße von Tiran an. Ihr Land entspreche damit dem Beschluß der Vollversammlung über die Stationierung von UNO-Truppen. Nach ihrer Rede kehrt sie auf ihren Platz zurück, und US-Botschafter Henry Cabot Lodge ergreift das Wort, um vereinbarungsgemäß die Übereinstimmung der Vereinigten Staaten mit der israelischen »Annahme« zu erklären. Doch seine Ausführungen stimmen mit dem vereinbarten Text keineswegs überein.

»Zu meiner Überraschung«, schreibt Golda Meir, »hörte ich ihn den Vereinten Nationen versichern, daß . . . über die Zukunft des Gaza-Streifens im Zusammenhang mit den Waffenstillstandsvereinbarungen entschieden werden müsse. Vielleicht begriff nicht jedermann in den Vereinten Nationen an diesem Tag, was Cabot Lodge meinte, aber wir verstanden alles nur zu gut. Das amerikanische Außenministerium hatte seine Schlacht gegen uns gewonnen, und die ägyptische Militärregierung sollte mit ihrer Garnison nach Gaza zurückkehren. Ich konnte nichts tun oder sagen. Ich saß bloß da und biß mir auf die Lippen. Ich war nicht einmal in der Lage, den gutaussehenden Mr. Cabot Lodge anzuschauen, während er all diejenigen besänftigte, die so besorgt gewesen waren, wir könnten uns weigern, uns bedingungslos zurückzuziehen.«

Nach dem Vertreter der USA sprechen Delegierte verschiedener anderer Staaten, die sich an die ursprüngliche Absprache halten und der »Annahme« Israels hinsichtlich freier Schiffahrt in der Straße von Tiran beipflichten. Doch in bezug auf den Gaza-Streifen wird Israel eindeutig ausgetrickst.

Als Ben Gurion von dieser Entwicklung erfährt, gerät er in Zorn und will zuerst den Abzug abbrechen. Das Kabinett tritt zu einer Krisensitzung zusammen, der ersten seit Gründung des Judenstaates, die an einem Sabbat stattfindet. Das Kabinett weist Botschafter Eban an, dem amerikanischen Außenminister Dulles unverzüglich die bindende Erklärung abzuverlangen, daß die Ägypter nicht wieder in den Gaza-Streifen einrücken. Die Vereinigten Staaten vermeiden jedoch eine solche Zusage, und Ben Gurion muß sich mit dem Brief begnügen, den er am selben Abend von Präsident Eisenhower erhält. »Ich glaube . . .,daß Israel es nicht zu bereuen hat, wenn es in Übereinstimmung mit den vitalen Empfindungen der ganzen Völkergemeinschaft handelt«, schreibt Eisenhower. Er weist auf die »Hoffnungen und Erwartungen« hin, die in den Worten der israelischen Außenministerin »und anderer« zum Ausdruck gekommen wären, und fährt dann fort: »Ich halte es für vernünftig, solche Hoffnungen und Erwartungen zu hegen . . ., und ich möchte Sie wissen lassen, daß die Vereinigten Staaten . . . danach trachten, daß solche Hoffnungen sich nicht als nutzlos erweisen.«

Ben Gurion sucht in seiner Antwortnote an Eisenhower an diese Worte anzuknüpfen und dringt erneut darauf, daß den Ägyptern die Rückkehr nach Gaza verwehrt wird. Aber es ist zu spät. Israel erfüllt seine Zusage und zieht seine Truppen aus der Straße von Tiran und dem Gaza-Streifen zurück. Innerhalb weniger Tage ist Gaza wieder Sitz einer ägyptischen Militärregierung. Ben Gurion wütet und tobt, aber er reagiert nicht mit einem militärischen Gegenschlag. »Ich bringe es nicht übers Herz, im Gaza-Streifen eine Operation anzuordnen«, vertraut er seinem Stabschef Dayan an. So beugt er sich dem Fait accompli. Nach Beendigung der politischen Schlacht bleibt dem Kabinett, der Armee und allen Israelis der bittere Nachgeschmack eines politischen Rückschlags.

Fürs erste hatte es den Anschein, als habe der Ministerpräsident die diplomatische Schlacht verloren, denn ein großartiger militärischer Sieg hatte sich in eine politische

Niederlage verkehrt. Israels territorialen Ziele waren nicht erreicht, Nasser nicht gestürzt worden; man hatte Israel mit den imperialistischen Staaten gleichgesetzt; seine Beziehungen zu den USA mußten eine schwere Krise durchmachen, und sein Verhältnis zur UNO und deren Generalsekretär war durch offene Spannungen und gegenseitiges Mißtrauen gekennzeichnet. Die ägyptische Armee war wieder in den Gaza-Streifen einmarschiert, und die südisraelischen Siedlungen sahen sich denselben Gefahren ausgesetzt wie ehedem.

So sah die Lage im Augenblick aus. Doch im Laufe der Zeit trug der Sinai-Feldzug gute Früchte; zunächst und in erster Linie eine zehnjährige Zeit des Friedens. An Israels Grenzen kehrte nach und nach Ruhe ein. Die Fedajin blieben dem Gaza-Streifen fern, und die übrigen Grenzgebiete genossen eine Art De-facto-Frieden. Das Gefühl der Unsicherheit und der Bedrohung lastete den Israelis nicht länger auf der Seele. Ben Gurions Vision von der Zukunft Eilats war ebenfalls zum großen Teil verwirklicht worden. Sein Hafen bildete nun das südliche Eingangstor nach Israel, die freie Zufahrt zum Golf von Akaba war garantiert, eine Ölpipeline führte von Eilat zur israelischen Mittelmeerküste, und für die Urbarmachung des Negev wurden beträchtliche Mittel aufgewandt.

Der Sinai-Feldzug führte auch zu einem beispiellosen Aufschwung der außenpolitischen Beziehungen Israels. Entgegen den Voraussagen aller Experten, die Israel prophezeit hatten, die afrikanischen und asiatischen Staaten würden es schlichtweg ignorieren, trat das genaue Gegenteil ein. Dieselben jungen afrikanischen und asiatischen Staaten, die Israel in den Vereinten Nationen verurteilt hatten, aber auch jene, die kürzlich erst unabhängig geworden waren, betrachteten Israel inzwischen als Symbol und Vorbild. Von allen Enden der Welt, vor allem aus Afrika, Asien und Südamerika, kamen Delegationen nach Israel, um technische, landwirtschaftliche und militärische Hilfe zu erbitten. Der Sinai-Feldzug leitete eine neue Phase in Israels auswärtigen Beziehungen ein. Die Verbindungen zu Ländern der Dritten Welt erreichten ihren Höhepunkt in den Jahren zwischen 1957 und 1967.

Auch die Beziehungen zu den westlichen Großmächten intensivierten sich. Der Sinai-Feldzug hatte den amerikanischen Politikern die Gefahren einer sowjetischen Einflußnahme in Nahost aufgezeigt. Im Laufe der folgenden Jahre traten Ägypten, Syrien und der Irak ins pro-sowjetische Lager über, während Israel, eine stabile westliche Demokratie und ein Bollwerk gegen den sowjetischen Einfluß, seine Beziehungen zu Amerika stärkte. Die am Vorabend der Sinai-Operation geschlossene Allianz zwischen Frankreich und Israel wurde ausgebaut und vertieft. In den nächsten zehn Jahren hatte Israel keine Schwierigkeiten, von Frankreich Waffen zu bekommen. Die Franzosen halfen Israel auch beim Bau des großen Atomreaktors in Dimona und traten viele Jahre lang auf der weltpolitischen Szene als loyale Förderer des jüdischen Staates auf.

Innenpolitisch vergrößerte der Sinai-Feldzug die Machtstellung der Mapai und stärkte Ben Gurions Position. Der Krieg war gewissermaßen ein »Verjüngungselixier«, das Ben Gurions Stärke wiederherstellte und seine Führungsrolle untermauerte. Der Sinai-Feldzug leitete das Goldene Zeitalter in den Annalen des Staates Israel ein. Es sollte auch Ben Gurions Goldenes Zeitalter als Volksführer und Staatsmann werden.

Am Donnerstag, dem 28. August 1958, nimmt Ben Gurion wie gewöhnlich an der wöchentlichen Sitzung des Generalstabes teil. Am Abend suchen ihn einige seiner engsten Mitarbeiter zu Hause auf. Ben Gurion zieht, ihrem Rat folgend, seine Khakiuniform an, wie er es immer tat, wenn er unterwegs war, um Manöver der israelischen Streitkräfte zu beobachten. Hinter den Kulissen hatte man sich an diesem Tag gerüchtweise erzählt, der Alte wolle im Negev an geheimen Versuchen mit neuen Waffen und Geräten teilnehmen. Um einundzwanzig Uhr fährt ein Wagen des Verteidigungsministeriums vor Ben Gurions Haus vor, und ein ranghoher Offizier geleitet den Regierungschef zum Wagen, der sich jedoch nicht in Richtung Negev-Wüste in Bewegung setzt. Auf Umwegen fährt man zum Flughafen Lod und gelangt durch eine Seiteneinfahrt bis aufs Rollfeld. Auf der abgedunkelten Startbahn warten bereits mehrere Personen auf den Ministerpräsidenten, unter ihnen Außenministerin Golda Meir und Jizchak Navon. Zusammen besteigt man ein großes Militärflugzeug, das am Ende der Piste bereits seine Motoren warmlaufen läßt. Um Punkt 21.45 Uhr hebt die Maschine ab, nimmt Kurs aufs Mittelmeer und dreht dann nach Norden ab. Wie schon zwei Jahre zuvor unternimmt Ben Gurion eine Auslandsreise, deren Einzelheiten ein strenggehütetes Geheimnis sind und es noch viele Jahre bleiben sollen. Ben Gurion wird auf dieser Reise mit der

Regierungsspitze eines anderen Staates zusammentreffen und einen Freundschafts- und Kooperationsvertrag abschließen.

Diesem Flug ist eine Folge stürmischer Ereignisse vorausgegangen. Im August 1957 faßt die UdSSR massiv Fuß in Syrien: Große Mengen sowjetischer Waffen werden im Hafen von Latakia gelöscht, und Militärberater aus der Sowjetunion strömen ins Land. Es scheint nur noch eine Frage der Zeit zu sein, bis Syrien ganz ins Moskauer Lager hinübergezogen ist. Zugleich wachsen die Spannungen an der syrisch-israelischen Grenze. Zwischenfälle, die auf das Konto der Syrer gehen, führen auf israelischer Seite zu Toten und Verwundeten, doch Ben Gurion beschließt, sich Zurückhaltung aufzuerlegen. Er hat nicht die Absicht, Syrien anzugreifen, sondern vertraut darauf, daß die Westmächte — insbesondere die Vereinigten Staaten — den Sturz des moskaufreundlichen Regimes in Damaskus herbeiführen werden. An Außenminister Dulles schreibt er:

»Die Umwandlung Syriens in einen Stützpunkt des internationalen Kommunismus ist einer der gefährlichsten Vorgänge, die sich in der freien Welt unserer Tage abgespielt haben . . . Ich bin der Meinung, die freie Welt sollte und brauchte diese Situation nicht stillschweigend hinzunehmen. Aber alles hängt von einer festen und zielbewußten Haltung der Vereinigten Staaten ab als der führenden Großmacht unter den freien Nationen. Wenn Sie diese politische Linie einschlagen, würden außer Israel auch die anderen Nachbarstaaten Syriens gemeinsam mit den oppositionellen Kräften in Syrien bestimmt zu Maßnahmen greifen, um die Gefahr von Grund auf auszuräumen . . . Ich fühle mich verpflichtet, einen solchen Kurs mit größtem Ernst und aus voller Überzeugung zu empfehlen. Sie können versichert sein, daß Israel nichts unternimmt, was den Verlauf einer solchen Aktion hemmen würde.«

Seine Hoffnungen sind nicht unbegründet. Ben Gurion weiß, daß Amerika mit Hilfe der Türkei, des Irak und Jordaniens einen Staatsstreich in Syrien plant. Aber der Plan schlägt fehl. Die Vereinigten Staaten unternehmen vergebliche Anstrengungen, durch Entsendung der Sechsten Flotte ins östliche Mittelmeer und die Konzentrierung türkischer, irakischer und jordanischer Truppenverbände an Syriens Grenzen Druck auf Damaskus auszuüben. Israel ist an diesen amerikanischen Schritten nicht beteiligt. Im Frühherbst 1957 versucht Ben Gurion erneut, die amerikanischen Vorbehalte gegenüber Israel auszuräumen. Er fühlt, daß dafür der geeignete Moment gekommen ist. Die Russen haben Anfang Oktober ihren Sputnik gestartet und damit den Westen in große Aufregung versetzt; angesichts massiver Drohungen Syriens und der Sowjetunion gegenüber der Türkei haben sich die USA öffentlich verpflichtet, die türkischen Grenzen zu garantieren. Israel hingegen muß mit Besorgnis feststellen, daß es trotz der wachsenden sowjetischen Gefahr nicht zu jenen Staaten gehört, deren Existenz die Vereinigten Staaten zu garantieren bereit sind. Ben Gurion weist Golda Meir an, in einem Gespräch mit Dulles darauf hinzuwirken, daß die amerikanische Warnung an die Adresse der Sowjetunion auch die Existenz Israels garantieren solle. Außerdem wiederholt er die israelische Bitte um amerikanische Waffen sowie um Hilfe beim Ausbau der Häfen und Flugplätze des Landes, »damit wir notfalls eine Rolle übernehmen können«. Ben Gurion setzt große Erwartungen in die Tatsache, daß die amerikanische Nahostpolitik von der Furcht der USA vor dem sowjetischen Einfluß dort bestimmt wird. Doch Golda Meirs Unterredung mit Dulles bringt nicht die erhofften Resultate.

Während Israel immer wieder Enttäuschungen von seiten der USA erleben muß, gründet Ben Gurion in aller Stille eine geheime Allianz im Nahen Osten. Unter größter

Geheimhaltung entsteht eine phantomähnliche Organisation, deren Netz schließlich einen Ring um die arabischen Nahoststaaten bildet. Die Begriffe »geheim« und »Phantom« sind nicht übertrieben. Mehrere Jahre hindurch entwickelt Israel intensive Aktivitäten im ganzen Nahen Osten, die unter beinahe völliger Abschottung nach außen über die Bühne gehen. In den unterschiedlichsten Verkleidungen fliegen Ben Gurions Emissäre mit falschen Pässen und auf Umwegen wiederholt bei Nacht in die Hauptstädte der neuen Verbündeten Israels. Diese Geheimdiplomatie erstreckte sich auf verschiedene Interessenssphären. Die meisten Unterlagen darüber ruhen noch heute als Verschlußsache in den Staatsarchiven. Das gesamte Unternehmen wurde unter der Bezeichnung Randstaaten-Allianz bekannt.

Ihre Vorgeschichte reicht in die Zeit vor dem Sinai-Feldzug zurück. Damals knüpfte Israel insgeheim besondere Beziehungen zu zwei Nahoststaaten: dem Iran im Norden und Äthiopien im Süden. Nassers subversive Aktivitäten und seine expansionistischen Bestrebungen weckten wachsende Besorgnis in diesen beiden Ländern und nicht nur dort. Eine Reihe anderer Staaten, darunter der Sudan, war über Ägyptens Machthunger beunruhigt. Dann kam der Sinai-Feldzug, und die Niederlage, die Israel Nasser bereitete, fand einen unerwarteten Widerhall im ganzen Nahen Osten und in den angrenzenden Ländern. Staaten, die sich aus Angst vor Nassers Ambitionen geduckt hatten, stellten plötzlich fest, daß es ein Land gab, das in der Lage war, ihm eine Niederlage beizubringen. Politiker, die sich wegen der Gefahr einer von Nasser geförderten kommunistischen Infiltration Sorgen machten, sahen, daß ein Staat wie Israel die Sowjets in Schach halten konnte.

Vor allem in Äthiopien, einem — damals — isolierten christlichen Staat im Nordosten Afrikas, ist man angesichts der panislamischen und panafrikanischen Expansionspolitik Nassers äußerst beunruhigt. Kurz nach dem Sinai-Feldzug kommt ein hochrangiger israelischer Diplomat nach Addis Abeba. Mit Kaiser Haile Selassie bespricht er gemeinsame politische Schritte beider Länder gegen Nassers subversive Politik sowie Fragen der Zusammenarbeit bei der wirtschaftlichen Entwicklung. Der Plan, auf den sie sich einigen, sieht die Entsendung israelischer Fachleute nach Äthiopien und äthiopischer Studenten nach Israel sowie die Durchführung gemeinsamer Projekte und Lehrgänge vor.

Zur gleichen Zeit richtet Israel den Blick nach Osten und wird im Iran aktiv, wo man gleichermaßen daran interessiert ist, den Einfluß Nassers und des Kommunismus im Nahen Osten zu bremsen. Das Land steht zudem vor schwierigen Problemen auf dem Agrarsektor und bei der wissenschaftlichen Forschung, für deren Lösung Israel seine Hilfe anbietet. Nach mehreren Teheran-Besuchen verschiedener israelischer Regierungsbeauftragter gestalten sich die Beziehungen zwischen beiden Ländern immer enger. Im Januar 1958 schreibt Ben Gurion an den Schah und erinnert an die wohlwollende Haltung des Perserkönigs Kyros in der Antike gegenüber den Juden. In seiner Antwort hebt der Schah hervor, er »pflege die Erinnerung an die Politik des Kyros und beabsichtige, diese antike Tradition fortzusetzen«.

Die schriftlich nicht fixierte Allianz mit dem Iran wird zur Grundlage für die Schaffung eines Dreiecksbündnisses. Im April 1958 trifft der altgediente israelische Diplomat Elijahu Sasson zu einem Gespräch mit dem türkischen Außenminister zusammen, der dabei die beträchtliche Besorgnis seiner Regierung über die Entwicklung in Syrien zum Ausdruck bringt. Denn im Laufe des Jahres 1957 hatten die Türken sich in ihrer Sicherheit eindeutig bedroht gefühlt, als sich ihr nördlicher Nachbar, die Sowjetunion, und ihr südlicher Anrainer Syrien zu einem Bündnis zusammenschlossen. Die türkischen und israelischen Verhandlungspartner einigen sich auf einen Zeitplan und auf weitere Treffen auf höchster Ebene.

Auf Grund dieser vielversprechenden Kontakte mit Staaten im Norden und Süden entwickelt Israel die Idee eines Randstaaten-Pakts: die Errichtung eines Staatenblocks rund um den Nahen Osten — mit der Türkei und dem Iran im Norden und Äthiopien im Süden —, der mit Israel verbündet ist. Dieser inoffizielle Zusammenschluß ist für die westliche Welt unverkennbar von großer Bedeutung. Jetzt hat Israel zum erstenmal das Gefühl, daß es den Amerikanern etwas bieten kann. Es ist nicht mehr ein unbedeutendes, abgekapseltes Land, sondern Anführer und Bindeglied einer Gruppe von Staaten (von denen einer der NATO angehört und zwei weitere Mitglieder des Bagdad-Pakts sind), deren Bevölkerung zahlenmäßig die aller arabischen Staaten zusammengenommen übertrifft. Diesen Staaten ist außerdem viel an einer Zusammenarbeit mit den Amerikanern gelegen, um die sowjetischen Absichten in dieser Region zu durchkreuzen. Ben Gurion weiß sehr wohl, wie wichtig die politische und finanzielle Unterstützung der Amerikaner für diese geheime Koalition ist. Darum schreibt er an Botschafter Eban in Washington: »Wenn Amerika diesen Plan billigt — eine Allianz zwischen Iran, Türkei, Israel und, nicht zu vergessen, Äthiopien —, könnte etwas Bedeutsames daraus erwachsen.« Eban äußert gewisse Zweifel, was die Erfolgsaussichten dieses Bündnisses betrifft. Ben Gurion hingegen ist begeistert und geht die Sache wie gewöhnlich mit Tempo an. Um herauszufinden, ob die Allianz überhaupt zustande zu bringen ist, will er zunächst auf höchster Ebene mit der türkischen Regierung sprechen.

Es ist zweifelhaft, ob ein solches Treffen überhaupt stattgefunden hätte, wäre der Nahe Osten im Sommer

1958 nicht von Umwälzungen heimgesucht worden, die mehrere Staaten in einen starken Strudel hineinreißen: Im Mai bricht im Libanon ein Bürgerkrieg zwischen Christen und Moslems aus, die auf die Eingliederung des Landes in einen von Nasser geführten arabischen Block hinarbeiten. Der bewaffnete Aufstand, der als innenpolitischer Konflikt begonnen hat, wird durch Nasser-freundliche Agenten propagandistisch aufgebauscht und von ägyptischer und syrischer Seite mit Geld, Waffen und Soldaten unterstützt. Im Juli erfaßt die Krise den Irak und Jordanien. Als die Situation in Amman sich zuspitzt und der haschemitische Thron durch subversive Aktionen der Parteigänger Nassers bedroht wird, entsendet die irakische Regierung eine motorisierte Brigade unter dem Befehl von General Kassem. Auf halbem Weg läßt Kassem seine Soldaten jedoch kehrtmachen und zum Sturm auf Bagdad antreten. Zusammen mit einer unabhängigen Gruppe von Offizieren führt er diesen militärischen Coup rasch durch und ergreift die Macht.

Nach dem Putsch im Irak sieht es so aus, als gerieten alle westlichen Bollwerke in Nahost nacheinander ins Wanken. Der Irak, einst Herzstück des Bagdad-Paktes, scheint nun zu einem sowjetischen Satelliten zu werden. Seine Nachbarn, der Iran und die Türkei, müssen voller Entsetzen feststellen, daß der sowjetische Einkesselungsring immer enger wird.

Der Sturz der irakischen Monarchie führt beinahe auch zum Sturz des jordanischen Königs Hussein. Nach der Entmachtung der irakischen Dynastie, die den Haschemitenherrscher unterstützt hatte, erheben sich die Nasser-Anhänger in Jordanien. Hussein lebt eine Zeitlang wie ein Gefangener im eigenen Palast, beschützt von einigen wenigen Bataillonen britischer Soldaten, die England eilends von Stützpunkten auf Zypern nach Amman hatte einfliegen lassen.

In den ersten Tagen nach der blutigen Revolte im Irak wollen die Amerikaner offenbar mit voller Stärke zurückschlagen. Am Tag darauf geben die USA bekannt, sie würden der Bitte des libanesischen Präsidenten nachkommen und an der Küste bei Beirut amerikanische Truppen landen lassen. Gleichzeitig versetzt Washington sein strategisches Luftkommando und seine Flugzeugträger in Alarmbereitschaft. Mehrere Einheiten Marinesoldaten werden von den Okinawa-Inseln abgezogen und zum Persischen Golf geflogen; eine weitere Sondertruppe wird auf einem amerikanischen Fliegerhorst in der Türkei stationiert. Die Vereinigten Staaten hoffen, daß irgendein irakischer Politiker, der den Umsturz überlebt hat, um amerikanische Intervention zur Rettung des Regimes bitten würde, doch ein solches Ersuchen bleibt aus.

Die Vorgänge im Irak veranlassen die türkische Regierung, ihre Vorbehalte gegenüber einer Festigung der Beziehungen zu Israel fallenzulassen. »Unser Sonderbeauftragter wurde [zum türkischen Außenminister] gerufen . . .«, schreibt Ben Gurion fünf Tage nach dem Putsch im Irak aufgeregt in sein Tagebuch, »und informiert . . ., daß ihre Maßnahmen mit den unsrigen abgestimmt werden sollen . . . Wir leben in einer geschichtlich bedeutsamen Zeit, und die Gelegenheit für eine solche Aktion wird nicht wiederkehren . . . Er [unser Mann] ließ mich auch wissen, daß man prinzipiell mit einer Begegnung zwischen beiden Regierungschefs einverstanden sei . . .«

Am nächsten Tag führt Ben Gurion den Vorsitz bei Beratungen in Golda Meirs Haus, bei denen es um »verstärkte Kontakte zum Iran, zur Türkei und zu Äthiopien mit Hilfe Amerikas« geht, »mit anderen Worten: durch Druck auf die Amerikaner die Unterstützung der USA in diesen Ländern zu erreichen, indem sie dort ihrerseits Druck ausüben«. Anschließend schickt Ben Gurion ein dringendes Memorandum an Präsident Eisenhower ab, in dem er zum ersten Mal vom Randstaaten-Pakt spricht:

»Unser Ziel ist die Gründung eines Länderblocks, der nicht notwendigerweise eine formelle und öffentlich proklamierte Allianz sein muß. Er soll aber in der Lage sein, sich standhaft gegen die von Nasser unterstützte sowjetische Expansion zu behaupten, vielleicht sogar die Freiheit im Libanon zu retten und möglicherweise im Laufe der Zeit auch die Freiheit Syriens . . . Wir sind imstande, die Mission zu erfüllen . . ., weil . . . sie eine lebenswichtige Notwendigkeit für uns darstellt; sie ist aber auch ein Mittel zur Demonstration westlicher Macht in diesem Teil der Welt.«

Ben Gurion zählt die Arten von Hilfe auf, die Israel gewähren kann, und ersucht den Präsidenten ohne Scheu um amerikanische Mitwirkung. »Zwei Dinge sind erforderlich: Unterstützung durch die USA — politisch, finanziell und moralisch — und die Schärfung des Bewußtseins im Iran, in der Türkei und in Äthiopien, daß unsere Bemühungen in dieser Richtung sich des Beistands der Vereinigten Staaten erfreuen.«

Am späten Abend des 24. Juli 1958 trifft Eban mit Dulles zusammen und überreicht ihm Ben Gurions Memorandum. Schon am nächsten Tag erhält Ben Gurion eine Vorabantwort von Eisenhower: »Ich bin tief beeindruckt vom Ausmaß ihres Verständnisses für die ernsten Probleme, denen sich die freie Welt im Nahen Osten und anderswo gegenübersieht . . . Da der Nahe Osten Israel einschließt, können Sie auf das Interesse der Vereinigten Staaten an der Integrität und Unabhängigkeit Israels bauen. Ich habe Ihr Schreiben mit dem Außenminister besprochen, der Ihnen ausführlicher antworten wird.«

Diese Antwort ist für Ben Gurion enttäuschend. Er hatte mit einer Einladung nach Washington zu offiziellen Gesprächen gerechnet. Aber Dulles und Eisenhower verhalten sich noch abwartend. Doch in seinem offiziellen Antwortschreiben äußert sich Dulles positiv und ermutigt den israelischen Ministerpräsidenten, den Randstaaten-Pakt abzuschließen. Daraufhin gibt Ben Gurion grünes Licht zur Vorbereitung der Aktion und bricht am 28. August zu dem erwähnten Nachtflug auf. Kurz nach Mitternacht landet seine Maschine auf einem Militärflugplatz bei Ankara.

Ben Gurion und seine Begleitung werden zu einem einladenden Gästehaus der Regierung unweit der türkischen Hauptstadt gefahren, wo sie am nächsten Morgen mit dem türkischen Ministerpräsidenten, dem Außenminister und einigen erfahrenen Beratern Zusammentreffen. Zu Beginn der Beratungen gibt Ben Gurion einen Überblick über die politische Lage. Anschließend werden folgende Themen besprochen: Zusammenarbeit zwischen den Hauptstädten der westlichen Welt, um auf die Gefahren der Expansionspolitik Nassers hinzuweisen; Konsultationen über Hilfsmaßnahmen für Äthiopien und den Iran zur Bekämpfung der nasseristischen und kommunistischen Subversion; israelische Unterstützung für die Türkei bei der Industrialisierung des Landes; gemeinsame wissenschaftliche Forschungsprojekte sowie Ausweitung des Handels zwischen beiden Ländern.

Um Mitternacht startet Ben Gurions Flugzeug zum Rückflug. »Punkt halb drei in der Frühe landeten wir auf dem Militärflugplatz«, notiert Ben Gurion in sein Tagebuch. »Dort erwartete mich zu meiner Überraschung Ezer [Weizman]; er fuhr mich zum Sharon-Hotel.« Keiner der Gäste oder Hotelangestellten, der zufällig einen Blick auf den Regierungschef so spät in der Nacht erhascht, wundert sich über Ben Gurions Khakiuniform; er kam ja »direkt von Manövern im Süden«. Der Alte trägt sich inzwischen bereits mit dem Gedanken, eine ähnliche Geheimreise nach Äthiopien zu unternehmen.

Der 1958 mit der Türkei, dem Iran und Äthiopien geschlossene Geheimpakt war von langer Dauer. Nicht von ungefähr vertraute der Schah 1960 einem französischen Journalisten an: »Von den beiden amerikanischen Präsidentschaftskandidaten Nixon und Kennedy ist mir Kennedy lieber — weniger wegen seiner Persönlichkeit als vielmehr wegen seiner Partei. In der Demokratischen Partei besitzen die Juden beträchtlichen Einfluß, und dem Iran liegt wegen seiner engen Bindung an Israel an der Stärkung dieses Einflusses.« Und es war auch kein Zufall, daß am 14. Dezember 1960, bei dem Putschversuch gegen den Kaiser von Äthiopien, Amateurfunker in aller Welt Funksprüche von Anhängern des »Löwen von Juda« auffingen, die sinngemäß lauteten: »Ein Umsturz bedroht den Thron. Alarmiert die Israelis!«

Die Israelis halfen Haile Selassie in der Tat, seinen Thron zu behalten. Der Randstaaten-Pakt hatte Bestand und bewährte sich, trotz der Staatsstreiche, die sich in dieser Region ereigneten. Die Verbindungen zur Türkei lockerten sich nicht, als die Regierung Menderes durch einen Militärputsch abgesetzt wurde, nicht einmal dann, als das neue Regime den ehemaligen Ministerpräsidenten und den früheren Außenminister hinrichten ließ. Und dies, obwohl der Pakt in seinem Nordabschnitt in den sechziger Jahren an Wirkung verlor, als es zu einer Verbesserung der Beziehungen zwischen der Sowjetunion, dem Iran und der Türkei kam.

Trotz des politischen Erfolgs des Randstaaten-Paktes hält Ben Gurion es Anfang 1960 angesichts der generell bedrohlichen Situation im Nahen Osten für nötig, sich mit den führenden Männern der westlichen Welt zu treffen und um Waffen nachzusuchen. Im Grunde genommen hat er keinen Anlaß zur Besorgnis. Frankreich liefert weiter Waffen an Israel; die Beziehungen zwischen Israel und der Bundesrepublik Deutschland sind enger geworden, und Großbritannien hat seine einst feindselige Haltung aufgegeben. Auch in der Einstellung der USA hat sich nach den Ereignissen von 1958 ein spürbarer Wandel vollzogen; die Amerikaner haben Israel sogar eintausend rückstoßfreie Geschütze geliefert — zugegebenermaßen »leichte« Waffen, doch immerhin die ersten richtigen Waffen, die von Amerika kamen. Zudem ist die Regierung in Washington bereit, Israels Kauf von Panzern in England stillschweigend zu finanzieren. Gegenüber den israelischen Aktivitäten in Asien und Afrika verhalten sich die USA äußerst wohlwollend.

In Wirklichkeit aber verdeckt Ben Gurions zur Schau gestellter Optimismus seine wachsende innere Besorgnis. Im November 1959 befürchtet der Alte einen unmittelbar bevorstehenden ägyptischen Angriff; im Dezember kommt es zu bedrohlichen Spannungen an der israelisch-syrischen Grenze, und zwei Frachtschiffe mit Ladung für Israel werden im Suezkanal gestoppt. Das Wettrüsten im Nahen Osten läßt Ben Gurion befürchten, daß es den Arabern mit sowjetischer Hilfe gelingen wird, ihre Quantität (Menschen und Material) militärisch gesehen in eine neue Qualität umzuwandeln.

Da der Präsident der Vereinigten Staaten es nicht für opportun hält, ihn zu einem offiziellen Besuch nach Washington einzuladen, sinnt Ben Gurion auf einen Vorwand für eine Amerikareise, bei der er um ein Gespräch mit Eisenhower nachsuchen kann. Der Vorwand bietet sich schon bald, als die jüdische Brandeis-Universität ihm die Ehrendoktorwürde verleiht. Die israelische Botschaft in Washington benachrichtigt das State Department von Ben Gurions bevorstehendem Besuch, und der Präsident ist einverstanden, ihn im März 1960 zu empfangen.

Ben Gurion verbringt acht Tage in den Vereinigten Staaten. Sein Terminkalender ist ausgefüllt. In New York und Boston trifft er mit jüdischen Führern zusammen, er diniert mit Dag Hammarskjöld, führt Gespräche mit Eleanor Roosevelt und Nelson Rockefeller, erscheint auf Empfängen und Pressekonferenzen, unterhält sich mit mehreren führenden Senatoren und wird von Vizepräsident Nixon in dessen Haus empfangen.

Höhepunkt seines USA-Aufenthalts ist ohne Frage die Begegnung mit Präsident Eisenhower. Die Unterredung der beiden Politiker erbringt jedoch keine greifbaren Ergebnisse. Das anderthalbstündige Gespräch ist in Wirklichkeit ein Monolog. Ben Gurion spricht fast ununterbrochen, Eisenhower wirft nur ab und zu eine Bemerkung ein. Der israelische Ministerpräsident äußert seine Ansichten zu verschiedenen Themen der Weltpolitik, von der Lage im Nahen Osten bis zum Verhältnis zwischen den beiden großen Blöcken. Eisenhower hört höflich zu. Als Ben Gurion auf das Thema Waffen zu sprechen kommt, sagt ihm der Präsident klipp und klar, daß die Vereinigten Staaten nicht als »Hauptlieferant« von Waffen für Nahost auftreten wollten und es vorzögen, diese Aufgabe den westeuropäischen Staaten zu überlassen. Die USA, so Eisenhower, träten lieber als »Schlichter« in Erscheinung. Zugleich gibt Eisenhower aber seinem Gast das Versprechen, Amerika werde für den Schutz der Existenz Israels einstehen.

Ben Gurion ist sehr enttäuscht von der Begegnung mit dem US-Präsidenten. Dafür wird eine andere Zusammenkunft in New York zum Hauptereignis seiner Reise. Es ist das Treffen der beiden großen alten Männer Ben Gurion und Konrad Adenauer. Ihre Unterredung in diesem Frühjahr 1960 hat man zu Recht als »historisch« bezeichnet, denn es war der Markstein der formellen Aussöhnung zwischen dem jüdischen Volk, verkörpert durch den Staat Israel, und Adenauers »neuem Deutschland«.

Geheime Pläne für ein Zusammentreffen Ben Gurions mit Adenauer waren schon seit geraumer Zeit erörtert worden. Als er erfuhr, daß Ben Gurion nicht nach Deutschland kommen wolle, hatte der Bundeskanzler andere Orte für die Begegnung vorgeschlagen, so Rhodos, Athen oder Teheran. Schließlich hatte Adenauer in Kenntnis der bevorstehenden USA-Reise Ben Gurions im März New York als Stätte für das Treffen angeregt, da er zur selben Zeit nach Amerika fahren wollte.

Vor allem Waffen und Geld kommen zwischen den beiden in New York zur Sprache. Shimon Peres hatte zuvor seinen Regierungschef über ein mit dem deutschen Verteidigungsminister Franz Josef Strauß ausgehandeltes Geheimabkommen unterrichtet, demzufolge die Bundesrepublik Israel verschiedene Arten von Waffen »leihen« oder teilweise sogar kostenlos liefern will. Dazu gehören Kampf- und Transportflugzeuge, Hubschrauber, U-Boote, Luftkampfraketen und andere komplizierte Waffensysteme. Dieses ungewöhnliche Geschäft braucht jedoch noch die Zustimmung des Bundeskanzlers. Das zweite Gesprächsthema ist wirtschaftliche Hilfe.

Am Morgen des 14. März 1960 verläßt Ben Gurion um neun Uhr seine Suite im New Yorker Waldorf-Astoria-Hotel und begibt sich in eine andere, ein paar Stockwerke tiefer gelegene Zimmerflucht, wo ihn Konrad Adenauer willkommen heißt. Manche Beobachter haben Ben Gurions Händedruck als eine Geste des Verzeihens interpretiert, mit der Deutschland die Schuld am millionenfachen Verbrechen gegen das jüdische Volk vergeben wurde. Ben Gurion hat das anders gesehen. Für ihn gab es einen Unterschied zwischen Nazi-Deutschland, das die Verbrechen begangen hatte, und dem Deutschland Adenauers, das sich bemühte, sie wiedergutzumachen. Die beiden Staatsmänner sind sich einig, daß die Zeit für normale diplomatische Beziehungen zwischen der Bundesrepublik und Israel noch nicht reif ist. Weder die öffentliche Meinung noch der in den Parlamenten in Bonn und Jerusalem

490

herrschende Geist lassen einen solchen Schritt derzeit als sinnvoll erscheinen. Allerdings erörtern sie ausführlich die Frage deutscher Waffenlieferungen und deutscher Wirtschaftshilfe. Ben Gurion hatte schon länger die Absicht, an Adenauer mit der Bitte um eine zweihundertfünfzig-Millionen-Dollaranleihe heranzutreten, nachdem die Wiedergutmachungszahlungen inzwischen so gut wie abgeschlossen sind. Im letzten Augenblick jedoch drängt ihn sein Sekretär Jizchak Navon, Adenauer um einen Kredit in Höhe von einer halben Milliarde Dollar anzugehen, der Israel während eines Zeitraums von zehn Jahren für industrielle und landwirtschaftliche Entwicklungsprojekte, hauptsächlich im Negev, zur Verfügung stehen solle. Adenauer stimmt unmittelbar zu. »Wir werden helfen«, verspricht er.

Dann kommt Ben Gurion auf militärische Dinge zu sprechen und bittet Adenauer um Waffenlieferungen auf der Grundlage der zwischen Peres und Strauß ausgehandelten Bedingungen. Adenauer, der von diesen Vereinbarungen weiß, gibt bereitwillig seine Zustimmung zur kostenfreien Lieferung größerer Mengen an Waffen und militärischer Ausrüstung. Ben Gurion nimmt mit einem Gefühl tiefer Befriedigung Abschied von Adenauer. Den draußen wartenden Journalisten erklärt er: »Im vergangenen Sommer habe ich vor der Knesset gesagt, das heutige Deutschland sei nicht das Deutschland von ehedem. Nach meiner Begegnung mit Kanzler Adenauer bin ich überzeugt, daß ich mit meiner Beurteilung recht hatte.«

Er hat auch recht mit seiner Einschätzung, daß Israel neben Frankreich noch eine andere Waffenquelle benötigt. Dieses Problem beschäftigt ihn seit langem. Zwei Monate nach dem Gespräch Ben Gurions mit Konrad Adenauer kommt es in den französisch-israelischen Beziehungen zu einer schweren Krise, als der französische Außenminister Couve de Murville den israelischen Botschafter in Paris über den Beschluß seiner Regierung informiert, Israel kein Uran für den Kernreaktor zu liefern, der gerade in der Negev-Wüste gebaut wird. Darüber hinaus hatte Couve verlangt, der Bau des Reaktors müsse publik gemacht und die Anlage unter ausländische — eventuell internationale — Aufsicht gestellt werden. In seinen Memoiren schreibt de Gaulle später zu diesem Thema: »[Wir] stoppten die Unterstützung... für... den Bau..., einer Anlage zur Umwandlung von Uran in Plutonium, in der eines schönen Tages Atombomben hätten hergestellt werden können.«

Couves Forderung ruft in Israel tiefe Betroffenheit hervor. Denn damit ist nicht nur das endgültige Scheitern des ehrgeizigen Plans zur Errichtung eines eigenen Reaktors besiegelt, sondern auch eine fundamentale Änderung in der Haltung Frankreichs offenbar geworden, das bis dahin Israel bei dem Kernforschungsprojekt Hilfe geleistet hatte. Israels Wunsch nach einem Treffen zwischen Ben Gurion und dem französischen Staatspräsidenten findet de Gaulles Zustimmung. Eine Woche vor dem vereinbarten Termin reist Shimon Peres nach Paris, um das Terrain zu sondieren und die Tagesordnung für die Verhandlungen mit der französischen Regierung abzusprechen.

Am 13. Juni 1960, um vier Uhr nachmittags, treffen Ben Gurion und seine Begleitung in Paris ein. Sie wohnen im Hotel Bristol, nur wenige Schritte vom Elysée-Palast entfernt. Israels Ministerpräsident ist äußerst nervös; seine Begegnung mit de Gaulle bereitet er minuziös vor. Bis spät in die Nacht hinein bleibt er auf und füllt seinen Notizblock mit Stichworten und Zahlen. Am anderen Morgen treffen ihn seine Berater so an, wie sie ihn am Abend zuvor verlassen haben: angespannt, gereizt und von seinen Notizen umgeben.

Um die Mittagsstunde macht sich Ben Gurion mit seinem Mitarbeiterstab auf den Weg zum Elysée-Palast. Die israelische Delegation ist von dem prachtvollen Empfang überwältigt. Zwischen einer Doppelreihe der Garde Républicaine in ihren farbenfrohen Uniformen und mit gezogenen Säbeln steigen sie die Treppe empor. Bevor man zu Tisch geht, ziehen sich de Gaulle und Ben Gurion kurz zurück. Dies ist eine erste flüchtige Kontaktaufnahme vor den offiziellen Gesprächen, die sie nach dem Mittagessen führen wollen.

Ben Gurion ist angenehm überrascht. »Ich hatte mir ein falsches Bild von de Gaulle gemacht«, gesteht er später. »Man hatte mir gesagt, er sei kühl, unnachgiebig und verschlossen. Ich traf einen lebhaften, gütigen Menschen an, der Sinn für Humor besaß, sehr agil war und viel Herzlichkeit ausstrahlte. Er spricht manchmal mit einem ironischen Unterton, aber es ist eine freundliche Ironie.« De Gaulle seinerseits schreibt über die Begegnung: »Vom ersten Augenblick an empfand ich Sympathie und Bewunderung für diesen mutigen Kämpfer. Seine Persönlichkeit ist das Symbol Israels, das er seit dem Tage lenkt, als durch ihn der Staat entstand und um sein Überleben kämpfte.«

Nach dem Essen trennen sich die beiden Politiker erneut von ihren Beratern und begeben sich zu einem Meinungsaustausch in das Amtszimmer des französischen Präsidenten. Ben Gurion ist sich der Gefahr bewußt, die Israel im Falle eines französischen Abzugs aus Algerien droht, und tut sein Bestes, um de Gaulle von dieser Absicht abzubringen. Aber das gelingt ihm nicht. Als er dem Präsidenten einen eigenen Algerien-Plan vorlegt, ruft de Gaulle aus: »Mein Gott, Sie versuchen ja, ein neues Israel in Afrika zu gründen!«

»Ja«, antwortet Ben Gurion, »aber es gibt einen Unterschied: Das ›neue Israel‹ würde von Frankreich mit seinen fünfundvierzig Millionen Einwohnern und seinen Bündnissen mit den westlichen Ländern unterstützt.« Ben Gurion schildert de Gaulle die von Nasser gesteuerte Subversion in den arabischen Ländern und erläutert Israels Bindungen an die anderen Mitglieder der Randstaaten-Allianz. De Gaulle wird besonders aufmerksam, als er von der Angst der Israelis vor einem arabischen Großangriff hört. »Befürchten Sie wirklich, daß eine arabische Koalition eine Gefahr für Sie darstellen könnte?« fragt er den Alten.

»Es bedarf gar keiner Koalition«, erwidert dieser. »Unter bestimmten Voraussetzungen ist Ägypten allein in der Lage, uns erfolgreich anzugreifen. Ich habe das auch Präsident Eisenhower dargelegt, der daraufhin förmlich erklärte, die Vereinigten Staaten ließen nicht zu, daß Israel vernichtet würde.«

»Das wird Frankreich auch nicht!« sagt de Gaulle mit Nachdruck.

»Ich halte Ihre Zusicherung ebenso wie die von Eisenhower für ehrlich«, antwortet Ben Gurion. »Aber das verschafft uns noch keinen Schutz. In dem Moment, wo Ägypten über bessere Flugzeuge verfügt als wir, geraten wir in große Gefahr.«

»Meinen Sie, daß Sie in Gefahr geraten, wenn Sie kein Gleichgewicht der Waffen besitzen?« will de Gaulle wissen.

»Das hängt nicht so sehr von der Menge als vielmehr von der Qualität der Waffen ab«, betont Ben Gurion.

»Ich kann mir nicht denken, daß die Araber Sie besiegen können«, sagt de Gaulle.

Aber genau diese Einschätzung ist es, die Ben Gurion Sorge bereitet. Wo immer er auch zu Besuch hinkommt, stets hört er zu seinem Entsetzen die Legende vom »unbesiegbaren Israel«. Von neuem bemüht er sich, de Gaulle die Verteidigungsprobleme seines Landes plastisch vor Augen zu führen. »Wenn [die Araber] Tel Aviv bombardieren, sind wir nicht in der Lage, unsere Reservisten einzuberufen«, sagt er.

»Haben Sie das alles auch Eisenhower vorgetragen?«
erkundigt sich de Gaulle.

»Ja«, antwortet Ben Gurion. »Eisenhower hat mir aber
erklärt, Amerika könne nicht unser Hauptlieferant [für
Waffen] sein.«

»Warum nicht?« fragt de Gaulle.

»Aus politischen Erwägungen und wegen der internationalen Lage«, entgegnet Ben Gurion. So habe Israel die
USA mehrfach um Boden-Luft-Raketen ersucht.

Das Gespräch dauert länger als im Protokoll vorgesehen. Es ist bereits kurz vor vier, und Ben Gurion soll in wenigen Minuten einen Kranz am Grab des Unbekannten
Soldaten niederlegen. Dabei sind die wichtigsten Themen
— Waffenlieferungen und Atomenergie noch gar nicht behandelt worden. De Gaulle selbst stellt das fest. »Wie lange bleiben Sie in Frankreich?« erkundigt er sich. Als er erfährt, daß Ben Gurion ohnehin noch ein paar Tage in Paris
bleiben will, lädt er ihn zu einer weiteren Aussprache ein.
Die beiden Männer verabschieden sich sehr freundschaft-
lich voneinander.

Am 17. Juni, dem letzten Tag seines Paris-Aufenthalts,
sucht Ben Gurion de Gaulle ein zweites Mal auf. Das Gespräch dreht sich zunächst um die Frage des israelischen
Kernreaktors. Ben Gurion zeigt Verständnis für de Gaulles Vorbehalte gegen eine weitere französische Beteiligung am Bau des Reaktors. Er versichert dem französischen Staatspräsidenten, Israel habe nicht die Absicht,
Kernwaffen herzustellen. Die beiden Staatsmänner vereinbaren, daß Shimon Peres zu Gesprächen mit französischen Ministern nach Paris kommt, um möglicherweise
die Krise zu beheben. Im Gegensatz zu seiner reservierten
Haltung in Sachen Reaktor spricht sich de Gaulle nachdrücklich für eine Fortsetzung der Zusammenarbeit in
verschiedenen militärischen Bereichen aus. »Ich glaube,
Sie übertreiben die Gefahr, der Sie sich gegenübersehen«,

meint er zu Ben Gurion. »Unter keinen Umständen werden wir Ihrer Vernichtung tatenlos zusehen. Gegenwärtig besitzen wir keine große Macht, doch sie ist im Zunehmen begriffen, und wir werden Sie verteidigen.«

Ben Gurion gibt zu bedenken, daß solche Hilfe womöglich zu spät kommen könnte. Nasser strebe nach einer Auslöschung Israels, und Ben Gurion prophezeit, daß der ägyptische Präsident für den Fall, daß es ihm gelinge, moderne Flugzeuge wie beispielsweise die sowjetische Jagdmaschine Mig-19 zu erwerben, von seinem Offizierskorps genötigt würde, einen Krieg zu beginnen.

»Sie benötigen Waffen gegen Mig-Jäger?« fragt de Gaulle. »Da brauchen Sie Raketen, und die besitzen wir nicht.« Er verspricht aber, diese Frage mit Macmillan und Eisenhower zu erörtern. Was andere Waffen angehe, »werden Sie die besten englischen Centurion-Panzer bekommen und die besten Flugzeuge, über die wir verfügen«.

Die beiden Staatsmänner erheben sich und verabschieden sich voneinander. De Gaulle geleitet seinen Gast zu dessen Wagen und bemerkt beim letzten Händedruck: »Ich bin der Meinung, unsere Gespräche waren sehr wertvoll und nützlich. Ich bin froh, daß Sie gekommen sind und daß ich Gelegenheit hatte, Sie kennenzulernen. Nachdem wir uns jetzt kennen, können Sie sich jederzeit an mich wenden, wenn Sie etwas [zu besprechen] haben. Schreiben Sie an mich persönlich.« Seinem Schwiegersohn sagt de Gaulle später: »Ben Gurion und Adenauer sind die beiden bedeutendsten Führer des Westens.« Bei anderer Gelegenheit charakterisiert er Ben Gurion als »noble« Persönlichkeit und fügt hinzu, er sei »einer der herausragenden Staatsmänner unserer Zeit«.

Ben Gurion verläßt Paris hochbefriedigt. Zwar war das Problem des Kernreaktors nicht gelöst worden, aber de Gaulle hatte detaillierte Versprechen für die Lieferung von Waffen und für Militärhilfe gegeben. Noch wichtiger waren die Freundschaftsbeweise, mit denen de Gaulle seinen Gast geradezu überhäuft hatte. Im Frankreich des Jahres 1960 galten sie als eine Art Evangelium, und umfangreiche Hilfe an Israel wurde eine der Grundlagen der Außenpolitik der Fünften Republik.

Der neue Geist, der die französisch-israelischen Beziehungen nach Ben Gurions Treffen mit de Gaulle kennzeichnet, trägt ohne Zweifel zur Klärung der strittigen Punkte in der Reaktorfrage bei. Einige Monate später reist Shimon Peres nach Paris, wo er mit Außenminister Couve de Murville, Atomminister Guillaumat und deren Beratern konferiert. Man kommt überein, daß Israel den Bau seines Reaktors ohne französische Hilfe fortsetzt; andererseits wird Frankreich nicht länger auf seiner Forderung nach internationaler Kontrolle bestehen. Die beim Reaktorbau mitwirkenden französischen Firmen dürfen bereits in Auftrag gegebenes Material liefern. Außerdem wird vereinbart, daß Ben Gurion in Kürze mit einer Erklärung zum Reaktorbau an die Öffentlichkeit tritt und die dort geplanten Forschungsvorhaben genauestens bekannt gibt. Bevor es jedoch soweit kommt, löst der Kernreaktor eine schwere Krise aus, die in der ganzen Welt ihr Echo findet.

Der amerikanische Außenminister Christian Herter bittet am 9. Dezember 1960 den israelischen Botschafter in Washington zu einer dringenden Rücksprache ins State Department. Die Amerikaner hatten erfahren, daß Israel einen Atomreaktor baut. Diese Nachricht hat bei der Regierung große Besorgnis ausgelöst. Deshalb hatte sie bereits die Initiative ergriffen und das Joint Congressional Committee on Atomic Energy zur Beratung des Problems einberufen. Am nächsten Tag bringt die *New York Times* einen ziemlich verschwommenen Bericht über die Sitzung des Komitees. Drei Tage darauf enthüllt das Nachrichtenmagazin *Time* in einem kurzen Artikel, daß auf der Sitzung über einen Staat diskutiert wurde, der einen Kernreaktor baue. Dieser Staat gehöre weder der NATO noch dem Ostblock an. Am 16. Dezember meldet die Londoner Tageszeitung *Daily Express* in einer sensationell aufgemachten Story, Israel stelle eine Atombombe her. Unter Berufung auf britische und amerikanische Geheimdienstkreise heißt es weiter, im westlichen Lager herrsche darüber beträchtliche Sorge. Am 18. Dezember schließlich erscheint die Washington Post mit der Schlagzeile: »US-Regierungskreise erklären, Israel baut heimlich einen Kernreaktor.« Dem Bericht zufolge schätzen offizielle Kreise in Washington, daß Israel mit Hilfe dieser Anlage innerhalb von fünf Jahren eine Atombombe herstellen könne.

Diese Presseberichte über die »israelische Atombombe« lösen eine weltweite Explosion aus. Innerhalb kurzer Zeit erfährt die Öffentlichkeit weitere sensationelle Einzelheiten. Unter Berufung auf CIA-Informationen heißt es, ein amerikanisches Spionageflugzeug vom Typ U-2 habe von einem Erkundungsflug über Israel Fotos von einer seltsamen Gruppe von Gebäuden im Negev mitgebracht. Die Israelis geben auf die Frage, was die Bestimmung dieser Bauten sei, an, es handele sich um eine »Textilfabrik«. Die Luftaufnahmen lassen jedoch unstreitig auf eine Kernforschungsanlage schließen, in der nach Ansicht der Amerikaner Kernwaffen hergestellt werden können.

Nachdem die Wahrheit nun schon einmal ans Tageslicht gekommen ist, dementiert Israel nicht länger den Bau eines Atomreaktors, unterstreicht jedoch gleichzeitig, dieser diene nur friedlichen Forschungszwecken. Die Vereinigten Staaten bezweifeln diese Aussage, zumal die gesamten Arbeiten bislang unter strenger Geheimhaltung erfolgt sind. Britische und amerikanische Zeitungen stellen bohrende Fragen nach der Beschaffenheit einer Nuklearanlage, die heimlich im Herzen einer Wüste, getarnt als Textilfabrik, entsteht und die durch Militärpatrouillen, polizeiliche Straßensperren, Stacheldrahtzäune und Fotografierverbotsschilder vor Neugierigen abgeschirmt wird. Die Besorgnis erreicht in Amerika am 19. Dezember ihren Höhepunkt, als Präsident Eisenhower seine engsten Berater zu dringenden Konsultationen ins Weiße Haus kommen läßt.

Während eine sensationelle Schlagzeile die andere ablöst, wenden die Journalisten ihr Augenmerk den Einzelheiten der französischen Hilfe an Israel zu. Einige Zeitungen behaupten, der mit französischer Unterstützung im Bau befindliche Reaktor sei vom gleichen Typ wie jener, der zur Herstellung der französischen Atombombe gedient habe. An der allgemeinen Aufregung ändert sich auch nichts, als das französische Außenministerium und die Pariser Atomenergiebehörde in einer gemeinsamen Erklärung bestätigen, daß Frankreich einen Beitrag zur Kernforschung in Israel leiste, daß diese Hilfe aber rein wissenschaftlicher Natur sei und ausschließlich friedliche Zwecke verfolge. In Kairo kündigt Präsident Nasser in dramatischen Worten an, er werde vier Millionen Soldaten mobilisieren, um Israel anzugreifen und dessen Atomfabrik zu zerstören.

Ben Gurion sieht sich gezwungen, öffentlich Stellung zu nehmen. Am 21. Dezember 1960 teilt er vor der Knesset mit, im Negev werde zwar ein Forschungsreaktor gebaut, doch seien Presseberichte über die Herstellung einer israelischen Atombombe falsch. Seine Erklärung, deren Wortlaut auf die zwischen Peres und Couve de Murville erzielte Übereinkunft abgestimmt ist, kann die Wogen nicht glätten. Die Vereinigten Staaten treten offiziell an Israel heran und bedienen sich dabei einer äußerst scharfen Sprache. Am 23. Januar 1961 sucht der amerikanische Botschafter Ogden Reid Außenministerin Golda Meir auf und legt ihr im Auftrag des State Department eine Liste mit fünf Fragen vor, deren Beantwortung er bis Mitternacht erwartet:

»1) Was beabsichtigt Israel mit dem vom Reaktor erzeugten Plutonium zu tun? 2) Ist Israel mit einer Kontrolle des in dem Reaktor erzeugten Plutoniums einverstanden? 3) Würde Israel Wissenschaftlern, die von der Internationalen Atomenergiebehörde oder einem anderen befreundeten Gremium dazu autorisiert werden, den Besuch des Reaktors erlauben? 4) Plant oder baut Israel einen weiteren Reaktor? 5) Kann Israel vorbehaltlos versichern, daß es keine Atomwaffen herzustellen plant?«

Ben Gurion und Golda Meir sind entschieden dagegen, die Fragen der Amerikaner bis zum festgesetzten Zeitpunkt zu beantworten. Der Alte ist wütend, weil dieses unhöfliche Ansinnen an die rüdeste Form von Druck grenzt. Nachdem die von Washington gesetzte Frist verstrichen ist, läßt er den US-Botschafter nach Sdeh Boker kommen und nimmt äußerst energisch Stellung zu dem Fragenkomplex. Auf die erste Frage antwortet er: »Soviel wir wissen, stellen die uranliefernden Länder stets die Bedingung, daß das anfallende Plutonium wieder in ihren Besitz übergeht.« Zur zweiten Frage, bei der es um »Garantien« ging, sagt der Alte: »Internationale Garantien? Nein. Wir wollen nicht, daß feindlich gesinnte Staaten sich in unsere Angelegenheiten einmischen.« Gleichzeitig bekundet er seine uneingeschränkte Bereitschaft, Wissenschaftlern eines befreundeten Staates oder einer internationalen Organisation den Besuch des Reaktors zu gestatten, aber nicht in allernächster Zeit. »In Israel ist man verärgert, weil Amerika die Angelegenheit publik gemacht hat«, sagt er zur Begründung, stellt aber in Aussicht, daß der Besuch noch in diesem Jahr erfolgen könne. Die Frage nach dem Bau eines weiteren Reaktors beantwortet er verneinend und schließt mit der erneuten

Versicherung, Israel beabsichtige nicht, Kernwaffen zu produzieren.

Seiner Stellungnahme fügt er noch eine Bemerkung in eigener Sache hinzu. »Es gab nur zwei Gelegenheiten in meinem bisherigen Leben, wo ich gegenüber einem ausländischen diplomatischen Vertreter mein Selbstwertgefühl hervorgekehrt habe«, sagt er. »So wie heute habe ich zuvor erst einmal gesprochen, [als ich sagte], wir seien zu Gesprächen nur dann bereit, wenn man uns gleichrangig behandelte, auch wenn wir nur ein winziger Staat sind . . . Sie müssen uns als gleichrangige Verhandlungspartner ansehen, oder Sie verhandeln besser erst gar nicht mit uns.«

Die USA setzen Israel auch weiter unter Druck, um die sofortige Besichtigung des Reaktors durch amerikanische Wissenschaftler zu erzwingen. Israel ist aus Prestigegründen nicht bereit, auf der Stelle seine Zustimmung zu geben. So kommt es zu einer heftigen Konfrontation zwischen der israelischen Regierung und der amerikanischen Administration. Inzwischen wurde John F. Kennedy zum Präsidenten gewählt, und gleich zu Beginn seiner Amtszeit verstärken sich die Spannungen. Schließlich gelangt Ben Gurion im März 1961 zu der Überzeugung, daß er in die Vereinigten Staaten reisen müsse, um den neuen Präsidenten zu treffen.

Im Anschluß an einen Staatsbesuch in Kanada fliegt Ben Gurion Ende Mai nach New York. Er ist innerlich sehr angespannt und fürchtet, die Begegnung mit Kennedy werde durch die starre Haltung der USA in der Frage des Kernreaktors beeinträchtigt. Vor seiner Abreise hatte Ben Gurion de Gaulle über die Erklärungen informiert, die er Kennedy zu geben beabsichtigte, und de Gaulle hatte ihnen zugestimmt. Außerdem hatte Israel schon vor Ben Gurions Treffen mit Kennedy zwei amerikanischen Forschern den Zutritt zu seinem Reaktor gestattet.

Die Gegner des Reaktorbaus im israelischen Kabinett verstärken zu diesem Zeitpunkt ihre Aktivitäten, und es darf als sicher gelten, daß das israelische Atomforschungsprogramm aufgegeben werden muß, falls es zwischen Ben Gurion und Kennedy ebenfalls zu ernsten Differenzen in dieser Frage kommt. Das amerikanische Mißtrauen wächst, als Washington von Israels Interesse an französischen Mirage-4-Langstreckenbombern erfährt. Die Vereinigten Staaten sehen darin den Beweis, daß Israel versucht, Trägersysteme für Kernwaffen zu erwerben. Gegenüber verschiedenen prominenten Persönlichkeiten hatte Kennedy Befürchtungen dieser Art geäußert. Als die beiden Politiker in New York miteinander sprechen, gesteht Kennedy, seine Experten seien nach der Besichtigung des Reaktors davon überzeugt, daß die israelischen Angaben den Tatsachen entsprächen. Sie hätten festgestellt, daß der Reaktor für friedliche Forschungsarbeit konstruiert sei und in keiner Weise militärischen Zwecken diene. Ben Gurion verspürt ein Gefühl der Erleichterung. Vorerst zumindest ist der Erhalt des Reaktors gesichert.

Die Gespräche zwischen den beiden Staatsmännern verlaufen in einer nüchternen, aber nicht unfreundlichen Atmosphäre. Ein Jahr später erinnert sich Ben Gurion an seine ersten Eindrücke von dieser Begegnung mit Kennedy: »Er erschien mir wie ein junger Mann von fünfundzwanzig Jahren«, bekennt er. »Ich fragte mich: Wie kann man einen solchen Jüngling zum Präsidenten wählen? Zuerst nahm ich ihn nicht ernst.«

Nachdem das Thema Reaktor vom Tisch ist, erörtert man die Lage im Nahen Osten. Seinerzeit gab es eine neuerliche Annäherung zwischen den USA und Ägypten, und Kennedy war darauf bedacht, Lösungen vorzuschlagen, die zu einer Entspannung der Situation in diesem Teil der Welt beitrugen. Ben Gurion regt an, die Großmächte einschließlich der Sowjetunion sollten sich in einer gemeinsamen Erklärung gegen den Einsatz von Gewalt zur Änderung des Status quo im Nahen Osten aussprechen. Doch Kennedy bezweifelt, daß Chruschtschow sich einem solchen Schritt anschließen würde. Dann bringt Ben Gurion noch Israels Wunsch nach Boden-Luft-Raketen vor, wird aber abschlägig beschieden.

Ben Gurions Begleiter zeigen sich von den Gesprächen und von der Persönlichkeit des jungen dynamischen Präsidenten beeindruckt. Der israelische Ministerpräsident ist anderer Meinung; bei ihm hat das Treffen einen bitteren Nachgeschmack hinterlassen. Er hat sich bereits von Kennedy verabschiedet und zum Gehen gewandt, als der Präsident sich plötzlich umdreht, zum Zeichen der freundschaftlichen Verbundenheit eine Hand auf Ben Gurions Schulter legt und ihn bittet, noch einmal ins Zimmer zurückzukommen, da er ihm noch »etwas Wichtiges« zu sagen habe. Als die beiden Männer allein sind, fragt Kennedy den Alten mit unerwarteter Offenheit: »Ich weiß, daß ich mit den Stimmen der amerikanischen Juden gewählt worden bin. Ihnen verdanke ich meinen Wahlsieg. Sagen Sie, was könnte ich denn wohl für sie tun?« Ben Gurion wird von dieser Frage aus der Fassung gebracht. Schließlich war er nicht nach Amerika gekommen, um sich über jüdische Wählerstimmen zu unterhalten. Außerdem ist diese Art von politischer Geschäftemacherei überhaupt nicht nach seinem Geschmack. Daher begnügt er sich mit dem knappen Rat: »Sie müssen das tun, was für die freie Welt gut ist.« Nach dem Gespräch meint Ben Gurion zu seinen Begleitern: »In meinen Augen ist er ein echter Politiker.«

Mit dieser Charakterisierung macht Ben Gurion eine kluge Unterscheidung zwischen brillanten Politikern und wirklichen Staatsmännern. Der Alte gehört zweifellos zu den letzteren, das wissen seine Mitarbeiter seit langem.

Sein Sekretär Jizchak Navon sagte einmal: »Wenn Sie mich fragen, welcher Gedanke dem gesamten Handeln Ben Gurions zugrunde lag, würde ich es in einem Satz ausdrücken: die Existenzsicherung des israelischen Volkes.« Von welchen Faktoren hängt diese ab? Ben Gurion selbst gibt die Antwort: »Das Schicksal Israels ist von zwei Dingen abhängig: von seiner Stärke und seiner Rechtschaffenheit.« Nach dieser Maxime handelt er. Als Staatsmann setzt er sein ganzes Leben dafür ein, für Israels Sicherheit und Stärke zu kämpfen. Aber er will seiner kleinen Nation auch Weitblick vermitteln, ihr eine allgemeingültige Botschaft mitgeben, die sie zu einem »erwählten Volk« und einer »Erleuchtung für die Völker« macht.

Will man Ben Gurion nach seinen Erfolgen beurteilen, so liegen diese mehr auf dem Gebiet der Macht als in der Welt des Geistes. Er war ein Mann der Extreme, leidenschaftlich in seinen Gefühlen, grimmig in seinen Fehden und hart in seinen Kämpfen. »Ich bin ein streitlustiger, widerspenstiger Mensch«, pflegte er oft zu sagen. Doch im gleichen Maße war er auch zu Liebe, Bewunderung und Verehrung fähig. Er hatte große Hochachtung vor Nehru und zollte den bedeutenden Philosophen Respekt, auch wenn er mit ihren politischen Ansichten nicht übereinstimmte. Seine Äußerungen über Albert Einstein, sein Briefwechsel mit Albert Schweitzer und Bertrand Russell sowie seine Gespräche mit israelischen Philosophen, Schriftstellern und Wissenschaftlern zeugen alle von seiner hohen Wertschätzung ihrer Person und ihrer Fachgebiete. Seine höchste, spontanste Bewunderung galt indessen einem ganz anderen Typus Mensch: den bescheidenen und unbekannten jüdischen Pionieren und Siedlern, die die Wüste zum Erblühen brachten.

Ben Gurion bewunderte jegliche Art von Mut und war besonders von physischer Tapferkeit angetan. Als die Armee vom »Fallschirmfieber« heimgesucht wurde, wollte

der damals achtundsechzigjährige Verteidigungsminister
an einem Springerlehrgang teilnehmen, was Dayan ihm
nur mühsam ausreden konnte. Sein eigener Mut manife-
stierte sich in seinen Visionen. Die Ziele, die er sich für
sein Volk gesetzt hatte, waren Produkte eines abenteuer-
lustigen Intellekts, der sich gegen Konventionen auflehnte
und bestehende Begriffe und Begrenzungen über den
Haufen warf.

Ein Mann ohne seine Bereitschaft zum Risiko wäre niemals imstande gewesen, ein Volk unbeschadet durch Kri-
senzeiten zu führen — wie die Gründung des Staates, den
Aufbau einer Armee, die Besiedlung des Negev, die Errichtung eines Kernreaktors, die Schaffung einer modernen Flugzeugindustrie. Jeder einzelne dieser Schritte erfolgte gegen den ausdrücklichen Rat von Fachleuten.
Trotzdem verleitete ihn sein kühner Unternehmungsgeist
nicht dazu, Luftschlösser zu bauen. Mit seiner Phantasie
schwebte er oft genug über den Wolken, doch mit den Füßen blieb er immer fest auf dem Boden. Ben Gurion war
ein Träumer, aber seine Träume bauten auf der sorgfälti-
gen Sammlung und Analyse der kleinsten Details und der
Grundwerte auf, die die Realität ausmachen. Manche sahen in ihm einen modernen Propheten; doch dieser Prophet hielt einen Rechenschieber in der Hand.

Ben Gurion hielt viele seiner politischen Zielsetzungen
so geheim, daß er sie nicht einmal seinen engsten Mitarbeitern offenbarte. Anfang 1957, nach dem Sinai-Feldzug, besuchte Menachem Begin Ben Gurion in dessen
Haus in Tel Aviv. Er berichtete dem Alten, er sei zu einer
Vortragsreise durch die USA eingeladen worden, doch hätten sich jüdische Kreise in Amerika dagegen ausgesprochen mit der Begründung, er habe eine unheilvolle Auffassung von Israels »historischen Grenzen«. Als Ben
Gurion das hörte, tat er einen Ausspruch, der etwas über
seine eigenen territorialen Träume aussagte: »Es gibt

Dinge, über die man nachdenken, aber niemals sprechen sollte.« Später jedoch fand Ben Gurion sich mit dem Status quo an Israels Ostgrenze ab, und schon lange vor dem Sechstagekrieg von 1967 hatte er seine geheimen Pläne für die Eroberung und Annexion weiterer bewohnter Gebiete aufgegeben.

In Anbetracht seiner unangefochtenen Stellung als Führer der Nation und Persönlichkeit der internationalen politischen Szene nimmt es wunder, daß sein überraschendster Charakterzug seine jungenhafte Naivität war. Oftmals zeigte er die Frische und Begeisterungsfähigkeit eines jungen Mannes. Er mochte Zauberer und Leute, die blitzschnell rechnen konnten. Mitte 1959 ging er sogar mehrmals zu einer Hellseherin, obwohl es höchst zweifelhaft ist, daß er ihren Prophezeiungen Glauben schenkte. Bei einer anderen Gelegenheit ließ er sich das Haar ganz kurz schneiden, zog sich eine Baskenmütze bis über beide Ohren und wollte von seinem Büropersonal wissen, ob man ihn so noch erkenne. Er wollte nämlich wie einst der Kalif Harun al Raschid, der unerkannt durch die Basare von Bagdad spaziert war, inkognito herumgehen und sehen, »wie die Juden leben«.

Mit zunehmendem Alter wurde Ben Gurions Wesen sanfter. Während des einen Jahres, das er mit Paula in Sdeh Boker verbrachte, begann ein neues Kapitel in der Beziehung der beiden zueinander. Nachdem er beschlossen hatte, in einem Kibbuz zu leben, erklärte er ihr: »Du brauchst nicht mit mir zu kommen. Ich gehe in die Wüste, wo man sehr ungemütlich lebt. Bleib in Tel Aviv, wenn du willst. Ich besuche dich alle vierzehn Tage, und du kommst abwechselnd alle vierzehn Tage zu mir.« Aber Paula hielt nichts davon und ging mit ihm in den Negev. Er war darüber sehr gerührt und widmete ihr später eines seiner Bücher mit folgenden Worten:

»Für Paula in Liebe. ›Ich gedenke dir's, wie du mir hold

warst in deiner Jugend, wie du mich liebtest in deiner Brautzeit, wie du mir folgtest in der Wüste, im saatlosen Lande.‹« (Jeremia 2,2)

Während dieses Jahres suchte er oft ihre Gesellschaft, und wenn sie für ein paar Tage nach Tel Aviv fuhr, kam er sich einsam vor. »Die Hütte ist ohne Dich leer und ungemütlich . . .«, schreibt er ihr. »Wann kommst Du zurück?« Paula litt unter den einfachen Verhältnissen im Kibbuz, aber sie ließ es ihn nicht merken. Sie war ihrem Mann in den Negev gefolgt, weil sie ihn liebte und es für sie selbstverständlich war, an seiner Seite zu leben. Aber oft vermißte sie das Stadtleben und fühlte sich »hundeelend«. Ben Gurion wußte davon nichts. Er war in seine eigene Welt versunken und nahm die Empfindungen der ihm nahestehenden Personen überhaupt nicht wahr.

Im allgemeinen kümmerte er sich wenig um Paula und seine Verwandtschaft. Seine Schwestern und seinen Bruder Michael, der in einem nördlichen Vorort Tel Avivs eine Imbißbude hatte, sah er nur selten. Seine eigenen Kinder waren inzwischen längst verheiratet und hatten schon selbst Kinder. Er versuchte, ihnen ein guter Großvater zu sein; die Geburtstage seiner Enkel hatte er sorgfältig in seine Taschenkalender notiert, um ihnen zu gratulieren und Geschenke zu schicken. Sein Sohn Amos hatte eine junge englische Krankenschwester namens Mary geheiratet, die ihn während seiner Dienstzeit bei der britischen Armee in einem Lazarett gepflegt hatte. Paula war gegen die Eheschließung ihres Sohnes mit einer Nichtjüdin gewesen und hatte ihren Mann bestürmt, seinen Einfluß geltend zu machen und Amos abzuraten. Doch Ben Gurion tat nichts dergleichen. Zwar schrieb er Paula, er werde »Amos aus dem Schlamassel ziehen, in den er geraten ist«, doch in Wirklichkeit gab er Amos und Mary seine Glück- und Segenswünsche. Dabei mag eine Rolle gespielt haben, daß er selbst zu dieser Zeit, gegen Ende des Zweiten

Weltkrieges, eine längere Affäre mit einer nichtjüdischen Frau hatte: mit Doris May.

Es ist erstaunlich, daß Ben Gurion seine intensivste und längste außereheliche Beziehung zu einer Frau unterhielt, die ihm derart unähnlich war und fern von ihm lebte: einer Katholikin, die aus der Kleinstadt Lancing an der englischen Kanalküste stammte. Obwohl sie der Zionistenbewegung nahestand, der sie mehr als bloßes Interesse entgegenbrachte, war sie durch und durch Engländerin. Sie selbst sagte einmal von sich, sie sei »in gewisser Weise Imperialistin«. Die heimliche Beziehung zu Miss May scheint Ben Gurion die Gelegenheit gegeben zu haben, aus seiner Umgebung auszubrechen in eine andere Welt, die nur ihnen beiden gehörte.

Ben Gurion hatte Doris May in den dreißiger Jahren kennengelernt, als sie in der Londoner Zionistenzentrale Chaim Weizmanns Sekretärin war. Ihre damaligen Bekannten schildern sie als schlankes, attraktives Mädchen mit frischer Hautfarbe, blondem Haar und blauen Augen. Ihr breites Gesicht war nicht gerade hübsch, aber es strahlte Liebenswürdigkeit aus. In ihren späteren Jahren entwickelte sie sich zu einer beeindruckenden Persönlichkeit; sie wirkte aristokratisch und besaß Charakterstärke, beträchtliche Intelligenz und eine scharfe Zunge. Zudem war Doris May sehr gebildet, redegewandt und geschickt im Umgang mit der Feder; ihre Art zu reden und zu schreiben war ebenso charmant wie geistreich. In Oxford hatte sie alte und moderne Sprachen und Literatur studiert. Aber trotz ihrer qualifizierten Ausbildung hatte sie sich dafür entschieden, in Weizmanns Büro als einfache Sekretärin zu arbeiten. Sie brauchte die Herausforderung und suchte nach einer Aufgabe, für die es sich zu leben lohnte. Diese fand sie im Einsatz für den Zionismus. Weizmanns Besucher erlebten Miss May für gewöhnlich beim Diktat oder an der Schreibmaschine. Kamen sie dann ins Gespräch mit ihr, so entdeckten sie wider Erwarten, daß ihr Gegenüber eine äußerst gebildete, kluge Frau war.

In den Jahren 1940 und 1941 weilt Ben Gurion jeweils für längere Zeit in London. Während der deutschen Bombenangriffe auf die britische Hauptstadt verbringt er die Abende meistens im Zionistenbüro, wo Doris May ihm Unterricht in Griechisch erteilt. Auch im Luftschutzbunker des British Museum sitzen sie an manchen Abenden beisammen. Er ist dreiundfünfzig Jahre alt, sie ist einundvierzig und eine reizvolle Frau, der gegenüber ein Mann nicht gleichgültig bleiben kann. Die Beziehung wird intim. Von nun an bleiben beide in enger Verbindung, in erster Linie durch heimlichen Briefwechsel, aber auch durch kurze Begegnungen, zwischen denen oft Jahre liegen. Der Ton ihrer Korrespondenz ist eher nüchtern; was sie füreinander empfinden, drückt sich in der Art der Anrede aus. Ben Gurion nennt Doris »Liebste« oder »Liebling« und unterschreibt mit »Dein David«. Auch sie redet ihn mit »Liebster« oder »Lieber David« an und beendet ihre Briefe stets mit ein paar herzlichen Worten wie »wie immer mit viel Liebe« oder »wie immer die Deine«. Vor allem zu Anfang ihrer Liebesbeziehung enthalten Ben Gurions Briefe gelegentlich versteckte Hinweise auf seine Gefühle für Doris. So schreibt er ihr im Februar 1942, drei Monate nach seiner Abreise aus England:

»Ich denke oft an den letzten Abend vor meiner Abreise [aus London] . . . Ich weiß, wie Du Dich damals fühltest. Genauso fühle ich mich schon die ganze Zeit hier und vielleicht noch schlimmer. Schließlich ging es bei Deinen Empfindungen nur um Nr. 77 [Russell Street] — aber Du bliebst in England, in Deinem England, Deinem stolzen, tapferen und wunderschönen Land. Ich fühle mich hier so einsam, wie man sich nur fühlen kann. Ich bin völlig allein — trotz der vielen Leute um mich herum — wie in einer

Wüste! [Zum Schluß kommt er noch einmal auf das Thema zu sprechen, das sie zusammengeführt hatte.] In einsamen und schlaflosen Nächten habe ich immer noch meinen Plato. Ich habe gerade die gesamte *Politeia* gelesen. Welch wunderbares — und an vielen Stellen modernes — Buch.«

Ihre innige Vertrautheit spricht auch aus ihrem Gedankenaustausch über Angelegenheiten, die nichts mit ihrer persönlichen Beziehung zu tun haben. Freimütig und ausführlich schildert Ben Gurion ihr seine Probleme und Zweifel und beschreibt alles, was ihn beschäftigt. Sie spart nicht mit Vorwürfen, wenn ihr seine politische Linie nicht paßt. Diese nennt sie in einem Brief:

» . . . eine . . . Mordpolitik in Palästina [gemeint ist der 1939 begonnene Kampf gegen die Briten] . . . Ich fürchte, Du kannst Dich der Verantwortung für all dies nicht entziehen, mein Lieber, und ich gestehe, ich beneide Dich nicht um Dein Gewissen, wenn Du nachts wach liegst . . . Nichts von alldem geht mich etwas an, könntest Du sagen. Aber wenn ihr schon ›Gojim‹ beschäftigt, so ist es doch vernünftig, wenn man dies nutzt und ein bißchen darauf hört, was sie einem zu sagen haben . . .«

Doris May teilt ihrem »liebsten David« aber auch das Neueste aus ihrem Leben in der Provinzstadt Lancing mit.

»Der Garten ist voller Unkraut, aber sehr, sehr grün. Nicholas (mein Wochenendkater) ist schwärzer und flauschiger und ansehnlicher als je zuvor in seinem neuen Winterpelz, den er in diesem Jahr einen Monat früher bekommen hat. Er ist der liebreizendste Gesellschafter, den man sich denken kann: zärtlich, völlig selbständig und außergewöhnlich intelligent, wenn er sich für etwas interessiert. Aber ich nehme an, du magst immer noch keine Katzen — schade! Du weißt gar nicht, was Du dadurch verpaßt.«

Auch nach dem Krieg treffen sie sich; er besucht sie in

London und mindestens zweimal in Lancing. Nach dem Schwarzen Samstag von 1946 hält sich Ben Gurion im Hotel Royal Monceau in Paris auf. Da es ihm nicht möglich ist, nach London zu reisen, kann er Doris May nur telefonisch sprechen. »Es ist einfach lächerlich, daß Du und ich auf verschiedenen Seiten unseres schmalen Bachs sitzen und nicht enger in Verbindung treten können, so, als wären wir mit getrennten Expeditionen zum Nord- und Südpol unterwegs . . .«, schreibt sie traurig. Sie läßt ihn wissen, daß sie seit Kriegsende einen Besuch bei Freunden in Frankreich plant. »Ich hatte gehofft, meine Visite endlich realisieren zu können, während Deine ›Konferenz‹ in Paris lief [die Exekutivratssitzung der Jewish Agency im August 1946], und auf dem Wege eine Nacht in Paris Station zu machen und Dich wiederzusehen.« Diesen Plan mußte sie aufgeben, weil ihre Arbeit in London sie unabkömmlich machte »und es wirklich keine Möglichkeit gab, eine ganze Woche für eine Amüsierfahrt freizubekommen«. So hofft sie, ihn auf dem Kongreß in Basel — dem 22. Zionistenkongreß im Dezember 1946 — zu treffen. »Das ist in absehbarer Zeit die einzige Chance für uns zusammenzukommen.«

Ihr Ton ändert sich in dem Augenblick, da sie in ihre andere Rolle schlüpft: die seines Tutors und Mentors in abendländischer Kultur.

»Es war interessant für mich zu erfahren, daß Du Dich derzeit mit Augustinus beschäftigst . . . Sein Einfluß auf das Geistesleben des Mittelalters ist von Bedeutung — falls Du Dich für dieses ungewöhnliche, chaotische Stück Geschichte interessierst. Ich bin allerdings eher der Meinung, daß Du, wenn Du wirklich ein ›geistiges Zuhause‹ in der Geschichte suchst, eine andere Epoche wählen solltest, nämlich [nach den alten Griechen] die Renaissance, und zwar die französische und italienische. Das war die Welt, die mit Rabelais begann und [vermutlich] mit

Shakespeare endete. Eine Zeit der Morgenröte für die Welt, als der menschliche Geist nach unvorstellbaren Horizonten strebte, als Männer in kleinen leichten Booten die Ozeane überquerten auf der Suche nach dem Eldorado. Damals gab es vielleicht nicht viel Freude für Dein ›Proletariat‹; aber was für ein Leben konnte die intelligente und abenteuerlustige Elite führen — und tat es auch! . . . Kennst Du Villons *Ballade der Gehenkten*? Er war der erste und in der Tat der Vorläufer der französischen Renaissance-Dichter; diese Verse von ihm waren, so glaube ich, die ersten, die mich nachts buchstäblich nicht schlafen ließen. Ich war damals ungefähr zwölf!«

Doris May arbeitet im Londoner Büro der Jewish Agency bis zur Gründung des Staates Israel. Danach wechselt sie zur israelischen Botschaft über und wird Chefsekretärin. »Sie war die *grande dame* der Botschaft«, so das Urteil eines der dort tätigen Diplomaten über sie. Die höchsten Beamten der Botschaft ziehen sie zu Rate und sehen in ihr eine Art selbständiger Institution. Ehemalige Führer der Jewish Agency — inzwischen in leitenden Positionen im israelischen Staatsapparat — überschütten sie bei ihren Besuchen in London mit Freundlichkeit und Zuneigung. Sie ist bei jedermann beliebt. Zwar gibt es ab und zu Gerüchte und Anspielungen, aber sie wahrt ihr Geheimnis und hat nie versucht, aus ihrer engen Beziehung zu Israels Regierungschef Kapital zu schlagen.

1951 besucht Doris May Israel; danach sehen sich die beiden erst wieder, als Ben Gurion nach London kommt. Sie wäre sehr gern bald wieder nach Israel gereist, aber niemals hätte sie Ben Gurion um finanzielle Unterstützung gebeten. Statt dessen spart sie sich die Reisekosten von ihrem Gehalt ab und fährt im Sommer 1954, als Ben Gurion in Sdeh Boker lebt, zum zweitenmal nach Israel. Im Jahr darauf will der Alte sie nach seiner Rückkehr ins

Verteidigungsministerium als seinen Gast zu den Feierlichkeiten aus Anlaß des Unabhängigkeitstages einladen. Sie antwortet, das sei wirklich eine wunderbare Idee, aber »irgendwie würde das wohl zu Lasten des Verteidigungsbudgets gehen, vermute ich, und überleg nur mal, wieviel nützlicher ein weiteres ... Geschütz oder gar zwei wären!«

Mitte der fünfziger Jahre macht sich bei Doris May allmählich das Alter bemerkbar; ihr Gehör läßt merklich nach. Aber sie behält ihre eindrucksvolle Erscheinung, ihre jugendliche Beweglichkeit und ihre helle Stimme. Ben Gurion bleibt in ständiger Verbindung mit ihr und schätzt ihren Rat sehr, auch wenn er ihn nicht immer befolgt. Als er im Februar 1955 wieder Verteidigungsminister wird, schickt ihm Doris May ein Glückwunschtelegramm und anschließend einen kurzen Brief:

»Ich habe mit dem Telegramm gewartet, bis ich sicher war, daß Du tatsächlich den Dienst im Verteidigungsministerium aufgenommen hattest, und ich gestehe, daß ich jetzt einen Seufzer der Erleichterung von mir gebe, der mit wehmütigem Mitgefühl für Dich verbunden ist. Und doch mußt Du inzwischen wissen, daß Dein Schicksal das eines Galeerensklaven ist und daß es für Dich kein Entrinnen gibt ... Mach Dir nichts daraus, Liebling, ich weiß ja, daß Dir die Arbeit Spaß macht — zumindest manchmal!

Sei möglichst freundlich zu Moshe [Sharett], ja? Er bewundert Dich sehr — und hat schreckliche Angst vor Dir! Und laß nicht zu, daß unsere Armee sich *allzuviel* auf sich einbildet. Niemand möchte das! Ich will damit sagen, ich hoffe, daß niemand eine Militärjunta in *Jerusalem* haben möchte, weder jetzt noch später.

Leb wohl, mein Lieber, laß es Dir gutgehen.

Wie immer die Deine

Doris.«

Ben Gurion antwortet mit einem überraschenden Angebot, das zeigt, wie sehr er sich nach ihrer Gesellschaft sehnt:

»Ich weiß nicht, was nach dem Juli sein wird — nach den Wahlen zur dritten Knesset . . . Sollte ich in mein Amt zurückkehren, werde ich darauf drängen, daß Du herkommst und mit mir arbeitest. Ich benötige nicht nur Dein Englisch, sondern auch Dein ›Fingerspitzengefühl‹, obwohl ich nicht immer [oder nie] Deinen Rat befolgen werde. Doch Deine hilfreiche Beratung wäre bestimmt von Vorteil. Würdest Du kommen?«

Sie antwortet umgehend.

»Dein Brief hat mich einiges Nachdenken gekostet. Doch ich bin überzeugt, Du weißt, auch ohne daß ich es Dir sage, daß ich, wie immer, ›auf Abruf für Dich bereitstehe‹. Ich bin tief gerührt und fühle mich durch Dein Vertrauen geehrt.«

Gleichzeitig gibt sie zu bedenken, daß es aus gewissen Gründen nicht ratsam für sie ist, nach Israel zu kommen.

»Ausländer vor der Tür eines Ministerpräsidenten sind selten ›gern gesehen‹. Das Letzte, was ich Dir wünschte, wäre, Deinen Gegnern irgendeinen Vorwand zu liefern, um Dich beschuldigen zu können, du hingest zu sehr an den britischen Rockschößen . . . *Möchtest* Du übrigens wirklich eine ›Kritikerin am eigenen Herd‹? Eine *advocata diaboli*? Selbst, wenn ich ›nur rede, wenn ich gefragt werde‹ eine ständige kalte Dusche schweigender Kritik? . . .

Siehst du, Liebling, jetzt habe ich mal in Deinem Interesse ›laut gedacht‹. Die praktische Nutzanwendung der Idee, daß ich nach den Wahlen herüberkomme und bei Dir vor der Tür sitze, scheint mir die zu sein, sie als eine Art geheimer Hoffnung zwischen uns zu behandeln.«

Ben Gurion läßt ihre Warnungen nicht gelten.

»Wenn ich [in die Regierung] zurückkehren muß, dann

mußt Du kommen und mit mir arbeiten. Red keinen Unsinn von ›Ausländern‹ . . . Du und eine Ausländerin? Du weißt genau, daß ich niemandem mehr vertraue als Dir . . . Gegenwärtig ist es nur ein Traum, aber Träume werden zuweilen wahr.«

Der Traum wird wahr, wenn auch etwas spät. Im November 1955 kehrt Ben Gurion an die Macht zurück, und ein paar Monate später geht Doris May in Pension. Im August 1956 kommt sie nach Israel, um mit ihm zusammenzuarbeiten. Aber die Hoffnungen, die sie an ihren Aufenthalt in Israel geknüpft hatte, scheinen sich zerschlagen zu haben. Nach den fieberhaften Tagen des Sinai-Feldzuges bleibt ihr wenig Arbeit. Sie weiß nicht, wo sie hingehört, und Ben Gurion kümmert sich nur wenig um sie. Ihr Wunschtraum, den richtigen Platz zu finden, den sie ausfüllen könnte, verfliegt ebenso wie die Hoffnung, Zugang zu »jenem inneren Kreis zu finden, was ich einmal für selbstverständlich hielt«.

Enttäuscht kehrt sie nach ein paar Monaten nach England zurück. Hatte sich auch ihre Beziehung zu Ben Gurion abgekühlt? Diese Frage läßt sich nicht eindeutig beantworten, aber Ben Gurions Archivmaterial läßt darauf schließen, daß die Korrespondenz zwischen beiden nach ihrer Heimreise abbrach. Sie begegnen sich noch einmal, als Doris May 1966 nach Israel kommt, um an der Herausgabe der Weizmann-Briefe mitzuarbeiten. Doch diese Begegnung läßt offensichtlich die alte innige Vertrautheit nicht wieder aufleben.

Ihre letzten Lebensjahre verbringt Doris May in ihrem kleinen Haus in Lancing, umgeben von ihren Büchern und Katzen. Ende 1968 stellen die Ärzte plötzlich Krebs bei ihr fest. Innerhalb von zwei Wochen erliegt sie der Krankheit. Sie stirbt, neunundsechzig Jahre alt, räumlich weit entfernt von Ben Gurion, und nimmt ihr Geheimnis mit ins Grab.

Auch bei Ben Gurion macht sich das Alter bemerkbar. Seit seiner Erkrankung im Jahre 1955, als er deutlich gespürt hatte, daß seine körperlichen Kräfte nachlassen, macht er sich Gedanken über seine Gesundheit und interessiert sich für Fragen nach Leben und Tod. Stets darauf bedacht, sich bei jedem Unwohlsein von Fachärzten untersuchen zu lassen, wird er zum Musterpatienten von Dr. Feldenkreis, der ihm Yoga-Übungen beibringt und ihn zu den täglichen Spaziergängen anhält, die Teil von Ben Gurions Image werden sollten.

Aus der bewußten Wahrnehmung des Alterns und seines Gesundheitszustandes resultiert Ben Gurions Interesse an Biologie. Besonders beschäftigt ihn das menschliche Gehirn, ein Thema, das ihm persönlich Sorge bereitet. Ben Gurion war immer stolz auf sein phänomenales Gedächtnis gewesen. Als er anfängt, Namen oder Einzelheiten zu vergessen, bekümmert ihn das sehr. Er bezeichnet diese Anzeichen von Vergeßlichkeit als »Alarmsignal des Alters an den Geist«.

Dreißig Jahre lang, von der »Eroberung der Zionistenbewegung« im Jahre 1933 bis zu seinem Rücktritt 1963, war Ben Gurion der Führer der jüdischen Gemeinschaft in Palästina und des Staates Israel. Die Ben-Gurion-Epoche, die Glanzzeit, in der er Verantwortung trug, umfaßte den Zeitraum von der Annahme des Biltmore-Programms im Jahre 1942 bis zu seinem ersten Rückzug aus der Politik und der Übersiedlung nach Sdeh Boker 1953. Dies war die Zeit seiner großen historischen Entscheidungen. Seine Rückkehr, die mit der Verantwortung für den Sinai-Feldzug verbunden war, und der Triumph des Sieges ließen Ben Gurion vier weitere Jahre des Ruhms erleben, die zeitlich mit Israels Goldenem Zeitalter in den späten fünfziger Jahren zusammenfallen. Das Jahr 1960 bildete eine Zäsur. Von nun an ließen Ben Gurions Kräfte und damit auch seine Erfolge nach. Ein langer Verfallsprozeß setzte ein, mit vielen Auf und Abs.

Dennoch hatte Ben Gurion nichts von seinem unglaublich starken Willen eingebüßt, für seine Überzeugungen zu kämpfen. Auf dem Rückweg von seinem Amerika-Besuch im Frühsommer 1961 erklärte er Mendès-France bei einem Zwischenaufenthalt in der französischen Hauptstadt: »Ich reise jetzt zu den Wahlen zurück [und] hoffe, daß wir einundfünfzig Prozent der Stimmen bekommen.« Der damals knapp fünfundsiebzig Jahre alte israelische Ministerpräsident wollte für eine weitere Amtszeit kandidieren. Der Franzose schüttelte skeptisch den Kopf. »Ich glaube nicht, daß Ihnen das gelingen wird«, sagte er schlicht. Mendès-France sollte recht behalten. Ben Gurion kehrte heim in einen Wahlkampf, der angesichts großer Unruhen im Land besonderen Zündstoff enthielt. Seine Erfolge können nicht darüber hinwegtäuschen, daß sein Ansehen in Israel ernstlich angeschlagen war. Auch er wurde von der Sturmflut der Lavon-Affäre mitgerissen.

DER ORKAN

Am 29. Oktober 1957 beugt sich während einer Debatte in der Knesset ein kleinwüchsiger, dunkelhäutiger junger Mann über die Balustrade der Besuchergalerie und wirft einen kleinen Gegenstand auf den Kabinettstisch in der Mitte des Sitzungssaals. Sekunden später erschüttert eine mächtige Explosion die Wände des israelischen Parlaments. Der Gegenstand, eine Handgranate, war in unmittelbarer Nähe des Stuhls des Ministers für religiöse Angelegenheiten, Moshe Shapira, detoniert und hat ihn schwer verletzt. Mit leichteren Verletzungen kommen Golda Meir und Ben Gurion davon. Der Ministerpräsident ist von Splittern in Arm und Bein getroffen worden. Die Opfer werden sofort ins Hadassa-Krankenhaus transportiert. Der Attentäter, den man unmittelbar nach dem Anschlag verhaftet, entpuppt sich als ein geistesgestörter junger Mann namens Moshe Duek, der sich wegen angeblich ungerechter Behandlung durch die Jewish Agency rächen wollte.

Der Anschlag schockiert die israelische Öffentlichkeit. Entsetzt kommt Ben Gurions Sekretär Nehemia Argov von Tel Aviv herüber und ist tagelang kaum vom Krankenbett des Ministerpräsidenten wegzubringen. Am Samstag, dem 2. November, befindet Argov sich nach einem kurzen Aufenthalt in Tel Aviv wieder auf der Rückfahrt nach Jerusalem. Plötzlich verliert er die Gewalt über sein Auto und überfährt einen Radfahrer. Die Ärzte sind skeptisch, ob sie den Verunglückten, einen verheirateten Mann und Vater von vier Kindern, am Leben erhalten können. Argov kehrt nach Tel Aviv zurück, schließt sich in seinem Zimmer ein und tötet sich durch einen Schuß in den Kopf. Auf seinem Schreibtisch hinterläßt er zwei Briefe: einen an seine Freunde, und den zweiten, in versiegeltem Umschlag, für Ben Gurion. An die Freunde hatte er geschrieben: »Ich habe Angst, daß [der Radfahrer] nicht überlebt . . . Unter solchen Umständen kann ich leider auch nicht weiterleben!« Viele behaupteten allerdings, Argov sei durch den Anschlag auf Ben Gurion nervlich sehr mitgenommen gewesen. »Die höchste Lebenserfüllung hat er stets darin gesehen, sich im Falle eines Attentats auf Ben Gurion dazwischenzuwerfen, um den Alten mit seinem Körper zu decken und die für diesen bestimmte Kugel abzufangen.«

Nehemia Argov verehrte Ben Gurion mit einer Hingabe ohnegleichen, und der Ministerpräsident vertraute ihm voll und ganz. Es ist fraglich, ob jemand aus Ben Gurions Umgebung dem Alten näherstand. Dieser gehorchte sogar den »Anweisungen« seines Vertrauten, etwa, eine Jacke anzuziehen, sich eine Ruhepause zu gönnen oder in einer Angelegenheit nichts zu unternehmen. Ben Gurion ließ Argov die Besuchstermine festlegen, die eingegangene Post durchsehen und seinen Terminkalender führen. In seiner Abwesenheit durfte Argov sogar Ben Gurions Unterschrift fälschen und offizielle Papiere für ihn unterzeichnen. Vor allem aber erwiderte er Argovs Anhänglichkeit mit herzlicher Zuneigung.

Niemand weiß, wie man dem Alten die Nachricht von Argovs tragischem Tod beibringen soll. Seine Mitarbeiter kommen überein, damit ein paar Tage zu warten, bis Ben Gurion sich von seinen Verletzungen und dem Schock ein wenig erholt hat. Der Mantel des Schweigens wird auch von den Zeitungsredaktionen des Landes nicht durchbrochen: Zum erstenmal in der Geschichte der israelischen Presse drucken mehrere Blätter eine nur aus einem einzigen Exemplar bestehende Sonderausgabe eigens für den Regierungschef, in der die Meldung über Argovs Selbstmord nicht enthalten ist. Schließlich entledigt sich Moshe Dayan der undankbaren Aufgabe, Ben Gurion vom Tod seines engsten Mitarbeiters zu unterrichten, als er am 5. November zusammen mit Shimon Peres und Teddy Kollek den Alten am Krankenbett besucht. (Yigael Yadin behauptet dagegen, er sei es gewesen, der Ben Gurion die traurige Nachricht überbracht habe.) Ben Gurion ist wie erstarrt. Wortlos wendet er den Kopf ab, dreht sich langsam um und bleibt mit dem Rücken zu seinen Besuchern liegen. Alle schweigen. In die lastende Stille hinein dringt ein unterdrückter Schluchzer des Alten.

Vielleicht sind es diese beiden, zeitlich dicht beieinanderliegenden Tragödien, die Ben Gurion mit Todesahnungen erfüllen; vielleicht ist aber auch auf ganz natürliche Weise die Zeit für den Ministerpräsidenten gekommen, seine Nachfolge in der Partei und im Land zu regeln, indem er jüngere Politiker bei ihrem Aufstieg durch die Hierarchien unterstützt. Aus diesem Grund bittet er am selben Tag Generalstabschef Dayan, noch für längere Zeit auf seinem Posten zu bleiben. Dayan lehnt das jedoch ab, da er die politische Laufbahn einschlagen will. Dadurch erhält die jüngere Generation in der Mapai die Führung, die ihr bisher gefehlt hat. Drei Wochen nach dem Ausscheiden Dayans aus der Armee beruft Ben Gurion im März 1958 eine Konferenz der wortführenden »jungen Männer« innerhalb der Mapai ein, »um [ihre] Aufgabe im Staat zu klären«.

»Auf der [bevorstehenden Mapai-] Tagung gedenke ich ein Wort über die Notwendigkeit zu sagen, eine neue Generation in die Führungsspitze aufrücken zu lassen ... Da ist eine Generation, die hier geboren wurde, bevor unser Staat existierte, und es gibt bereits eine junge Generation, die in der Zeit der Entstehung des Staates aufwuchs — alle jene, die zehn Jahre alt waren, als der Staat gegründet wurde. Dies sind die Leute der Zukunft. Sie haben Großes geleistet; sie haben im Unabhängigkeitskrieg und im Sinai-Feldzug gekämpft und bewiesen, daß sie etwas können. Ihnen muß die Führerrolle in Staat und Partei anvertraut werden — gegenwärtig noch gemeinsam mit den Veteranen, doch diese werden nicht ewig leben. Dieser Wechsel wird in der Partei auf Widerstand stoßen, doch dem muß entgegengewirkt werden.«

Diese letzten Worte waren weitaus mehr untertrieben, als Ben Gurion es sich hätte träumen lassen. Das Treffen mit den »jungen Männern« war der Startschuß zu einem erbitterten Nachfolgekrieg, der noch jahrelang in den Reihen der Mapai toben und den Hintergrund für die Lavon-Affäre abgeben sollte. Die Erklärung zeigt, daß Ben Gurion nicht nur die Führungsansprüche der jüngeren Generation unterstützte, sondern sie sogar initiierte. Sie zeigt aber auch, daß die altgedienten Mapai-Funktionäre mit ihrem Argwohn recht hatten: Der Alte hatte beschlossen, sie nach und nach durch junges Blut zu ersetzen.

Anfang November 1959 sind Ben Gurions Pläne fertig, mit denen er jüngere Politiker in die Regierung holen will. Dem Kabinett, das er nach den Wahlen vom 3. November bilden will, sollen drei »junge Männer« angehören: Abba Eban, Moshe Dayan und Yigael Yadin. (Peres ist für den Posten des stellvertretenden Verteidigungsministers vorgesehen.) In einem Gespräch mit Dayan über dessen Zukunftsabsichten muß Ben Gurion feststellen, daß der ehemalige Stabschef sich ausweichend äußert und vorgibt, er habe nicht die Absicht, für die Knesset zu kandidieren. Dennoch entscheidet Ben Gurion, Dayan solle dem nächsten Kabinett als Landwirtschaftsminister angehören. Eban war bereits Mitte des Jahres aus den USA zurückgekehrt, wo er jahrelang als Israels Botschafter amtiert hatte. Inzwischen war er zum Leiter des Weizmann-Instituts für Naturwissenschaften ernannt worden. Der Alte einigte sich mit Eban darauf, daß dieser sich in die Knesset wählen lassen und in der künftigen Regierung als Minister ohne Geschäftsbereich fungieren solle.

Yadin dagegen meldet ernste Bedenken an. Zum einen wolle er seine wissenschaftliche Stellung ausbauen, und zum anderen käme es ihn hart an, sich der Parteidisziplin zu fügen. Ben Gurion läßt jedoch nicht nach, ihn zu bedrängen, und als Yadin schließlich wissen will, welches Ressort ihm angeboten wird, erwidert Ben Gurion, er werde »nicht als Fachmann, sondern als Politiker in die Regierung berufen; folglich liege die Bedeutung nicht in der Wahl des Ministeriums, das ihm anvertraut werde, sondern vielmehr in seiner Tätigkeit in der Regierung insgesamt«. Um Yadin zum Eintritt ins Kabinett zu bewegen, ist Ben Gurion sogar bereit, dessen Ablehnung eines Parteieintritts hinzunehmen. Aber letzten Endes bleibt Yadin bei seiner Entscheidung. Seine Absage schmerzt Ben Gurion sehr. 1964 schreibt er ihm: » . . . Ich war der Meinung (und bin es auch heute noch), daß der Mann, der fähig ist, Ministerpräsident zu werden, Yigael Yadin heißt . . .«

Noch bevor Yadin Ben Gurions Angebot abgelehnt hat, kommt es innerhalb der Partei zum Aufruhr. Als Ben Gurion Golda Meir von seinen Vorgesprächen mit den drei jungen Ministern in spe berichtet, macht sie ihm unmißverständlich klar (übrigens nicht zum erstenmal), daß sie nach den Wahlen nicht mehr dem Kabinett angehören wolle. Pinchas Lavon, Generalsekretär der Histadrut, ist ebenfalls gegen die »jungen Männer«, und der Parteiapparat der Mapai, als »der Block« bekannt, geht auf die Barrikaden. Ben Gurion versucht mehrmals vergeblich, eine Aussöhnung zwischen den älteren und den jüngeren

Politikern herbeizuführen. Nach außen hin bietet die Partei ein Bild innerer Harmonie, doch die Konfrontation nimmt an Schärfe zu, als die Veteranen der Mapai (angeführt von Golda Meir, Salman Aran, Pinchas Lavon und Pinchas Sapir) einen Dauerkrieg gegen ihre jüngeren Kollegen entfachen.

Ben Gurions Wahlkampfkonzept von 1959 war darauf angelegt, sich die Stimmen der jungen Wähler im Lande mit Hilfe der jungen Politiker zu sichern, die er gefördert und ermutigt hatte. Es genügt ihm nicht, sie auf der Kandidatenliste der Mapai für die Knesset untergebracht zu haben, er sorgt auch dafür, daß die Öffentlichkeit von seiner Unterstützung dieser Männer erfährt. Zweifellos sind diese Bekundungen seiner persönlichen Präferenz nicht nach dem Geschmack der Parteiveteranen. Dennoch begraben sie das Kriegsbeil bis nach den Wahlen und machen ihrem Unmut nur auf parteiinternen Veranstaltungen Luft. In einer langen Aussprache versucht Ben Gurion, Golda Meir zum Einlenken zu bewegen. Doch die alte Garde der Mapai betrachtet sämtliche Versprechungen und Aussöhnungsangebote als wertlos angesichts der offen erklärten Sympathie des Alten für seine »jungen Protegés«.

Die Knesset-Wahlen vom 3. November 1959 bringen der Mapai den größten Triumph ihrer Geschichte. Sie kann sieben Parlamentssitze hinzugewinnen, verfügt jetzt über siebenundvierzig Mandate und ist damit auf dem Gipfel ihrer Macht angelangt. Viele Kommentatoren führen den überwältigenden Erfolg auf die jungen Kandidaten zurück, die auf der Wahlliste der Mapai standen. Sollte indes jemand angenommen haben, die Reibereien zwischen den Parteigenerationen seien mit dem Wahlsieg beigelegt gewesen, der hat sich getäuscht. Im Gegenteil. Kaum sind Stärke und Ansehen der jüngeren Generation durch die Wahl unterstrichen worden, schwärmen die Veteranen aus, um ihre Machtpositionen zu verteidigen.

Golda Meir und Salman Aran tragen das Banner der Revolte voran; sie weigern sich beharrlich, einen Kabinettsposten anzunehmen. Es bedarf Ben Gurions ganzer Überredungskunst, um ihre Gunst zurückzugewinnen und auch Pinchas Lavon zu beschwichtigen. Erst Ende November erklärt sich Golda Meir bereit, ins Außenministerium zurückzukehren. (Am selben Tag stimmt Salman Aran zu, erneut das Ministeramt für Erziehung und Kultur anzutreten.) Golda Meirs Einverständnis hat jedoch seinen Preis. Ben Gurion hatte Abba Eban ausersehen, als eine Art Informationsminister aufzutreten, dessen Aufgabe es sein sollte, die israelische Politik im Ausland zu erläutern. Golda Meir ist entschieden dagegen und lehnt es sogar ab, daß Ebans Büro im Gebäude des Außenministeriums eingerichtet wird. Ben Gurion kapituliert. Mit Lavon erreicht er einen unbefriedigenden Modus vivendi.

Damit ist der innere Friede jedoch nicht wiederhergestellt, denn die Auseinandersetzungen zwischen den alten Funktionären und den jungen Mandatsträgern gehen beinahe unablässig weiter. Erneut steht Ben Gurion auf, um die jungen Politiker in Schutz zu nehmen. Sie halten sich an seinen Rockschößen fest, während er ihnen den Weg ebnet. Der Streit schafft zunehmend ein Gefühl der Entfremdung, das Ben Gurion von seinen alten Weggefährten trennt. Verbitterung und Zorn treten nach und nach an die Stelle von Vertrauen und Bewunderung, mit der sie ihn so lange Zeit überschüttet haben. Der Generationskonflikt innerhalb der Mapai ist der wichtigste Schlüssel zu den politischen Vorgängen der Jahre 1960 bis 1965, die als Lavon-Affäre in die Geschichte des Staates Israel eingegangen sind.

Ben Gurions alte Freunde brechen einer nach dem anderen die Beziehungen zu ihm ab. Der erste, der sich gegen ihn erhebt, ist Moshe Sharett. Schon seit er das Außenministerium hatte abgeben müssen, war er verbittert, weil er sich ungerecht behandelt fühlte. Im Laufe der Zeit verwandelt sich sein Schmerz in tiefen Groll gegen Ben Gurion. Jetzt, wo die führenden Mitglieder der Mapai miteinander in einen Konflikt verwickelt sind, steht fest, daß Sharett keinen Finger rühren wird, um dem Alten beizustehen.

Auch Sharetts Nachfolgerin Golda Meir zieht sich von Ben Gurion zurück und wechselt allmählich ins gegnerische Lager über. Bisher war sie ihm rückhaltlos ergeben gewesen und hatte politische Ansichten vertreten, die sie »mehr ›Ben-Gurionist‹ als Ben Gurion selbst« sein ließen. In den zurückliegenden Jahren hatte sie sich allerdings in einem quälenden Dilemma befunden: Nach wie vor bewundert sie den Alten, doch das böse Blut zwischen Außenministerium und Verteidigungsressort und ihre persönliche Fehde mit Shimon Peres haben sie in heftigen Konflikt mit den jungen Politikern aus den eigenen Reihen gebracht. Ihre Parteitreue und die persönliche Loyalität gegenüber Männern, mit denen sie mehr als eine Generation lang zusammengearbeitet hat, schüren ihre Abneigung gegen die »jungen Männer«, denen sie zynisches Strebertum vorwirft. Das hat zu Rissen in ihren Beziehungen zu Ben Gurion geführt.

In einem Gespräch unter vier Augen mehrere Wochen nach der Wahl macht Golda Meir gegenüber Ben Gurion ihrem Ärger Luft. Eigentlich habe sie das Amt des Außenministers gar nicht wieder übernehmen wollen, läßt sie ihn wissen, sei jedoch dem an sie ergangenen Ruf loyal gefolgt. Allerdings habe sie schon bald das Gefühl gehabt, daß Ben Gurion kein Vertrauen in ihre Autorität setze. Golda Meirs Beschwerden sind nicht grundlos. Ihre Berufung als Außenministerin ist mehr Aushängeschild als effektives Amt. Die Beziehungen zu Frankreich sind ihrer Zuständigkeit entzogen; auch die Verhandlungen mit der Bundesrepublik Deutschland wurden ohne sie abgewikkelt. Beim Abschluß der Randstaaten-Allianz spielte sie nur eine untergeordnete Rolle, und bei den Kontakten zu Großbritannien und Italien geriet sie dauernd mit Sonderbeauftragten des israelischen Verteidigungsministeriums in Kollision (die auch direkte Beziehungen zu Birma und anderen asiatischen Ländern unterhielten und Waffen an südamerikanische und afrikanische Staaten verkauften). Ben Gurion initiierte und unterhielt alle wichtigen Verbindungen zu den Vereinigten Staaten persönlich, und ihr blieb lediglich die Aufgabe, seinen Anweisungen zu folgen. Auf Ben Gurions späteren Europa- und USA-Reisen hat Golda Meir ihn nur ein einziges Mal zu einem Essen im Elysée begleitet. Nur bei der Anbahnung von Beziehungen zu afrikanischen Staaten scheint sie freie Hand gehabt zu haben — und selbst da nur zu solchen, die nicht dem Randstaaten-Pakt angehörten und nicht wegen Armeeausbildern oder Waffenkäufen mit dem israelischen Verteidigungsministerium in Verbindung standen. Aus all dem kann man nur den Schluß ziehen, daß die israelische Außenpolitik von Ben Gurion persönlich betrieben wurde — manchmal über Golda Meirs Ministerium, zuweilen mit Hilfe des Verteidigungsministeriums und seines Generaldirektors oder über geheime Kanäle.

Andere hohe Parteifunktionäre der älteren Generation haben ihre eigene Sorgenlast mit dem Alten. Wie Frau Meir sehen auch Aran, Sapir und andere Ben Gurions Bestreben, junge Politiker zu fördern, als Bedrohung ihrer Stellung und ihres Ansehens an. Zwar versichert er ihnen wiederholt, er habe nicht die Absicht, sie abzuservieren, doch schenken sie seinen Worten keinen Glauben. In gleicher Weise fühlt sich auch der Mapai-»Block« bedroht. Aus der Sicht des mittleren und unteren Funktionärskaders mit seinem Hang zu eingeführten Verfahrensweisen bedeutet das Vorwärtsstürmen der jüngeren Generation eine Gefahr für die Integrität der Partei. Man mißbilligt daher Ben Gurions Unterstützung dieser jungen Garde, die »per Fallschirm« in der Partei »abgesetzt« wurde, als unbeabsichtigte Hilfestellung bei der Zerstörung der Mapai.

So kristallisiert sich eine auf breiter Grundlage stehende einflußreiche Koalition heraus, die nicht nur zu Ben Gurions jungen Proteges in Opposition geht, sondern automatisch auch zum Alten selbst. Dieser Gruppe schließt sich ein Mann an, der früher einmal die gesamte Führungsspitze der Partei gegen sich hatte: Pinchas Lavon. Sechs Jahre zuvor hatten sich Golda Meir, Aran, Eshkol und die Mapai-Führungsspitze einhellig gegen die Nominierung Lavons zum Verteidigungsminister ausgesprochen, um eine »Katastrophe« abzuwenden. Dieselben Partei-»Freunde« hatten schließlich seine Entlassung durchgesetzt. Doch Ben Gurion hatte Lavon rehabilitiert, ihm die Leitung der Histadrut anvertraut und ihn wieder in den Vorstand der Mapai berufen.

Lavon hat nicht vergessen, wie sich seine Kollegen ihm gegenüber verhalten haben. (Auch 1960 halten viele ihre Kritik an ihm aufrecht.) Doch bei den Auseinandersetzungen zwischen Veteranen und jungen Aufsteigern ist er einer der Eckpfeiler des Establishments und dessen vielleicht freimütigster Vertreter. Er handelt zweifellos unter dem Einfluß starker gefühlsbetonter Impulse, die von seinem Haß gegen Dayan und Peres herrühren. Diesen beiden Männern gibt er die Hauptschuld an seinem persönlichen Mißgeschick im Jahre 1955.

Das also ist die Situation in der Mapai unmittelbar nach ihrem größten Triumph und obendrein zu einem Zeitpunkt, als Ben Gurions Ansehen seinen Gipfel erreicht hat. Die Mapai gleicht einem Pulverfaß, bei dem ein einziger Funke genügt, um es explodieren zu lassen. Diesen Funken liefert die Lavon-Affäre.

Gegen Ende des Jahres 1957 hatten israelische Geheimdienstagenten mit einem deutschen Staatsbürger Kontakt aufgenommen, von dem sie wußten, daß er in der Welt der Spionage zu Hause war, und ihn gebeten, für sie bestimmte Aufträge in Ägypten auszuführen. Der Deutsche lehnte das Angebot ab, empfahl jedoch jemand anderen für diese Tätigkeit: einen Mann, der sich 1954 mit einem hohen ägyptischen Geheimdienstoffizier angefreundet hatte. Sein Name sei Paul Frank. Diese »Empfehlung« schockierte die israelische Abwehr. »Paul Frank« war der Deckname von Avry Elad, jenes israelischen Agenten, der seinerzeit Führungsoffizier des Spionagerings unseligen Angedenkens in Ägypten gewesen war und es als einziger fertiggebracht hatte, nach dem Debakel von 1954 unbeschadet das Land zu verlassen. Drei Jahre später hielt sich Elad noch immer in der Bundesrepublik auf und verwendete weiter die falsche Identität und den falschen Namen, unter dem er sich aus Ägypten abgesetzt hatte.

Israelische Abwehrleute begannen sofort, Elad zu observieren, und machten dabei eine bestürzende Entdeckung: Elad war eng befreundet mit dem ägyptischen Militärattaché in Bonn, Admiral Suleiman. Derselbe Suleiman war 1954 einer der wichtigsten Vernehmungsoffiziere nach der Festnahme der israelischen Spione in Kairo und Alexandria gewesen. Dem israelischen Sicherheitsdienst drängte sich nun ein schlimmer Verdacht auf: War Avry Elad ein Doppelagent, der für die Ägypter arbeitete? Hatte er sein Land verraten und das Spionagenetz auffliegen lassen? Oder war er zusammen mit den anderen Mitgliedern des Rings verhaftet worden und hatte sich die Freiheit dadurch erkauft, daß er ein krummes Geschäft mit der ägyptischen Spionageabwehr drehte?

Diese Fragen warfen plötzlich ein neues Licht auf einige Rätsel, die 1954 offen geblieben waren: Wie hatte es kommen können, daß sämtliche Operationen des Spionagerings in Ägypten fehlschlugen? Auf welche Weise war es den Ägyptern gelungen, den gesamten israelischen Agentenring binnen weniger Tage auszuheben? Wieso konnte Avry Elad seelenruhig seine Sachen packen, sein Auto verkaufen und unbehelligt Ägypten mit seinem Geheimsender im Gepäck verlassen? Die Geheimdienstchefs beschlossen, Elad zurückzuholen und zu verhören. Man lockte ihn unter einem Vorwand nach Israel, wo er kurz nach der Ankunft verhaftet wurde.

Eine gründliche Untersuchung erbrachte jedoch nicht den Beweis, daß Elad ein Doppelagent war. Dagegen wurden andere schwere Verstöße, die er sich gegen die Staatssicherheit hatte zuschulden kommen lassen, aufgedeckt. 1959 wurde er vor Gericht gestellt, angeklagt und schuldig gesprochen wegen des »Besitzes von Geheimdokumenten«. Das Verfahren endete im August 1960 mit der Verurteilung zu zehnjähriger Freiheitsstrafe.

Im Verlauf der Verhandlung gestand Elad, daß ihn ein Vertreter des israelischen militärischen Nachrichtendienstes in Europa aufgesucht und angewiesen hatte, vor der Olshan-Dori-Kommission einen Meineid zu schwören und sein Tagebuch zu fälschen. Seine sensationellen Aussagen ließen nur einen einzigen Schluß zu: Nach dem Auffliegen des Spionagerings in Ägypten hatte die Führung des Geheimdienstes zum Mittel der Fälschung und des Meineids gegriffen, um den Eindruck zu erwecken, Verteidigungsminister Lavon habe Benjamin Gibly, den Chef der Militärspionage, angewiesen, die dann fehlgeschlagenen Aktionen in Ägypten auszuführen.

Rückblickend kann man sagen, daß der Beweis für diese Verbrechen Pinchas Lavon nicht von seiner Mitschuld am ägyptischen Debakel und seiner Falschaussage vor der Olshan-Dori-Kommission freispricht. Damals schienen Elads Enthüllungen auszureichen, um ihn völlig zu entlasten. In dem Augenblick, als feststand, daß die eine Seite mit Fälschungen und Meineid operiert hatte, war es scheinbar logisch zu behaupten, die Gegenseite sei im Recht. Aus der Sicht Lavons reichte das Beweismaterial aus, um sich seine Schuldlosigkeit bestätigen zu lassen.

Auf Geheiß Ben Gurions wird am 12. September 1960 ein militärischer Untersuchungsausschuß eingesetzt, der den Auftrag hat, den Behauptungen nachzugehen, daß auf Veranlassung Benjamin Giblys oder anderer Offiziere des militärischen Nachrichtendienstes Dokumente gefälscht worden waren und vor der Olshan-Dori-Kommission ein Meineid geschworen wurde. Zu diesem Zeitpunkt macht Lavon Urlaub in Genf.

Bei seiner Rückkehr nach Israel am 21. September kündigt er an, er werde in Kürze eine Reihe von Erklärungen veröffentlichen, »einige von ihnen erfreulich, andere vielleicht nicht so erfreulich«. Lavon ist ganz offensichtlich gegen weitere Ermittlungen. Er will nur, daß ab sofort sein Name in der Spionageaffäre reingewaschen ist; dabei will er es bewenden lassen.

Später sollten seine Anhänger die Behauptung aufstellen, er habe gewünscht, unter die Affäre einen Schlußstrich zu ziehen, weil sie ihm bereits genügend zugesetzt habe. Seine Gegner sind der Auffassung, er habe eine gründliche Untersuchung befürchtet, weil diese an den Tag gebracht hätte, daß die Verfehlungen des Geheimdienstchefs ihn — Lavon — nicht notwendigerweise der Verantwortung für die Operation in Ägypten enthoben.

Als Ben Gurion am 26. September mit Lavon zu einer Aussprache zusammentrifft, liegt Spannung in der Luft, trotz der Freundlichkeit, mit der sie einander begegnen. Ben Gurion schreibt später darüber: »Lavon sagte zu mir: ›Laß die Nachforschungen [des Ausschusses] einstellen und gib bekannt, daß ich unschuldig bin und die Schuld einzig und allein bei [Gibly] liegt.‹« Ben Gurion »traute beinahe seinen Ohren nicht« und erwiderte: »Ich habe dich [damals] nicht verurteilt, und ich verurteile dich auch jetzt nicht. Aber ich bin weder befugt noch in der Lage, dich freizusprechen, da ich kein Richter oder Ermittlungsbeamter bin. Zudem steht mir nicht das Recht zu, jemand anderem die Schuld zuzuweisen, solange das Verfahren nicht den Beweis dafür erbracht hat. Ich habe die ägyptische Affäre nicht untersucht, hielt es aber für meine Pflicht, wegen der Datumsfälschung auf dem Dokument des militärischen Nachrichtendienstes Ermittlungen anstellen zu lassen.« Lavon entgegnet, er wolle sich an den Knesset-Ausschuß für Außenpolitik und Verteidigung wenden. »Ich habe ihm nicht geraten, das zu tun«, bemerkt Ben Gurion dazu, »denn das war seine Privatangelegenheit. Ich ließ ihn nur wissen, daß ich die Ergebnisse des Untersuchungsausschusses, sobald sie vorlägen, dem Kabinett zur Kenntnis bringen würde.«

Mit dieser Unterredung wird die ganze Affäre von 1960 auf den Weg gebracht. Im Verlauf ihres Gesprächs sind die beiden Männer sowohl in grundsätzlichen Fragen als auch auf privater Ebene in Widerspruch geraten. Ben Gurion, der fest an die Prinzipien der Gerechtigkeit und Unparteilichkeit glaubt, ist äußerst befremdet über Lavons Ersuchen, die ganze Episode mit einer Unschuldigkeitserklärung abzuschließen. Lavon hat sich nach Aufdeckung der Fälschungen vermutlich so sicher gefühlt, daß er nicht damit gerechnet hat, man könne seine Forderung ablehnen. Doch ein Mann von der moralischen Integrität und angeborenen Ehrlichkeit eines Ben Gurion hätte Lavon nicht »reinzuwaschen« vermocht, selbst wenn er es gewollt hätte. Vom Standpunkt der Moral aus betrachtet war Ben Gurion vollkommen im Recht, nicht aber unter dem Gesichtspunkt der Menschlichkeit. Vor ihm stand ein gebrochener Mann, der fünf Jahre lang das Gefühl bitteren Schmerzes und quälender Ungerechtigkeit mit sich herumgetragen hatte. Ben Gurion wußte nicht, ob Lavon den verhängnisvollen Befehl gegeben hatte oder nicht. Wäre es nicht seine Pflicht als Freund und Kamerad gewesen, Lavon mit ganzer Kraft zu helfen, die gegen ihn bestehenden Vorwürfe auszuräumen?

Lavon verläßt Ben Gurion in dem Bewußtsein, daß er vom Alten keine Rettung zu erwarten hat. Selbst wenn seine Forderung unberechtigt war, so hat er sich darin nicht getäuscht. Die Art und Weise, wie Ben Gurion die Angelegenheit in ihren Anfängen behandelt, ist ebenso aufschlußreich wie Lavons Reaktion. Ohne diese gewissen Anzeichen von Schwäche oder Passivität hätte Ben Gurion vorhersehen müssen, daß Lavons Anrufung des Knesset-Ausschusses für Außenpolitik und Verteidigung leicht einen öffentlichen Skandal heraufbeschwören konnte. Warum unternimmt er nichts, um diesem zuvorzukommen? Statt dessen geht er dem politischen Tagesgeschäft nach; am selben Abend fährt er nach Sdeh Boker, um während der bevorstehenden hohen jüdischen Feiertage seinen traditionellen Artikel für das von der Regierung herausgegebene Jahrbuch zu schreiben.

Jene Unterredung mit Lavon ist möglicherweise symptomatisch für Ben Gurions zunehmendes Alter und die Müdigkeit, die ihn nach vielen Jahren in den höchsten Staatsämtern überkommen hat. Die Tagebucheintragungen des letzten Jahres lassen Anzeichen von Verwirrung und Vergeßlichkeit erkennen; seinem früher so imponierenden Gedächtnis entfallen Ereignisse und Einzelheiten von beträchtlicher Bedeutung. Die Auseinandersetzungen in der Partei um die von ihm protegierten jungen Aufsteiger und die strapaziöse Wahlkampagne von 1959 haben ebenfalls an seinen Kräften gezehrt. Er ist nicht mehr der Mann, der er einmal gewesen war. Im Gegensatz dazu ist Lavon energisch und entschlossen. Seine Enttäuschungen und Hoffnungen veranlassen ihn zum Handeln, um eine rasche und endgültige Ehrenrettung durchzusetzen.

Er ergreift die Initiative, und er ist es auch, der den nächsten Zug diktiert.

Am folgenden Tag gerät die Lawine ins Rollen und gewinnt schwindelerregend schnell an Tempo und Umfang. Eine Tageszeitung nach der anderen schließt sich einer Kampagne an, wie sie Israel noch nicht erlebt hat. Die Morgenpresse bringt eine voreingenommene und einseitige Darstellung von Lavons Unterredung mit Ben Gurion. Von Tag zu Tag mehren sich die Enthüllungen, und entsprechend größer werden die Schlagzeilen und bissiger die Leitartikel. Nahezu alle Beiträge unterstützen Lavons Forderung nach »rascher Gerechtigkeit«. Die Kritik an Ben Gurion und führenden Vertretern des Verteidigungsministeriums wächst. Lavon äußert sich in eindeutig negativer Weise über »Ben Gurions junge Männer« — vor allem Peres und in geringerem Maße Dayan —, in denen er seine Hauptgegner sieht. Angesichts dieser Welle von Beschuldigungen und Enthüllungen weiß Ben Gurion manchmal nicht, wie er zurückschlagen soll. Er hält sich in Sdeh Boker auf, wo ihn die Zeitungen erst Stunden nach ihrem Erscheinen und manchmal sogar erst einen Tag später erreichen. Seine engsten Mitarbeiter können ihm nicht zur Seite stehen: Shimon Peres weilt in Frankreich, wo er schwierige Verhandlungen in Sachen Dimona-Reaktor führt; Jizchak Navon ist zu einem offiziellen Besuch in den Iran geflogen, und Moshe Dayan ist irgendwo in Afrika. Beinahe völlig auf sich allein gestellt, unternimmt Ben Gurion den vergeblichen Versuch, die steigende Flut einzudämmen.

Dreimal schreibt er an Moshe Sharett und ersucht ihn um genaue Aufklärung über die Geheimdienstpanne in Ägypten und die Gründe für Lavons Rücktritt. Sharett liefert die gewünschten Informationen umgehend, und Ben Gurion gelangt allmählich zum Kern der Affäre. Doch während der kritischen Tage, als der Sturm losbrach, stand er der Pressekampagne hilflos gegenüber und war nicht in der Lage, die energische Führungsrolle zu übernehmen, derer Regierung und Partei bedurft hätten. Erst am 2. Oktober gibt er sich einen Ruck und wird aktiv. Er fährt kurz nach Jerusalem, stellt die Affäre in der Kabinettsrunde zur Diskussion, erscheint vor dem Ausschuß für Außenpolitik und Verteidigung und übergibt der Presse eine detaillierte Erklärung. Obwohl das ganze Land in Aufruhr ist, bleibt Ben Gurion gelassen und sieht keinen Grund, zu einem Gegenschlag auszuholen oder irgendwelche neuen Schritte einzuleiten.

Zunächst bleibt das Verhältnis zwischen Ben Gurion und Lavon korrekt. Doch die bissigen Bemerkungen mehren sich, und es fehlt nicht an indirekten Verunglimpfungen und versteckten Anschuldigungen. Die Korrespondenz zwischen beiden verrät ebenfalls die gespannten Beziehungen. Zur eigentlichen Konfrontation kommt es allerdings erst, als Lavon vor dem Knesset-Ausschuß für Außenpolitik und Verteidigung erscheint. Innerhalb von drei Wochen tritt er viermal vor das Komitee und sorgt mit seinen Aussagen für eine Sensation, die das Land in Aufruhr versetzt. Nach ihrer ersten Sitzung mit Lavon sind die Ausschußmitglieder »bestürzt, beunruhigt und sogar schockiert«. Zentraler Punkt seiner Aussage ist seine Version der »Panne«.

Lavon richtet schwere Vorwürfe an die Adresse der Männer, die seinerzeit an der Spitze der Armee gestanden hatten, allen voran Peres und Dayan. Er beschuldigt sie zwar nicht, an den Fälschungen und Falschaussagen beteiligt gewesen zu sein, gibt jedoch zu verstehen, sie hätten die Verschwörung benutzt, um mit ihm abzurechnen. Lavon spart bei seinem Angriff auch das Verteidigungsministerium nicht aus, indem er verschiedene Dinge zur Sprache bringt, die teilweise mit der »Panne« gar nichts zu tun haben.

Ein Großteil der Beschuldigungen Lavons ist aus der Luft gegriffen, und zahlreiche Einzelheiten, die er vorbringt, sind verzerrt dargestellt oder ungenau wiedergegeben. Moshe Sharetts Zeugenaussage über die Umstände von Lavons Rücktritt können einen großen Teil der Anschuldigungen widerlegen. Nach seiner Rückkehr aus Frankreich am 7. November und nach Rücksprache mit Ben Gurion tritt Shimon Peres vor dem Ausschuß auf. Anhand von Dokumenten und anderen Beweismitteln entkräftet er jeden einzelnen von Lavons Anklagepunkten. Ben Gurions Zorn wächst, und er selbst legt dem Komitee eine Reihe von schneidend formulierten Fragen an Lavon vor. Doch die Gegenbeweise werden von den Ausschußmitgliedern kaum zur Kenntnis genommen. Sie sind zu sehr verwirrt von der Flut von Enthüllungen, den wütenden Attacken Lavons und vor allem der empörenden Tatsache, daß hohe Offiziere der Armee, des Stolzes der Nation, sich zu Fälschung und Meineid bereitgefunden haben.

Lavons Aussagen lösen ein politisches Erdbeben aus. Die Oppositionsparteien nutzen sofort die Gelegenheit, um über die Mapai herzufallen, vielleicht sogar in der Hoffnung, die Regierung zu stürzen. Im Gegensatz zur bisherigen Gepflogenheit, die Beratungen des Verteidigungsausschusses streng geheim zu behandeln, veröffentlicht die israelische Presse, von unbekannter Seite informiert, detaillierte Berichte über Lavons Zeugenaussage.

Bis zu diesem Zeitpunkt hat die Militärzensurstelle zu verhindern gewußt, daß Einzelheiten über die »Panne« an die Öffentlichkeit gelangen, die nicht weiß, worum es dabei überhaupt geht. Jetzt quälen sich die Leute ziemlich hilflos ab, die eigenartige Terminologie zu enträtseln, die der Zensor verwendet, um Vorgänge und Akteure zu kennzeichnen: »Die Panne« ist das Debakel in Ägypten, »der hohe Offizier« Benjamin Gibly, der Chef der militärischen Spionage; beim »Vorgesetzten des hohen Offiziers« handelt es sich um Moshe Dayan, damals Generalstabschef; hinter der Bezeichnung »der Reserveoffizier« verbirgt sich Oberst Mordechai Ben Tzur, und beim »dritten Mann« geht es um Avry Elad. Die Einzelheiten der Affäre blieben bis 1972 geheime Staatssache; bis zu diesem Zeitpunkt waren interessierte israelische Bürger nicht imstande, die Kürzel, Decknamen und Andeutungen zu verstehen, mit denen sich die feindlichen Lager in der Presse beschimpften. Schon 1960 begreift die Öffentlichkeit sehr wohl, daß Regierung und Regierungspartei von einer schweren Krise heimgesucht werden. Mit einem Schlag hat Lavon die Regeln außer Kraft gesetzt, nach denen sich Regierung, Knesset und Mapai bisher richteten.

Seine Aussage hat zwei unmittelbare Folgen: Der Mapai-Vorstand, schockiert über die »Werkstatt des Schreckens«, zu der sich der Knesset-Untersuchungsausschuß und die Presse entwickelt haben, beschließt, alles in seiner Macht Stehende zu tun, die Affäre dem Zuständigkeitsbereich des Ausschusses zu entziehen, sei es, daß man sie 'ans Kabinett verweist, oder durch sofortige Konzessionen an Lavon. Gleichzeitig gibt Ben Gurion, inzwischen wütend auf Lavon, seine bisherige neutrale Haltung auf und geht zum offenen Angriff über.

Am 5. Oktober findet Ben Gurion zu seiner größten Verwunderung in einem Mittagsblatt ganze Passagen aus seinem jüngsten vertraulichen Schreiben an Lavon abgedruckt. Nun reicht es ihm. »Ich glaube nicht, daß es einen heiligen Geist bei [der Zeitung] gibt oder daß ihrem Redaktionsstab irgendein Prophet angehört, der um verborgene Dinge weiß«, schreibt er an Lavon. »Für mich steht ohne den leisesten Zweifel fest, daß [der Brief] der Zeitung zugespielt wurde. Von wem?«

Zwischen Ben Gurion und Lavon kommt es über eine scheinbare Nebensache zu einer scharfen Auseinander-

536

setzung. Lavon vermeidet eine Antwort auf die direkte Frage des Alten, und Ben Gurion sieht dies als Beweis dafür an, daß Lavon lügt. Ein weiterer kurzer Brief trübt das Verhältnis noch mehr: »Deine Antwort geht in keiner Weise auf die Frage ein, die ich Dir gestellt habe!« schreibt Ben Gurion. »Ich werde nicht noch einmal fragen.«

Diese Feststellung bedeutet eine offene Kriegserklärung. Bisher hat Ben Gurion den Standpunkt vertreten, er stehe »außerhalb der Auseinandersetzung«, und wünschte Lavon Erfolg bei den Bemühungen um seine Rehabilitierung. Jetzt aber, nachdem der Zwischenfall mit dem Brief ihm bewiesen hat, daß Lavon die Unwahrheit sagt und vertrauliche Dinge an die Presse weitergibt, schließt er sich dem Lager von Lavons Gegnern an.

Damit ergreift Ben Gurion, ob gewollt oder nicht, in der Affäre Partei und schwächt das moralische Gewicht seiner Forderung nach gerichtlicher Untersuchung. In der Öffentlichkeit, der Presse und auch in den Reihen der Mapai gibt es viele, die in Ben Gurions Forderung eine »Ausflucht« sehen, wie Lavon es genannt hat. Von der tieferen Bedeutung der von Ben Gurion bezogenen Position erfährt die Öffentlichkeit nichts. Was sie wahrnimmt, ist ein Lavon, der Gerechtigkeit verlangt und Heeresoffiziere und hohe Beamte des Verteidigungsministeriums beschuldigt, ihn fälschlich bezichtigt zu haben, und ein Ben Gurion, der Lavon daran hindert, seinen Namen reinzuwaschen. Der Kampf des Alten ums Grundsätzliche wird zum Bumerang, und zwar wegen seines Zauderns, der ungenügenden Art und Weise, mit der er seinen Standpunkt darlegt und, auch das muß gesagt werden, wegen seiner feindseligen Einstellung gegenüber Lavon.

Es ist klar, warum Ben Gurion sich so leidenschaftlich für eine gerichtliche Untersuchung der ganzen Affäre einsetzt. Man muß sich aber über die Ungeschicklichkeit wundern, mit der er dabei vorgeht. Einerseits drängt er den Justizminister, eine gerichtliche Untersuchung einzuleiten, andererseits versichert er vielen Leuten, die in der Angelegenheit an ihn herantreten, er werde in die Affäre nicht eingreifen. In der Kabinettssitzung vom 30. Oktober bringt Justizminister Rosen einen Vorschlag ein, der Ben Gurions Vorstellungen nicht entspricht: Er regt an, daß ein ministerieller Ausschuß das gesamte mit der Affäre in Zusammenhang stehend Material prüft »und dann über ein vorläufiges Verfahren entscheidet«. Ben Gurion hört sich Rosens Vorschlag an und läßt darüber abstimmen. Er billigt den Gedanken nicht, erhebt aber auch keine Einwände. Daß er sich weder an der Diskussion noch an der Abstimmung beteiligt, begründet er mit dem Hinweis: »Ich will nur die Kabinettssitzung leiten.«

Die Minister haben lange genug mit Ben Gurion zusammengearbeitet, um zu wissen, daß er, falls er einem bestimmten Beschluß nicht zustimmen will, laut und deutlich seine Meinung sagt und den Entwurf heftig kritisiert. Diesmal sitzt er schweigend da, offenbar in der Absicht, sich der Debatte über die Resolution zu entziehen; sein Verhalten aber läßt den Schluß zu, daß er, wenn auch widerstrebend, mit der Einberufung eines Kabinettsausschusses einverstanden ist. Bei der Abstimmung wird mit zwölf Stimmen bei zwei Enthaltungen beschlossen, einen siebenköpfigen ministeriellen Ausschuß einzusetzen. Ben Gurion hat nichts unternommen, um die Bildung des Ausschusses zu verhindern. Die Mapai kann aufatmen. Die schreckliche Affäre ist dem Ausschuß für Außenpolitik und Verteidigung entzogen und in »verläßliche Hände« gelegt worden.

Der Ausschuß der Sieben, wie er in der Öffentlichkeit genannt wird, berät sich eingehend in der Zeit vom 3. November bis zum 20. Dezember 1960 über die Lavon-Affäre. Er ist lediglich befugt, verfahrensrechtliche Erkenntnisse vorzulegen, mit anderen Worten, der Ausschuß soll dem Kabinett Empfehlungen geben, wie die Affäre zu behandeln ist. Finanzminister Levi Eshkol sieht das jedoch anders. Von Anfang an widersetzt er sich jeder gerichtlichen Klärung der Vorgänge um Lavon. Statt dessen will er erreichen, daß der ministerielle Ausschuß einen Schlußstrich unter die ganze Angelegenheit zieht. Loyal erfüllt er den Auftrag, den ihm der Parteiapparat der Mapai und die alten Kämpfer in der Parteiführung erteilt haben: den Frieden innerhalb der Partei wiederherzustellen, eine Spaltung oder ein Schisma zu verhindern, »das Schiff in einen sicheren Hafen zu lotsen«. Das heißt im Klartext nichts anderes, als daß die Affäre abgeschlossen werden soll, auch wenn man Lavon zufriedenstellen und seine Forderungen erfüllen muß.

Mit diesem Ziel vor Augen vertritt Eshkol die Ansicht, der Ausschuß der Sieben müsse definitive Beschlüsse in Sachen Lavon fassen. Dies bedeutet, daß der Ausschuß zu einer Art inoffizieller Untersuchungskommission wird, und genauso kommt es dann auch. Schon in seinen ersten Sitzungen beschäftigt er sich mit dem Studium von Unterlagen und diskutiert Sachfragen, die mit der »Panne« in Zusammenhang stehen. Seine Befugnisse in unbotmäßiger Weise überschreitend, sucht er nach der Antwort auf eine Frage, die außerhalb seiner Kompetenz liegt: »Wer gab den Befehl für die Geheimdienstoperationen in Ägypten?« Da der ministerielle Ausschuß kein Gremium von Juristen ist, sondern ein politisches Forum, hält er sich nicht an gesetzliche Prozeduren. Darüber hinaus weicht er von elementaren Verfahrensweisen bei Untersuchungen dieser Art ab: Seine Mitglieder lesen nur einen Teil der sich auf die Affäre beziehenden Dokumente und debattieren endlos über die Frage, ob der Ausschuß befugt ist, Zeugen vorzuladen oder nicht. Am Ende laden sie dann niemanden vor (auch nicht jene Personen, die darum ersucht hatten, gehört zu werden). Zur selben Zeit be-

schließt Justizminister Rosen, den israelischen Generalstaatsanwalt nach Paris zu entsenden, um dort die Zeugenaussagen von Giblys Nachfolger Yehoshafat Harkawi
und von der Sekretärin, die die gefälschte Kopie »des
Briefes« getippt hatte, einzuholen.

Dieser Ausschuß, der seine Machtbefugnisse überschritten, sich nur auf Teilinformationen gestützt und auf
die Anhörung von Zeugen verzichtet hat, der ferner unter
offenkundigem Druck steht, seine Erkenntnisse vorzulegen, und der in seiner Arbeitsweise aufs Geratewohl vor-
gegangen ist, präsentiert dem Kabinett am 20. Dezember
seine Ergebnisse. Statt prozedurale Vorschläge zur weiteren Behandlung der Affäre zu unterbreiten, gelangt er zu
einem unzweideutigen Urteilsspruch: »Wir sind der Meinung, daß Lavon nicht die von dem ›hohen Offizier‹ erwähnte Anweisung gegeben hat und daß ›die Panne‹ ohne
sein Wissen ausgeführt worden ist . . . Die Untersuchung
der ›Affäre‹ sollte als beendet und abgeschlossen betrachtet werden.«

Als Ben Gurion diesen Abschlußbericht liest, glaubt er
seinen Augen nicht zu trauen. »Ich war besonders erstaunt«, schreibt er in sein Tagebuch, »als ich unter dem
Bericht die Unterschrift von Justizminister Pinchas Rosen
entdeckte.« Der aufgebrachte Ministerpräsident sieht die
Arbeit des Ausschusses als ein Konglomerat von »Vorur-
teilen und Halbwahrheiten« an; »außerdem lassen die Ergebnisse Glaubwürdigkeit und Korrektheit vermissen«.
Der Alte nimmt an der Kabinettsabstimmung über den
Ausschußbericht nicht teil. Acht Minister stimmen dafür;
vier — darunter Abba Eban und Moshe Dayan — enthalten sich der Stimme. Anschließend wendet sich Ben Gurion an die Ministerrunde und vor allem an den Justizminister: »Es gibt eine bestimmte, genau festgelegte
Verfahrensweise, mit deren Hilfe die Wahrheit ermittelt
werden kann. Zeugen werden ins Kreuzverhör genom-

men und einander gegenübergestellt, beide Seiten werden durch Anwälte vertreten, die die Dinge sorgfältig abwägen, und so weiter. Was befürchten Sie von einer gerichtlichen Untersuchungskommission?« Seine abschließenden Worte lösen Bestürzung in der Kabinettsrunde aus:

»Sie haben Ihre Entscheidungen getroffen. Es gibt Ermittlungsergebnisse. Es gibt eine Kabinettsabstimmung, die sie gutheißt. Das Kabinett unterliegt dem Gesetz der Kollektivverantwortung. Weder für die Ernennung des Ausschusses noch für dessen Erkenntnisse, noch für den Kabinettsbeschluß trage ich die Verantwortung mit, und ich will dafür auch in Zukunft nicht verantwortlich sein. Zu Ihrer Information: Ich bin nicht Ihr Partner, und ich bin kein Mitglied des Kabinetts mehr.« Am 31. Januar 1961 reicht Ben Gurion bei Staatspräsident Ben Zwi sein Rücktrittsgesuch ein.

Die Ermittlungsergebnisse des Ausschusses der Sieben und Ben Gurions anschließende Demission deuten auf einen »Verständigungsmangel« hin. Ben Gurion hatte seinen Kabinettskollegen nicht von vornherein klargemacht, daß er unter keinen Umständen Entscheidungen des ministeriellen Ausschusses hinnehmen werde, die eine gerichtliche Untersuchung ausschlössen. Zwar hatte er Eshkol geschrieben, er werde »seine Schlüsse ziehen«, wenn keine gerichtliche Untersuchungskommission eingesetzt würde, doch Eshkol und die anderen Minister waren überzeugt davon, daß Ben Gurion einlenken würde.

Hinzu kam noch ein weiterer, äußerst verhängnisvoller Fehler: Ben Gurion verband zwei Streitsachen miteinander, von denen die eine die moralischen Grundlagen der anderen beiseite fegte. Jede der beiden Sachen, für die er kämpfte, war in sich selbst gerechtfertigt. Beide zugleich in Angriff zu nehmen, führte zu einer Tragödie. Denn während Ben Gurion weiterhin öffentlich für eine gerichtliche Untersuchung der Affäre eintrat, ließ er sich gleichzeitig in eine heftige Auseinandersetzung mit Lavon ein, die zunächst und vor allem durch dessen erbitterte Attacken gegen die militärische Führung und die Armee ausgelöst worden war. Ben Gurion hielt es für unumgänglich, den Mann in Acht und Bann zu tun, der es gewagt hatte, die Streitkräfte und die für Israels Sicherheit verantwortlichen Männer zu diffamieren. Doch als er ins Schlachtgetümmel stürzte, unterschied der Alte nicht zwischen Kernproblem und Nebensache und versäumte es, sich zu entscheiden, ob er sich auf seinen Kampf um Gerechtigkeit oder auf seinen Konflikt mit Lavon konzentrieren sollte.

Impulsiv ließ er sich auf beide Auseinandersetzungen ein. Es kam vor, daß er in ein und demselben Brief, Redetext oder Artikel ein faires gerichtliches Untersuchungsverfahren verlangte, das beiden Seiten die gleiche Chance bieten sollte, und zugleich eine wütende Breitseite gegen Lavon losließ, den er der Lüge, der Erteilung unverantwortlicher Befehle und wüster Verleumdungen bezichtigte. Für die israelische Öffentlichkeit hörten sich die beiden Streitfälle wie ein einziger an. Ben Gurion forderte ein vorurteilsloses Verfahren, seinen eigenen Urteilsspruch hatte er jedoch schon gefällt. Man kann es der Öffentlichkeit kaum übelnehmen, daß sie Ben Gurion in der Auseinandersetzung für parteiisch hielt und seine feindselige Haltung gegenüber Lavon als Rückendeckung für den »hohen Offizier« interpretierte. Weite Kreise der israelischen Bevölkerung äußerten ihr Mißfallen über Ben Gurion oder machten sich über ihn lustig. Seinen Rücktritt betrachtete man als Reaktion auf Lavons Freispruch, seinen Kampf gegen Lavon als eine Art Vendetta.

Nachdem die Erkenntnisse des Ausschusses der Sieben dem Kabinett zur Kenntnis gebracht worden sind, läßt Ben Gurion keinen Zweifel daran, daß Lavon seines Postens als Generalsekretär der Histadrut enthoben werden müsse. Die Presse deutet seinen Ausspruch »Ich möchte nicht mit Lavon an einem Tisch sitzen« als Aufforderung an die Mapai, sich zwischen Lavon und ihm zu entscheiden. Einige seiner Gefolgsleute erklären gegenüber Journalisten, Ben Gurion werde seinen Rücktritt nur dann rückgängig machen, wenn sich die Partei hinter ihn stelle und Lavon entlasse. Im Laufe des Januar hoffen einige Mapai-Funktionäre immer noch, den Zwist zwischen Ben Gurion und Lavon gütlich beilegen zu können. Da ist unter anderem die Rede von einem »Parteigericht«, das Lavon wegen seiner Äußerungen verurteilen soll; doch diese Idee wird wieder fallengelassen. Ein anderer Gedanke, der im Mapai-Sekretariat diskutiert und von Ben Gurion unterstützt wird, sieht die Einrichtung eines »Prüfungsausschusses« vor, der sich mit Lavons Erklärungen befassen und sein Verdikt aussprechen soll; doch auch dieser Vorschlag ist bald wieder vom Tisch.

Nachdem somit zwei Lösungen verworfen wurden, scheint es nur noch eine harte, brutale und gemeine Möglichkeit zu geben: die Entlassung Lavons ohne Diskussion, ohne Verfahren, ohne das geringste Maß an kameradschaftlicher Gerechtigkeit. Die Mehrzahl der Mapai-Mitglieder ist bereit, diesen Weg zu gehen, um Ben Gurion zu besänftigen. Levi Eshkol nimmt es auf sich, Lavons Entlassung in die Wege zu leiten.

Zwei Tage nach Ben Gurions Demission nimmt das Generalsekretariat der Mapai Eshkols Vorschlag an, Lavon seines Postens zu entheben. Am Samstag, dem 4. Februar, tritt das Zentralkomitee der Partei zusammen und spricht sich in einer Abstimmung ebenfalls für Lavons Entlassung aus. Der Beschluß kommt trotz heftiger Einwände Moshe Sharetts zustande. Bei der geheimen Stimmabgabe votieren hundertneunundfünfzig ZK-Mitglieder für Lavons Absetzung, sechsundneunzig dagegen, fünf enthalten sich der Stimme.

Das war Lavons politisches Ende. Doch Ben Gurions junge Anhänger, die mit großem Eifer Stimmen gegen Lavon gesammelt hatten, begriffen nicht, daß damit auch das Ende des Alten gekommen war. Lavons Hinauswurf führte zu einer offenen Spaltung zwischen dem Lager Ben Gurions und den führenden Parteifunktionären der älteren Jahrgänge. Überdies untergrub er das moralische Fundament von Ben Gurions Image, ruinierte seine Glaubwürdigkeit und ließ ihn als rachsüchtigen Diktator erscheinen, der allen samt und sonders seinen Willen aufzwang. In den Augen seiner Partei und seines Volkes gewann Ben Gurion nie wieder das frühere Ansehen zurück. Lavons Abgang markierte den Anfang vom Ende der Ära Ben Gurion.

Ein paar Tage nach der Verabschiedung Lavons erklärt sich Ben Gurion bereit, ein neues Kabinett zu bilden, stößt dabei jedoch sofort auf große Schwierigkeiten. Die beiden anderen Arbeiterparteien, die Mapam und die Achdut Haawoda, die mit der Mapam gebrochen und sich als unabhängige Partei konstituiert hatte, lehnen es ab, in ein Kabinett unter seiner Leitung einzutreten. Es gibt keinen anderen Ausweg, als die Knesset aufzulösen und Neuwahlen auszuschreiben. Weniger als zwei Jahre nach ihrem größten Wahlsieg sieht die Mapai mit Beklemmung dem Wahltag entgegen.

Als die Wähler am 15. August 1961 zu den Urnen gehen, verliert die Mapai fünf Knesset-Sitze. »Vom Standpunkt der Partei aus gesehen ist dies ein großartiger Erfolg, nach zehnmonatiger erbarmungsloser Verleumdung«, schreibt Ben Gurion. »Doch aus politischer Sicht sind die Wahlergebnisse [für uns] eine Katastrophe.«

Am 2. November 1961 stellt Ben Gurion der Knesset sein neues Kabinett vor. Für weitere zwanzig Monate wird er an der Spitze der israelischen Regierung stehen, eine eigenartige Zeitspanne, in der sich der zunehmende Verfall seiner Machtstellung vollzieht. Alle durch die Lavon-Affäre in Gang gebrachten Entwicklungen werden sich fortsetzen und zuspitzen, bis der Ministerpräsident glaubt, die Partei stehe überhaupt nicht mehr hinter ihm. Die Fragen, um die es in diesen Monaten geht, sind nicht personeller Natur, doch deswegen nicht minder emotionsgeladen. Ben Gurion ist zum Scheitern verurteilt, weil er eine Annäherungspolitik zum, wie er es nennt, »neuen Deutschland« betreibt. Wie so viele Aspekte der israelischen Politik ist auch die Haltung der israelischen Regierung gegenüber Nachkriegsdeutschland nicht klar umrissen. Diese Frage geht beinahe in dem hysterischen Tumult unter, der einsetzt, als bekannt wird, daß in Ägypten Raketen gebaut werden.

Als die Ägypter am 21. Juli 1962 zwei Typen von Boden-Boden-Raketen erfolgreich erproben — die eine mit einer Reichweite von zweihundertachtzig Kilometern, die andere mit einem doppelt so großen Aktionsradius —, herrscht tiefe Bestürzung in Israel. Triumphierend teilt Nasser in Kairo einer großen Menschenmenge mit, seine Raketen könnten jedes beliebige Ziel »südlich von Beirut« treffen. Allerdings war zu diesem Zeitpunkt noch nicht allgemein bekannt, daß diese Lenkflugkörper von mehreren hundert deutschen Wissenschaftlern und Technikern konstruiert worden waren, die Ägypten heimlich angeworben hatte. Unter ihrer Leitung waren drei Geheimfabriken entstanden: Werk 36, in dem ein ägyptisches Düsenflugzeug entwickelt wurde; Werk 135, das Düsenmotoren fertigte; und die versteckteste der drei Anlagen, Werk 333, für die Produktion taktischer Fernlenkwaffen mittlerer Reichweite.

Israelische Fachleute befürchten, daß Ägypten seine Raketen mit nichtkonventionellen Sprengköpfen ausrüstet: entweder mit Kernladungen oder mit nach internationaler Rechtsprechung verbotenen Materialien wie Gas, gefährlichen Bakterienkulturen und radioaktiven Abfällen. Allerdings besitzen die neuen ägyptischen Waffen noch einen wunden Punkt: Die deutschen Forscher haben für sie noch kein wirksames Lenksystem entwikkelt.

Geheimdienstchef Isser Harel rät Ben Gurion, sich unverzüglich an Bundeskanzler Adenauer zu wenden und von ihm sofortige Maßnahmen zu verlangen, daß die deutschen Experten ihre Tätigkeit in Ägypten beenden. Ben Gurion lehnt dies jedoch ab. Statt dessen läßt er Shimon Peres beim deutschen Verteidigungsminister Franz Josef Strauß intervenieren. Wenige Tage später, am 20. August, wenden sich Golda Meir und Shimon Peres in dieser Angelegenheit auch an Präsident Kennedy. Im Dezember 1962 bringt Frau Meir bei einem Zusammentreffen mit dem amerikanischen Präsidenten in Florida das Thema noch einmal zur Sprache und bittet Kennedy um seine Intervention; doch ohne Erfolg.

Unterdessen tritt ein Mann namens Dr. Otto Joklik an israelische Geheimdienstkreise in Europa heran und läßt sie wissen, er habe bei einem Aufenthalt in Kairo in Erfahrung gebracht, daß die Ägypter Raketensprengköpfe bauten, die mit radioaktiven Abfällen gefüllt seien. Beim Einschlag in ein Ziel auf israelischem Boden würden die Raketen gefährliche Strahlung abgeben, die die gesamte Umgebung auf Monate oder sogar Jahre hinaus radioaktiv verseuchte. Bei einem Besuch in Israel wird Joklik von Isser Harel und dessen Mitarbeitern ausgefragt. Ihm zufolge hat Ägypten versucht, Waffen zu erwerben, deren Strahlung »jegliches lebende Gewebe« zu zerstören vermag. Der Chef des ägyptischen Raketenprogramms sei bemüht, große Mengen des künstlich in Kernreaktoren gewonnenen radioaktiven Isotops Kobalt 60 zu beschaffen, um damit die Sprengköpfe zu füllen. Höchst beunruhigt gibt Harel diese Informationen an Ben Gurion weiter.

Rückblickend erscheinen Harels Berichte über die nichtkonventionellen Waffen Ägyptens stark übertrieben. Doch seinerzeit war die israelische Führung angesichts der Aktivitäten der deutschen Wissenschaftler außerordentlich besorgt und hielt es für unerläßlich, ihrem Tun möglichst bald ein Ende zu bereiten.

Im Herbst 1962 werden die für Kairo tätigen Deutschen durch mehrere sonderbare Zwischenfälle aufgeschreckt. Am 11. September betritt ein unbekannter Mann das Büro der Intra-Gesellschaft in München, die den Einkauf von Rohstoffen für die ägyptischen Raketen abwickelt. Er verläßt die Büroräume in Begleitung des Direktors der Gesellschaft, Dr. Krug. Einige Tage später wird Dr. Krugs weißes Auto verlassen an einem Waldrand aufgefunden. Von Dr. Krug fehlt seitdem jede Spur.

Am Morgen des 26. November explodiert ein Postpaket, das die Sekretärin des Chefs von Werk 333 in Ägypten gerade öffnen will. Durch den Sprengsatz erblindet sie und verliert ihr Gehör. Am darauffolgenden Tag fliegt ein weiteres Paket in der Chefetage dieser Fabrik in die Luft. Fünf Ägypter finden dabei den Tod.

Am 20. Februar 1963 wird ein Mordanschlag auf Dr.

Kleinwächter, einen deutschen Elektronikexperten, verübt, der in seinem Forschungslabor in Lörrach an der Entwicklung eines Raketenlenksystems arbeitet. Auch hier bleiben die Attentäter unerkannt, und die verschiedensten Spekulationen werden über ihre Herkunft und Identität angestellt.

Ben Gurion unternimmt gegen die deutschen Wissenschaftler, die für Ägypten tätig sind, keine Schritte und will das Thema auch nicht in den Brennpunkt der israelisch-deutschen Beziehungen rücken. Er bevorzugt wegen seiner Politik gegenüber der Bundesrepublik Deutschland andere Methoden. Schließlich hatte er den Begriff »ein neues Deutschland« geprägt. Nach seiner Überzeugung ist Bonn ehrlich bemüht, die Verbrechen des Hitlerreiches wiedergutzumachen. Die von Konrad Adenauer zugesagte Fünfhundert-Millionen-Dollar-Anleihe ist bereits avisiert. Darüber hinaus hat die Bundesrepublik mit der geheimen Lieferung modernster Waffen — darunter Panzer, Flugzeuge und Hubschrauber — zu erstaunlichen Bedingungen begonnen: Für eine Reihe von Waffen verlangt die deutsche Seite lediglich zehn Prozent des eigentlichen Wertes, und andere, noch kostspieligere Waffensysteme werden sogar kostenlos an Israel abgegeben. Der israelische Ministerpräsident will diese Kontakte auf keinen Fall gefährden. Ausgerechnet zur gleichen Zeit, als Isser Harel seine Kampagne gegen die deutschen Wissenschaftler in Ägypten startet, laufen Verhandlungen mit der Bundesrepublik über neue, umfangreiche Waffenlieferungen und die mögliche Aufnahme diplomatischer Beziehungen. Die Frage der deutschen Staatsbürger in ägyptischen Diensten ist daher mit äußerster Delikatesse zu behandeln.

Im Gegensatz zu Ben Gurion ist Isser Harel Deutschland extrem feindlich gesonnen. Seit der Festnahme Adolf Eichmanns hatten sich seine antideutschen Gefühle zu unverhohlenem Haß gesteigert. Jetzt zieht Harel alle Register geheimdienstlicher Einschüchterung. Die in Ägypten tätigen Deutschen erhalten anonyme Drohbriefe und warnende Telefonanrufe. Ihre Verwandten und Freunde werden aufgefordert, ihren Einfluß geltend zu machen und die Wissenschaftler zur Rückkehr nach Deutschland zu bewegen, da ihnen sonst ein Unglück zustoßen werde. Am 2. März 1963 trifft sich in Basel eine junge Frau namens Heidi Görke mit dem inzwischen als Agent für Israel arbeitenden Otto Joklik und dessen Kollegen Josef Ben Gal. Heidi ist die Tochter Professor Görkes, des Elektronikexperten von Werk 333. Die beiden Männer versuchen, sie zu überreden, nach Kairo zu fliegen und ihren Vater davon abzubringen, für Nasser zu arbeiten. Am selben Abend werden Joklik und Ben Gal von der Schweizer Polizei festgenommen.

Am Freitag, dem 15. März, meldet die amerikanische Nachrichtenagentur United Press International die Festnahme der beiden israelischen Agenten »unter dem Verdacht der versuchten Nötigung der Tochter eines in Ägypten tätigen deutschen Raketenforschers«. Am Abend dieses Tages beraten sich Isser Harel und Golda Meir, die in bezug auf die Bundesrepublik Deutschland einer Meinung sind, wie Israel reagieren soll. Tags darauf macht sich Harel auf den Weg nach Tiberias, wo Ben Gurion gerade Urlaub macht, und legt ihm einige Vorschläge Golda Meirs vor. Ben Gurion entscheidet, auf die offizielle Schweizer Verlautbarung über die Festnahme überhaupt nicht zu reagieren. In der Presse dürfe die »Raketenfrage nicht zur Sprache gebracht werden«, erklärt er. »Aber den Grund für die Verhaftung müssen wir irgendwie verständlich machen.«

Nach seiner Rückkehr nach Tel Aviv gibt Harel den Chefredakteuren der israelischen Tageszeitungen eine Pressekonferenz über die Hintergründe der Ben-Gal-Affäre, ohne dabei genügend zu berücksichtigen, daß alles, was mit Deutschland zusammenhängt, in Israel ein höchst heikles Thema ist. Ob beabsichtigt oder nicht, jedenfalls löst er eine Welle von Beschuldigungen — sowohl sachlich fundierten wie frei erfundenen — gegen die Bundesrepublik aus, die in Israel für Panik sorgen.

Zeitungen im In- und Ausland werden überschwemmt mit sensationellen Schlagzeilen und Artikeln: Ehemalige Nazis konstruierten chemische, biologische, atomare und radiologische Waffen für Nasser; sie stellten furchtbare Gase her, züchteten krankheitserregende Mikroben und erzeugten Todesstrahlen, um damit Nassers Raketen auszurüsten, ganz zu schweigen von der Möglichkeit, daß Raketensprengköpfe mit Kernladungen oder radioaktiven Abfällen bestückt werden. Die Pressekampagne wird von Andeutungen und Beweisen begleitet, die Regierung in Bonn unternehme nichts, um Angehörige ihres Landes von deren teuflischen Aktivitäten gegen das jüdische Volk abzubringen. Innerhalb weniger Tage ufert die Kampagne auf Grund von Verallgemeinerungen und Übertreibungen aus. Man hat jegliches Gefühl für die Verhältnismäßigkeit der Dinge verloren. Eine Woge der Kritik und des Hohns ergießt sich über Ben Gurions Schlagwort vom »neuen Deutschland«.

Angesichts der landesweiten Entrüstung beschließt das israelische Kabinett, vor der Knesset eine politische Erklärung abzugeben. Da Ben Gurion noch in Tiberias weilt, fällt Golda Meir die Aufgabe zu, für die Regierung das Wort zu ergreifen. Wegen der durch die Arbeit der deutschen Wissenschaftler in Ägypten drohenden Gefahr sind sich alle im Knesset-Ausschuß für Außenpolitik und Verteidigung vertretenen Parteien einig, einen gemeinsamen Resolutionsentwurf einzubringen, um der Welt die Einheit des israelischen Volkes vor Augen zu führen. Der Entwurf findet Ben Gurions Zustimmung, und Golda Meir legt ihn am 20. März 1963 der Knesset vor.

In ihrer Rede übt sie Zurückhaltung, aber die folgende Debatte zeichnet sich bald durch extreme, wenn nicht gar demagogische Töne aus. Die Mehrzahl der Redner greift Ben Gurions Deutschlandpolitik scharf an, doch werden alle von Menachem Begin noch übertroffen, der den Ministerpräsidenten beschuldigt, »Deutschland ein Alibi« zu liefern. Wörtlich wirft er ihm vor: »Sie schicken unsere Uzi [Maschinenpistolen] nach Deutschland, und die Deutschen versorgen unsere Feinde mit Bakterien.« Als Golda Meir zum Schluß der Aussprache noch einmal das Wort ergreift, distanziert sie sich zwar von Begins Vorwürfen, verteidigt aber auch mit keiner Silbe Ben Gurions Deutschlandpolitik. Die Knesset ist zur Arena geworden, in der diese Politik gebrandmarkt wird; kein einziges Mapai-Mitglied tritt dabei dem Regierungschef zur Seite.

Im Sog der Knesset-Debatte wird der Pressefeldzug gegen die Bundesrepublik und die für Kairo tätigen deutschen Wissenschaftler noch weiter angeheizt. Erst am 24. März 1963, eine Woche nach diesem beispiellosen Aufruhr in der israelischen Presse, erkennt Ben Gurion, daß es falsch war, sich nicht persönlich des Problems der in Ägypten arbeitenden deutschen Wissenschaftler angenommen zu haben, und zwar in dem Augenblick, als es auftauchte. Es läßt sich nicht übersehen, daß Ben Gurions Verhalten zu Beginn der Lavon-Affäre und seine lethargische Reaktion auf die einsetzende jüngste Krise überraschend identisch sind. Einmal mehr hat er es vorgezogen, sich in die Abgeschiedenheit zurückzuziehen und seine Zeit mit Lesen, Schreiben, Ruhepausen und Spaziergängen zu verbringen, als alles ins Rollen kam. Seine Reaktionen sind impulsiv und kraftlos. Als er sich endlich zum Eingreifen entschließt, um die Lawine unter Kontrolle zu bringen, ist sie bereits im Tal angelangt.

Schließlich bittet der Chef des israelischen Generalstabs den militärischen Geheimdienst um eine Beurteilung des ägyptischen Raketenprogramms. Die Erkundungen erbringen indessen keinen Beweis dafür, daß die deutschen Forscher in Ägypten damit beschäftigt sind, chemische oder bakteriologische Waffen zu entwickeln. Was Strahlen- und Kernwaffen angeht, so gehören auch diese mehr ins Reich der Phantasie als in die Wirklichkeit. Später findet man heraus, daß es sich bei dem an Kairo gelieferten Kobalt um winzige Mengen gehandelt hat. Otto Joklik zufolge sollten die Ägypter Hunderttausende von Curie – die für sich allein nicht ausreichen, tödliche Strahlung zu erzeugen – geordert haben; die tatsächlich erworbene Menge wird mit nicht mehr als vierzig Curie ermittelt, ein in jeder Hinsicht belangloses Quantum.

Am 24. März gehen Ben Gurion die ersten Berichte des militärischen Nachrichtendienstes zu, in denen dieser zu der wesentlich realistischeren Einschätzung des ägyptischen Potentials gelangt ist. Der Alte kehrt nach Tel Aviv zurück und läßt Isser Harel zu sich kommen, dem er vorwirft, die von ihm veranlaßten Presseartikel seien schädlich gewesen. Er kritisiert auch verschiedene Punkte der von Harel in den Wochen zuvor in die Wege geleiteten Aktivitäten. Harel zufolge gehen die beiden Männer am späten Abend »in korrekter Atmosphäre«, aber mit »gewisser Spannung« auseinander. Der eigentliche Sturm bricht am darauffolgenden Tag los.

Am Vormittag des 25. März erscheint Shimon Peres in Begleitung des Generalstabschefs und des Chefs des militärischen Geheimdienstes, Meir Amit, bei Ben Gurion. Dieser befragt Amit eingehend zu den Vorgängen in Ägypten und erhält zum erstenmal eine Darstellung, die von der Harels völlig abweicht. Amit zeichnet ein klares Bild: Bei den in Ägypten tätigen Deutschen handelte es sich um eine Gruppe mittelmäßiger Wissenschaftler, die

Raketen veralteten Typs entwickelt hätten. Die Panik in der israelischen Regierung, bei den Experten im Verteidigungsministerium und im Generalstab war demnach in höchstem Maße übertrieben gewesen.

Unmittelbar nach seiner Unterredung mit Amit zitiert Ben Gurion erneut Isser Harel zu sich und unterrichtet ihn davon, wie der Chef des militärischen Geheimdienstes den Sachverhalt beurteilt. Aufgebracht erwidert Harel dem Ministerpräsidenten: »Ihre neuen Erkenntnisse stehen in krassem Widerspruch zu den mir bekannten Bewertungen und Berichten, die ich für maßgeblich und allgemein anerkannt halte.« Aber der Alte läßt sich nicht davon abbringen, daß Harel ihn falsch unterrichtet habe, und teilt dem Geheimdienstchef mit, er wolle eine Sitzung des Knesset-Ausschusses für Außenpolitik und Verteidigung einberufen, um dessen Mitgliedern Beweise für die Harmlosigkeit der ägyptischen Raketendrohung vorzulegen. Harel erhebt Einwände, und es kommt zu einer scharfen Auseinandersetzung. Wenige Stunden danach erhält Ben Gurion ein kurzes Schreiben, in dem Harel mit Wirkung zum nächsten Tag seinen Rücktritt erklärt. Ben Gurion ist gezwungen, die Demission anzunehmen. Er beruft den Chef der militärischen Abwehr, Meir Amit, als Nachfolger Harels an die Spitze des Geheimdienstes.

Harels spontaner Rücktritt ist ein schwerer Schlag für Ben Gurions Prestige. Erst mit der Zeit sollte sich herausstellen, daß Ben Gurion recht gehabt hatte: Die ägyptischen Raketen bedeuteten keine Gefahr; weder ihre Leitsysteme funktionierten, noch waren sie mit nichtkonventionellen Sprengköpfen ausgerüstet. Diskrete politische Bemühungen hinter den Kulissen veranlassen die Bonner Regierung, einige führende Köpfe unter den in Ägypten arbeitenden Experten durch das Angebot hochdotierter Posten zur Rückkehr in die Bundesrepublik zu bewegen. In Reden und Briefen verurteilt Ben Gurion die Kampagne gegen die deutschen Wissenschaftler als »Lärm . . ., der teils übertrieben, teils die Folge von Demagogie«, auf jeden Fall aber nachteilig für Israel gewesen sei.

Aus Ben Gurions Sicht hat die Affäre um die deutschen Raketenforscher eine dreifache Krise ausgelöst: in seiner Politik gegenüber der Bundesrepublik, in seinen Beziehungen zu engen politischen Freunden und Mitarbeitern, so zu Golda Meir und Isser Harel, und in seinem Verhältnis zur parlamentarischen Opposition, vor allem zu Begins Herut. Dies alles sollte zehn Wochen später seinen endgültigen Sturz herbeiführen. Mit Harels Rücktritt beginnt die Abenddämmerung der Regierungszeit Ben Gurions. In dieser Zeit, bis Mitte Juni, läßt sich eine erschreckende Veränderung im Verhalten des Alten konstatieren: Sein Urteilsvermögen scheint nachzulassen, seine politische Weitsicht ist getrübt, und seine Gedanken und Reaktionen sind impulsiv und unausgewogen.

Ben Gurions Befürchtung, die Herut könne an die Macht kommen, wird zur fixen Idee. Seit seiner Rückkehr aus Tiberias hatte er nach einer Gelegenheit gesucht, mit Begin wegen dessen Rede vor der Knesset abzurechnen. Die Chance bietet sich am 13. Mai. Ben Gurion startet im Parlament einen wütenden Angriff gegen die Herut, was einen ungeheuren Tumult zur Folge hat. Abgeordnete der Herut erheben sich tobend und schreiend von ihren Sitzen, und der Parlamentspräsident muß die Sitzung für drei Stunden unterbrechen. Nach ihrer Wiederaufnahme stellt der Sprecher der Knesset fest, die Herut-Fraktion habe gegen die Statuten der Knesset verstoßen; zugleich fordert er Ben Gurion auf, sich für seine schweren Ausfälle gegen die Herut zu entschuldigen. Bleich und mit vor Abspannung starrem Gesicht kommt der Regierungschef dieser Aufforderung nach. Es ist ihm nicht entgangen, daß die Mehrheit der Mapai-Fraktion sich nicht erhoben hat, um ihn gegen die wütenden Anschuldigungen der Herut-Abgeordneten in Schutz zu nehmen.

Ben Gurion prophezeit, Begin werde, sollte er je die Regierungsgewalt über den Staat Israel erlangen, »die Spitze der Armee und des Polizeiapparats mit seinen Raufbolden besetzen und in der Art und Weise herrschen, wie Hitler Deutschland regierte; mit nackter Gewalt wird er die Arbeiterbewegung unterdrücken; und er wird den Staat zerstören . . . Ich bezweifle nicht, daß Begin Hitler haßt, doch dieser Haß ist kein Beweis dafür, daß er ihm [Hitler] unähnlich ist . . .« Das sind seltsame Worte, die sich in ihrer Übertreibung gegen den Mann richten, der sie niederschrieb.

Am Vorabend des Unabhängigkeitstages stirbt Ben Gurions letzter noch lebender enger Freund, Staatspräsident Jizchak Ben Zwi. Ben Gurion hatte große Zuneigung für ihn empfunden.

»[In meinem Leben] habe ich drei Kameraden gehabt. Wir waren eher Freunde als Kameraden. Der erste war Ben Zwi, der zweite S. Yavnieli, den ich in Sejera kennenlernte . . ., der dritte war Berl [Katznelson] . . . Ich habe zahlreiche Gefährten und Freunde. Doch mit diesen drei verband mich eine tiefe geistige Gemeinsamkeit, und jetzt fühle ich mich verwaist und beraubt . . . Aber wozu sollte ich trauern? Schließlich werde ich ihnen bald folgen . . .«

Ben Gurions Stimmung ist offensichtlich gedrückt. Den endgültigen Entschluß, sein Amt niederzulegen, faßt er jedoch auf dem Höhepunkt einer anderen Krise.

Am 17. April 1963 beschließen Ägypten, Syrien und der Irak, die Arabische Föderation zu gründen. Ben Gurion ist wegen der von diesem Zusammenschluß ausgehenden Gefahr höchst beunruhigt, denn in einem Artikel der Charta heißt es, die Föderation sei zustande gekommen, »um die militärische Vereinigung vorzunehmen, mit deren Hilfe das arabische Heimatland von der zionistischen Bedrohung befreit werden kann«. Zwar ist dieser Artikel in Wirklichkeit nicht mehr als eine Routineerklärung, nicht anders als Hunderte ähnlicher Stellungnahmen, die von arabischen Politikern vorliegen, doch beim Alten ruft er ganz neue, böse Ahnungen wach. In seinen Augen stellt dieser Staatenbund, der erst noch im Entstehen begriffen ist, jene schreckliche Bedrohung für die Existenz Israels dar, wie er sie seit 1948 befürchtet hat. Nur sehr wenige Menschen sind der gleichen pessimistischen Auffassung. Aber sein rascher Sturz in Extreme und das verlorene Gefühl für die Verhältnismäßigkeit der Mittel, das in dieser Zeit kennzeichnend für ihn ist, verleiten Ben Gurion dazu, eine politische Kampagne zu starten, wie es sie in der Geschichte des Staates Israel noch nicht gegeben hat.

In eindringlich formulierten Briefen an sämtliche Staatsoberhäupter der Welt macht Ben Gurion auf den bedrohlichen Passus im Gründungsbeschluß der Arabischen Föderation aufmerksam. Gleichzeitig bittet er die ausländischen Staatschefs, »die arabischen Staaten auf der bevorstehenden Vollversammlung der Vereinten Nationen dringend zu ersuchen, die Grundsätze der UNO und die darin enthaltene Verpflichtung zu respektieren, einen dauerhaften Frieden zwischen ihnen [den Arabern] und Israel zustande zu bringen«. Innerhalb von fünf Wochen müssen Ben Gurions Sekretärinnen Dutzende dieser Briefe tippen und in alle Welt versenden.

Präsident Kennedy schlägt er vor, gemeinsam mit dem Regierungschef der Sowjetunion eine Erklärung zu veröffentlichen, in der sie beide die territoriale Integrität und Sicherheit jedes Staates im Nahen Osten garantieren. Ben Gurion geht sogar noch weiter: »Wenn Sie eine Stunde oder zwei erübrigen können, um mit mir die Lage und mögliche Lösungen zu erörtern, bin ich bereit, nach

Washington zu fliegen, wann immer es Ihnen paßt und ohne daß die Öffentlichkeit davon etwas erfährt.«

Auch sein Vorschlag an Präsident de Gaulle entbehrt nicht dramatischer Akzente: »In meinen Augen ist die Hauptsache, daß es nicht zu einem Krieg kommt, und nur ein militärisches Bündnis zwischen Frankreich und Israel kann das verhindern . . . Ist nicht die Zeit gekommen, die bestehende Freundschaft zwischen unseren beiden Ländern durch einen politischen Vertrag zu festigen, der die militärische Unterstützung für den Fall eines Angriffs auf uns seitens der Ägypter und ihrer Verbündeten vorsieht?«

Ben Gurions Befürchtungen erweisen sich als übertrieben. Denn die geplante Arabische Föderation scheiterte, noch bevor sie überhaupt zustande gekommen war. Auch die Appelle des Alten an die ausländischen Staatschefs sind ein kompletter Mißerfolg: Alle seine Forderungen werden abschlägig beschieden. Kennedy meldet »echte Vorbehalte« zu einer gemeinsamen Erklärung mit Chruschtschow an und lehnt auch Ben Gurions Angebot ab, nach Washington zu kommen.

Von dieser Antwort ist Ben Gurion enttäuscht. Er läßt aber nicht locker und sendet Kennedy eine knappe Woche später ein weiteres Schreiben, in dem es heißt: »Herr Präsident, mein Volk hat ein Recht darauf zu existieren . . ., und dieses Recht ist in Gefahr.« Ben Gurion regt den Abschluß eines Sicherheitspaktes zwischen Israel, den USA und deren Verbündeten an.

Doch auch diese Note vermag Kennedy keine zustimmende Antwort zu entlocken. Golda Meir weiß von der gescheiterten diplomatischen Offensive ihres Regierungschefs, vermeidet es jedoch, sich persönlich einzuschalten. »Wir wußten um diese Schritte«, erklärt sie später. »Wir begegneten David Ben Gurion mit Hochachtung . . . Wir schwiegen, obwohl wir uns wunderten.«

Der israelische Ministerpräsident sollte nicht dazu kommen, all die Briefe zu diktieren, die er noch hatte versenden wollen. Am Nachmittag des 15. Juni 1963 sucht ihn Golda Meir auf, voller Empörung über die Meldung einer deutschen Nachrichtenagentur, derzufolge israelische Soldaten in der Bundesrepublik an neuen Waffen ausgebildet würden. In jüngster Zeit hat ihre ablehnende Haltung gegenüber Ben Gurions Deutschlandpolitik deutlich aggressive Züge angenommen. Sie drängt ihn, die militärische Zensurbehörde anzuweisen, den Bericht über das Waffentraining von Israelis auf einem deutschen Truppenübungsplatz nicht zur Veröffentlichung freizugeben. Ein Bekanntwerden der Nachricht, so meint sie, würde »unnötiges Aufsehen« erregen. Ben Gurion lehnt die Bitte mit der Begründung ab, er habe nicht die Befugnis, eine Meldung zu unterschlagen. Das liege einzig und allein in der Zuständigkeit des Militärzensors, der seine genauen Anweisungen habe. Wütend verläßt Golda Meir Ben Gurions Büro.

Als Teddy Kollek von Golda Meirs Verärgerung erfährt, bringt er sie am selben Tag noch einmal mit dem Alten zusammen. Gegen elf Uhr abends begleitet er sie zu Ben Gurions Haus, wo sich die drei in der Küche niederlassen und Ben Gurion und Golda Meir sich über die »deutsche Frage« die Köpfe heiß reden. Um Mitternacht oder kurz danach gehen die beiden Kontrahenten »mit Meinungsverschiedenheiten« auseinander.

Zu einer Fortsetzung der Debatte über diese Frage kommt es nicht mehr, denn am folgenden Morgen betritt Ben Gurion sein Dienstzimmer und erklärt seinem Sekretär: »Ich werde meinen Rücktritt einreichen.« Die Nachricht schlägt wie eine Bombe ein. Teddy Kollek und Jizchak Navon versuchen, den Alten von seinem Entschluß abzubringen, doch dieser bleibt unnachgiebig. Er diktiert lakonische, aus einem Satz bestehende Schreiben an den

Staatspräsidenten und den Sprecher der Knesset und unterrichtet sie von seiner Abdankung.

Mehr als die von anderen vorgebrachten dringenden Bitten, seine Entscheidung noch einmal zu überdenken, bewegt Ben Gurion der unerwartete Besuch der Generäle Jizchak Rabin und Meir Amit. Rabin ist sichtlich aufgewühlt. Er berichtet dem Alten, die Armeekommandeure »seien alle bestürzt« über die Nachricht von seinem Rücktritt. Ein General habe die Demission als »Desaster« bezeichnet. Rabin betont, »die Armee mischt sich nicht in politische Fragen ein, stellt keine Partei dar und darf keinen Druck ausüben«, doch er sehe dies als »Kalamität« an. »Was wird aus der Armee werden?« fragt er. Ben Gurion versucht ihnen klarzumachen, daß er gezwungen sei, sein Amt aufzugeben; die Gründe hätten aber nichts mit den Streitkräften zu tun. »Alle Generäle sind der Meinung, daß sie sich nicht vorstellen können, ohne Ben Gurion auskommen zu müssen«, sagt Rabin. Der Alte ist den Tränen nahe. »Seine Worte rührten mich zutiefst«, schreibt er in sein Tagebuch, »und ich vermochte kaum, meine Gefühle zu verbergen und meine Tränen zurückzuhalten.«

Zu den Gründen für seinen Rücktritt will sich Ben Gurion im Detail nicht äußern. Der Schlüssel zu seinen Motiven findet sich in seinem Tagebucheintrag für den 16. Juni 1963. Die Aufzeichnungen beweisen, daß der Entschluß, von der politischen Bühne abzutreten, bereits seit längerem in ihm herangereift war, dann jedoch spontan in die Tat umgesetzt wurde.

»In Wirklichkeit faßte ich den Entschluß vor zweieinhalb Jahren, als ›der scheinheilige Blutsauger‹ [Ben Gurions Schimpfwort für Pinchas Lavon] es fertigbrachte, alle Parteien gegen uns aufzuhetzen. Seinerzeit befürchtete ich aber, die Partei [Mapai] würde nach meinem Rücktritt zerfallen. ›Der Führer‹ [Begin] spürte seine Macht wachsen, seine Dreistigkeit nahm zu, und Gewalt begann in der Knesset die Oberhand zu gewinnen, wie es sich während der außenpolitischen Debatte und bei dem [von der Herut] provozierten Tumult zeigte . . . Nur die Blinden . . . sehen nicht, [daß dies] der Anfang der Machtübernahme durch ›den Führer‹ [ist] . . . Es ist möglich, daß ›der Offizier vom Dienst‹ [Harel] sich im [Mapai-] Zentralkomitee erhebt und die Rolle übernimmt, die ›der scheinheilige Blutsauger‹ vor zwei Jahren spielte. Und es gibt nichts, was eine faschistische Herrschaft in Israel so sehr herbeiführen könnte wie dieser Wahnsinn.«

In diesen Worten wird erneut Ben Gurions seltsame Furcht vor der Herut deutlich, auch seine Verbitterung und sein Zorn über seine eigenen Parteifreunde und seine Entrüstung angesichts der Angriffe auf seine Deutschlandpolitik. Sein Rücktritt erfolgt zu einem Zeitpunkt, als er unter enormer psychischer Belastung steht; darum sind seine Motive und Impulse weitgehend irrational. Die verbale Auseinandersetzung mit Golda Meir am Vorabend stellt nur noch das auslösende Moment dar. Ben Gurions emotionaler Zustand in den vorangegangenen zehn Wochen hinderte ihn daran, das Land zu regieren.

Ben Gurion hat die Dinge nicht rational überdacht und auch keinen Gedanken auf die Zukunft verwendet. Er ist krank und erschöpft und läßt einfach alles im Stich. Seine unerwartete Entscheidung bedeutet einen schweren Schlag für seine jungen Gefolgsleute, denn damit ist der Krieg um die Nachfolge, der unter dem Deckmantel der Lavon-Affäre geführt wurde, zugunsten der Veteranen zu Ende gegangen. Der bisherige Finanzminister Levi Eshkol wird Ben Gurions Nachfolger als Ministerpräsident. Eshkol wird alles tun, um das vorhandene Kräftegleichgewicht innerhalb der Mapai aufrechtzuerhalten, jedoch nicht Ben Gurions Beispiel folgen und schrittweise die Führungspositionen mit jüngeren, dynamischeren

Genossen besetzen. Die Lavon-Affäre und ihre Auswirkungen haben letztendlich Ben Gurions Ende als Regierungschef bewirkt, seine Protegés entmachtet und die Partei von dem Weg abgebracht, den er für sie vorgesehen hatte. Mehr als jedes andere Ereignis in der Geschichte des Staates Israel ist Ben Gurions Rücktritt kennzeichnend für das Ende einer Epoche. Allerdings bedeutet er noch nicht das Ende seines öffentlichen Wirkens.

Am Tag nach seinem Rücktritt legt der Journalist Haggai Eshed Ben Gurion eine Studie unter dem Titel *Wer gab den Befehl?* vor. Eshed hatte im Auftrag Ben Gurions sämtliche Dokumente, die sich auf die »Panne« von 1954 bezogen, und die Protokolle des siebenköpfigen ministeriellen Ausschusses aus dem Jahre 1960 gesichtet. Dabei kam er zu dem Ergebnis, daß es tatsächlich Lavon war, der die berüchtigte Anweisung für die Sabotageakte in Ägypten gegeben hat. Ben Gurion beschließt daraufhin, an das Kabinett heranzutreten und eine neuerliche Untersuchung der Affäre zu verlangen.

Mit diesem Schritt bricht er sein am Vorabend der letzten Knesset-Wahlen gegebenes Versprechen, sich nicht mehr mit der Affäre zu befassen. Doch das Vorgehen des Siebener-Ausschusses »läßt ihm keine Ruhe«. Es ist nicht die Frage »Wer gab den Befehl?«, auf die Ben Gurion sich konzentriert, sondern »der vom Ausschuß der Sieben begangene Justizirrtum«. Er ist entschlossen, das Verhalten der Minister öffentlich zu brandmarken und den »Justizirrtum« durch ein gerichtliches Gremium untersuchen zu lassen.

Levi Eshkol — die treibende Kraft des Ausschusses — hat natürlich kein Interesse an neuen Ermittlungen in der leidigen Angelegenheit. Ben Gurion bittet ihn zu einem Gespräch über die Affäre und erklärt: »Ich sehe eine Möglichkeit. Der Ministerpräsident könnte ein gerichtliches Verfahren verlangen. Das würde ihm Schande ersparen und sein Ansehen steigern. Falls er dies nicht tut, werde ich es tun. Aber ich würde nicht wünschen, daß die Wahrheit durch mich an den Tag gebracht wird.« Eshkol bittet um Bedenkzeit. Acht Tage später läßt er Ben Gurion wissen, er habe sich »seinen Vorschlag reiflich überlegt und sich entschlossen, ihm nicht zuzustimmen«.

Der Alte ist zum Handeln entschlossen. Am 27. April 1964 beginnt er, die in seinem Besitz befindlichen Papiere über die Affäre zu redigieren. Einen alten, vertrauenswürdigen Freund läßt er die Einzelheiten seines Plans wissen.

»Ich werde das gesamte mir bekannte Material dem Generalstaatsanwalt und dem Justizminister vorlegen. Mir ist völlig klar, daß sie aus eigener Initiative nichts unternehmen werden. Sie werden die Angelegenheit dem Kabinett vortragen, und dieses wird ohne Zweifel negativ entscheiden. Ich werde [dann] die Unterlagen über das, was in Ägypten passiert ist, veröffentlichen — mit Ausnahme der Geheimdokumente — und mich so von dem moralischen Druck befreien. Ich weiß, daß die Presse . . . mich verunglimpfen wird. Aber das tut sie schon seit vier Jahren, und ich habe längst aufgehört, mich getroffen zu fühlen. Aber es gibt ehrliche und intelligente Menschen in diesem Land, und sie werden Wahrheit und Gerechtigkeit verteidigen. Ich werde auf alle Fälle meine Pflicht tun.«

Am 22. Oktober fährt Ben Gurion nach Jerusalem und übergibt seine Dokumentation Justizminister Dow Joseph. Einen ersten Erfolg verzeichnet er, als der Generalstaatsanwalt sich seinen wesentlichen Vorwürfen gegen den Siebener-Ausschuß anschließt. Joseph folgt Ben Gurions Empfehlung und rät dem Kabinett, eine erneute Untersuchung anzuordnen. Eshkol versucht bis zur letzten Minute, auf das Ersuchen des Justizministers nicht einzugehen. Doch Ben Gurion fühlt jetzt festen Boden unter den Füßen, um Eshkol einen geharnischten Brief zu schreiben:

»Ich halte es für meine Pflicht als Dein Genosse, mehr noch für meine Pflicht gegenüber der Partei und vor allem für meine Pflicht gegenüber Israel, ein schweres Unheil zu verhindern − ein persönliches Unheil für Dich, das Unheil einer Zersplitterung der Partei und ein politisches Unheil für den Staat −, und sage Dir, daß Du einen schlimmen Fehler machst, wenn Du noch mal versuchen solltest, ›einen Schlußstrich zu ziehen‹. Es wird keinen ›Schlußstrich‹ geben, solange nicht ein Gericht sein Urteil verkündet hat, ob der Siebener-Ausschuß korrekt gehandelt oder einen Fehler begangen hat . . . Es wird keinen ›Schlußstrich‹ geben ohne Untersuchungskommission, die sich aus den besten Richtern des Landes zusammensetzt, denen die Leute Vertrauen schenken . . . Faß Dir ein Herz und tu das einzige, was diese Angelegenheit ehrenvoll zum Abschluß bringt! Weise den Justizminister an, dem Ersuchen nachzukommen, das ich an ihn gerichtet habe.«

Obwohl breite Kreise seiner Partei Eshkol unter Druck setzen, weigert er sich, eine Untersuchungskommission einzusetzen.

Zur letzten Kraftprobe zwischen Ben Gurion und Eshkol innerhalb der Mapai kommt es auf dem Parteitag Mitte Februar 1965. Auf der einen Seite stehen, vereint hinter Eshkol, die alte Führungsmannschaft und die Mehrheit des Parteiapparats, auf der anderen Seite befinden sich Ben Gurions junge Anhänger und zahlreiche Vertreter aus Entwicklungsgebieten und neuen Siedlungen, die glauben, auf rund achthundert der zweitausendzweihundert Delegierten zählen zu können. Obwohl die Lavon-Affäre nicht auf der Tagesordnung steht, wird sie zum zentralen Thema des Parteitags. Das schreckliche Drama, das die Mapai erschüttert hatte, tobt nun auf einer wirklichen Bühne: der breiten Tribüne der Mann-Halle in Tel Aviv. Die Hauptprotagonisten der erbitterten Konfrontation sitzen an einem langen Tisch vor den Delegierten, die den großen Saal und die Empore bis zum letzten Platz füllen.

Ben Gurions Rede vor dem Parteitag ist voller Aggressivität. »Die Wahrheit . . . ist das, wofür ich kämpfe, gekämpft habe und mein ganzes Leben lang kämpfen werde. Es ist unserm Volk zu wünschen, daß Wahrheit und Gerechtigkeit unser Land regieren!«

Moshe Sharett, Golda Meir und Levi Eshkol treten als Redner gegen Ben Gurion an. Als erster nach Ben Gurion ergreift Sharett das Wort. Sein Erscheinen entbehrt nicht der Tragik, denn er wird in einem Rollstuhl in den Saal gefahren. Seine engsten Freunde wissen seit Monaten, daß er an Krebs leidet und nicht mehr lange zu leben hat. Doch er besitzt noch genug Kraft, um Ben Gurion mit beispielloser Härte anzugreifen: »Welches moralische Recht maßt er [Ben Gurion] sich an, diese Angelegenheit in den Mittelpunkt der Parteitagsdiskussionen zu stellen und dadurch die sich am Horizont abzeichnenden wahren Probleme zu verdecken und zu verwässern . . .?« Am Schluß von Sharetts Rede geht Golda Meir zu ihm hinüber und küßt ihn demonstrativ auf die Stirn.

Sie selbst spricht noch an diesem Abend vor den Delegierten. Ganz in Schwarz gekleidet, schreitet sie zum Rednerpult und hält eine der schärfsten Reden, die jemals gegen Ben Gurion gerichtet wurden. »Der erste Fluch traf die Schwelle unseres Hauses in dem Augenblick, als die Leute von ›Favoriten‹ und ›Nichtfavoriten‹ zu sprechen anfingen«, sagt sie. Man habe an Ben Gurions Haltung Anstoß genommen. »Und was tut unser Genosse Ben Gurion? Er beschuldigt und verurteilt — von Anfang an. Er spricht von ›Halbwahrheiten‹, ›Justizirrtum‹ und ›Parteilichkeit‹ . . .« Golda Meir vermutet, Ben Gurion habe seinen Rücktritt nur erklärt, weil der Ausschuß der Sieben Beschlüsse gefaßt habe, die nicht nach seinem Geschmack gewesen seien, und sie wirft ihm heftige Anschuldigungen und schmerzliche Fragen an den Kopf.

Ben Gurions Gesicht rötet sich vor Zorn, ein Sturm der Entrüstung tobt in ihm. Dieselbe »liebe und verehrte Golda«, die ihm so nahegestanden hatte, rechnet jetzt auf so grausame Weise mit ihm ab. Die wütend anklagende Golda Meir und der wie benommen am anderen Ende des Vorstandstisches sitzende Ben Gurion: Diese Szene gräbt sich tief in das Gedächtnis von Ben Gurions Freunden ein; später sollten sie von diesem Ereignis als der »Nacht der langen Messer« sprechen. Vereinbarungsgemäß sollte der Alte nach Goldas Rede noch einmal zu Wort kommen. Statt dessen erhebt er sich und verläßt den Parteitag. »Das schändlichste Vorkommnis auf dem Parteitag«, schreibt er in sein Tagebuch, »war Goldas bösartige Rede. Es tat mir weh, sie so sprechen zu hören, zu erleben, wie sie Gift und Galle spuckte. Woher kam das? Was ist die Ursache dafür? Ist sie neu oder nicht?«

Es dauert lange, bis Ben Gurion sich von dem herben Schock erholt hat, den ihre Worte bei ihm hinterlassen haben. »Hätte ich es nicht mit eigenen Ohren gehört, ich hätte es nicht geglaubt, daß sie fähig ist, derart viel Gift einzusaugen und von sich zu geben ... Ich nehme an, sie lebt in einer verseuchten Umgebung und trinkt aus trüben Quellen.«

Bei der zum Abschluß des Parteitages vorgenommenen geheimen Abstimmung erhält der von Ben Gurion und seinen Anhängern eingebrachte Vorschlag, die »Affäre von 1954« durch »staatliche juristische Gremien« untersuchen zu lassen, 841 Ja- und 1226 Neinstimmen — was einer Minderheit von rund vierzig Prozent entspricht. Ben Gurions Anhänger sind begeistert; mitten in der Nacht ziehen sie zu seinem Haus, um ihn über das Abstimmungsergebnis zu unterrichten. Einige von ihnen singen und tanzen auf der Straße, aus Freude über die hohe Zahl der Delegierten, die für ihn gestimmt haben. Doch der Alte beteiligt sich nicht an der Freudenkundgebung. Das Resultat spricht für sich. Die Partei hat seine Forderung mehrheitlich abgelehnt.

Der Ausgang des Parteitages läßt in Ben Gurion den Entschluß reifen, sich bei den bevorstehenden Parlamentswahlen auf einer Liste unabhängiger Kandidaten zu bewerben. Seit langem hatte er angedeutet, dies tun zu wollen, war jedoch wochenlang einer offiziellen Ankündigung ausgewichen. Ende Juni 1965 steht fest, daß eine große Gruppe von Gefolgsleuten Ben Gurions unter Führung von Dayan und Peres eine Spaltung der Partei ablehnen. Der »Generalstab«, den sie gebildet haben, beschließt sogar den weiteren Verbleib der »Minderheit« in der Mapai. In diesem Sinne verfaßt Shimon Peres einen Resolutionsentwurf, der nach seiner Verabschiedung an die Presse verteilt werden soll. Am 29. Juni aber, als sich an die fünfundvierzig Anhänger in Ben Gurions Haus versammeln, um über die Frage des Austritts aus der Mapai zu beraten, dreht der Alte den Spieß um und gibt die Antwort auf seine Weise.

Shimon Peres zeigt zunächst die verschiedenen Möglichkeiten auf und bittet dann die Anwesenden um ihre Stellungnahme. Doch gleich zu Beginn verkündet Ben Gurion, dies Treffen sei eine Zusammenkunft all derer, die für eine unabhängige Liste einträten. Auf diese Weise überrascht er seine Parteifreunde mit einem Fait accompli. Ihnen bleibt jetzt nur noch die Wahl, sich zu ihm zu bekennen oder die Versammlung zu verlassen. Der Alte verlangt die sofortige Veröffentlichung einer Presseerklärung, in der die Bildung der Liste bekanntgegeben wird. Shimon Peres und ein paar seiner Freunde versuchen, das Kommunique hinauszuzögern in der Hoffnung, die Spaltung der Partei zu verhindern. Doch aus eben diesem Grund besteht Ben Gurion auf unverzüglicher Unterrichtung der Presse. So bringt der israelische Rundfunk noch am selben Abend in seinen letzten Nachrichten die Meldung von der Aufstellung einer unabhängigen Wählerliste mit Ben Gurion als Spitzenkandidaten. Die Spaltung ist vollzogen.

Ben Gurions Pokerspiel hatte Erfolg gehabt. Mit einigen wenigen Ausnahmen befürworten sämtliche führenden Männer der Minderheit die neue Liste. Der Alte hat ihnen keine andere Wahl gelassen. In dem Augenblick, als er den Alleingang beschließt, ist der getreue Shimon Peres, dessen Loyalität gegenüber Ben Gurion außer Frage steht, nicht mehr imstande, ihn zu verlassen. Im Gegenteil: Er tritt an die Spitze der neuen Organisation. Dasselbe gilt für Dayan.

Ben Gurion will indessen nicht als der Mann erscheinen, der die Spaltung von der Mapai herbeigeführt hat. Die neue, von ihm gebildete Gruppierung nennt sich Rafi (Israelische Arbeiterliste), von der er behauptet, sie gehöre weiterhin der Mapai an. Die Mapai-Führung ist jedoch äußerst erbost über dieses seltsame Spiel, das eine haben und das andere nicht lassen zu wollen. Das Parteisekretariat gibt den Austritt der Gründungsmitglieder der Rafi aus der Mapai bekannt. Als diese darauf bestehen, weiterhin der Mapai anzugehören, setzt die Partei ein »Gericht« ein, um die Dissidenten abzuurteilen. Das Verfahren löst in der Öffentlichkeit einen Sturm der Entrüstung aus, wobei besonders die häßlichen, rüden Ausdrücke auf Kritik stoßen, mit denen die »Anklage« operiert. Einen besonderen Ruf erwirbt sich dabei der Jurist Yaakow Shimshon Shapira, der Ben Gurion einen »Feigling« nennt und die Rafi als »neofaschistische Gruppierung« bezeichnet.

Shapiras hysterische Ausfälle spiegeln die niederdrükkende Atmosphäre des Wahlkampfes wider. Es ist zweifelhaft, ob sich in der israelischen Geschichte Parteien und Politiker jemals mit derart widerwärtigen Schimpfworten tituliert und mit Anschuldigungen überhäuft haben, wie sie jetzt zwischen ehemaligen Parteifreunden ausgetauscht werden. Ben Gurion schleudert der Mapai und ihren führenden Vertretern Anschuldigungen ins Gesicht, die ihm mit gleicher Münze heimgezahlt werden. Jeder, der dem Alten übelwollte oder in zurückliegenden Jahren seine Gegnerschaft zu spüren bekommen hatte, wird für Eshkols Wahlkampagne angeworben. Viele führende Rafi-Politiker sind Schikanen durch den Parteiapparat der Mapai ausgesetzt, der sich rächt und die Abtrünnigen aus ihren Stellungen bei der Histadrut oder in staatlichen Behörden entläßt. Aber nicht die Verleumdungen oder die Rachsucht der Mapai schaden der Rafi. Die neue Partei ist mit einem ehrgeizigen Wahlprogramm angetreten, das die Forderung nach einem Neubeginn in der israelischen Gesellschaft und Regierung in den Vordergrund stellt. Aber weder die jungen Politiker noch das fortschrittliche Programm vermögen das Bild zu verdrängen, das man sich in der israelischen Öffentlichkeit von einem beleidigten, auf Rache sinnenden, alternden Führer macht, der sich gegen seinen Nachfolger gewandt hat und ihn aus dem Amt entfernen wollte.

Ben Gurion hat diesen Wahlkampf zu Recht als den schmutzigsten charakterisiert, »der je in Israel stattgefunden hat«. Er hatte ebenfalls recht, als er in seinem Tagebuch anmerkte, der Ausgang der Wahlen bedeute einen großen Sieg für die Arbeiter-Gruppierung (die Koalition der Mapai mit der Achdut Haawoda), während die Rafi »eine eindeutige Niederlage erlitten hat«. Die neue Liste konnte lediglich zehn Knesset-Sitze erringen, während die Mapai-Koalition mit fünfundvierzig Abgeordneten ins Parlament einzog. Die Rafi, der einige der talentiertesten Politiker Israels angehörten, fand sich in einer undankbaren, politisch wenig handlungsfähigen Opposition wieder. Ben Gurion war zum alternden Löwen geworden, dessen Kräfte nachließen und dessen Gebrüll zunehmend schwächer wurde. Seine Schlacht, die er als den gerechten Kampf eines mutigen und aufrechten Führers begonnen hatte, endete mit einer schmählichen Niederlage, die zugleich seinen endgültigen Abgang ankündigte.

Am 15. Mai 1967, als Israel seinen Unabhängigkeitstag begeht, überschreiten starke Verbände der ägyptischen Armee den Suezkanal, durchqueren den Sinai und marschieren in der Nähe der israelischen Grenze auf. Rundfunkmeldungen und Zeitungsschlagzeilen verkünden überall in der arabischen Welt, daß die Entscheidungsschlacht zwischen den Arabern und Israel unmittelbar bevorstehe. Daraufhin beschließt Israel am 19. Mai eine Teilmobilmachung seiner Streitkräfte. Diese Entscheidung bestürzt David Ben Gurion, da er befürchtet, eine Verschlechterung der Lage würde unweigerlich einen neuen Krieg auslösen.

Wie gewöhnlich macht er Levi Eshkol für die entstandene Spannung verantwortlich. Achtzehn Monate sind seit den letzten Wahlen vergangen, und Ben Gurions scharfe Kritik an seinem Nachfolger ist immer noch die gleiche. Vehement wendet er sich gegen die Eskalation der israelischen Vergeltungsschläge auf syrische Angriffe vom April 1967, die zur gegenwärtigen Krise geführt haben. Und am 21. Mai schlägt er auf einer Tagung der Rafi-Führung vor, die Knesset-Fraktion der Partei solle Eshkols Rücktritt verlangen, »wie man es 1940 mit Premierminister Chamberlain gemacht hat«. Doch Moshe Dayan und Shimon Peres sind dagegen.

Ben Gurion äußert auch seine Besorgnis wegen der in ägyptischem Besitz befindlichen Raketen und warnt vor der Gefahr ägyptischer Luftangriffe auf israelische Städte und Siedlungen. Er vertritt die Auffassung, es sei aus militärischer und politischer Sicht kein günstiger Augenblick für Israel, in einen Krieg verwickelt zu werden; es wäre besser, die Reservisten wieder heimzuschicken und sich um einen Abbau der Spannungen zu bemühen. Im Verlauf der Diskussion wird ihm eine Notiz hereingereicht: Generalstabschef Jizchak Rabin bitte um eine Aussprache. Ben Gurion ist nicht wenig überrascht, erklärt sich aber sofort bereit.

Rabin stand damals unter beträchtlichem Druck. Die unerwarteten ägyptischen Truppenbewegungen hatten bei der israelischen Regierung Verwirrung gestiftet und zu Unentschlossenheit geführt. Levi Eshkol verstand nichts von militärischen Dingen und war Prüfungen dieser Art nicht gewachsen. So hatte er es versäumt, sich angesichts der ägyptischen Bedrohung zu entscheiden und eine klare Haltung einzunehmen. Nassers Vorgehen führte bei Eshkol dazu, daß er seine Zeit mit Konferenzen und Beratungen verbrachte und es dem Stabschef überließ, nicht nur die Regierung zu beraten, sondern weitgehend auch die Aufgaben des Verteidigungsministers wahrzunehmen. Diese Verantwortung belastete Rabin vor allem wegen der zögernden Haltung des Regierungschefs. Nun wollte er Ben Gurions Einschätzung der Lage erfahren.

Die Unterredung verläuft jedoch wenig ermutigend für den Stabschef. »Mein Gespräch mit Ben Gurion war ein schwerer Schock für mich«, berichtete Rabin später. Der Alte hat nach Rabins Darstellung »scharfe Worte« gebraucht und in einer nüchternen, durchdringenden Analyse dargelegt, »warum es undenkbar ist, daß [jetzt] ein Krieg ausbricht«. Rabin muß sich auch den Vorwurf gefallen lassen, durch die Mobilmachung »das israelische Volk zu gefährden«. Ben Gurion läßt dem Stabschef nicht den Rat und die Ermutigung zuteil werden, die dieser sich erhofft hatte. Im Gegenteil, nach dem Meinungsaustausch fühlt sich Rabin gedrückter als zuvor. »Jizchak war deprimiert«, notiert Ben Gurion nach der Unterredung.

Die Wahrheit ist, daß der Ben Gurion von 1967 nicht mehr der wagemutige, weitsichtige Staatsmann war, den seine Bewunderer kannten. Sein Alter, sein Rückzug von den Schalthebeln der Macht und die Erinnerungen an bittere Lektionen in der Vergangenheit — all dies hatte Auswirkungen auf sein Verhalten. Die Legende, die in den Herzen der Menschen weiterlebte, überdeckte den Verfall, dem der einundachtzigjährige Politiker ausgesetzt war. »Er lebt in einer vergangenen Welt«, sagt Dayan wehmütig vor Ausbruch des Sechstagekrieges. »Er bewundert de Gaulle, überschätzt Nassers Stärke und ist unfähig zu begreifen, welch gewaltige Macht unserc Armee darstellt.«

Ben Gurion ist überzeugt, daß Israels nächster Krieg, anders als der Sinai-Feldzug, mehrere Wochen, wenn nicht sogar Monate dauern würde und daß die Armee sich außer mit Ägypten auch mit Syrien und Jordanien auseinanderzusetzen hätte. Er befürchtet Tausende von Gefallenen und Verwundeten und daraus resultierend nachteilige Auswirkungen auf die Moral der Zivilbevölkerung. Das Land würde massive und regelmäßige Waffenlieferungen von den westlichen Großmächten benötigen und wäre auf der internationalen politischen Bühne auf Unterstützung angewiesen. Darum müsse Israel der Welt seinen Standpunkt klarmachen und sich des Beistandes der Westmächte versichern. Auf keinen Fall aber dürfe Israel zum Angriff übergehen.

Selbst als Ben Gurion am 23. Mai erfährt, daß Nasser die Straße von Tiran für israelische Schiffe sperren ließ, ändert er seine Ansicht nicht. Und als de Gaulle Israel den Rücken zukehrt und die Araber hofiert, glaubt Ben Gurion auch weiterhin an die unverbrüchliche Freundschaft des französischen Staatspräsidenten. Die Einstellung des Alten ist inzwischen völlig anders als sein Image in der Öffentlichkeit, die in ihm immer noch den entschlossenen und wagemutigen Staatsmann sieht.

Als sich die Krise verschärft und die Kritik an Eshkol wegen dessen Zögern, einen Krieg zu beginnen, wächst, mehren sich die Stimmen, die die Rückkehr Ben Gurions an die Macht verlangen. Einflußreiche Kreise glauben, daß er imstande sei, Israel wieder eine entschlossene Führung zu geben und das Land in den inzwischen unvermeidlich scheinenden Krieg zu führen. Nur wenige wissen, daß die Wahrheit anders aussieht und Ben Gurion hartnäckig jede militärische Operation ablehnt. Am 24. Mai, einen Tag nach der Schließung der Straße von Tiran, macht sogar Ben Gurions schärfster Rivale Menachem Begin Levi Eshkol den Vorschlag, Ben Gurion an die Spitze einer Regierung der nationalen Einheit zurückzuholen. Eshkol lehnt das rundweg ab. »Wir zwei Pferde passen nicht gemeinsam ins Geschirr«, sagt er dazu.

Ben Gurion hat die Lage vollkommen falsch eingeschätzt, wie die nachfolgenden Ereignisse beweisen sollten. Sein Prestige, seine früheren Triumphe und seine gesunde Urteilskraft haben seinen Ansichten in dieser Zeit der Desorientierung und Unentschlossenheit zunächst beträchtliches Gewicht verliehen. Doch als immer mehr führende Politiker in den stürmischen Tagen Ende Mai 1967 Ben Gurions wahre Meinung kennenlernen, distanzieren sie sich von ihrer Forderung, den Alten ins Kabinett zurückzuberufen. Nach einer Aussprache mit ihm gelangen auch Begin und dessen Parteifreunde zu der Überzeugung, daß ihre Empfehlung an Eshkol nicht mehr zweckmäßig ist. Die Rufe nach Ben Gurions Rückkehr werden allmählich leiser, und der Alte zieht sich wieder zurück. Bei Beratungen mit Mitgliedern der Rafi regt er an, Moshe Dayan solle Regierungschef und Verteidigungsminister werden. Darüber hinaus bietet er ihm seine Dienste als Berater an, falls Dayan dies wünsche.

Eshkols Unentschlossenheit, der Mangel an eindeutigen Aussagen in seinen Rundfunkansprachen, Gerüchte über einen Nervenzusammenbruch des Generalstabschefs sowie ein wachsendes Angstgefühl, da sich die Schlinge um Israel zusammenzieht, all dies führt zu einem Aufruhr in der Bevölkerung, in der Armee und in der Partei. Innerhalb der Mapai kommt es zur Revolte gegen Levi Eshkol und Golda Meir; deren Gegner drängen nunmehr darauf, das Verteidigungsressort an Moshe Dayan zu übergeben. Am 1. Juni gibt Eshkol auf. Am Abend bittet er Dayan, als Verteidigungsminister in eine große Koalition einzutreten.

Die Knesset-Führung der Rafi billigt bei einer internen Beratung die Ernennung ihres Parteifreundes. Durch seine Unterstützung für Dayan scheint Ben Gurion jetzt auf eine politische Linie eingeschwenkt zu sein, die er bisher total abgelehnt hatte. Aber er hofft wohl immer noch, Dayan zu seinen Ansichten bekehren zu können, und schöpft einige Hoffnung aus der Tatsache, daß Dayan »es zur Bedingung machte, mit mir ›in Fühlung‹ zu bleiben, mit anderen Worten, daß er meinen Rat einholt«. Doch die Dinge gestalten sich ganz anders. Dayan hat keineswegs die Absicht, Ben Gurion zu konsultieren. Er räumt zwar ein, daß »seine politische Erfahrung größer ist als die meine«, ist aber inzwischen der Überzeugung, daß der Alte sich ein verzerrtes Bild von der Situation macht. »Was auch passieren mag, die Dinge haben sich nun mal so entwickelt«, schreibt er in selbstzufriedenem Ton. »In diesem Krieg werde ich mich auf meine eigenen Fittiche verlassen müssen.« Dayans Ernennung zum Verteidigungsminister und der Kabinettsbeschluß, sich auf einen Krieg einzulassen, leiten Ben Gurions endgültigen Abgang als Staatsmann ein.

Dieser Abgang vollzog sich nicht stufenweise und unmerklich, sondern war im Gegenteil jäh und dramatisch. Er dauerte sechs Tage lang — genauso lange wie der Krieg. Am Vorabend des Kriegsausbruchs war der Alte noch ein erstklassiger Politiker, ein Anwärter auf das Amt des Regierungschefs oder auf die Leitung des Verteidigungsressorts; er verkörperte das Bild eines nationalen Retters, zu dem Tausende aufschauten. Nach dem Sechstagekrieg war Ben Gurion ein Staatsmann im Ruhestand, ein alter Mann, dessen Zeit abgelaufen war. Bei Israels Kampf ums Überleben führten andere das Kommando, und das mit glänzendem Erfolg.

Den ersten Vorgeschmack leidvoller Hilflosigkeit bekommt Ben Gurion am Abend des 4. Juni. Den ganzen Tag über wartet er auf Moshe Dayan, der ihn über den am Morgen getroffenen Kabinettsbeschluß unterrichten soll. »Abends gegen zehn, als ich schon im Bett lag und las, . . . hörte ich unten jemanden an die Haustür klopfen. Ich ging hinunter, um aufzumachen, in der Annahme, Dayan sei gekommen. Ich war überrascht, Chaim (Yisraeli, den Bürochef des Verteidigungsminsters] zu sehen.« Yisraeli sagt dem Alten, Dayan sei am Kommen verhindert, da er ein Treffen mit Eshkol habe.

»Es ist beschlossen worden, morgen mit einer Operation zu beginnen, wahrscheinlich mit einem Einsatz der Luftwaffe. Moshe [Dayan] wolle jedoch auf fünf Minuten zu mir kommen. Ich sagte Chaim, es sei nicht den Aufwand wert, sich herzubemühen, da ich ihm in fünf Minuten die Situation (nicht] auseinandersetzen könne . . . Ich bin nicht rückhaltlos für die morgige Operation, zumal ich nicht weiß, was zwischen uns und den Regierungen von Amerika und Großbritannien besprochen worden ist . . . Ich mache mir Sorgen über die bevorstehenden Schritte. Moshe hat mir zweimal versichert, er wolle ›in Fühlung‹ mit mir bleiben. Diese ›Fühlungnahme‹ ist sinnlos, sobald der schicksalhafte Schlag erst geführt worden ist.«

Am 5. Juni 1967 bricht der Krieg gegen die Araber aus, der später als Sechstagekrieg bekannt wird. Als er von den ersten Kampfhandlungen hört, ist Ben Gurion erbost. »Ich bin sicher, daß wir da einen schweren Fehler begehen«, vertraut er seinem Tagebuch an. »Man hätte Washington und London in Kenntnis setzen sollen, daß wir zu Maßnahmen entschlossen sind, falls die Straße [von Tiran] nicht wieder freigegeben wird. Heute morgen schickte mir Dayan einen General, um mich zu informieren, daß die Operationen im Gange sind. Das war überflüssig.« Doch seine Stimmung bessert sich ein wenig, als er von dem großartigen Erfolg der israelischen Luftwaffe hört, die bei einem Überfall die Mehrzahl der feindlichen Flugzeuge am Boden zerstört hat.

Am zweiten Tag der Kämpfe erkundigt sich Ben Gurion bei Yisraeli nach der Lage im Nordabschnitt. »Die Syrer spielen verrückt«, erhält er zur Antwort, »aber Moshe unternimmt im Augenblick nichts; er will etwas später zum gezielten Schlag gegen sie ausholen.« Ben Gurion antwortet: »Es sollte keine Verzögerung geben, da die Siedlungen im Grenzgebiet davon betroffen sind, sie müssen geschützt werden. Ich erklärte [Yisraeli], daß ich gern [Dayan] aufsuchen würde, wann immer er die Zeit dafür fände.« Aber Dayan hat keine Zeit für ein Gespräch mit dem Alten — weder an diesem Tag noch an den folgenden. Ben Gurion muß sich notgedrungen mit den Lageberichten begnügen, die ihm von Beamten des Verteidigungsministeriums überbracht werden.

Am Vormittag des 9. Juni hört Ben Gurion im Rundfunk, Syrien habe einer Feuereinstellung zugestimmt. Der Krieg sei somit beendet. Wenig später heißt es jedoch, es seien noch immer Gefechte mit syrischen Verbänden im Gange. Diesmal ruft Ben Gurion Dayan direkt an. »Warum führen wir nicht einen vernichtenden Schlag gegen die Syrer?« will er wissen. Dayan antwortet: »Die Syrer kämpfen tapfer, und wir haben starke Verbände zusammengezogen, um gegen sie vorzugehen.« — »Wie kommt es, daß die Feuereinstellung nicht eingehalten worden ist, und welche Seite ist dafür verantwortlich?« fragt der Alte weiter. Dayan schweigt. »Keine Antwort ist auch eine Antwort«, bemerkt Ben Gurion. Er begreift, daß es Israel war, das die Vereinbarung über die Feuerpause gebrochen hat; darüber ist er sehr verärgert.

Bis zu diesem Tag hatte der Alte Dayan in den Ohren gelegen, die Golan-Höhen anzugreifen. Doch in dem Augenblick, wo eine Waffenruhe vereinbart wurde, denkt er anders und ist entschieden gegen jedes weitere Angriffsunternehmen. Am selben Abend erscheint ein Adjutant Dayans bei Ben Gurion zu Hause, um ihn über den Hergang des Geschehens zu informieren. Demnach waren die Syrer mit einer Feuereinstellung einverstanden, aber Dayan habe beschlossen, früh am Morgen die Golan-Höhen anzugreifen. »Es war ein großer Fehler, daß wir den Waffenstillstand mit Syrien nicht eingehalten haben«, murrt Ben Gurion. »Wir benötigen das Berggebiet nicht, weil wir dort ohnehin nicht bleiben wollen. Ganz besonders falsch war es, daß wir ohne Grund die Empfehlung des Sicherheitsrates mißachtet haben. Wir werden für wichtigere Dinge kämpfen müssen, und es ist nicht erforderlich, daß unsere Gegner feststellen, daß wir wortbrüchig sind.« Ben Gurion übersieht dabei vollkommen, daß er sowohl im Unabhängigkeitskrieg als auch beim Sinai-Feldzug genauso gehandelt hatte.

Auch am nächsten Tag fährt der Alte mit seiner Kritik am Vorgehen der israelischen Streitkräfte auf den Golan-Höhen fort. »Ich fürchte, wir setzen keinen geringen Teil der Sympathie und Freundschaft aufs Spiel, die uns die Vergeltungsschläge unserer Armee überall in der Welt eingetragen haben — zumindest in der demokratischen Welt. War das nötig?« Nachdem der israelische Rundfunk gemeldet hatte, die Sowjetunion habe die diplomatischen Beziehungen zu Israel abgebrochen, notiert er: »Das haben wir nun von der überflüssigen Fortsetzung der Kämpfe in Syrien! Es ist einfach nicht möglich, die ganze Welt hinters Licht zu führen.« Am selben Abend besetzen israelische Verbände die Golan-Höhen, und der Sechstagekrieg ist zu Ende.

Im Verlauf dieser sechs Tage ist es Ben Gurion klargeworden, daß seine aktive Mitwirkung bei den politischen Entscheidungen Israels vorüber ist. Realistisch und tapfer beugt er sich den Fakten des Lebens. Nach dem Krieg beginnt er, sich aus der politischen Szene zurückzuziehen. Schließlich legt er auch seine Forderung nach gerichtlicher Untersuchung der »Affäre« und nach einer Korrektur des »Justizirrtums« zu den Akten; die von seinen Parteifreunden in der Rafi eingeleiteten Verhandlungen über eine Wiedervereinigung mit der Mapai behindert er nicht, obwohl er als Mann mit geradlinigem Charakter diesen Schritt ablehnt und der neugebildeten Arbeiterpartei aus Mapai und Rafi nicht beitritt. 1969 führt er noch einmal eine kleine Wählerliste für die Knesset an, die Staatsliste. Im Parlament vermeidet er Zusammenstöße mit seinen früheren Parteifreunden und gibt ein Jahr später sein Mandat ab, um sich endgültig aus dem öffentlichen Leben zurückzuziehen.

Ben Gurion äußert sich nur noch selten zu außen- und weltpolitischen Fragen oder zur aktuellen Tagespolitik. Sein Thema wird die Aufarbeitung der Geschichte des Staates Israel. In seinen Lebenserinnerungen wendet er sich der Vergangenheit zu, der Arbeit der frühen Pioniere und dem, was er selbst als einer von ihnen auf den Feldern von Sejera gedacht und geleistet hat. Er erinnert sich an seine Zeit als Student in Konstantinopel oder als Sekretär der Histadrut. Er war der Mann, der eine unentschlossene Arbeiterbewegung mit starker Hand auf ihrem Weg zur Eroberung der Zionistischen Weltorganisation geführt hat.

Ohne Aufhebens und beinahe heimlich streckt der »streitsüchtige, widerspenstige Mann« die Waffen. Er reicht einstigen Gegnern die Hand, bereinigt alten Haß und heilt offene Wunden. Er versteht sich nun sogar mit seinem langjährigen Rivalen Menachem Begin und schreibt ihm: »Meine Paula war immer Deine Bewunderin.« Er freundet sich mit Yaakow Shimshon Shapira an, der ihn einmal einen »Feigling« geschimpft und seine Anhänger als »Neofaschisten« bezeichnet hatte. Shapira wird sogar sein Testamentsvollstrecker. Nach einer Reihe stürmischer Auseinandersetzungen versöhnt er sich auch mit Golda Meir, obwohl die gegenseitig beigebrachten Wunden noch nicht vollständig verheilt sind. Er trägt Isser Harel nichts nach, der, gewollt oder nicht, 1963 maßgeblich zu seinem Rücktritt beigetragen hat; im Gegenteil, zusammen mit Harel führt er die Staatsliste an, und während seines letzten Jahres als Parlamentsabgeordneter sitzt er Seite an Seite mit ihm in der Knesset. Selbst gegenüber Lavon zeigt sich der Alte milde gestimmt.

Während seiner letzten Lebensjahre in Sdeh Boker war Ben Gurion kein Löwe im Käfig mehr, kein zorniger Prophet und auch kein Kämpfer. Er war ein liebenswürdiger alter Mann geworden, der sich versöhnlich und nachsichtig gab und mit niemandem mehr in Fehde lag. Er wurde nun zum »Vater der Nation«, der die Arbeit seiner Nachfolger aus der Abgeschiedenheit seiner Wüstenoase wahrnahm und sie − statt mit Tadel und Kritik − mit ermutigenden, inspirierenden Worten bedachte. Schritt für Schritt nahm das Alter von ihm Besitz. Er kämpfte mit seiner ganzen Kraft dagegen an, doch es war ein bedrückendes und schmerzliches Rückzugsgefecht. In zunehmendem Maße litt er an Vergeßlichkeit, was dazu führte, daß er Namen, Daten und Ereignisse durcheinanderbrachte. Sein Gesundheitszustand begann sich zu verschlechtern, und er war häufig in ärztlicher und physiotherapeutischer Behandlung. Anfang der siebziger Jahre litt er unter starken Schmerzen in der rechten Hand, was ihm das Schreiben erschwerte und ihn daran hinderte, Besuchern die Hand zu geben. Seine Gedanken kreisten mehr und mehr um die Unausweichlichkeit des Todes. Seine Grabstätte in Sdeh Boker hat er selbst ausgesucht. Sie befindet sich in Sichtweite der Internatsschule auf dem höchsten Punkt eines Felsens im Angesicht der Wüste Zin. Paula, seine Frau, ging ihm dorthin voran. Sie starb im Januar 1968. »Ich habe immer geglaubt, ich würde vor ihr sterben«, sagte er traurig, »und jetzt ist Paula plötzlich tot und von mir gegangen.«

Die ganze Nation feiert am 16. Oktober 1971 Ben Gurions fünfundachtzigsten Geburtstag. Das Kabinett mit Golda Meir an der Spitze kommt zur Gratulation nach Sdeh Boker, und die Knesset verabschiedet ein Sondergesetz, um dem Alten die Möglichkeit einzuräumen, noch einmal vor dem Parlament zu reden. Als er dort über die Zukunft des israelischen Volkes in seinem angestammten Land spricht, erheben sich die Abgeordneten aller Fraktionen und bereiten dem Jubilar stehend Ovationen. Vielen Zuhörern fällt auf, daß er wiederholt auf Religion und Glauben verweist. An seinem Lebensabend war er aus tiefster Seele von der Existenz Gottes überzeugt.

1971 unternimmt Ben Gurion seine letzte Reise, die ihn nach Brüssel führt, wo eine Konferenz über die Probleme der Juden in der Sowjetunion stattfindet. Im gleichen Jahr hört er auf, ein Tagebuch zu führen. Und in eben diesem Jahr überkommt einen Mitbewohner von Sdeh Boker große Sorge, als auf einem ihrer täglichen gemeinsamen Spaziergänge Ben Gurion plötzlich leise zu ihm sagt: »Laß uns umkehren.« Ben Gurions Kräfte schwinden zusehends. Der Siebenundachtzigjährige muß jedoch noch die traurigen Ereignisse des Jom-Kippur-Krieges miterleben. Er sitzt allein in seinem Haus in Tel Aviv und spürt, wie seine Kräfte ihn verlassen. Doch sein Geist und sein Glaube sind hellwach und glühend wie eh und je.

Wenige Wochen später erleidet Ben Gurion einen Schlaganfall, aber noch gibt er nicht auf. Er war sein Leben lang eine Kämpfernatur und setzt sich auch jetzt tapfer bis zum letzten Atemzug gegen die Krankheit zur Wehr. Zwei Wochen lang liegt er im Krankenhaus, die meiste Zeit bei klarem Bewußtsein. Die Gehirnblutung hat zu einer teilweisen Lähmung geführt; er kann nicht mehr sprechen. Doch Besuchern reicht er die Hand und sieht sie mit seinen klugen Augen an. Sein Blick ist nicht verzweifelt oder hilflos. Er strahlt eine ganz besondere Art von Ruhe aus; von Kapitulation vor der Krankheit ist nichts zu spüren. Die ganze Nation ist sich des analogen Geschehens um die beiden Existenzen bewußt, die in jenen Novembertagen des Jahres 1973 um ihr Leben kämpfen: Ben Gurion und der Staat Israel.

Eine israelische Abendzeitung schrieb in ihrem Kommentar: »Selbst wenn sich das israelische Volk vor allem mit dem Jom-Kippur-Krieg und seinen Irrtümern und Triumphen beschäftigt und große Trauer über unsere gefallenen Jungen herrscht, kann es [das Volk] dennoch nicht das Ringen Ben Gurions mit dem Tod übersehen. Es drängt sich die historische Parallele auf zwischen Ben Gurion und der Epoche, die so eng mit seinem Namen verknüpft ist — zu einem Zeitpunkt, da beide in einen heroischen Kampf ums Überleben verwickelt sind . . .«

Ben Gurion starb am 1. Dezember 1973 und wurde neben seiner Frau in Sdeh Boker beigesetzt. Auf seinen Wunsch gab es keine Reden an seinem Grab — die Stille war ergreifender als jeder Nachruf. Das Grab erhebt sich über der unvergänglichen Landschaft der Wüste Zin. Vor drei Jahrtausenden zog David Ben Gurions Volk zum erstenmal durch diese Wüste auf seinem Weg ins Gelobte Land; von dort hat der Kampf des jüdischen Volkes um das Land Israel seinen Ausgang genommen.

Auf dem Höhepunkt des Zweiten Weltkrieges, im Juni 1942, übernahm Ben Gurion die Führung der zionistischen Bewegung. Damals brachte er die sechshundertdrei Delegierten des Amerikanischen Zionistenkongresses dazu, das Biltmore-Programm zu verabschieden. Mit diesem Programm, benannt nach dem New Yorker Hotel, in dem die Konferenz stattfand, war das neue Ziel des Zionismus unmißverständlich definiert: die alsbaldige Schaffung eines jüdischen Staates in Palästina.

Offiziell war dies das erste Mal, daß die Staatsgründung als ultimatives Ziel des Zionismus proklamiert wurde. Natürlich hatte es bereits in früheren Jahren jüdische Führer gegeben, die den Versuch unternommen hatten, diese Idee zum Leitprogramm zu erheben, so Chaim Arlosoroff, die große Hoffnung der jüdischen Arbeiterbewegung der dreißiger Jahre, und Wladimir Jabotinsky, der autoritäre Führer der abtrünnigen Revisionisten. Chaim Weizmann dagegen, später Israels erster Staatspräsident, wollte lieber noch weitere zehn oder fünfzehn Jahre damit warten; er zog deshalb in Briefen und Publikationen über das Biltmore-Programm her und machte es lächerlich.

Ben Gurions entscheidender Beitrag zur Unabhängigkeit Israels lag in seinem Gespür für den richtigen Zeitpunkt. Er war der einzige, der begriffen hatte, daß der Weltkrieg eine einmalige Gelegenheit für die Schaffung eines jüdischen Staates bot. Er ahnte, daß in Zeiten des

Friedens, der Ruhe und der Alltagsroutine die Chancen äußerst gering waren, daß die Großmächte es riskierten, das trügerische Gleichgewicht im Nahen Osten durch Errichtung eines jüdischen Staates zu stören. Doch angesichts der dramatischen Ereignisse des Krieges, als der gesamte Erdball in Flammen stand, Reiche zusammenbrachen und andere an ihre Stelle traten, Grenzen von den Landkarten verschwanden und neue gezogen wurden, da war der Augenblick des »Jetzt oder nie« für die Juden in aller Welt gekommen, um ihren Anspruch auf einen eigenen Staat anzumelden. Ein Staatsmann könne nicht Schöpfer spielen, hat Bismarck sinngemäß gesagt; seine Aufgabe sei es, auf der Lauer zu liegen, bis er den Widerhall der Schritte Gottes höre, um dann aufzuspringen und den Saum seines Mantels zu ergreifen. Ben Gurion hat in der Tat den Mantelsaum des Allmächtigen ergriffen, als er auf jener längst vergessenen Tagung im Biltmore-Hotel erklärte, sofort nach Kriegsschluß müsse ein jüdischer Staat gegründet werden.

Die Schaffung des Staates Israel war die herausragendste Leistung David Ben Gurions. Im turbulenten Sog des Zweiten Weltkrieges gelang es ihm, der zionistischen Bewegung die Führung angedeihen zu lassen, die diese benötigte. Er war zu gleicher Zeit umsichtiger Staatsmann, besonnener Analytiker, charismatischer Führer und oberster Kriegsherr.

Obwohl er im Grunde die Idee eines größeren Erez Israel verfolgte, erklärte sich der Staatsmann in Ben Gurion 1946 mit der Teilung Palästinas einverstanden, weil er einsah, daß dies der Preis war, der für die Unterstützung durch die Vereinigten Staaten entrichtet werden mußte. Ein eingehendes Studium der Lage im Nahen Osten veranlaßte ihn, den optimistischen Einschätzungen der Hagana-Experten keinen Glauben zu schenken, die für den Fall der Schaffung eines Judenstaates nur einen begrenzten lokalen Widerstand palästinensischer Freischärler voraussagten. Er selbst erwartete den Ausbruch eines richtiggehenden Krieges mit den arabischen Nachbarstaaten und baute entsprechend vor: Er unterstellte die in Zusammenhang mit der Sicherheit und Verteidigung des Landes stehenden Vorgänge seiner persönlichen Verantwortung, er entsandte Emissäre zum Waffenkauf in alle Welt und machte die bisher im Untergrund operierende Hagana zum Kern einer regulären Armee, die imstande war, einen arabischen Angriff abzuwehren.

Seine charismatische Führerpersönlichkeit bestätigte sich vor allem in den Monaten größter Verzweiflung, die der Ausrufung des neuen Staates vorangingen. Damals wurden viele führende Männer der jüdischen Gemeinschaft in Palästina, von den blutigen arabischen Übergriffen erschreckt, in ihrem Entschluß schwankend, die Unabhängigkeit Israels auszurufen. Von einem fast messianisch zu nennenden Glauben beseelt, brachte es Ben Gurion fertig, die einen zu überzeugen und den anderen seinen Willen aufzuzwingen und damit sein Vorhaben durchzusetzen, den Staat Israel zu gründen. Und schließlich erwies er sich auch als hervorragender Stratege. Der Zweiundsechzigjährige, der nie im Leben eine Waffe in der Hand gehabt hatte, begriff die strategischen und taktischen Notwendigkeiten im Unabhängigkeitskrieg weitaus besser als seine Generäle. Es gelang ihm, die beiden Ziele, die er sich in diesem Krieg gesetzt hatte, vollauf zu erreichen: den Angriff der arabischen Armeen zum Stillstand zu bringen und einen weit größeren Teil von Erez Israel zu erobern, als ursprünglich den Juden von den Vereinten Nationen zugestanden worden war.

Die Staatsgründung war für Ben Gurion jedoch nicht ein Abschluß, sondern erst der Anfang. Als Ministerpräsident fiel ihm die Aufgabe zu, die neue Republik nach seiner Vorstellung und seinen Idealen zu formen. Sein erstes Bestreben ging dahin, den Angehörigen seiner Nation das Bewußtsein der Mamlakhtiut — der Eigenstaatlichkeit — nahezubringen. Einer Nation, die ihre Unabhängigkeit vor zweitausend Jahren eingebüßt hatte, mußte begreiflich gemacht werden, daß die Bezeichnung Regierung nicht länger ausländische Herrschaft, sondern eigene Führerschaft und Verwaltung bedeutete; die aufgrund von Eigeninitiative gebildeten jüdischen Organisationen waren, so hingebungsvoll und so tatkräftig sie unter britischer Oberhoheit gewirkt haben mochten, durch der staatlichen Kontrolle unterstehende offizielle Organismen und Gremien zu ersetzen. Daher löste er, während noch überall in Erez Israel die Kämpfe mit den Arabern tobten, die Privatarmeen — den Irgun Zwai Leumi und die Lechi — auf und schaffte aus demselben Grunde die andersgeartete Struktur der Eliteeinheiten des Palmach ab. Er verkündete eine Reihe von Gesetzen, die Fragen der Ausbildung, des Arbeitsrechts und der Jugenderziehung betrafen. Mit diesen Initiativen machte er sich eine Reihe von Leuten zu Feinden, denn viele Politiker konnten sich nur schwer von den privaten Gruppierungen lösen, die sie oder ihre Parteien gebildet hatten, und ihre Domänen an den Staat abtreten.

Doch Eigenstaatlichkeit bedeutete für Ben Gurion lediglich ein Instrument zur Verwirklichung seiner Vision. Und ihr verlieh er in seiner gewohnt dramatischen, mitreißenden Weise Gestalt, als er 1948, noch während des Krieges, das nächste nationale Ziel proklamierte: die Verdoppelung der Einwohnerzahl Israels innerhalb von vier Jahren und die damit verbundene Überflutung des Landes mit einer nie gekannten Einwanderungswelle. Er lehnte den Vorschlag, den einige seiner Kollegen im Kabinett vorbrachten, ab; sie wollten die Einwanderung »selektiv« organisieren und nur junge und tüchtige Juden aus aller Welt ins Land lassen. Von seinem charakteristischen

Dringlichkeitsgefühl getrieben, öffnete er die Eingangstore Israels weit, obwohl er damit rechnete, daß der massive Zustrom gewaltige wirtschaftliche und soziale Engpässe mit sich bringen würde. Aber auch dabei beließ er es nicht und konfrontierte die Nation mit einer Herausforderung nach der anderen: Befreiung der Heimat; Rückkehr der im Exil lebenden Juden; hebräischer Sprachunterricht für jung und alt; Urbarmachung der Wüste; Umwandlung des jüdischen Volkes in eine Nation von Arbeitern und Bauern und schließlich die Heranbildung Israels zum »erwählten Volk und Licht für die Völker«.

Seiner idealistischen Vorstellung vom israelischen Staat entsprach seine kompromißlose Haltung gegenüber dem Weltzionismus. Er vertrat die Auffassung, daß jetzt, wo der jüdische Staat Wirklichkeit geworden war, die zionistische Bewegung das realisieren müsse, was sie immer gepredigt habe. Jeder Zionist in der Diaspora müsse Israel zu seiner Heimstatt machen. Diese Einstellung störte und erzürnte viele zionistische Führer im Ausland, obgleich sie die einzige Formel war, die den Prinzipien des wahren Zionismus entsprach.

Die ersten Jahre nach der Schaffung des neuen Staates waren für Ben Gurion hektisch und anstrengend. Er mußte seine Nation mit der immensen Aufgabe betrauen, die neuen Einwanderer einzugliedern und eine moderne Wirtschaft aufzubauen; er mußte eine Armee aufstellen, die in der Lage war, sich erfolgreich gegen jedes arabische Bündnis zur Wehr zu setzen; er mußte sich den Zorn der Großmächte gefallen lassen, als er Jerusalem zur Hauptstadt Israels machte; er sollte viele noch nicht verheilte Wunden aufreißen, als er beschloß, von der Bundesrepublik Deutschland Hunderte von Millionen Dollar als Wiedergutmachung für das von den Nazis geraubte und zerstörte jüdische Eigentum anzunehmen.

Auf dem Gebiet der Außenpolitik bemühte sich Ben

Gurion vergeblich, ein Bündnis mit einer westlichen Großmacht als Gegengewicht zur militärischen Aufrüstung der arabischen Nachbarländer abzuschließen und dadurch Israels künftige Verteidigung zu sichern. Die innenpolitischen Probleme hingegen rieben ihn auf, gleichgültig, ob es kleinliche Auseinandersetzungen mit seinen Partnern in der Regierungskoalition, erbitterte Fehden innerhalb seiner eigenen Partei oder häufige Kabinettskrisen waren. Ben Gurion war ein idealer Führer für die großen, dramatischen Augenblicke der Geschichte, wo seine Führungsqualitäten und seine Entschlußkraft benötigt wurden; den ermüdenden Alltagsproblemen war er nicht gewachsen.

1953 beschloß er, siebenundsechzig Jahre alt, abzudanken und sich in Sdeh Boker, einem neuen Kibbuz in der Negev-Wüste, anzusiedeln. Er hoffte, auf diese Weise die Erinnerung an die glücklichen Zeiten seiner Jugend wieder aufleben zu lassen, als er einfacher Landarbeiter in Galiläa gewesen war und durch die Bearbeitung des Bodens Israels den Zionismus in seiner reinsten Form verwirklicht hatte. Er hatte auch gehofft, die israelische Jugend durch sein Beispiel dazu bewegen zu können, ihm in die Wüste zu folgen und sie zu besiedeln. Dieses Ziel hat er nicht erreicht. Sein Appell wurde nicht gehört, und seine Aufforderung an die junge Generation, den Negev zum Blühen zu bringen, verhallte als Stimme eines Rufers in der Wüste.

Ben Gurion sollte dann noch einmal an die Macht gelangen, zunächst als Verteidigungsminister und später auch als Regierungschef. Er war es, der sein Land durch die kritischen Jahre des arabischen Terrorismus und der israelischen Vergeltungsschläge, der ägyptischen Aufrüstung und des Sinai-Feldzuges von 1956 führte. Den Gipfel seiner Macht erreichte er in Israels Goldenem Zeitalter, das dem Sinai-Feldzug folgte. Doch unmerklich begann er zu altern, und der eiserne Griff, mit dem er die Angelegenheiten seines Landes anzupacken pflegte, lokkerte sich allmählich. Bei Vorgängen wie dem Sinai-Feldzug, dem Abschluß von Geheimabkommen mit Frankreich und später mit der Türkei, dem Iran und Äthiopien, der Errichtung des Kernreaktors in Dimona und bei anderen Vorhaben delegierte er einen Großteil seiner Befugnisse an ihm ergebene jüngere Mitarbeiter wie Dayan, Peres und andere und begnügte sich damit, ihre Initiativen gutzuheißen und sie gegen die Kritik der Opposition zu verteidigen.

Als 1960 die Lavon-Affäre ausbrach, trat plötzlich Ben Gurions Schwäche zutage. Er brachte es nicht fertig, die Krise zu meistern, die seine eigene Partei erschütterte, und trat 1963 zurück. In seinem Tagebuch prophezeite er den Aufstieg Menachem Begins zur Macht, der, wie er befürchtete, »den Staat durch seine politischen Abenteuer ruinieren wird«.

Das Ende von Ben Gurions Amtszeit und seine zehn letzten Lebensjahre waren die Periode seines Niedergangs. Wenn wir von Ben Gurion sprechen, sollten wir uns an seine heroische Ära erinnern, die in den frühen vierziger Jahren begann und Mitte der fünfziger Jahre endete. Als Politiker setzte er neue Maßstäbe für eine nationale Führerrolle und für hervorragende Staatskunst. Aber trotz aller Erfolge bei seinen großen Vorhaben erlitt er auch schmerzliche Fehlschläge. Es gelang ihm nicht, den Negev zu besiedeln; er vermochte die Neuformierung der sozialen Struktur Israels nicht zu vollenden, und er konnte die scharfe Rivalität und den Haß zwischen unterschiedlichen politischen Gruppierungen seines Landes nicht mindern.

Ben Gurion war ein ungestümer Mann, ein wahres Schlachtroß; dieselbe Energie und Hingabe, mit der er an die Lösung der schicksalhaften Probleme der ganzen Nation ging, konnte sich in seinen Händen leicht in Vernichtungswaffen verwandeln, mit denen er Rivalen und Feinde zerschmetterte. Er konnte ein gefürchteter politischer Gegner sein und schlug viele Wunden, die niemals verheilten. Aber er war auch empfindsam und menschlich; er fand sich nur mühsam und voller Trauer mit den Verlusten an Menschenleben in den Kriegen gegen die Araber ab. Er vertiefte sich in hochgeistige und philosophische Probleme und blieb bis heute der einzige führende Politiker Israels, der fest an das Zustandekommen eines permanenten Dialogs zwischen der intellektuellen und der politischen Gesellschaftsschicht glaubte. Er traf oft mit Schriftstellern, Philosophen und Universitätsprofessoren zusammen und fragte sie um Rat. Mit Denkern, prominenten Geistlichen und Historikern aus der ganzen Welt stand er ständig in brieflicher Verbindung.

Bei seinem unstillbaren Verlangen nach Erweiterung seines Wissens tauchte er in die Schätze der Weltliteratur ein, erlernte Fremdsprachen und befaßte sich mit religiösen Konzepten und ethischen Prinzipien. Er schien dem Platonischen Ideal des Staatsmannes nachzueifern, der zugleich Philosoph ist. Die Notiz, die sich John F. Kennedy wenige Stunden vor seinem Tod in Dallas machte, hätte von Ben Gurion inspiriert sein können: »Staatsführung und Lernen sind untrennbar miteinander verbunden.«

Das war David Ben Gurion. Berl Katznelson, einer seiner besten Freunde, hat ihn »das große Geschenk der Geschichte an das jüdische Volk« genannt. Das sind wahre Worte, doch ihr größtes Geschenk hielt die Geschichte selbst für Ben Gurion bereit. Mehr als jedem anderen Staatsmann der Neuzeit, mehr als Washington, Atatürk, Bolivar, de Valera und Gandhi, war es Ben Gurion bestimmt, zum Vater einer Nation zu werden. Er führte die Kinder Israels aus Ägypten wie Moses, er eroberte das Gelobte Land wie Josua, und er errichtete wie David das Königreich Israel.

»Ben Gurion«, fragte ich ihn am fünfundzwanzigsten Jahrestag der Staatsgründung Israels, wenige Monate vor seinem Tode, »ist dies der Staat Israel, den Sie sich erträumt haben?«

Er sah mich ernst und nachdenklich an.

»Der Staat Israel ist noch gar nicht geschaffen worden«, erwiderte er schließlich. »Alles, was wir bisher getan haben, ist, daß wir die Fundamente gelegt und durch Gesetze und genaue Verordnungen das Gerüst gebaut haben. Aber der Staat selbst wird erst in zehn bis zwanzig Jahren, vielleicht auch mehr, Gestalt angenommen haben und entwickelt sein.«

Vierzig Jahre nach der Staatsgründung Israels und mehr als hundert Jahre nach Ben Gurions Geburt ist deutlich zu erkennen, daß der Staat Israel in seiner gegenwärtigen Entwicklungsphase nicht der Staat ist, den sich Ben Gurion vorgestellt und für den er gekämpft hat.

Es ist eine unleugbare Tatsache, daß Israel in den nunmehr vierzig Jahren seines Bestehens unglaubliche Leistungen vollbracht hat. Die Mehrzahl der inspirierenden Aufgaben, die Ben Gurion der jungen Nation stellte, ist erfolgreich gelöst worden. Die Aufstellung der israelischen Armee, der Sieg im Unabhängigkeitskrieg, die Masseneinwanderung und ihre Eingliederung, die Heimkehr ins Ursprungsland, die Einführung der hebräischen Sprache, das kostenlose Schulwesen, die Industrialisierung des Landes, die rasche Entwicklung der Wissenschaft und der Hochschulen — all dies verbindet sich zu einem mitreißenden Bild vom Wiederaufleben des jüdischen Volkes in seiner angestammten Heimat. Israels Erfolge in den nach Ben Gurions Rücktritt und nach seinem Tod geführten Kriegen wie auch der Friedensvertrag mit Ägypten und die allmähliche Annäherung an einige der gemäßigten arabischen Staaten passen gleichfalls in den Rahmen von Ben Gurions Vision.

Diese Erfolge sind jedoch allesamt nur ein erster Schritt bei der Schaffung eines Staates, wie ihn Ben Gurion sah. Sie gehören noch zu der Phase, die er als Fundamentierung und Gerüstbau für die junge Nation bezeichnet hatte. Die meisten Leistungen Israels bis in die heutige Zeit garantieren dem Land seine physische Existenz und seinen Fortbestand. Der Staat Israel, vor vierzig Jahren in Zweifel und Ungewißheit geboren, ist eine bleibende Realität. Doch das Gerüst wartet noch immer darauf, mit jenem einzigartigen Inhalt an jüdischen und universellen ethischen Werten gefüllt zu werden, der Israel zu einem »Licht für die Völker« und zu einer musterhaften Gesellschaft machen wird. Diese Einzigartigkeit war in Ben Gurions Augen die absolute Voraussetzung für Israels Weiterbestehen.

Israel existiert. Aber nach vierzig Jahren ist seine Existenz noch immer nicht gesichert.

»Das Schicksal Israels hängt von zwei Dingen ab«, sagte Ben Gurion einmal, »von seiner Stärke und seiner Rechtschaffenheit.«

Ben Gurion bemühte sich in erster Linie um die Erreichung des erstgenannten Ziels. Er betrachtete den Aufbau einer schlagkräftigen Armee, die Israels Sicherheit garantierte, als dringendstes und lebenswichtigstes Vorhaben. In den ersten Jahren nach der Staatsgründung bezweifelten viele, daß Israel sich gegen die vereinte Stärke der ihm feindlich gesonnenen arabischen Nachbarstaaten würde behaupten können. Auch Ben Gurion hegte diese Zweifel; aus diesem Grunde begann er 1956 einen Präventivkrieg gegen Ägypten, suchte ein Bündnis mit einer westlichen Großmacht und unternahm gewaltige Anstrengungen, um Israel mit nichtkonventionellen Abschreckungswaffen auszurüsten.

Die Bemühungen des Alten haben Früchte getragen. Die Gefahr der Auslöschung, der sich Israel in den Anfangsjahren gegenübersah, besteht längst nicht mehr. Dank seiner militärischen Stärke würde Israel überleben, auch wenn alle arabischen Staaten zum Angriff übergingen.

Aber wäre dies das Israel, das Ben Gurion als Wunschbild vorschwebte?

Die Antwort auf diese Frage hängt von der Erreichung des zweiten von Ben Gurion vorgegebenen Ziels ab, der neben der Stärke die »Rechtschaffenheit« Israels in den Vordergrund seines Strebens stellte.

Israel vermochte sich nach den Vorstellungen Ben Gurions nur zu behaupten, wenn es dem neuen Staat gelang, eine gerechte und moralische Gesellschaft zu begründen. Er reiste unablässig im Lande umher und unterstrich in seinen Reden immer wieder, Israel müsse ein »auserwähltes Volk und ein Licht für die Völker« werden. Die meisten seiner Zuhörer hatten für diese von innerer Begeisterung getragenen Worte nur ein nachsichtiges Lächeln übrig. »Der Alte greift wieder einmal zu seinen blumenreichen Klischees«, hieß es.

Sie irrten sich. Die Vision vom »auserwählten Volk und dem Licht für die Völker« war in Ben Gurion entstanden, nachdem er die Situation seines Volkes objektiv analysiert hatte. Die Einsicht in die Lage brachte ihn dazu, seinem Volk dieses Ziel zu setzen. Das Gelobte Land, in das er sein Volk geführt hatte, war weit davon entfernt, ein Land zu sein, in dem Milch und Honig flossen. Ein entlegenes, wüstenartiges Land war es, umgeben von Feinden. Die Natur hatte es keineswegs großzügig ausgestattet; es gab weder Gold noch Kohle, Erz und Öl. Die Tatsache, nur eine kleine, isolierte Gesellschaft zu sein, die wirtschaftlichen Schwierigkeiten, die ständige Bedrohung der Sicherheit von außen her brachten seine Bevölkerung in enorme

Bedrängnis. Die Juden, durch jahrhundertelange Erniedrigung und Not daran gewöhnt, häufig auszuwandern und zu neuen Horizonten aufzubrechen, hätten leicht versucht sein können, die harte Wirklichkeit in Israel gegen ein Leben in den verlockenden, wohlhabenden Städten Amerikas und Westeuropas einzutauschen.

Ben Gurion war sich im klaren darüber, daß Israel nicht imstande sein würde, seinen Bürgern den Lebensstandard der westlichen Länder zu bieten, auch nicht ein Leben in unbeschwerter Ruhe und Gelassenheit, wie es dort möglich ist. Es gab nur ein einziges Mittel, um die jüdischen Menschen für immer an ihr Land zu binden: ihnen das Gefühl zu geben, daß Israel der alleinige Ort auf der Welt ist, wo sie ein auf höheren menschlichen und ethischen Werten basierendes Leben führen könnten — eben das Leben eines auserwählten Volkes und eines leuchtenden Vorbilds für andere Völker, ein Leben, das sich auf der Rechtschaffenheit der israelischen Gesellschaft gründet, was zusammen mit deren Stärke die Zukunft des Staates garantieren würde.

Der Vorstellung Ben Gurions zufolge vermochten nur eine gerechte Gesellschaft und eine vorbildliche Lebensweise auf lange Sicht den Fortbestand Israels zu gewährleisten. Das berauschende Gefühl, eine Heimat zu schaffen und ein von jüdischen Wertvorstellungen getragenes besseres Zusammenleben der Menschen zu ermöglichen, dieses Gefühl war der einzige Schutz gegen die Versuchungen der überseeischen Fleischtöpfe. Es war auch das alleinige Mittel, idealistische junge Juden zu veranlassen, nach Israel zu kommen, sich neuen Herausforderungen zu stellen und voller Eifer an dem heroischen Prozeß des Aufbaus eines neuen Landes teilzuhaben.

So sah Ben Gurions Traum aus. Aber er ist bis heute ein Traum geblieben.

Ben Gurion zeigte den Weg und tat die ersten Schritte.

Nicht alle seine Initiativen waren von Erfolg gekrönt. Die Substanz seines Glaubens an den Zionismus bildete die Alija, die Einwanderung nach Israel. Ihm schwebte vor, in Israel die große Mehrheit des jüdischen Volkes zu versammeln. Doch die Juden in der westlichen Welt enttäuschten ihn, die meisten zogen es vor, in der Diaspora zu bleiben. Ben Gurion sagte den massenweisen Auszug von Juden aus der Sowjetunion richtig voraus, hatte jedoch nicht damit gerechnet, daß die Mehrzahl von ihnen Israel den Rücken kehren und nach Amerika auswandern würde. Das Versiegen des Einwandererstroms ist ein grausamer Schicksalsspruch für Israel: Es ist damit verurteilt, für immer eine kleine Nation zu bleiben.

Israel mißlang auch die Verwirklichung einer Reihe anderer Zielsetzungen, von deren erfolgreicher Erfüllung das Zustandekommen der von Ben Gurion ins Auge gefaßten gerechten Gesellschaft wesentlich abhängt. Das israelische Erziehungssystem, das ursprünglich darauf angelegt war, der jungen Generation die überlieferten Werte des Zionismus und der Pionierzeit nahezubringen, erwies sich als Fehlschlag; die Kluft zwischen Kindern westlicher und orientalischer Abstammung ist bis heute nicht verschwunden und für viele sephardische Juden zur Ursache tiefer Enttäuschung geworden.

Die junge israelische Demokratie ist ebenfalls in Gefahr. Die Errichtung eines demokratischen Systems in Israel war schon ein Wunder in sich, wenn man bedenkt, daß die Hälfte der Einwanderer aus Osteuropa stammt, wo sie seit eh und je unter totalitären Regimen zu leben hatten, und die andere Hälfte aus arabischen und moslemischen Ländern, die von absolutistischen Herrschern regiert wurden. Trotzdem entwickelte sich Israel zur einzigen Demokratie im Nahen Osten. Aber sein kränkelndes, auf der Verhältniswahl beruhendes Wahlsystem hat die politische Führung in eine Anzahl ungleicher Teilzuständigkeiten zerstückelt. Die Bildung einer Koalition in Israel gestaltet sich heute zur Sisyphusarbeit und ist verbunden mit einem verabscheuungswürdigen Tauziehen zwischen politischen Parteien und der zynischen Erpressung durch Politiker, die entscheidenden Einfluß auf die Abgabe einiger weniger heißbegehrter Stimmen in der Knesset haben; eine permanente Unstabilität der Regierung ist die Folge. Diese üblen politischen Machenschaften haben das Ansehen der Demokratie bei einem Großteil der israelischen Bevölkerung in Verruf gebracht und sie autoritären, rechts stehenden politischen Parteien und in Extremfällen dem rassistischen Pöbel von Rabbi Kahane in die Arme getrieben.

Der zunehmende Rassismus und die Intoleranz gegenüber den Arabern deuten zusammen mit der Polarisierung in der israelischen Gesellschaft auf einen Verfall der allgemeinen Werte und Ideale hin, die in der Vergangenheit den Zusammenhalt der Gesellschaft bewirkt haben. Israel wird heute von Auseinandersetzungen zwischen Liberalen und Konservativen, weltlich eingestellten und frommen Juden, Annexionisten und fanatischen Befürwortern eines Friedens um jeden Preis heimgesucht. Das Land wird längst nicht mehr zur Hauptsache von Pionierarbeit leistenden Vorkämpfern bewohnt, und der Libanon-Krieg hat gezeigt, daß Israel selbst in seinem heiligsten Bereich — dem der Sicherheit und Landesverteidigung — von tragischen Irrtümern nicht frei ist. Die jungen Israelis sind nicht länger aufgerufen, sich dramatischen Herausforderungen zu stellen, und ihre Eltern blicken voll Nostalgie auf die heroischen Jahre zurück, als Ben Gurion die Nation bei ihrem begeisternden Kampf um ein einzigartiges Israel anführte.

Und so müssen wir unweigerlich zu dem Schluß kommen, daß Ben Gurion sein eigener ärgster Feind war. Er errichtete einen Staat nach seiner eigenen Vorstellung und legte seine ganz persönlichen Maßstäbe zugrunde; führte festgefügte Bräuche und Verhaltensnormen ein und eine Wertskala, die seinem eigenen Weltbild und seiner starken, charismatischen Persönlichkeit entsprachen. Doch als er abtrat, waren seine Erben außerstande, den gleichen Geist der Herausforderung und Hingabe lebendig zu halten, mit dem Ben Gurion sein Volk zu inspirieren gewußt hatte. Die wesentliche Voraussetzung für die Erfüllung von Ben Gurions Vision war nämlich, daß ein Ben Gurion am Steuer stehen mußte. Und als er nicht mehr da war, zeigte es sich, daß die neuen Führer Israels der Aufgabe nicht gewachsen waren, das Staatsschiff unbeschadet durch seine turbulente späte Jugendzeit zu steuern.

Ben Gurion war sich der außerordentlichen Bedeutung seiner Bemühungen bewußt, einer jüngeren Generation von entschlossenen und ideenreichen Politikern den Weg zu ebnen. Als er Regierungschef war, beförderte er oft junge und talentierte Männer über die Köpfe seiner alten Weggefährten hinweg, deren Kräfte nachließen. Während der späten fünfziger und anfangs der sechziger Jahre wählte er eine Gruppe aufstrebender Politiker aus, die er für würdig erachtete, einmal in seine Fußstapfen zu treten. Es waren dies Moshe Dayan, Shimon Peres, Abba Eban, Jizchak Navon, Teddy Kollek und andere. Er begegnete Jizchak Rabin mit herzlicher Wärme und schätzte Yigael Yadin und Yigal Allon außerordentlich.

Die meisten dieser jungen Politiker waren Fähige Männer. In Kriegs- und Friedenszeiten mußten sie ihr Talent unter Beweis stellen. Aber die langen Jahre, die sie im Schatten Ben Gurions hatten zubringen müssen, erwiesen sich als schweres Handikap. Das Leben im Schatten eines solch willensstarken und charismatischen Mannes hat verheerende Auswirkungen auf die Entschlußkraft und das Selbstvertrauen eines jungen Führers. Dem Jüngeren ist es freigestellt, Ideen zu entwickeln, Aktionen zu planen und sie auszuführen, doch ihm steht nicht das Recht zu, Entscheidungen zu treffen, denn das tut immer der Ältere, Mächtigere. Die von Ben Gurion geforderten jungen Männer wuchsen unter seinem Schutz auf. Jede Entscheidung, die sie trafen, mußte vom Alten abgesegnet werden. Als sie bereits in den Vierzigern und sogar schon Anfang Fünfzig waren, standen sie noch immer vor ihm wie Kinder, die auf die Erlaubnis ihres Vaters warten. Diese Tatsache fügte ihrer Entschlußkraft und ihrer Bereitschaft, unpopuläre Maßnahmen zu treffen und sich der öffentlichen Meinung zu stellen, schweren Schaden zu. Sie waren nicht in der Lage, wie Ben Gurion der Kritik die Stirn zu bieten oder den aktuellen Stimmungstrend in der Bevölkerung einfach zu ignorieren. »Ich weiß nicht, was die Nation will«, schleuderte er einmal seinen Kritikern entgegen, »aber ich weiß, was die Nation braucht!«

Diese Einstellung war charakteristisch für Israels Gründer, aber nicht mehr für ihre Nachfolger. Den gegenwärtigen Spitzenpolitikern Israels mangelt es an der festen, selbstbewußten Haltung ihrer Vorgänger. Nur zögernd sind sie bereit, die radikalen Reformen einzuleiten, ohne die Israel nicht zu einer besseren Gesellschaft werden kann. Das Land wird seine gegenwärtige Krise nur hinter sich lassen können, wenn die derzeitige Führung die Fackel an eine jüngere Generation von Israelis übergibt. Nicht einer Generation, die aus den riesigen Schatten der Gründer hervorgetreten ist, sondern einer neuen Generation junger Politiker, die sich aus eigener Kraft und mit eigenen Mitteln ihren Weg gebahnt hat. Das sind die jungen Israelis, die in diesem Lande aufgewachsen und tief in seiner komplexen Realität verwurzelt sind. Nur wenn diese neue Generation an die Macht gelangt, wird Ben Gurions Vision von einem »auserwählten Volk und einem Licht für die Völker« zu neuem Leben erwachen.

Nur dann wird Israel zu einem Pol der Anziehung für die jungen Juden in aller Welt, die den gleichen Traum hegen, den zu Beginn dieses Jahrhunderts der junge David Gruen geträumt hat, als er nach dem Lande Israel aufbrach, um einen Staat für sein Volk zu gründen.

1886   16. Oktober: Geburt David Gruens (David Ben Gurions) in Plonsk

1896   Theodor Herzl, Begründer der internationalen Zionistischen Bewegung, veröffentlicht *Der Judenstaat*

1897   1. Zionistischer Weltkongreß in Basel. Theodor Herzl wird Präsident der Zionistischen Weltorganisation. Der Bund (Allgemeiner Bund jüdischer Arbeiter in Litauen, Rußland und Polen) in Wilna gegründet

1900   David Gruen, Shmuel Fuchs und Shlomo Zemach gründen in Plonsk die Esra-Gesellschaft, deren Ziel die Unterstützung des Zionismus und die Kolonisierung Palästinas ist

1901   Gründung des jüdischen Nationalfonds zum Landerwerb in Palästina

1903   Theodor Herzl legt dem 6. Zionistenkongreß in Basel den britischen Plan zur Gründung eines autonomen jüdischen Staates in Uganda vor; David Gruen und seine Freunde sind empört

1904   Tod Theodor Herzls. Beginn der Zweiten Alija, die bis 1918 andauert

1905   7. Zionistenkongreß lehnt Uganda-Plan ab

1906   Ankunft David Gruens in Palästina. Gründung der
        Weltunion der Poale Zion in Den Haag. Grün-
        dungskongreß der Poale Zion in Palästina; in Ram-
        la werden die als Ramla-Programm bezeichneten
        Richtlinien der Partei (marxistisch orientiert) fest-
        gelegt

1907   David Gruen arbeitet in der Pioniersiedlung Sejera,
        der einzigen jüdischen Kolonie, die nur jüdische Ar-
        beiter beschäftigt

1908   Gründung des Hashomer, der jüdischen Selbst-
        schutzorganisation in Palästina vor dem Ersten
        Weltkrieg
        David Gruen kehrt nach Polen zurück, um in der
        Armee des Zaren seinen Wehrdienst abzuleisten.
        Zwei Monate später desertiert er und geht nach Se-
        jera zurück

1909   Gründung des ersten Kibbuz in Deganya
        David Gruen und Jizchak Ben Zwi, der spätere
        zweite Staatspräsident Israels, werden Freunde

1910   David Gruen wird Redakteur der *Achdut*, des Par-
        teiorgans der Poale Zion in Palästina. Er hebraisiert
        seinen Namen in Ben Gurion, zum Andenken an ei-
        nen David Ben Gurion, der unter den letzten Ver-
        teidigern Jerusalems im Jahre 70 n. Chr. fiel

1911   August: Ben Gurion und Ben Zwi vertreten die
        Poale Zion auf dem Weltkongreß in Wien
        November: Ben Gurion geht nach Saloniki. Beginn
        seiner »osmanischen Periode«

1912   Studium der Rechte in Konstantinopel

1913   Zwei Monate Aufenthalt in Polen, danach Fortset-
        zung der Studien in Konstantinopel

1914   Rückkehr nach Palästina
        Ben Gurion und Ben Zwi werden von der türki-
        schen Regierung ausgewiesen und gehen ins Exil in
        die Vereinigten Staaten
        18. Dezember: Großbritannien wird Schutzmacht
        in Ägypten

1914–   Ben Gurion und Ben Zwi gründen in den USA die
1917   Hechaluz-Bewegung, in der junge Pioniere für die
        Auswanderung nach Palästina angeworben wer-
        den. Die beiden »Bens« schreiben zwei Bücher:
        1916 erscheint *Yizkor* (In memoriam), 1918 *Eretz
        Israel*

1916   Sykes-Picot-Abkommen über Teilung des Osmani-
        schen Reiches zwischen Frankreich und England
        für die Zeit nach dem Krieg; Englands frühere Ver-
        sprechen gegenüber Juden und Arabern bleiben
        unberücksichtigt

1917   2. November: Balfour-Erklärung. Zusage der eng-
        lischen Regierung, die Errichtung einer nationalen
        Heimstatt für die Juden in Palästina zu unterstützen
        5. Dezember: David Ben Gurion heiratet in New
        York Paulina Monbaz, genannt Paula

1918   Mai: Ben Gurion tritt in Wladimir Jabotinskys Jüdi-
        sche Legion ein; Ausbildung in Kanada. Die Legion
        kämpft in Palästina
        Oktober: Waffenstillstandsabkommen zwischen

602

der Türkei und den Alliierten in Mondros
November: Ben Gurion trifft mit einem Bataillon
der Jüdischen Legion in Tel Aviv ein. Wegen des
Waffenstillstands kommt sein Bataillon nicht mehr
zum Einsatz
Geburt von Ben Gurions ältester Tochter, Gëula

1919   Beginn der Dritten Alija. Vereinigungskongreß des
        Landarbeiterverbandes in Petach Tikwa. Grün-
        dung der Achdut Haawoda aus Poale Zion und Par-
        teilosen

1920   Ben Gurion übernimmt in London das Büro der
        Weltunion der Poale Zion. Gründung der Jewish
        Agency und der hebräischen Universität. Chaim
        Weizmann wird Präsident der Zionistischen Welt-
        organisation. Völkerbund billigt in San Remo
        Großbritanniens Mandatsherrschaft über Palästi-
        na. Sir Herbert Samuel wird erster britischer Hoch-
        kommissar. Gründung der Histadrut, der Gewerk-
        schaft der jüdischen Arbeiter Palästinas in Haifa

1921   Ben Gurion wird Generalsekretär der Histadrut

1922   Ab Mai nehmen arabische Überfälle auf jüdische
        Siedlungen zu. Die Juden stellen eine geheime
        Selbstschutzorganisation, die Hagana, auf, an der
        Hashomer und Histadrut beteiligt sind

1924–   65 000   Juden   wandern   in   Palästina   ein
1927

1925   Ben Gurion wirkt aktiv an der Gründung der Hista-
        drut-Organisationen mit: Konsumgenossenschaft
        Hambashbir, Bank der jüdischen Arbeiter Palästi-

nas, Baugesellschaft Solel Boneh, Versicherungsgesellschaft Hasneh

1927   3. Histadrut-Kongreß; Ben Gurion fordert Vereinigung der zionistisch-sozialistischen Parteien Palästinas, des Hapoel Hazair und der Achdut Haawoda

1929   August: Arabischer Überfall auf das jüdische Viertel Jerusalems (133 jüdische, 110 arabische Tote);
weitere Überfälle in Jaffa, Safed und Hebron

1930   Achdut Haawoda und Hapoel Hazair schließen sich
zur Mapai zusammen
September: Ben Gurion eröffnet 1. Zionistisch-sozialistischen Kongreß in Berlin
Oktober: Lord Passfield, britischer Kolonialminister, veröffentlicht Weißbuch über künftige britische Palästina-Politik; Kernpunkt ist die Beschrän-
kung jüdischer Einwanderung nach Palästina

1931   17. Zionistischer Weltkongreß in Basel; die Mapai,
Ben Gurions Partei, liegt mit neunundzwanzig Pro-
zent der Stimmen vorn. Beginn der Kontroverse mit
Wladimir Jabotinsky. Nahum Sokolow löst Chaim
Weizmann als Präsident der Weltorganisation ab

1933   Moshe Sharett übernimmt Leitung der politischen
Abteilung der Jewish Agency. Ben Gurion auf
Wahlreise durch Osteuropa für den bevorstehenden Zionistischen Weltkongreß. Schwere Zusammenstöße zwischen Sozialisten und Revisionisten
16. Juni: In Tel Aviv ermorden Mitglieder der revisionistischen Jugendbewegung Betar Chaim Arlosoroff
Juli: 18. Weltkongreß bringt Wahlsieg der Soziali-

sten über die Revisionisten. Sozialisten erhalten zwei der fünf Sitze in der Zionistischen Exekutive, einen davon für Ben Gurion

1933–
1934   Straßenkämpfe zwischen Mitgliedern der Betar und der Mapai

1934   Treffen Ben Gurions mit Schekib Arslan. Ben Gurion und Jabotinsky versuchen auf Druck ihrer Parteien, eine Einigung zu erzielen

1935   Histadrut-Referendum über Vereinbarung zwischen Ben Gurion und Jabotinsky. Daniel Rasiel und Abraham Stern gründen den Irgun Zwai Leumi
August: 20. Zionistischer Weltkongreß. Als Vertreter des militanten Zionismus wird Ben Gurion Präsident der Zionistischen Exekutive und der Exekutive der Jewish Agency. Weizmann wird wieder Präsident. Die Einwanderung nach Palästina erreicht Jahresrekord: 65 000 jüdische Einwanderer
September: Das Dritte Reich verkündet die antisemitischen Nürnberger Gesetze

1936   Englisch-ägyptischer Vertrag über die Stationierung britischer Truppen in der Suezkanalzone über einen Zeitraum von zwanzig Jahren
April: Beginn des Araberaufstandes von 1936 durch Überfälle arabischer Terrorbanden auf jüdisches Fahrzeug
Generalstreik. Gründung des Obersten Arabischen Komitees. Um die Araber zu beschwichtigen, akzeptiert Weizmann die Forderung Fauzi Kaukijs, die jüdische Einwanderung drastisch einzuschränken. Ben Gurion widersetzt sich; Beginn des Konflikts zwischen Weizmann und Ben Gurion. Briti-

sches Kabinett lehnt arabische Forderung nach Begrenzung der Einwanderungsquoten ab. Entsendung einer britischen Division nach Palästina
November: Ankunft der Peel-Kommission in Palästina

1937   In Palästina leben 258 000 Juden
Februar: Peel-Kommission empfiehlt Teilung Palästinas in einen jüdischen und in einen arabischen Staat; Jerusalem, Lod, Ramla, Nazareth, Akko und Haifa sollen unter britischem Mandat bleiben. Ben Gurion ist für den Peel-Plan, die Araber sind entschieden dagegen
August: Ben Gurion unterliegt bei der Abstimmung; der Peel-Plan wird mit großer Mehrheit abgelehnt
Dezember: Britische Regierung revidiert ihre Politik der Schaffung einer »nationalen Heimstatt« für die Juden in Palästina (Abrücken von der Balfour-Erklärung)

1939   Februar: St.-James-Konferenz in London; britische Regierung will Araber und Juden an einen Tisch bringen. Weizmann erfährt vom Plan der Briten, innerhalb von fünf Jahren einen arabischen Staat in Palästina zu schaffen
März: Den Delegationen wird ein Weißbuch vorgelegt. Danach soll die jüdische Einwanderung in den folgenden fünf Jahren auf 75 000 Personen begrenzt werden. Ben Gurion lehnt das Weißbuch ab
Mai: Britische Regierung kündigt Maßnahmen zur Durchsetzung der Weißbuch-Bestimmungen an
Juni: Ben Gurion setzt durch, daß die Jewish Agency der Bildung von Sonderkommandos für den Kampf gegen Araber und Briten zustimmt. Forcie-

rung der illegalen Einwanderung
Erste Attacken des Irgun gegen britische Truppen
August: 21. Zionistischer Weltkongreß in Genf.
Ben Gurion und Weizmann in ihren Ämtern bestätigt

1940   Tod Wladimir Jabotinskys in den USA
Februar: Britische Regierung erläßt »Land Regulations«: Landkäufe durch Juden sind in nur fünf Prozent des Mandatsgebietes zulässig. Jüdischer Generalstreik in Palästina
März: Hagana organisiert militanten Widerstand gegen Polizei und britische Armee. Gemäßigte Kräfte in der jüdischen Bevölkerung erreichen Ende des Streiks und des bewaffneten Vorgehens gegen die Briten
Mai: Ben Gurion reist nach London. Winston Churchill wird Premierminister. Irgun verfolgt Jabotinskys Politik der Kooperation mit den Briten gegen Hitler-Deutschland; Abspaltung der Fraktion B (Stern-Gruppe) vom Irgun und Gründung der anti-britischen Terrorgruppe Lechi (Lohamei Cherut Israel Lechi)
Mai bis September: Ben Gurion bemüht sich in London um Aufstellung einer Jüdischen Brigade innerhalb der britischen Armee
September: Ben Gurion reist in die USA, um die amerikanischen Juden zu mobilisieren

1941   Ben Gurion wirbt in Palästina für seine Überzeugung, daß nach Kriegsende die Gelegenheit für die Schaffung eines unabhängigen jüdischen Staates in Palästina besonders günstig ist
Juni: Ben Gurion spricht in London mit Kolonialminister Lord Moyne über die Teilung Palästinas

Oktober: Churchill distanziert sich von der geplanten Aufstellung der Jüdischen Brigade innerhalb der britischen Armee. London hält an der Weißbuch-Politik von 1939 fest. Britische Mandatsregierung stimmt der Gründung des Palmach zu

1942 Januar: Wannsee-Konferenz beschließt »Endlösung der Judenfrage«
9.−11. Mai: Biltmore-Konferenz in New York. Die Delegierten akzeptieren Ben Gurions Programm: 1. unbegrenzte jüdische Einwanderung; 2. Schaffung eines jüdischen Staates. Wegen dieses Programms erneute Spannungen zwischen Ben Gurion und Weizmann

1943 Aufstellung der Jüdischen Brigade; zwanzigtausend Juden kämpfen auf seiten der Alliierten in der britischen Armee
Juni: Britisches Kabinett schlägt Teilung Palästinas und Errichtung eines Judenstaates vor

1944 Menachem Begin Führer des Irgun; Feindseligkeiten gegen die britische Mandatsregierung leben wieder auf
November: Lord Moyne wird in Kairo von Lechi-Mitgliedern ermordet; Beginn der »Jagdsaison« auf jüdische Terroristen seitens der Hagana

1945 Ägypten, Syrien, Libanon, Transjordanien, Irak, Saudi-Arabien gründen in Kairo die Arabische Liga. Im Juli schließt sich der Jemen an
Juli: Ben Gurion mobilisiert in den USA kapitalkräftige Juden, die finanzielle Hilfe beim Ankauf von Waffen für die Hagana leisten (Sonneborn-Institut)
August: Präsident Truman befürwortet verstärkte

jüdische Einwanderung nach Palästina
Oktober: Ben Gurion befiehlt von Paris aus der Hagana die Aufnahme des bewaffneten Kampfes gegen die britischen Truppen in Palästina. Die Juden Palästinas sprechen sich für verstärkte Einwanderung aus. Arabische Liga droht mit Krieg, falls es zum Judenstaat kommt
Stoßtrupps der Hagana (Palmach) sowie Irgun und Lechi unternehmen 153 Angriffe im ganzen Land
November: Anglo-amerikanische Untersuchungskommission trifft in Palästina ein

1946   In Erwartung des Berichts der Untersuchungskommission Einstellung der Feindseligkeiten gegen die Briten
April: Die Kommission verwirft den Plan, zwei Staaten auf palästinensischem Boden zu schaffen, und begrenzt Einwanderungsquote auf 100 000
Ho Chi Minh schlägt Ben Gurion die Bildung einer provisorischen jüdischen Regierung in Hanoi vor
29. Juni: Schwarzer Samstag. Siebzehntausend britische Soldaten sind im Einsatz, um jüdischen Widerstand in Palästina niederzuschlagen. Zahlreiche Verhaftungen
Juli: Morrison-Plan greift Vorschläge der Peel-Kommission von 1937 für die provisorische Teilung Palästinas in drei Zonen wieder auf
22. Juli: Jüdischer Terroranschlag auf das King-David-Hotel in Jerusalem, dem Sitz der Mandatsregierung; neunzig Tote
September: 22. Zionistenkongreß in Basel. Weizmann wird nicht wiedergewählt; Präsidentschaft bleibt vakant. Ben Gurion als Vorsitzender der Exekutive ist jetzt einziger Führer der Bewegung. Londoner Palästina-Konferenz scheitert

1947   Februar: Bevin-Plan. Scheitern der 2. Londoner
        Palästina-Konferenz. Das britische Kabinett über-
        weist Palästina-Frage an die Vereinten Nationen
        28. April: In der UNO-Vollversammlung beginnt die
        Palästina-Debatte. Untersuchungskommission der
        UNO (UNSCOP) trifft in Palästina ein
        Juli: UNSCOP wird Zeuge des *Exodus*-Dramas. Kom-
        mission empfiehlt Teilung Palästinas
        November: Hagana gibt Anweisungen für die na-
        tionale Verteidigung heraus. Abkommen mit der
        Tschechoslowakei über Waffenlieferungen
        29. November: UNO-Vollversammlung beschließt
        die Teilung Palästinas

1948   Februar: Wiederaufleben des jüdisch-arabischen
        Bürgerkrieges
        März: UNO-Sicherheitsrat lehnt Teilungsplan ab.
        Ben Gurion leitet *Operation Nahshon*
        April: Massaker von Deir Yasin. Verstärkte Flucht
        der arabischen Bevölkerung in die Nachbarländer
        14. Mai: Ende der britischen Mandatsherrschaft
        über Palästina. Ben Gurion proklamiert den Staat
        Israel
        15. Mai: Beginn des Unabhängigkeitskrieges. Ara-
        bische Legion schließt Jerusalem ein
        16. Mai: Chaim Weizmann wird erster Staatspräsi-
        dent, David Ben Gurion erster Ministerpräsident
        des Staates Israel. Die USA erkennen Israel de facto
        an
        17. Mai: UdSSR erkennt Israel de jure an
        20. Mai: UNO ernennt Folke Graf Bernadotte zum
        Vermittler im arabisch-jüdischen Konflikt
        24. Mai: UNO fordert Waffenstillstand; Israel akzep-
        tiert sofort, die Arabische Liga nach anfänglicher
        Weigerung

Juni: Heftige Zusammenstöße zwischen Hagana und Irgun. Die letzten britischen Truppen verlassen Palästina

Juli: Erneute kriegerische Auseinandersetzungen zwischen Arabern und Israelis. Zweiter Waffenstillstand

17. September: Graf Bernadotte wird von Lechi-Mitgliedern ermordet. Ben Gurion integriert Lechi und Irgun in die israelische Armee und löst Palmach auf

Oktober: Irgun-Mitglieder gründen die (revisionistische) Herut-Partei. Israelische Offensive im Negev

November: UNO-Sicherheitsrat verlangt Waffenruhe

Dezember: James MacDonald, US-Botschafter in Israel, informiert Ben Gurion, daß Großbritannien wegen des angloägyptischen Abkommens in den Konflikt eingreifen wird

Von Mai bis Dezember wandern 100 000 Juden in Israel ein

Gründung der Mapam

1949   239 576 Neueinwanderer in Israel. Erste Knesset-Wahlen: Ben Gurions Partei, die Mapai, erringt 46 Sitze, Mapam 19, Religiöse Front 16, Herut 14

Februar: Israel und Ägypten vereinbaren Waffenstillstand (Treffen von Rhodos)

April: Waffenstillstand zwischen Israel und Jordanien

Mai: Israel wird UNO-Mitglied

Juli: Waffenstillstand zwischen Israel und Syrien beendet den Unabhängigkeitskrieg

Dezember: UNO-Vollversammlung stimmt für die Internationalisierung Jerusalems. Israelisches Kabinett verlegt Regierungssitz von Tel Aviv nach Jerusalem. Jordanisch-israelisches Geheimabkommen über die Teilung Jerusalems

1950   170 249 Neueinwanderer in Israel
Mai: Die USA, Frankreich und Großbritannien garantieren Status quo im Nahen Osten auf der Grundlage der Grenzen nach dem Unabhängigkeitskrieg von 1948
September: Konrad Adenauer erklärt sich zu Reparationszahlungen seitens der Bundesrepublik an Israel bereit; Ben Gurion nimmt an

1951   175 095 Neueinwanderer in Israel
Februar: Anglo-israelische Verhandlungen über militärische und politische Allianz
Juli: Arabische Extremisten ermorden König Abdulla von Jordanien
Dezember: Abschluß der Verhandlungen zwischen Israel und der Bundesrepublik über Wiedergutmachungszahlungen für die Verluste jüdischen Eigentums im Dritten Reich

1952   Januar: Dramatische Knesset-Debatte über deutsche Wiedergutmachungszahlungen; Aufruhr in der Bevölkerung; Parlament entscheidet sich mit 61 zu 50 Stimmen für die Annahme der Zahlungen
Dezember: Als Nachfolger des verstorbenen Chaim Weizmann wird Jizchak Ben Zwi zweiter israelischer Staatspräsident

1953   Februar: UdSSR bricht diplomatische Beziehungen zu Israel ab
Juli: Ben Gurion informiert sich über die Situation in der israelischen Armee; er erwartet arabischen

Angriff nicht vor 1956/57
Oktober: Arabischer Terrorüberfall in Israel
November: Israelischer Vergeltungsschlag gegen
das jordanische Grenzdorf Kibija
7. November: Ben Gurion legt sein Amt nieder und
geht nach Sdeh Boker. Moshe Sharett wird Ministerpräsident. Beginn der deutschen Reparationsleistungen

1954 Februar: Knesset schafft Todesstrafe ab, mit Aus-
nahme bei Verbrechen gegen die Menschlichkeit
April: Oberst Gamal Abd el Nasser wird ägypti-
scher Regierungschef
Juli: In Ägypten fliegt israelisches Geheimdienst-
netz auf. Beginn der Lavon-Affäre
Anglo-ägyptisches Abkommen über den Abzug
britischer Truppen aus der Kanalzone
Dezember: Prozeßbeginn gegen die israelischen
Spione in Kairo

1955 Januar: Nasser läßt den Suezkanal für israelische
Schiffe sperren. Urteil des Militärgerichtshofs in
Kairo: zwei Freisprüche, sechs Haftstrafen, zwei
Todesurteile. Vollstreckung am 31. Januar
Februar: Ben Gurion verlangt Rücktritt Lavons;
Lavon demissioniert. Ben Gurion wieder Verteidi-
gungsminister. Bündnisvertrag zwischen Irak und
Türkei, der später zum Bagdad-Pakt ausgeweitet
wird. Heftige Zusammenstöße zwischen israeli-
scher und ägyptischer Armee am Gaza-Streifen
April: Sharett ist gegen die geplanten israelischen
Operationen im Gaza-Streifen
Juli: Knesset-Wahlen bringen Gewinne für die ex-
treme Rechte (Herut) und die extreme Linke (Ma-
pam)

August: Ben Gurion bildet neues Kabinett mit Sharett als Verteidigungsminister

September: Nasser sperrt Straße von Tiran für die Schiffahrt, nachdem bei israelischen Angriffen siebenunddreißig ägyptische Soldaten getötet wurden. Abkommen über umfangreiche Waffenlieferungen der Tschechoslowakei an Ägypten

Oktober: Französische Regierung genehmigt Lieferung von zwölf Mystères-IV-Jagdbombern an Israel.

In El Auja schwerste Kämpfe zwischen Israel und Ägypten seit 1949. Auf ägyptischer Seite fünfzig Tote und vierzig Gefangene. Israel lehnt britische Vermittlung ab

1956   Januar: US-Sonderbotschafter Anderson unternimmt vergeblichen Vermittlungsversuch: Nasser lehnt Treffen mit Ben Gurion ab

April: Ägyptische und israelische Streitkräfte beziehen Stellung am Gaza-Streifen. Ägyptische Kommandos dringen bis auf vierzig Kilometer vor Tel Aviv in israelisches Gebiet ein. UNO-Generalsekretär Dag Hammarskjöld erreicht Waffenruhe. Militärbündnis zwischen Ägypten, Saudi-Arabien und dem Jemen. Shimon Peres und Maurice Bourgès-Maunoury unterzeichnen Vertrag über Lieferung weiterer zwölf Mystères-IV-Jagdbomber

Mai: Jüdischer Weltkongreß in Jerusalem wählt Nahum Goldmann zum Präsidenten. Peres schlägt Ben Gurion Bündnis mit Frankreich gegen Ägypten vor

Juni: Abzug britischer Truppen aus Ägypten beendet. Auf Drängen Ben Gurions verläßt Sharett die Regierung. Golda Meir übernimmt Verteidigungsministerium, Sharett wird Generalsekretär der Ma-

pai. Frankreich stimmt umfangreichen Waffenlieferungen an Israel zu

Juli: Erste Waffenlieferungen aus Frankreich treffen ein. Ägypten verstaatlicht den Suezkanal

August: Suezkanal-Konferenz in London: Der
amerikanische Außenminister Dulles schlägt internationale Kontrolle des Kanals vor. Frankreich und
Israel verständigen sich über eventuelle Intervention

September: Nasser lehnt Dulles-Plan ab. Zweite
Suezkanal-Konferenz in London beschließt die
Gründung einer internationalen Kanalbenutzer-
Gesellschaft. Meinungsverschiedenheiten zwischen
den USA und ihren französischen und britischen
Verbündeten über weitere Schritte. Französisches
Kabinett beschließt gemeinsames militärisches
Vorgehen mit Israel

Oktober: Frankreich und Großbritannien beantra-
gen in der UNO die Verurteilung Nassers; Veto der
Sowjetunion mit der Begründung, Israel nehme an
Verhandlungen über Waffenstillstand nicht mehr
teil. Mobilmachung der Reservisten in Israel

22. Oktober: Beginn der Konferenz von Sèvres; Israel, Frankreich und Großbritannien beschließen
gemeinsame militärische Aktionen gegen Ägypten.
In Amman Unterzeichnung des Militärbündnisses
zwischen Ägypten, Syrien und Jordanien

29. Oktober: Beginn des Sinai-Feldzuges

30. Oktober: Französisch-britisches Ultimatum an
Israel und Ägypten, in dem sofortige Feuereinstellung unter Androhung von Intervention verlangt
wird

31. Oktober: Ägypten lehnt Ultimatum ab; französische Luftwaffe bombardiert strategische Punkte
in Ägypten. Die USA fordern im UNO-Sicherheitsrat

sofortige Einstellung der Kampfhandlungen

5. November: Einsatz französisch-britischer Fallschirmjägertruppen bei Port Said und in der Kanalzone. Vorschlag des sowjetischen UNO-Botschafters für gemeinsame amerikanisch-sowjetische Hilfe für Ägypten. Gleichzeitig droht die Sowjetunion London, Paris und Jerusalem mit dem Einsatz von Atomwaffen. Angesichts der atomaren Bedrohung aus Moskau versagt Washington seinen Verbündeten in Paris und London jegliche Hilfe, falls die Kampfhandlungen nicht sofort beendet werden

6. November: England und Frankreich beenden Intervention

7. November: Waffenstillstand

15. November: Israel beginnt Rückzug aus dem Sinai

Dezember: Abzug der britischen und französischen Truppen

1957   Januar: Eisenhower-Doktrin soll verhindern, daß die arabische Welt in die Hände der Sowjets fällt. Israel beendet Räumung des Sinai, mit Ausnahme des Gaza-Streifens und Scharm el-Scheichs

Februar: Konflikt zwischen Eisenhower und Ben Gurion spitzt sich zu. Ben Gurion gibt dem amerikanischen Druck nach und zieht israelische Truppen aus dem Gaza-Streifen und Scharm el-Scheich ab

März: UNO-Soldaten besetzen Gaza

April: Suezkanal wieder frei für internationale Schiffahrt, mit Ausnahme israelischer Schiffe

Oktober: Attentat in der Knesset; Ben Gurion und Golda Meir werden leicht verwundet

1958   Januar: Gründung der Vereinigten Arabischen Republik, der politischen Union zwischen Ägypten und Syrien (später noch föderativer Anschluß des Jemen)

April: Offizieller Besuch Nassers in Moskau

August: Ben Gurion in geheimer Mission in der Türkei

September: Wirtschaftsabkommen zwischen der Sowjetunion und Ägypten

November: Erneuter Wahlsieg der Mapai bei den Wahlen zur Knesset

1960   März: Treffen zwischen Adenauer und Ben Gurion in New York

Juni: Offizieller Besuch Ben Gurions in Frankreich

Juli: Der Iran erkennt Israel diplomatisch an und wird dafür von der Arabischen Liga politisch boykottiert

September: Wiederaufleben der Lavon-Affäre

Dezember: *Daily Express* meldet, Israel besitze die Atombombe. Ben Gurion informiert die Knesset und die Weltöffentlichkeit vom Bau eines Atommeilers im Negev, der nur Forschungszwecken diene. Wegen Lavon-Affäre will Ben Gurion zurücktreten

1961   Ben Gurion in Kanada und in den USA; Treffen mit Präsident John F. Kennedy

August: Bei den Knesset-Wahlen verliert die Mapai fünf Sitze. Ben Gurion bildet Koalitionskabinett

1963   Februar: Staatsstreich im Irak; Baath-Partei übernimmt die Macht

April: Staatspräsident Jizchak Ben Zwi stirbt

Juni: Spannungen innerhalb der Mapai wegen Lavon-Affäre; Ben Gurion tritt zurück. Levi Eshkol

bildet neue Regierung
August: Kämpfe zwischen Israelis und Syrern nördlich des See Genezareth. UNO-Beobachter erwirken Feuereinstellung

1964   Mai: Erster Nationalkongreß der Palästinenser in Jerusalem; Gründung der Nationalen Organisation für die Befreiung Palästinas (PLO)
September: Arabische Staatschefs vereinbaren bei Treffen in Alexandria Gründung einer Palästinensischen Befreiungsarmee

1965   März: Aufnahme diplomatischer Beziehungen zwischen Israel und der BRD. Alle arabischen Staaten — mit Ausnahme Tunesiens, Marokkos und Libyens — brechen daraufhin die diplomatischen Beziehungen zur Bundesrepublik ab
April: Ende der deutschen Wiedergutmachungszahlungen an Israel
Juni: Ben Gurion gründet die Rafi (Israelische Arbeiterliste)

1966   Januar: Levi Eshkol bildet neue Regierung: Abba Eban wird Außenminister, Golda Meir übernimmt Aufgaben in der Mapai
Mai: Erste Waffenlieferungen der USA an Israel

1967   April: Feindseligkeiten entlang der israelisch-syrischen Grenze
Mai: Mobilmachung in Ägypten. Auf Verlangen Nassers räumen UNO-Truppen Gaza-Streifen. Generalmobilmachung in Israel. Ben Gurion, obwohl seit 1963 nicht mehr in der Regierung, wird konsultiert; eindringlich warnt er vor einem Krieg Israels gegen die arabischen Staaten. Nasser sperrt die

Straße von Tiran und blockiert den Hafen von Eilat
5.–10. Juni: Sechstagekrieg. Überragender Sieg Israels, das den Sinai, Ost-Jerusalem, das Westjordanland (West-Bank) und die Golan-Höhen besetzt

1968   Januar: Tod Paula Ben Gurions
Februar: Yasir Arafat wird Chef der PLO

1971   Oktober: Ganz Israel feiert Ben Gurions 85. Geburtstag

1973   1. Dezember: Am Vorabend des Jom-Kippur-Krieges stirbt David Ben Gurion im Alter von 87 Jahren

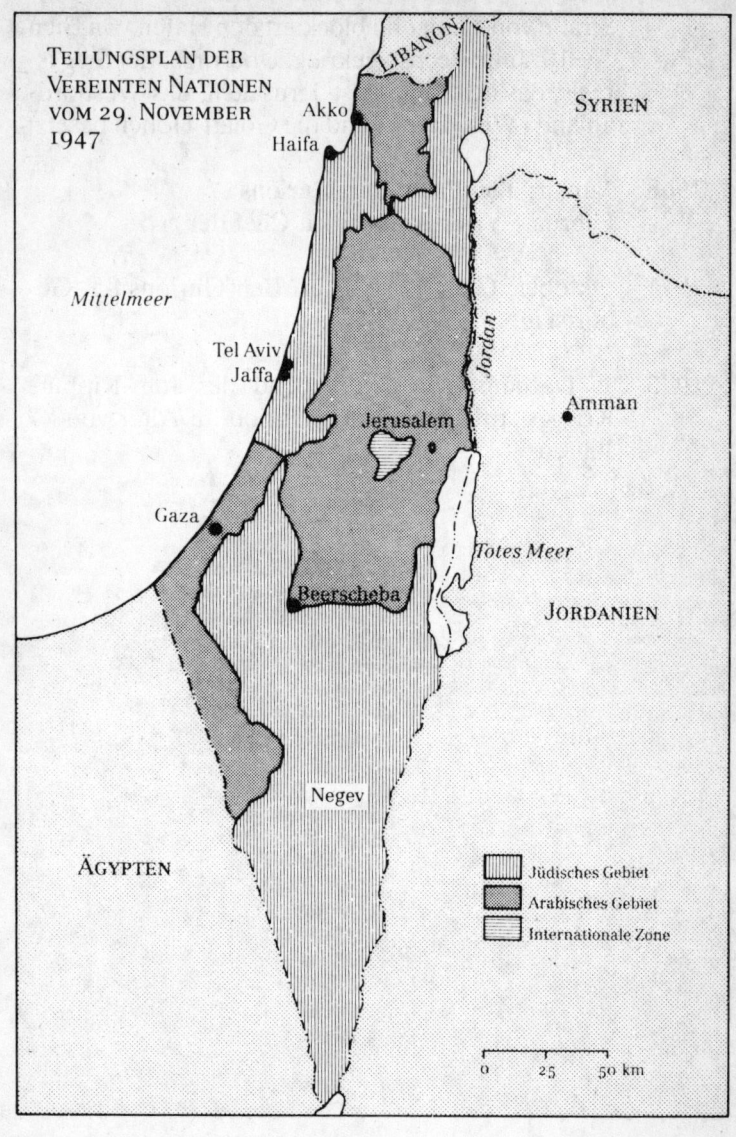

TEILUNGSPLAN DER
VEREINTEN NATIONEN
VOM 29. NOVEMBER
1947

LIBANON

SYRIEN

Akko

Haifa

Mittelmeer

Jordan

Tel Aviv
Jaffa

Amman

Jerusalem

Gaza

Totes Meer

Beerscheba

JORDANIEN

Negev

ÄGYPTEN

	Jüdisches Gebiet
	Arabisches Gebiet
	Internationale Zone

0   25   50 km

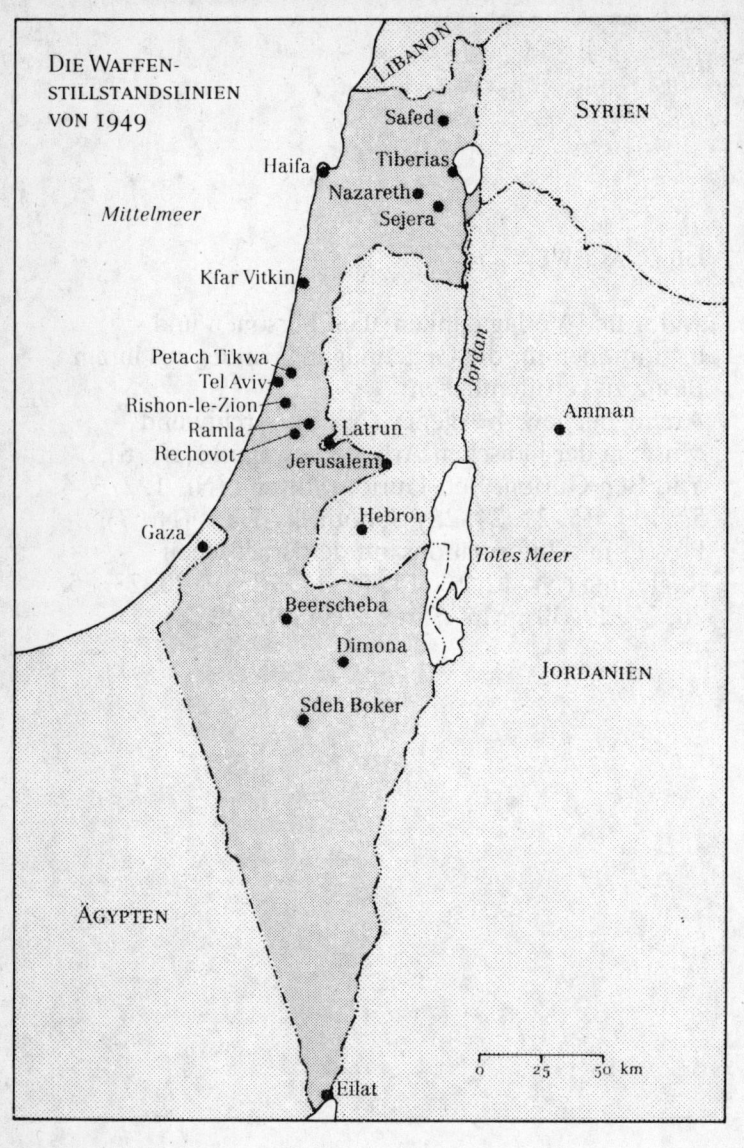

DIE WAFFEN-
STILLSTANDSLINIEN
VON 1949

LIBANON

SYRIEN

Safed

Tiberias

Haifa

Mittelmeer

Nazareth

Sejera

Kfar Vitkin

Jordan

Petach Tikwa

Tel Aviv

Rishon-le-Zion

Ramla

Latrun

Rechovot

Jerusalem

Amman

Gaza

Hebron

Totes Meer

Beerscheba

Dimona

JORDANIEN

Sdeh Boker

ÄGYPTEN

0   25   50 km

Eilat

BILDNACHWEIS

Autor und Verlag danken allen Personen und
Institutionen für die Genehmigung, Bilder aus ihrem
Besitz zu veröffentlichen:
Archiv der Jewish Agency (Nr. 8); Archiv und
Museum der jüdischen Arbeiterbewegung (Nr. 6);
Yad Ben Gurion, Ben-Gurion-Stiftung (Nr. 1, 2, 3, 4,
5, 9, 11, 15, 21, 24, 28); Jabotinsky-Haus (Nr. 7);
Presse- und Informationsamt der israelischen
Regierung (Nr. 12, 13, 14, 16, 17, 18, 19, 20, 23, 25,
26, 27, 29, 30); Mrs. Sarah Stein (Nr. 22).

Ben-Gal-Affäre 549
Ben Gurion, Amos (Sohn) 91, 175, 219f., 507
Ben Gurion, David *passim* (→ Gruen, David)
Ben Gurion, Gëula (Tochter) 83, 90, 100, 220, 603
Ben Gurion, Joseph 64
Ben Gurion, Mary (Schwiegertochter David Ben Gurions) 507
Ben Gurion, Paula (Ehefrau) 13, 77f., 81, 83ff., 90ff., 99f., 115, 117 134, 220ff., 255, 299, 329f., 373, 381, 402, 506f., 579f., 602, 619
Ben Gurion, Renana (Tochter David Ben Gurions) 221, 284
Ben Tzur, Mordechai 393f., 536
Ben Zwi, Rachel Yanait 10, 61ff., 91, 102
Bennet, Max 388, 390, 394
Berlin 110, 122, 151, 604
Bernadotte, Folke Graf 313, 332ff., 338, 610f.
Betar (revisionistische Jugendbewegung, gegründet 1923) 133ff., 139, 227, 605
Bet Halachmi, Yehezkel 51f.
Bethlehem 174, 336
Bevin, Ernest 235f., 239-245, 256-260, 271, 357, 610
Biltmore-Konferenz 203ff., 213f., 217f., 237, 249, 516, 583, 608
Bilu (präzionistische Pionierbewegung, 1882-1903) 39
Bolívar, Simón de 590
Bonn 366, 490, 528, 548, 550, 553
Boston 488
Bourgès-Maunoury, Maurice 420f., 426ff., 435ff., 614
Brandeis, Louis 81, 197
Brest-Litowsk 110
Brooklyn 78, 90
Brüssel 580
Brutus 209
Bulganin, Nikolai Alexandrowitsch 457f., 463ff.
Bunche, Ralph 342
Bund, Der (jüdische Arbeiterpartei, gegründet 1897 in Wilna) 31ff., 600
Butler, Richard 438

Cambridge 368
Carmel, Moshe 428
Cervantes Saavedra, Miguel de 100
Challe, Maurice 423, 430ff., 434, 442
Chamberlain, Neville 177, 180, 195, 570
Chequers 130, 432
Chewrat Owdim (Allgemeiner Genossenschaftsverband der
   Arbeiter in Israel, gegründet 1923 von der → Histadrut) 103
Chicago 274
Chowewe Zion (Zionsfreunde; Vorläufer der zionistischen
   Bewegung) 16, 19, 21, 34, 39
Chruschtschow, Nikita 463, 503, 557
Churchill, Winston 79, 94f., 128f., 195ff., 200f., 226, 229,
   232f., 235, 238, 271, 357, 378, 386, 607
CIA 463, 498
Cleveland 74
Couve de Murville, Maurice 491f., 497, 499
Cripps, Stafford 173
Cunningham, John 299

Dallas 590
Damaskus 289, 332, 478f.
Dar, Abraham 387
Darling, John (→ Dar, Abraham)
David (König) 223, 591
Dawar 114
Dayan, Moshe 10, 12, 223, 334, 345, 375f., 378, 383f., 391-
   395, 399, 403, 408ff., 411f., 419, 422, 425f., 428-434,
   439f., 443ff., 449, 464, 467, 474, 505, 520f., 527, 533-536,
   540, 566f., 570f., 573ff., 589, 597
Dayan, Ruth 223
Dean, Patrick 446, 448
Deganya (Kibbuz) 305, 601
Deir Yasin (bei Jerusalem) 282f., 610
Deutsch, Lew 76
Dimona-Reaktor 476, 533, 589
Doar Hajom 143
Dori, Yaakow 267, 285, 393, 398
Dschabri, Ichsan Bey al 162f.